武汉市

人口和计划生育工作年鉴

2012

武汉市人口和计划生育委员会　编

中国人口出版社
China Population Publishing House
全国百佳出版单位

《武汉市人口和计划生育工作年鉴（2012）》
编辑委员会

2012年4月，国家人口计生委主任王侠（左）视察武汉市，省委常委、市委书记阮成发（右）与王侠主任亲切会谈

国家人口计生委主任王侠（中）与百步亭社区群众亲切交谈

国家人口计生委主任王侠（中）、省人口计生委党组书记胡菊萍（右）与党的“十八”大代表、百步亭社区党委副书记王波（左）亲切交谈

2012年 2月，市委副书记、市长唐良智（右）会见国家人口计生委副主任崔丽（左）

国家人口计生委副主任崔丽（中）在武汉市武昌区静安社区进行调研

国家人口计生委副主任崔丽（中）入户与居民亲切交谈

2012年4月，国家人口计生委党组成员、中国计生协常务副会长杨玉学（中）在武汉市调研计生协工作

2012年4月，国家人口计生委党组成员、中国计生协常务副会长杨玉学（左一）在静安社区调研计生协工作

2012年8月，中国人口福利基金会理事长赵炳礼（中）在东西湖区计划生育家庭致富发展示范基地进行调研

中国人口福利基金会理事长赵炳礼（左一）在百步亭社区调研创建幸福家庭活动

2012年6月4日，省委常委、市委书记阮成发（中）在全市人口计生工作会上讲话

2012年春节前夕，省委常委、市委书记阮成发（中）率车延高、张学忙、龙正才、张河洁、刘立勇、石大鸿等市领导走访慰问计生困难家庭

2012年9月，省委常委、宣传部长尹汉宁在武汉市首届人口文化节开幕式上讲话

2012年11月，市委副书记、市长唐良智（中）会见省委、省政府人口计生责任目标考评组成员

武汉市首届人口文化节开幕前夕，市委副书记、市长唐良智（左二），副市长刘英姿（右二）亲临武汉展览馆现场指导布展工作

武汉市连续五年荣获湖北省党政领导线人口计生责任目标一等奖

市委副书记胡曙光（中）出席市人口计生战线“我爱我家”迎春团拜会并热情洋溢地致新年贺词

2012年8月，市委副书记胡曙光（中）、市政府副市长刘英姿（右三）召开专题会议研究部署打击“两非”工作

2012年2月，省人口计生委党组书记胡菊萍（中）带队到武汉市调研春季人口计生工作

2012年8月，省人口计生委主任杨云彦（前排左一）在武汉市调研人口计生工作

中南财经政法大学教授、博导、省人口计生委主任杨云彦在武汉人口文化节专家论坛会上作《迎接一个城市化的时代》主题演讲

市委常委、常务副市长贾耀斌宣读武汉市人口和计划生育领导小组关于表彰武汉市首批“十佳幸福家庭”的决定

市委常委、宣传部长彭丽敏在武汉市首届人口文化节开幕式上致辞

2012年11月，省党政领导线人口计生考评组听取武汉市人口计生工作汇报

2012年6月，市委、市政府召开全市综合治理出生人口性别比工作会议

2012年2月，市人大副主任郑永新在武汉市计划生育科技所进行调研

2012年7月，市委、市政府召开全市综合治理出生人口性别比专项工作督导会

2012年8月，副市长刘英姿（中）到发展社区调研人口计生工作

2012年10月，市政协副主席吴勇（中）调研洪山区人口计生工作

市人口计生委主任李丹芳在武汉市首届人口文化节专家论坛上致辞

2012年1月4日，市人口计生委机关全体干部职工在汉口江滩开展迎春长跑活动

2012年5月，市人口计生系统首期心理咨询师培训班开班典礼

2012年5月，市人口计生系统在南京国家人口计生培训中心举办首期专门业务知识培训班

2012年7月，武汉市召开“新时期人口计生工作转型的实践与思考”专题报告会

2012年12月，武汉市人口计生系统“最美身边人”演讲比赛

2012年6月，市人口计生委机关共青团总支成立，并组建市人口计生委青年志愿者服务队

2012年7月，《与福同行》杂志创刊并举行首发仪式

2012年10月，市人口计生委召开全系统“幸福江城”人口文化节总结大会

2011年-2015年
全国婚育新风进万家活动
示范市
中共中央宣传部 教育部 卫生部 全国总工会
中央文明办 民政部 国家广电总局 共青团中央
国家人口计生委 文化部 新闻出版总署 全国妇联
中国计生协

2012年度党政领导线人口计生目标管理
一等奖
中共湖北省委
湖北省人民政府
2013年2月

全省保密工作先进集体
湖北省人力资源和社会保障厅
湖北省国家保密局
2012年3月7日

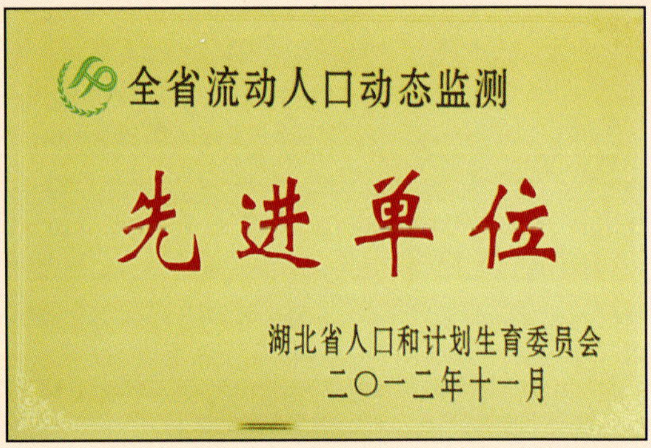
全省流动人口动态监测
先进单位
湖北省人口和计划生育委员会
二〇一二年十一月

二〇一二年度综合考评
立功单位
中共武汉市委
武汉市人民政府

二〇一二年度全市社会管理综合治理工作
优胜单位
武汉市社会管理综合治理委员会
2013年1月

二〇一二年度全市信访工作
先进单位
中共武汉市委办公厅
武汉市人民政府办公厅

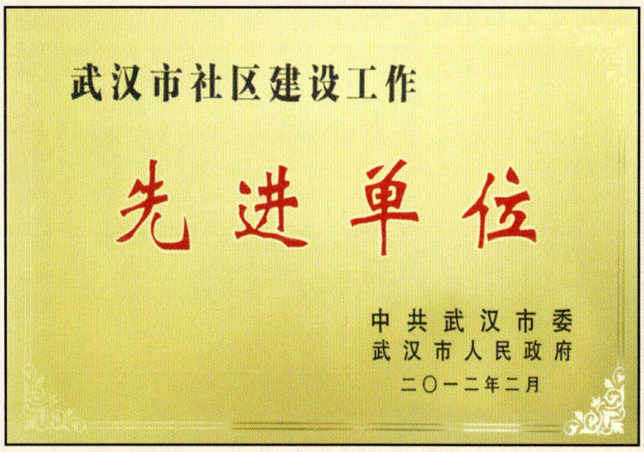
武汉市社区建设工作
先进单位
中共武汉市委
武汉市人民政府
二〇一二年二月

二〇一一年度全市党委信息工作
先进单位
中共武汉市委办公厅
二〇一二年三月

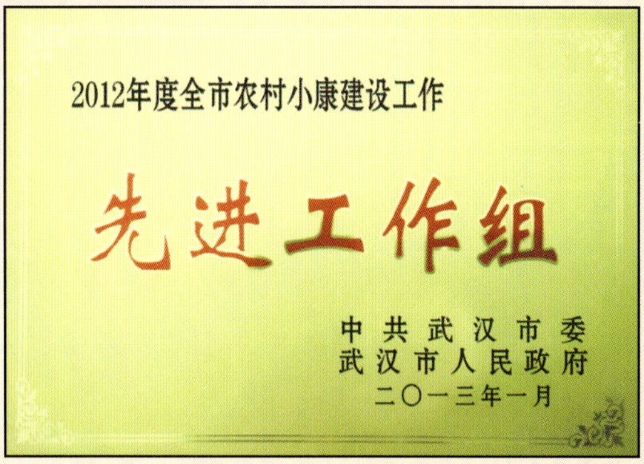
2012年度全市农村小康建设工作
先进工作组
中共武汉市委
武汉市人民政府
二〇一三年一月

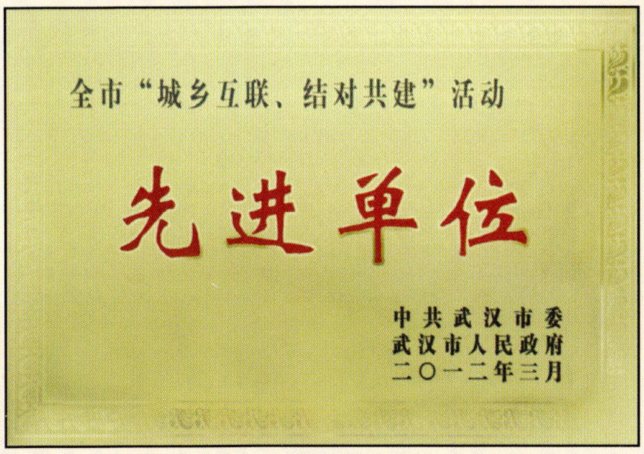
全市“城乡互联、结对共建”活动
先进单位
中共武汉市委
武汉市人民政府
二〇一二年三月

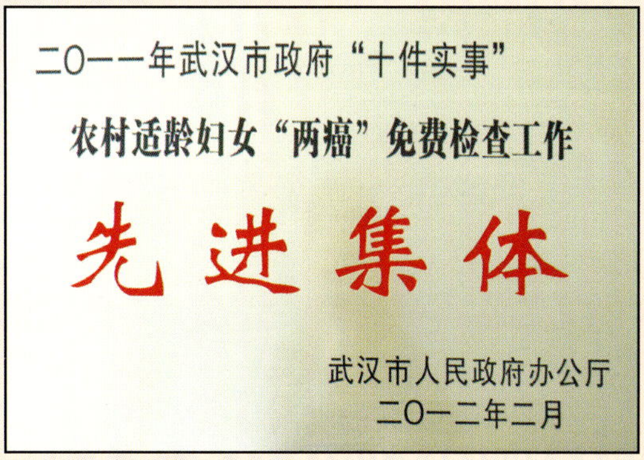
二〇一一年武汉市政府“十件实事”
农村适龄妇女“两癌”免费检查工作
先进集体
武汉市人民政府办公厅
二〇一二年二月

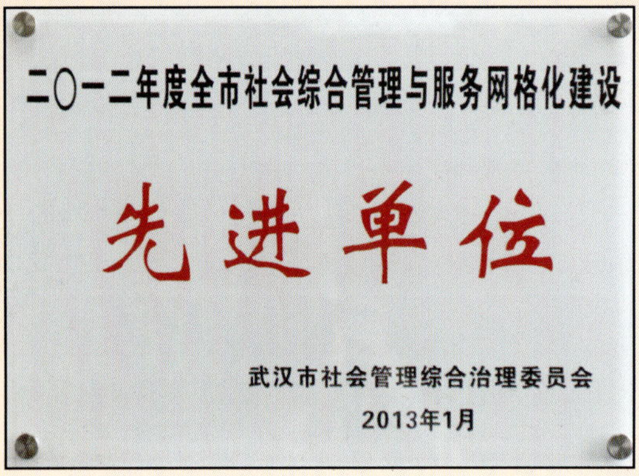
二〇一二年度全市社会综合管理与服务网格化建设
先进单位
武汉市社会管理综合治理委员会
2013年1月

先进基层党组织
中共武汉市委市直机关工作委员会
二〇一二年六月

2012年度市机关作风建设
先进处室
中共武汉市委市直机关工作委员会
二〇一三年二月

维护妇女儿童权益先进集体
武汉市综治委维护妇女儿童权益
暨“平安家庭”创建领导小组
2013年3月

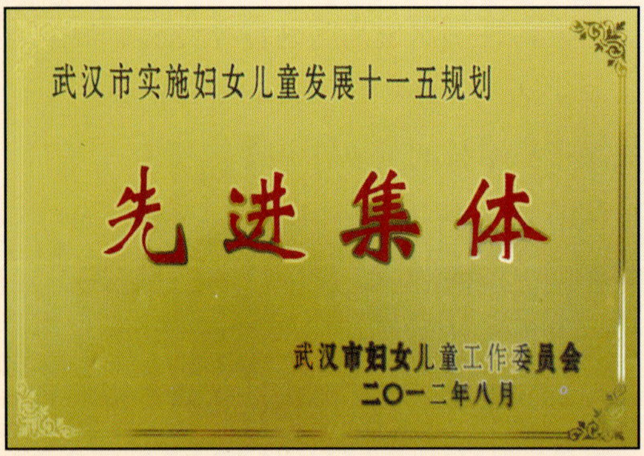
武汉市实施妇女儿童发展十一五规划
先进集体
武汉市妇女儿童工作委员会
二〇一二年八月

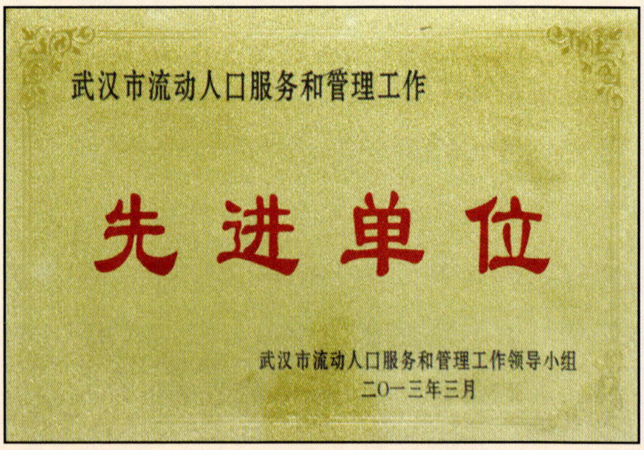
武汉市流动人口服务和管理工作
先进单位
武汉市流动人口服务和管理工作领导小组
二〇一三年三月

目　录

一、领导讲话篇

二、专项工作篇

三、重要活动篇

四、特色工作篇

五、经验交流篇

六、媒体聚焦篇

七、政策文件篇

九、人事任免篇

十、奖励表彰篇

十四、大事记

一、领导讲话篇

国家人口计生委副主任崔丽在接见湖北省及武汉市人口计生委主要负责人时的讲话（摘要）

（2012 年 8 月 3 日）

8 月 3 日下午，在国家人口计生委副主任崔丽同志办公室，省人口计生委党组书记胡菊萍、市人口计生委主任李丹芳向崔丽副主任汇报了武汉市将举办首届人口文化节和推进全国创建幸福家庭活动试点市等工作情况。

在汇报武汉市将举办首届人口文化节的有关情况并特地邀请崔丽副主任出席开幕式时，崔丽副主任欣然同意。她说武汉举办人口文化节很好，我分管宣传，一定积极支持。武汉把举办人口文化节与推进创建幸福家庭活动结合一起推进、展示，可以进一步扩大人口计生工作的影响，加大社会的宣传，促进广大群众进一步树立婚育新风尚。

在汇报武汉市积极推进创建幸福家庭活动工作后，崔丽副主任肯定了《武汉市深化创建幸福家庭活动实施“12 · 300 乐福家”行动计划的实施意见》。她说，国家创建幸福家庭活动联合调研组对武汉的工作给予了充分肯定。在湖北省人口计生委的支持指导下，武汉作为创建幸福家庭活动的全国试点市，积极性高，工作做得很不错，主动融入创建“幸福武汉”的大局，不断完善家庭发展政策，形成了“党委、政府高度重视、人口计生部门牵头、相关部门协调配合、城乡家庭积极参与”的格局。

崔丽副主任对武汉市下步人口计生工作提出了新希望和要求。

第一，希望武汉市的人口文化节在内容上一定要符合老百姓的需求，能够吸引更多的群众广泛参与，起到文化倡导、转变观念的作用，继续稳定低生育水平。

第二，要进一步做好创建幸福家庭活动。王忠禹同志高度重视这项工作，准备召开一个全国创建幸福家庭活动经验交流会。调研组的同志提出建议在湖北省武汉市召开，王忠禹同志是同意的。在全国范围内推介武汉市的工作，我支持。肯定武汉的工作，国家人口计生委的新老主任对武汉的印象很不错，王侠主任一上任就到了湖北武汉，原来李斌主任也多次到武汉。英姿副市长很重视幸福家庭创建活动。如果在

9月把两项活动结合一起进行展示，当然很好。王忠禹同志同意在9月15日开，但委里办公会还没有确定下来。在什么时候开，在什么地点开，王侠主任是怎么考虑的，只有上会了才能定下来。刚才，胡菊萍书记讲了，不管怎么样，省、市里也会继续推进这项工作的。

第三，假定在湖北武汉召开创建幸福家庭活动经验交流会，希望省、市结合实际，认真总结如何以创建幸福家庭活动为载体，帮助解决计生家庭生产、生活、生育的困难，实现“文化、健康、优生、致富、奉献”的做法和经验。如果在武汉市开会，看什么、怎么去展示成绩，要认真做好准备。要在经验总结、现场实践指导、典型案例启示到会议组织协调等方面要下大气力去认真筹备。创建幸福家庭活动是载体，包括人口文化节、利益导向政策等都是为了转变观念，目的是要稳定低生育水平，统筹解决人口问题。

第四，在依法行政下，人口计生工作要转型。要通过服务型政府的工作，要通过人口计生优质服务，营造计生工作的良好环境。转型只能靠宣传、文化、教育、利益导向等。今天的工作方法，只能通过为民服务的方式进行。在创建幸福家庭活动中，要把这个问题说透彻，要解决好工作方式和工作方法方面的问题，要做到为民服务。要通过会议交流经验，把这个道理说清楚。过激行为不能用，只能用为民服务的办法来做工作，没有别的办法，只能靠宣传、教育、文化、利导等软环境的营造来做。

第五，重点要解决计生家庭幸福的问题。家庭是社会发展的基础，要围绕家庭的幸福来创建。要解决计生家庭子女成长、老有所养的问题，中考、高考加分就很好。在创建幸福家庭活动的实践中，要紧紧扣住家庭发展这个主题，实现国家、集体、个人三者利益的有机统一。

中国人口福利基金会理事长赵炳礼在武汉市创建幸福家庭座谈会上的讲话（摘要）

（2012年6月15日）

这次国家人口计生委、中国计生协、中国人口福利基金会共同组成四个调研组，到全国部分创建幸福家庭活动试点城市进行调研，主要目的是总结一年来创建幸福家庭活动工作进展情况、取得的成绩、存在的问题以及基层还有哪些意见和建议。第三季度，国家人口计生委计划组织一次全国创建幸福家庭经验交流会，同时，也根据相关工作的进展情况和基层的愿望，适度地扩大试点。

湖北省和武汉市人口计生委在这方面做了大量的工作，也有很高的认识。武汉市作为试点市，取得了很好的成绩，也积累了很多好的经验。上次基金会秘书长来武汉市调研后，觉得武汉市有很多值得学习借鉴的地方。我们一行这次再次调研，很有收获。这次调研，问了基层很多问题，主要也是想更多地了解一些实际情况。刚才，我也问了王波同志，提出以家庭为单位的幸福家庭创建活动，到底它的意义是什么？它和人口计生的各项工作、与以前提的“三结合”有何联系？它对促进新时期人口计生工作融入到党委和政府的中心工作中有何意义？如何把人口计生工作融入到社会发展中？我们提出创建幸福家庭，就是解决民生福祉，帮助政府解决民生问题，就是要把人口计生工作融入到中央所提出、各级党委和政府都非常重视的民生工作中。这样，政府就会支持，群众也会响应。百步亭社区是一个小社区，但它的组织、模式，却为创新社会管理、做好稳定工作等各个方面，提供了很好的经验。社区通过基层党组织的带动引导作用，创新社会管理，引导群众自觉以志愿者的身份参加社区的各项活动，这样就很好。这个社区并不都是富人，但群众精神面貌能反映出他们的幸福感很高。作为一个12万人的社区，能组织成这样，对我们的启发和教育应该是很多的，很值得总结。我看了之后，也很受教育。

武汉的经验很多，我也向李丹芳主任谈了我的思路，你们再琢磨一下，争取在全国经验交流大会上介绍一下你们好的做法。我觉得，湖北省人口计生委也可以把这项工作很好地推广，不要把这项工作当成一种负担。创建幸福家庭活动应该成为我们抓好新时期人口计生工作的一个很好的载体、平台、抓手和形式，从而，更好地推动新时期人口计生工作的转型发展。

我对武汉市人口计生工作的整体建设是肯定的。比如，计划生育服务站设施基本齐全，工作程序规范。做好人口计生工作最重要的一点还是抓落实。这是我在每一个地方都要强调的问题，就是始终要将育龄妇女孕情掌握在我们的视线之内。对流动人口的服务管理也是如此，不能出现“看得见的管不着、管得着的看不见”的情况。我相信，这种情况就不会在我们刚才观摩的百步亭社区出现。所以，我觉得营造社区积极向上的小氛围，是很值得借鉴的。我们就是要像百步亭社区这样，组织好楼栋长、中心户长、志愿者队伍，把工作做细，始终都能掌握育龄妇女的个案信息。同时，要落实好计划生育服务，切实为育龄群众服务。在做好服务的同时，也要强化管理，加大综合治理出生人口性别比偏高问题的工作力度，对“两非”实行严打。

这次调研的时间很短，但武汉市给我的感觉是认识到位，起点也很高，工作想得很细，工作开展得也较好。下一步，我们将召开全国创建幸福家庭经验交流会，要把武汉市的经验推广出去，武汉市也可以借鉴其他一些地方好的做法。现阶段，武汉市就是要抓住机遇，主动将人口计生工作融入到党委和政府的中心工作中，做到使幸福家庭创建活动与党委政府阶段性中心工作、重点工作相结合，一个时期一个重点，一个地区一个特点，开展好各种形式的创建。在创建过程中，也要充分整合部门力量，为创建活动提供部门支持，进一步推进创建工作。现在，对全国创建幸福家庭活动还很难确定一个科学的评价标准，但在全国创建幸福家庭经验交流会上，对此项工作探索成绩突出的试点市应该进行表彰。回去后，我们将同另外几个组的同志就召开全国性的经验交流会和表彰奖励的问题进行进一步协商，我觉得武汉市的工作是很有特色的，我们也是很受启发的。

今天调研的百步亭社区给我的感觉是居民的幸福感很强，这正是我们开展幸福家庭创建工作要达到的效果。希望武汉市进一步探索幸福家庭创建工作，扩大百步亭创建工作效果；也希望能通过幸福家庭创建，真正为群众多做实事，进一步推动武汉市人口计生工作迈向新的台阶。

（根据录音整理）

国家人口计生委宣教司副司长莫丽霞在首届人口文化节开幕式上的讲话

（2012 年 9 月 13 日）

金秋送爽，硕果满园。在举国上下喜迎“十八大”的重要时刻，武汉市首届人口文化节隆重开幕了。它是武汉市千万人民向党的“十八大”献上的一份厚礼，是武汉市“文化五城”建设的一场盛宴，是武汉市人口计生工作成果的一次展示。我代表国家人口计生委宣教司对武汉市首届人口文化节开幕表示热烈的祝贺！

人口文化是人口变动和发展过程中形成的观念意识、伦理道德、制度习俗和行为规范。人口文化包括性别文化、婚姻文化、家庭文化、生育文化、养育文化、养老文化等。先进人口文化是社会主义先进文化的重要组成部分，加强人口文化建设是全面做好人口工作的必然要求。稳定低生育水平、提高人口素质、综合治理出生人口性别比问题、引导人口合理分布、应对人口老龄化、促进家庭和谐幸福等重点任务，都与人口文化建设息息相关。我国人口计生工作的一条宝贵经验就是始终把宣传教育工作放在首位，大力推进人口文化建设。随着经济社会的发展进步，人们的思想观念更加多元，文化需求更加多样，舆论环境空前复杂，必须要以高度的政治责任感，更加主动自觉地推进人口文化建设，引导人们树立科学文明进步的生育观念，进一步发挥人口文化对全面做好人口工作的推动作用。

实行计划生育基本国策以来，武汉市人口计生工作取得了显著成绩。武汉市是全国人口和计划生育工作综合改革示范市、全国婚育新风进万家活动第四阶段示范市、全国流动人口计划生育基本公共服务均等化试点市、全国创建幸福家庭活动试点市，在人口计生工作方面积极探索和积累了较多好做法、好经验。特别是在推进武汉市“文化五城”建设的进程中，人口文化建设如火如荼，百花齐放，为江城人民提供了丰富的人口文化精神食粮。本次人口文化节活动以“幸福江城我的家”为主题，准确地把握了新时期人口计生工作的方向，紧紧扣住了人口文化建设的精髓，充分展示了武汉深厚的文化底蕴，广泛地传播了科学、文明、进步的婚育新风，彰显了幸福家庭创建的特色，充分体现了时代性、思想性、专业性、地域性、互动性和创新性，对于促进人口发展，提高人口素质，建设国家中心城市都将起到积极的促进作用。

武汉是中部地区的中心城市，正在积极创建国家中心城市，历史上就享有与“大上海”齐名的“大武汉”的美誉。悠久的历史孕育了武汉灿烂的文化，积淀了丰富的人口文化资源。希望武汉市委、市政府以更加包容的心态，传承和发扬一切优秀的人口文化传统；以更加开放的姿态，真正把人口计生工作、人口文化事业融入到改革开放的大潮中去；以更大的手笔，推进人口文化的大繁荣、大发展；以更加坚定的信心，全面做好人口计生工作，成为全国人口文化建设的引领者。

预祝武汉市首届人口文化节取得圆满成功！

省委常委、市委书记阮成发在全市人口计生工作会议上的讲话

（2012 年 6 月 4 日）

今天的市委、市政府工作会议主要有两个任务：一是加强社会管理；二是加强人口和计生工作。刚才，胡曙光和刘英姿同志进行了全面部署，讲得很好。后面，唐良智市长还要提要求，希望同志们认真地贯彻落实好。关于社会管理和计生工作，以前我们已讲过多次了。但是社会在进步，情况在变化，人民群众对我们的要求越来越高。所以，我还有些问题要跟同志们一起来探讨，一起来商量。

刚才刘英姿同志就人口和计生工作进行了总结和部署，讲得很全面。人口和计生工作总体上讲，一是成绩很大，二是问题也不少。我们现在的问题，一是出生人口性别比居高不下，特别是二孩及以上出生人口性别比偏高；二是流动人口计划生育服务管理还需加强，政策外生育和非法选择性别的现象比较突出；三是人口老龄

化加速，人口红利逐步减少，实现老有所养、老有所依、老有所乐，我们面临着诸多挑战；四是基层基础工作还存在不少薄弱环节。面对这些问题，除了刘英姿同志刚才部署的面上的工作以外，我再强调三点。

第一，解决好人口总量与布局安排。这个问题我去年已经提出了，今年我再次强调。武汉市的人口总量和人口布局的顶层设计，市人口计生委、发改委要尽快破题。武汉市到底能够承载多少人口，8 494平方公里，中心城区建成区520平方公里，或者今后建设到600平方公里，能够承载多少人？进而言之，江岸区、江汉区、武昌区等中心城区能承载多少。再细化，比如解放公园这一片能承载多少。要有一个顶层设计，不然，我们将长期处在"水多了加面、面多了加水"的阶段，已经堵得一塌糊涂，小孩没地方上学，看病很困难，这个地方还在不断搞房地产开发，还在几万人几万人地增加。问题就在于我们没有顶层设计。

刘英姿、李丹芳同志上任以后，都很积极，研究提出了一个关于武汉市顶层设计的具体方案，准备付诸实施。这个方案不是理论文章，一定要科学，是可操作的。发改委、规划局、房管局等部门要共同研究，确定一个量，作为我们以后十年的参照指数。哪个地方人口规模过大了，我们就控制；如果要开发，首先要解决道路问题、上学问题、就医问题等突出问题，能够解决，才能列入开发计划；不能解决，就不能开发。不然，当前的这些"城市病"会越来越严重。我们现在遇到的就是这样的问题，越热闹的地方越开发，结果人口越多，道路堵、停车难、就医就学难的问题就越突出、越不好解决。这是第一，解决好总量和布局安排。

第二，解决好出生人口性别比偏高问题。出生人口性别比偏高，一直都是人口计生工作的突出问题。深层次讲有生育观念问题，要教育引导。当前，综合治理出生人口性别比偏高问题确实很难。我刚才注意了余世平同志的发言，为控制二孩及以上选择性别的问题，对怀孕当事人、介绍联络人、B超鉴定人、实施引产人、药物提供人、相关责任人等六种关键人实行重点管理，确实难度很大。鉴于新洲区做了大量的工作，使全区出生人口性别比下降幅度较大。

这次大会还通报了四个街，但力度还不大，在综合治理出生人口性别比问题上力度不大，就很难扭转这种局面。刘英姿同志总结工作时提到51个街乡近5年出生人口性别比平均水平在120以上，51个街乡是哪些？要通报。我很注意英姿同志刚才做的报告，里面提到有两个区二孩以上出生人口性别比130以上，两个区没点出来，要点出来。要把B超管住，杜绝人为选择，这样性别比自然就降下来了。要说抓好出生人口性别比问题综合治理很难，其实也不难，就看我们认真不认真。

"出生人口性别比长期偏高，不仅是人口问题，也是社会问题，必须下大气力解决。"国家人口计生委要求"十二五"

期间每年下降一个单位值，到“十二五”时期末，全国出生人口性别比下降至115以下。省委、省政府也明确下达了出生人口性别比指标，并纳入“一票否决”内容。对中央的要求和省委、省政府的决策，我们要坚决地不折不扣地贯彻落实。

第三，积极应对人口老龄化挑战。2011年，武汉市60岁以上老龄人口达到132万人，占全市户籍总人口的15.96%，高于全国水平2.7个百分点（13.26%）。预计到2020年，武汉市老龄人口还将增加70万人，老年人口占总人口的比例将上升到18.32%，形势非常严峻。

实际上，我们面临着一个世界性难题，就是未富先老。据有关资料介绍，英国、美国、法国到老龄化经历了80～100年，我国大概是27年，武汉市的情况可能还快一点，就是20多年的时间就进入老龄化了。我们还没有充分的财富积累，在这种情况下，出现了老龄化，出现了“421”（4个老人、2人夫妇、1个孩子）格局。如果老龄化应对不好，将会产生严重的社会问题。老有所养总得解决，在老有所养的基础上，老有所乐、老有所学、老有所医、老有所为也要解决，但首先是解决老有所养。目前，武汉市机构养老床位比较欠缺，到“十二五”时期末，需达到8万张，目前还不到4万张，缺口很大。

应对老龄化挑战，要发挥社会主义制度的优越性，多种方式、多条途径研究解决方法，也不要简单地照搬西方，国情不一样。第一，要推进养老保障服务体系建设。养老保障服务体系，我的理解是多元化、多层次、多种方式的养老形式并存，不能简单归结为某一种养老方式。比如，都建养老院，老了都到养老院去，我们100多万人都到养老院去。这不可能。何况，我们中国人的习惯，大多数中国人还是喜欢在家里养老，所以一定要是多元的。养老机构也不能简单地政府包办，应该是政府主导、政府规划、政府资助，然后企业参与。所以，应该采取社区养老、机构养老、居家养老相结合的方式。可能居家养老占主体，现在调查，可能85%甚至90%的人愿意在家里养老。第二是社区养老，第三是养老机构养老。我们要适应这三种方式的需要。

政府以及街道、社区要做什么事呢？就是对机构养老以多种方式进行资助，民政局要专门研究，但三种养老方式中，重点在社区养老和居家养老。居家养老实际上就是要解决老两口或者鳏寡老人吃饭、看病的问题，要在社区大力推广老年人服务中心，努力形成政府组织、适当补贴、企业参与、个人出资的养老构架。如果政府不组织，就会没人做；但光靠政府组织，不给予适当补贴，也没人做。所以要政府组织，适当补贴。然后是企业参与，最后加一条个人出资。服务中心的职责是什么呢？就是解决老人居家养老需要的东西。第一是三餐饭，第二是看病就医，小病送社区、大病送医院。这样就解决了养老的后顾之忧。比如，老人早上想吃碗热干面，打电话订购，或者有条件的上网预订，送来给钱，保证热就可以，但这个很难做，为什么？不赚钱。我就希望各区里在小区开展这方面的探索。希望百步亭带头先做，由企业提供这种服务。只要有适度的补贴，比如房子不收钱，再困难，水电费不收，再不行，再补一点。用这样的模式，解决基本的吃饭问题。如果有条件的地方，还可以通过引进瑞士等先进国家的设备，提供更好的服务。比如，感应器戴在手上，可以适时测量血压、体温等，重点区域如卫生间、卧室装上感应器，摔倒了，中心马上就知道，然后有人上门服务。我们大量的工作就是要做这些，我希望各区抓紧在这方面探索，这就是居家养老。

社区养老，为老年人建设活动室，让老人们看看电视、打打牌，这很好，但希望大家能够做到常态化。希望市民政局指导，各区多种方式来探索。我们各级政府要高度重视养老问题，如果出现哪怕一例老人死在家里几天没人知道的案例，就是对我们极大的伤害和打击。我们是社会主义制度，解决好老百姓基本的温饱问题是我们各级党委、政府的责任，政府开展社会管理工作就是要管这些，就是要服务，就是要让我们的居民都能够幸福，做到衣食无忧。所以，希望各区区委书记、区长对养老问题要引起高度重视，积极探索，出经验，再面向全市推广。

（根据录音整理）

省委常委、宣传部长尹汉宁在首届人口文化节开幕式上的讲话

（2012 年 9 月 13 日）

今天，武汉市首届人口文化节隆重开幕了，我谨代表湖北省委和省委宣传部对此表示热烈的祝贺！向莅临湖北武汉的各位领导、各位嘉宾表示热烈的欢迎！向长期以来致力于湖北文化发展事业和人口计生事业的同志们表示真挚的谢意！

文化是民族的血脉和灵魂，是社会文明程度和发展水平的重要标志，是一个国家或地区综合实力的重要组成部分。推动文化大发展大繁荣是建设中国特色社会主义事业总体布局的必然要求，是实现全省经济社会又好又快发展、构建促进中部地区崛起重要战略支点的重大举措。

湖北地处祖国中部，长江中游，因处于洞庭湖之北，故称湖北。湖北历史悠久，物产丰富，人杰地灵，作为华夏文明源头之一的荆楚文化在这片古老的大地上孕育。改期开放以来，湖北省社会、经济都取得了长足的发展，特别是武汉，作为湖北省省会，全省政治经济文化中心，是全省经济社会发展的“龙头”，是湖北构

建促进中部地区重要战略支点中的“支点”，在全省经济社会发展格局的地位和作用十分突出。在文化事业方面，武汉文化资源丰富、文化积淀厚重、文化人才荟萃、科教优势突出。目前正着力建设“文化五城”，提升城市文化品位，打造文化强市，文化事业方兴未艾。在人口计生工作方面，武汉始终处于全省先进行列，先后被评为全国人口计生综合改革示范市、全国婚育新风进万家活动第四阶段示范市、全国创建幸福家庭活动试点市、全国流动人口计划生育基本公共服务均等化试点市，多次受到国家和省委省政府表彰，在全省发挥了较好的示范引领作用。

在如火如荼的文化建设热潮中，武汉市紧紧抓住国家和全省深入推进文化建设的契机，主动把人口文化建设融入到文化建设大局之中，加强人口文化基地建设，创新人口文化活动载体，丰富人口文化活动形式，拓展人口文化活动内容，将深厚的地域优秀传统文化引入人口文化领域，注入人口文化元素，赋予了人口文化新的内涵。武汉市举办人口文化节如此大规模、高水平、高质量的人口文化活动，在我省尚属首次，是我省人口计生事业发展的一件盛事，也是我省文化事业发展的一件盛事，充分展示武汉市人口计生事业成就，充分展示了武汉市人口文化事业发展的成就，是广大群众的文化盛宴，是江城人民开启幸福之门的金钥匙。

“大武汉”必须有“大文化”。要实现“建设国家中心城市、复兴大武汉”的奋斗目标，武汉市的人口计生工作依然任重道远，武汉市的人口文化建设大有可为。希望武汉市抢抓文化建设的机遇，以本次活动为契机、为起点，以发展繁荣人口文化为推手，实现人口计生工作的跨越发展，为武汉市的经济社会发展营造更加良好的人口环境，为江城人民的家庭幸福和谐添光添彩，以辉煌的成绩向党的十八献礼！

预祝武汉市首届人口文化节圆满成功！

市长唐良智在全市人口计生工作会议上的讲话

（2012 年 6 月 4 日）

加强和创新社会管理必须把人口和计划工作放在特别重要的位置，人口和计划生育工作是加强社会管理创新的重要内容，要坚持基本国策和现行生育政策不动摇，着力加强人口问题“顶层设计”、加大出生人口性别比综合治理力度、积极应对人口老龄化的挑战，努力开创人口计生工作新局面，为推进科学发展、跨越式发展创造良好的人口环境。对新时期的人口和计划生育工作，我的理解它包含了人口资源管理和计划生育两项同等重要的工作，在抓好计划生育工作的同时，要强化对人口问题的研究、人口总量的控制、人口合理分布，规划好城市发展的合理布局。出生人口性别比偏高问题是一个严重的问题。对此，各级党委、政府和人口计生部门要予以高度重视，要大胆管理，敢于较真，严格落实通报批评和“一票否决”制度，要按照成发书记提出的要求，对这些单位的负责人实行责任跟踪；各级干部要破除狭隘的人道主义、人情观、道德观，从事关民族大局的高度，严格管理；各级执法部门要依法行政、严格执法，保持打击“两非”的高压态势，切实促进全市出生人口性别比进一步趋向平衡。

（根据录音整理）

市长唐良智在会见省人口计生党政领导线目标考评组时的讲话

（2012 年 11 月 2 日）

首先，我代表市委和市政府对省考评组一行深入武汉市检查指导工作表示热烈欢迎。计划生育是天大的事，计划生育工作是天下最难做的工作，也是必须要干好的工作。尽管武汉市人口计生工作取得了一定的成绩，但在局部地区还存在发展不平衡的问题。市委、市政府对人口计生工作高度重视，把事业心最强、最能吃苦的同志调整到市人口计生委主要领导岗位负责全市人口计生工作。

人口计生工作不能马虎，在加强经济社会发展的同时，要坚持人口计生事业与经济社会同步发展，按照省考核组的要求，进一步加强人口计生工作。一是要进一步加强人口发展战略研究，为全市各项事业发展和可持续发展提供决策依据。纵观武汉市人口发展情形，人口的均衡发展和科学发展显得日益重要。我们一定要坚持计划生育基本国策，科学规划全市的人口出生、人口分布，提高人口素质。二是要进一步加大打击“两非”工作力度。对这个问题，我们的态度是非常鲜明的，不管是民营的、还是公立的医疗机构，只要是发生“两非”行为，我们要坚决地予以打击。武汉市作为省会中心城市，工作难度可能会更大一些，但武汉市委、市政府有决心把这件事情做实、做好。三是要进一步加强宣传引导，倡导科学、文明的生育观。作为省会城市，城市的发展理所当然要保持领先。武汉市不仅要在经济建设、城市管理等方面领先，人口计生工作也要走在全省前列。在人口计生工作方面，群众的生育观念也要领先。人口计生的工作好坏，直接反映出群众的观念先进与否。我们除进一步加强管理与服务外，还要进一步促进群众生育观念的转变，要进一步加强宣传引导，倡导科学、文明的生育观，以观念的改变促进人口事业乃至全市各项事业的发展。前不久，举办的武汉市首届人口文化节开展得很好，这种宣传方式很重要，应该进一步提倡。四是要加强人口计生干部队伍建设。要在政治上、经济上、生活上和精神上关心、关怀人口计生工作者，保持人口计生干部队伍的稳定，保障全市人口计生事业持续健康地发展。

市长唐良智在全省人口计生工作电视电话会议武汉分会场上的讲话

（2013 年 2 月 21 日）

刚才，我们集中收听收看了全省人口和计划生育工作电视电话会议。国生省长作了重要讲话，深刻阐述了坚持计划生育基本国策、统筹解决人口问题的重大意义，对当前和今后一段时期的人口计生工作，作了全面部署。全市各级各部门要切实把思想和行动统一到省委、省政府的决策部署上来，统一到国生省长的重要讲话精神上来，认真学习、深刻领会、迅速传达会议精神，抓好贯彻落实。

计划生育是我国的基本国策。人口与计划生育工作，一头连着发展，一头连着民生，在经济社会发展中具有全局性、基础性、战略性作用。市委和市政府高度重视人口计生工作。近年来，全市各级各部门坚持基本国策不动摇，认真贯彻中央统筹解决人口问题的大政方针，克难奋进，求实创新，抓重点、攻难点、创亮点，在新起点上实现了新突破。武汉市连续 7 年获得全省目标考核一等奖，打击“两非”行为、首届人口文化节、创建“幸福家庭”等工作，有特色、有成效、有影响。人口计生事业的发展，有力保障了全市经济平稳较快发展与社会和谐稳定。在此，我代表市委和市政府，向辛勤工作在人口计生战线的广大干部群众，表示衷心的感谢！

党的十八大明确提出，要坚持计划生育的基本国策，提高出生人口素质，逐步完善政策，促进人口长期均衡发展。这为我们做好当前和今后一段时期的人口计生工作，指明了方向。全市各级各部门要以十八大精神为统领，牢固树立“抓人口就是抓发展，抓计生就是保民生”的理念，切实做到思想不松懈、工作不松劲、力度不减弱，以新作风、新作为，争创人口计生事业发展新业绩。

下面，就贯彻全省电视电话会议和国生省长讲话精神，结合武汉实际，我重点强调五个方面工作。

一是全力稳定低生育水平。要建设国家中心城市和国际化大都市，既要把经济规模搞上去，做大分子，又要控制好人口规模，稳住分母。否则，再快的发展速度、再大的发展成果，都会被过快增长的人口消耗掉，资源、环境也难以承载。要坚持现行生育政策不动摇，确保完成人口总量控制、符合政策生育率等约束性指标。全面加强基层基础工作，健全“依法管理、村（居）民自治、优质服务、政策推动、综合治理”的稳定低生育水平机制。要严肃查处违法生育行为，是党员干部的，一经查实，坚决给予党纪政纪处分，直至“双开”；是名人富人等高收入群体的，坚决公开曝光，并严格依法征收社会抚养费，切实维护人口计生法律法规的严肃性。

二是加大出生人口性别比整治力度。出生人口性别比偏高问题，不仅是人口问题，而且是社会问题、政治问题，影响经济发展和社会稳定。要切实加强和规范B超、终止妊娠手术、药品和医疗器械等源头管理；坚持市区专班联动机制，加强人口计生、公安、卫生、药监、工商、纪检监察、法院等部门的协调配合，加大对“两非”案件的打击力度。开展“关爱女孩行动”，制定完善有利于女孩发展的政策措施。广泛宣传科学、文明、进步的婚育观念，营造性别平等的良好社会氛围。

三是着力推进流动人口计生服务均等化。要落实流动人口现居住地与流出地管理相结合的要求，做到“流动人口流到哪里，计划生育服务管理就落实到哪里”。强化城乡结合部、集中经营地、封闭式小区等重点地带的管理，完善“以证管人、以房管人、以业管人”机制，加强社会管理网格化平台建设，实现服务管理无缝隙、全覆盖。以“暖在江城”为主题，积极开展“五送”（送政策、送知识、送温暖、送服务、送健康）、“五融合”（就业、就学、心理、社会地位、社区生活）活动，让流动人口更好地融入城市生活。

四是切实增进计划生育家庭福祉。围绕“文明、健康、优生、致富、奉献”的目标，以“12·300乐福家”（开展家庭人口文化发展、家庭公共服务、救助贫困母亲等12项计划，惠及全市300万计生家庭）行动计划为抓手，深入开展“幸福家庭”创建工作。大力推进免费孕前优生健康检查，实现项目服务人群的全覆盖。加大独生子女伤残死亡、计划生育手术并发症等计生特殊家庭的关爱帮扶力度。落实法定计生奖励政策，积极推进城镇计生夫妇年老一次性奖励全覆盖。在城乡低保、社保、医保、社会救助、就学就业、住房保障、征地补偿等方面，出台更多的计生优先优惠政策，切实解决计生家庭的实际困难，提升计生家庭发展能力。

五是严格落实人口计生工作目标责任制。人口计生工作，是硬目标、硬任务、硬要求。各级党委、政府主要领导要把人口计生工作作为“一把手”工程，亲自调研、亲自部署、亲自协调、亲自督查抓落实。人口计生工作领导小组成员单位，要各司其职、各负其责，齐心协力抓好人口计生工作。要加强考评、兑现奖惩，对责任不到位、措施不落实的，该“亮黄牌”的“亮黄牌”，该“一票否决”的坚决“一票否决”。要加强“顶层设计”，深化人口发展战略研究，为市委市政府决策提供科学依据。

人口计生工作，功在当代，利在千秋。我们要本着对城市负责、对历史负责、对子孙后代负责的态度，扎实做好人口计生工作，促进人口长期均衡发展，为建设国家中心城市和国际化大都市，创造良好的人口环境。

市委副书记胡曙光在全市人口计生工作会议上的讲话

（2012 年 6 月 4 日）

我市人口计生工作，从去年的情况来看，取得了比较好的成绩。国家和省里多次来我市视察和检查指导人口计生工作。前不久，国家人口计生委主任王侠同志来我市视察，对我市人口计生工作给予了充分肯定。2011 年我市人口计生工作又获得全省党政领导线人口计生目标管理一等奖。这些成绩的取得很不容易。在去年市委和市政府召开的全市人口计生工作会议上，成发书记作了重要讲话。各区按照成发书记的要求做了大量的工作，取得了明显成效，得到了国家和省里的充分肯定，有的区还在全省的大会上受到表彰。

虽然我市人口计生工作取得了一定的成绩，但是我们的有些数据和指标仍在一个非常低的水平徘徊。刚才，刘英姿副市长对去年的人口计生工作进行了总结，对进一步做好人口计生工作进行了部署。在刘英姿同志的工作报告中，大家对全市的人口计生工作有了一定的了解。从全市的情况来看，我们的工作任务非常艰巨，形势非常严峻，很多数据仍然处在非常不好的状态。我们不能沾沾自喜，不能为我们取得的一些成绩和荣誉所蒙蔽。比如新洲区，在去年的全市人口计生工作大会上，成发书记对新洲区进行了点名批评。会后，我和新洲区委书记王世益同志就如何改变新洲区人口计生工作的落后面貌交换了意见。此后，我又先后三次去新洲调研了解情况。新洲区的工作进步很大，受到了省里的表彰，但是人口计生工作水平依然十分落后。因此，这项工作需要我们长期不懈地抓，才能逐步扭转这种工作基础差的落后局面。

市第十二次党代会明确提出了“建设

国家中心城市、复兴大武汉”的工作目标。人口计生工作的这些数据与建设国家中心城市仍然有很大的差距。我们可以查一查四个国家中心城市的数据，和它们相比，我市的差距很大。建设国家中心城市，需要方方面面的共同努力，人口计生工作是其中一个十分重要的方面。经济社会中最基础、最活跃的要素是“人”。我们要有序地、有计划地做好人口工作，保持与经济社会发展相适应的人口规模、人口结构和人口质量。如果人口工作做不好，其他工作做得再好，都会把我们的成绩拉下来，都会影响全市人口与经济社会的协调发展和均衡发展。市委、市政府每年都要召开全市人口计生工作大会，市领导都会提要求。今天，成发书记还要就人口计生工作作重要讲话，希望同志们按照成发书记的讲话要求，在去年工作的基础上，一步一个脚印，坚定不移、毫不松懈地把这项工作做好。

（根据录音整理）

市委副书记胡曙光在全市综合治理出生人口性别比问题的工作会议上的讲话

（2012 年 6 月 6 日）

前天，我们才召开全市人口计生工作会，仅隔一天，我们在此召开全市综合治理出生人口性别比问题的工作会，由此可见，这个会议的重要性与紧迫性。刚才，李丹芳同志通报了工作情况，并对下一阶段工作作了部署。市药监局、江夏区卫生局、硚口区公安分局 3 个单位作了交流发言，值得学习借鉴。应该说，经过大家的努力，这项工作取得了一定的成绩。刚才，省人口计生委董副主任给我们做了很好的报告，讲得非常到位，对我们的工作有很好的指导作用，在这里向董主任表示真诚的感谢！

党中央、国务院高度重视治理出生人口性别比偏高问题。胡锦涛同志提出了“综合治理出生人口性别比问题，切实促进社会性别平等”等六项重点任务。国家人口计生委、公安部、卫生部、食品药品监督管理局、总后卫生部、全国妇联等六部门联合发文，将 2012 年确定为“出生人口性别比重点治理年”，确保实现“十二五”期末全国出生人口性别比下降至 115 以下的目标。按照国家、省要求，“十二五”时期，我市出生人口性别比要在“六普”的基础上实现逐年下降，每年下降幅度不低于上一年超出基点 107 部分的 10%。各区的目标任务也是一样。由此推算，“十二五”期末我市出生人口性别比应下降到 114 左右，这是一项严肃的政治任务，必须坚决完成。从“六普”数据看，出生人口性别比偏高问题已成为我市人口工作中最突出的问题。

综合治理出生人口性别比工作存在的问题是很清楚的，我们的法律法规运用不到位，“两非”案件处理偏轻，尤其是民营医院和个体诊所，该关门的没关门，该吊销执照的没吊销，该追究刑事责任的没追究，该开除的没开除。有相应的文件、政策法规，没有责任追究到位，能把性别比降下来吗？截至2012年5月底，全市仅查处典型案件21起，比2011年度的60起相差甚远，武昌区和武汉经济技术开发区、东湖生态旅游风景区、化工区还是空白，工作力度远远不够。各区、各相关部门要高度重视，坚决查处一批有影响的典型案件，做到发现一例，查处一例。对违法行为，不管牵涉谁，牵涉哪个部门，都要坚决查处。对有案不查、查而不处或降低标准处理的，要严肃追究责任。

相关部门必须责任到位。全市各级各部门要强化主体责任，完善机制、创新方式，严厉查处“两非”案件。各级纪检监察、人口计生、卫生、公安、药监等部门要加强协作，组建工作专班，完善“两非”行为查处工作机制。要创新方式方法，提高打击效果。要综合利用经济、法律、行政等手段对“两非”行为进行严肃查处，探索建立销售B超登记实名制和查处“两非”案件报备制，由公安、卫生、药监、人口计生等部门共同会商案件查处意见，对区级处理过轻的及时予以纠正，并追究相关责任。

把宣传倡导同利益导向政策结合起来，把解决思想问题同解决实际困难结合起来，通过切实有效的利益导向，逐步转变群众生育观念。要加强生育文明建设，推进幸福家庭创建计划，逐步转变群众生育观念。要结合国家中心城市建设和新农村建设，加大财政投入力度，积极整合政策资源，加强惠民政策与计划生育政策的衔接，把各种惠民政策优先投向计划生育女孩家庭，加快建立有利于解决出生人口性别比偏高问题的农村医疗、住房、就业、养老等保障制度，让计划生育家庭特别是女孩家庭优先享受改革发展成果。

要严格规范管理。强化“村为主”的工作机制，落实孕情包保责任制，街乡党政主要负责同志要带头包保重点对象的孕情，切实加强孕情全程监管，使综合治理出生人口性别比各项措施在基层真正落到实处，取得实效。

要切实落实现行生育政策，加强性别比综合治理的投入保障。确保宣传教育、利益导向、查处“两非”案件等经费投入到位。切实落实基层工作人员的工资和社会保障待遇，确保基层计划生育工作机构、人员稳定和工作正常进行。

特别是领导责任制的问题，必须落实领导责任追究制，出生人口性别比工作才能取得更好的成效。要把数据分析报到领导手上，帮助领导做决策。要坚决落实人口计生工作目标责任管理和“一票否决”制度，强化责任追究，实行末位淘汰制。

综合治理出生人口性别比工作任务艰

巨繁重，责任重大。有党委和政府强有力的支持，我们有信心，有理由把工作做得更好。我们一定要下定决心，迎难而上，扎实工作，不辱使命，以我们实际工作业绩为复兴大武汉作出应有的贡献！

（根据录音整理）

市委副书记胡曙光在全市人口计生专项督查工作会议上的讲话

（2012 年 7 月 3 日）

做好人口计生工作是建设国家中心城市、复兴大武汉的根本保证。全市人口计生工作当前面临较大的现实压力，解决人口问题必须统筹协调、齐抓共管，各相关部门要认真履责，主动作为。这次召集相关部门主要负责人深入一线开展调研调查，就是要针对存在的问题，进一步理清职责，加强配合，抓好重点环节，解决突出问题。综合治理出生人口性别比和加强流动人口计生服务管理是现阶段人口计生工作必须解决的重难点问题。解决好这些问题，一是要理清部门工作职责。市人口计生委要针对调研中发现的问题，对服务与管理中的各个关键环节如何做，要进一步梳理，理清相关部门应尽的职责。二是要强化部门责任落实。卫生、公安、食品药监等部门要认真落实各项实名登记、打击“两非”的职责；公安、工商等部门要强化流动人口较集中的市场和地域的流动人口计划生育服务管理；财政、人社等部门要创造性地落实相关保障措施，创新举措落实各项人口计生奖励政策；政法委、民政等部门要在创新社会管理中突出抓好基层人口计生专职队伍力量的增强和稳定。二是量化考核标准。要将人口计生工作的各项具体指标要求进行量化，如信息录入及时率、准确率等要落实在具体的工作中，细化在工作的各个环节中，并做到严格考核；四是要严格兑现考核。对工作中敷衍塞责、不履责、不作为的行为，要实行严格的责任追究，必要时，市委督查部门要介入督导、实行通报。各部门要加强配合，认真履责，积极推动全市人口计生事业科学健康发展，为建设国家中心城市、复兴大武汉作出更大的贡献。

（根据录音整理）

市委副书记胡曙光在全市打击“两非”专项工作会议上的讲话

（2012 年 8 月 7 日）

今天，我们召开全市打击“两非”专项工作会议，就打击“两非”工作进行专题研究部署。刚才，市人口计生委李丹芳同志通报了有关情况，分析了全市综合治理出生人口性别比工作形势。希望大家充分认识当前全市人口计生工作面临的形势和任务，保持清醒的头脑，再上措施、再加力度，确保武汉市人口计生工作责任目标全面完成。

由于换届的原因，很多同志都是第一次分管这项工作，包括我、刘英姿副市长、李丹芳同志，以及我们在座的很多区及部门的负责同志。当前，全市人口计生工作面临的形势非常严峻。人口计生目标考核年度截止到 2012 年 9 月 30 日，我们剩下的时间只有 50 多天。长期以来，武汉市人口计生工作一直走在全省前列，每年都作为先进以及目标考评优胜单位受到表彰。今年，省委、省政府对人口计生工作的考核办法发生了重大变化，重点考核的指标有两个：一个是出生政策符合率。武汉市的目标值是 96%。另一个出生人口性别比，武汉市的目标值是 115～118。本来只有两个数据，但现在由于考核方式发生变化，加上过去长期以来计划生育方方面面数据上存在不确定性、模糊性，甚至存在漏报、瞒报、不报等问题，仅仅只考核这两个数据，就可以发现我们工作中存在的一些问题。所以，在人口计生责任目标下达后，省人口计生委采取另一种方式来督查，不停地查数据，经常深入一线查数据准确性。

对于工作考核，其中很重要的一项就是打击“两非”。上个月，省委、省政府召开了综合治理出生人口性别比问题的工作约谈会，武汉市也“有幸”成为约谈对象。2011 年，我有幸代表人口计生工作的优胜单位上台领奖，全省两个一等奖，武汉市是其中之一，我感到很骄傲、很自豪。今年大半年过去了，由于工作没做好，成为约谈对象。为什么约谈，就是因为武汉市打击“两非”不力。打击“两非”工作，武汉市在全省是落后的，与 15 个副省级城市相比，与发达城市相比，武汉市也是落后的。

打击“两非”不力，最根本的原因是没有真正引起高度重视，有的地方甚至是知难而退。从目前情况来看，对“两非”案件的及时查处不够，处罚力度不够，没有真正查处到位，这是我们非常突出的一个问题。为此，省领导、省人口计生部门同志找我们约谈，要求武汉市必须把这项工作做好，这是领导对我们的要求，是政府应该履行的职责。

正是因为“两非”打击不力，才造成出生人口性别比偏高。今年很多区和去年同期相比，工作在下滑，出生人口性别比有较大幅度的上升。不少区长期徘徊在出生人口性别比不合理，特别是二孩及以上出生性别比严重偏高的状态。这个问题不解决，我们就会永远被压得喘不过气来。有的地方二孩及以上出生人口性别比偏高得不可思议。这里有一张对全市区、街（乡）统计表，其中6个街（乡、镇）出生男孩和女孩比值无限大，全是男孩，一个女孩没有。这个问题非常严重。为什么会出现这种情况？原因很简单，没有把好关口，发现问题没及时解决，该处罚的没处罚。

现在全市上下正围绕市委提出的建设国家中心城市、复兴大武汉的宏伟目标在不懈努力。因此，只要大家把这项工作上升到这样的高度，只要能充分认识到这个问题存在的不足，只要有切实可行的办法，只要有真正足够的决心，我们就一定能把这项工作做好。市委、市政府对人口计生工作是高度重视的。今年以来，市委、市政府围绕人口计生工作多次召开会议，调度部署。我作为市委分管领导，刘英姿同志作为市政府分管领导，都花费了很大的精力。研究各种数据、政策、法规、案例所投入的时间，对我来说仅次于维稳。维稳工作压力大，涉及面宽，投入的精力多。对于人口计生来说，只有一条线，相对投入的精力是很大的，开会研究一开就是一上午，每次都记数据，已经不知记了多少。从刚才各区和各部门汇报的情况来看，可以看得出哪些区是真正下了功夫，也可以看得出有极个别区措施不力，说的话比较空，数据也不好看。工作做没做好，靠数据说话。

有的同志说，有的地方工作基础很差，工作难度很大。考核同志们的状态不是看基础，而是看工作期间采取的措施和工作取得的成效。有的地方工作基础差，出生人口性别比可能达到近200，但只要采取有效措施，工作努力，每年大幅度下降，由200降到180、160直到140，几年就下来了。也许140排序靠后，但成效是明显的。因此，对工作努力程度的考核十分重要。假如我们把一个同志安排到出生人口性别比200地方，另一个在出生人口性别比150的地方，安排出生人口性别比150的地方几年没搞下去，相反上升到155，而出生人口性别比200的地方下降到180，你说谁有成绩？我们要这样考核，主要看进步，考核工作的动态值。

只有加大打击“两非”工作力度，出生人口性别比才能降下去。一个村有14个孩子出生，个个都男孩，肯定不正常。有的区元月份至今出生8 000多人，人口出生性别比高达200，但只查处了一两起“两非”案件。这里面可能有大量“两非”行为的发生，包括在处理环节上也存在漏洞。出生人口越多，出生人口性别比越不合常规，应该查处更多的“两非”案件，这样工作才是相称的。查处“两非”案件是很重要的考核指标，省里其他地市出生人口性别比排在我们前面有11个市，都比我们高，有的高得不可思议，但是打击“两非”的力度很大。到目前为止，武汉市二孩出生人口性别比数据比去年有进步，进步了7个单位值。但是有好几个区到目前为止比去年还高。如果出生人口总量小，300个、500个，那就不谈。但目前江岸区出生7 800人、江汉区4 200人、硚口区5 200人、黄陂区9 700人、新洲8 400人。出生人口这么多，出生人口性别比却居高不下，说明工作存在问题。

我们今天专题召开会议，再次进行动员和部署。当然，同志们还是要有信心。刚才各区和各部门表态很好，制定了各种各样的措施，希望大家抓好落实，该查处的查处，该配合的配合，该处罚的处罚，该吊销执业资格的吊销执业资格，该判刑的判刑，一定不能手软。从2011年10月1日到今年6月30日，全市查处“两非”案件80起，其中，典型案件35件。我和李丹芳同志对每一起案件的处理情况进行了认真分析，很多案件处理偏轻。如果医疗机构、诊所以赢利为目的，公开破坏基本国策，影响人口计生工作，处罚绝不能手软。如果我们采取强有力的措施，再把我们宣传教育工作做上去，一定会形成一个良好的工作局面。

很多“两非”案件的当事人都是来自武汉市周边地区，为什么？因为武汉市管得松、处罚得轻。如果你管得严，他们就不敢来。武汉市是全国社会治安最好的城市之一，大家没什么体会，但是我作为政法委书记，对这个问题非常敏感和关注。社会治安搞好了，大型的、群体性案件就不会来武汉，来了就严惩。打击“两非”工作同样如此。如果采取强有力措施。周边地区就不敢来，个体诊所、无证诊所因为代价大就不敢做。我们要在最后50多天采取强有力措施，目前，有4起“两非”案件要追究当事人的刑事责任。各区、各部门要加强配合，对非法从事“两非”行为的，一定要依法依规严肃处理，形成打击“两非”的高压态势，从而扭转武汉市的被动局面。

（根据录音整理）

市委副书记胡曙光在全省“生育文明·幸福家庭”创建活动电视电话会议武汉分会场的讲话

（2012年10月9日）

今天，省委、省政府召开“生育文明·幸福家庭”创建活动电视电话会议，刘英姿副市长代表市委、市政府在会上作了经验交流，武汉市的江岸区、洪山区、黄陂区荣获全省生育文明建设工作先进区，还有一批单位、个人和家庭受到表彰，并且在前不久成功举办了“幸福江城”首届人口文化节，在全国、全省和广大群众中产生了良好的反响。这是武汉市的光荣，是全市广大人口计生工作者和各级各部门共同努力的结果。在此，我代表市委、市政府向大家表示衷心的感谢，向受表彰的集体和个人表示热烈的祝贺！刚才，尹汉宁部长作了重要讲话，大家一定要深刻领会。下面，我讲三点意见。

一、深刻理解开展“生育文明·幸福家庭”创建活动的重要意义

近年来，全市上下认真贯彻落实胡锦涛同志关于全面做好人口工作的重要讲话精神，将生育文明建设与精神文明建设相结合，与实施新农村新家园行动相结合，与解决群众实际困难相结合，大力倡导科学文明进步的婚育观念，积极出台有利于计划生育家庭的奖励优惠政策，使得全市生育文明建设的内容不断丰富，群众建设生育文明幸福家园的热情日益高涨，全市生育文明建设的覆盖面达到100%，已有7个区荣获全省生育文明建设工作先进区，为全面做好新时期人口工作奠定了深厚的群众基础。

生育文明建设涵盖了人口计生工作的方方面面，是建设和谐社会和社会主义新农村的重要内容，30多年的实践证明，人口计生工作是一场移风易俗的群众性运动，通过广泛的宣传发动，不断缩小群众生育意愿与现行人口政策的差距，探索出一条具有中国特色的统筹解决人口问题的道路。当前，人口计生工作进入转型升级阶段，从控制人口数量到全面做好人口工作，从育龄群众计划生育技术服务到服务全人群和生命全过程，生育文明建设也已经由以宣传为主、着力转变群众传统的婚育观念，朝着建立新型人口文化、创建幸福家庭的方向发展。人口问题是经济社会发展的首要问题，“生育文明·幸福家庭”创建活动是一项事关建设幸福武汉的重要工作，各级党委、政府务必高度重视，强化认识，狠抓落实。

二、扎实推进“生育文明·幸福家庭”创建活动

作为全国“婚育新风进万家活动”第四阶段示范市和创建幸福家庭活动试点市，按照省生育文明建设的总体要求，全市制定了生育文明“三型六好”人口文化发展计划和“12·300乐福家”行动计划，着力打造具有武汉市特色的生育文明建设品牌。

一方面，通过创建活动提升人口工作水平。要加强村（社区）人口文化阵地建设，开展形式多样的人口文化活动，满足群众的精神文化需求，使人口和计划生育政策得到全社会广泛认同和积极支持。要围绕重难点工作，深入开展控制出生人口性别比的宣传教育，大力营造严厉打击“两非”行为的舆论氛围。要积极推进计划生育群众自治，强化基层基础，加快全员人口信息化和人口计生公共服务体系建设，将创建活动作为全面做好人口工作的有效载体。

另一方面，通过创建活动提升家庭幸福指数。要制定家庭发展政策，做好人口计生和相关部门政策的衔接，在普惠政策中突出计划生育家庭特惠待遇，充分体现让计划生育家庭优先享受改革发展成果。要特别关爱计划生育特殊困难家庭，积极出台政策加大帮扶力度，从根本上解决就医护理、养老保障、临终关怀等问题。要落实免费孕前优生健康检查和免费婚检工作，普及优生优育、生殖健康知识，提高出生人口素质，将创建活动作为人口工作造福于民的重要平台。

三、切实加强对“生育文明·幸福家庭”创建活动的领导

开展“生育文明·幸福家庭”创建活动是一项社会系统工程，需要各级党委和政府高度重视、相关部门密切配合和全社会的大力支持。

一是加强领导。各级党委、政府要将创建活动纳入经济社会发展的总体规划，纳入重要议事日程，纳入责任考核目标，纳入重大事项督办内容，纳入民生工程建设，研究制定相关政策和考评办法，确保创建活动抓出成效。

二是齐抓共建。全市已经成立了由38个部门组成的创建幸福家庭活动领导小组，各部门要认真履行职责，完善落实协同机制，主动出台政策措施，建立部门重点联系街乡制度，严格目标考核，齐心协力抓好创建活动。

三是保障投入。创建活动事关民生，要切实给予经费保障，综合运用调研、论证、规划、监督、实施、评估等项目管理机制，积极整合部门资源，广泛动员社会参与，共同推进创建活动扎实有效地开展。

开展“生育文明·幸福家庭”创建活动是引领广大群众和家庭走向文明、走向幸福的甜蜜事业。我们要统一思想，克难奋进，开拓创新，真正让武汉市创建幸福家庭的12项行动造福全市300万家庭，有力推动幸福武汉建设，为建设国家中心城市创造良好的人口环境！

省人口计生委党组书记胡菊萍专题调研武汉市春季人口计生工作时的讲话

（2012年2月16日）

一、主要感受

根据省人口计生委统一安排部署，为了解各地贯彻落实全省人口计生工作会精神的情况，省人口计生委分片组织了对17个市州的春季调研活动。这次调研的主要内容是四个方面：一是贯彻落实省人口计生工作会议情况；二是综合改革情况，重点调研出生性别比问题的综合治理工作情况；三是开展免费孕前优生健康检查情况；四是在社会管理创新当中好的经验和做法。这次对武汉市的调研，安排了3天，市委、市政府的多位领导在工作十分繁忙的情况下，还抽出时间陪同我们进行调研，让我们非常感动！这次调研收获很大。调研期间，调研组一共到了5个区，还参观了武钢，查看了信息化建设社区

(村)级版的应用。从这次调研中可以看出，武汉市在贯彻落实全省人口计生工作会精神方面做到了起步早、行动快、措施强，而且作风实，成效显著，很受鼓舞、很受教育、很受感动！武汉市作为全省的龙头，人口计生工作在市委市政府的高度重视和领导下，人口计生系统干部切实做到了团结拼搏，求真务实，做了大量的卓有成效的工作，很多方面在全省起到示范和引领作用，连续几年才能获得人口计生党政线、部门线目标管理一等奖，而且武汉市人口计生工作年年有创新，年年有发展，这是非常不容易的。武汉市人口计生委在武汉市优化发展环境的民评民议活动中能获得第6名的好成绩，让我们非常受鼓舞。我们也要很好地总结武汉市的很多经验，比如去年全省开展的“治庸问责”。武汉市这方面很多好的做法，给了我们很多很好的借鉴和示范，省人口计生委也要对武汉市表示感谢！

二、主要收获

三天的调研，武汉市今年以来的人口计生工作给我们留下了深刻的印象，突出表现在：

(一) 党委和政府高度重视，为人口计生工作提供了坚实保障

市委、市政府一直把人口计生工作放在十分重要位置。在对武汉市人口计生委主要领导的选拔过程中，阮成发书记多次强调，一定要把市人口计生委主任人选选好，不仅要业务能力强，也要求综合素质强。李丹芳同志到任这4个月，委机关已呈现出新的面貌，工作有很多很好的气象。就市委、市政府重视人口计生工作层面来看，体现在“六个第一”，让我们很振奋！

一是市委、市政府第一次将计划生育困难家庭纳入市“四大家”领导春节走访慰问对象体系。慰问困难家庭能反映出市领导对人口计生工作在情感上倾斜，优先考虑到了计生家庭。特别是阮成发书记慰问困难家庭的场面很感人！这是一种示范，体现出武汉市委、市政府把人口计生工作放在全局的具体行动。

二是第一次将走访慰问计生家庭纳入市“一把手”慰问工程。

三是市四大家分管领导第一次集体参加市人口计生委举办的“我爱我家”春节团拜会，慰问基层计生干部。这是给我们人口计生系统鼓劲、加油，是对我们人口计生工作的重视，对我们人口计生干部的关心，是情感上对人口计生的一种倾斜和交流。

四是市政府第一次将人口计生有关工作纳入市政府实事内容。包括市政府正在研究的奖励政策怎么全覆盖的问题，推动免费优生健康检查项目的工作，做得很到位。

五是市政府第一次就解决独生子女死亡家庭诉求进行专题研究。这是困扰我们人口计生的一个很大的问题。随着人口计生工作的发展推进，我们有一大批这样的问题，所以昨天与胡曙光书记座谈时，就谈到了人口计生信访量大的问题，主要集中在两块：第一块是独生子女死亡家庭；第二块是计划生育手术并发症的问题。计

划生育手术并发症的问题，全省将在27号开会进行推行部署，按照全国的部署在7月1日以前，把这项工作完全纳入特扶政策。但解决好独生子女死亡家庭这一问题，不是人口计生部门一家所能解决好的。我非常高兴看到武汉市政府这次把独生子女死亡家庭这个问题进行专题研究，已把它作为一项系统的工程，协调社会保障部门、民政部门，包括残联，动员社会方方面面力量，都来关注这个问题。人口计生委在这项工作中，要做好协调性、牵头性的一些工作。

六是各区的一把手在上班的第一时间到人口计生委调研。党委、政府高度重视是实实在在的，体现在人口计生工作上，不是停留在口号上，而是具体、实实在在地研究问题，解决实际问题，研究完善人口计生的措施和思路，把工作抓实。今天在新洲区的座谈会，区委书记、区长都参加了，汇报时根本不要稿子，就能说一二三，而且还能谈到一些个案信息。没有深入的了解谈不到这一点，所以我觉得这就是我们党委、政府在实质上重视了人口计生工作。

（二）计生系统真抓实干，呈现良好精神状态

一是工作思路明晰。提出了在今后五年全面实施“66553”工程。即健全六大体系、完善六大机制、打造五大品牌、争创五个示范、攻克三大难点。

这连续三天来，我们能看到“66553”工程不仅是反映在了纸上，更具体地体现在我们的实际工作中。比如在人口文化宣传教育工作方面，武汉市包括常青花园在内的很多地方，人口文化的宣传从形式到内容充分体现了以人为本的理念；幸福家庭的示范，大家庭中有小家庭，小家庭中有大家庭；还有流动人口服务管理、稳定低生育水平、综合治理出生人口性别比问题等方面，整个工作思路非常清晰。

二是任务目标明确。市人口计生委印发了《2012年全市人口计生工作要点》，拟定了2012年人口计生工作的主要责任目标，提出了2012年拟办的10件实事。

三是干部职工精神振奋。市、区人口计生委、服务站、村居计生专干精神状态好。市人口计生委制定的目标非常具体，并且雷厉风行抓工作，这种工作精神通过委机关带动影响全市人口计生系统，反映在区级，反映在服务机构、反映在社区（村）居委会。前天调研的前川街三姜村，今天调研的邾城街巴山村，都是支部书记亲自当讲解员，讲的都是他们自己亲身的做法。一些居委会也都是主任亲自当讲解员，说起具体情况，他们都是一口清。计生专干对信息情况都非常清晰。所以，我觉得大家的精神状态非常好。

（三）人口文化弘扬主旋律，亮点纷呈

武汉市提出要创新人口文化理念，深化人口文化研究，创作人口文化精品，展示人口文化成果，打造人口文化品牌。这次调研，让我们有很多新的感受。过去武汉市的百步亭、常青花园人口文化做得比较好，现在静安社区人口文化进楼栋，更具个性化，有针对地根据家庭所需所求开

展宣传服务活动，很温馨、很感动。昨天调研的那个家庭太感染我了，我就觉得他是那么样的自信，他说起自己工作时头头是道，我觉得很不简单，不仅仅是一种小人口文化，而是有一种大人口的文化在里面，还包涵了传统道德教育、家庭伦理，他没有一句空洞的口号，很多东西都非常人性化，还有一种对我们国家传统文化的诠释，做得非常好。包括青山区、新洲区的人口文化宣传也很有特色。所以说，在人口文化宣传方面，武汉市做到了亮点纷呈。

（四）人口计生信息化建设开端良好，逐步完善

武汉市的人口计生服务管理村居在线服务平台建设和运用虽然起步较晚，但推进速度较快。武汉市在全省的会议之后，行动非常快，马上组织市、区两级到孝感专题开会，现场学习，回来后马上行动，延伸到村、社区全面启动起来，而且基本上都能够掌握使用，这是一个很了不起的成绩。村（居）版的应用还存在怎么把它运用好的问题，下一步还有待进一步提升，如城市部件和人口信息怎么有效地融入地理信息中，怎样更好地利用信息平台做好我们的人口管理工作等。

（五）贯彻落实全省人口计生工作会议起步早、行动快，为完成全年目标任务打下了坚实的基础

武汉市、区两级按照省里的工作部署，特别是今年的工作重点，迅速贯彻，狠抓落实。有些同志春节期间在家里只休息了两三天，积极抓住农民工返乡有利时机抓紧开展工作。人口计生部门的同志们都非常辛苦，做了很多很好的工作，我在这里表示慰问和感谢！

三、建议和希望

我们这次调研，一个很重要的方面就是想跟大家一起研究，讨论当前我们到底存在哪些问题，包括我们自身怎么进一步改进的问题，比如我们信息系统的问题、便民服务领域方面的问题，管理的问题以及综合治理出生人口性别比工作，有很多问题和形式表现在基层，问题在我们上面。怎么把这些问题从政策体系、部门协调上形成机制？

（一）要进一步创新思路理念，将人口计生工作融入大局、服务大局

要进一步增强全局意识、大局意识、融入意识、服务意识。这是省人口计生委这几年通过逐步理清思路，提出了这四个意识。这四个意识实际就是如何解决好大人口的问题。人口和经济社会发展绝不能对立起来，这就涉及人口计生工作怎么进一步转变观念的问题。省里提出“四个意识”，就是要把人口计生工作放在全局来看。省里在现有经济综合评价体系中，从前年开始已将人口指标纳入到六大体系中，我们提出了人均指标。过去是拼块头、拼总量，但是一旦人均指标、社会发展指标提出后，全省就迎来大洗牌。从中，我们能发现人口计生工作做得好的，现在在综合发展指标体系中它的排位就大大靠前，包括武汉、宜昌这些地区的很多县、市、区，它的排位就往前移了，这就是人均指标和经济发展直接的联系。再就

是干部考核体系，省委组织部把我们人口体系纳入党政主要领导和地方班子的考核体系当中。现在省里包括“三农”的评价体系全部都把人口指标纳入进来了。李鸿忠书记在大会上特别提出，人口对于经济社会发展的重要作用，特别是通过它反映出湖北经济社会的发展和在全国的位置。对于我们自己来说，在主动融入全局、服务大局问题上我们怎样摆正自己的位置，哪些工作是需要党委、政府做的，哪些工作是需要我们自己做的。这几年，省人口计生委探索了改革目标考核体系，其中，一个很重要的内容，就是把党委、政府和我们部门的职能一定要分开。党委、政府的保障作用、协调作用，这是党委、政府的职能。人口计生部门也要从过去被动地埋头抓计划生育变为主动地为决策服务，提供信息，为部门服务、为党委服务、为政府服务，这就是人口和经济发展结合一个很重要的内容。它不是一个单独的内容。不仅仅应该抓住几个数字，而且应该为我们整个大局发展来做决策，所以，我觉得我们在服务大局的问题上是大有可为的。国家人口计生委王侠主任说，我们要有所为、有所不为。“有所为”就是要在服务经济社会发展上有所为，我们要高度重视。

（二）要进一步加强出生人口性别比综合治理，把综合治理出生人口性别比工作放在突出位置

一是高度重视，认清严峻形势。从2012年一季度统计数据看，武汉市出生人口性别比有攀升的趋势。全员人口数据库和卫生机构分娩登记数据显示，全市出生人口性别比仍然偏高。

二是加强孕情监测，及时上报。二孩及以上孕情监管工作得到了加强，但孕情登记上报及时率有待提高。尤其是新洲区作为全市出生人口性别比严重偏高的单位之一，这个指标低于全市平均值，排名后3位，亟待加强孕情监测。要加强B超、人流引产等计划生育手术信息的及时录入，及时对接，及时更新。通过信息跟踪，加强孕情监管。

三是加强“两非”行为排查，查找案源。要加大打击“两非”工作力度。从系统平台统计信息可以很明显地看到，还有很多案源可排查。加强“两非”行为排查，查找案源。第一，要正确分析形势；第二，要及时上报孕情；第三，要发现案源并进行打击。这次调研发现，武汉市有个共性的问题，就是我们人工流产比例比较大。我觉得这其中有很多信息值得认真分析，要带着问题去查找，在“打”的问题上面，不能简单地“打”，要把关口前移，发挥我们信息平台这样的一个辅助作用，发现信息，实行倒查，打防并举，采取多种措施真真抓落实。

（三）要进一步加强流动人口服务管理，推动流动人口基本公共服务均等化

武汉市在流动人口服务管理工作中做了很多卓有成效的工作，作为全国试点城市，很多工作，如部门配合、出台均等化政策、“关爱女孩”项目等都纳入了均等化服务的内容，非常好。关键是怎么把这些好的政策落到实处的问题，如何进一步

做实。

一是把流动人口服务管理工作做实。要少些形式主义的东西，多做些有实质内容的工作，把精力集中到办实事、搞好服务上。首先，要进一步为基层减负，尽量减少基层的负担，不要把一些虚化的指标作为考核的指标，要把具体的工作做实。

二是流动人口享受免费的基本公共服务，把流动人口与常住人口同对待、同服务、同管理，抓好落实。流动人口很多到卫生机构进行手术，说明了有些免费服务没有延伸到他们，这其中可能有体制的问题，有对接的问题，还有一个是我们怎么去有效衔接的问题。卫生部门的收费标准比我们高，这其中是否存在流动人口对我们的免费服务不了解，对我们的服务机构不信任、不认可。我觉得我们应该对这些问题认真做些调查研究，均等化服务这个口号好喊，实施起来还是一个很难的问题。

（四）进一步加强计划生育优质服务工作，推动优质服务规范化

一是规范化服务要进一步加强。包括新洲和黄陂。特别是黄陂这几年变化特别大，规范化服务，排在全省前列，而且随着业务拓展，党委、政府协调充实了一大批技术骨干到我们技术服务队中来，提升了服务能力。这几年，省里下大力抓优质服务建设，抓深化建设。关于这一问题，通过这两天的调研，我觉得还有些方面值得研究。这不仅仅是武汉市的问题，全省都面临着这个问题。新时期人口计生工作的服务理念怎么进一步转轨，业务怎么进一步拓展的问题以及服务体系规范管理、服务内容进行规范等问题，确实还值得研究。要提高服务人员素质，包括生殖健康咨询师、药剂师、技师等，都要很好地进行规范，有什么资质就相应做什么工作。所以，要规范服务程序、规范流程管理。市级科技处要有现代科学管理的理念，千万不要忽视文书档案的问题，文书档案的作用从医疗角度来看，是防止出现问题。对于病案的分析，把人口数据加进去以后，对于我们来说，还有一个数据分析的问题，要通过数据分析发现问题，规范管理。

二是要抓好免费优生健康检查工作。武汉市今年要普遍推行免费优生健康检查工作。国家提出了很高的要求，温家宝同志提出今年的覆盖面要达到 60%。2011 年年底，国家人口计生委要求覆盖率达到 30%，但是国务院把这项工作放在一个至关重要的位置上面，提出覆盖面要达到 60%，就是因为总理感觉这是一个民生工程。武汉市今年提出要全覆盖，怎么通过这项工作把服务职能延伸。怎么做到全覆盖的问题，对于我们来说是挑战。这项工作，存在我们全程指导怎么加强的问题，怎么规范的问题。武汉市在起步阶段形势非常好，宣传工作做得很细，去年在黄陂开展的试点效果非常好，但是全面开展存在如何指导、怎么全程监测的问题，如何保证工作质量的问题。对我们来说，要求是很高的。我建议，把这项工作作为一个课题很好地研究，成功的做法要向全省进行推广。希望你们能够以现场会的方式推

广黄陂的做法，从起步开始就来规范这项工作，同时把相关工作进程情况向党委、政府报告。同时，要对社会进行宣传，进一步提高社会关注度，增强群众参与意识，使这项民生工程真正能够让群众得到实惠。

三是要搞好日常服务。免费优生健康检查工作体现了我们的业务得到了拓展，但反过来又面临另外一个问题，常规的服务工作怎么加强。在技术服务机构人员少、工作量大的情况下，要注意抓好日常服务，主动为育龄群众提供上门服务、个性化服务。及时有效指导育龄群众落实避孕节育措施。

四是对高孕次的问题要引起高度重视。这次调研发现，少数区高孕次的人不少，且大多数生的是男孩，这说明了我们基础服务工作不到位。

（五）全面加强计划生育基层基础工作，促进基层基础工作上台阶、上水平

一是要加强日常工作措施落实。二是要加强信息化建设推广步伐。特别是要加快村级信息平台建设应用的步伐，加强数据的分析。人口计生系统全体干部职工首先要熟悉平台，其次要应用好平台，各个处室都要应用好信息系统，通过加强分析，指导基层工作。三是进一步提高数据质量。要杜绝瞒报，防止和减少错报和漏报，提高统计数据的真实性和准确性。四是要进一步加强队伍建设，加强队伍的培训工作，提高职工业务素质。大换届年我们很多干部都进行了更新，今年省里提出队伍建设年，就是要开展大培训。

（六）创新人口计生品牌

多年来，武汉市人口计生工作许多方面走在全省的前列，在全省起到了引领和示范作用。在新的时期，更应抓住机遇、乘势而上，为全省创造更多的经验借鉴。要在人口计生服务大局、建设武汉城市圈、创新社会管理方面，在人口计生优质服务、提升家庭发展能力、人口文化建设、流动人口服务管理、计划生育利益导向机制方面进一步完善和创新。这些工作武汉市有很多很好的经验，有的是在局部，有些已经发展到了整体，要由点到面，做大品牌；要乘势而上，更好地总结提升推广，力争上一个新台阶。我们也要把武汉市的经验推广到全省，希望武汉市能够为全省人口计生工作创造更多更好的经验。

这次调研工作得到了武汉市、区党委、政府和人口计生部门的高度重视和大力配合，给我们提供了很多很好的条件。但是，我们这次“走马观花”式的调研，还有很多“真经”没有取到，还有很多好的方面没有看到，我们基层准备了很多好的现场，我们还没有走到，表示歉意。

（根据录音整理）

省人口计生委主任杨云彦在武汉市打击“两非”工作会议上的讲话

（2012 年 11 月 30 日）

在全省上下认真学习贯彻落实党的十八大会议精神之际，武汉市召开打击“两非”专项工作会议，非常及时，非常必要，很有意义。刚才刘英姿副市长总结了 2012 年度的工作，对 2013 年度的工作进行了部署。会议表彰了先进，4 个单位交流了工作经验。我觉得这些交流的经验都非常好，等一下胡曙光副书记还要就下一步的工作提要求、作指示，我这里先谈一些感受和体会。

一、关于武汉市打击“两非”工作的整体印象

（一）党委、政府高度重视。今年以来，在市委、市政府的领导下，武汉市人口计生工作全面推进，打击“两非”工作取得了较大成绩，主要表现在以下四个方面：

一是领导重视站位高。过去，武汉市人口计生工作一直处在全省前列，在各个方面都取得了很好成绩。这些年来，在全省人口计生工作党政线评比表彰中，武汉市都是两个一等奖中的一个，说明武汉市的工作确实走在全省前列，做得比较好，起到了示范引领作用。但是，武汉市也面临新的问题。一个突出问题就是“两非”活动非常猖獗。今年，我们召开全省性别比综合治理约谈会的时候，武汉市有的区被约谈。被约谈的主要原因是“两非”行为频发。武汉市委、市政府及时发现这个问题，高度重视这个问题，胡曙光副书记、刘英姿副市长高度重视人口计生工作，特别是在打击“两非”方面，投入的时间和精力很多，对情况十分了解。我感觉到这段时间武汉市是真抓实干，做了大量的工作，两位领导都成了这方面的专家，讲的话非常到位，反映出领导的站位很高。刚才，刘英姿副市长也讲到了这个问题，怎样认识“两非”行为的危害性？怎样看待性别比失调的危害性？讲得非常好。武汉市人口计生委做了大量工作，自觉性很强，抓得很紧，这些都是我们加大领导力度的具体体现。

二是部门履责力度大。治理出生人口性别比问题是一个综合性非常强的工作，特别是各部门，作为人口计生工作领导小组成员单位，在综合治理出生人口性别比问题、促进人口均衡发展中，每个部门都肩负着责任。我反复强调的一个观点，所有部门参与到打击“两非”工作中来，不是在帮人口计生部门做事情，而是在履行自己的职责，这个道理一定要讲清楚。武汉市工作的一个亮点，就是各部门明确了职责，加大了联动的力度。各个区都成立了人口计生、卫生、药监、公安、纪检监察等部门组成的专班来开展工作，有些部门行动非常迅速。刚才，药监局的负责同志在介绍经验的时候，提到与卫生、人口计生联合下发对B超销售管理的规定。我觉得这个办法很好，对全省乃至全国都有借鉴意义。各个部门认真履责，加大工作力度，为综合治理出生人口性别比创造良好的条件。

三是打击“两非”出实招。今年是武汉市打击“两非”取得成果最明显的一年。仅刑事处罚的案件就有10多件，这一点应该给予充分肯定。目前，打击“两非”存在很多困难，过去为什么没有突破？是因为在打击“两非”方面，不出实招、不下真功就很难见到实效。今年，武汉市及各区加大了工作力度，采取了很多措施，对“两非”源头进行了重点治理。特别是对实施“两非”的犯罪行为，进行了非常严厉的打击和处罚，这一点非常必要，也是我们工作取得成效的具体体现。

四是整体推进见实效。综合治理出生人口性别比问题，严厉打击“两非”行为，是人口计生工作一个重要的组成部分。武汉市人口计生工作从总体来看，可圈可点，亮点纷呈。今年举办的人口文化节在全国产生了很大的影响；在利益导向方面做了大量工作，在关心关爱独生子女死亡家庭、推进计生家庭退休一次性奖励全覆盖等方面取得了很好的成绩。武汉市人口计生工作总体上确实做出了很多新的成绩，我不一一列举。事实上，根据我们考核、调研和从周边县市的了解的情况，也感觉到由于武汉市打击“两非”的力度大了，周边地区到武汉从事“两非”活动的也呈现下降趋势。大家都知道武汉市查得严了，管得紧了，不敢到武汉来了。此外，外地来武汉查办“两非”案件时，武汉市协作配合的力度也明显增强，很多案例都是通过区域协作来办理的，说明我们正在形成一个非常好的发展趋势。

二、关于下一步工作建议

首先，要提高认识，严打“两非”。尽管武汉市打击“两非”工作取得了一些成绩，但我们也要看到问题的严峻性，提高认识，严堵源头，严打“两非”。“两非”是什么问题呢？“两非”就是导致性别比失调的直接因素，如果没有“两非”，性别比肯定没问题，肯定正常。简单地说，就是要管住“B超”，管住“引产”。人工流产不受影响，因为胎儿性别还看不出来，到四个月以后，才可以看出胎儿性别。做引产的绝大多数是做了性别鉴定的。有些地方，包括与武汉市毗邻性别比极高的江汉平原，没有查处“两非”典型案件，说明力度还需加大。只要我们切实把“两非”管住，把引产管理好，性别比就可以趋向正常。从武汉市的情况看，只要领导重视了，把出生人口性别比当成一件大事来抓，我们就一定能够抓出成效来。虽然我们目前取得成绩非常突出和明显，但仅仅只是初见成效。因此，今天的会议既是庆功会、表彰会，又是动员会、督办会。

其次，要部门联动，守土有责。武汉

市担负着全省综合治理出生性别比和打击“两非”的重任，不仅是要努力使自己的性别比恢复正常，而且在全省性别比恢复正常的过程中发挥重要作用，甚至龙头作用。流动人口高度集中在武汉市，同时，武汉的医疗条件、环境、技术水平都比较高，导致湖北大量的“两非”活动自然地向武汉市聚集。不仅是湖北省，周边的省也向武汉聚集。如果不把武汉市这些地方管好，就有可能给全省的性别比拖后腿。因为“两非”活动非常隐蔽，发生的情况也很普遍，如果不重视，那么就会在我们眼皮底下犯错误。这里，我特别强调，要部门联动，不是部门配合，也不是部门协作。每个部门，特别是卫生、公安、药监等部门。这些部门在综合治理出生性别比方面的职责，是法律法规明确赋予的，不是在帮计划生育部门做事情。仅仅靠人口计生部门一家做，性别比是无法下降的。整治医疗市场秩序，对医疗市场的管理，对医务人员的处理，对“两非”案件的查处，单靠计生部门一家，怎么办得了？绝对办不了！因此，综合治理出生人口性别比问题是全社会共同的事情，是各级党委负总责的一项工作，一定要部门联动。守土有责，就是说我们每一级政府，包括区、乡镇（街道），有责任把你那块地方管好。不仅是把自己辖区的常住人口管住，性别比要正常，关键是辖区的医疗机构、诊所、流动人口的管理是否到位，“两非”行为是否得到处理。要加强宣传和有奖举报，让大家都知道“两非”的危害性，让大家都帮助我们来监督，这一点非常重要。事实上，从目前我们查处的案件看，有些案件是当事人自己暴露出来的。

第三，要标本兼治，常抓不懈。打击“两非”从治标开始，不治标不行。前些年，学术界对这个问题一直都在争论，从20世纪90年代后期到现在，20多年过去了，结论差不多出来了，但是我们不仅浪费了20多年的宝贵时间，而且20年积累起来多了几千万男性人口。治标是非常重要的，但是仅仅治标是不够的。为什么会出现性别比失调？简单地说就是“重男轻女”。所以，我们要两个国策一起抓，一是计划生育，二是男女平等。“两非”行为是危害女性生存权和发展权的严重的犯罪行为。因此，要治标和治本一起抓。治本的办法有很多，比如说对女孩和女儿户提供更多的支持，改变社会上对女性的歧视，切实提高女性家庭的社会地位和生产条件，改善她们的保障水平等等，让生了女儿的家庭不吃亏、有保障。我们省里2009年出台一项措施，就是在高考中给农村独生子女加10分。这个政策开始有很多不同意见。我们顶住争论，坚决出台这条措施。因为什么？因为这10分可以改变一个女孩的命运，改变一个家庭的命运，使一个家庭生了女孩不受歧视，改变女孩受歧视的社会土壤。我们应该出台更多的措施帮助女儿户提高保障，促进社会性别平衡。只有这样，才能真正消除性别比失调。同时，要常抓不懈。人口工作绝不是一朝一夕的事情，人口问题是一个长期问题。人口问题非常复杂，按照温总理的说法，任何问题乘上13亿都是大问题。人口多是中国的一个长期的基本国情。也就决定了计划生育是中国的一个长期的工作，这个工作不会随时间的变化而根本改变。执行计划生育国策是一个长期的过程，需要常抓不懈，一定要树立常抓不懈的思想。

第四，要乘势而上，全面推进。武汉市人口计生工作形势非常好，武汉市委、市政府，特别是胡曙光副书记高度重视，领导有方，抓得很紧，全市人口工作整体推进形成了一个非常好的局面。目前，我们要乘势而上，切实把过高的出生人口性别比降下来，全面推进人口计生工作。在构建战略支点和建设中心城市中发挥作用，做好表率。人口计生工作不仅仅只是计划生育，计划生育委员会更名为人口和计划生育委员会，人口计生工作任务非常繁重。我们现在已经进入老龄化社会，正在迎来城镇化社会。昨天，李克强副总理在会见世界银行行长就讲到，中国城镇化是今后20年首要的课题。他建议世界银行在城镇化方面合作开展战略研究。所以，战略研究很有价值，很有必要。我们在迎接城镇化、老龄化社会的过程中，如何更好地发挥武汉市的人口红利，使之转化成武汉市的核心竞争力，促进武汉市建设国家中心城市，有很多的工作要做。从这个意义上讲，我们在工作中要力争取得新的更大的成绩，为全市经济社会发展构建更好的人口环境。

市委常委、宣传部长彭丽敏在首届人口文化节开幕式上的讲话

（2012年9月13日）

金风玉露，秋高气爽。在这美丽的初秋季节，精心筹备的武汉市首届人口文化节今天隆重开幕了。在此，我代表中共武汉市委、市人民政府向出席本次活动的各位领导和嘉宾表示诚挚的欢迎！向关心和支持武汉人口计生事业的各级领导、各友好城市表示衷心的感谢！向筹办此次活动的全市宣传、人口计生战线的同志以及市、区各部门的同志致以亲切的问候！

武汉地处华中，长江、汉江两江交汇，具有3 500多年的文明传承，是“白云黄鹤”之乡、辛亥首义之都、明清四大古镇，汉派文化特色鲜明、底蕴深厚。近年来，在实施“两型”社会建设、自主创新示范区建设等国家级重大战略的背景下，武汉市文化建设取得快速发展，“敢为人先、追求卓越”的武汉城市精神指引着武汉文化建设的步伐，“建设国家中心城市，复兴大武汉”的进军号角掀起武汉文化建设的浪潮。

武汉市委、市政府长期以来始终高度重视人口计生工作，坚持以全面做好人口工作、促进人的全面发展为核心，以人口文化建设为先导，以建设和谐幸福家庭为目标，积极推进全国人口和计划生育综合改革示范市、全国婚育新风进万家活动第四阶段示范市、全国流动人口计划生育基本公共服务均等化试点市、全国创建幸福家庭活动试点市建设。在转型中求创新，在创新中谋发展，人口事业保持着良好的发展态势，为全市经济社会发展营造了良好的人口环境。特别是人口文化建设成绩斐然，亮点纷呈，一大批人口文化示范基地纷纷落成，一大批人口文化艺术精品丰富了百姓的文化生活，一大批文艺爱好者加入到人口文化事业的行列，一大批幸福家庭的故事感动着江城市民，一大批人口计生工作者的先进事迹被广为传扬。科学、文明、进步的婚育观念正在成为广大群众的行为先导。

为全面反映当前人口工作的丰富内涵和武汉鲜明的地域人口文化，首届人口文化节精心策划了18个场馆，生命起源馆、江城人口馆、幸福家庭馆，以现代科技手段探索生命的起源，以多元化的方式展现大武汉的人口发展，以独特的视角展示家庭幸福和谐的风采；早期发展馆、青春健康馆、两性情趣馆、孕育体验馆、中年保健馆、老年福寿馆，以服务全人群、服务生命全过程的展示，阐释新时期人口工作的发展方向；高龙文化馆、知音文化馆、木兰文化馆、问津文化馆、吉庆街文化馆、汉正街文化馆，以立体化的形式集中展示优秀的荆楚文化，以及与人口文化紧密相连的元素；图书馆、演艺馆、作品馆，以人口文化创作和表演精品，演绎出最炫的人口文化风。此外，本次人口文化节还安排了论坛和讲座，探讨人口理论，普及健康知识，让江城人民共享人口文化的盛宴。

幸福江城我的家！为江城人民营造幸福、文明、健康的家是市委、市政府矢志努力的宗旨，也是全市千万人民的美好憧憬。我们将以本次人口文化节活动为契机，进一步加快人口文化建设步伐，努力提升人口计生工作水平，不断地促进幸福武汉、幸福家庭建设。同时，我们也真诚地期盼各级领导、各友好城市一如既往地支持、关心武汉市的人口计生工作，为武汉建设国家中心城市鼓劲、给力！

最后，预祝本次活动圆满成功！祝各位领导、各位来宾身体健康！家庭幸福！愿美丽武汉给各位嘉宾带来美好的心情。

副市长刘英姿在全市各区人口计生工作分管区长培训会上的讲话

（2012 年 5 月 22 日）

今天，我们召开全市各区人口计生工作分管区长培训会，主要有两个目的：一是贯彻落实市委、市政府工作会议精神，进一步提高思想、统一认识，增强做好人口计生工作的使命感和责任感。二是加强业务培训，进一步提高统筹和驾驭人口计生工作的能力和水平。今天的会议，既是一次动员会，又是一次培训会，对全市人口计生工作进行再动员、再部署，对人口计生工作相关业务知识进行再培训、再学习。在 2011 年年底和 2012 年年初的换届选举工作中，很多区的党政主要领导、分管领导和计生委主任都进行了调整。今天参加会议的很多同志，包括我和李丹芳同志，都是第一次分管人口计生工作，对人口计生工作都不是很熟悉，无论是政策理论水平还是具体业务知识，都有一个不断熟悉、不断学习、不断提高的过程。这次培训参观学习了黄陂区计生服务站，进行了人口计生信息化培训，李丹芳同志代表市人口计生委从统筹抓好全市人口计生工作的高度，总结了人口计生工作取得的成绩，客观分析了武汉市人口计生工作的形势和任务，对下一步做好人口计生工作提出了很好的意见和建议，我都赞同，请大家认真学习贯彻落实。下面我再讲几点意见。

一、加强业务学习，努力提高驾驭人口计生工作的能力

作为一个区域分管人口计生工作的领导，首先要加强人口计生相关知识的学习。

一要加强人口理论学习。学习马克思主义人口理论；学习毛泽东、邓小平、江泽民、胡锦涛等党和国家领导人在人口和计划生育方面的重要论断。这些人口理论博大精深，内涵十分丰富，希望同志们切实加强人口理论学习，不断提高理论修养，用正确的理论指导全市人口计生工作的科学发展。二要加强人口计生方针政策学习。对党和国家关于人口和计划生育工作的方针政策、目标任务要认真学习，深刻领会，才能在思想上和党中央保持高度一致，才能保持人口计生工作发展的正确方向。三要加强人口计生法律法规学习。经过三十多年的不懈努力，我国已经初步形成以宪法为依据，以《中华人民共和国人口与计划生育法》为核心，以人口与计划生育行政法规、地方性法规、部门规章和地方政府规章为主体的人口和计划生育法制体系。希望同志们能认真学习，熟练掌握，不断增强依法行政意识，提高法律知识水平，全面推进人口计生依法行政。

四要加强人口计生业务知识学习。人口计生工作政策性较强，专业性较强，内容十分丰富，如生育政策、统计口径、宣传教育、科技服务、流动人口服务管理、综合治理出生人口性别比偏高问题、利益导向体系建设、人口计生基层群众自治等。希望同志们认真学习人口计生信息化相关知识，学会依托信息化平台，运用信息化手段，分析、研判本地区人口形势、工作进展以及存在的问题和薄弱环节，及时采取有效措施，推进各项工作落实。

二、加强调查研究，推进人口计生各项工作落实在基层

要把人口计生工作落到实处，必须加强调查研究，通过调查研究，全面了解本区域内人口计生工作的实际情况，掌握第一手资料，增强感性认识；通过调查研究，了解群众服务需求，解剖基层工作现状，排解基层实际困难，总结推广基层经验，把人口计生各项工作落实在基层。

（一）了解群众服务需求

人口计生工作必须坚持以人为本，必须密切联系群众，紧紧依靠群众。作为分管人口计生工作的领导，要经常深入到街道（乡镇），深入到村组（社区），深入到田间地头，深入到群众家中，了解群众需求，倾听群众呼声。只有真正了解群众的服务，才能适应群众的服务需求，改进我们的工作，才能真正做到以人为本，提升服务水平。要深入到广大群众中了解奖励政策是否落实，技术服务是否到位，办事服务是否便捷，服务流程是否优化，工作作风是否优良，服务态度是否满意等等。要坚持将群众满意作为检验我们工作好坏的唯一标准，努力提高群众对人口计生工作的满意程度。

（二）解剖基层工作现状

在深入基层开展调查研究的时候，要详细了解基层工作的具体情况，包括人口计生服务管理体系是否健全，人财投入是否到位，工作责任是否明晰，工作措施是否具体，目标执行进展情况如何等等。主要包括两个方面：

第一，要切实加强基层服务管理体系建设，建立健全人口计生行政管理网络、技术服务网络、群众工作网络。要切实加强街道（乡镇）计生服务站和村（社区）服务室建设，为开展人口计生优质服务搭建平台；充实基层技术服务人员，推行“以钱养事”制度，权随责走，费随事转，为开展优质服务提供人财保障；要加强村（社区）“两委会”建设，加强基层人口计生协会组织建设，按照精简、提标、提能、扩面、规范的要求，大力推进中心户长改革，充分发挥中心户长作用，推进人口计生基层群众自治。

第二，要认真落实街道（乡镇）为主、村（社区）负责的工作机制，推进各项工作落实在基层。要加强信息采集、录入工作，摸清底数，建立和完善计划生育基础信息台账，提高全员人口信息系统的数据的准确率，全面推进湖北省育龄人口信息系统村居版的应用。要紧紧围绕稳定低生育水平和控制出生人口性别比，落实孕情包保责任制，加强对重点服务对象的全程服务，及时掌握孕情。认真落实避孕节育措施知情选择，提高节育措施落实率和有效率，从而防止和减少政策外生育和非医学需要选择性别的人工终止妊娠。要积极推进幸福家庭创建活动，大力倡导家庭人口文化，促进家庭生殖健康，健全利益导向体系，提升家庭发展能力。要牢固树立“大人口”的观念，不断提升服务能力，拓展服务范围，服务全人群，服务生命全过程。要加强流动人口服务管理，推进流动人口计划生育基本公共服务均等化。

（三）排解基层实际困难

“上面千条线、下面一根针”。人口计生工作的落实，归根结底要依托于基层，依托于村（社区），依托于村（社区）计生专干和基层的群众工作队伍。基层专干的工作任务很重，压力很大，困难很多。因此，要深入了解基层实际，高度关注基层困难，积极创造条件帮助基层克服困难，战胜困难。一是在今年的社区换届中，要配齐配强计生干部队伍，保持计生干部队伍的相对稳定，选拔高素质的人员充实基层计生干部队伍。二是提高基层计生干部的待遇，适当增加基层计生专干和信息员的报酬和补贴。三是从政治上关心基层计生干部，对工作能力强、工作成绩突出的基层计生专干优先提拔使用；对从事计生工作达到一定年限的基层计生专干授予一定的荣誉，给予一定的奖励。四是加强基层计生信息化队伍建设，各街道（乡镇）、社区（村）专门配备计算机信息操作员。

（四）总结基层工作经验

在人口计生工作的长期实践中，基层人口计生工作者创造了很多好的作法和经验，有力地推动了人口计生工作的深入开展，如江岸区百步亭社区开展人口计生基层群众自治；江汉区整合社区资源推进“网格化”管理；硚口区严厉打击“两非”，建立长效机制；汉阳区江欣苑社区以高龙文化为特色，积极打造武汉市首个转型农民幸福家庭品牌社区；武昌区中南路街倡导家庭人口文化创建幸福家庭；青山区青宜居社区加强基础工作开展优质服务；洪山区与高校联手开展青春期人格健康教育；东西湖区长青街合兴里社区开展流动人口客栈式服务管理；汉南区人口计生系统大力开展“两癌”普查；蔡甸区积极推进“知音故里幸福人家”创建活动；江夏区法泗镇关注关爱留守儿童；黄陂区大力推进免费孕前优生检查；新洲区部门联手强力整治“两非”等等，这些经验都值得认真地总结和推广。在新的历史时期，适应人口计生工作的新形势、新任务和新要求，我们要坚持与时俱进，认真贯彻国家和省市关于人口计生综合改革，创新人口计生工作体制机制的统一部署和要求，以目前全市广泛开展的社会管理创新为契机，紧紧围绕人口计划生育工作主要任务，进一步转变人口计生工作理念，拓展人口计生服务范围，创新人口计生工作方式方法，推进人口计生工作服务管理全面转型，在人口计生社会管理和公共服务等各个方面，在实践中创造更多、更好的经验，推进人口计生工作深入开展。

三、加强组织领导，为人口计生部门撑腰给力

人口计生工作是一项系统的社会工程，需要党委政府的坚强领导，需要各相关部门的支持配合，需要社会各方面的广泛参与，人口计生工作既是一项“全求人”的工作，又是一项容易得罪人的工作。因此，全市各级政府，特别是分管人口计生工作的领导，要为人口计生部门撑腰给力，提供强有力的后盾，要敢于向党委、政府主要领导进言上谏，勤于加强部门之间的调度协调，勇于为人口计生部门分忧担责。

（一）加大统筹力度

加大统筹力度包括两个方面：一方面，要统筹本地区人口与经济社会资源环境的协调发展；另一方面，要统筹人口数量、素质、结构分布的长期均衡发展。各区分管人口计生工作的领导要积极争取党政主要领导的支持，坚持人口计生工作一把手亲自抓、负总责，坚持将人口计生事业纳入本地区经济社会发展的总体规划，加强人口发展顶层设计，加强人口发展战略研究，在研究制定本地区重大经济社会政策时要充分考虑人口因素。要认真研究本地区的人口承载能力、人口密度、人口的年度结构和性别结构等，充分考虑人口各要素在经济社会发展的基础性作用，从而真正做到科学决策。同时，在制定和出台相关经济社会政策时，要有利于推进人口计生工作的发展。

（二）加大协调力度

人口计生工作需要各相关部门的支持，协调任务很重。如综合治理出生人口性别比问题，涉及综治、公安、卫生、药监等部门；推进流动人口计划生育基本公共服务均等化问题，涉及公安、房管、城建、交通、教育等有关部门；落实计划生育奖励政策问题，涉及财政、人社、国资等有关部门。总的来说，各有关部门在履行计划生育职责、加强部门配合、共同推进计划生育工作方面都做了大量的工作。由于一些客观方面的原因，人口计生部门在协调工作的过程中也经常遇到一些具体困难。作为分管人口计生工作的领导应积极支持，主动出面，加强协调，为人口计生部门排忧解难。要切实强化人口计生目标管理责任制，明确各部门职责，加强对各责任部门目标执行情况的考评，严格落实计划生育“一票否决”制度，努力形成统筹解决人口问题的合力。

（三）加大投入力度

全市各级政府要加大对人口计生工作的投入，为人口计生工作提供人财保障。这里，我着重强调四点：一要加强计划生育技术服务阵地建设。目前，绝大多数区都建立了区级计划生育技术服务机构，但仍有少数区，特别是开发区、风景区和化工区没有技术服务阵地，需要引起高度重视，积极创造条件解决这个问题。如果连服务阵地都没有，优质服务只能是一句空话。二是要坚持计划生育技术服务机构的公益性，积极争取将区级计划生育技术服务机构纳入全额拨款事业单位。国家行政法规《计划生育技术服务管理条例》对此有明确规定。目前，全市只有江岸、硚口、洪山、武昌、江夏、蔡甸6个区落实了，希望其他区积极争取党委、政府的支持，尽快解决这个问题。对街道和乡镇计划生育技术服务机构，要全面推进“以钱养事”，确保人员和经费投入到位。三是要加强人口计生干部队伍建设。一要加强人口计生行政执法队伍建设。目前，除开发区外13个区均按要求成立了计划生育行政执法大队，江岸、硚口两个区落实了参照公务员法管理，但部分区执法机构未到编制部门登记，执法人员未配备到位。二要加强计划生育技术服务队伍建设。区、街两级计划生育技术服务机构普遍存在技术服务人员不足的问题，严重影响了计划生育技术服务工作的正常开展。三要加强流动人口计划生育服务队伍建设。目前，各街道、社区都配备了流动人口协管员，人口计生部门要加强同公安、综治等部门的协调，明确流动人口协管员在计划生育工作方面的职责，充分发挥流动人口协管员的作用。四要加强基层计划生育信息化队伍建设。各街道（乡镇）、社区（村）要专门配备计算机信息操作员。四是要加大对人口计生工作的经费投入，要严格按照省、市要求落实计划生育事业费。从这几年的情况来看，各区都加大了对人口计生工作的经费投入，户籍人口的计划生育事业费落实到位情况较好，但有些区流动人口计划生育工作经费没有按照户籍人口人均标准纳入财政预算。希望各位分管领导尽快协调落实到位。

人口计生事业使命光荣，任重道远。让我们在市委、市政府的正确领导下，团结一心，奋力拼搏，为促进我市人口与经济社会协调发展，建设国家中心城市而努力奋斗！

武汉市副市长刘英姿在全市综合治理出生人口性别比偏高问题督导会上的讲话

（2012年7月24日）

今天，我们在这里再次召开关于综合治理出生人口性别比偏高问题的专题督导会议。今年7月10日，省委、省政府召开综合治理出生人口性别比约谈会，约谈了18个单位，武汉市占了4个，说明我市面临的形势是非常严峻的。

刚才，李丹芳同志在会上传达了全省综合治理出生人口性别比约谈会议精神，唐市长也作出重要批示，要求加力度、动真格、明职责、严查处。

抓落实是我们今天开这个会的主题和目的。我们必须正视问题。尽管这半年来，各区、各部门做了大量工作，也包括此次被约谈的4个区。但是，武汉作为一个特大城市，经济发展迅速，地理位置突出，流动人口多，特别是城乡结合部容易孳生“两非”行为。我们只有进一步加大工作力度，才能遏制这种势头。综合治理出生人口性别比偏高问题是个硬指标，市人口计生委在全省综合治理出生人口性别比约谈会议后，在全市上下提出“八个一”强硬措施，召开专题督导会，出台了一系列目标管理手段、一系列应对措施，开展了大量宣传活动。特别是进一步加强了打击“两非”的区域协作，如新洲区与麻城、团风、红安等县市实行“两非”案件协调协作机制。市、区相关部门集中开展了打击“两非”的专项执法行动。市委、市政府即将出台关于进一步加大打击“两非”工作力度的文件。

需要强调的是，在距今年年终目标考核仅剩下两个月的时间里，一方面，要建立打击“两非”的应急机制和措施；另一方面，要建立综合治理出生人口性别比问题的长远工作机制。当前要着重抓好以下工作：一是优质服务。要加强宣传教育和孕期全程服务；二是利益导向。这项工作做了很多年，但效果不明显，该怎么做？需要思考。三是加强“两非”案件查处。当前要始终保持打击“两非”的高压态势，市里打击“两非”专班这两个月不能散，各个区要报线索。公安、药监、卫生、人口计生等部门要密切配合。对“两非”案件要加重处罚，对违法分子起到震慑作用。各个区要加大巡查力度，尽快扭转被动局面。四是加强区域协作，建立联动机制。市与区之间，市与市之间，部门与部门之间要加强联系，形成打击“两非”合力。五是规范管理，严格落实制度。比如要严格执行二孩以上孕情包保责任制；要善于比对信息，全员人口信息与公安“两实”信息，与卫生、药监实行信息比对，及时发现问题。卫生局要与人口计生委密切配合，督促各类医疗机构严格落实出生实名登记等制度，加强对B超购买销售渠道的管理。药监部门要加强对终止妊娠药品的全程管理。要建立从事“两非”人员、机构建立黑名单制度；落实有奖举报制度，公布举报电话，提高奖励标准，让社会关注此事。

今年，武汉市打击“两非”工作要采取切实有效措施，取得新的突破，要严格落实省、市领导批示精神，加大督查、督办力度，实实在在抓落实，集中力量解决人口计生面临的困难和问题，通过我们的辛勤劳动，使武汉市人口计生工作再上新台阶。

（根据录音整理）

武汉市副市长刘英姿在全市首届人口文化节领导小组会议上的讲话

（2012 年 7 月 24 日）

我刚刚从北京回来，在中央党校有个全国人口工作的专题会议。我是六七年前分管过计划生育，那时候宣传计划生育是怎么优生怎么计生。这次时隔六七年之后再到北京去学习，我觉得很有提高。原来叫计划生育，2003 年叫人口和计划生育，现在又提出全面做好新时期人口工作，计划生育其实只是其中的一个方面。它有六大任务，这个期间里更注重人的全面发展。人作为一个政府服务的主要对象，作为社会的主要资源，所以科学发展观、以人为本，把人上升到新的高度。政府做什么？就是围绕人的生命周期的不同需求，来不断满足他们的需求。从人的出生、幼儿、青少年、受教育、就业、结婚、生孩子、年老、怎么养老，整个这样的过程。我们政府的职能部门，服务的最大客户就是社会的每一个人，当然也包括我们自己的家人。人口这样一种文化应该怎样来宣传？原来我们计生的工作可能用很多生硬的方式，缺乏人口文化内涵。举办人口文化节，一方面要弘扬中国的传统文化，要真正地珍惜生命，另一方面要借这个机会来展示武汉这座城市，展示我们的历史文化底蕴，我们的人口事业发展所取得的成绩。

大家都知道，现在武汉的文化建设处于大发展大繁荣的时期。市委十一届十次全会提出了“推动文化大发展大繁荣，提升城市文化软实力”的奋斗目标，特别是今年市委、市政府出台了《关于打造“文化五城”建设文化强市的意见》，推动文化的改革发展、满足人民的文化需求和渴望成为建设幸福武汉的重要任务。那么文化要弘扬什么，我们的宣传内容是什么，有很多。我刚刚讲到，人的文化，人口的文化，中国传统的文化，应该是我们弘扬的一个重要方面。所以，我们有了今天这样一个会议，其实这事情酝酿了很久。怎么来宣传计划生育工作？要转变计划生育宣传方式，要以老百姓能够接受的方式来宣传，以文化润物无声的方式来让大家接受。所以在这个背景下，在文化建设的今年，以及我们整个人口计生工作的内容、要求发生变化的情况下，要更新理念、更新手段和方式来做好人口计生工作。我们工作的方案，刚刚李丹芳主任讲得很详细，包括前期的工作，我这里就简单说一下。

今年这个主题我们叫“幸福江城我的家”。我想，这个里面有两层含义，一个是以家庭为核心。大家回去看一下，今年的人口计生工作有六大方面，就是稳定低生育水平，人口的素质，性别比，优质服务，老龄化服务等，比以前多了一项就是完善家庭发展的政策。其实，抓手就是幸福家庭，从个体的人，到一个家庭，之后到一个社会的组织，到我们的社区，到我们的单位，家庭是我们非常重要的一个环节。那么延续家庭的是什么，是血脉，是血浓于水的亲情。那“幸福江城我的家”江城是什么，是大家，那我们地标性的景观就是长江。长江是我们的母亲河，是我们这座城市的血脉。“幸福江城我的家”就是以这样一种纽带来连接我们的家庭我们的城市，这是一个主题。这个主题就是讲“家庭”是核心，“幸福”是主题。以人的全面发展为重要内容，来建立幸福家庭，是每个人的愿景和期盼。这里面，我主要讲的就是，从文化的角度来说，就是中国传统文化，中国的孝道，对美满家庭的追求，从政府的角度来说，就是宣传武汉这座城市是个大家庭，江城的历史文化，风貌，独有的风情，人口文化的成就成果。这是我们活动的一个主题。内容包括五个大的活动，其中展览是最重要的活动。18 个场馆设计方案介绍，场馆是这样构成，3 个主题馆构成一个“人”，一笔下来是家庭，另外这一笔是武汉城市人口现状。我们对城市人口研究，这个城市到底承载人口的最大容量是多少。我问了一下规划局，规划局说是1 180万人，我们现在差不多是 1 000 万人左右。1 180 万人口的城市应该是什么样的格局，在这个城市里我们教育该怎么样配套，医疗该怎么样配套，这个人口的结构和未来的趋势是什么样的。两个趋势是比较明显的，一个就是流动性。武汉这个城市有两百多万的流动人口。那么流动性到底给我们这个社会管理带来什么问题？第二个就是老龄化，60 岁以上人占人口比重超过 10% 就是老龄化社会。我们是 13%，未来还会更高。那么养老的问题，社会保障怎么建立？独生子女家庭“4 +2 +1”这种结构怎么办？家庭养老、社会养老等等值得我们思考。第三个馆，就是对江城人口的现状和我们可能面临的问题的研究，这是我们三个主题馆，构成一个“人”字。这个人字就是对江城的最好诠释。我们有一首歌叫《长江汉水》，歌词中唱道“大雁把人字写在天上，江河把人字写在地上”，那么长江汉水就在我们这个城市写下了一个“人”字。将这个作为文化的深层次理解，就更应该以人为本，更应该把创建幸福家庭作为我们执政的理念和导向。那么还有 15 个场馆，可以分为“6 +6 +3”，第一个“6”，可以叫作生命的全过程，我们计划生育工作有两个“全”。一个是全人口，计划生育不是只有育龄妇女才是我们的服务对象，她的丈夫，家庭，这所有的人口都是我们服务的对象。我们的全员人口信息不是只有育龄妇女的信息，是整个常住人口、流动人口都在里头，所以是“全员”；第二是全生命周期，这个全过程是讲一个胚胎怎么孕育，生命的诞生，一直到生老病死这样一个过程，所以我们的主题是生命的过程，婴幼儿、青春期、婚恋、婚姻两性、孕育、中年的保健、老年人的关爱这个整个过程。第二个“6”是展现我们武汉这座城市的非物质文化遗产，或者我们武汉非常有魅力的特色、景区。比如说像高龙文化、知音文化。我们武汉以往的宣传就是“白云黄鹤、琴台知音”，现在我们觉得这个概念作为武汉城市形象来说还站不到一个全国的高度。我们这个城市应该把长江（又可称为扬子江）紧紧联系在一起，“江城”是最能代表武汉这座城市的。各个区倾心打造这6个武汉民俗文化展馆，非常好。第三个就是还有三个馆。图书馆、作品馆、演艺馆就在入口的地方，也是大家一个交流互动的区域，这是我们18个馆的建设。

我们有的同志在想，前段时间我们有飞船到宇宙，我们也许了解太空，也许了解很多，但是我们是不是真正了解自己，了解我们这个生命？我想，借这个人口文化节之机，将人们关注的视线回归到关注生命的发展，自身的发展，个体和个体之间构成的家庭，以及整个社会的发展，这也是和谐社会建设的内容。

在整个这个活动中，我想应该把握这么几点：

一是牢牢把握正确的宣传舆论导向这个基本要求。30年人口发展取得了巨大成就，但人口结构、分布等要素与经济社会发展的矛盾日益增大，计划生育特殊家庭不断增多带来的社会问题日益复杂。人口文化节一定要从正面、和谐、温馨的宣传形式出发，坚持正确的舆论导向，引导群众树立科学、文明、进步的婚育观念，宣传科学理论，传播先进文化，维护社会稳定。

二是牢牢把握服务经济社会发展大局这个核心要素。人是生产力的第一要素，人力资源是经济性资源和战略性资源。要将人口文化建设与经济社会发展紧密结合起来，通过举办人口文化节，增强全社会对人口发展和人口安全的高度重视，提高群众对人口数量、素质、结构、分布等各要素均衡发展重要性的充分认识，达成人口发展与生存环境、资源分配、家庭发展密切关联的普遍共识。

三是牢牢把握满足群众精神文化需求这个民本理念。新时期人口计生工作已经转型，从控制人口数量、提高出生人口素质到全面做好人口工作，内容拓展到服务全人群和生命全过程，最终目标是建设幸福家庭。因此，人口文化节一定要面向社会、面向家庭，坚持以人为本的理念，既要提供优质的文化、科技、宣传服务，又要满足群众多样化的精神文化需求，吸引群众广泛参与。

四是牢牢把握贯彻计划生育基本国策这个中心任务。武汉作为千万人口大市，稳定低生育水平的任务仍然十分艰巨，人口结构、素质、分布等问题非常突出。保持低生育水平稳定，实施人口长期均衡发展战略，是“十二五”时期人口工作的重要任务。人口文化节既要彰显人口工作的亮点和特色，又要坚持贯彻计划生育基本国策的大方向，促进全社会理解和支持人口事业的发展。

全力做好全市首届人口文化节的各项筹备工作。人口文化节是一个大型的社会宣传活动，需要各相关部门大力支持和密切配合。刚才，李丹芳同志已经汇报了目前的筹备情况，可以说前期工作组织严密，开展有序，稳步推进，已经有了一个良好的开端。现在，离举办人口文化节的预定时间只有不到两个月，还有大量的组织策划、基础建设、接待安排等工作需要去做，希望各级各部门齐心协力，通力合作，圆满完成各项筹备工作。

一要创新理念，精心策划。首届人口文化节要精心策划，开幕式要办得隆重喜庆，场馆建设还要完善，充分利用新技术、新手段，办出亮点、办出特色、办出建设国家中心城市的气魄，论坛要保证高质量高规格。要办就要办好，要超过其他同类城市的水平，充分展现武汉市人口发展的成就和独特魅力的文化底蕴。

二要营造氛围，扩大影响。要注重宣传的社会效应，除了新闻媒体、交通要道、主会场周边的造势宣传外，各区特别是中心城区，在人口文化节期间也要相应举行各种形式的节庆活动，丰富文化节的活动内容，同时做好社会稳定工作，形成广大群众关注和参与人口文化节的社会氛围。

三要明确责任，细化方案。会上下发的文件已经明确了各相关部门的职责，这只是一个总体框架，还有些具体任务需要协调。希望人口计生部门主动作为，加强协调，各区各相关部门要树立全局观念，认真履行职责。方案还要细化，各项活动都要有子方案，包括各相关部门要制订筹备方案，明确工作人员，积极对接，明确任务，抓好落实。

四要热情接待，确保安全。要认真制定接待方案，对参加人口文化节活动的领导、专家学者、兄弟城市嘉宾要指定专人，全程服务。对重要来宾的宴请、迎送、参观、吃住、安全、卫生等事宜，都要认真对待，落实安全保卫工作，努力让来宾满意，体现高质量的接待水平。

以上是活动本身的，那么延伸开来，我还想讲一下，这个文化节之后，还能不能延续做些相关工作。第一个，3 天的展览，大家付出了很多心血，而且我们也投入了一定的资金，武汉在做“文化五城”建设的时候提出了要建设博物馆之城，我们也希望博物馆除了历史考古之外，还有其他的主题。我们这 18 个馆能不能由哪个区或哪个地方能够提供固定的场所，我们来建立一个人口文化馆或者展览馆，如果这样的话我们市区两级一起来建，那么多好的东西，将来建成作为武汉市“十二五”期间的 100 个博物馆之一。我们现在已经建了 50 多个了，未来几年我们还要建，那我觉得这是一个非常好的博物馆。有没有愿意来承接这样一个工程，把这些珍贵的东西固化下来，永久地场馆，永久地发挥它的作用。

第二个，是以家庭为抓手来全面做好人口计划生育工作，围绕这个还有很多事情。以前我在区里工作的时候，负责招商引资，到过一些地方。这些地方围绕着家庭，围绕着人的各个方面的需求，要很大的产业的配套，比如婚纱、婴幼儿产品、母婴保健品等等这些产业。

第三个，我这次在北京学习，除了国家人口计生委，还有中国人口福利基金会这个平台。这个平台作为非营利性组织有很多的品牌，包括“幸福家庭”这个品牌里面延伸的很多系列，包括关爱女孩的行动，关爱贫困母亲。今年创建幸福家庭活动全国的年会可能会在武汉召开，那么我们能不能将这个会议争取在我们3天的展览期间召开，我们自己做这个活动，除了自己看到以外，能不能向全国来宣传，武汉市抓计划生育，我们是从人口文化来作为切入点。站在文化的角度抓工作，跟我们站在行政的层面、制度的层面来比的话，境界更高一些，也许它来得慢，但会来得更持久。

（根据录音整理）

关于2012年度全市人口计生工作情况的汇报

中共武汉市委　武汉市人民政府

（2012年11月2日）

今年以来，在省委、省政府的正确领导下，在省人口计生委的具体指导下，武汉市认真贯彻落实胡锦涛总书记4·26讲话精神，深入学习实践科学发展观，结合人口计生面临的新形势、新任务、新特点，紧紧围绕稳定低生育水平、提高人口素质、促进人口长期均衡发展等主要目标，抓重点、攻难点、补弱点、扫盲点、展亮点，开拓创新，求真务实，圆满完成了省委、省政府下达的各项人口计生目标任务。武汉市创建幸福家庭活动、生育文明建设、综合治理出生人口性别比、流动人口计划生育基本公共服务均等化、免费孕前优生健康检查等多项工作十多次在全国、省相关会议上交流经验。国家人口计生委主任王侠，副主任崔丽，党组成员、中国计生协常务副会长杨玉学，中国人口福利基金会理事长赵炳礼先后视察武汉市人口计生工作并给予充分肯定。

2012年，全市出生人口101 632人，符合政策生育率为95.07%，较之前三年平均水平提高了0.39个百分点；出生人口性别比为113.74，在前三年平均水平的基础上下降了1.57个单位值；2011年以来应处理违法生育的党员和国家工作人员39名，已全部处理到位。相关责任部门人口计生工作职责全部完成。全市查处“两非”案件193起，其中典型案件89起，同比上升49.6%；判刑4起。完成免费孕前优生检查22 080对。人口计生机构队伍和经费投入按规定落实率100%；国家、省法律法规和有关文件规定的计划生育奖励政策落实率100%；群众对人口计生工作的满意率为98%。

一、坚持统筹协调，完善机制，人口计生工作焕发新的活力

人口计生的工作活力来自于机制的创新。市委、市政府进一步创新人口工作理念，强化“大人口”观念，完善各项工作机制，统筹人口与经济社会协调发展。

（一）统筹管理机制进一步加强

一是加强统筹规划。市区两级党委、政府将人口计生工作纳入国民经济社会发展“十二五”规划，纳入武汉建设国家中心城市发展战略，纳入创新社会管理的重要内容，统筹人口民生协调发展。省委常委、市委书记阮成发，市长唐良智多次主持召开市委常委会议、市政府常务会议听取全市人口计生工作情况汇报，并对完善人口计生目标考评机制、落实人口计生“一票否决”制度、推进计划生育夫妇年老一次性奖励、关爱失独家庭等重大问题进行研究。二是加强统筹机制。市区调整了人口计生工作领导小组及综合治理出生人口性别比问题、打击“两非”、流动人口计划生育基本公共服务均等化、创建幸福家庭、免费孕前优生健康检查等专项工作领导小组，明确各成员单位的职责，严格考核标准。三是加强人文关怀。今年春节，省委常委、市委书记阮成发带领市委、市人大、市政府、市政协“四大家”领导慰问患白血病的计划生育户钟金贵家庭。市长唐良智将为符合生育政策、计划怀孕的农村夫妇（包括流动人口）提供免费孕前优生健康检查列入政府2012年实事。胡曙光副书记带领四大家分管领导慰问人口计生战线的工作者。市委、市政府出台了《关于对计划生育特殊家庭开展关爱关怀工作的通知》等民生政策。四是加强调研督导。市委副书记胡曙光、市政府副市长刘英姿先后十余次深入到社区、医院、街道、机关，对综合治理出生人口性别比、人口计生信息化建设、免费孕前优生健康检查等重难点工作进行专题督导。市人大副主任郑永新、市政协副主席吴勇分别调研《人口与计划生育法》贯彻落实情况、“十二五”时期人口计生事业发展规划实施工作。上周，市委、市人大、市政府、市政协分管领导及秘书长分别带领20个部门到17个区检查本年度人口计生目标完成情况，对39家市直部门人口计生工作履责情况也进行了检查。

（二）协调配合机制进一步加强

一是增强部门全局意识。人口计生是系统工程，需要各部门的配合。通过宣传引导、机制督导，统一了人口计生“一盘棋”的思想，各部门变被动为主动，形成了主动履责、主动尽职的工作活力。二是增强部门协作意识。坚持季度联络员会议制度，定期通报工作信息，密切部门之间的协作。如市人口计生委、卫生局、药监局、政法委、公安局、检察院、法院等部门和单位共同开展出生人口性别比专项治理工作；市综治办、教育局、人社局、住房保障房管局、经信委、工商局等部门积极推进流动人口均等化服务；市委宣传部、文化局、广电局、长江日报集团、交委、城管局等积极参与全市首届人口文化节活动；市财政局、国资委、人社局、人口计生委紧密配合落实企业退休职工计生奖励政策。市民政局、老龄委、工会、共青团、妇联等部门组织志愿者，对计生家庭开展多种关爱活动。三是增强部门责任意识。各部门认真履责，主动作为。市纪委（监察局）督促有关单位依法依纪查处违法生育的党员和国家工作人员，并对“两非”行为人及整治“两非”不力的单位和个人进行问责。市委组织部在干部选拔任用、评先评优时，严格执行计划生育“一票否决”制度。市发改委积极扶持人口计生基础项目建设。市委农办、农业局、扶贫办在新农村建设、农村小康建设工作和“三万”活动中，积极推进农村人口计生工作。

（三）经费保障机制进一步增强

一是确保人口计生工作经费投入稳步增长。今年，全市人口计生工作经费投入预计达4亿元，其中人口计生事业费预计达2.5亿元（比去年同比增长13.95%，人均30.17元；市本级人口计生事业费8 579万元，同比增长10.5%）。二是确保流动人口计生经费纳入财政预算。实行流动人口与户籍常住人口同等标准投入的财政保障政策，全年市、区两级列支流动人口计生工作经费2 000多万元。三是确保重大项目经费投入到位。唐良智市长特批统筹整合资金247万元举办全市首届人口文化节；投入584万元推进基层人口计生信息化建设；投入800余万元落实免费孕前优生健康检查项目。四是确保奖励政策经费投入。全市各级财政落实企业退休职工计划生育奖励专项资金1.5亿元。市政府在事业费之外，列支7 600万元专项资金落实50 368名市属企业退休职工的计划生育奖励政策；投入571万元推进计划生育特殊困难家庭奖励政策的落实，惠及7 480人。

二、坚持锐意进取，克难攻坚，人口计生重难点工作实现新的突破

（一）打击“两非”取得新突破

一是在思想上“下真功”。武汉作为一个特大城市，医疗资源丰富，流动人口较多，城市管理难度较大，让一些从事“两非”行为的不法分子有可乘之机。全省综合治理出生人口性别比问题约谈会后，市委、市政府变压力为动力，统一思想、下定决心打击“两非”，坚决铲除“两非”在武汉孳生的土壤。6～8月，市委、市政府先后9次召开专题会议，专项调研，专案研判，专门督查，形成强大的领导力。二是在措施上“出实招”。市委、市政府出台了《关于进一步加大打击“两非”行为工作力度的通知》，实施“十大措施”：打击“两非”工作专班联动制、医疗人员情况报备制、医疗机构报备制、“两非”处理结果报备制、B超购买实名登记制、“两非”黑名单管理制等，开展打击“两非”“五大行动”：集中宣传行动、医务人员法制教育活动、医疗市场专项整治行动、药品市场整治行动、打击“两非”专项视察活动。市药监局、卫生局、人口计生委创新出台了《武汉市B超销售实名登记管理试行办法》。市卫生局在全市医疗保健机构推行妇产科医生、B超诊断人员承诺书制度，对B超实行花名册管理，对B超诊断人员均建立“一表、两证、两照”档案。市药监局主动加强医药市场监管，查处“两非”案件5起。市公安局坚持“两非”案件查处必出警、重点案件必挂牌督办。三是在行动上“动真格”。以舆论宣传为先导，组织开展集中宣传日活动。全市共开展宣传100多场(次)、发放近200万份宣传资料和宣传品。市委宣传部、市人口计生委多次召开了新闻通气会，通报打击“两非”情况，曝光“两非”典型案件。市公安、卫生、药监、人口计生部门组成40多人的打击“两非”巡查专班，先后开展6次联合执法，强化了联动打击的力量。同时，武汉市以区域协作为纽带，向全省各县市发出了配合打击“两非”的函件，主动邀请黄冈市来武汉专题研究打击“两非”案件，新洲、硚口、江汉、黄陂等区主动到周边县市会商案情。武汉市与省内县（市）区签订了110个打击“两非”协作协议，联手破获了一批典型案件。四是在结果上“求实效”。全市查处“两非”案件193例，同比上升49.6%，其中典型案件89例，处理医务人员18人，开除公职5人，开除党籍3人，行政撤职、降级3人，辞退、解聘4人，吊销医师执业资格证6人，吊销医疗机构执业许可证3个，追究刑事责任4人，刑拘2人。省委常委、宣传部长尹汉宁，省政府副省长郭生练分别就武汉市打击“两非”工作作出了批示，给予了充分肯定。

（二）人口计生信息化建设有新进展

今年，武汉市下大气力、大投入全面推进信息化建设，将此纳入全市“一票否决”的目标，全市已100%实现信息设备配备、信息员配备、信息应用，不仅改变了在全省落后的状况，而且在有些方面起到引领作用。一是抓好信息知识培训。在孝感市召开人口计生信息化建设现场会，学习孝感市的先进经验，着力解决思想认识、资金投入、人员配备等问题。每月坚持信息化调度，提高市区人口计生委主任上机操作能力。举办各区分管区长人口计生信息化培训班，使各区领导学会看表管理。二是抓好信息资源运用。市委、市政府7次召集综治、公安、国土规划、信息产业办等相关部门会议，到六个区进行信息网格化调研，就加强人口基础信息共享进行专题研究，市委办公厅、市政府办公厅印发《关于进一步加强人口基础信息共享工作的通知》。人口计生、公安、卫生等部门之间信息交流与共享实现了电子化；国土规划与人口计生部门二维、三维空间地理数据信息共享，实现“查房知人”、“查人知住”；公安与人口计生部门实现全员人口信息实时共享，属全省首创。147个社区（村）启用湖北省人口地理信息系统，98%的社区（村）应用了全省村居在线服务平台。三是抓好信息风向标。武汉市坚持网络为脉、数据为基、质量为实的要求，应用全省人口计生服务管理信息、基础信息共享、流动人口服务管理等平台，看表管理，带着案例调研，带着重点督导，对出生政策符合率、出生人口性别比等重点指标加强过程监测，建立人口信息“周自查、月通报、季预警”

制度，狠抓数据求真求实，对数据不实的及时通报批评，责令整改。四是加强信息研发引领。如江夏区、蔡甸区开发了打击“两非”的计算机软件，加强B超源头管理。洪山区开发了网上便民办证系统，做到区、街、社区一体化，群众办证不出社区。

（三）开发区人口计生工作有新进步

因四个开发区特殊的体制和职能，其人口计生工作难度大，基础弱。对此，市委、市政府下决心扭转其局面。一是严格要求不降标。将开发区人口计生工作纳入全市人口计生责任目标考核范围，要求开发区人口计生工作要与城区一样，将人口计生工作与经济发展放在同等重要的位置，抓基层、打基础、重投入、不断健全人口计生工作网络，提高人口计生工作水平。二是加强督导不放松。市人口计生工作领导小组办公室逐一上门与开发区主要领导一起分析形势，查找问题，共商对策。组织巡视督导组，以培训指导为主，对各开发区的人口计生工作进行督导。三是强化措施不畏难。各开发区纷纷在人财物方面出台硬举措。武汉开发区社发局增加7个计生工作人员，新成立3个社区居委会，实现了人口计生工作全覆盖，建立并规范了企业计生服务室 。东湖高新区社发局增加了5名计生工作人员，提拔了一批长期从事人口计生工作的干部，配备了162个社区（村）专干，建立计生协会154个。东湖风景区引进了4名高素质人才充实人口计生队伍，增拨了30万元工作经费，开展了基层工作大清查。武汉化工区增加了25名计生专干，21个社区全部配备了电脑，配齐信息员、实现信息化管理。四是力求实效不务虚。武汉开发区的企业人口计生工作模式，湖北教育电视台都市365栏目组予以专题报道。东湖高新区对1名从事“两非”的行为人予以判刑，实现查处“两非”案件零的突破。东湖风景区的基础工作得到夯实。武汉化工区全员人口基础数据库信息完整准确率大幅度提高。

（四）流动人口均等化服务有新特色

武汉市不断深化流动人口均等化服务的试点工作，多次参加国家人口计生委流管司的交流会议并得到认可。一是赋予流动人口市民化荣誉。2012年，在流动人口中评选优秀外来务工人员156名。3年来，全市评选优秀务工青年和十佳打工妹1 150人。坚持开展“农民兄弟姐妹评计生”、“流动人口和农民工评计生”的民主评议政风行风活动。二是完善关爱流动人口的均等化政策。新增加了住房保障、生活救助、就医就学、孕前检查等10项武汉市民待遇。市长唐良智亲自给来汉就读的大学新生送一张卡（武汉通）、一本书（书名《最武汉》）作为“见面礼”，鼓励这些“新市民”热爱并建设武汉。仅此一项市政府投入资金4 000多万元，32万名大学新生受益。为610名流动人口农村独女户、双女户女孩落实了中考加分政策。为流入本市的农村计划怀孕夫妇提供免费孕前优生健康检查服务。为99户流动人口解决了廉租房问题。三是坚持开展“暖在江城”的均等化服务。深入开展为流动人口“五送”、“五免”服务，即送政策、送知识、送温暖、送服务、送健康；为流动人口免费办理婚育证明、免费落实孕环情检测、免费发放避孕药具、免费落实计生技术服务、免费实行孕前优生健康检查。涌现了江汉区武展社区“打工妹之家”、“扁担哥驿站”，东西湖区合兴里流动人口服务客栈等一批示范点。青山区、汉阳区在农贸服务市场建立人口空间吧，为流动人口提供生殖健康、心理咨询等服务。市人社局坚持开展以支持农民工就业创业为主要内容的“春风行动”和就业援助。关心流动人口子女教育，全市建立少年儿童“四点半”学校156个，留守儿童学校82所。新洲区关爱“留守儿童”的做法，得到国家领导人的肯定。四是建立流动人口的组织网络。全市今年新建流动人口计生协46个（在外省市建协会6个），新增会员1万余人，流动人口计生协工作覆盖面达70%以上。截至2012年9月底，全市跨省流出人口反馈率99.90%，流入人口反馈率为99.89%；跨省流出人口重点对象反馈率为99.88%，流入人口重点对象反馈率100%；已婚育龄妇女重点对象有效联系率99.47%。

三、坚持开拓创新，打造亮点，人口计生工作彰显新的特色

（一）创新研究统筹人口政策顶层设计的课题

一是围绕中心选题。省委常委、市委书记阮成发高度重视人口发展战略研究，并专门就人口发展战略研究作出重要批示。市委、市政府提出了《武汉市建设国家中心城市人口规模调控研究》课题，围绕武汉建设国家中心城市，重点研究我市人口极限承载量预测、主城区合理人口密度与住房保障、与基础教育均衡优质发展、与医疗卫生服务及人口规模调控的政策建议等。二是突出重点选题。人口计生委针对综合治理出生人口性别比问题及新时期青少年性行为等问题进行专题研究，并中标省级研究课题。三是借力借脑研究。市委、市政府发挥本市丰富的科教资源优势，联手武大、华工、华师、湖大等院校共同开展项目研究，研究成果将在年内完成。

（二）创新人口计生目标考评体制

一是创新目标管理思路。坚持“重点确保、特点突出、量化管理、总量控制、权重调节、有利考评”的原则，科学设置“刚性指标、重点指标、特色指标、否决指标、加减分指标”，充分发挥绩效目标“指挥棒”的作用，注重地区差异化，体现“跳起来摘桃子”的思想。对市直责部门严格标准，注重工作联动捆绑式、考核结果梯次式，使部门真正履职履责 。二是优化目标责任体系。建立健全各级党委政府、责任部门和人口计生部门“三线”目标管理考核机制，做到责任主体“全覆盖”；对全市行政机关、企事业单位、物业小区等实行人口计生绩效目标管理，做到工作区域“全覆盖”；健全人口计生部门内部责任体系，形成“千斤重担众人挑，人人肩上有目标”的工作格局，做到人口计生部门“全覆盖”。三是强化目标调度督办。市人口计生工作领导小组坚持落实“季度一二三”目标调度制，每季度第1、2、3月分层次召开目标调度会，对全市人口计生目标执行情况进行调度；每个季度组成8个工作组共对169个街乡、224个社区（村）、194个计生服务站和医疗服务机构进行调研督导 。

（三）创新人口文化宣传平台

一是打造人口文化示范基地。全市新打造一批人口文化内涵丰富、人文环境优美、硬件设施齐全的人口文化园，汉阳区江欣苑社区、江岸区百步亭社区、武昌区静安社区、青山区青宜居社区等被评为全市十佳人口文化示范基地。二是健全新闻媒体宣传网络。武汉市加强与国家、省级媒体协作力度，并与市级主要媒体签订工作责任书，先后3次召开新闻媒体通气会。全年国家、省、市级媒体报道我市人口计生工作1 228篇。三是开辟公益广告宣传渠道。在7～9月全市开展的打击“两非”专项行动中，市广电、城管、交通等部门利用电视、广播等传媒的黄金时段及出租车尾广告、室外电子屏幕，集中免费播放打击“两非”的公益性广告。四是创办《与福同行》人口计生杂志月刊。倡导你我牵手、与福同行、创造幸福、分享幸福的理念，从人口研究、基层写真、人物通讯、幸福之声等方面展示人口文化及成果。五是改版人口计生网站。对市级人口计生网站进行科学改版，一年来，人口计生网站流量从两万多增长到34万人。同时，建立了人口计生政务博客。

（四）创新举办武汉市首届人口文化节

武汉市主动把人口文化建设融入全市文化建设大局，创新人口文化节的主题、内容、形式、手段等。人口文化节的开幕式、论坛、讲座、展览、闭幕式五个部分充分体现了时代性、思想性、专业性、地域性、互动性和创新性。由于准确地把握了新时期人口计生工作的方向，紧紧扣住了人口文化建设的精髓，充分展示了武汉深厚的文化底蕴，广泛地传播了科学、文明、进步的婚育新风，彰显了幸福家庭创建的特色，所以文化节效果空前：一是主题展馆规模空前。精心策划了体现全人群、生命全过程及地域特色的生命起源馆、早期发展馆、江城人口馆、幸福家庭馆、吉庆街文化馆等18个场馆。特别是武昌区孕育体验馆、两性情趣馆等八个最佳场馆精心打造、创新策划、运用科技手段寓教于乐、寓教于新，深受老百姓的喜爱。二是新闻媒体聚焦空前。《人民日报》等80多家国内外媒体对武汉市首届人口文化节进行了报道。三是群众参与热情空前。仅三天时间观众就达8.36万人次。“幸福江城”首届人口文化节被誉为“人民的节日”。四是社会各界好评空前。出席文化节的国家人口计生委有关领导，省委常委、省委宣传部长尹汉宁，省人口计生委领导，北京大学、南开大学专家等均给予了高度评价。

四、坚持民生为本，利益导向，人口计生保障体系和服务体系得到新的健全

今年以来，武汉市深入开展“创建幸福家庭”活动，实施“12·300乐福家计划”，不断健全服务全人群、服务生命全过程的保障体系和服务体系。

（一）健全计生家庭保障体系

一是出台关爱计生特殊家庭的保障政策。市委、市政府印发了《关于对计划生育特殊家庭开展关爱关怀工作的通知》（武办文〔2012〕57 号），从精神慰藉、经济救助、养老就医、住房保障、志愿帮扶、临终关怀等 13 个方面给予帮扶。市老龄委办等 13 个相关部门根据通知要求纷纷制定了具体操作办法并予实施。年满 60 周岁以上生活困难的老人每年享受 365 小时的免费居家养老护理服务。江岸区为 500 余计划生育特殊家庭老人配备手机，建立了“关爱救助直通车”。二是提高特扶家庭补助标准，对独生子女死亡家庭提高到每人每月 210 元，对伤残家庭提高到每人每月 150 元。三是将手术并发症纳入特扶。四是实行病残儿免费鉴定。出台了《武汉市病残儿医学鉴定免鉴定费和辅助检查费的通知》，对 165 名符合条件的对象实行病残儿医学鉴定免费鉴定和免费辅助检查。五是推进城镇计划生育夫妇年老一次性奖励。在全面落实企业退休职工计划生育一次性奖励政策的基础上，积极推进城镇计划生育夫妇年老一次性奖励全覆盖。六是建立困难计生家庭帮扶制度。开展“进万家门、访万家情、解万家难”活动，走访慰问 25 387 户计划生育家庭，发放慰问金 460 万元。实施“生育关怀春风行”、“救助贫困母亲四季行动”、“两癌”救助计划等系列活动，为困难计生家庭送去关怀救助。七是为 10. 92 万户困难的计生家庭购买意外伤害保险、投入金额 108 万元。与此同时，全面落实农村计划生育奖励扶助制度，计划生育家庭参加新农保、新农合补贴制度，中考加分和高考优录政策。2012 年，全市共有 2 732 名、3 794 名农村女孩分别享受了中、高考优录政策，3 716 个农村独生女免交高中阶段学费，发放关爱女孩专项资金 667. 26 万元。36 053个农村独女户、双女节育户免缴新农合个人承担部分，同时提高 5% 的住院医疗费报销比例。

（二）健全计生家庭服务体系

一是加强服务阵地建设。在推进全市党员群众服务中心“五务合一”全覆盖工作中，将人口计生工作纳入“五务合一”的重要内容，依托党员群众服务中心开展人口计生服务。对 3 个区计生服务站、10 个乡镇计生服务站进行了功能改造。新建的汉南区人口公共健康服务中心标志着全市人计生工作的转型发展，全市已完成规范化、标准化建设的计生服务站有 59 个，占 85. 5% 。40 个计生服务站完成了环境优化建设。创建 4 个国家级示范站，3 个省百佳站，为开展计划生育优质服务打下了坚实基础。二是推进免费孕前优生健康检查政府实事项目。6 个新城区纳入国家项目试点，7 个中心城区纳入省级项目试点，四个国家级开发区也全面启动此项工作，武汉市在全省率先实现了项目的全覆盖。省人口计生委在全省推广了黄陂区的做法和经验。今年，全市已免费为 22 080 对夫妇落实孕前优生健康检查。三是切实服务生命全过程、服务全人群。推进“基地 + 社区”的婴幼儿早期发展工作模式，全市共建立早教基地70个，举办各类早期教育讲座2 000多场，参与人数达两万多人。探索青少年人格教育，建立青春健康教育基地55个，开展青春期健康教育240场次，培训6.7万人次，洪山区新建的以促进青春期人格健康工程为载体的“青苹果园之家”的社区模式得到国家的好评；创新药具发放模式，开展避孕药具进产科、进妇科、进工地、进机关等“十进”活动，提高避孕药具的使用率。开展生殖健康进家庭活动，全市已婚育龄妇女生殖健康普查率达97.52%。

（三）提升计生家庭致富发展能力

一是传致富之经。加强创业技能的培训，举办各类培训班，实行“菜单式”、“开放式”培训。二是搭致富之桥。利用宣传媒体传递信息，上门为计生家庭提供创业项目、创业技术。三是引致富之路。因人而异，因地制宜，实行政策扶持、项目扶持、资金扶持、对口扶持。推行“技能培训+项目经营”、“公司+基地+农户”的城乡家庭致富发展模式。据统计，全市各级各部门开展职业技能培训6 657场次，培训人员3.4万人次；举办农业技术培训337场次，参训人员两万余人次；扶持农村计生家庭发展1 509户，投入资金2 672万元。今年，全市帮助357户计生家庭成功创业，创建致富发展示范户170户、计生家庭发展致富示范基地20个。

五、坚持固本强基、提升能力，人口计生基层基础工作得到新的夯实

（一）抓固本强基工程

一是抓社区计生专干的配备。在今年的社区换届选举中，制发《关于在社区换届期间加强人口和计划生育队伍建设的通知》，全市现有社区（村）3 444个，配有女计生专干3 511人，做到人员、任务、报酬三落实。二是抓网格化管理创新。全市按每300户、800人划分为一个网格，全市有9 400个网格及其网格员。在网格化管理中，做到“三有”：社区有人口计生委员，有计生专干，网格员有计生工作职责。三是抓中心户长改革。按照精简、提标、提能、扩面、规范的原则，强化中心户长职责，充分发挥居民自治的作用。新洲区率先试行中心长改革，将补贴标准由原来每人每年120元提高到每人每年800元，极大地调动了中心户长的积极性。

（二）抓提能增效工程

一是抓市管干部培训。市委组织部在市委党校举办主体班，开展“降低人口发展风险，建设人口均衡型社会”专题培训，培训市管干部197人。市人口计生委邀请江苏省无锡市人口计生委主任杨清华来汉作专题报告，学习无锡“大人口”统筹模式。二是系统全员培训。组织市、区、街计生干部及分管领导107人，在国家人口计生委南京国际培训中心举办首期为期八天的全市人口计生系统业务知识培训班。三是抓专业人才培训。举办心理咨询师、生殖健康咨询师等培训班，全市今年共348人参加国家生殖健康咨询师考试，通过率达60%，分别高出全国、全省平均通过率30%和20%。

（三）抓阳光政务工程

一是加强人口计生法制建设。积极修

订《武汉市计划生育管理办法》并已纳入明年人大立法计划。二是开展依法行政示范乡镇（街道）创建活动。18 个乡镇（街道）申报了省级依法行政示范乡镇（街道）。全市没有发生人口计生恶性案件。三是深化阳光计生行动。今年申报 4 个省级“阳光计生”示范单位。四是深入开展诚信计生工作。全市 17 个区全部达到市级诚信计生合格区标准，13 个区达到省级合格区标准。20 个村（社区）被评为市级人口计生基层群众自治示范村（居）。

虽然武汉市人口计生工作取得了一些成绩，但依然存在一些不足。一是工作发展不平衡，部分乡镇基础还较薄弱。二是综合治理出生人口性别比任务还较艰巨。三是流动人口均等化服务和管理工作还需加强。对此，我们将加强整改，并以这次检查考核为契机，进一步加强领导，开拓创新，克难攻坚，创先争优；进一步稳定低生育水平，提高人口素质，促进人口均衡发展；进一步加强人口战略研究，提升人口理论水平；进一步加强人口转型发展，探索幸福家庭创建、流动人口社会融合、生育文明建设等新途径，以更好地服务群众。

省人口计生委副主任刘望清在武汉市全面推进人口计生综合改革会议上的讲话

（2012 年 5 月 25 日）

很高兴有机会参加武汉市综合改革现场推进会议，2012 年 1 月 12 日，省人口计生委在咸宁市召开了全省人口和计划生育工作综合改革工作会议，武汉市人口计生委召开的这次会议是贯彻落实全省会议的具体行动。会前，我看了有关会议的材料，今天上午又参观了现场，刚才听了几个单位的发言和市人口计生委李丹芳主任的讲话，我深受启发和教育。

对于武汉市的人口和计划生育工作综合改革，我体会有这样几个特点：

一是领导重视。武汉市的综合改革工作起步早，工作基础好，是全国综合改革第一批示范单位。二是思路清晰。武汉市人口和计划生育工作思路、方式方法转变快，有新的办法；我看了武汉市人口计生委今年的工作要点，也看了李丹芳主任在全市人口计生务虚会议上的讲话，提出五年实施 66553 工程，这些理念同综合改革的要求是一致的。三是措施有力。2011 年，市委办公厅、市政府办公厅下发了《关于进一步深化人口和计划生育综合改革的意见》（武办发〔2011〕1 号），提出了一些新的举措和要求。四是成效明显。2009 年，全国人口和计划生育基层群众自治工作现场会在武汉市召开，当时分三条线，参观了9个社区，包括：百步亭、常青花园、绿景苑、南湖中央花园、香江新村社区、发展社区、红霞社区、珍珠村、石榴红村。近几年，武汉市抓住两示范、两试点机遇，做了大量的改革工作，各区也都有自己的典型、亮点；如武昌区的早期教育、东西湖区的基层队伍建设、黄陂区的免费孕前优生健康检查、新洲区的打击“两非”、洪山区的青春期健康教育、江岸区的依法行政、硚口区、江汉区的流动人口计生服务管理、汉南区的优质服务等等。

刚才，李丹芳主任作了一个很好的讲话，我认为，只要按照李丹芳主任的讲话要求抓落实，武汉市的人口和计划生育工作综合改革就一定会取得新的成效。

按照这次会议的要求，下面，我从什么是人口计生工作综合改革、为什么要进行综合改革、如何进一步深化人口计生工作综合改革等内容作一些情况介绍，不对的地方，请大家批评指正。

一、关于人口和计划生育工作综合改革的历程回顾

人口和计划生育工作综合改革，也称为新机制建设、长效机制建设。从2000年开始提出，经过试点、全面推广、进一步深化改革，已经走过了12年的历程，大体上分为三个阶段。

（一）提出和试点阶段（2000～2005年）

2000年年底，国家在山东青岛、滨州、泰安、潍坊等4个市正式启动综合改革试点工作。2001年3月，国家人口计生委印发了《关于开展人口与计划生育综合改革试点工作的指导意见》，2001年扩大到12个省的16个地市和一个县级市。湖北的宜昌、大冶是试点单位。到2003年，扩大到14个省的19个市区。

这期间，国家先后于2001年9月在山东青岛市、2002年在黑龙江牡丹江市、2003年9月在山东省威海市召开试点工作座谈会、工作会议，举办过多次培训班。

（二）全面推进阶段（2006～2008年）

2006年1月，国家人口计生委下发了《关于全面深化综合改革，建立和完善工作新机制的指导意见》（国人口发〔2006〕1号文件），试点地区增加到42个，全国31个省区市都有试点单位。湖北省是宜昌市、大冶市。提出力争2010年全国多数地区基本建立工作新机制，率先实现部门工作法治化。2006年10月20日，省人口计生委在宜昌市召开了全省人口和计划生育新机制建设工作会议。

省委、省政府高度重视，2006年5月，由副省长郭生练同志带队，到山东省学习考察，2006年9月13日，省委、省政府制定下发了《关于建立完善人口和计划生育工作新机制的实施意见》，提出到2010年年末，在全省基本建立依法管理、村居民自治、优质服务、政策推动、综合治理的人口和计划生育工作新机制。

2008年，国家人口计生委第一次将长效工作机制表述为：以宣传教育为先导，依法管理、村（居）民自治、优质服务、政策推动、综合治理。

（三）进一步深化改革阶段（2009 年至今）

2006 年 12 月 17 日，中共中央、国务院下发了《关于全面加强人口和计划生育工作统筹解决人口问题的决定》，其中有这样的内容："坚持理论创新、体制创新、管理创新、科技创新，不断提高人口和计划生育工作依法行政、社会管理和公共服务水平。"

"坚持计划生育基本国策和稳定现行生育政策不动摇，坚持党政第一把手亲自抓、负总责不动摇，稳定人口和计划生育工作机构、队伍不动摇，不断创新人口计划生育工作体制、机制、手段和方法不动摇。全面加强人口和计划生育工作，坚持依法行政、思想政治教育与利益导向相结合，综合运用法律、行政、教育、经济等手段，建立健全依法管理、村居民自治、优质服务、政策推动、综合治理的长效工作机制。"

2009 年 4 月 22 日，国家人口计生委下发了《关于进一步深化综合改革创新体制机制的指导意见》（国人口发〔2009〕33 号）；充分肯定了综合改革的重要作用，明确指出：进入 21 世纪以来，学习借鉴和推广国际国内先进理念，在总结开展优质服务的基础上，进一步转变工作思路和方法，开展综合改革试点并全面实施，加快建立以宣传教育为先导，依法管理、村居民自治、优质服务、政策推动、综合治理的人口和计划生育长效工作机制，为人口和计划生育事业的长足发展起到了至关重要的推动作用。并提出了进一步深化改革、创新体制机制的指导思想、总体目标、基本原则，组织领导，主要内容，即六大机制建设。

随后，国家人口计生委又于 2009 年 11 月 17 日下发了《人口和计划生育综合改革示范市创建活动的实施方案》（国人口发〔2009〕88 号），提出从 2009 年开始，用 3～5 年的时间，重点培育 100 个左右，有东、中、西部代表性、处于不同发展阶段的国家级综合改革示范市。

2010 年，国家人口计生委提出在全国开展五级联创活动，即：省级以奖代投、市级创建综合改革市示范市、县级创建优质服务先进单位、乡级创建依法行政示范乡镇（街道）、村级创建基层群众自治示范村（居）。

湖北省于 2010 年 4 月下发了《关于开展人口和计划生育综合改革示范县市区创建活动的实施方案》（鄂人口委〔2010〕5 号文件）。湖北省第一批国家级示范市：武汉市、宜昌市；第二批为：荆门市、荆州市；第三批已申报：鄂州市。

二、湖北省开展人口和计划生育综合改革示范县（市区）创建活动的实施方案

根据《国家人口计生委关于进一步深化综合改革创新体制机制的指导意见》（国人口发〔2009〕33 号，以下简称《指导意见》）和国家人口计生委印发的《人口和计划生育综合改革示范市创建活动实施方案》，结合湖北省实际，为加快建立稳定低生育水平，统筹解决人口问题体制机制的步伐，推动人口计生工作科学发展，2010 年 4 月 14 日，省人口计生委下发了《关于开展人口和计划生育综合改革示范县（市区）创建活动的实施方案》（鄂人口委〔2010〕5号）。这个文件，提出了湖北省开展人口和计划生育综合改革示范县（市、区）创建活动的指导思想、总体目标和基本原则，主要任务、工作措施，活动安排，以及保障措施。

（一）指导思想、总体目标和基本原则

1. 指导思想

以邓小平理论、“三个代表”重要思想和科学发展观为指导，全面贯彻落实中央和省《决定》精神，紧紧围绕“千方百计稳定低生育水平，统筹解决人口问题”这一任务，通过开展人口和计划生育综合改革示范县（市、区）创建活动，按照构建统筹协调、科学管理、优质服务、利益导向、群众自治、人财保障等六大机制的要求，探索稳定低生育水平，统筹解决我省人口问题的实现途径和模式，促进我省人口计生事业的改革与发展，促进人口与经济、社会、资源、环境的协调和可持续发展。

2. 总体目标

从2010年开始到“十二五”期末，全面深入推进六大机制建设，重点培育、确立30个以上不同类型、不同地区、不同经济社会发展水平的省级综合改革示范县（市、区），充分发挥典型示范作用，着力控制人口数量、提高人口素质、改善人口结构、优化人口分布、完善人口服务和管理，逐步建立统筹解决人口问题、促进人口长期均衡发展的体制机制。在此基础上，向国家推荐国家级综合改革示范市（地级及以上）。

3. 基本原则

（1）坚持以人为本，服务计生家庭。维护人民群众的权益，满足人民群众的需求，协调处理好群众利益与政府政策目标之间的关系，把计划生育家庭优先分享改革发展成果作为衡量综合改革成效的重要标准，更加注重利益导向，更加注重服务关怀，更加注重宣传倡导，更加注重依法行政。

（2）坚持统筹兼顾，促进科学发展。在保持低生育水平稳定的基础上，统筹人口数量、素质、结构、分布等方面的问题，统筹人口与经济、社会、资源、环境之间的关系；以农村为重点，统筹城乡、区域间人口和计划生育工作的协调发展；立足当前，统筹兼顾近期工作目标与事业长远发展。

（3）坚持突出重点，实行分类指导。要以问题为导向，经常深入基层，深入实际，深入群众，分析工作中存在的问题，制定有针对性的行动计划；实行整体推进与分类指导相结合，积极引导各地根据不同的工作基础和条件、工作形势和工作重点，因地制宜、循序渐进地推进改革。

（4）坚持改革创新，加强综合评估。在全面总结、整合和提升成功经验的基础上，进一步解放思想，与时俱进，边干边改，综合评估，以体制机制创新为突破口，不断丰富和发展综合改革的内涵，带动人口和计划生育工作整体水平的提高。

（二）主要任务和措施（全面推进六

大机制建设）

1. 积极构建统筹协调机制，推进人口和发展综合决策

坚持人口和发展综合决策，努力形成政府主导、部门配合、社会参与、齐抓共管的格局，共同推动人口问题的统筹解决。

建立人口和计划生育领导小组组织、协调、督导、检查制度，充分发挥人口和计划生育领导小组的作用。

加强宣传倡导，营造有利于稳定低生育水平、统筹解决人口问题的良好舆论氛围和社会环境。

积极推进省部共建，促进武汉城市圈统筹解决人口问题试验区和鄂西生态文化旅游圈各项工作有序开展。

2. 积极构建科学管理机制，全面规范和提升执行力

加强人口发展战略研究和人口形势分析，制定人口和计生事业的发展规划，为科学决策提供有力的支持和依据。

逐步推进城乡计划生育服务管理一体化，促进区域人口和计划生育工作协调、均衡发展。

全面加强依法行政。强化行政执法监督，完善以重大侵权案件“一票否决”为重点的行政问责制和行政执法责任追究制。

建立统筹解决人口问题的科学考核评估体系，进一步加大改革完善人口和计划生育目标管理责任制的力度。

建立和完善全员人口信息管理系统，实施标准统一、业务规范的人口个案信息管理，采集、存储、开发利用全部人口的个案信息，推进人口和计划生育信息化建设进程，为及时、全面掌握人口形势提供最基础的信息支撑和公共服务。

3. 积极构建优质服务机制，推进公共服务提质提速

全面开展优质服务建设年活动，推进计划生育优质服务提质提速。大力实施优生促进工程，全面开展出生缺陷一级预防。

推进避孕方法知情选择，提倡选择安全有效的长效避孕措施，减少非意愿妊娠和人工流引产的发生。

大力推进人口和计划生育服务体系建设。坚持服务机构公益性质，强化宣传教育、技术服务、优生指导、药具发放、信息咨询、随访服务、生殖保健和人员培训等功能。

创新流动人口计划生育服务管理体制机制。规范流动人口计划生育服务管理，构建统筹管理、服务均等、信息共享、区域协作、双向考核的流动人口计划生育服务管理新机制。

4. 积极构建利益导向机制，完善奖励优惠政策体系

进一步完善和全面落实计划生育利益导向政策，建立和完善政府为主、社会补充的人口和计划生育利益导向机制。

严格落实各项法定奖励政策，继续完善和实施关爱女孩的各项优惠政策，实施计划生育“惠民计划”试点工作。

积极推动与相关公共政策的衔接，协调相关部门在出台公共政策和推进各项改

革时，尤其是在集体林权制度改革、农村土地流转、征地补偿、惠民补贴、户籍制度改革、新农合、新农保、扩大农村免费公共卫生服务等方面，充分考虑计划生育政策，对计划生育家庭优先优惠，确保有利于人口计生工作发展。

5. 积极构建群众自治机制，切实维护群众合法权益

全面规范计划生育基层群众自治，深入开展计划生育村（居）自治“千村示范”活动，把村（居）民自治各项工作纳入制度化轨道，使村（居）民自治工作机制的运行渗透到基层各项工作中去，切实提高群众参与率。

切实发挥群众监督的重要作用。深入推进便民维权活动，开展“阳光计生”行动，办好“12356”阳光计生服务热线，深入开展民主评议活动，不断完善社会监督。

完善有奖举报制度，认真做好信访工作。

6. 积极构建人财保障机制，壮大队伍，保证投入

大力加强人口计生队伍建设。严格按照省委《决定》要求，落实各级机构和人员。配齐配强乡级计生办专职工作人员和村级女性计生干部，乡镇计生技术服务人员队伍建设，落实公益性岗位和“以钱养事”经费，落实待遇，加强培训，提升素质；坚持标准，落实报酬，配齐配强组级信息员；加强基层计生协会组织建设，发展壮大志愿者队伍；加强职业化建设和能力建设，按要求组织实施“强基提质”工程。

建立政府主导的稳定增长的投入保障机制。严格按省定投入政策，不断加大财政投入力度，保证各项奖励优惠政策、计划生育免费基本技术服务、人口计生公共服务网络建设、流动人口服务管理、优生优育、计划生育经常性工作等所需经费投入到位，切实体现优先投资于人的全面发展。加快建立人口和计划生育事权与财力相匹配的财政管理体制，积极开展人口计生公共财政绩效评估、结构优化和专项考核，确保无空转、挪用、拖欠等现象。

（三）活动安排

1. 制订方案

根据国家人口计生委综合改革的总体部署，结合湖北省实际，省人口计生委负责综合改革总体方案的制定、开展工作指导和命名表彰。

市、州、直管市、林区人口计生委负责本地方案制定、组织和实施；各市、州、直管市、林区的创建方案报省人口计生委备案。

县（市、区）人口计生局负责创建实施方案的制定和落实。

2. 审核确认

各县（市、区）按照市、州创建方案和示范工作要求进行自查自评，自查自评达到要求的，将申请报告和自查报告一并报市州人口计生部门。市、州人口计生部门进行评估审核，每年向省人口计生委推荐1～2个县（市、区）作为全省示范候选单位。省直管市、林区直接向省人口计

生委申报。

省人口计生委每年对拟申报为综合改革示范县（市、区）的单位进行抽查、审核和命名，不单独组织专项的全面考核检查。经省人口计生委审核，符合条件的，授予“全省人口和计划生育综合改革示范县（市、区）”称号。

同时，将符合条件的地级以上市，向国家人口计生委推荐申报“全国人口和计划生育综合改革示范市”。

全省人口和计划生育工作综合改革示范县（市、区）实行动态管理制度，保持适当的比例，体现能上能下，能进能出，动态优化。

3. 评估交流

定期或不定期召开全省人口和计划生育综合改革示范县（市、区）创建活动经验交流、理论创新研讨会，总结改革创新经验，安排部署阶段性工作任务。组织开展宣传报道，充分发挥示范县（市、区）的辐射带动作用。

4. 典型示范

各地要充分发挥国家人口计生委和省人口计生委命名的示范市、县（区）的典型示范作用，抓典型，树品牌，为全省各地争创综合改革示范县（市、区）活动提供有益经验。湖北省武汉市、宜昌市是国家综合改革的先行试点单位，并已获得“全国人口和计划生育综合改革示范市”称号，两地要充分发挥示范引导作用。

（四）保障措施

1. 统一思想，提高认识

创建活动事关人口和计划生育事业长远发展的大局。各地要充分运用深入学习实践科学发展观活动的成果，进一步理清工作思路，明确目标任务，完善工作措施。

要以创建活动为契机，进一步提高各级党委政府、相关部门对统筹解决人口问题重要性的认识，切实做到责任到位、措施到位、投入到位。要注重实效，确保创建活动的正确方向。

2. 加强领导，精心指导

省人口计生委综合改革领导小组领导全省综合改革示范县（市、区）创建活动。综合改革示范县（市、区）创建活动办公室设在省人口计生委办公室，负责日常工作。

各地要成立相应的领导小组和工作专班，组织开展创建活动的各项工作。各地要切实把创建活动作为人口计生工作的一项重要任务，科学规划，稳步推进。

各级人口和计划生育工作领导小组要积极协调各方力量，督促相关部门履行各自职责，有分工、有合作，形成开展创建示范县（市、区）活动、进一步深化人口和计划生育综合改革的整体工作格局。特别要在政策、投入、考核、评优等方面对综合改革示范县（市、区）创建单位予以倾斜，创造必要的条件和宽松的环境。人口计生部门要层层明确责任，细化量化任务，认真落实各项措施，全力抓好创建活动。

3. 统筹兼顾，科学推进

在创建活动中，要处理好创建工作与其他工作的关系，做到相互促进、相得益彰。要抓住工作重点，统筹协调，高标准完成年度工作任务和创建工作，积极构建统筹协调、科学管理、优质服务、利益导向、群众自治、人财保障等“六大机制”。

同时，突出地区工作和区域特色，形成本地区别于其他地区具有代表性的综合改革示范工作内容，推动人口和计划生育工作又好又快发展。

各地在开展创建活动中要注意方法，创建活动既要注重继承，也要着眼创新。

一是加强对以往成功经验的系统梳理和归纳总结，将一些行之有效的提升为工作制度。

二是认真剖析工作流程中的短板，查找影响人口计生整体工作提高的薄弱环节，查漏补缺。

三是开拓创新，进一步解放思想，积极研究解决新情况、新问题，探索统筹解决人口和计划生育问题的新机制、新途径、新方法。

三、关于去年全省人口和计划生育工作综合改革工作会议的主要精神

2012年1月12日，在咸宁市召开了全省人口和计划生育工作综合改革工作会议，会议对今后进一步推进全省的综合改革工作提出了如下要求：

（一）要培养和推广典型

国家人口计生委提出了开展五级联创活动，把综合改革作为重要内容。今年年初，湖北省将开展全省第二批综合改革示范县市区申报验收工作，并协助国家做好全国综合改革示范市的验收工作。省市县之间要加强信息交流，各地要对本地的典型进行总结、宣传、推广，变盆景为花园。各地要充分发挥国家人口计生委和省人口计生委命名的示范市、示范县（区）的示范作用，抓典型，树品牌，出经验，争取工作在全省、全国有地位、有影响。

（二）要建立长效工作机制

要在建立统筹协调、利益导向、优质服务、科学管理、群众自治、人财保障等六大机制上下功夫，形成工作长效机制。

（三）要突出工作特色

各地要坚持以人为本，抓住全局工作机遇，整合部门资源，抓好载体，结合本地工作实际，在要作创新、形成特色、可持续发展上下功夫。如结合综合治理出生人口性别比偏高问题，在关爱女孩及其家庭、保障改善民生、创建幸福家庭、提高计划生育家庭发展能力、完善利益导向机制上形成特色。如加强流动人口计生服务管理，在流动人口服务均等化上形成制度。今年，湖北省将在适当时候召开全省人口计生利益导向机制建设工作会议，请各地要早作准备。

四、对武汉市人口和计划生育工作综合改革工作的几点建议

武汉市是省会城市、特大城市，人口规模大，流动人口多，老年人口多，人口和计划生育工作基础好，计划生育家庭多，是全国人口和计划生育工作综合改革示范市、全国婚育新风进万家活动第四阶段示范市、全国流动人口计划生育基本公共服务均等化试点市、全国创建幸福家庭活动试点市，但也有一些新情况和新问题。

（一）总的想法

巩固先进地位、创新工作特色、加强分类指导、促进平衡发展。

（二）进一步明确综合改革的目的和要求

开展人口和计划生育综合改革，目的是要有利于稳定低生育水平，综合治理出生人口性别比，提高出生人口素质，加强流动人口服务管理，积极应对人口老龄化；要进一步转变工作思路和工作方式方法，坚持依法行政、优质服务、政策推动、村居自治，重点是建设六大工作机制，既做好人口和计划生育工作，又保障和改善民生，维护社会和谐稳定。

（三）坚持统筹兼顾

武汉市的人口和计划生育综合改革，有几个方面要统筹兼顾，互相结合，一是两型社会建设；二是社会管理创新；三是政务公开政务服务；四是武汉城市圈统筹解决人口问题试验区建设；五是两示范、两试点工作；六是加快信息化建设。

（四）几点具体工作建议

1. 要巩固先进地位，进一步创新工作特色。要用好载体，办好两示范、两试点工作；要在稳定低生育水平的前提下，在加强出生人口性别综合治理、加强流动人口服务管理、提高出生人口素质、积极应对人口老龄化上有新突破；要在依法行政、优质服务、完善利导机制上有新的进展，全面提高工作水平，提高人民群众的幸福指数。要深入开展关爱女孩行动，全面推进人口文化建设；要加强社区人口计生工作，基层群众自治是武汉市的特点、亮点，要进一步加强。要注意树立典型，总结经验，在省内、在全国推广。

2. 要加强分类指导，进一步促进平衡发展。武汉市的情况比较复杂，既有老城区，又有新城区、开发区，高校学生多、流动人口多、高档住宅小区也多，城中村、城乡结合部，管理难度大，各地情况不同，要加强分类指导，不搞一刀切，要加强综合治理、部门协调、分类指导，促进平衡发展。

3. 要加强人口发展战略研究。胡锦涛同志在去年4月26日讲话中，提出了四个加强，其中之一就是加强人口战略研究。人口发展战略一般是指国家、省、大的区域中心的发展战略。武汉市是特大城市，是武汉城市圈的核心，要加强这方面的研究，为两型社会建设服务，形成资源节约型、环境友好型、人口均衡型的三型社会。

5月3日，省委书记李鸿忠主持召开省委常委会议，研究湖北省主体功能区规划有关工作。他说：根据全国功能区规划，结合我省实际，编制好湖北省主体功能区规划，是将国家战略与全省经济社会发展战略有机结合，打造高效、协调和可持续的省域国土开发空间，实现全省经济布局、人口分布和资源环境三位一体空间均衡的必要前提和有力保障。

省委常委、武汉市委书记阮成发指出：人口计生工作涉及方方面面，计划生育只是人口问题的一个方面，而不是全部。特别是武汉市作为一个特大城市，全面做好人口工作显得尤为重要。人口顶层设计问题，不仅仅是理论研究方面的问题，而且是一个具体实际问题。

对这些精神，我们要认真学习领会。要把人口同教育、卫生、养老、交通、商业、城市规划、城市功能区规划等结合起来，这方面武汉市做了一些工作，今后要进一步加强。

4. 要注意研究人口计生目标考核办法

今年，湖北省对人口计生三线目标考核办法进行了改革，请各地要认真研究。因为，开展综合改革是重要的，但同时要注意考核这个指挥棒的作用，要在考核中取得好的成绩。

从总体上看，今年有大的改革：一是调整市州县分类办法。2012 年考评方案主要依据出生人口性别比现状进行市州县分类管理，按基本正常、偏高、严重偏高三类划分，同时兼顾了城乡差异。武汉市江岸、江汉、硚口、汉阳、武昌、洪山、青山列入城市城区；东西湖区列入出生人口性别比基本正常单位；黄陂、汉南、蔡甸区列入出生人口性别比偏高单位；新洲、江夏列入出生人口性别比严重偏高单位。

二是调整了市州党政领导线责任目标考评内容。突出了出生人口性别比综合治理、相关责任部门人口计生工作职责落实到位率等重点指标的权重，并增加了群众对人口计生工作的综合满意率指标，精简了县市区人口计生综合考评方案。

三是调整了市州、县人口计生部门、考评指标。要注意有关免费孕前优生健康检查、阳光计生、诚信计生、促进计生家庭发展、队伍职业化、人口计生信息化等新的内容。

四是改革完善了人口计生目标管理考评的方式方法。实行平时抽查、信访案件核查、委托市州考评、开展网上直报、年终综合考评、数据库质量监测、第三方调查等多种方式相结合，考核实行百分制计分。对违反考核纪律、数据质量较差的单位，给予 5 分以内的扣分。

5. 要加强综合协调，进一步研究解决具体问题

加强医疗市场整顿的问题

省政府去年下发了文件，要加大查处“两非”案件工作力度，武汉市在综合治理出生人口性别比问题方面，一是要加强重点地区的出生人口性别比治理。如黄陂、新州、江夏、蔡甸等地；二是要加强城区的医疗市场整顿。据统计，武汉市有医疗保健机构 5 583 家，其中，中心城区 3 064 家；个体诊所有 2 129 家，门诊部 393 家；批准的产科、助产技术服务台 20 家。2011 年取缔非法行医 1 400 多户次。现在，不少地方的“两非”案件与武汉市的医疗保健机构有关。如 2011 年，云梦县同汉阳查处的多起案件，2012 年云梦县与江汉区联手查处的案件，2011 年查处的春林门诊案，2012 年洪山区的华仁医院案。武汉周边县市反映，武汉市的医疗市场存在的问题比较多。建议加强医疗市场整顿，尽快建立区域协作联动机制。三是要进一步做好企业退休职工的计划生育奖励政策落实问题。这方面的反映比较多，主要是困难企业的认定问题，国有企业改制后，其灵活就业人员两不管的问题。关于原省属企业改制后灵活就业人员的问

题，我们正在同省有关部门研究，已有一个初步的意见。湖北省的宜都、枝江、夷陵、汉川、武穴等地已实行了计划生育奖励全覆盖。建议武汉市要研究这些问题，一是解决县属以上企业退休人员的计划生育一次性奖励政策落实问题，同时，争取创造条件，实行计划生育奖励全覆盖。主要是解决城镇无业居民、县以下企业中的计划生育家庭的奖励问题。

2012年，武汉市委、市政府提出了"建设国家中心城市、中部地区第一"的战略决策，武汉市的人口和计划生育工作目前在全省处于先进行列，是全国第一批综合改革示范市，我相信，有市委、市政府的高度重视，有各相关部门的大力支持，有大家的共同努力，武汉市的人口和计划生育工作一定能在全省保持先进，在全国争创一流，取得新的更大的成绩！

省人口计生委副主任董尚荣在全市综合治理出生人口性别比问题工作会上的讲话

（2012年6月6日）

五月的江城，鲜花怒放，激情燃烧。奔腾的长江似乎在告诉人们，我们这座城市正在向着复兴大武汉和构建国家中心城市跨越；绿染的河山似乎在告诉世界，武汉人生活在一座绿色之都、奋进之城、和谐之市。在全国、全省出生人口性别比问题重点治理年的关键时刻，武汉市专题召开综合治理出生人口性别比问题工作会议，胡曙光副书记亲自出席并做重要讲话，充分体现了武汉市对这项工作的高度重视和坚强决心。我受省人口计生委胡菊萍书记、杨云彦主任的委托，来参加这个会议，一是充电，二是直播，三是来给力。"充电"是要学习大家好的做法，"直播"是想把大家好的经验带到全省去推广，"给力"是全力支持武汉市的出生人口性别比综合治理工作。借此机会，我谈两点想法。

一、对武汉市人口计生形势和出生人口性别比工作怎么看

武汉市委、市政府高度重视人口和计划生育工作。阮成发书记、唐良智市长亲自抓，取得了可喜成绩。主要体现在"一、二、三、四"。一是武汉市连续四年荣获湖北省党政线目标考核一等奖；二是武汉市近两年成功接待了两任国家人口计生委主任和多位来湖北视察人口计生工作的相关领导，李斌主任、王侠主任多次对武汉工作提出表扬；三是全国基层群众自治会、性别平等促进会、婚育新风进万家工作会先后在武汉召开；四是武汉是全国"两示范"、"两试点"等四项先行先试的重点城市。特别是"六普"数据显示，武汉市出生人口性别比较"五普"下降了7.98个单位值，为全省出生人口性别比稳

步下降作出了重要贡献。还有江岸、江汉、青山的流动人口服务管理，硚口、汉阳、东西湖、蔡甸的人口文化建设，武昌、洪山的社区机制创新，汉南、黄陂的免费孕前优生健康检查，新洲区的严打“两非”，江夏留守儿童关爱等，都彰显了武汉精彩纷呈、亮点突出的特色。武汉在人口计生工作上作出的贡献，国家人口计生委和省委、省政府多次给予了肯定。

在充分肯定成绩的同时，我们也要冷静地看到，武汉市跟全国、全省其他城市一样，“稳低、控比”的形势严峻、任务艰巨、责任重大。

（一）从“空中”看，武汉这个城市在长高，流动人口大量涌入，服务管理难度较大。近年来，武汉市城市发展日新月异，建设国家中心城市和复兴大武汉迈出了坚实的步伐。同时，大量流动人口从四面八方涌来，公安部门统计的全员流动人口有 240 万人，人口计生部门统计的已婚育龄流动人口有 90 万人，而且居住状况纷繁复杂，分布广泛，变动性强，既面临落实均等化服务的巨大压力，又肩负“稳低、控比”的艰巨任务。

（二）从“地上”看，武汉市医疗资源丰富，防控“两非”的任务异常艰巨。据不完全统计，武汉市现有医疗保健机构 5 583 个，而且鱼龙混杂，情况复杂，仅 2011 年就取缔非法行医 1 400 多户次。当前，打击“两非”工作客观上存在着“四热四冷”现象：上层热，基层冷；公立热，民营冷；主管部门热，相关部门较冷；时热时冷，集中抓一段，推一段，一段时间过去后就松懈了。前不久省委、政府组织专项督查发现，武汉现代女子医院近十个月来引产，手术审批不够严格，信息登记不够规范，这从一定程度上说明民营医疗机构的相关工作还亟待加强。

（三）从“路上”看，到武汉来实施“两非”手术的“行人”众多，近年来不少地方的“两非”案件与武汉市的医疗保健机构密切相关。客观地看，目前武汉市打击“两非”工作还存在着“四多四少”现象：线索较多，立案较少；案例较多，处理较少；打击较多，重处较少；外地提供线索较多，本地发现侦破较少。2011 年六部委打击“两非”文件出台后，武汉市查处的 21 例“两非”典型案件，大部分是外地提交的。而且这些案件中，吊销执照、判刑、撤职的少，追究领导责任的少，处理偏轻。

（四）从出生的“人”上看，性别比总体降幅较小，局部地区还在走高。“六普”时武汉市出生人口性别比为 119.81，去年共享平台分娩登记出生人口性别比是 119.41，今年前八个月为 117.43，总体小幅下降；从孩次分布来看，全市二孩及以上出生人口性别比与去年同期相比，上升了 0.64 个单位值；黄陂、新洲、蔡甸等出生人口大区呈现出攀升趋势。

二、武汉市出生人口性别比治理工作当下怎么干

面对出生人口性别比的严峻态势，我们务必要认真学习贯彻胡锦涛同志的讲话，以巨大的理论勇气与实践底气，切实落实“计划生育、男女平等”两项基本国策。胡锦涛同志在政治局第28次学习讲话中反复强调，性别比既是人口问题，又是社会问题，必须“下大力气”抓好这项工作。要用好身边的典型，通过我们的努力，加强领导，创新机制，打防结合，齐抓共管，坚决遏制“两非”案件的高发态势，坚决实现国家下达的控比目标。全国“十二五”末期要下降到115以内，我们每年要下降1个百分点以上。实际上只有三年时间了，每年要下降1.2～1.3个百分点以上才能实现这个目标，任务异常艰巨，特别是远城区。为此，需要从以下五个方面着力，力求取得新的成效：

（一）远城抓“控比”

武汉市六个远城区人口总量大、户籍人口多，性别比高位运行影响面大，远城区工作上去了，武汉的性别比也就降下来了。要从基层基础做起，进一步明确区、乡、村各个层级责任，细化计生行政部门、相关责任部门和医疗技术服务机构的工作任务，责任落实到人，督办检查到位；要从避孕节育抓起，加强人口和计划生育服务体系建设，促进基本公共服务均等化，及时指导群众落实以长效为主的避孕节育措施，减少非意愿妊娠和人工流引产的发生；要从孕情包保做起，坚持重心下移，关口前置，加强孕前型管理，落实孕情包保责任制，对孕情无故消失的，要加大责任追查力度；要从“两非”案件抓起，从群众举报、孕情消失对象、生育二孩及以上为男孩的对象、二孩及以上引产为女孩的对象、上报孕情不及时的对象、医疗机构引产登记和终止妊娠药品进销存记录、整治非法行医和规范医疗行为中，深挖案件线索，进一步提高查处数量和质量，落实责任追究制。

（二）近城打“两非”

武汉城市圈除潜江外都是性别比高发区，应该说圈内生育文化土壤不佳，给武汉造成很大影响。但武汉是流入人口集中地，流动人口以流入地管理为主，必须守土尽责，加强管理。一是要依法清理整顿社区卫生服务中心、民营医院、个体诊所，这些地方是“两非”案件藏污纳垢的重要场所；二是对有医师资格的要规范操作。要验证相关证明，并鉴别真伪；三是要依法查处非法销售终止妊娠药品的单位和个人；四是要清理户外和媒体广告。同时，集中整治“两非”，要坚持“过五关”（宣传倡导，源头防范，孕情包保，药品管控，信息掌控），“斩六将”（性别比的中介人，做性别鉴定的医生，做终止妊娠的医生，卖打胎药的人，医院科室负责人，医院院长、法人），做到“四个不放过”（不查案到位不放过，不处理到位不放过，不追究责任不放过，不整改到位不放过），“四个一律”（非法从事两非案件的医疗机构一律吊销执业许可证，是医生的一律吊销执业医师证书、开除公职，对院长和科室主任一律撤职，触犯刑律的一律重判），“两个切不可”（切不可把育龄群众作为整治“两非”的重点，切不可把处罚育龄群众作为“两非”案件好大喜功上报）。

（三）开发区抓“突围”

武汉市各开发区今年以来的多孩率是1.1%，责任状签定的目标是0.5%，其多孩率要高出考核目标的1倍以上。开发区的性别比也远远高于中心城区。开发区不能让人口自然增长率与固定资产投资同步增长，不能让性别比与生产总值同步攀升。开发区流动人口PADIS平台提交率与反馈率低，应引起重视。开发区的体制机制与其他行政区不同，开发区计生办要千方百计履行自身职能，从基础做起，从信息录入做起，从流动人口服务管理做起，把人口计生工作与创新社会管理有机结合起来，寻求新的“突破”。

（四）圈内搞协作

武汉城市圈都是性别比高发地区，各个城市都要各负其责，武汉市也要主动加强与周边地区的联系，建立互信互助关系，互相交流情况、通报信息，联手打击流动作案。市里要组建工作专班，建立指挥中心，各责任单位要加强协作，明确职责，强化专项整治，发现问题，严厉查处，绝不留情。武汉综合治理出生人口性别比偏高问题要做到：凡是移交到武汉市的案件，要逐一核查，结案反馈，严查严处；凡是发现涉及周边地区的案件，要及时通报，严格办理，联合查处。只有大家齐心协力、步调一致，才能真正形成高压态势和共管格局，让“两非”行为无地生根，让涉案人员无处藏身。

（五）全省做表率

多年来，武汉市人口计生方面的很多工作走在全省、全国前列，发挥着引领和示范作用。在新的时期更应抓住机遇、乘势而上，为全省创造更多的经验借鉴。要进一步推进生育文明建设，大力实施“生育文明·家庭发展”推进计划，建设新型生育文化，打造具有武汉独特气质的品牌；要进一步强化利益导向机制建设，重点做好惠民政策与计生政策的有效衔接，积极创新利益导向政策体系，努力实现计生奖励扶助全覆盖，切实改善计生女孩及其家庭的生存和发展环境；要进一步加强流动人口服务管理，推进均等化服务，切实提高流动人口计划生育服务管理水平；要进一步加快人口计生信息化建设，积极主动融入社会管理创新体系，推进人口计生创新发展。

我们欣喜地看到，武汉市委、市政府秉持以人为本的科学理念和“敢为人先、追求卓越”的武汉精神，已经确立了清晰的工作思路和明确的工作目标，我们完全有理由相信武汉的工作会做得更好。综合治理出生人口性别比问题是一项系统工程，有成就，我们共同分享；有困惑，我们共同破解；有困难，我们共同担当，一起来打造武汉更加灿烂美好的人口与资源环境和谐发展的明天！

（根据录音整理）

市人口计生委党组书记李丹芳在2012年人口计生务虚会上的讲话

（2011年12月15日）

带着领导的重托，肩负着历史的使命，我从市残联来到市人口计生委工作，深感责任重大。我觉得任何岗位，不管舞台大与小，只要我们认真对待，就能出彩。

这两天的务虚会，是很好的理论研讨会，是很好的经验交流会，也是很好的集思广益会，达到了统一思想、明确目标、创新思路、强化措施的目的。昨天，各处室、直属单位和各区人口计生委负责人的发言都很精彩。今天，几位委领导的发言更精彩，他们站在更高的高度，站在各自分管的层面分析问题，有很多新的理念、新的方法、新的建议。对我来说，这既是学习，也是分享，同时又引我深思，供我在学习、了解、研判的基础上，同大家一起依法决策、民主决策、科学决策。在此，我要感谢各位！我也会虚心学习，同大家一起同心同德，共同把全市的人口计生工作做得更好。

下面，我主要讲六个方面的问题，仅供参考。

一、关于创新工作理念

第一是思想理念。思路决定出路。只有想不到的，没有做不到的；思想有多远，我们就能走多远。这话好说，但事难做，关键是我们要创新思想理念，这一点至关重要。

第二是干事理念。要用心想事、用智谋事、用情办事、用力干事；要想干事、能干事、会干事、干成事、不出事，还要不坏事；要主动作为，有为就有位，有绩才有名；要有所为有所不为。

第三是学习理念。一个不读书的领导是担负不了时代赋予的重任的。书是人类进步的基石，与书为伴，为人生奠基。要学以立德、学以明智、学以添趣、学以致用，把学习当成一种责任、一种追求、一种台阶，更重要的是要把学习当成一种终生的福利。我在市残联工作时，定期给同志们发书票，就是要倡导大家去买书、看书，大家的反响和效果很好。下一步，在市、区人口计生部门要大力提倡这种做法。

第四是人格理念。宁可人负我，不可我负人。要树立一种“吃亏是福”的理念，树立“吃亏也是一种享受”的理念。你吃了亏，同志们都能看到。这对你是一种磨炼，既提升了你的能力，也展示了你的能力。只有具备了这种良好的精神状态，才能把工作干好。“敬畏之心是极品，慈善之心是上品，感恩之心是成品，宽容之心是做人的基本人品。”对人对事要有敬畏之心，因为只有敬畏才不敢胆大妄为，不敢违法乱纪；只有慈善，才能对大家厚爱；要感恩，要知足，要宽容，宽容别人就是在宽容自己。

第五是人口计生工作理念。首先，要跳出计生看计生，跳出武汉干计生。“跳出计生看计生”就是要把人口计生工作融入到各级党委和政府的整体工作和经济社会发展大格局之中。“跳出武汉干计生”，就是要站在全国、全省的高度，努力做好武汉市的人口计生工作。我在残联工作时，市委书记阮成发明确提出，武汉市残联工作要走在全国前列，就是要在全国同类城市中走在前五名。经过三年的发展，残联工作进入了全国前五名的行列，所以，要跳出武汉干计生。其次，要转变工作理念和方式。要从单纯地干计生工作向综合解决人口问题的转变；从单纯地以数字为本向真正的以人为本转变。要推动人口计生从“埋头拉车型”向“抬头看路型”转变，就是要一手抓调研，一手抓办事。若手中无典型，心中就慌张；若没有明确的思路，就会南辕北辙。要推进人口计生工作以人口计生部门为主向部门联动、共同履责转变。只有我们的思维方式转变了，才能做到工作中事半功倍。人口计生工作守土有责，要种好我们自家的责任田。唯有改革才有出路，唯有公正才有诚信，唯有认真才有效率；要说实话，办实事，出实招，求实效。我在上任的第三天向刘顺妮副市长汇报工作时，刘顺妮副市长就说，干人口计生工作要不怕得罪人，要公平公正。只有这样，才能取信于民，达到诚信计生、阳光计生的标准和效果。

第六是快乐工作法。快乐工作法就是找到工作意义，舒压，让工作更精彩，把工作当演出，用创意挥洒精彩。大事小事都是精彩契机，苦事难事都是精彩体验。快乐源于对工作真诚地投入，快乐也来自于团队精神。有一种工作，没有经历过就不知道其中的艰辛，没有体会就不知道其中的快乐。有一种快乐，没有拥有过就不知道其中的纯粹。计生工作很辛苦，大家要以苦为乐，乐于吃苦。要有良好的心态，树立积极、正面的情绪。要积极、平和、耐挫，感恩、知足、达观。对人口计生部门来讲，不能让我们的人口计生干部“流血”又“流泪”。

第七是团队理念。市、区人口计生部门都是一家，一个团队。计生是我家，建设靠大家。沟通是基础，支持是关键，信任是保障。

第八是树立正确的工作导向。要搞懂指挥棒，适应指挥棒，玩转指挥棒。

二、关于2012年工作的指导思想

2012年，全市人口计生工作要以稳定低生育水平、提高人口素质为主线，以加强人口文化研究为前提，以深化人口计生综合改革为动力，以综合治理出生人口性别比偏高问题为重点，以实施流动人口计生基本公共服务均等化为基础，以固化信息化建设为平台，以完善绩效考核目标体系为抓手，着力在抓重点、攻难点、补弱点、扫盲点、展亮点上下功夫，发扬“敢为人先，追求卓越”的武汉城市精神，坚持创新理念、与时俱进、求真务实、依法行政、固本强基、健全机制，逐步实现管理精细化、服务人性化、程序便捷化、信息现代化，进一步加强全系统干部队伍建设，进一步优化全市人口计生工作环境，进一步提升全市人口计生工作水平，不断促进全市人口计生工作再上新台阶，实现新跨越。

三、今后五年工作目标

今后五年，全市人口计生工作要全面实施“66553”工程。

（一）健全六大体系。要着力健全规范的人口问题宏观调控与决策体系；合理的流动人口基本公共服务均等化服务体系；先进的人口计生技术服务体系；完善的人口监测体系；准确的人口计生信息化管理体系；科学的阳光考核评估体系。

（二）完善六大机制。即：利益导向机制、群众自治机制、区域协作机制、部门联动机制、宣传教育机制、优化服务机制。

（三）打造五大品牌。即：多元化的宣传媒体、多层面的宣传队伍、代表性的宣传典型、多形式的宣传阵地、新奇特的宣传产品。

（四）争创五个示范。即：人口文化示范基地、幸福家庭示范典型、流动人口服务示范阵地、信息化建设示范平台、人口计生队伍示范窗口。

（五）攻克三大难点。即：稳定低生育水平，提高出生政策符合率；综合治理出生人口性别比偏高问题，依法打击“两非”行为；加强流动人口服务与管理，推进流动人口计划生育基本公共服务均等化。

四、关于几个问题的思考

（一）关于人口文化建设。要牢固树立大人口的观念，把大人口的观念牢牢贯入我们的脑海，融入我们的工作之中，创新人口文化理念，深化人口文化研究，打造人口文化品牌，培养人口文化人才，创作人口文化精品，展示人口文化成果。要强化“三项措施”：一是每两年举办一届全市人口文化节，一届一个主题，把所有的人口计生工作装入大人口文化的“菜篮子”里面。二是创建一批人口文化示范基地。三是创作一批人口文化精品。四是精心打造一批人口文化园。各个区都有公园，要转换思维，认真规划，拓展我们的领域。人口文化品牌的建设要坚持“五性”标准，即：有规模性、观赏性、知识性、地域性、长效性；要建立“七有”体系，即：有人口文化园，有人口文化书屋，有人口文化宣传栏，有传播人口文化、健身、娱乐为一体的综合性阵地，有创建人口文化活动载体；有帮扶计生困难家庭的致富项目，有鲜活、温馨、标新立异的宣传口号。

（二）关于全市人口计生信息化建设。

第一，要充分认识加强人口计生信息化建设的重要性。人口计生信息是具有基础性、战略性、公共性的信息资源，是我们创新社会管理不可或缺的基础信息，也是人口计生职能拓展的核心资源。加强人口信息化建设，使之具有开创性、永久性、经常性、应用性，是提升我市人口计生信息化水平的重要体现。

第二，要明确全市人口计生信息化建设的目标。2012 年，全市人口计生信息化建设一定要走在全省先进的行列。

第三，要充分认识人口计生信息化建设的工作现状。前几天，我参加了全省在孝感市召开的信息化工作会议。孝感、荆门、宜昌、荆州等市均在在会上介绍了经验。席间，省里胡菊萍书记对我和高惠祥副主任说，武汉在这方面还有较大的落后，在全省处于中下游，望采取措施赶上。当前我市人口计生信息化建设存在“三重三轻”现象，即：重建设，轻维护；重硬件，轻应用；重出生人口性别比信息化，轻其他业务信息化。这个状况要引起大家的高度重视，强化措施，彻底改变落后现状。

第四，要进一步强化工作措施。一是立足全面服务，全面应用。全面服务于市、区、街（乡镇）、社区（村）四级培训与应用。年后，拟安排两天时间，组织市、区两级到孝感，现场观摩、现场培训、现场交流、现场部署。二是突出“五个强化”。即：强化目标管理促重点抓，强化每周督办促经常抓，强化部门系统促联合抓，强化绩效奖励促主动抓，强化制度管理促规范抓。三是实现“六个突破”。要在门户网站、全员信息化建设、重点业务信息应用、相关部门资源共享、信息资源共用、人口计生便民服务六个方面实现新的突破。

（三）关于综合治理出生人口性别比偏高问题。当前，据公安、卫生、统计、人口计生等部门数据反映，全市出生人口性别比依然偏高。综合治理出生人口性别比偏高问题要坚持宣传倡导、全程服务、利益导向、严打“两非”，统计监测多措并举。要进一步强化工作措施，紧紧抓住孕情服务和案件查处两个“牛鼻子”，一手抓服务，一手抓打击。服务在先，打击跟进。要画地为牢，结对包保，严打“两非”，综合治理。

（四）关于流动人口计划生育基本公共服务均等化问题。要以推进“一盘棋”为目标，突出“均等化”这一核心，紧紧抓住四个契机，进一步强化工作措施。一是以国务院颁布实施《流动人口计划生育工作管理办法》为契机，建立政府主导、部门联合、社会参与、各负其责的长效管理机制；二是以国家人口计生委深化全国“一盘棋”为契机，巩固流动人口区域协作成果，完善区域联动协作机制；三是以市委、市政府加强和创新社会管理为契机，大力推进流动人口计划生育基本公共服务均等化，规范统一流动人口均等化服务的内容；四是以全省推广计生村（居）在线平台为契机，全面提升全员流动人口计划生育信息化水平。要逐步实现管理属地化、信息化，记录常态化，服务便捷化。五是全面总结、提升流动人口均等化服务的品质，做好全国专项工作试点验收。

（五）关于健全完善利益导向政策体系问题。要重点解决四个方面的问题：

一是健全独生子女伤残死亡家庭扶助政策；二是全面落实企业退休人员计生奖励政策；三是健全完善流动人口计划生育基本公共服务均等化政策体系；四是健全完善有利于人口计生工作的其他政策（如计生家庭病残儿免费鉴定、全市农村及流动人口计划怀孕夫妇免费健康检查等政策）。

（六）关于人口计生队伍建设问题。要努力建设一支爱岗敬业，精明能干，具有爱心、耐心、精心、专心、诚心的人口计生干部队伍。要进一步争取政策，理顺体制。大家提出的有关问题，如：新城区流管站参公、从事人口计生工作十年以上的干部应享受的政策、信息中心建设等问题，市人口计生委有关处室要尽快提供省外同类城市和省内城市的办法作为参考依据，我们将尽力协调，努力争取。关于基层计生专干的配备问题，下一步我们要深入调研，拿出具体的措施。

加强人口计生干部队伍建设要着力强化五个方面的措施：一是加大培训力度。用三年时间，分三级三个层面，普遍轮训一次。区、街（乡镇）分管领导进市级党校专门培训；区、街（乡镇）的计生干部进国家专门机构培训；社区（村）计生专干进社区人口学校，以会代训。二是加大服务能力培养力度。加强职业化的建设，强化职业的认同感、使命感。建议下一步开展心理学的培训，这建设幸福家庭、和谐社会创造条件。三是加大典型宣传力度。四是加大表彰力度。五是加大干部的推荐使用力度。

（七）关于宣传造势的问题。人口计生宣传教育要围绕五个方面做文章。一是要提出温馨的计生宣传口号；二是要提出鲜明的工作主题；三是建立与大专院校的合作机构，加强人口发展战略研究；四是建立多层面的新闻宣传队伍；五是建立宣传统计通报制度。

（八）关于深入推进人口计生综合改革的问题。要进一步明确综合改革的目标，建立健全“六大机制”。这里，我重点谈一谈改革人口计生绩效考核评价体系。一是人口计生部门线。要建立共性目标、特色目标、否决目标、奖励加分为一体的目标体系。明确四个“一票否决”目标，就是稳定、出生人口性别比综合治理、政府实事办理情况和信息平台建设与应用。实行动态管理，一定要确定一个“弱项”进行攻坚、纳入考核，将“弱项”变“强项”。要建立常态化的考核方式、不定期的抽查制度、考核情况通报制度等。二是党政领导线人口计生责任目标，要实行调度制，每半年调度一次。三是责任部门线人口计生责任目标，要进一步确定目标、确定职责、确定措施，实行刚性检查、垂直检查、横向检查并重。要重点树立一批综合改革示范乡镇（街道）。围绕建立六大机制，采取申报－初审－签订协议－扶植（工作和经费）－验收－表彰的方式，打造一批各有侧重的综合改革示范乡镇（街道）。

（九）关于依法行政的问题。重点抓好两件大事：一是修订《武汉市计划生育管理办法》；二是严厉打击“两非”行为。要坚持以法律为准绳，以政策为导向，以事实为依据，依法行政，决不姑息。对查处的案件要办成铁案，决不翻盘。

五、关于2012年的重点工作

2012年，要着重抓好以下工作：

（一）修订一个法规。组织修订《武汉市计划生育管理办法》。组织专班、融入政策。

（二）抓好目标管理与考核。

（三）开展好“五大主题活动”：一是武汉市首届人口文化节；二是婚育新风进万家活动；三是幸福家庭创建活动；四是关爱女孩行动；五是“暖在江城”“两节”送温暖活动。

（四）举办五个培训班。一是开设市、区分管领导进党校培训班；二是首批区、街（乡镇）人口计生干部专业学习考察培训班；三是社区（村）计生专干以会代训班；四是孝感信息化“四位一体”现场观摩、交流、培训、部署会；五是首批心理咨询师培训班。

（五）组织三个讲师报告团进社区、进家庭、进学校。一是人口计生战线爱岗敬业先进个人事迹报告团；二是青春期健康教育讲师团（人大调研时提出的建议）；三是幸福家庭心理咨询师服务团（聘请）。

（六）办好免费孕前优生健康检查这件政府实事。

（七）开展首批市级人口文化园、规范化服务站评比工作。

（八）坚持每季度召开一项各种类别、各种层次的现场经验交流会。

（九）与大专院校合作，建立武汉市人口发展战略研究机构。实施专款支持，做到主题明确、课题招标、成果开发、结果运用。

（十）创办《武汉人口》或《武汉幸福家庭》杂志。

（十一）把“两示范”、“ 两试点”工作寓入各项工作中。

六、关于几点要求

全市人口计生系统要进一步增强开放意识、责任意识、服务意识、大局意识、奉献意识、创先意识，认真贯彻落实中共中央关于全面做好人口工作的决策部署，在市委、市政府的领导下，切实履行“两示范、两试点”的重大责任，全力以赴，推进武汉市人口计生工作再上新台阶。

市人口计生委主任李丹芳在全市各区人口计生委主任会上的讲话

（2012 年 1 月 10 日）

今天召开全市各区人口计生委主任会议，同时套开全市人口计生便民办证系统现场推进会。采取这种会议形式，主要是整合资源、提高效率，用实际行动贯彻中央、省市提出的改进工作作风、密切联系群众的八项规定。12 月份，我们在洪湖召开了 2013 年度人口计生工作务虚会，交流了工作想法，理清了工作思路。今天在会上传达学习了全省各市州人口计生委主任会议精神，印发了 2012 年全市人口计生工作总结、2013 年工作要点以及全市人口计生系统、市人口计生委机关 2013 年工作务虚会的发言材料。对下一步的工作大家都有了比较全面的认识。刚才，武昌区、新洲区、武汉化工区分别代表全市三种不同类型的区作了交流发言，对大家是一个很好的启示。下面，我讲三点意见。

一、肯定成绩，分析形势，努力乘势而上

就全市层面而言，十项重点工作都在有力、有序、有效推进。一是加强人口战略研究。市人口计生委召开了 8 次专题战略研究会，11 月份委党组扩大会进行了认真讨论。刘英姿副市长近期还将领导召开市直相关部门的讨论会，在这个基础上，再召开北京、天津、湖北省的有关大专院校的专家成果研讨会，再报送市委、市政府。同时，我们也将把这项工作作为责任目标下到各区。二是切实稳定低生育水平。今年全市出生政策符合率为 95.08%。三是严厉打击“两非”，综合治理出生人口性别比偏高问题成效明显。2012 年全市出生人口性别比为 114.8。四是创新举办了首届人口文化节，文化节展馆规模空前、群众参与热情空前、新闻媒体聚焦空前、社会各界好评空前。五是推进免费孕前优生健康检查，2013 年免费孕前优生健康检查项目连续第二年被纳入市政府为民办实施内容，不同的是 2012 年是农村和流动人口，2013 年是面向中心城区，也就是全面推进免费孕前优生健康检查。六是继续推进流动人口均等化服务。武汉市的流动人口均等化服务试点工作已经进行了 3 年，得到了国家的认可。七是利益导向政策不断完善。2012 年市委、市政府出台了《关于对计划生育特殊家庭开展关爱关怀工作的通知》，相关部门出台了配套文件，城镇计划生育夫妇年老一次性奖励在政策上取得了突破。市政府主持召开了 13 个部门的协商议会，相关部门的配套文件全部出台。八是加强人口计生信息化建设。九是推进依法行政。十是积极开展创建幸福家庭活动。

就各区的层面而言，亮点纷呈，特色鲜明，可圈可点。江岸区加强领导，高度重视计划生育特殊困难家庭关爱关怀工作。百步亭社区生育文明建设成为全国的标杆社区。汉阳区江欣苑的人口文化建设、琴断口街的流动人口服务管理以及打击“两非”工作成绩突出。江汉区抢抓机遇，民意街的网格化建设和武展社区是全市标杆工程。硚口区不断进步，信访稳定、关爱女孩等工作卓有成效。青山区勇于创新，流动人口空间吧和信访稳定工作效果显著。洪山区稳扎稳打，珞南街的便民办证系统、青苹果之家、红霞社区等一批亮点。武昌区抓住社区换届机遇，加强社区基层干部队伍的建设，多个亮点工作得到国家认可，被省里评为十佳先进集体。新洲区底子薄，基础差，但基础工作在上台阶，打“两非”力度大。黄陂区是人口大区，免费孕前优生健康检查在全国有较大影响，人口文化阵地建设、提升家庭能力建设等工作进步明显。蔡甸区，流动人口亲情化服务和关爱女孩工作做得很好。东西湖区在机构改革后人口计划生育工作没有丝毫放松，在打击“两非”工作中成效显著，得到了省委、省政府的充分肯定。江夏区坚持目标导向，积极调度，认真规划人口和家庭服务中心。汉南区工作务实，思路清晰，人口和家庭健康公共服务中心建设在全省是一流。武汉经济技术开发区、东湖高新区、东湖风景区和武汉化工区等四个开发区的人口计生工作在原来的基础上强基提质，都有很大进步。

就体会与启示而言，一是坚持抓领导、领导抓，真正实施一把手工程，这是我们搞好人口计生工作的保证。二是严要求，严格管理干部队伍，这是我们搞好人口计生工作的关键。三是重实干，实干是搞好人口计生工作的重要体现。四是求创新，创新是我们搞好人口计生工作的转型发展的力量源泉。

就面临的形势而言。一是前有标兵，与其他全国副省级城市相比，我们尚有差距。二是后有追兵，省内宜昌、襄阳、荆州等城市人口计生工作势头迅猛。三是随着武汉崛起，工作水平要提高，人口计生工作要力争走在全省前列，跨入全国第一方阵。四是工作存在不足，压力更大。违法生育的控制面临挑战，出生人口性别比严重失衡，流动人口服务管理还需要加强，稳定工作压力很大等。面对人口计生发展的新形势，面对全市人民的新期待，我们要始终保持清醒的头脑，要增强忧患意识，不能盲目乐观。既不可高估取得的成绩，也不可低估存在的问题。

二、要坚持创新发展，坚定方向，努力进竞提质

（一）关于十二项重点工作。一是继续稳定低生育水平，这是基础工作，要力争在2012年的基础上进一步提高；二是强力推进综合治理出生人口性别比工作，严打“两非”，加强对“两非”案件的巡查、督办；三是强力推进三项政策措施的落实，做好计划生育特殊家庭的关爱关怀工作，城镇计划生育夫妇年老一次性奖励政策的全覆盖，企业退休职工计生奖励政策的落实；四是加强市区人口战略研究。各区要开展本区域人口战略研究，对本区域内的人口规模、人口承载量认真研究，提出对策和建议；五是积极探索流动人口社会融合的途径和办法，推进流动人口服务均等化的创新发展；六是推进创建幸福家庭流动试点工作的深入开展，全面落实“12·300乐福家”行动计划；七是全面加强人口计生信息化建设，提高信息化工作质量，提高统计数据的准确性和真实性；八是全面提高人口计生干部的素质，关心人口计生干部成长；九是加强人口计生服务转型发展；十是加强人口文化宣传工作，加强人口文化宣传氛围营造、阵地建设，把握正确的导向；十一是加强依法行政，做到“三个杜绝”，即杜绝大月份引产，杜绝恶性案件发生，杜绝进京群访和越级上访；十二是着力发现和培养一批人口计生工作典型。

（二）关于目标的设置。一是坚持重点确保，特点突出，量化管理，总量控制。目标设置要“新”，要结合工作发展，设立新的工作指标。目标设置要“实”，要立足基层，用数据说话；二是发挥指挥棒的作用，指挥棒指向哪里就打向哪里；三是坚持看表管理，过程管理，动态监测，过程通报。

（三）关于工作要求。一是要勇于创新，要抢占先机，占领人口工作的制高点；二是要善于总结，多思考、多调研、多解难、多提升，抓好工作调研从而发现问题，研究和解决问题；三是要敢于竞争，求真务实；四是要严于律己，要加强学习，亲力亲为，准确掌握人口计生工作的各项数据和信息；五是要优化形象，要关注维护人口计生部门的整体形象，不能造成负面影响。

三、认真学习十八大精神，不断适应新形势、新要求、新变化，将十八大精神贯彻落实到各项工作中

一是思想定位要高，要准确把握党的十八大提出的新思想、新观念、新任务；二是领悟精神不能空；三是宣传氛围要浓；四是贯彻力度要大；五是竞争意识要强。大家都知道，不进则退，落后就要挨打，所以希望大家兢兢业业，以良好的精神状态、强烈的忧患意识、强烈的责任意识、实干意识，不断提升综合能力、协调能力，抓领导、抓部门的能力和服务群众的能力。

总之，让我们在新的一年里，在市委、市政府的领导下，在省人口计生委的指导下，力争全市的人口计生工作取得新的成效，实现新的跨越。

（根据录音整理）

市人口计生委主任李丹芳在2013年人口计生务虚会上的讲话

（2012年11月16日）

我们刚刚走过了难忘的、繁忙的但是充满生机与活力的2012年。这一年，我们刚刚接受了大考，但无论结果如何，在场的每个人可以自豪地说，我们努力了，我们奉献了，我们问心无愧！应该说大家都交了一份合格的优秀的答卷。此时此刻，我们更在乎奋斗的过程和岁月！我们分享成功的喜悦！在此请允许我代表市人口委全体班子成员和全体机关干部对大家一年的辛勤劳动和无私奉献表示崇高敬意和衷心感谢！在这里还要真诚感谢在座各位的同仁同事特别是家人对全市人口计生工作的理解和支持！

在交了答卷以后，新的试卷如何设计，新的征程如何起航，这是我们现在要认真考虑的课题。这次全市务虚会我们从形式和内容上进行了改革和创新，分了两个部分进行：相互观摩和会议研讨相结合。大家用了三天的时间学习观摩了十三个区的服务站和特色亮点，体现了开门务虚，相互学习，相互借鉴，取长补短，集思广益、比学赶帮超。相信大家一定有些感想和收获吧。现在我们又用了两天的时间坐下来冷静分析、认真思考，体现创新思维、集思广益、布局谋划、引领未来。17个区（开发区）的负责人作了精彩的发言，既总结回顾了过去一年的工作成绩体会，又交流分享了明年的思路、打算、建议。相关处长就有关业务作了发言，特别是各位领导从全局或分管的角度讲了很多很好的意见，观点新颖、思路清晰、重点突出、要求明确，很有见地，相信2013年全市人口计生工作会上新台阶、实现新跨越！

下面我想就2012年的工作重点就2013年的工作思路谈点个人的想法，仅供参考。

一、如何看待2012年的工作

2012年的工作成效是显著的。在工作理念上体现敢为人先、追求卓越；在工作思想上坚持了以人为本、民需我为；在工作部署上体现了抓重点、攻难点、补弱点、扫盲点、展亮点；在工作方法上体现了分类指导、分层推进；在工作实效上体现创新求变、实事求是；在统筹协调上体现领导重视、部门联动。具体的标志是：

——坚持统筹协调，完善机制，人口计生工作焕发新的活力：统筹管理机制进一步加强；协调配合机制进一步加强；经费保障机制进一步加强。

——坚持锐意进取，克难攻坚，人口计生重难点工作实现新的突破：打击“两非”取得新突破；人口计生信息化建设有新进展；开发区人口计生工作有新进步；流动人口均等化服务有新特色。

——坚持开拓创新，打造亮点，人口计生工作彰显新的特色：创新研究统筹人口政策顶层设计的课题；创新人口计生目标考评体系；创新人口文化宣传平台；创新举办武汉市首届人口文化节。

——坚持民生为本，利益导向，人口计生保障体系和服务体系的到新的健全：健全计生家庭保障体系；健全计生家庭服务体系；探索计生家庭发展致富模式。

——坚持固本强基，提升能力，人口计生基层基础工作得到新的夯实：抓固本强基工程；抓提能增效工程；抓阳光政务工程。

虽然 2012 年工作取得一些成绩，但是还存在一些不足：一是工作发展不平衡，部分乡镇（街）基层基础还比较薄弱；二是综合治理出生人口性别比的任务艰巨；三是流动人口均等化服务和管理工作还需加强。

二、关于 2013 年工作理念、原则、思路、重点（亮点、难点、弱点、盲点）

（一）关于创新理念

第一是学习理念：把学习当做终生的福利；把学习作为修炼的阶梯；到处留心皆学问。

第二是思想理念：热情和壮志是伟大的辅翼。把每年都作为新起点 、“太阳每天都是新的”；每天都有好心情。阳光总在风雨后。世界在日新月异的变，社会在变，心境在变。在这个新的起点上，我们感到一份责任与关荣。

第三是法制理念。依法行政，规范行为，把握原则性和灵活性的前提是守住底线。不能把一票否决当儿戏。不要站在被告席，如果败诉就会被问责。

第四是创新理念：敢为人先，追求卓越。思路决定出路。想象力比知识更重要。推陈出新，超越自我。

第五是文化理念：人口文化是人口工作的血脉。人口文化引领人口计生工作。将人口文化融入到经济社会、政治之中，将人口文化融入武汉市的五城建设之中。“干事文化”和“快乐工作”灵活运用和充分体现。让人口文化闪烁在各个社区，植入人心。

第六是干事理念：既要“埋头拉车”又要“抬头看路”。古人说：不谋万世者，不足谋一时；不谋全局者，不足谋一域。每个领导都是长跑里程的运动员，我们要明辨方向传好接力棒。既要“会说”又要“会做”。“会说”，就是要善于宣传党的大政方针政策，善于调度大家的积极性；“会做”，就是能善于克难攻坚，破解难题、开创新局面。“会说”才能调动积聚大家的正能量；“会做”才能增强大家的执行力。让绩效考评机制发挥“指挥棒”的引领作用，真正通过“指挥棒”的引力，加强宏观调控，促进人口计生的转型、持续、科学发展。

第七是人格理念。拿破仑·希尔博士说：“真正的领导能力来自让人钦佩的人格。”一个领导的信仰、气质、性格、品行、才智和经验等综合图形出来的人格凝聚力和感召力是惊人的。我们要重视人格魅力的修炼，释放人格魅力的光泽，把管理活动当做一门艺术一样精心实践。以德服人，用高尚的人格感化人。以身作则，用自己的言行做出榜样，勇当群众学习的标杆。关心他人就是关心自己，包容他人就能赢得人心。对部下严格要求 、热情关怀。对同仁宁可人负我，不可我负人。

第八是团队理念：我爱我家。三个臭皮匠，顶个诸葛亮。让员工沐浴在大家庭式的氛围中。团结出干部，团结出人才，团结出效益。沟通是桥梁，理解是基础，信任是前提。对同事当面说不足，背后唱赞歌。

（二）关于工作原则

1. 坚持民生为本，民需我为。这是我们人口计生工作的出发点和落脚点。

2. 坚持人口计生转型发展。这是我们人口计生的工作方向。

3. 坚持公开、公平、公正。这是我们人口计生的要求的结果。

4. 坚持网络为脉、数据为基、质量求实、看表管理。这是我们人口计生的工作基础，质量是我们的生命。

5. 坚持分类指导、分层推进、典型示范、均衡发展。这是我们的工作方法。

6. 坚持一区一品牌，一街一特色。这是我们的特色取胜的魅力所在。

7. 坚持重心下移、过程管理，创建带动、激励鞭策。这是我们的工作基石。

8. 坚持有为有位、有绩有名、立足全省、面向全国、创先争优、晋级进位。这是我们的前进的动力。

（三）关于工作指导思想

2012 年，我委将以学习贯彻落实党的十八大精神为统领，以科学发展为主线，以稳定低生育水平，统筹人口均衡发展，全面提高提高人口素质为重点。坚持实施 66551 工程，坚持抓重点、攻难点、扫盲点、补弱点、创亮点；开拓创新，克难攻坚，固本强基，依法行政，在综合治理性别比、打击“两非”、强化部门联动、树立新时期人口计生典型等方面下功夫；努力探索创建幸福家庭、流动人口均等化服务、社会融合试点、婚育新风等新思路、新途径、新办法，做到在全省有位、在全国有名、创先争优，晋级进位，力争全市人口计生工作实现新跨越、新突破、新成效。

（四）关于主要工作目标（指标）

1. 严格落实省、市下达目标指标。

2. 继续加大“两非”案件依法处理力度。

3. 建立 30 个流动人口街头临时用工爱心屋。

4. 建立 30 个企业、市场、工地标准化人口计生服务空间吧（含流动人口）。

5. 新建 30 个社区人口文化书屋（含流动人口）。

6. 建立 30 个婴幼儿早教示范基地。

7. 建立 100 个诸如心理咨询、婚姻家庭、生殖健康、生活营养、帮扶家庭等志愿者志愿帮扶服务队。

8. 打造 13 个 1 + X 多元化发展的区级人口家庭公共服务中心并表彰。树立 10 个人口计生工作示范街。

9. 建立20个家庭发展致富示范基地，200户示范户。

10. 老百姓满意率98%（与上年持平）。

（五）关于主要工作任务

1. 继续强化六大工作机制

一是统筹协调机制。积极争取各级党委政府的领导和支持，调整市、区计划生育协会，新建企业式、社区式、异地式等各类协会组织，发挥计生协会组织的作用。要积极将人口计生工作纳入全市（区）经济社会发展的大局、纳入国家中心城市建设、纳入党和政府的重要议事日程。加大财政的投入增长比例，继续将流动人口经费纳入各地财政预算。

二是部门联动机制。发挥人口计生、幸福家庭、流动人口均等化服务、综合治理性别比、打击两非行为等领导小组的作用，实行工作联责、打击联手、考核联动，充分发挥领导小组个职能部门的作用，使之增强大局意识、责任意识、协作意识。用制度形成活力，用职责增强活力，用项目链接活力，用绩效检验活力。

三是区域协作机制。继续加强1+8城市圈、省内地市州、省外同类城市流动人口多的城市的联系，重点是加大区域之间流动人口信息与服务合作和打击两非行为的整治，主动上门查找案源、分析案源、打击案件，下决心铲除武汉滋生两非的土壤。提升武汉的形象。

四是宣传教育机制。继续加强与各类新闻媒体的联系与合作，巩固电视台、电台、网络、报纸、杂志等五位一体的宣传平台。加大国家及宣传媒体的报道的力度。同时重点在婚育新风、幸福家庭、生殖健康等方面进行宣传，倡导转变新的婚育观念，发现、培养、塑造一批优秀典型。

五是利益导向机制。按照国家人口委、财政部《关于加强投入保障机制的意见》确定的“财政为主，稳定增长，分级负担，分类保障，城乡统筹”的原则，完善人口和计划生育投入保障机制。优化财政支出结构，发挥绩效引领、经费保障、规定动作同项、自选动作创新 的作用。要做到情为民所系，利为民所谋。落实好计生退休职工一次性、全覆盖的奖励政策的启动和落实，抓好关心关爱特殊家庭的文件中13条内容的落实，实行病残儿免费鉴定，加快计划生育实施办法的修订和立法，把利益、政策固化成为机制、法制。

六是群众自治机制。加强农村社区计生协会的建设，加强农村村规民约的制定和落实，加强社区（村）计生专干、中心户长、信息员的队伍的建设，使大家自觉地执行计生国策。

2. 继续完善六大体系

一是完善人口战略研究及宏观调控体系。人口问题是一切经济和社会发展的基础。人口的战略研究和宏观调控是促进社会有序发展的重要工作。2013年我们将继续围绕武汉国家中心城市建设加大人口的战略研究。要确立研究课题，实行课题招标，加强与大专院校的合作，办好调查与研究简报，成立武汉市人口学会，开办武汉人口学会年刊，召开人口学会年会，表彰优秀论文，提高调研和参谋水平。

二是完善流动人口均等化服务体系。要重点在机制、政策、平台、形式、质量、效果上着力，特别是加强社会融合试点市的工作，力求做好区域对接、政策对接、人员对接、部门对接等四个对接，和就业、就学、心理、社会地位、社区生活等五个融合的探讨，建立一批流动人口临时用工爱心屋、流动人口活动中心、流动人口文化书屋等，真正使流动人口安心、热心、放心参加武汉市的建设和生活，把武汉作为故乡来对待，真正是武汉人。

三是完善人口家庭生殖生活健康服务体系。通过抓好阵地、机制、内容等实现人口计生的转型发展。重点抓好服务站硬件建设及人才的建设，建立武汉 1 + X 的武汉模式，引领人口转型发展的方向。所谓 1 就是牢牢抓住人口计生的计划生育、生殖健康的专业服务这一根本不放松，加强硬件和软件建设，一定要获取医保定点单位资质。X 就是在服务的内容向多元化的发展，其内容可围绕武汉市 12 · 300 幸福家庭创建的内容，重点选择其中的一个或几个方面来拓展服务站业务，真正把服务站建成老百姓的幸福之家的知识辅导站、信息传播站、幸福驿站。2013 年市人口委要制定 1 + X 的规范化建设的方案，将开展新一轮计生服务站规范达标活动。

四是建立人口动态监测及公告体系。人口动态监测是我们工作的基础，是服从服务于党和政府的要求、服务于建设武汉国家中心城市大局、服务于老百姓的重要工作。要启动武汉人口动态月报的编制发行，从就业、就医、流量、分布等方面实时发布信息，抢占人口信息服务的制高点，及时发布人口信息和预警、引导人员合理流动，为党和政府当好参谋。

五是完善信息化管理督导体系。网络为脉、信息为基、质量为本。重点抓好全省全员信息库和流动人口信息平台，实行网上监测、过程监控，看表管理，提高信息运用水平。建立区、街、社区信息员队伍，加大培训力度，开展人口计生信息化技术比武电视大赛。同时加大信息软件的研发力度，重点研究打击两非的查处软件、推广洪山社区办证的软件、在远城区推广新洲服务站指纹信息系统，在中心城区研究计生服务证查询系统等，提高人口计生科技管理水平。

六是完善阳光考核评价指标体系。完善目标管理思路。坚持“重点确保、特点突出、量化管理、总量控制、权重调节、有利考评”的原则，科学设置“刚性指标、重点指标、特色指标、否决指标、加减分指标”充分发挥绩效目标“指挥棒”的作用，注重地区差异化，体现“跳起来摘桃子”的思想。总量不超过去年。对市直责部门严格标准，注重工作联动捆绑式、考核结果梯次式，使部门真正履职履责 。优化目标责任体系。建立健全各级党委政府、责任部门和人口计生部门“三线”目标管理考核机制，做到责任主体“全覆盖”；对全市行政机关、企事业单位、物业小区等实行人口计生绩效目标管理，做到工作区域“全覆盖”；健全人口计生部门内部责任体系，形成“千斤重担众人挑，人人肩上有目标”的工作格局，做到人口计生部门“全覆盖”。强化目标调度督办。坚持落实“季度一二三”目标调度制，每季度第1、2、3月分层次召开目标调度会，坚持过程管理，实行四季督查和暗访，每次结果进行通报并计分。实行重点指标加分，如对打击两非的刑事案件既加分又奖励。对上访的情况既批评又扣分。量化考分，改革考核结果可否更科学，即设置水平线式还是指标式？请大家提出探讨，我们暂时不作定论。

3. 攻克五大难点

一是在打击“两非”行为上下功夫。将打击两非纳入常态制。继续落实“十大”措施及“五大行动”，重点坚持市区打击“两非”工作专班联动制，每季度联合督查与抽查，重点检查医疗人员情况报备制、医疗机构报备制、“两非”处理结果报备制、B超购买实名登记制、“两非”黑名单管理制的落实情况，加大集中宣传行动、医务人员法制教育活动、医疗市场专项整治行动、药品市场整治行动的力度，对在B超实名制和B超机（药品）规范使用医院和十佳医疗市场进行检查积分排名，对前十名好的通报表扬，对后十名差的通报批评，并计入本地区、本部门的考核的总分。

二是在信息化质量求实求真上下功夫。实行网上监测、过程监控，看表管理。明年作为信息质量信得过管理年建设，做到明查暗访相结合，坚持信息通报制度和信息质量否决制。重点抓好医院、街道、社区信息化运用的质量，及时登记、处理各类信息的录入。对没有按时录入的医院要通报，对瞒报、漏报要追责，对情节严重、数据严重不实的一经发现并查实要实行一票否决。特别是主动利用网格化建设的契机，在网格化建设中加强人口计生工作。做到社区有计生委员、有计生综合专干、网格员有计生的职能。理顺之间的关系，明确各自的职能。综合专干主要从事信息录入、上传、比较、反馈、管理等专项工作。形成区、街、社区信息员立体架构，加大信息员的培训力度，提高计生专干的能力，开展专业技术练兵，组织人口计生信息化技术比武电视大赛。

三是在开发区基层基础建设上下功夫。在开发区主要领导的重视和领导下，经过一年的努力四个开发区有了很大的变化。今年要继续加大对开发区指导与督导的力度。做到严格要求不降标，经常督导不放松。开发区要继续加大人、财、物的投入力度，加强生专干的配备和培训，做到信息化设备配备、信息员配备、信息化的使用全覆盖，这是刚性指标。特别是各区社发局要有人分管计生、要有人主抓计生、要有相应的人员从事计生，这是基本要求。要经常研判各自的人口形势，定期调度人口工作，提高计生的数据质量，确保数据的真实、准确，及时，这是重要指标。各区在打击两非典型案件上要有零的突破。

四是在基层干部队伍建设上下功夫。基础不牢地动山摇。要借助今年换届的契机，分层培训。区级负责培训新上岗的计生专干，交任务、教方法、传作风、以会代训、观摩代训、考察代训。市级继续实施三年培训工程，2013 年在国家培训中心继续举办第二批为期一周计生干部（分管领导）业务知识专业培训。岗位练兵，开展各项应知应会的训练，从业务知识、讲解宣传，工作方法、计生服务等各方面培养技能技巧。政策激励。要借鉴外地先进的做法，因地制宜制定计生专干的激励政策，如入户调查津贴 200 元（月人）、绩效奖励（2 000 元年 人）、十年以上工作奖励津贴等。政治上关心。制定有利于干部成长的政策，对连续从事人口计生十五年以上且表现优秀的专干适度给以政治上关爱。总之要通过一系列措施，培养锻炼一批热心、安心、关心、精心、耐心的人口计生干部队伍。

五是在培养优秀典型任务上下功夫。要深入基层发现优秀典型，创造优秀典型浮出水面的机会，搭建优秀典型成长的舞台，组织作家现场采风，组建优秀典型事迹报告团，大力 弘扬先进典型，编写剧本，拍摄电视剧，下大力气塑造典型人物形象，通过努力向国家“五个一”文化工程和文华奖进军。

4. 加强五个探索

一是探索国家流动人口社会融合试点市的新途径。重点在政治、心理、就学、就业、就医、住房、生活救助等七个方面的融合。与此同时建好阵地、机制和质量。在试点中突破流动人口管理难的瓶颈。

二是探索 12·300 乐福家幸福家庭的创建的新途径。重点在早期教育、免费孕检、青年人格健康等 12 个方面加力，力争取得新的实效。

三是探索依法行政、阳光计生的新途径。加强依法行政，阳光计生，加大社会抚养费征收的力度，坚决杜绝大月份引产等恶性案件的发生。加强对违法超生人员的处理，严格执行计划生育一票否决。

四是探索人口计生家庭公共服务中心的新途径。2012 年抓各区计生服务站的 1 + X 的转型发展，功能布局，能力提升。重点抓好市级科技服务中心的扩建，业务拓展，功能提升。资源整合，组建全市人口家庭服务中心。2012 年重点做好策划。

五是探索建立全市人口计生工作社会化的新途径。建立全市人口计生系统志愿者服务队，形成市级志愿者总队、区级志愿者支队、街级志愿者分队、社区（居）志愿者小队。在心理咨询、生殖健康、幸福家庭、生活方式、困难帮扶等方面聘请专家学者组成志愿者给以指导帮助，帮扶计生特扶人员，让他们沐浴党的阳光雨露，享受改革发展的成果。

5. 打造亮点

一是协助策划东湖人口玫瑰园。精心策划五大洲的婚俗风景园、婚纱超市、婚礼礼仪服务、婚庆殿堂。要吸引华中地区乃至全国的人流来武汉分享人口文化大餐。

二是建设街边流动人口爱心屋。鉴于街边经常聚集一些打零工的扁担哥、泥瓦匠、水木取暖安装、家装等接零活的流动人口，一年四季没有遮风避雨的栖息场所，既影响流动人口的揽活的生活环境，又影响城市市容和文明城市创建，根据周秘书长的提议，建议在零活多的闹市区为这些流动人口修建爱心屋，面积约100～200平方米，主要是提供双方用工信息交流、职业介绍、茶水供应、电脑信息、学习书籍、文化演绎等温馨服务，使其成为流动人口的爱心驿站。中心城区在人口密集的有供需需求的地方建3～5个，资金由市区匹配（大约20～30万元/个），作为2013年市政府办实事的内容。为打零工的流动人口建立一个温暖的家。

三是制作人口计生宣传精品。要制作婚育新风、打击两非的宣传画，发到社区、街道、车站、码头。要制作精美现代的公益广告，在机关社区、车站码头、机场轨道、公园广场、电子屏幕等进行宣传，做到形式生动、深入人心。

四是计生家庭发展致富示范基地。加大人口计生家庭的技能培训力度，城市以培训生活技术技能为主，开设手工艺、汉秀等培训班，请有一技之长的专业民间艺人进行培训可以即时学习并通过上网销售。农村以培养种养殖为主开办种养殖技能培训班，请种养殖专业户实地讲解和示范，实行一户带若干个示范基地。

（六）关于重点工作安排

1. 新创一个国家级流动人口社会融合试点市的试点。国家2012年10月份只在全国七个城市（武汉市、西安市、长沙市、咸阳市、泉州市等）进行试点，主要是就八个项目进行试点、分四个阶段、前后1年。

2. 巩固四个国家级试点市的先行试点工作。即幸福家庭试点市和流动人口均等化、婚育新风进万家、综合配套改革的试点等试点市的改革工作。

3. 举办三个大型活动：举行全市人口计生专干服务技术比武电视大赛（3月）；组建全市人口计生“幸福家庭”最美服务人优秀事迹巡回报告团（6月）；举行全市人口计生系统“幸福家庭”健身运动会（9月）。

4. 策划办好三件市政府实事：即为10万人提供生命全过程生殖健康、生活服务的《家事通》。建立30个流动人口爱心屋。为4 000多名特殊老人开展体检服务。

5. 举办六个人口计生的培训班和论坛：即举办各区街人口计生分管领导在国家培训中心的培训。与市委宣传部联手举办市区党委中心组学习报告会，请国家著名的人口学专家翟振武教授来做人口形势的报告。在市委党校举办区街分管领导人口专业培训班。督导卫生局举办B超职业医师法制教育培训班。举办两非办案人员侦办能力培训班。举办一个具有国际性的人口计生专业论坛。

6. 稳妥推进三个政策的研究与落实和一个法规的立法。一次性、全覆盖的年老退休奖励制度的落实。积极稳妥研究制定推进中央和省企业退休职工奖励属地化发放的省政府办70号文件落实的办法。加大特殊人群的关心关爱的市委57号文件落实力度。完成人口计生条例的立法程序，将原有政策固化，变成机制性的保障。

7. 成立人口学会，健全机制，建立章程。召开武汉市计生协会会议。及时调整计生协会的班子成员，加强协会组织的建设。

8. 策划建设两个场馆。即恢复建设一个人口文化博览馆。策划扩建科技所、整合资源、完善功能、提升水平，争取通过努力建设2万平方米的人口家庭公共服务中心。

9. 建立全市人口计生系统志愿者服务队。

10. 创建评选表彰一批人口计生工作示范街道（社区）。

三、关于工作要求

1. 注重开拓进取、创新思维，建设一支四个特别能战斗、特别能奉献、特别能吃苦、特别能抗压的队伍。

2. 严于律己、表率示范，建设一支严要求、善指挥、作风硬、反映好的班子。

3. 注重善于协调、多方宣传，营造良好、宽松的人口计生工作的环境。

4. 注重重心下移、固本强基，强化一级管一级的层层责任体系。

5. 注重创先争优、晋级进位，形成有为有位、你追我干的局面。

6. 注重内练真功、外求宽松，树立良好的社会形象。

（根据录音整理）

市人口计生委主任李丹芳
在首届人口文化节闭幕式上的讲话

（2012年9月15日）

九月的江城，金风送爽，秋色宜人；九月的江城，枫叶如火，五谷丰熟；九月的江城，文化盛宴，普惠大众。在百姓的欢声笑语中，在群众的载歌载舞中，武汉市首届人口文化节活动即将落下帷幕。

本次人口文化节以“幸福江城我的家”为主题，历时3天。文化节期间，广大市民免费参观了18个介绍人类繁衍、人口发展、家庭建设和地域文化的展馆，举办了以人口发展与城市化建设、促进社会性别平等为主题的人口文化论坛和以优生优育/生殖健康为主要内容的科普知识讲座。待会儿，大家还将欣赏到全市人口文化获奖文艺节目。这是一次规模盛大的人口文化盛宴，同时也是武汉市文化建设中的一件盛事，不仅展示了人口计生工作的成果和人口文化建设的精髓，更是全面做好人口工作、繁荣人口文化的新起点，是向党的十八大的精彩献礼。

江城人民秉持“敢为人先，追求卓越”的精神，成功举办首届人口文化节，一流的设施，完美的服务，广泛的参与，深入的影响，充分展示了江城人民的精神风貌。在此，我代表市委、市政府向国家和省人口计生委对本次活动的高度重视和大力支持表示衷心的感谢！向支持配合本次活动的各单位、社会各界人士表示诚挚的谢意！向辛勤工作在人口计生战线上的干部职工表示亲切的慰问！

首届人口文化节，使科学、文明、进步的婚育观念得到更广泛的传播，幸福家庭建设得到更广泛的认同，人口事业发展得到更广泛的支持。我们要认真总结经验，按照胡锦涛同志关于全面做好人口工作的重要讲话精神和国家、省关于开展幸福家庭创建活动的要求，在复兴大武汉的背景下，抢抓机遇，融入大局，以人为本，突出特色，以更加昂扬的姿态、更加坚定的信心、更加扎实的步伐、更加有力的措施，推出更多的人口文化精品，推动人口文化大繁荣大发展，把江城这个大家庭建设得更和谐、更美好、更幸福，有力促进全市人口事业持续健康发展，为创建国家中心城市作出应有的贡献！

大武汉必有“大文化”，大武汉必有“大和谐”，大武汉必有“大幸福”，大武汉就是一个大家庭，让我们共同努力，共建和谐美好家园！

二、专项工作篇

宣传教育

【概况】2012 年武汉市人口计生宣传教育工作有亮点、有突破、有成绩，“幸福江城”首届人口文化节取得圆满成功，新闻报道工作成绩突出，家庭人口文化品牌建设稳步推进，各项目标任务圆满完成。宣教处荣获“全市机关作风建设先进处室”、“市人口计生委先进处室”荣誉称号。

【“幸福江城”首届人口文化节】2012 年 9 月 13 ~ 15 日，武汉市成功举办“幸福江城”首届人口文化节，包括开幕式、论坛、讲座、展览、闭幕式五个部分。表彰全市“十佳幸福家庭”和“十佳人口文化示范基地”，充分展示了武汉深厚的文化底蕴，广泛地传播了科学、文明、进步的婚育新风，彰显了幸福家庭创建的特色，文化节效果空前。一是主题展馆规模空前。精心策划了体现全人群、生命全过程及地域特色的生命起源馆、早期发展馆、江城人口馆、幸福家庭馆、吉庆街文化馆等 18 个场馆。特别是武昌区孕育体验馆、两性情趣馆等 8 个最佳场馆精心打造、创新策划、运用科技手段寓教于乐、寓教于新，深受老百姓的喜爱。二是新闻媒体聚焦空前。《人民日报》等 80 多家国内外媒体对武汉市首届人口文化节进行了报道。三是群众参与热情空前。仅三天时间观众就达 8. 36 万人次。“幸福江城”首届人口文化节被誉为“人民的节日”。四是社会各界好评空前。出席文化节的国家人口计生委有关领导，省委常委、省委宣传部长尹汉宁，省人口计生委领导，北京大学、南开大学专家等均给予高度评价。

【新闻报道工作】强化制度建设，印发《市人口计生委新闻媒体采访管理制度》、《市人口计生委新闻发布制度》，进一步规范人口计生新闻发布工作，促进政务公开，营造全社会关注关心人口计生事业发展的舆论氛围。加强与国家、省级媒体协作力度，组织《中国人口报》、《人口和计划生育》杂志、《湖北人口》记者专访，刊发多篇专访稿件。《中国人口报》、《人口和计划生育》杂志的征订工作持续保持稳中有升，均为全国发行先进，并在《人口和计划生育》杂志组织召开的新闻宣传工作会上做交流发言；与市级主要媒体签订工作责任书，先后 3 次召开新闻媒体通气会，全年国家、省、市级媒体报道武汉市人口计生工作达到 1 265 篇；开辟公益广告宣传渠道，7 ~ 9 月全市开展的打击"两非"专项行动中，"幸福江城"首届人口文化节活动中，市广电、城管、交通等部门利用电视、广播等传媒的黄金时段及出租车尾广告、室外电子屏幕，集中免费播放打击"两非"的公益性广告；加强人口计生新闻舆情监测，及时处理负面报道，配合相关处室做好上访舆情控制；与宣教中心联合创办了《与福同行》人口计生杂志月刊，倡导你我牵手、与福同行、创造幸福、分享幸福的理念，从人口研究、基层写真、人物通讯、幸福之声等方面展示人口文化及成果。

【家庭人口文化品牌建设】积极推进家庭人口文化建设，进一步创新宣传方式方法，将重心放在基层，放在群众的精神文化需求上，真正打造群众喜爱和参与的宣传服务阵地，建设为群众服务的志愿者队伍，涌现出更多人口计生工作亮点。全市新打造一批文化内涵丰富、人文环境优美、硬件设施齐全的人口文化园，汉阳区江欣苑社区、江岸区百步亭社区、武昌区静安社区、青山区青宜居社区等被评为全市十佳人口文化示范基地；全市实施生育文明"三型六好"家庭人口文化发展计划，制定了深入开展创建幸福家庭活动试点工作的意见，13 个行政区结合实际建立了各具地域特色的品牌。江岸区的"爱心驿站"，江汉区"新时代社区、新概念家庭"，硚口区的"人·爱·家"，汉阳区的"琴台楚韵·幸福家庭"，武昌区的"幸福武昌"，青山区的"新青山·新人家"，洪山区的青少年健康人格工程，东西湖区的"六新家庭"建设，汉南区的"和谐村落·幸福家庭"，蔡甸区的"知音故里·幸福人家"，江夏区的"牵手关爱暖万家"，黄陂区的"木兰故里，双建计划"，新洲区的"倾情关爱暖万家"，各级表彰人口文化示范家庭 171 306 户，全市表彰"十佳"幸福家庭，并对"十佳"家庭组织集中宣传报道。

【社会宣传活动】武汉市人口计生委与江汉区、江夏区在金口街开展以"婚育新风入村寨，幸福和谐暖万家"为主题的"三下乡"活动，向群众宣传政策法规，提供优生优育、生殖健康知识咨询，开展义诊服务，免费发放各类避孕药具，赠送毛巾、春联、挂历、年画等群众喜爱的宣传品。现场为计划生育困难家庭、女孩家庭及外出务工家庭赠送慰问金和慰问品。在元旦春节"三下乡"慰问活动中，全市各级人口计生部门共投入慰问资金、物资 580 余万元。

2012 年 7 月 11 日是第 23 个世界人口日，国家人口计生委将活动主题确定为："让家庭健康、和谐"。武汉市精心组织和部署，广泛开展系列纪念活动，与武昌区政府联合举办纪念"7·11"世界人口日文艺演出活动。省、市领导和 650 余名干部群众一起参加了活动。现场播放了武昌区十佳幸福家庭代表的电视宣传片，并为优秀阳光女孩、基层计生服务明星和十佳幸福家庭颁奖。与江汉区人口计生委联合在汉口火车站开展"消除性别歧视 促进家庭和谐"宣传活动，活动现场，宣传车巡回播放着关爱女孩和打击"两非"相关法律法规，市法制办、司法局、公安局、卫生局、食品药监局等部门参加活动。当天，各区设立分宣传点，开展集中宣传，调动广大群众积极举报“两非”违法行为，呼吁、提醒全社会关爱女孩，切实促进社会性别平等。

出生人口性别比综合治理工作

【概况】2012年，武汉市认真贯彻国家、省人口计生委相关精神，制定《武汉市“出生人口性别比重点治理年”实施方案》，继续将出生人口性别比综合治理工作纳入全市人口计生“三线”目标，高层统筹协调，部门联责联动，完善利益导向，加大打击“两非”力度，出生人口性别比综合治理工作实现新突破。

【高层统筹协调综合治理】市委常委会、市政府常务会专题听取全市人口计生工作汇报。阮成发书记、唐良智市长特别强调：要加大综合治理出生人口性别比力度，采取有力措施禁止非法鉴定胎儿性别，对违法者实施严厉处罚；继续推进人口出生实名登记制度等措施，确保综合治理工作取得实效，促进人口长期均衡发展。市委副书记胡曙光、副市长刘英姿多次召开专班会议进行调度，亲自带队督导出生人口性别比重点区。市政府举办了各区分管人口计生工作副区长培训班，刘英姿副市长参加并讲话，进一步增强了分管领导对性别比专项整治工作的重视和查处“两非”案件的领导能力。市区各级在换届完成后，重新调整了综合治理出生人口性别比领导小组和专班成员，召开专题会议。

【部门联合开展专项督查】市人口与计划生育工作领导小组、市卫生局、公安局、药监局、人口计生委等部门制发《集中开展整治“两非”专项行动实施方案》、《关于进一步加强人口出生实名登记管理工作的通知》、《关于进一步规范使用中期以上终止妊娠手术证明的通知》等文件，明确相关部门的责任，做到科学确责，依法履责。全市形成了分工负责，齐抓共管的综合治理工作格局。5月份，市出生人口性别比专项治理领导小组专班成员单位联合对全市重点乡镇进行督查，将性别比严重偏高的新城区和城区个体诊所、终止妊娠药品批发企业、出租屋等作为督查重点。市综合治理出生人口性别比工作领导小组成员单位组成6个专班对全市9家公立医院、9家私立医院、9家区级计生技术服务机构、14家药品销售点和9个重点街乡进行督查。

【加大打击“两非”力度】市委、市政府出台《关于进一步加大打击“两非”行为工作力度的通知》，实施“十大措施”：打击“两非”工作专班联动制、医疗人员情况报备制、医疗机构报备制、“两非”处理结果报备制、B超购买实名登记制、“两非”黑名单管理制等，开展打击"两非""五大行动"：集中宣传行动、医务人员法制教育活动、医疗市场专项整治行动、药品市场整治行动、打击"两非"专项视察活动。市食品药品监督局、卫生局、人口计生委创新出台了《武汉市B超销售实名登记管理试行办法》。市公安局坚持"两非"案件查处必出警、重点案件必挂牌督办。市人口计生工作领导小组办公室召开了39家职能部门联络员会议，专门制定了各区、各部门在综合治理出生人口性别比工作中的职责和考评方案。对年度出生人口性别比没有完成目标的区实行"一票否决"制度；对没有完成工作任务的部门，严格按标准扣分。2012年度，全市查处"两非"案件193例（含市外移交14例、市内移交9例），其中典型案例81例。刑事判决4人，刑事拘留2人，没收B超机2台，吊销执业医师证书6人，吊销执业医疗机构证3个，行政撤职1人，撤销党内职务1人，开除党籍3人，开除公职5人，涉案机构负责人行政降级2人，辞退解聘4人，注销二孩生育证66人。省委常委、宣传部长尹汉宁，省政府副省长郭生练分别就全市打击"两非"工作做出了批示，给予了充分肯定。

【营造宣传舆论氛围】以舆论宣传为先导，组织开展集中宣传日活动。7月11日，全市组织开展了打击"两非"集中宣传日活动，共开展宣传100多场（次）、发放近200万份宣传资料和宣传品，在各公共媒体集中开展打击"两非"公益宣传，并多次召开了新闻通气会，通报打击"两非"情况，曝光"两非"典型案件。协调广电、城管、交通等部门，利用电视、广播等传媒的黄金时段、出租车尾广告、室外电子屏幕，在7~9月三个月集中播放打击"两非"的公益性广告。

【开展关爱女孩活动】近年来，先后实行对农村独女户、双女节育户女孩中考给予加5分的优录政策，对农村独生女给予高考加10分的优录政策，农村独生女免交高中阶段学费，为农村独女户家庭成员免费办理新型农村合作医疗、提高报销比例，对农村落实节育措施的独女户和双女户育龄夫妻给予一次性3 000元奖励等。2012年，全市2 732人（其中流动人口315人）享受到中考加5分政策，1 067名农村独生女享受高考加10分政策，3 716个农村独生女免交高中阶段学费，36 053个农村独女户、双女节育户免缴新农合个人承担部分，同时提高5%的住院医疗报销比例。

法制建设与依法行政

【《武汉市计划生育管理办法》修订工作】为加强武汉市人口与计划生育法制建设，经市人口计生委领导同意，并报市人大批准，决定对《武汉市计划生育管理办法》（以下简称《市办法》）进行重新修订。一是成立修订工作领导小组。委党组书记、主任李丹芳任组长，副主任王怀卓、巡视员舒文斌、夏清芬任副组长，机关各处室负责人为领导小组成员。并明确了工作专班人员，对修订工作进行具体部署，分解工作任务，落实工作进度表。二是做好修订前的基础工作。将《市办法》与国家“一法三规”和《湖北省人口与计划生育条例》等进行全面比对，清理出相冲突的法规内容，明确了修订的指导思想，需解决的主要问题等。三是确立修订的基本框架。按照市人大、市政府法制办的要求，本着“精简、实用、不重复”的原则，决定新修订的法规名称为《武汉市人口与计划生育管理若干规定》，不设章节，具体条目有针对性、管用。在这一思想指导下，经这反复斟酌，确立了基本框架。四是认真学习外地经验。在市人大教科文卫组织下，市人大法规室、市政府法制办和市人口计生委先后到深圳、广州、福州等地进行了立法的参观学习。五是广集民智，认真起草修订稿。在参照外地新近出台的有关法规基础上，结合本市实际，起草了《武汉市人口与计划生育管理若干规定》，并经委主任办公会、市人大、市法制办一起研究，逐条讨论，八易其稿，最终得以确定初稿。六是认真做好有关上会准备工作。目前正在草拟提交市法制办讨论的报告。按照市人大要求，将于2013年7月提交市人大常委会讨论。

【法制宣传教育工作】组织全委机关干部职工进行了“六五”普法考试；联合省人口计生委、武昌区人口计生委开展了以“弘扬宪法精神，服务科学发展”为主题的“12.4”法制宣传活动。省人口计生委副主任刘望清参加。活动现场设立了8个咨询服务点，开展法律维权、人口计生政策咨询服务。人口计生技术服务机构专家为现场500余名群众讲解优生优育、生殖健康、人口早期发展的科普知识。现场发放了人口计生法制宣传资料、实物宣传品3 000余份，避孕药具200盒，深受群众欢迎。

【网上便民办证工作】下发了《关于做好〈生育服务证〉网上便民办理有关工作的通知》，《武汉市人口计生委关于贯彻国家、省人口计生委方便群众办证规定的通知》，积极推行网上申报制度、一次性告知制度、个人承诺办证制度、首问首办责任制、限时办结责任制、计划生育证件代办服务制度、上门办证服务制度、全程办事代理服务制、补办证件服务制度和免费办证服务等各项制度，得到省人口计生委的肯定。

【依法行政示范乡镇（街道）创建工作】全市各级以“宣传教育、深入普法，完善制度、规范执法，优质服务、便民维权，完善制度、落实奖励，创新管理、推进自治，强化监督、严格问责”等六方面为主要内容，强力推进创建活动深入开展。经过层层推荐，省市验收，4个街道获国家级依法行政示范街道称号，18个街道被命名为全省人口计生依法行政示范街道，31个乡镇（街道）被命名为全市人口计生依法行政示范乡镇（街道）。

【诚信计生工作】制发了《市人口计生委关于做好2012年诚信计生工作的通知》，积极建立“政府诚信、群众守信、村（居）民互信”的“双向承诺、充分自愿、依法自治”的诚信计生模式。9月份，组织专班对第二批基本实现诚信计生的区进行了验收。江夏区、蔡甸区、黄陂区、新洲区、武汉经济技术开发区、东湖新技术开发区、东湖生态旅游风景区、武汉化学工业区等8个区为全市第二批基本实现诚信计生的区。至此，全市各区已全部基本实现了诚信计生。

利益导向

【计划生育特殊家庭扶助工作】一是畅通渠道听心声。建立了计生委主要领导与特扶代表每半年对话一次的工作机制。2011年12月29日、2012年7月5日、2013年1月7日，市人口计生委先后三次召开七城区部分特扶代表座谈会，听取他们的心声和诉求，对他们提出的各项诉求进行分类梳理解决。二是出台新政惠民生。2012年，市委、市政府办公厅下发了《关于对计划生育特殊家庭开展关爱关怀工作的通知》（武办文〔2012〕57号），从养老、护理、就医等13个方面对计划生育特殊家庭给予帮扶。市人口计生委将特扶标准由每人每月120元、150元提高到150元、210元。三是心灵慰藉纾民忧。市、区人口计生部门发动社会资源，开展丰富多彩、形式多样的慰藉活动。如聘请心理咨询师深入社区，进行心理疏导。开展“进万家门、访万家情、解万家难”活动，全系统2 000多名计生干部共慰问3 558户，发放慰问金64.18万元，发放米、油、棉衣、棉被等生活物资10.54万元。对全市所有独生子女死亡家庭开展了“五个一”活动，开展结对认养帮扶活动。江岸区还开展帮扶“直通车”活动，为独生子女死亡父母发放免费手机500余部。

【企业退休职工计划生育奖励工作】全年进行了8次资金发放，共落实5万多人次，其中，新增1万多人。截至目前，全市共投入7.15亿元，落实了21.59万企业退休职工3 500元一次性计生奖励。协调市国资、财政等部门，认定了冰川、汉口银行等5家市属企业。解决了黄鹤楼酒厂、武汉帅伦、二机、3 506等4家企业的退休职工计划生育奖励问题。为推进企业退休职工计划生育奖励全覆盖，起草了武汉市关于建立城镇计划生育年老夫妇一次性奖励政策的意见，并向市委常委会、市政府常务会作了汇报，原则同意。市政府按照市委常委会要求，向省政府作了书面请示。按照省政府指示，目前正在做好人群和资金测算工作。

【三级以上计划生育手术并发症纳入特别扶助制度工作】联合市财政局，出台了《市人口计生委、市财政局关于认真做好将三级以上计划生育手术并发症纳入特别扶助制度工作的通知》，对此项工作作了具体安排。全市共有 56 人纳入到特扶助范围。

【农村独生女和双女节育户女孩中考加分工作】。和市中招办联系，再造流程，改原来的市级组织集中交叉审核后对户籍地和学籍地不一致的考生，由家长送学校的办法为由各区人口计生委统一送区招办，最后由市招办统一分配的办法，既方便了群众，又提高了工作效率。全年共计 2 732 人（其中流动人口 315 人）享受到加分政策。

科技服务

【概况】2012 年全市科技服务工作紧紧围绕全市人口计生绩效目标和“抓重点、攻难点、补弱点、扫盲点、展亮点”工作总体思路，以国家免费孕前优生健康检查项目工作为抓手，狠抓人口计生服务体系的机构建设、基础建设、队伍建设、能力建设和质量规范建设。各项工作得到进一步提升，圆满完成了各项目标任务。

【政府实事免费孕前优生健康检查项目】2012 年市政府把为符合生育政策，计划怀孕的农村夫妇（含流动人口）免费孕前优生健康检查列入政府为民办实事的内容。这是人口计生工作首次列入政府为民办实事。2012 年全市参加孕前优生项目检查 23 095 对，完成率为 115.48%，人群覆盖率为 92.38%。筛查出淋球菌、梅毒感染、风疹病毒感染、乙肝等风险人群 9 679人，全部获得了针对性的咨询指导和转诊治疗建议。计划怀孕夫妇的优生知识知晓率达 95%，群众的优生意识明显增强。全市目前有国家项目试点 6 个，省级项目试点 7 个，市级项目试点 4 个，在全省率先实现了项目的全覆盖。

【计生服务体系建设】2012 年新建和升级改造一批服务站。完成了新洲区、江夏区、汉南区 3 个区和新洲区 7 个街镇服务站温馨化、人性化的升级改造。汉南区委区政府整合计生、卫生资源，组建了人口健康公共服务中心。全市共建 7 个标准化实验室（市计生科技所和 6 个新城区）。投入 1 000 多万元配置了全自动生化分析仪、全自动化学发光分析仪等设备。全市共引进聘用了 42 名技术人员。

【技术人员的业务培训】2012 年市级组织先后举办了“全市免费孕前优生健康检查实验室操作技术人员培训班”、“全市免费孕前优生健康检查综合评估医生培训班”、“全市免费孕前优生健康检查实验室规范化培训班”、“综合评估医师结合实际案例分析培训”，对检验人员实行由市卫生局临床检验中心考试合格发证。计 200 多人次参加。有 3 名基层计生服务站技术人员被选送到省级三甲医院进修。

【优质服务月活动】。2012 年开展了计生系统第十一个优质服务月，全市围绕“计划生育 · 生殖健康 · 优生优育 · 家庭幸福”主题，依托各级区计生服务机构，充分利用宣传栏、社区墙报、公益广告牌和生殖健康咨询室、视听室、图书阅览室、健康教育室等有效平台，广泛开展生殖健康咨询、保健知识的宣传，通过各种形式为育龄妇女免费提供孕（环）情检查及生殖保健服务，落实各项免费技术服务项目，免费发放避孕药具，并对施术对象进行随访跟踪服务。

【科技和药具服务进工地】3月29日，武汉市计划生育药具管理站主办的“计生药具进工地”活动启动仪式在武昌徐家棚绿地建筑工地举行。市人口计生委副主任吴克敏和刘庆香以及市建委、武昌区政府有关领导，七个中心城区人口计生部门、建管部门和农民工代表等200余人出席了启动仪式。活动的目的是把避孕药具、生殖健康知识送到广大农民工手中，为他们提供快捷方便、安全有效的计划生育服务，让避孕药具和生殖健康服务在全市各类建筑工地形成常态化、固定化的服务机制，从而推动避孕药具免费发放公共服务的全覆盖、推进流动人口计划生育基本公共服务均等化，让所有人都能享受到基本国策的关怀。

5月22日上午，武汉市人口计生委、武汉市城建委、硚口区人口计生委、硚口区建设局在硚口区盛世滨江大厦工地联合举办“生殖健康进工地 生育关怀伴我行”活动。活动的目的是普及科技知识，提高育龄群众生殖健康水平，倡导健康文明生活方式，关心关爱进城建筑务工人员生殖健康保健，全面落实流动人口计划生育均等化服务，100余名工人代表参加了活动。

5月29日，武汉市人口计生委、武汉市城建委、汉阳区人口计生委在位于长江第八座长江大桥，鹦鹉洲长江大桥建筑工棚内，举办了“人口时光”休闲学习班，有70余名工友参加，工友们通过看、听、问、触、写、争等方式，对劳动保护、安全防范、生殖保健、计生药具使用进行了自助式学习。

【科技周活动】5月19日，在“湖北省·武汉市2012年科技活动周开幕式暨‘千名科技人员进千企’启动仪式”上，在武汉市雄楚大道崇文广场，市人口计生委和洪山区人口计生委联合开展了以“优生优育优孕”为主题的科普知识宣传活动。活动当天，接受计生政策咨询和优孕优生优育咨询100余人次，发放各类药具宣传品总价值4万余元，惠及近1 000名育龄夫妇，深受群众的欢迎和好评。

5月24日，武汉市人口计生委主办，武汉性学会、汉南区人口计生委承办，武汉市老卫生科技工作者协会、武汉性学博物馆和长报集团现代健康报协办了“科技与文化融合，健康与生活同行——大型科普报告会暨汉南区人口计生干部培训班”，汉南区有100多名育龄妇女参加。

【病残儿医学鉴定】2012年共组织了三批病残儿医学鉴定，共计完成了268例专家鉴定工作，出台了《武汉市关于免收病残儿医学鉴定费和辅助检查费的通知》，减免费计4万元。

【三级以上的计划生育手术并发症纳入特别扶助】2012年成立了以李丹芳主任

为组长的工作领导小组和技术鉴定管理工作领导小组，组织专家学习《办法》，明确新老政策的衔接要求和口径。经过区、市、省审核后，全市共有46名符合三级标准，7名符合二级标准，经鉴定确定为计划生育并发症特别扶助对象的，并发放特别扶助资金8.4万元。按要求在指定医疗机构接受免费对症治疗。

【行政许可审批事项】完成市民之家的进驻工作，精减审批项目、优化工作流程、形成群众办证和政务审批一次性告知书的系统规范文本，人口计生政务服务中心窗口运转良好。2012年办理《计划生育技术服务人员合格证》6人，校验4人，校验《计划生育技术服务机构执业许可证》1件。

【优质服务单位创建】2012年继续开展创建优质服务单位的工作，新洲区成功创建省优质服务先进单位；新洲的旧街街、邾城街5个街乡、黄陂区三里桥街成功创建了市级优质服务单位。全市累计国家优质服务区11个，占13个行政区的84.62%，省优13个区，占100%。市优先进单位152个，占87.35%。各区通过深入开展创建计划生育优质服务先进单位活动，进一步提高了计划生育管理的整体水平。

【婴幼儿早期发展教育】组建了由市、区资深医学、心理学、教育学等多学科专家组成的工作小组，形成了一支以专家队伍为技术支撑、以专业师资为早教服务主力、以社区专干为补充力量的阳光早教工作团队，为早教工作的深入开展奠定了良好的基础。充分利用自身的医疗优势，以婴幼儿保健为载体，整合资源，大胆创新，努力探索有自己特色的早教服务形式。因地制宜开展科学的综合性干预活动，提供生长发育监测评估和个别化指导，从早期儿童营养、体格发育、疾病预防、心理卫生、语言开发等方面，采取“适时介入”、“适时指导”、“适时评估”，等方式，为每个宝宝成长制定最佳方案，获得家长们的一致好评。充分发挥早教基地的示范辐射作用，协助辖区内的社区广泛开展早教活动。早教中心每周都会到附近各社区开展亲子互动活动，每周末在所内开设了针对不同年龄阶段婴幼儿的专家讲座，在“六一”儿童节来临之际，开展了“阳光宝宝、欢庆六一”大型活动，与江汉区联合参加了首届人口文化节。这些活动促进了婴幼儿与家长间的感情交流，宣传了科学育儿的新理念，推广了科学育儿的理论和方法，激发了群众科学育儿的强烈愿望。

【“两癌”普查】坚持以人为本，注重生殖健康服务优质化、高效化，规范操作程序，加大服务管理，不断提高服务能力，满足不同群体的生殖健康需求，提高育龄群众对生殖健康知识的知晓程度，提高广大群众的健康意识和生活质量。2012年，科技所深入基层为东湖风景区、江岸区的40多个村、镇约5 000多名育龄妇女提供了免费的生殖保健服务和健康咨询；并为汉融物业、滨湖机械厂、南车集团、武汉供电公司、中通集团、港申船务、3 541厂等10余家企事业单位的1千多名育龄群众进行了生殖健康体检。宫颈癌筛查4 000多人，乳腺癌筛查5 000多人，查出宫颈癌疑似病例1例，后到医院检查，确诊为癌症，乳腺癌疑似病例1例。通过生殖健康优质服务，提高了育龄妇女的生殖健康水平，受到了广大育龄群众的好评。

【流动人口技术服务】全面落实计划生育基本项目免费服务，多年来，科技所一直为流动人口提供免费的“三查”服务，并根据育龄群众的需求进行规范的妇科治疗和生殖保健咨询，使流动人口育在异地也能享受到安全、有效、平等的生殖健康服务。2012年，科技所为1 400多名流动人口育龄妇女提供了免费“三查”服务和规范的妇科治疗。近两年，科技所在流动人口孕检工作中，发现孕检造假现象严重，造假方式层出不穷，例如伪造身份证、找人代检等。科技所领导班子警觉到问题的严重性，召开办公会研究应对措施。经会议讨论研究后，所领导班子一致认为，现有的孕检手段较为落后是导致造假者有机可乘的重要原因。为制止这一现象日益严重的趋势，确保孕检证明的真实可靠性，专门向市人口计生委申请经费，购买了电子摄像头、电脑、指纹采集器等。升级后的孕检模式，通过采集孕检者的指纹，结合现场采集电子相片的方式，为每位孕检者建立一个专属的“身份库”，杜绝代检、假相片的现象。自改进了孕检模式后，基本上制止了孕检中的造假现象。

计划生育药具服务与管理

【概况】2012年武汉市计划生育药具工作在武汉市人口计生委和省药具站的正确领导和关怀下，根据省、市计生工作整体布局，以科学发展观为指导，全面贯彻落实国家《关于全面加强人口和计划生育工作，统筹解决人口问题的决定》和《武汉市“十二五”人口和计划生育事业发展规划》精神，深入实施《湖北省计划生育药具管理实施细则》，科学规划，加强管理，健全机制，强化宣传，扎实有效地开展各项工作，较好地完成了年度各项工作目标任务。

【完成指标工作】以免费避孕药具发放为主渠道，合理编制药具计划，按照渠道畅通、保障供应、减少浪费、满足需求、方便群众、提高效益的原则，全年发放药具443万元。全市使用药具人数有47.4万人（不含宫内节育器），占综合避孕措施率29.75%。圆满完成了2012年药具订购计划和省追加武汉市免调计划的调拨和发放任务，保证了武汉市适龄人群对避孕药具的需求。全面完成年度考核目标。

【规范管理工作】把药具规范化管理纳入工作考核目标，首次将“80%街（乡）、社区（村）达到药具管理规范化”

纳入各区人口计生工作部门绩效目标中的重要指标之中。组织进行全市药具考评工作。市计生药具站为了更进一步明确目标、统一标准、规范操作，精心制作了区、街（乡）、社区（村）三级《计划生育药具规范化管理》教学光碟，下发到基层，并层层进行培训和指导。7 月 9 日至 7 月 27 日，市人口计生委副主任刘庆香亲自带队，对 13 个行政区、26 条街和 26 个社区（村）的药具规范化管理工作进行了年中目标考评与督导。在 9 月省人口计生委组织的贯彻执行《湖北省计划生育药具管理实施细则》的考核评估中，作为武汉市抽检单位的蔡甸区及其所辖永安街，主要指标达到了评估的要求，获得全省药具考核评估二等奖。

【迎接调研工作】2012 年，市药具站先后迎接了国家财政部、国家人口计生委和武汉市人大、市政协对武汉市计生药具工作的调研。2012 年 2 月 13 日，武汉市人大副主任郑永新带队考察了市计划生育药具管理站。调研组一行听取了市药具站的工作汇报，察看了武汉市计划生育药具管理工作情况。考察组成员充分肯定了药具服务工作，希望人口计生部门进一步加强宣传工作，提升群众的知晓率，取得更大的社会效益。5 月 31 日至 6 月 1 日，国家人口计生委科技司副司长王巧梅，财务司副司长吴士勇和药具管理中心主任李凤岐、书记张瑞恒、副巡视员周峰等 10 余位领导到武汉市妇幼保健院、江岸区唐蔡路市场、武昌区中南路街静安社区、黄陂区计划生育服务中心等地进行了考察，对武汉市的药具管理发放情况，流动人口药具服务管理情况、农村宫内节育器发放和使用情况以及药具经费投入管理等工作进行了全方位的调研，并考察了武汉市计划生育药具管理站，听取了武汉市近几年来药具工作的专题汇报。国家药具管理中心的领导大力赞扬了武汉市创新开展的药具进产科、进人工流产室、进建筑工地等药具“十进”工作，对武汉市药具发放渠道的创新模式和运行机制、药具仓储的科学化管理，以及加大宣传、规范服务的举措都予以充分的肯定。同时，希望武汉市再接再厉、继续努力，加快基层药具科学化、信息化管理的步伐，不断完善药具管理机制，打造全国药具工作管理的先进市。2012 年 8 月 22 日武汉市政协副主席郭粤梅、吴勇一行专题视察调研计生药具工作。调研组深入了解了全市计生药具服务工作情况，听取了药具工作情况汇报。强调指出，要在新形势下，做好流动人口药具发放市民化、均等化服务。

【创新宣传工作】市药具站积极紧抓宣传工作不放，不断创新宣传形式。在原有药具宣传挂图的基础上，又统一制作下发了药具箱、药具宣传光碟、宣传折页、药具图谱等多种创新实用的宣传品，实现了计划生育药具宣传品种的字、图、音、影四结合。2012 年新年第一周，制作了计划生育药具政策的公益视频广告，在全市 271 条公交线路的 5 000 余台公交车上滚动播放，吸引了乘客群众的视线。广告图文并茂，每次播放 20 秒，单车每天滚动播放 50 次。简洁明了地宣传了国家向育龄群众免费发放避孕药具的政策和服务，告知群众如何就近方便的到居住地社区领取避孕药具。车载广告形式新颖，受众面大，宣传效果好，一周可宣传群众 5 000 万人次。携手长江网共同举办了“约会春天——做健康女人”的知识讲座。讲座以避孕节育知识为主要内容，畅谈了女性健康保健知识。市药具站现场为在座的女性朋友讲解了计生药具的政策与知识。同时告知群众在全市的每个社区和工作单位都可以免费领取到国家为育龄人群免费提供的避孕药具；并为到场的女性朋友免费赠送了一套国家免费提供的避孕药具及宣传资料。在武汉市首届人口文化节中，由市药具站承办的《两性情趣馆》更是受到各级领导和群众的好评，武汉电视台、《长江日报》、《武汉晚报》、《长江商报》等新闻媒体进行了采访报道，人民网、凤凰网、新华网等多家网站都连续多天图文并茂的报道和转载了《两性情趣馆》的消息。著名性学家、华中师范大学教授彭晓辉亲自参观展馆后情不自禁赞叹道：“两性情趣馆是我所见到过的涉性展览中最有文化品位的场馆。”在人口文化节期间，参观两性情趣馆人次达 8 万余人，市药具站向市民免费发放药具 10 万余元。《两性情趣馆》获得武汉市人口文化节最佳场馆奖。

【指导基层建设工作】市药具站定期对各区计生药管员进行了有关操作业务的培训达 20 余次，指导他们进行计划生育药具管理信息网络平台的学习和操作，按照“信息采集、需求分析、制定计划、组织实施”的计划生育药具管理服务工作机制，加快药具管理信息化建设步伐，为科学监管计生药具工作提供强有力的信息技术支持。二是建立了药具物流配送机制。完善药具物流配送机制，规范调拨管理，优化配送服务。不仅减轻了药具基层工作的负担，而且还提高了药具的发放效率。实现药具仓储管理自动化、信息化。2012 年 3 月，由武汉市人口计生委统一出资，为武汉市站本级和 10 个达到规范化库房要求的区级药具仓库统一安装了温湿度远程监管系统。实现了全天候标准温湿度自动控制；提高了日常监管效能，实现了远程实时监控全记录；优化了储藏条件，确保了药具在库质量。2012 年 12 月，设立国家计划生育药具发放服务监测哨点 28 个，这种功能最新最全的计划生育免费药具自助发放机，融药具发放、科普宣传、数据统计等功能于一体，可为育龄群众提供无障碍免费服务。布置在政府机关、流动人口聚集区、大学校园、商业服务区等场所，弥补原有药具发放网络的盲区和空白点，满足了群众需求。

【整顿市场工作】为了规范避孕药具零售市场秩序，加强计生免费避孕药具管理，防止“国家免费”提供避孕药具流入市场销售或另作他用，市药具站积极参与 2012 年“全国安全用药月”活动，与市食品药品监督管理局联合整顿计生药具市场，在全市药店张贴联合印制的“严禁销售国家免费提供的避孕药具”标识。

【开展“十进”工作】市药具站指导各区深入开展“十进”活动（进机关、

厂矿、宾馆、社区、乡村、学校、商场、药店、公厕、工地），受到了各界群众的好评。一是继续开展药具进产科活动。在2012年，与全市121个助产医疗机构联合，全年发放药具服务盒多达8万盒，占当年出生人数的80%。二是开展药具进人工流产室。三是举办药具进工地活动。与市城建委联合，依托农民工学校，举办避孕节育知识讲座，发放宣传品和避孕药具。自4月份活动启动以来，向建筑工地发放避孕套30万只。四是药具进机关。五是药具宣传进药房。联合市食药监局，在全国安全用药宣传月中，参与整顿计生药具市场，在全市药店张贴联合印制的“严禁销售国家免费提供的避孕药具”标识。

流动人口计划生育服务管理

【概况】2012年是武汉市流动人口计划生育基本公共服务均等化试点工作整体推进的重要一年。流动人口计划生育工作按照统筹解决人口问题的总体部署，以建立“统筹管理、服务均等、信息共享、区域协作、双向考核”工作机制为核心，以构建全员流动人口信息管理系统为支撑，以积极推动流动人口服务管理体制创新、逐步形成“一盘棋”格局为总要求，不断完善流动人口计划生育服务管理体系，全面完成了年度工作目标。流动人口和农民工评计生满意率达到97%。

【暖在江城活动】在元旦、春节期间，继续开展了“暖在江城”流动人口计划生育服务管理活动。坚持“服务促和谐，欢乐过佳节”的主旨，实施“六送六进”、“六访六问”、“六清六实”的工作方法，共登记流动育龄妇女390 039人，生殖健康检查252 229人，流动人口重点对象信息更新异动54 309条，发放各类宣传品44万余份，上门服务95 813户，慰问计生家庭6 286户，扶助款、慰问金197万元。

【双优活动】继续开展了“优质服务、优化管理”活动。新增登记上报全员流入人口297 260人，增幅50.13%；新增录入全员流入人口数136 269人，增幅25.11%；新增登记流出人口7 237人，增幅为1.59%，增加录入数4 710人，增幅为1.04%；网上办理跨省一孩《生育服务证》44例。

【流动人口双边协作】市及各区坚持中心城区与新城区、市与武汉城市圈、与省内其他市州、与省外市县的对接，深入推进两地协作，流动人口计划生育区域协作向更广更深层面推进。联合黄冈、黄石人口计生部门在洪山区创建了“流动人口青少年健康人格教育基地”；在深圳罗湖区建立了江夏籍流动人口计生协会；在银川市金凤区成立了“武汉市黄陂区驻宁夏华扬劳务公司流动人口计划生育协会”；9月份，孝感市应城市人口计生局来武汉市七个中心城区和东西湖区开展了流动人口计划生育双边协作活动。全国各地市人口计生委来武汉市开展流动人口计生交流考察专项活动13起。

【流动人口工作机制探索】举办了有各区人口计生委分管主任、流管科（站）长、基层街道、社区相关工作人员参加的国家PADIS操作培训、相关区街参加的国家流动人口计划生育工作监测培训3次；总结推广了江汉区武展社区流动人口服务管理“一理念二载体三融入”模式；江岸区塔子湖街发放《家庭房屋出租登记簿》，强化出租屋主计划生育责任的做法；蔡甸区消泗乡罗汉村流出人口“一家情、三关爱”服务管理模式；东西湖区长青街二雅社区、合兴里社区流动人口“客栈式服务”经验；黄陂区汉口北市场群流动人口计生管理新机制；汉阳区琴断口街冯家畈社区暨十里建材市场“幸福家园”七心服务做法；江夏区舒安乡关爱留守儿童的做法等；市人口计生委获得“全市流动人口服务管理工作先进单位”称号。

【部门协作】协同市人社局等七个部门共同举办了全市首届农民工文艺汇演，继续联合开展了“武汉市第三届优秀农民工评选表彰活动”；与市公安局继续联合印制了“房屋出租户治安、计生责任保证书”30万份；与市综治、公安等十五个部门一道，完成了市政协十二届一次会议关于流动人口服务管理3号提案的办理工作；办理了市政协十二届一次会议关于流动人口计划生育服务管理的第20120167号提案。

【流动人口均等化服务】继续推进流动人口计划生育基本公共服务均等化试点工作。将推进流动人口基本公共服务均等化纳入创建国家中心城市的重要内容，市委市政府“十二五”规划，“建设‘幸福武汉’，更加关注民生”的工作目标；将各相关部门“出台一至两项流动人口均等化服务政策措施或落实一至两件实事”，作为年度人口和计划生育责任目标考核重要内容；出席了全国、全省流动人口均等化服务试点工作现场会并作了经验交流；先后参加国家人口计生委组织的“促进流动人口社会融合研讨会”5次，其中具体承办1次；流动人口计划生育基本公共服务均等化试点工作顺利通过国家四部委验收。

【流动人口动态监测工作】参与了国家流动人口动态监测工作，承担了2 400份入户问卷调查及在线录入工作。市人口计生委获得“湖北省流动人口动态监测工作先进单位”称号，另有全市24个区、街和48个个人分获“湖北省流动人口动态监测工作先进单位”和“湖北省流动人口动态监测工作优秀调查员”称号。

绩效目标管理

【概况】 2012 年，武汉市绩效目标管理工作在委领导的高度重视下，围绕全委中心工作，求真务实、开拓创新，坚持“重点确保、特点突出、量化管理、捆绑考核、总量控制、权重调节、有利考评”的原则，充分发挥绩效管理“指挥棒”和“风向标”的作用，通过完善“三线”人口计生目标设置，加强目标调度督办，改革目标考评办法，全市年度绩效目标圆满完成。2012 年荣获省委、省政府 2012 年度党政领导线人口计生目标管理一等奖，荣获市委、市政府综合考评立功单位。

【目标设置工作】 按惯例设置党政领导线、市直责任部门线、人口计生部门线“三线”人口计生责任目标。党政领导线人口计生责任目标主要突出人口计生与社会经济政策之间的协调兼容情况，为统筹解决人口问题创造环境，由唐良智市长与 17 个区主要负责人签订。市直责任部门线人口计生责任目标重在协调配合、制定相关经济社会政策时与人口计生政策的衔接以及社会资源的利用，根据部门责任不同分别设置指标，由唐良智市长与 39 个市直责任部门主要负责人签订。人口计生部门线责任目标关键在于日常工作的组织和相关工作措施的落实，由市人口计生委主任李丹芳与 17 个区人口计生委主要负责人签订。按照“谁主管谁负责、谁的职能谁负责”的原则，健全了市人口计生为内部责任体系，切实形成“千斤重担众人挑，人人肩上有目标”的工作格局。将上级下达的责任目标、委内确定的绩效目标和需要督导基层落实的各项目标，按照“三定”方案的职责规定，全面及时分解落实到各个处室及每位同志身上，切实做到责任明晰、归属明确、分工负责、协同落实。内部目标由市人口计生委主任李丹芳与分管领导和 14 个处室及直属单位负责人签订。2012 年目标设置有新的特点：一是以战略目标统领指标设置。委党组书记、主任李丹芳同志带领新一届领导班子，在认真分析研究当前全市人口计生工作形势的基础上，提出了实施“66553”工程的五年战略目标，即健全六大体系、完善六大机制、打造五大品牌、争创五个示范、攻克三大难点，并以此来统领各级各类人口计生目标管理指标的设置，实现了传承与创新的有机结合。二是以改革创新规范指标设置。第一，坚持上下结合。一部分指标由市里提出定值设想及依据，由区级提出修改意见，一部分指标（如特色目标）由各区提出定值意见，由市里统筹调整。充分体现平等沟通、有据定值的思路，避免“一言堂”。第二，做到高低有别。同一指标根据各区工作水平高低不同确定不同的指标值，充分体现地区差异化和“跳起来摸高”的思路，避免指标定值“一刀切”。第三，鼓励创先争优。将指标值分为合格值、挑战值两个挡位，要求各区在达标合格的基础上，努力争创一流，体现“敢为人先、追求卓越”的武汉城市精神，避免指标定值“一个调”。三是以分类管理完善指标设置。将考评指标体系分为“刚性指标、重点指标、特色指标、否决指标、加减分指标”等五大类。其中，刚性指标，指省委、省政府、省人口计生委及市委、市政府下达的责任目标；重点指标，指市人口计生年度主要工作中，要求各区共同完成的任务；特色指标，即各区自报的基础上，结合全市中心工作需要统筹确定；否决指标，指需全力确保和重点推进的工作，今年首次明确规定对信息化应用不达标单位实行否决，意在用超常规手段推进弱点工作上水平；加减分指标，指对各责任单位获得表彰奖励和受到通报批评的，按有关规定加减分。通过这些分类办法，实现了精简与高效的有机结合。

【目标调度工作】一是加强过程督导。第一，及时预警。每月收集目标进度情况，对不达进度的目标及时提出预警，对数据变化定期分析、通报，为领导科学决策及时提供参考。第二，调度目标。实行季度“123”目标调度制，第一个月由发规信息处召集各区人口计生委发规科长调度目标，第二个月由分管主任召集各区人口计生委分管副主任调度目标，第三个月由委党组书记、主任召集各区人口计生委主任调度目标，层层抓落实，月月抓推进。二是加强信息引导。注重应用和发挥数据信息在目标管理工作中的有益作用，要求各级人口计生部门经常登录全省人口计生服务管理信息系统、全省人口基础信息共享平台、省级 PADIS 平台，及时汇总数据，及时发现个案，及时分析研究，带着重点去督导，带着案例去调研，带着疑问去思考对策，带着对策去指导工作。在每次督导中，市人口计生委党组书记、主任李丹芳同志率先演示应用人口计生信息系统查找问题的方法，各位副主任均带着自己查找的问题到基层进行调研。三是加强业务指导。按照既定的责任指标分解方案，委机关各处室各自负责对基层相应工作指标进行日常督导和工作指导，经常性深入基层调研督办，确保各项目标任务按时保质落到实处；指导工作的成效与各个处室、每个同志的绩效挂钩，纳入年度考核奖惩兑现。

【目标考核工作】2012 年继续完善目标考核方式改革，实行平时抽查与年终考评相结合、入户调查与电话调查相结合、集中考评与单项考评相结合。平时抽查主要调查出生上报、长效节育措施落实、生殖健康服务、随访、流动人口计生服务管理等情况，全年共开展二次平时抽查。第一次于 2011 年 12 月进行，共调查 17 个区的 17 个街（乡、镇、场）的 50 个社区（村），走访群众近万人。第二次于 2012 年 4 月进行，采取进村入户、查阅资料、核对湖北省人口基础信息共享平台和全员人口信息系统等方式，共调查 16 个区（不含新洲区）的 16 个街（乡、镇、场）的 16 个社区（村）。对新洲区的第二次抽查与省委托考核一并进行，受省人口计生委委托，于2012年5月对新洲区的3个街乡的3个村进行了抽查，抽查结果既直接报省人口计生委又纳入第二次平时抽查成绩。2012年首次在目标考核中采用电话调查方式，调查委托湖北省人口与发展研究中心进行，于2012年9月完成，调查结果计入年度考核成绩。调查范围涉及全市17个区，调查抽取实际电话调查样本3 729，获得有效样本1 739个，其中怀孕对象组、生育对象组、引产对象组、独生子女奖励对象组有效样本数分别为345、712、340、342个。在抽取的进行电话调查的3 729个样本中，未接通的有1 784个，接受访问的有1 739个，拒访的有206个。调查包含八个方面的内容：电话接通情况、背景资料核实情况、怀孕对象调查情况、生育对象调查情况、二孩及以上引产对象调查情况、独生子女奖励对象调查情况、参加生殖健康检查情况、群众对计生工作满意度情况。年终集中考评由市委、市政府组织，市人口与计划生育工作领导小组办公室具体实施，各领导小组成员单位参与，共分8个组，于2012年10月完成对“三线”目标的集中考评。对各区集中考评共调查17个区的17个街乡、17个社区村、31个医疗机构；对39家市直责任单位考评首次采取实地考评方式。对专项工作指标采用单项考评方式进行，党政线单项考评指标10个，人口计生部门线单项考评指标30个，分别由各处室实施。单项考评程序为：制定指标考评方案、组织评分、报分管领导审核、交发规处汇总。

【定期督办工作】按惯例，2012年分别组织了春、夏两季的全面工作督办。春季督办共分7个组，于2012年2月20日至3月22日进行，每天督办一个区，确定一个组对督办区进行反馈。春季督办共调查了17个区、101个街（乡镇）、126个村（社区），101个医疗服务机构，51个区、街乡计生服务站，走访群众10万多人。夏季督办共分7个组，于2012年7月20日~8月4日进行，每个组督办2~3个区。夏季督办共调查17个区、17个重点街乡、17家医疗服务机构、17个特色目标相关的现场点。

【专项调研工作】2012年市人口计生主任李丹芳、副主任高惠祥带领发规处分别对江岸区、江汉区、硚口区、洪山区、汉南区、武汉经济技术开发区、东湖新技术开发区、东湖生态旅游风景区、武汉化学工业区等9个区进行了专项调研。全面分析调研区人口计生工作的总体情况、工作特点、存在的突出问题，并对下一步工作提出了建议，并向调研区主要领导进行了反馈。

【绩效目标工作】多次与市考评办沟通修改确定2012年绩效指标和指标值，每月收集统计上报目标进度，每季上报进度报告。年终收集各指标完成情况印证资料，完成自报自统指标答辩材料。计生委承担8项自报自统指标，7项完成挑战值、1项完成合格值。2012年首次获全市绩效目标管理立功单位。计生委作为计划生育专项目标牵头单位，完成了对111个市直绩效单位半年和年终的专项指标考评，并按要求将结果上报市考评办。

【“一票否决”审核工作】坚持计划生育“一票否决”制度，全市各类代表、委员提名和评先表彰均提交计生委进行计划生育审核，全年共审核56批次，涉及1 609个单位、3 311名个人，共否决25个单位、22名个人。

信息化建设

【概况】2012年计生委把人口计生信息化建设作为重难点工作来抓，高层倡导、责任明确、措施得力、投入到位。经过一年努力，武汉市人口计生信息化工作在部门信息共享、全员信息质量、重点业务系统应用、信息操作员应用水平上均有很大程度提高。

【领导重视人口计生信息化工作】2012年3月7日，刘英姿副市长召开市人口计生委、市综治办、市公安局、市卫生局、市国土规划局、市房屋保障房管局、市信息产业办相关负责人会议，研究人口计生信息化建设和应用推进工作。市委、市政府两办发文就加强人口基础信息工作进行了规定。2012年5月22日，刘英姿副市长在黄陂一中电教室召集各区分管区长召开人口计生工作培训会，市人口计生委副主任高惠祥介绍了全员人口信息系统的构成、作用、功能及应用的重要意义，现场演示了应用全员人口信息系统的方法步骤。2012年2月9日，市人口计生委新年后的第一个会就是召集各区人口计生委一把手、各处室负责人赴孝感市现场学习信息化经验、现场布置信息化工作。同时提出了“五强化、五突出”和“六个突破”的工作要求。2012年还首次将人口计生信息化应用和信息质量作为否决目标，下达到各区人口计生委和机关各处室和直属单位。

【信息化岗位练兵工作】2012年全员培训、全员应用力度加大。市人口计生委下发了《市人口计生委关于调整信息化工作领导小组的通知》，明确了各处室在信息化管理、应用方面的职责。2011年12月26～30日，市级组织了对市人口计生委机关全体干部的信息系统基本操作培训，并分业务口分别对全市区以上所有工作人员进行了针对性培训，做到了操作培训到全员，系统应用到全员。2012年，组织基层参加省人口计生委组织的湖北省人口信息岗位练兵活动获组织二等奖，4人获最佳技术标兵（信息指导员）称号，3人获最佳应用标兵（市县工作人员）称号，1人获最佳操作能手（乡镇信息员）称号，3篇文章分获调研类、应用类、经验类优秀征文奖。

【全员人口信息质量工作】2012年，狠抓全员人口个案信息质量，落实问题督办制度，发规处每周查找各区两个问题个案，以编号督办单的形式，督促基层举一反三，落实整改。全年共下发问题督办单20期，查找问题个案680例。落实信息质量定期通报制度，每季度对全员信息质量进行测评，并对测评结果进行通报。年终，9项测评指标质量均达到98%以上。

【村居版应用工作】2012年，加大村社区在线服务管理平台应用推进力度，在设备配备、网络连通、人员调配和培训上予以保障。全市所有村社区信息化应用所需设备已配备到位，除个别村社区受客观条件影响外，其余村社区均已启用在线服务管理平台。

【人口地理信息系统建设工作】2012年，加大了人口地理信息系统建设力度，每个区都开展了试点，全市共有167个试点村社区建成了人口地理信息系统。

【基层信息化建设工作】2012年加大了对各区信息化建设的投入，为远城区村社区配备计算机和打印机500套，为远城区654个村社区信息化设备配备补贴154余万元，为全市启用村居在线平台的3 130个村社区补贴网络使用费156万余元，对全市2012年全员异动的1 007万条信息补助异动经费100万余元。

【人口计生统计工作】2012年认真组织了统计数据质量年活动，组织对出生上报情况进行全面清理，并把流入人口出生做重点，开展了对城区流动人口集中的城乡结合部专项督办工作。规范口径，规定凡共享平台分拣属于武汉市应上报的出生，一律由分拣到的单位先行上报后再向现居住地交流。同时，按规定完成每季度报表的统计汇总，每月进行统计分析，向领导报告各区目标完成情况。半年和年终形成专项人口和计划生育形势分析报告，2012年武汉市人口和计划生育形势分析报告在全省会议交流并获全省一等奖。

【网格化管理工作】参与全市社会综合管理与服务网格化建设工作，李丹芳主任多次带领到江汉区、硚口区、武昌区、洪山区调研在社会综合管理与服务网格化建设中如何加强人口计生工作。形成了专题调研报告，提出了在网格化建设社区必须做到“三有”：综合网格员要有人口计生工作职责；综合专干中要有人口计生工作专干；社区要有主任或专职委员分管人口计生工作。

干部队伍建设

【概况】2012年，在委党组的正确领导下，政治处认真贯彻落实国家、省人口计生委和市委、市政府关于深化干部人事制度改革和加强全市人口计生系统干部队伍建设指示精神，紧紧围绕处室绩效目标任务，求真务实，圆满完成各项工作任务，取得了一定的成绩，为全面完成各项目标任务提供了坚强的组织保障。2012

年，政治处荣获全市巾帼文明岗、市人口计生委绩效管理先进处室（文明处室）称号。

【人口计生系统干部队伍建设】坚持以“强基提质”为抓手，加强队伍建设，提升能力素质，筑牢基层网底，为人口计生事业的发展提供了强有力的组织保障和队伍支撑。一是加强乡镇人口和计划生育行政管理队伍建设。进一步建立健全全市人口计生系统人事信息系统。采集街（乡）、村（社区）人口计生机构和人员基本情况，全面实行全市人口计生人事信息动态管理，实行人口计生人事管理常态化、规范化。结合基层人口计生工作现状，加强对各区行政管理队伍的督办指导。目前，全市186个街乡都配备了公务员，且工作人员均在3人以上，人口计生工作行政管理力量得到增强。二是加强村（社区）人口计生专干建设。在村（社区）换届中，制定并下发《关于在村（社区）级组织换届期间加强人口计生工作的通知》，要求各区在村（社区）换届工作中，积极配合相关部门做好换届工作，把有一定文化素质、在群众中威望较高的女同志充实到村（社区）委会来，保障基层人口计生工作的正常开展。全市3 444个村（社区），配备计生专干3 526人，女专干配备率达100%。三是建立市、区计划生育行政执法大队，规范计划生育行政执法行为。按照省、市《决定》精神，认真落实计划生育行政执法大队的人员和机构，市、区成立行政执法支队、大队14个，落实具有执法资格的人员56名，为规范计划生育行政执法行为提供组织保障。2012年，共查处“两非”案件193件，其中典型案例81例。四是完善各级计划生育服务机构，提高专业技术服务人员技术服务水平。将区级计划生育技术服务机构纳入全额拨款事业单位纳入目标管理，目前13个区级计生服务机构均纳入了全额拨款的事业单位，并积极引进专业技术人才，不断提高生殖健康服务水平。

【干部教育培训】结合全市开展“干部队伍建设年”活动和2012年人口计生工作重点，认真制订了《2012年武汉市人口计生系统干部教育培训计划》，2012年市本级共举办各类业务知识培训班12期，聘请了专家教授进行授课，累计培训各级计生干部2 484人次，进一步提高了计生干部业务知识水平，取得了很好的效果。一是组织市、区、街三级人口计生干部到国家人口计划生育培训基地培训。组织了108人赴国家人口计生委人口培训中心进行了为期8天的培训，培训班采取专家授课、实地考察的方式进行。二是结合人口计生工作实际，为进一步增强全市人口计生系统干部心理健康及其咨询知识，不断提高工作水平和服务能力，同武汉大学心理咨询职业培训中心共同举办了全市人口计生系统首届心理咨询师培训班。培训班共有学员68名，学期一年，学完全部课程参加国家心理咨询师职业资格考试，合格者取得相应资质。三是举办各区分管人口计生工作领导及区计生委主任人口计生信息化建设和应用培训班，引导各区领导重视人口计生信息化建设工作，提升运用信息系统看表管理的水平。四是聘请全国先进地区人口计生工作领导和人口专家授课。聘请了江苏省无锡市原人口计生委主任杨清华及人口理论专家穆光宗和原新教授到我委进行专题讲座，培训人数达1 000余人次，进一步提高了人口计生干部统筹解决人口问题的能力。

【职业化建设】按照国家、省人口计生委的要求，积极组织生殖健康咨询师的培训考证工作。一是精心挑选师资，组建市、区生殖健康咨询师师资库。选拔和聘任了一批理论水平较高、业务素质过硬、实践经验丰富，能承担起全市生殖健康咨询师培训教育任务的市级生殖健康咨询师师资队伍，并为各区培养了一批师资队伍。二是积极开展人口计生队伍职业化培训，生殖健康咨询师培训面达99%。2011年10月以来，各区相继举办生殖健康咨询师班，今年全市组织348名考生参加了全国生殖健康咨询员考试，207人取得生殖健康咨询员资格。三是制定奖励措施、调动人口计生专干考证积极性。江岸区对通过生殖健康咨询员考试的给予500元奖励；新洲区制定了《区人口计生委关于对取得生殖健康咨询职业资格人员实行职称补贴的通知》，规定经参加全国考试取得生殖健康咨询员每人每月补贴50元，生殖健康助理咨询师每人每月补贴100元，生殖健康咨询师每人每月补贴150元，高级咨询师每人每月补贴200元。

【积极开展“争先创优”活动】为弘扬全市人口计生系统“爱岗敬业、争创一流、艰苦奋斗、勇于创新、淡泊名利、甘于奉献”的崇高精神，进一步加强人口计生干部职业道德教育，今年在全市人口计生系统举办了“最美身边人”演讲比赛，用基层干部中的先进典型现身说法，展示了人口计生干部立足本职岗位积极创先争优、争创一流业绩的精神风貌，进一步推进职业道德教育。

【干部人事管理】按照建立健全全市公务员岗位责任制工作的统一部署，全面启动了公务员岗位责任制建设，对各处室职责进行了清理，按照每个岗位任务饱满、难易适度、均衡协调的原则，分解细化到个人，科学合理设置处室岗位及岗位名称，制定处室工作流程图，并汇编成工作手册，建立主体明确、责权统一、层级清晰、奖惩分明的责任体系，全委干部职工责任意识明显增强、工作作风明显改进、执行力明显提高、工作效能和服务质量明显改善、群众满意度明显提升。按照“以实干论实绩，从实绩看德才，凭德才用干部”的原则积极开展选人用人，2012年提拔1名副局级非领导干部，1名正处级领导干部。试用期满考核任用干部6名。做好日常工资调整的相关工作，机关正常晋级、晋档调资38人，直属事业单位正常晋级51人。委机关调入工作人员1名，市计生宣教中心公开招聘工作人员2名。全面做好市人口计生委市管干部、机关及直属事业单位工作人员2012年年度考核工作。做好《人口计划生育荣誉证》的审核发证工作，2012年共颁发《人口和计划生育荣誉证书》、奖章208人，审批全市人口计生系统“一次性奖励”工作人员32名。

【老干部工作】 按照各级有关部门关于加强老干部工作的有关要求，做好老干部工作。一是进一步加强老干部支部建设，加强政治思想工作，组织全体离退休党员按期参加党支部生活会，及时学习传达各级有关精神及全市人口计生工作情况。二是积极解决和落实老干部的政治、生活待遇，采取多种形式丰富老干部精神文化生活，组织离退休老干部赴孝感观音湖、鄂州梁子湖岛参观考察，加强与老干部的联系沟通，提高各项服务工作质量。

信访工作

【概况】 2012年，全市人口计生信访工作在委党组的领导下，在省人口计生委、市信访局的指导下，围绕全委人口计生中心工作和市信访办下达的信访工作目标，深入贯彻执行《信访条例》和计生政策法规，抓好信访网络建设，强化目标责任，用发展、全面的观点分析信访工作形势，严格落实各项规章制度，严格依法行政，依法、及时、妥善地处理各种计划生育信访问题，化解了大量群众矛盾。信访室荣获市人口计生委党员先锋岗称号，在全省人口计生信访工作考核中排名第一，并被市信访局评为2012年度全市信访工作先进单位。

【信访工作】 以人为本、服务群众，着力解决人口计生信访重难点工作。一是畅通信访渠道；二是认真处理信访矛盾纠纷；三是积极协助推进企业退休职工计划生育奖励政策的落实工作；四是进一步做好全市特扶家庭群体的抚慰稳控工作。全年共接待来信来访5 532件次，其中来信50件，个人访719人次，集体访33批次，电话访4 470次。来信均经过委领导亲自阅批并得到调查处理，来访或电话均及时回复群众或得到解决。

【维稳工作】 认真贯彻落实中央和省、市决策部署，牢固树立宗旨意识、大局意识和责任意识，强化防止进京赴省非正常上访刚性目标，着力把解决问题、化解矛盾作为做好信访维稳工作的核心和关键，坚决防止进京赴省非正常上访。一是超前谋划，切实做好重大敏感时期信访维稳工作；二是超前防范，严格执行信访维稳信息预警工作责任倒查制度；三是突出重点，全面开展矛盾纠纷排查化解工作；四是应对迅速，及时妥善处置信访突发性问题和群体性事件。全年无非正常进京上访事件发生，有力维护了社会和谐稳定。

【督办工作】 2012年，共收到市长专线督办单133件、省长信箱转办单54件、市长信箱转办单27件、行风连线转办单46件，按时回告率100%。

【基层基础工作】 一是进一步加强了信访问题排查、信访事项受理登记、领导接访、信访值班、信访报告、调查回复、督办检查、网上信访工作、定期归档等信访制度建设，切实使人口计生和信访工作走上规范化、法制化轨道；二是针对市委办公厅《关于掀起“责任风暴”实施“治庸计划”暂行办法》中提出的问题认真开展自查自纠，把群众满意作为信访工作的出发点和落脚点，把解决信访问题作为当前人口计生系统治理“庸、懒、散”，转变工作方式、提高工作效能、密切群众关系的重要工作；三是将信访稳定工作纳入绩效目标管理，将信访立案办结率、群众满意率等内容列为绩效考核重点指标，指标未完成的，不参与评先。

协会工作

【概况】2012 年，市计生协坚持“围绕主题主线，积极服务于科学发展；发挥独特优势，积极服务于社会和谐稳定；坚持以人为本，积极服务于计划生育群众”的工作定位，按照“抓重点、攻难点、扫盲点、补弱点、展亮点”的总体思路，圆满完成了各项任务，较好地发挥了联系广大育龄群众和计划生育家庭的桥梁和纽带作用。多次在全国、省交流创建幸福家庭活动、组织建设、宣传工作经验。中国计生协常务副会长杨玉学、秘书长姚瑛，中国人口福利基金会理事长赵炳礼、副理事长杨文庄等各级领导先后视察武汉市计生协工作和创建幸福家庭活动并给予了充分肯定和高度评价。市计生协被评为全省计生协宣传工作先进单位、全省计划生育家庭意外伤害保险工作一等奖。

【宣传倡导】一是全国“会员活动日”活动走进武汉。5 月 28 日，中国计生协、湖北省计生协和武汉市政府联合举行了庆祝中国计生协成立 32 周年、国际计生联成立 60 周年暨第十四个“会员活动日”活动。5 月 29 日，市计生协、蔡甸区计生协在奓山街星光村联合举行了以“创建幸福家庭、建设幸福武汉”为主题的纪念中国计生协成立 32 周年暨第 14 个“会员活动日”活动。二是“开往春天的校车”走进武汉。8 月 28 日，“开往春天的校车”捐赠校车仪式在新洲区徐古镇延安希望小学隆重举行，由中央电视台、中国人口福利基金会、市计生协牵线搭桥，中国人口福利基金会龙文教育基金分别向新洲区延安希望小学、江夏区乌龙泉中学各捐赠一台“东风超龙”校车。中央电视台、中国教育电视台及长江日报、武汉晨报、武汉晚报等媒体现场采访报道。三是会员人口文艺作品走出武汉。在以“关怀计生群众·创建幸福家庭·喜迎党的十八大”为主题的中国计生协首届书画、摄影、剪纸作品展中，武汉市计生协会员作品荣获 15 个奖项，其中特别奖 1 个、二等奖 4 个、三等奖 5 个、优秀奖 5 个，为全部奖项的 5.05%，占湖北省所获奖项的 75%。四是计生协工作新闻信息走出武汉。据不完全统计，中央电视台、中国人口报等媒体对武汉市计生协工作的报道达30多篇。中国人口网、中国计生协网站编发武汉市计生协工作信息3条，省人口网编发55条，省人口计生委《人口和计划生育情况》编发2条，省计生协《协会宣传》编发47条，市人口网编发86条。全年编印《协会信息》27期，编发信息298条。五是基层计生协文艺宣传活动唱响武汉。市计生协印发了《关于进一步加强基层计生协群众文艺宣传队伍建设的指导意见》，基层计生协进一步激发蕴藏在群众中的文化潜力和创造力，积极整合社会文化资源和群众文艺骨干，打造了160多个骨干文艺宣传队，常年在村（社区）开展人口文艺宣传活动。新洲区计生协被评为全省计生协宣传工作先进单位。东湖新技术开发区花山街中心户长自编自演的小品《生不生》荣获武汉市首届人口文化节文艺创作三等奖。

【组织建设】一是改革中心户长管理模式取得显著成效。按照“精简、扩面、提能、提标、规范”的总体目标，新洲区、武汉经济技术开发区、东湖新技术开发区、东湖生态旅游风景区、武汉化学工业区全面改革中心户长管理模式，精简中心户长总体规模，扩大中心户长覆盖范围，提升中心户长综合素质，提高中心户长报酬待遇，规范中心户长管理制度。新洲区中心户长由6 250人精简到2 000人，报酬由每人每年120元提高到800元。武汉经济技术开发区、东湖新技术开发区、武汉化学工业区中心户长精简40% ~ 50%，报酬提高到每人每年1 200元。二是计生协工作调查研究取得丰硕成果。在省计生协组织开展的协会工作调研报告和论文评选活动中，武汉市报送的8篇调研报告和论文获奖。这些调研报告和论文，从不同侧面深入分析了协会工作现状、面临的主要形势和存在问题，探索了协会工作的新思路、新途径和新对策，对贯彻落实《中国计划生育协会科学发展规划纲要》，全面提高我市计生协服务能力和水平，实现计生协工作的科学发展提出了很多好的建议和对策，对指导和推进基层计生协工作具有重要的意义。三是创先争优活动成绩斐然。各级计生协根据《中国计生协关于加强基层计生协组织建设的标准》，广泛开展以“我为国策添光彩、我为事业做贡献、我为协会尽责任”为主题的创先争优活动，涌现出了一批先进集体和先进个人。在省计生协第五次会员代表大会上，武汉市15个先进集体、15名先进工作者、15名先进志愿者、55名先进会员受到了表彰。四是“会员之家”阵地建设取得新进展。各级计生协与全市推进村（社区）党员群众服务中心“五务合一”全覆盖相结合，加强“会员之家”等宣传活动阵地建设，全市基层计生协“会员之家”普遍达到有活动场所、有活动制度、有宣传队伍、有文体器材、有服务计划和记录的“五有”标准。五是基层计生协工作队伍呈现新活力。各级计生协注重吸收科技骨干、致富能人和有文化、有知识的年轻人入会，不断充实新生力量。一批“敬业诚信、开拓创新、真抓实干、廉洁自律、无私奉献”的年轻干部通过换届选举走上计生协工作岗位。一年来，通过在全系统大力倡导“一家人、一家亲、一盘棋”的团队精神，加强市内各区计生协之间的区际交流，各级计生协增进了友谊，加强了交流，形成了团结、和谐、共谋发展的良好局面。

【流动人口计生协】一是创新流动人口计生协工作目标管理。将流动人口计生协组织建设纳入各区人口计生部门线绩效目标，各区积极在企业及流动人口聚集地新建流动人口计生协共46个，其中江夏区在深圳市、中山市，黄陂区在银川市、克拉玛依市，新洲区在深圳市、唐山市等地组建流动人口计生协6个，共新增会员1万余人。二是创新流动人口计生协工作理念。各级计生协坚持“流动人口流到哪里，管理服务跟到哪里”，做到了“流动的是人口，不变的是服务”。江汉区武展社区的“走进武展门，就是一家人”，青山区冶金街的“文明走天下，武汉是我家”，东西湖区合兴里社区的“一样的蓝天下，一样温馨的家”、电犁社区的“凝心聚力，福泽电犁”等理念贯穿于流动人口计生协工作，使流动人口计生协工作呈现出蓬勃的生机和旺盛的活力。三是创新流动人口计生协组织模式。各级计生协根据流动人口的分布情况，依托社区组织、各类企业、各种新兴经济组织和其他流动人口聚居地管理组织，搭建组织载体和活动平台，建立了“社区式”、“物业式”、“产业式”、“联合式”等流动人口计生协组织模式。通过流动人口计生协的桥梁和纽带作用，形成了党委政府与基层自治组织、经济组织、社会组织和群众团体互联、互补、互动的新格局。四是创新流动人口计生协服务载体。江岸区的“爱心驿站”，江汉区的“打工妹之家”、“扁担哥驿站”，汉阳区的“他乡暖吧”，青山区的“暖在钢城8+1”，青山区的“流动人口夜市”等焕发出新的活力。洪山区的“幸福快车社区行”、“人口计生流动大讲堂”，江夏区的“留守儿童之家”，武汉经济技术开发区的“车都健康屋”等不断涌现，有效地促进了流动人口的社会融合。五是创新流动人口均等化服务。各级计生协积极协助政府推进流动人口计划生育基本公共服务均等化，在流出地开展了关爱空巢老人、关爱留守儿童活动，在流入地帮助流动人口解决就业、租房、就医、子女上学等实际困难，赢得了流动人口的欢迎。汉阳区倡导“管理无歧视、服务无差别”，赋予流动人口“新市民”、“新居民”待遇，对流动人口实行“市民化”服务，增强了流动人口对现居住地的认同感、归属感、幸福感。

【生育关怀行动】一是首次将困难的计划生育家庭纳入市领导走访慰问对象。元月20日，省委常委、市委书记阮成发在车延高、张学忙、龙正才、张河洁、刘立勇、石大鸿、于建海等市领导和李丹芳等市人口计生委负责人的陪同下，慰问了黄陂区1户困难的计划生育家庭，送去了慰问金和棉被、羽绒服、食用油、大米等过年物资，并合影留念。二是广泛开展“进万家门、访万家情、解万家难”活动。

春节前夕，各级计生协开展了以“送上一份贺年卡、进行一次走访慰问、召开一次座谈会、吃一次团年饭、开展一次有纪念意义的活动”为主要内容的“五个一”活动，走访慰问了全市所有的独生子女死亡家庭以及困难的计划生育家庭，送上了慰问金和生活物资。三是切实加强计划生育家庭意外伤害保险工作。根据市委办公厅、市政府办公厅《关于对计划生育特殊家庭开展关爱关怀工作的通知》，市计生协制定了“为计划生育特殊家庭购买计划生育家庭意外伤害保险”的实施办法。建立了为困难的计划生育家庭全额购买或补贴购买意外伤害保险的三级补贴机制，全市参保计划生育家庭达10.92万户，投保金额327.6万元，其中政府出资215.797万元，占投保金额的65.87%。四是不断拓展生育关怀行动项目和内涵。持续实施“生育关怀春风行”，对192户困难的计划生育特殊家庭给予了每户1 000元的经济帮扶；实施“救助贫困母亲四季行动”，对102名实行计划生育的贫困母亲给予了每人1 000元的经济帮扶；举办“育龄妇女生殖健康知识巡回讲座”156场，参训群众达13 000多人。新增“两癌救助”项目，对49名困难的计划生育家庭患乳腺癌、宫颈癌的育龄妇女给予了每人2 000元的治疗救助；启动“生育关怀·创建幸福家庭”公益活动，为计划生育特殊家庭再生育障碍夫妇和不孕不育夫妇提供免费和援助治疗服务。建立了3个青春健康教育基地，组织参加了全国青春健康管理培训班暨青年培训营活动，开展了“青春健康教育进社区”活动。五是进一步打造生育关怀行动品牌。各级计生协坚持“一地一品、百花齐放”的项目理念，积极打造具有时代特征、协会特色、本地特点、群众受益的生育关怀行动品牌，江岸区的“手机直通车”，江汉区的“116聚爱沙龙”，洪山区的“幸福洪山·晚晴行动”，汉南区的“生育关怀·艳阳天计划”和“生育关怀·暖流行动”、“生育关怀·惠风行动”、“生育关怀·福泽行动”、“生育关怀·四季行动”，蔡甸区的“绿色低碳·幸福家庭”，江岸区、硚口区的“军地共建爱心帮扶家庭”等活动，汇聚爱心、凝聚民心，深受群众好评。

【人口计生基层群众自治】一是将推进人口计生基层群众自治工作纳入“十二五”规划。《武汉市人口和计划生育事业发展十二五规划》强调，完善人口计生基层群众自治制度，健全村（居）党支部、村（居）民委员会、村（居）计生协“三位一体”的人口计生基层群众自治组织。完善人口计生基层群众自治规章制度和村规民约，切实加强人口计生民主管理、民主监督，保障村（居）民的知情权、参与权、决策权和监督权，维护村（居）民实行计划生育的合法权益，提高村（居）民实行计划生育的自觉性，建立政府诚信、群众守信、村（居）民互信的“双向承诺、充分自愿、依法自治”的人口计生基层群众自治模式，推动人口计生工作方式方法的转变。二是召开了全市人口计生基层群众自治培训会。今年7月，市计生协在东西湖区召开了全市人口计生基层群众自治培训会，编发了《人口和计划生育基层群众自治》学习读本，交流了基层计生协在人口计生基层群众自治中发挥生力军作用的经验，总结部署了全市人口计生基层群众自治工作。三是深入开展人口计生基层群众自治示范活动。根据市人口计生委、市计生协《关于深入开展人口和计划生育基层群众自治百村（居）示范活动的通知》和《2012 年全市各区人口计生部门绩效目标》的要求，各级计生协开展了人口计生基层群众自治合格村（居）、示范村（居）创建活动，江岸区、汉阳区申报了湖北省人口计生基层群众自治示范区，全市人口计生基层群众自治合格村（居）达 85% 以上，创建市级示范村（居）20 个，其中省级示范村（居）15 个，全国示范村（居）11 个。四是充分发挥人口计生基层群众自治示范村（居）的引领作用。市计生协征集了人口计生基层群众自治典型案例。各级计生协广泛宣传、组织学习示范村（居）的先进经验，进一步加强村（居）人口计生组织网络、规章制度和阵地建设，不断丰富服务活动，完善利益导向政策，充分发挥计生协动员组织群众自我教育、自我管理、自我服务、自我监督的作用，不断增强广大人民群众自觉、自主、自愿落实计划生育基本国策的主人翁责任感。五是人口计生基层群众自治进一步规范。基层计生协从实际出发，围绕移风易俗、男女平等、利益导向等重点，修订完善了人口计生基层群众自治章程和村规民约。许多自治工作搞得好的地方，转变了群众婚育观念，密切了干群关系，促进了基层的和谐稳定。人口计生基层群众自治的深入推进，为全市人口计生工作保持良好发展态势奠定了坚实的基础。

【创建幸福家庭活动】一是创建幸福家庭活动的影响不断扩大。国家人口计生委、中国计生协、中国人口福利基金会的领导多次视察武汉市创建幸福家庭活动试点工作，给予充分肯定。刘英姿副市长、李丹芳主任分别在全国创建幸福家庭活动经验交流会、全国创建幸福家庭活动试点推进工作座谈会上交流经验。高惠祥副会长在湖北省计生协第五次会员代表大会和五届二次全省理事会上交流经验。二是“12 · 300乐福家”行动计划全面推进。市人口计生工作领导小组下发了《关于深化创建幸福家庭活动实施“12 · 300 乐福家”行动计划的通知》，重点围绕“文明、健康、优生、致富、奉献”五个方面，具体实施 12 项计划，覆盖 300 万个家庭。成功举办了“幸福江城”首届人口文化节，创办了《与福同行》杂志，印发《武汉市创建幸福家庭文件汇编》、《武汉市创建幸福家庭经验交流材料汇编》等宣传资料和画册，制作了《幸福江城我的家》专题片。各级计生协在创建幸福家庭活动中较好地发挥了桥梁和纽带作用。三是“计划生育家庭致富发展促进计划”取得实效。市人口计生委、市计生协联合下发了《关于印发〈武汉市计划生育家庭致富发展促进计划〉的通知》，各级计生协积极探索建立以培训促创业、以创业促致富、以致富促发展、以发展增幸福的“三促一增”家庭发展长效机制，创建计划生育家庭致富发展示范基地21个、示范户170户，带动了更多的计划生育家庭走创业、致富、发展、幸福之路。汉阳区江欣苑社区计划生育家庭致富培训基地被《中国政协报》等主流媒体誉为“非物质文化遗产为计生户开辟致富路”的发展模式。四是《幸福家庭通》项目开始启动。《幸福家庭通》是由中国人口福利基金会组织推广实施的项目，是我国最大的家庭健康管理网络平台，通过健康教育、健康促进和健康管理三大板块，对家庭全体成员进行生命全过程的健康指导。中国人口福利基金会已批复同意支持武汉市实施《幸福家庭通》项目，市、区两级计生协秘书长参加了《幸福家庭通》项目培训班，将向全市10万个计划生育家庭免费发放《幸福家庭通》（含计步器一枚）。五是“生育关怀·创建幸福家庭——防治寄生虫，促进健康行动”项目顺利实施。5月28日，湖北省“生育关怀·创建幸福家庭——防治寄生虫，促进健康行动”项目启动仪式在武汉市举行。黄陂区作为武汉市防治寄生虫项目试点区，制定了《黄陂区“生育关怀·创建幸福家庭——防治寄生虫、促进健康行动”项目试点工作实施方案》，建立了统筹、协调、督查长效机制，规范药品发放、管理及防治流程，全区重点人群普查人数达两万人。

人口理论研究

【理论文章获奖情况】市人口计生委主任李丹芳、黄开宏、姜国仿撰写的《正确引导未婚青年性行为的建议》获中国人口报2012年度优秀理论文章奖。

市计划生育药具管理站站长侯群杰撰写的《实施避孕药具进产科，推进药具服务全覆盖》获国家人口计生委药具管理中心2012年征文一等奖。

市人口计生委吴克敏等撰写的《武汉市与我国五大中心城市人口比较研究》获湖北省人口计生委、湖北省人口学会2012年人口科学一等奖。江岸区人口计生委主任陈典学撰写的《城市建设中人户分离现象分析及对策》、江汉区人口计生委主任姜凡撰写的《管理流动人口计划生育基本公共服务均等化的建设和思考》获省人口计生委、省人口学会2012年人口科学三等奖。

硚口区人口计生委主任成亚平撰写的《关于做好当前“计划生育特殊”家庭帮扶工作的思考》、蔡甸区计划生育服务站刘先华、钟慧玲撰写的《浅谈青春期性健康教育与服务》获省人口计生委、省人口学会2012年人口科学优秀奖。

市人口计生委经对征集的49篇全市人口计生战线撰写的学术报告和课题报告进行认真评审，共评选出优秀论文24篇，其中，一等奖3篇，二等奖5篇，三等奖

10篇，参与奖6篇。

【重大人口课题研究】《武汉市建设国家中心城市人口规模调控研究》课题有关情况。根据省委常委、市委书记阮成发同志2012年3月22日在市委常委会上关于加强人口顶层设计的指示精神，市人口计生委于2012年4月组织课题专班和专家团队进行认真讨论，确定了《武汉市建设国家中心城市人口规模调控研究》这一研究课题，拟写了课题总纲和各子课题，并与湖北大学就《武汉市建设国家中心城市人口规模调控研究》达成一致。省委常委、市委书记阮成发同志6月1日在计生委报送的《关于开展武汉市建设国家中心城市人口规模调控研究》项目有关情况的报告上作了重要批示“原则同意。注意成果的可操作性。尽量减少入户调查”。经半年的努力，截至2012年12月底项目的8个子课题基本成稿，课题的总报告正进行修改完善，整个课题在2013年第一季度完成了相关部门研讨征求意见，并于3月27日通过了专家组鉴定评审，3月30日通过市政府常务会议讨论通过。

《武汉市“六普”资料开发研究》有关情况。2012年5月市人口计生委与中南财经政法大学人口区域研究中心正式签订《武汉市“六普”资料开发研究课题委托合同书》并正式启动课题研究，课题于2012年12月正式定稿。

2012年6月《武汉市人口发展战略研究》作为中国人口出版社2012年重点书目正式出版。

小康建设工作与“三万”活动

【小康建设工作】武汉市人口计生委、武汉市石化工厂小康工作队驻毛铺村开展小康建设工作，在市人口计生委、市石化工厂领导的高度重视下，把帮扶工作列入议事日程，始终以农民增收为核心，以改善生产生活条件为重点，以解决农民最关心、最直接的利益入手，切实履行帮扶职能，加强领导，深入调查，周密谋划，扎实推进，引导优化农业结构，完善基础设施，转移富余劳动力外出打工876人，创造收入87.6万余元，毛铺村农民平均纯收入达到了7 500元，毛铺村经济发展取得了显著成绩，全村的环境整洁卫生，计划生育四年无计划外生育，全村文娱活动、锻炼身体蔚然成风；社会治安综合治理方面，无刑事案件发生，无“黄、赌、毒”现象，村民的生产、生活稳定，社会和谐，计划生育被当地政府评为先进单位，同时被评为精神文明建设的示范光荣村。

2012年，市人口计生委会同市石化工厂共投入资金20余万元，市人口计生委投入15万元，市石化工厂投入5万元，为全村1 520人431户10个自然村湾铺设水管6 500米，总投入资金25.1万元，其中国家投入18万元，工作组共投入7万元，解决毛铺村历史以来村民在水塘洗衣、洗菜及人畜共饮一塘水的局面。

工作组投入7万元资金新建80平米医务室，解决了毛铺村看病难及看病贵问题。治病便宜，使村民得到实惠，做到了小病不出村，为村民看病提供了便利。

为毛铺村238名育龄妇女生殖健康检查治疗投入资金两万余元，在检查中发现232名育龄妇女有各种妇科病，并提供治疗方案及免费发放药品，使232名妇女病情得到早发现、早治疗。

为了丰富毛铺村文艺生活，工作组投入资金两万余元，把打谷场周围安装了篮球架、健康器材，安装石凳、石桌，安装四盏太阳能灯具，购买音乐器材，为毛铺村的文体活动提供了环境和条件。

为毛铺村委会、人口学校投入资金两万余元，购买6匹柜机空调一台，电脑一部。为毛铺村党员干部及育龄妇女，提供劳动致富的示范的培训学习、转移富余劳动力创造条件。为此，在2013年2月份市委、市政府召开的农村小康工作总结表彰大会上，市人口计生委被评为5年一度农村小康工作的“先进单位”，其中1人被评为小康工作先进个人。

【“三万”活动】关于“万名干部进万村入万户挖万塘”活动。市人口计生委党组书记、主任李丹芳高度重视“万名干部进万村入万户挖万塘”活动，亲自担任“三万”活动工作领导小组组长，并派委副主任高惠祥、纪检组长周汉超带领工作队员，于2011年12月8日迅速入驻委机关及直属单位驻点的村，组织召开村党支部会议，村民座谈会动员部署“万名干部进万村挖万塘”活动。针对市人口计生委帮扶的新洲区辛冲镇毛铺村举水灌区27支渠渠道的改造及塘堰的整治，工作组进行实地查看，组成工程队进行渠堰工程砼硬化；同时，积极组织村干部、群众以投工、投劳及筹资等形式重点整治了该村当家塘——蒋家大塘，较好地完成了挖塘堰工作。渠道的建成和塘堰的改建有效缓解4、5、6、9四个组及7、8组部分水田的旱情，10组可通过27支渠供给的水源二次供水缓解旱情，同时也能有效缓解辛冲镇洪岗村部分湾组的旱情。这次“三万”活动共投入挖塘堰资金23万元。市人口计生委被市委、市政府评为2012年度“万名干部进万村入万户挖万塘”活动先进工作组。

机关事务与综合服务

【概况】2012年是武汉市人口计生工作在起点高、任务重、压力大的情形下，克难攻坚，竞进提质的重要一年。市委、市政府荣获全省党政领导线人口计生目标管理一等奖，市人口计生委首次被市委、市政府评为“2012年度绩效管理和领导班子综合考评立功单位”，并连续两年在全市民评民议优化发展环境评议活动中位列前十名。办公室承担的综合组织、协调、服务管理的任务尤为艰巨。在委党组的坚强领导下，办公室全体同志团结一心，主动作为，勇于担当，圆满完成了年度绩效目标任务。2012年，办公室被评为委机关先进处室。

【会议服务与公务接待】认真做好各项重大活动、重要会议组织协调和服务工作。一是协调市委、市政府及有关区和有关部门认真做好接待国家人口计生委主任王侠、副主任崔丽，中国计生协常务副会长杨玉学、中国人口福利基金会理事长赵炳礼以及省人口计生委党组书记胡菊萍、主任杨云彦来武汉市的考察工作。二是组织完成了市委书记阮成发、市长唐良智、市委副书记胡曙光、市人大副主任郑永新、市政协副主席郭粤梅、吴勇等领导先后10余次对人口计生工作的视察、检查、调研工作。三是会同有关处室共同做好国家人口计生委、中国人口发展研究中心在武汉举办的“关爱女孩行动”项目总结会的接待服务工作。四是会同计生协共同做好中国计生协、中国人口福利基金会在武汉举办的防治寄生虫试点工作启动会议暨5·29会员活动日活动的接待服务工作。五是积极会同有关处室共同做好“幸福江城”首届人口文化节的服务工作，接待来自国家人口计生委、省委、省人口计生委及兄弟城市人口计生委等领导和嘉宾100多人次。六是精心组织“新时期人口计生工作转型发展”专题辅导报告会。做好无锡市人口计生委主任杨清华来汉交流考察的接待服务工作。七是会同有关处室共同做好来自全国其他省、市人口计生委的交流考察接待服务工作。八是承办各类会议近130次。其中，承办以市委、市政府名义召开的人口计生工作会议10次、各区人口计生委主任会议10余次、全市人口计生系统务虚会议2次、委机关务虚会议2次、委机关大例会12次、周例会52次及委主任办公会、委党组会议40余次。

【秘书工作】起草、制发各类文件材料120多篇，配合相关处室完成武汉市创建幸福家庭活动、生育文明建设、综合治理出生人口性别比、流动人口计划生育基本公共服务均等化、免费孕前优生健康检查等工作经验交流材料10多篇，起草向国家、省、市领导调研及市委、市政府工作汇报材料共20多篇；代拟起草并整理领导讲话10多篇。

【政务信息工作】2012年共报送各类信息6 132条，其中向省人口计生委报送3 484条，市人口计生委网站报送2 545条，向市委、市政府报送103条，报送数量、质量较去年有较大提高，被省人口计生委评为全省人口计生政务信息第一名。

【督办工作】2012年共办结市人大、政协议提案5件，内容分别为：关于提高流动人口计划生育服务管理质量，关于建立独生子女死亡家庭关怀机制以及关于实施“幸福家庭计划”的建议等，办理回复满意率均达100%。

【门户网站建设】承担市人口计生门户网站的日常维护、信息更新和后台技术管理工作。完成市人口计生委网站的改版工作。改版后的网站共有6个主栏目、28个子栏目。网站全年登录量达40余万人次。

【财务工作】协调市财政局2012年落实事业费8 579万元（其中下拨免费技术服务、农村计划生育奖励扶助、计划生育特别扶助、免费孕前优生健康检查、独生子女保健费等惠民资金共5 348.772万），落实市级困难企业退休职工计划生育一次性奖励资金7 788.83万元，另转拨中央、省级专项资金共2 798万元。配合市审计局、市财政局完成了2011年单位财务审计、2011年专项资金绩效审计、2011年财政决算真实性核查工作。完成了委机关各部门5 877余张各类经费的审核、报销工作。编制、登录各类记账凭证1 452余份，编制各类报表300余张。完成了机关816人次的工资发放工作、办理职工正常晋级工资调整38人次。完成了机关职工的医保缴纳、费用核算、医保卡补办、公积金缴纳管理、职工住房补贴的核算等工作。完成了用水、用电、用油等能源劳资统计报表的收集、统计和汇总上报工作。根据国家人口计生委的工作部署，向市发改委申请了市人口计生委十二五建设规划。根据财政“收支两条线”管理制度要求，将单位房屋出租收入全部缴入国家金库，全额纳入预算管理。2012年，还编印了《武汉市人口计生委机关固定资产管理规定》、《武汉市人口计生委经费支出审批和报销管理规定》，加强监管财务管理。

【社会治安综合治理工作】落实社会治安综合治理目标责任，全市人口计生系统没有发生因决策不当、执法行为违法而引发的矛盾纠纷和恶性案件，没有发生机关干部职工违法违纪和机关内部治安灾害事故。完善委领导接访制度，开展“领导干部大接访”活动。加强机关干部职工道德、法制和廉政教育，加强内部治安防范和管理，落实人防、物防和技防措施。荣获2012年度社会管理综合治理工作优胜单位。

【精神文明创建工作】以建设“学习好、团结好、纪律好、作风好、政绩好”的“五好”领导班子和爱岗敬业、无私奉献、作风扎实、廉洁自律的干部队伍，打造廉洁、高效、团结、务实的机关文明集体为目标，积极开展精神文明先进单位创建。开展了与新洲区辛冲镇毛铺村及蔡甸区张湾街复员村、练武村结对共建活动。成立机关团总支和“学雷锋志愿服务队”，积极参加辖区文明单位“万人洁城”活动和学雷锋服务活动等公益性活动，受到市、区、街文明办的充分肯定。

【机要文书工作】全年累计处理市委、市政府、省人口计生委以及各市直部委办局来文1 597件，办理文件送阅14 475件次；办理各类发文、简报506件。文件分发100%准确，“三密”文件100%清退，无一例失、泄密事件发生。

【保密工作】一是加强保密工作宣传教育，为委机关及直属单位每人订阅一本《武汉市保密知识宣传教育读本》，组织委机关及直属单位干部职工参加全国保密知识竞赛活动；二是开展了保密管理工作，重新修订了市人口计生委机要文件管理规定，并根据工作需要调整了委保密工作领导小组，推行了定密责任人制度；三是接受了市国家保密局的计算机保密专项检查，未发现违规处理涉密信息事件；四是按照要求开展保密要害部门、部位年审工作，确保保密工作落到实处。

机关党建与纪检监察

【党风廉政建设】学习传达上级精神。组织召开委机关和直属单位干部会议、全系统反腐倡廉工作会议，传达中央、省、市反腐倡廉会议精神，研究全市人口计生系统贯彻落实反腐倡廉工作的意见。委纪检组结合全市人口计生工作实际，提出2012年党风廉政建设的工作思路。

实施目标管理。委主要领导与分管领导、处室、直属单位负责人签订了党风廉政建设目标《责任书》。党风廉政建设责任制纳入全委工作目标进行管理和考核，委党组成员及职能部门的主要负责人实行“一岗双责”，全面履行第一责任人的政治职责。将党风廉政建设执行情况纳入年度考核中，切实加强对处室负责人、各直属单位领导班子的考核；制定了个人重大事项报告制度，要求处级以上的党员领导干部填写《个人重大事项报告表》。

责任分解。2012年，计生委制定了23项制度，以制度规范管理、以制度从严要求、以制度进行监督约束。结合全市人口计划生育实际，将党风廉政建设和反腐工作任务进行分解。

深化宣传教育。开展“喜迎十八大，争创新业绩”主题教育活动，组织观看警示教育片，进行鉴戒教育。

领导班子成员带头遵守党风廉政建设各项规定。委党组制定《关于实行党风廉政建设责任制的规定》的实施细则，委纪检组等处室单位作出公开承诺。元旦、春节期间制发廉洁自律通知，加大宣传教育力度，积极营造廉洁过节的良好氛围；明确纪律要求，规范党员干部的行为和廉洁自律各项规定落实；明确工作责任，采取有效举措，加强监督检查。

【阳光计生行动】印发《武汉市人口计生委“三项公开”规范》，主要内容：人口和计划生育“三项公开”内容、形式；人口和计划生育政策类公开内容；人口和计划生育程序类公开内容；人口和计划生育维权类公开内容；武汉市12356“阳光热线”管理办法。

全面落实“三项公开”工作规范，深化“四项评议”活动，加强“五项维权监督”，提高依法管理和优质服务水平。全系统“三项公开”的内容有政策、政务、办事程序等29个方面101项，促进了全系统依法行政和优质服务。

全面部署，逐步推进。在武昌区召开“阳光计生行动”专题会议，研究创建达标的具体工作，参观武昌区中南街“阳光计生”现场。全市创建省级“阳光计生行动”达标的任务分三年实施，2011 年的创建单位占 23%、2012 年占 30%、2013 年占 47%。

以点带面，示范引导。武汉市江岸区人口计生委获国家阳光计生行动示范单位，江岸区、东西湖区、硚口区人口计生委为首批全省阳光计生行动示范单位，武昌区、青山区、洪山区、江夏区人口计生委为第二批省阳光计生行动示范单位。

打造亮点，形成品牌。2012 年全市“阳光计生”有品牌的样板点 50 个，为全市“阳光计生行动”的推进发挥了良好的示范作用。

【“三评”活动】全面开展“三评”活动。全系统集中时间开展“三评”活动：在农村开展“请农民兄弟姐妹评计生活动”，在城市社区开展“请流动人口评计生活动”，在系统内开展“请区人口计生委机关评议市人口计生委机关活动”。全市 17 个区收回问卷 62 098 份，参评人员对全市人口计生整体工作、干部作风、廉洁自律等情况的满意度均在 98% 以上。

完善“12356”阳光计生热线的管理。2012 年，武汉市“12356”阳光计生服务热线来电总量 2 520 人次，语音咨询 1 770 人次，人工咨询 750 人次，其中：政策咨询 583 人次、问题求决 10 人次、意见建议 5 人次、信访举报 4 人次、行政申诉 0、其他 148 人次。解决问题 14 件，有效服务率达 100%，无服务不规范现象出现。

2012 年全市民评民议活动中，62 家被评单位共分为两类：第一类政府部门和事业单位共 51 家，第二类社会公用服务单位和企业共 11 家。市人口计生委在第一类 51 个单位中，得分 92.31 分，排列第七名，市人口计生委连续两年获全市民评民议前十名。

【落实“十个全覆盖”】开展“十个全覆盖”的思想教育，引导党员正确行使民主权利、切实履行党员义务。委纪检组将“十个全覆盖”的内容列出目录，分解细化具体内容。全委共参与风险点查找的党员干部 41 人，其中局级干部 8 人、处级干部 15 人、一般干部 18 人，共查找风险点 27 个，其中一类风险点 6 个、二类风险点 9 个、三类风险点 12 个。

【开展专项治理工作】委纪检组制定专项治理方案，制发了专项治理工作文件，将具体任务部署到各区人口计生委。全面清理收费罚款项目；重点查处农村基层计划生育乱收费乱罚款行为；认真落实收费公示制。全系统在全面清理收费罚款项目的基础上，对保留的计划生育合法收费、罚款项目的依据、标准等向社会公示，并将收费项目标准等纳入 12356 阳光计生服务热线的咨询解答。全系统严格依据国家“一法三规”和《湖北省人口与计划生育条例》，无一例乱收费、乱罚款和搭车收费等行为。法定奖励优惠政策落实率达到 100%。

【案件查处】2012 考核年度，武汉市立案查处党员、国家工作人员违法生育案件 86 件，其中：2011 年 47 件；2012 年 39 件。

【“治庸问责”】委机关转变观念，变“管理”为“服务”；提高效率，开发软件实施网络办公；精简行政审批事项，提高行政审批效率；攻克重难点工作，为民办实事；加大政务公开的力度，规范行政执法行为。将涉及全委两项行政许可事项，制定了新的办事流程，优化行政许可、行政审批程序，从国家规定的30个工作日缩短到5个工作日。结合工作实际，简化办理《生育服务证》等相关证件的手续及发放程序，制定《市人口计生委办理计生证件实行首问首办、限时办结责任制暂行办法》，进一步规范办证程序，明确办证责任单位，缩短办证时限，最大限度地方便人民群众。

按照“深入、常态、规范”的要求，纵深推进“治庸问责”工作，在委机关及直属单位开展查找“十个问题”、“十个现象”活动。治“庸”从学习提能入手，举办培训、读书活动等提高干部的理论水平；治“懒”从日常工作入手，干部每周填写工作安排表报本处室，各处室、直属单位每周将主要工作报委办公室，每月召开例会汇报工作，形成工作上的制度化；治“散”从会风入手，紧紧围绕实际问题开展“治庸问责”，实效明显，促进了提能、增效和作风的转变。

【思想理论建设】中心组学习，做到年度有学习计划、每月有安排、个人有学习笔记、重要学习有专题活动。健全学习考勤制度，中心组成员自觉遵守学习时间和学习纪律，中心组学习出勤率都在90%以上。平时分散自学，在自学的基础上安排12次集中学习，3次集中培训。集中学习采取学习文件全文、交流研讨、报告会、观看电教片等方式进行。全年组织交流研讨4次，报告会4场，观看电教片6场次。委党组中心学习组结合自身工作实际，撰写理论文章和调研文章60篇。

政治理论学习做到“三落实”，即时间落实、内容落实、方法落实。时间上，中心组要求全年组织集中学习时间不少于12天。内容上，把认真学习贯彻党的十七届六中全会、党的十八大、中央、省委和市委有关会议精神、市十二次党代会精神等作为重要的学习内容。方法上，采取集中学习、外出考察、专家讲座、现场调研等行之有效的方法。做到“三结合”，即把学习贯彻中央、省、市重大决策，树立科学发展观，同促进人口计生管理创新相结合；把学习坚持立党为公、执政为民，同创先争优活动相结合；把学习型党组织同始终保持共产党员先进性相结合。

【机关党组织建设】机关及直属单位党支部进行了调整，原为10个党支部，调整后为8个党支部；党支部书记原由所在处室的负责人担任，现在调整为副处长担任；机关内由原来4个党支部调整为两个大支部。市人口计生委现有基层党组织8个，分别是机关第一党支部、机关第二党支部、机关第三党支部、机关第四党支部、宣教中心党支部、药具站党支部、科技所党支部、老干党支部。共有党员91人，其中在职党员63人，退休党员28人。

委纪检组长周汉超同志兼任机关党委

书记，主持委机关党委全面工作；由党组成员葛晓群同志兼任机关党委副书记及机关纪委书记，负责召集机关党委及机关纪委会议及机关党委、机关纪委的日常工作；机关党委设三名委员，负责组织、宣传、妇女工作；机关纪委配二名委员。

机关各党支部认真落实“三会一课”制度，2012年各党支部共召开10次党员支部大会，开展讲党课两次。

认真落实民主管理制度，制定了党务政务公开、重大决策征求意见、重要情况通报等民主管理制度，通过会议纪要、公示等形式及时公开。

建立了党员群众服务中心，在委机关六楼会议室设立了党员群众服务中心，做到了有标识牌、有党旗、有会议桌椅、有学习读物等，为党员干部职工活动提供了阵地保障。

成立团总支。委机关及直属单位有35周岁以下青年30人，充分调动了青年的工作热情，发挥共青团的组织桥梁和纽带作用，更好地团结带领青年投身人口计生事业的发展之中。

【党建活动】全年党务工作有整体计划，每月有具体安排，全年共安排党务活动36项。

组织迎春长跑活动，培育机关团队精神。新年上班伊始，武汉市人口计生委机关，在汉口江滩举行委机关及直属单位全体干部与职工迎春长跑活动，此次活动的主题：践行城市精神，培育团队精神，倡导全民健身，展示计生风貌。

组织“我爱我家”迎春团拜会，倡导“家”的理念和快乐工作法。新春佳节前夕，计生委举办了“我爱我家”春节团拜会。市委副书记胡曙光、市人大副主任郑永新、市政府副市长刘英姿、市政协副主席石大鸿等领导莅临团拜会现场，与计生委离退休老领导、老同志和全体员工及各区计生委负责人计200余人欢聚一堂，共话新春。市委副书记胡曙光在团拜会上作了热情洋溢的讲话。勉励全市人口计生部门工作者们在新的一年继续努力，争取获得更加辉煌的成绩！委党组书记李丹芳致新年贺词。

开展读书活动，培育建设学习型机关。根据市直机关工委的统一部署，委党组决定在市人口计生委机关及直属单位开展“书香、悦读——读好书、荐好书”活动。

“我为全市人口计生事业献一策”，聚集体智慧干事业。委党组书记在全市2012年人口计生务虚会上，提出了今后五年工作目标：全市人口计生工作要全面实施“66553”工程。为了全面实现这项工程，机关党委举全委之合力，聚大家之谋略，在机关及直属单位开展“我为全市人口计生事业献一策”主题活动，让我们在快乐中追求人口计生事业的发展，在幸福中品尝计生工作的甘甜。全委及直属单位干部职工在深入学习讨论、调查研究的基础上，多角度地分析思考当前的人口计生工作中的热点、难点问题，着力查找制约工作发展的瓶颈和障碍，探索促进全市人口计生事业发展的新思路、新途径、新对策。此次活动共收到各类建议81条，经归纳包括九个方面的内容。机关党委将“献一策”的内容汇编成《建言集萃》，并组织评委进行评定，评出一等奖4名、二等奖8名、三等奖15名。这项活动对全市人口计生工作的健康发展起到了积极推动作用。

开展创先争优活动，使机关党组织活力进一步增强。深化创先争优活动，开展“喜迎十八大、争创新业绩”主题实践活动。机关党委授予机关第一联合党支部、第二联合党支部、宣教中心党支部为“市人口计生委先进党支部”荣誉称号。授予发规处信息化建设管理岗（王军、李尧）、科技处技术管理岗（吴方清）、药具站药具发放管理岗（刘道汉）、政治处干部人事管理岗（卢丹）、办公室机要档案管理岗（王小萍）、市人口计生委信访接待岗（张娜）等6个岗位为“市人口计生委党员先锋岗”荣誉称号。授予任艳军、万由鑫、江哲银、匡伟民、刘春生等5名同志为“市人口计生委党员服务明星”荣誉称号。授予葛晓群、李群发、孙勇、刘晓莉等4名同志为“市人口计生委优秀党务工作者”荣誉称号。四名干部员工作了“在本职岗位上作贡献”的演讲。举办全系统“最美身边人”演讲比赛，以此进行理想信念宗旨教育。来自人口计生战线上的19名计生工作者上演了一场精彩纷呈的演讲。

以“弘扬武汉精神引领城市复兴”为主题，结合人口计生工作特点，扩大践行武汉精神主题宣传教育活动的影响力和覆盖面，让武汉精神入脑入心人，组织机关干部对“武汉精神”知晓率普查中达到100%。

三、重要活动篇

国家人口计生委主任王侠到武汉市调研人口计生工作

4月15日下午，国家人口计生委党组书记、主任王侠带领调研组，在市人民政府副市长刘英姿、市人口计生委主任李丹芳陪同下，对武汉市黄陂区免费孕前优生健康检查和江岸区百步亭社区基层群众自治工作情况进行专题调研。

王侠主任一行深入黄陂区计生服务站，重点了解了免费孕前优生健康检查工作的流程和进展情况，肯定黄陂区免费孕前优生健康检查工作硬件、制度落实好，质量标准控制严，工作成效明显。在江岸区百步亭社区，王侠主任听取了社区服务管理模式的介绍，观看了社区计生服务志愿者的表演，与社区计生服务志愿者余明红进行了亲切交谈。她称赞百步亭社区13年无社会治安案件、无违反政策生育现象，环境很和谐，社区计生服务志愿者队伍是人口计生事业一笔宝贵的财富。

4月17日，市委书记阮成发会见王侠主任一行，并举行亲切座谈。

国家人口计生委副主任崔丽到武汉市调研人口计生工作

2月28日，全国人口和计划生育宣传工作会议在湖北省武汉市召开。会议期间，国家人口计生委副主任崔丽一行调研武汉市人口计生工作。

在武昌区中南路街静安社区，崔丽副主任视察了社区楼道人口文化、婚育体验馆、新家庭文化屋和人口文化活动室，上门看望静安社区中心户长柳建华，亲切询问社区平时开展群众活动的情况，了解中心户长在工作中的困难。看着社区广场宣传栏中关于“六好”家庭的展示，崔丽副主任对这种生动形象、贴近居民生活的宣传方式给予充分肯定，希望街道、社区能认真总结静安社区的经验，并适时加以推广。

市长唐良智会见崔丽副主任一行，对崔丽副主任在百忙之中视察指导武汉市人口计生工作表示感谢，副市长刘英姿、省人口计生委党组书记胡菊萍陪同调研。

中国计划生育协会常务副会长杨玉学到武汉市调研计划生育协会工作

4月23日，国家人口计生委党组成员、中国计生协党组书记、常务副会长杨玉学一行，在湖北省人口计生委副主任董尚荣，市人大常委会副主任郑永新、市人民政府副秘书长周元，市人口计生委党组书记、主任李丹芳的陪同下，调研武汉市计划生育协会工作。

在武昌区中南路街静安社区，杨玉学听取了李丹芳主任关于武汉市计划生育协会工作的汇报，参观了“福满家和”楼道文化、社区服务中心、孕育生活体验馆、新家庭文化屋和社区计生协会员之家，了解了触媒咨询系统。杨玉学对武汉市计划生育协会工作给予了充分肯定，并指出计生协的优势在基层，闪光点在基层，创新也在基层。社区工作覆盖了政府机关想不到的方方面面，是一种生动活泼的创造性工作。要进一步组织开展志愿者服务，充分发挥热心会员的才干，丰富“五老”会员的业余生活，拓展服务项目，为社区计生家庭提供无微不至的生育关怀服务，通过协会的桥梁纽带作用，把党和政府的温暖传递给千家万户。

中国人口福利基金会理事长赵炳礼到武汉市调研创建幸福家庭工作

6月14~15日，由国家人口计生委、中国计生协、中国人口福利基金会联合组成的调研组，在中国人口福利基金会理事长赵炳礼的率领下调研了武汉市创建幸福家庭活动进展情况。

赵炳礼赵炳礼理事长听取了武汉市创建幸福家庭活动试点工作汇报，对武汉市党政主要领导亲自抓、纳入发展规划统筹抓、推进综合改革深入抓、成立领导小组重点抓、实行目标管理强力抓创建幸福家庭活动的做法给予了充分肯定，对武汉市实施的“12·300乐福家”行动计划给予了高度评价。他说，武汉市创建幸福家庭活动取得了很好的成绩，积累了丰富的经验。

赵炳礼一行考察了江岸区百步亭社区的全方位、全天候、全过程服务，江汉区武展社区“打工妹之家”、“扁担哥驿站”，武昌区静安社区“福满家和”人口文化，黄陂区免费孕前优生健康检查项目，东西湖区和江夏区计划生育家庭致富发展示范基地，就创建幸福家庭活动“文明倡导、健康促进、优生优育、致富发展、奉献社会”等五个方面的内容进行了深入调研。

赵炳礼理事长强调，创建幸福家庭活动是贯彻落实科学发展观、全面做好人口工作的重要内容，是构建社会主义和谐社会、提高家庭发展能力的务实举措，是加强和创新社会管理、发挥群众团体和社会组织作用的有效载体。要通过开展创建幸福家庭活动，实现人口计生工作的转型，以适应新时期全面做好人口工作的需要和人民群众的需求。要积极探索，努力创新，做到一个时期一个重点，一个地区一个特色，打造品牌，形成示范。

赵炳礼一行在汉调研期间，省人口计生委党组书记胡菊萍，省人口计生委主任杨云彦，省人口计生委巡视员、省计生协副会长裴大新，市委副书记胡曙光，市政协副主席吴勇，市人口计生委党组书记、主任李丹芳，市人口计生委巡视员吴克敏，市人口计生委副主任、市计生协副会长高惠祥分别会见和陪同调研。

中国计生协“5·29会员活动日”庆祝活动暨“生育关怀·创建幸福家庭——防治寄生虫促进健康行动”在武汉举行

2012年5月28日，中国计生协、湖北省计生协和武汉市政府联合举行了庆祝中国计生协成立32周年、国际计生联成立60周年暨第十四个“5.29会员活动日”活动。活动宣读了中共中央政治局委员、全国政协副主席、中国计生协会长王刚致全国各级计划生育协会理事、会员和工作者的信，慰问了困难计生家庭，并聘任著名演员张凯丽女士为“生育关怀·创建幸福家庭——防治寄生虫，促进健康行动”爱心大使。

王刚在信中指出，中国计划生育协会成立32年来，全国各级计划生育协会理事、会员和工作者紧紧围绕改革发展稳定大局，牢牢把握贯彻落实计划生育基本国策中心任务，深入宣传人口和计划生育政策法规，大力倡导计划生育、男女平等、少生优生等文明婚育观念，广泛开展生育关怀、少生快富、幸福工程等系列宣传服务行动，积极推动人口和计划生育基层群众自治，为控制我国人口过快增长、稳定低生育水平做出了积极贡献。王刚希望广大计生协理事、会员和工作者进一步增强责任感和使命感，充分发挥优势，认真履行职责，致力于推动科学发展、促进社会和谐，更好地服务计划生育群众，不断开创计划生育协会工作新局面。

年初，中国计生协与国家人口计生委、中国人口福利基金会、中国健康教育中心共同发起了“生育关怀·创建幸福家庭——防治寄生虫，促进健康行动”，目的是进一步拓展生育关怀行动，提高公民健康行为意识，切实促进家庭和谐幸福。为了推动项目深入开展，中国计生协特聘请张凯丽女士作为这项行动的爱心大使。受聘仪式上，张凯丽表达了将爱心传递的感言，青年歌唱家谭晶也深受感染，当场献歌一曲《好人就在身边》。

黄河实业投资集团等爱心企业还向中国计生协生育关怀行动捐赠款物。武汉市计生协向13户武汉市的困难计生家庭发放了慰问金各1 000元，表达对计生家庭、育龄群众的慰问和关怀。

中国计生协有关领导，湖北省人口计生委、计生协、精神文明办、教育厅、卫生厅等有关部门负责人，湖北省各市（州）计生协负责人，武汉市有关部门及各区计生协负责人等约200人参加了活动。

关爱女孩行动和性别平等促进项目总结暨成果发布会在武汉市召开

2011年12月16日，市人口计生委和国家人口与发展研究中心联合召开“武汉市关爱女孩行动三年推进计划”和“2011年武汉性别平等促进行动”项目总结暨成果发布会。国家人口计生委宣教司副巡视员王华宁、出生人口性别比综合治理办公室主任罗迈，中国人口与发展研究中心副主任刘鸿雁，省人口计生委巡视员裴大新等领导和项目组专家出席会议。

会上，黄陂区人口计生委、蔡甸区奓山街、江夏区法泗镇、新洲区辛冲镇作为试点单位交流了项目实施经验。市人口计生委副主任吴克敏作“武汉市关爱女孩行动三年推进计划”项目实施总结报告，介绍武汉市在2009～2011年分基线调查和制定规划、落实规划和政策干预、总结评估三个阶段，采取一系列措施，大力宣传倡导科学文明进步的婚育观念，建立有利于女孩和计划生育女儿户的利益导向机制，建立健全B超检查和人工终止妊娠登记、孕情检测、孕产过程管理办法，严厉打击“两非”行为。

中国人口与发展研究中心项目组在终期评估报告中指出：武汉市实施“关爱女孩行动”项目推进计划以来，取得显著成效：四个项目试点单位坚持以人为本的工作理念，通过建立宣传倡导、利益导向、全程服务、打击“两非”、统计监测长效机制，全力搭建“关爱女孩行动”项目推进平台，以倡导社会性别平等为切入点，营造了全社会关爱女孩、关心女孩家庭的浓厚氛围，改善了女孩的生存和发展环境，群众生育观念明显转变，打击“两非”取得警示效果，出生人口性别比综合治理取得重要进展，基本实现了项目预期目标，为武汉市遏制偏高的出生人口性别比积累了经验、做出了贡献。

南开大学教授、国家人口计生委综合治理出生人口性别比专家组组长原新点评指出：武汉市关爱女孩行动项目实现了高层倡导与项目推进的有机融和，通过文化建设和制度建设来改善女孩、女性生存发展环境，从而促进女孩成长和女性发展，项目效果十分明显。同时希望项目取得的先进经验能够在更大的范围推广应用。

国家人口计生委出生人口性别比综合治理办公室主任罗迈点评指出：经过三年的项目实施，武汉市关爱女孩行动项目试点地区出现了可喜变化，出生人口性别比得到有效遏制，女孩生存发展环境得到明显改善，基层队伍素质得到锻炼提高，增进了性别平等促进的社会宣传效应。

国家人口计生委宣教司副巡视员王华宁希望武汉市以本次总结暨成果发布会为契机，认真总结项目实施中的成功范例和典型模式，在更大的范围内加以传播和推广，创造有利于女孩健康成长、有利于性别平等的社会大环境，为武汉市统筹解决人口问题、促进人口长期均衡发展做出新的贡献。

中国人口与发展研究中心副主任刘鸿雁作了会议总结：群众已经普遍了解关爱女孩行动的实质内容，增强了对关爱女孩和女性发展的关注程度，武汉市关爱女孩项目取得了良好的示范作用。但我们应该看到，群众生育观念的转变任重道远，还需进一步发挥宣传教育的先导作用，持续加大利益导向政策的推动力度和关爱女孩项目的拓展力度。

武汉市关爱女孩行动项目取得的成果经验是：建立项目平台，让“关爱女孩行动”有了抓手；树立社会性别平等理念，让宣传教育有了灵魂；规范项目推进制度措施，让行动实施有了保障；开展国际合作（与德国卢森堡基金会开展社会性别平等促进项目合作），提升了项目开展的意义和作用。

市政府刘顺妮副市长、周元副秘书长参加相关活动，市人口计生委党组书记李丹芳主持会议，市教育局、市公安局、市民政局、市人力资源和社会保障局、市农业局、市文化局、市卫生局、市食品药品监督管理局、市妇联及各区人口计生委负责人参加会议。

国家流动人口社会融合研讨会在武汉市举行

2012 年 12 月 29 日至 30 日，由国家人口计生委流动人口服务管理司举办的流动人口社会融合研讨会在武汉市举行。上海淞江、苏州、无锡、武汉、泉州、长沙、西安、咸阳八个试点城市的人口计生委主任及助手，以及社会融合专家组成员参加会议。国家人口计生委流动人口司副司长贺丹出席会议并小结。省人口计生委主任杨云彦、副主任朱惠民出席会议并讲话。市政府副秘书长周元出席会议并致辞。

会上，各试点城市分别汇报了试点工作方案和打算，对国家人口计生委等相关部委关于提升流动人口家庭发展能力促进流动人口社会融合示范工程试点工作指导意见（征求意见稿）和试点实施方案（征求意见稿）进行了讨论修改。专家组成员同各试点城市进行了对话，并对流动人口社会融合工作进行了专题研讨。

贺丹副司长指出，促进流动人口社会融合是推进基本公共服务均等化，加快流动人口市民化的关键环节；是加强流动人口服务管理，推进社会管理创新的有效途径；是引导人口有序流动、合理分布，促进城镇化健康发展的必然要求。在流动人口计划生育基本公共服务均等化试点工作后，国家人口计生委同有关部门将继续完善流动人口“一盘棋”工作格局，巩固均等化服务的工作成果，着力推进流动人口社会融合。她要求，各试点城市要进一步完善促进流动人口社会融合试点工作方案，搞好定位，明确任务和实施路径。一要争取党委、政府的支持，切实加强对试点工作的领导。二要加强政策统筹和相关部门工作协调，做好人口政策和相关经济社会政策的衔接。三要充分发挥人口计生部门职能作用，努力做好人口计生工作，加强基层队伍建设、信息化建设。按照试点工作的整体部署，依据本地人口流动特点和工作基础，制定符合本地实际的工作方案，加强工作部署，扎实推进试点工作。

会议期间，与会代表参观了江汉区武展社区流动人口服务管理工作情况，并与基层人口计生干部和流动人口代表进行了座谈。

省人口计生委党组书记胡菊萍在武汉市开展春季调研督查工作

2月14~16日，省人口计生委党组书记胡菊萍、副主任朱惠民带领专题调研组，对武汉市黄陂区、汉阳区、青山区、江岸区和新洲区人口计生工作进行了调研，走访了医院、计生服务站、大型企业和社区（村）等16个单位，查阅了基层人口计生工作资料，与有关区党政领导、计划生育技术服务人员、基层计生干部进行了深入交谈。其间，市委副书记胡曙光、市人民政府副市长刘英姿会见省人口计生委专题调研组成员。市人民政府副市长刘英姿、市政府副秘书长周元、市委办公厅巡视员张捷、市人口计生委党组书记李丹芳及相关区委、区政府主要领导陪同调研。

2 月 16 日下午，在省人口计生委 2012 年春季来汉专题调研汇报会上，市人口计生委党组书记李丹芳汇报了春季人口计生工作情况，胡菊萍书记充分肯定了成绩，指出武汉市春季人口计生工作起步早、行动快、措施实、成效显著。第一次将计划生育困难家庭纳入市委、市人大、市政府、市政协领导春节走访慰问对象体系，第一次将走访慰问计生困难家庭纳入市“一把手”慰问工程，第一次市“四大家”分管领导集体参加市人口计生委举办的“我爱我家”春节团拜会慰问基层计生干部，第一次将免费孕前优生健康检查工作纳入市政府为民办实事的内容，第一次就解决独生子死亡家庭诉求纳入市政府专题研究，副市长刘英姿到任后第一站到市人口计生委调研等“六个第一”体现了党委、政府对人口计生工作的高度重视；市人口计生委提出的“健全六大体系、完善六大机制、打造五大品牌、争创五个示范、攻克三大难点”的“66553”工作任务明确、重点突出，体现了创新性、引领性、针对性和可操作性；社区（村）人口计生信息系统应用工作推进快；人口文化弘扬主旋律，创新人口文化理念，展示人口文化成果，创作人口文化精品，亮点纷呈，在全省起到了引领表率的作用。特别是市人口计生委党组书记李丹芳到任后，委领导班子及系统人口计生工作人员干劲足、作风实，呈现出良好的精神面貌，市人口计生委在万人“民评民议”优化发展环境中排名第 6 名的成绩的确来之不易。同时，胡菊萍书记还通报了调研中发现的主要问题，提出了下步工作要求。

省人口计生委主任杨云彦指导武汉市首届人口文化节工作

8 月 28 日下午，省人口计生委主任杨云彦调研武汉市“幸福江城”首届人口文化节筹备情况。

杨云彦对今年来武汉市人口计生工作和人口文化节筹备情况予以充分肯定。他指出，今年来，武汉市创新人口计生工作举措，在打击“两非”、推进计生家庭奖励全覆盖、关爱关怀计划生育特殊家庭等方面做了大量工作，取得了显著成效，工作面貌焕然一新，特别是武汉市筹备的这次人口文化节既是武汉市的人口文化节，也是湖北省的人口文化节，这是一次检验过去工作，展示工作成果，推进人口计生工作迈向新高度的重要平台。

杨云彦要求，武汉市人口文化节要办出特色、办出水平、办出影响，要进一步凝练主题，用同一个武汉精神、同一种文化基调，让大家通过短短 3 天的人口文化节更鲜明、持久地感受到武汉市人口文化的特色、经验和亮点，切实增强文化节的凝聚力、辐射力和影响力。杨云彦还对活动的策划、组织、宣传提出了具体的要求，并表示省人口计生委将对武汉市举办人口文化节予以全力支持。

省人口计生委副巡视员、办公室主任姚锡武陪同调研。

四、特色工作篇

“幸福江城”首届人口文化节

【概况】 9月13日至15日，武汉市成功举办“幸福江城”首届人口文化节，被媒体誉为：主题展馆规模空前、新闻媒体聚焦空前、群众参与热情空前、社会各界好评空前。

13日，首届人口文化节在武汉国际会展中心盛大开幕，国家人口计生委有关部门负责人，省、市领导，国内知名专家学者，以及省内外部分城市人口计生部门负责人，约300人参加这一盛会。市长唐良智、副市长刘英姿亲自到会展中心视察，市委常委、宣传部长彭丽敏致辞，省委常委、宣传部长尹汉宁讲话，市政协主席吴超宣布开幕，市委副书记胡曙光参加开幕式并主持欢迎宴会。开幕式上表彰了全市首批“十佳幸福家庭”，现场播放专题片，主持人宣读颁奖词，受表彰家庭与观众积极互动，场面十分热烈。

首届人口文化节精心策划了18个场馆。生命起源馆、江城人口馆、幸福家庭馆，以现代科技手段探索演绎生命的起源，以多元化的方式展现大武汉的人口发展，以独特的视角展示家庭幸福和谐的风采；早期发展馆、青春健康馆、两性情趣馆、孕育体验馆、中年保健馆、老年福寿馆，阐释新时期人口工作服务全人群、服务生命的全过程的理念和发展方向；高龙文化馆、知音文化馆、木兰文化馆、问津文化馆、吉庆街文化馆、汉正街文化馆，以立体化的形式集中展示深厚的荆楚文化；图书馆、演艺馆、作品馆，以人口文化创作精品，演绎出最炫的人口文化风。市长唐良智给予高度评价：首届人口文化节很好，将人口文化与社会文化、民俗文化相融合，很有特点；寓教于乐，寓教于情景之中，很有创意。

13日下午，首届人口文化节论坛开讲，南开大学教授原新，中国人民大学教授穆光宗，湖北省人口计生委主任、中南财经政法大学教授杨云彦3位人口理论专家作主题演讲，围绕新时期的人口形势、挑战与任务，家庭人口文化建设，中国城市化对人口工作的影响等专题展开交流和探讨。

14日下午，首届人口文化节专家讲座在武汉市图书馆报告厅隆重举办，500余名听众参加，武汉大学杨菁教授以延缓女性衰老、提高生活质量为题，就人们对健康认识的误区，衰老的前期征兆和原因，如何预防衰老、建立良好的生活方式等内容做了精彩讲授。

15日晚，闭幕式在中南剧场华丽举行，集中展演了全市人口计生系统创作的文艺节目，给观众献上了一道丰盛的精神文化大餐，演绎了江城人口文化的华美乐章。市人口计生委主任李丹芳高度概括了首届人口文化节的深远意义：它是一道人口文化盛宴，一次人口工作的成果展示，一场生殖健康知识的科普宣传，一堂引导青少年健康成长的课程，更是一幅描绘江城人民走向幸福的美好画卷！

【特点】办节宗旨与中心工作紧密结合，思想性突出。举办首届人口文化节是深入贯彻落实武汉市第十二次党代会提出的“建设国家中心城市”的战略部署，深入推进“幸福武汉”和“文化五城”建设，大力弘扬中华民族优秀传统文化的具体体现；是展示武汉市人口事业成就与发展的有效载体；是着力建设以“婚育文明、性别平等、计划生育、优生优育、生殖健康、家庭幸福”为主要内容的家庭人口文化的良好契机。首届人口文化节积极倡导科学、文明、进步的婚育新风，促进全市文化建设大繁荣大发展，以实际行动迎接党的十八大胜利召开。

传统服务与发展方向紧密结合，时代性显著。首届人口文化节将传统的计划生育宣传、药具、生殖健康三大服务拓展到早期发展、青春健康、两性情趣、孕育体验、中年保健、老年福寿等内容，展示了人口计生工作服务全人群、服务生命全过程的理念，喻示了服务内容和服务方式的全面转型。宣传方式也由过去的灌输式变为科技手段的普遍运用，游戏互动、摸触体验展现的宇宙大爆炸、生命的起源、人类的产生和光影控制的孕育体验知识，反映着人口文化宣传与社会经济发展、群众精神需求相适应的时代特征。

人口宣传与文化传播紧密结合，彰显专业性。著名性学家、华中师范大学教授彭晓辉写给两性情趣馆的留言是：展现了古代性文明的精髓，弘扬婚育新文明，达到了开展性教育的目的。场馆布局合理、实物精致、设计新颖，“拂去尘埃见本性”，具有很高的思想性、艺术性、科学性和教育性。来自东西湖区的准妈妈黄小玲表示：“参观了孕育体验馆后，体验了孕育优生、营养搭配、婴儿护理等现场活动，特别是让老公体验我即将面临的辛苦，能让他更关心我，感到收获颇深。”每个展馆都留下了现场观众的心声，展现的内容科学、专业，表现的方式新颖、多样，取得了良好的科普宣传效果。

人口文化与地域文化紧密结合，表现性丰富。武汉市是中部地区中心城市，高龙文化、知音文化、木兰文化、问津文化在这片土地上交相辉映。同时又是全国重要的交通枢纽和教育大市，78所大专院校，200多万流入人口，各种外来文化在此生息繁衍，汇聚成极具代表性的“敢为人先、追求卓越”的城市精神。首届人口文化节充分考虑上述因素，专门开辟了高龙文化馆、知音文化馆、木兰文化馆、问津文化馆、吉庆街文化馆、汉正街文化馆，将人口文化与荆楚文化相融合，比如木兰文化以独特的视角诠释了新时期人口文化关爱女性的理念。

办节质量与服务能力紧密结合，创新性凸显。如此大规模的人口文化节在省内尚属首次，在全国也很少见，必须在策划上下功夫，在技术上找创意，在立意上讲科学，在办会上讲大气，在投入上求节俭，在效果上重实效，既然开了先河，就要办成精品。本次人口文化节将展览作为精华部分，不是简单摆上一些作品和成果，而是表现服务内容。市人口计生委和汉南区人口计生委专程前往北京购买了交互智能平板电脑、触摸一体机和多功能无创血液分析仪等设备。文化节期间，市人口计生委坚持现场审计、现场评审，做到不在质量上节约钱，不在工程上浪费钱，保证每一笔费用都落到实处，用在明处。人口文化节闭幕后，市人口计生委拟将展馆进行平移，确保展览结束宣传不结束，文化节闭幕文化传承不闭幕。

多方纳谏与社会效应紧密结合，互动性强。人口文化节筹备过程中，市人口计生委主任李丹芳专程赴北京向国家人口计生委有关领导汇报办节构想，向省、市领导汇报筹备情况。组织人口理论和办节办会专家、市直有关部门负责人、工程审计公司人员进行专题研讨和专业评审。结合各区工作和文化特点，召开各区主任会征求意见、布置任务，做到因地制宜、有的放矢。注重场馆设计的互动性，从幸福家庭馆的“全家福”摄影，吉庆街文化馆的艺人表演，汉正街文化馆的商品展销，知音文化馆的“高山流水”演奏，问津文化馆的情景再现，孕育体验馆的“孕爸体验”，中年保健馆的体质验测，青春健康馆的“放松足球”，早期发展馆的幼儿早教，演艺馆的特技展现等，着力将人口文化成果惠及于民。

【启示】必须坚持“民生为本、民需我为”的指导思想。人口文化节是一场奉献给广大市民的人口文化精神盛宴，是一个围绕服务人的生命全过程的集中展示，是一次旨在倡导全社会关注伦理道德、婚育新风、性别平等、生殖健康、家庭幸福的思想洗礼。因此，归根结底还是在围绕“人”做文章，这就必然要求我们以人为本，把“人民拥护不拥护、人民赞成不赞成、人民高兴不高兴、人民答应不答应”作为想问题、干事业的出发点和落脚点。本次人口文化节参观展览的人数达到8.36万人，场面火爆，图书馆内价值3万多元的人口文化书籍不到半天就“一抢而空”，充分说明了“民需”，说明了人口工作在这一领域大有可为。有市民在接受采访时表示场馆设计很有创意，互动性强，健康知识宣传很到位，文化节办得很实在。

必须坚持“围绕中心、服务大局”的总体要求。党的十七届六中全会通过了《中共中央关于深化文化体制改革推动社会主义文化大发展大繁荣若干重大问题的决定》，加大了文化建设力度。人口文化是人的文化，是人口变动和发展过程中形成的观念意识、伦理道德、制度习俗和行为规范，因而是文化建设的重要内容，是全面做好人口工作的必然要求。从策划之初，市人口计生委主任李丹芳就提出将举办首届人口文化节纳入到全市“文化五城”建设之中，发动宣传、文化等部门集思广益、群策群力，从五项基本评选活动，到文化节的创意设计和社会宣传，体现着服务人口工作、促进文化建设的核心理念。首届人口文化节赢得了极佳的社会声誉，充分证明人口文化是一座精神富矿，有的挖，可深挖，值得挖。

必须坚持“领导重视、部门联唱”的基本原则。首届人口文化节的成功举办离不开各级领导的高度重视、市直各部门的大力配合。全市成立以市委常委、宣传部长彭丽敏为组长，副市长刘英姿为副组长，各相关部门负责人为成员的筹备工作领导小组，明确职责，市委宣传部、市人口计生委联合下发《关于举办首届人口文化节活动的通知》。市政府召开首届人口文化节专题调度会议，对可能出现的情况及各项具体细节进行了调度部署。市人口计生委召开调度会、部署会、协调会和动员会，内部成立主题活动组、宣传氛围组、宣传资料组、嘉宾引导组、交通疏导组、安全保卫组、后勤服务组，提供有力的组织保障。

必须坚持“宣传先导、舆论引导”的工作方针。没有宣传声势就没有广而告之的力度，更没有宣传群众、服务群众的效果。市广电局、市交委、市城管等部门在电视台、报纸、轻轨视频、机场高速、出租车滚动屏、主干道显示屏开展立体式的公益宣传，向社区群众发放入户宣传折页7万份，《长江日报》刊发“幸福家庭”理论专版；《武汉晚报》刊登首届人口文化节展馆简介及全市“十佳”幸福家庭故事，登载倒计时提示牌，在江城掀起百万市民关注热潮。开幕式当天，80家国家和省、市媒体云集，争相报道。《人民政协报》、《中国妇女报》、《湖北日报》时政要闻版，《长江日报》、《长江商报》头版头条，《楚天都市报》、《楚天金报》要闻版和武汉电视台《武汉新闻》、《百姓连线》、《都市写真》、武汉电台等主流媒体报道了首届人口文化节开幕式盛况。人民网、荆楚网、长江网等网站记者现场采访，推出了图文并茂的新闻报道。新华网、凤凰网、中国日报网、新浪新闻、搜狐焦点、网易新闻、腾讯网、中国人口网、大楚网、新民网、中国江苏网、河北新闻网等网站进行了转载。媒体聚焦让首届人口文化节融入到江城文化建设的大局格。

必须坚持“社会动员、群众参与”的方式方法。首届人口文化节在筹备阶段就组织了“十佳”幸福家庭、“十佳”人口文化示范基地和人口文化文艺创作作品、手工艺品、宣传品、摄影书画作品评选活动。特别是评选出的“退而不休助他人”的熊约翰家庭、“一花引来千家福”的代学杰家庭、“真情延续深沉大爱”的鲁绥良家庭、“用艺术演绎幸福”的刘泥巴家庭、“一心想着回报社会”的陈亮家庭、“为儿子打开另一扇窗”的宋建明家庭、“我织我绣50年”的康兰英家庭、“一家都有表演范儿”的曾智斗家庭、“夫妻同心改变命运”的程世军家庭、“带领乡亲打伙求财”的陈华清家庭，是江城“文明、致富、智慧、奉献、励志”各类幸福家庭的代表，引起全社会关注，更广泛地调动更多家庭投入到幸福家庭创建的活动中来。众媒体纷纷评价："幸福江城"首届人口文化节是老百姓自己的节日！

免费孕前优生健康检查

【概况】2012年市政府把为符合生育政策，计划怀孕的农村夫妇（含流动人口）免费孕前优生健康检查列入政府为民办实事的内容。这是人口计生工作首次列入政府为民办实事。2012年全市参加孕前优生项目检查23 095对，完成率为115.48%，人群覆盖率为92.38%。筛查出淋球菌、梅毒感染、风疹病毒感染、乙肝等风险人群9 679人，全部获得了针对性的咨询指导和转诊治疗建议。计划怀孕夫妇的优生知识知晓率达95%，群众的优生意识明显增强。全市目前有国家项目试点6个，省级项目试点7个，市级项目试点4个，在全省率先实现了项目的全覆盖。项目试点工作接受了国家人口计生委王侠主任、科技司张世琨司长一行的视察，受到高度肯定；项目试点工作经验先后在全省项目工作会和科技工作会上交流；先后接待过山东省、广州、宜昌等全国各省市和省内28批次学习考察，孕优和早教项目工作经验材料多次在《中国人口报》和《湖北人口》上刊登。

【加强组织领导】全市成立了以分管市长为组长，计生、财政、卫生、民政部门主要领导为副组长，各区分管区长为成员的领导小组。市政府办公厅下发了《关于做好免费孕前优生健康检查的通知》，市人口计生委与市财政局联合制定《武汉市免费孕前优生健康检查政府实事项目工作方案》。3月1日，市政府在黄陂区召开了项目启动会和动员会，并将开展国家免费孕前优生健康检查作为人口计生目标党政线考核重要内容和人口计生部门绩效考评的重要内容。

【加强经费保障】市财政局高度重视，迅速与市人口计生委联合下发《武汉市免费孕前优生健康检查政府实事项目工作方案》。明确孕前优生健康检查项目市级试点区实行市区各负担50%比例孕前优生健康检查项目工作经费由市区财政在计生事业费中列支，按每对50元给予补贴。2012年，市、区财政投入250万元项目配套经费，投入110万项目工作经费，投入1 500万元项目实验室改造和设备更新经费。

【加强宣传倡导】市人口计生委在《现代健康报》、《武汉晚报》、《楚天都市报》进行了专版宣传，在武汉电视台作了专题宣传，在市人口计生门户网站上开辟了"免费孕前优生健康检查项目"专栏，长期进行专栏宣传。全市印制了4万份《致全市准备怀孕夫妇一封信》和《帮你生个健康宝宝》知识读本，发放到计划怀孕的每家每户。举办培训班400多次，参加人数计4多万人。全市各区共计发放宣传资料10万份。

【加强能力建设】全市投入实验室改造资金500余万元，建设了7个规范实验室，投入实验室设备更新资金1 000余万元。为各区服务站统一装备了全自动生化分析仪、化学发光免疫分析仪等一批适用仪器。引进聘用42名技术人员，主要充实服务站临床检验、优生咨询等关键岗位，有效提高了项目执行能力。先后举办了全市“免费孕前优生健康检查实验室操作技术人员培训班”、“免费孕前优生健康检查综合评估医生培训班”、“免费孕前优生健康检查实验室规范化培训班”、“综合评估师案例分析培训班”。市区组织技术人员培训50多场次，1 000余人次参加了培训。

【加强质量控制】完善制度规范，制定了《武汉市孕前优生健康检查实验室质量考核标准》，建立了规范的实验室SOP及质控体系，所有区均按照要求建立了技术操作规范、实验室室内质量控制管理、工作运转流程、实验室标准操作程序等有关工作制度。将市区7个实验室纳入全市医院临床检验质控管理体系之中，与300多个综合医院实验室同标准、同评比进行室间质评。全市还结合实际案例编制了《孕前优生风险评估案例指导手册》，对一般对象进行普遍性的优生指导；对高风险人群，由项目专家指导组提供个性化的咨询指导。

武汉市建设国家中心城市适度人口规模调控研究

根据省委常委、市委书记阮成发同志关于加强武汉市人口顶层设计的指示精神，武汉市人口计生委高度重视，会同有关部门迅速启动《武汉市建设国家中心城市人口规模调控研究》（以下简称《人口规模调控研究》）。经过近一年的努力，课题研究取得初步成果。

【总体思路】坚持以党的十八大精神为指导，客观分析武汉市人口发展现状和发展趋势，学习借鉴国内外中心城市人口发展的成功经验和失败教训，科学调控武汉市人口发展规模，调整优化人口布局，为将武汉市建设成为立足中部、面向全国、走向世界的国家中心城市和国际化大都市这一目标，创造良好的人口环境。

【基本原则】一是坚持人口发展与武汉基本市情相结合的原则。从武汉市的基本市情出发，从土地资源、水资源和环境等“硬约束”因素和住房、交通、教育、卫生、就业等“软约束”因素，多维度地客观分析武汉市人口现状、发展趋势和人口容量，使人口发展与城市资源、环境相适应。二是坚持人口发展与转变经济发展方式相结合的原则。围绕武汉建设国家创新中心、国家先进制造业中心、国家商贸物流中心，结合产业结构和产业布局调整以及主城区工业用地的外迁，逐步疏散和“置换”密度过高的主城区人口，引导人口随着产业布局的调整逐步向新城组群转移，从而实现“1+6”的以主城区为核、多轴多心的人口空间布局。三是坚持人口发展与保障和改善民生相结合的原则。围绕建设“幸福武汉”、“宜居武汉”和“文明武汉”，科学规划、合理配置各类公共资源，不断完善城市基础设施，改善市民的住房、交通、就业、教育、卫生条件，推进城乡基本公共服务均等化，提高市民幸福指数。四是坚持理论性和可操作性相结合的原则。以科学发展观和马克思主义人口理论为指导，立足武汉人口和经济社会发展实际，运用前沿研究方法和手段，总结武汉人口发展经验，探索武汉人口发展与经济社会发展规律，为武汉市建设国家中心城市过程中的适度人口规模提出较翔实的数据分析和较权威的理论支撑。研究成果不仅要有一定的学术价值，更要有实际操作价值。

【主要内容】对人口问题的准确把握、预测和有效调控，是制定各项规划、政策至关重要的基础性工作。围绕市第十二次党代会提出的“建设国家中心城市、复兴大武汉”这一奋斗目标，将研究方向确定为：武汉市建设国家中心城市中的人口规模调控，旨在回答下面两个问题：一是在武汉8 494平方公里土地上，究竟能够承载多少人口？中心城区和它的中央商务区区域（中心城区人口最稠密的区域）每平方公里究竟能够承载多少人口？合理密度是多少？它们的“警戒线”在哪里？二是快速发展的武汉市，已经呈现出了与人口规模息息相关的交通、住房、就业、教育、看病、养老等诸多方面的问题，为了有效解决武汉市在建设国家中心城市的进程中面临的“城市病”问题，应当怎样对其人口规模和分布进行有效调控。在重点研究回答前两个问题的同时，对武汉市人口结构和人口素质也进行了简要的分析和阐述。

【研究路径】《人口规模调控研究》的基本路径包括以下五个方面：一是从人口总量、人口分布、人口结构、人口素质等四个方面，分析和归纳武汉市人口发展现况。二是从土地、环境、住房、交通、产业布局、教育、医疗、养老保障等方面，简要分析影响武汉市人口发展主要因素。三是分析国内外有关中心城市的人口发展进程，总结归纳值得武汉市学习借鉴的成功经验和应当避免的有关问题。四是运用因素分析法预测武汉市2020年的适度人口规模，运用人口学学常用方法预测武汉市到2020年的常住人口规模。五是结合武汉市人口发展实际和城市发展总体规划，提出人口规模调控的政策建议。

【形成过程】组建专班阶段。2012年3月下旬。为确保课题研究质量，我们充分利用本市丰富的科教资源优势，借智借脑借力，与高校和科研究院所联手，共同开展《人口规模调控研究》工作。一是成立领导小组。成立以市委副书记胡曙光、市政府副市长刘英姿为组长，市政府副秘书长周元、市人口计生委主任李丹芳为副组长，相关部门负责人为成员的工作领导小组。为加强课题研究的联系协调和服务工作，成立了由市人口计生委巡视员舒文斌、夏清芬、吴克敏牵头，相关处室负责人为工作人员的领导小组办公室。二是组建课题研究团队。邀请武汉大学、中南财经政法大学、湖北大学等高等院校知名人口学专家组成课题组，集中时间开展研究工作。三是成立工作协调小组。积极争取各相关部门的支持，成立了由市委政研室、市政府研究室、市社科院、市发改委、市经信委、市交通运输委、市国土资源规划局、市教育局、市住房保障房管局、市卫生局、市公安局、市人力资源社保局、市城乡建设委、市民政局、市科技局、市农业局、市水务局、市环保局、市统计局、市人口计生委等相关部门同志组成的协调小组。四是成立专家评审委员会。邀请中国人民大学、北京大学、南开大学、武汉大学、中南财经政法大学、武汉市社科院等国内人口学界的权威作为咨询专家和评审人员，以确保课题研究的质量。

制定方案阶段。2012 年 4 月上旬。认真学习领会省委、市委书记阮成发的批示精神，结合武汉建设国家中心城市的工作目标，认真选择和确定研究方向、研究内容，拟定基本框架、方法路径，并上报阮成发书记，阮书记去年 6 月 1 日专门对课题报告作了批示“原则同意，注意成果的可操作性，尽量减少入户调查”，并先后 5 次在全市工作会议上过问课题进展情况。胡曙光副书记和刘英姿副市长不仅高度关注课题进展，而且亲自组织召开 3 次课题研讨会，对课题提出具体指导意见。

调查研究阶段。2012 年 4 ~ 12 月，课题组从人口密度与空间分布、住房保障、道路交通、经济发展与劳动就业、土地利用、基础教育、医疗卫生、养老保障等八个方面开展调查研究，先后 20 次到各相关部门收集资料数据，座谈了解有关情况。各相关部门提供了大量的数据和资料，为课题研究给予了极大的支持。在充分调查研究的基础上，起草了《人口规模调控研究总报告》和 8 个子报告。

论证修改阶段。2013 年 1 ~ 3 月中旬，课题组先后 15 次对总报告和 8 个子报告进行集中研究讨论。市人口计生委先后 9 次召集委领导班子成员、各处室负责人专题研究。同时多次召开相关部门座谈会，充分听取各相关部门的意见和建议。刘英姿副市长、周元副秘书长分别于 1 月 16 日和 3 月 20 日先后两次召开相关部门负责人会议对研究报告进行讨论和审议，提出了十分重要的指导性建议。

专家评审阶段。2013 年 3 月下旬。市人口计生委邀请中国人民大学社会与人口学院院长翟振武、北京大学人口研究所教授乔晓春、南京人口管理干部学院副院长孙晓明、南开大学教授原新、中南财经政法大学教授杨云彦、武汉大学经济研究所所长刘传江、武汉社科院研究员黄红云等国内知名人口学、社会学、经济学专家组成评审组，对研究报告审核把关。评审组专家认真听取了研究报告的形成过程、总体思路、研究方向、研究内容和研究方法。在细致研读报告的基础上对报告的主要内容、主体构架、研究角度和对策建议等方面提出了具体的指导意见，并联名出具了评审意见书。评审组专家一致认为“研究报告采用数据准确，研究方法科学，论点明确，论据充分，是一篇优秀的研究报告，同意通过鉴定。”

尽管本次人口课题研究工作凝聚了人口学专家、各相关部门和社会有关方面智慧和力量，付出了辛苦的劳动，提交了初步的成果，但是由于视野的局限性以及调查研究的广度和深度不够、理论研究水平的高度不够、相关领域的专业性知识不够，本课题研究不可避免还存在一些问题和不足。

“12·300乐福家”幸福家庭创建行动计划

【概况】 2012年，根据市人口与计划生育工作领导小组《关于深化创建幸福家庭活动实施“12·300乐福家”行动计划的通知》（武人计字〔2011〕10号），全市人口计生系统全面实施“12·300乐福家”行动计划。国家人口和计划生育委员会、中国计划生育协会、中国人口福利基金会领导调研考察武汉市创建幸福家庭活动并给予充分肯定。武汉市先后在全国创建幸福家庭活动试点推进工作座谈会、全国创建幸福家庭活动经验交流会、湖北省计生协第五次会员代表大会上交流经验。

【国家人口计生委副主任崔丽听取武汉市创建幸福家庭活动试点工作汇报】 8月3日，国家人口计生委副主任崔丽，中国人口福利基金会理事长赵炳礼分别听取了湖北省人口计生委党组书记胡菊萍，武汉市人口计生委主任党组书记、主任李丹芳关于武汉市创建幸福家庭活动试点工作的汇报。

在中国人口福利基金会，国家人口计生委、中国计划生育协会、中国人口福利基金会和湖北省人口计生委、省计生协，武汉市人口计生委、市计生协的领导，就筹备全国创建幸福家庭活动试点工作经验交流大会情况进行座谈交流。中国人口福利基金会理事长赵炳礼，国家人口计生委宣传教育司副司长莫丽霞，中国人口福利基金会副理事长兼秘书长杨文庄、副秘书长蓝野出席座谈会。中国计划生育协会国内工作部宣传处副处长魏瑞亮，中国人口福利基金会办公室主任赵本志、项目管理部部长牛艳平，武汉市人口计生委副主任、市计生协副会长高惠祥，省人口计生委宣传教育处处长李权林，省计生协秘书长周良逸参加了座谈会。

【中国人口福利基金会副理事长兼秘书长杨文庄在汉调研】 5月26日至27日，中国人口福利基金会副理事长兼秘书长杨文庄一行在省人口计生委巡视员、省计生协副会长裴大新，市人口计生委党组书记、主任李丹芳，市人口计生委副主任、市计生协副会长高惠祥的陪同下考察了武汉市创建幸福家庭活动。杨文庄一行听取了武汉市开展创建幸福家庭活动，实施“12 · 300乐福家”行动计划的情况，参观了江汉区创建“新时代社区 · 新概念家庭”成果及摄影展，考察了东西湖区柏泉吉农沃尔特计划生育家庭致富发展示范基地和红府院计划生育家庭养殖示范户、黄陂区人口和家庭公共服务中心免费孕前优生健康检查等服务项目。杨文庄秘书长对武汉市广泛和深入开展创建幸福家庭活动的一系列举措给予了充分肯定，对各级人口计生委、计生协积极组织群众参与创建幸福家庭活动，实施各种健康促进、优生优育、致富发展项目取得的成绩给予了高度评价。省计生协秘书长周良逸、副秘书长梅红，江汉区人口计生委主任姜凡，东西湖区人口计生委主任潘桂珍，黄陂区人口计生委主任易志林陪同考察。

【中国人口福利基金会副秘书长蓝野在汉调研】2月21日，中国人口福利基金会副秘书长蓝野、创建幸福家庭活动指导委员会办公室副主任于滋、健康项目办公室执行主任楚新成一行三人，在市人口计生委主任吴克敏的陪同下调研武汉市创建幸福家庭活动试点工作。蓝野一行听取了市人口计生委、市计生协关于创建幸福家庭活动试点工作的汇报，考察了汉阳区江欣苑社区和武昌区静安社区，对我市将创建幸福家庭活动纳入建设幸福武汉总体规划的做法和以“家庭人口文化传播行动、家庭健康保障促进行动、家庭致富发展扶助行动”为主要内容的创建活动给予充分肯定，并就“文明、健康、优生、致富、奉献”五个方面的整体推进提出了指导性意见和建议。

【刘英姿副市长在全国创建幸福家庭活动经验交流会上交流经验】9月24日，全国创建幸福家庭活动经验交流会在宁波召开。刘英姿副市长代表武汉市作了题为《建立社会保障和服务体系，提升计划生育家庭幸福指数》的发言，交流了武汉市开展创建幸福家庭活动试点工作，实施“12 · 300乐福家”行动计划的经验。刘英姿副市长在发言中说，自2011年5月确定为全国创建幸福家庭活动试点市以来，市委、政府高度重视，坚持党政领导、统筹协调，将创建幸福家庭活动纳入全市经济社会发展总体规划，与建设幸福武汉有机融合，围绕“文明、健康、优生、致富、奉献”五个方面，以保障为重点、以家庭为单位、以幸福为目标，创新和完善计生家庭保障体系、优化创建幸福家庭服务体系、创新城乡家庭致富发展模式，有力地推进了全市人口计生事业的新发展。刘英姿副市长表示，开展创建幸福家庭活动，只有坚持民生为本、执政为民的理念才能得到老百姓的认可；只有注重建立保障和服务体系才能更好地造福老百姓。全市将大力推进“12 · 300乐福家”行动计划，努力造福300万个快乐幸福家庭，着力提升广大计划生育家庭的幸福指数。

【市人口计生委主任李丹芳在全国创建幸福家庭活动试点推进工作座谈会上交流经验】3月30日，市人口计生委主任李丹芳在全国创建幸福家庭活动试点推进工作座谈会上作了题为《以创建幸福家庭活动推进建设幸福武汉》的交流发言。李丹芳主任在发言中说，作为全国创建幸福家庭活动试点市，武汉市将创建幸福家庭活动作为建设幸福武汉的重要载体，迅速启动，扎实推进，初步形成“党委统筹、政府主导、部门联动、群众参与、家庭幸福”的格局。一是在发展战略上做到“三统筹”，即统筹经济社会发展，统筹城乡协调发展，统筹人口均衡发展；二是在工作部署上做到“三结合”即与保障和改善民生相结合，与人口和计划生育综合改革相结合，与新农村新家庭建设相结合；三是在工作保障上做到“三纳入”，即将促进家庭幸福的民生保障纳入政府实事，将重点工作落实纳入政府重大事项督查范围，将创建幸福家庭活动试点工作纳入目标管理；四是在工作推进上实施“三大行动”，即家庭人口文化传播行动，家庭健康保障促进行动，家庭致富发展扶助行动。

【市人口计生委副主任高惠祥在湖北省计生协第五次会员代表大会暨先进表彰会上交流经验】4月13日，市人口计生委副主任、市计生协副会长高惠祥在湖北省计生协第五次会员代表大会暨先进表彰会上作了题为《以创建幸福家庭活动推进建设幸福武汉》的发言，交流了我市开展创建幸福家庭活动试点工作的经验。高惠祥在发言中说，我市被确定为全国创建幸福家庭活动试点市以来，市委、市政府高度重视创建幸福家庭活动试点工作，认真贯彻落实党中央、国务院关于全面做好人口工作的决策部署和全国创建幸福家庭活动一系列会议精神，将创建幸福家庭活动作为建设幸福武汉的重要载体，迅速启动，扎实推进，初步形成“党委政府领导、人口计生牵头、相关部门配合、社会各界支持、城乡家庭参与”的格局。一是高层倡导，强化“三个统筹”：统筹经济社会发展规划和建设幸福武汉目标；统筹人口计生综合改革和提高家庭发展能力；统筹人口计生事业发展和创建幸福家庭活动。二是项目推进，实施“三大行动”：家庭人口文化传播行动；家庭健康保障促进行动；家庭致富发展扶助行动。三是加强保障，实行“三个纳入”：将促进家庭幸福的民生保障纳入政府实事；将重点工作落实纳入政府重大事项督查范围；将创建幸福家庭活动试点工作纳入目标管理。

【中国人口福利基金会支持武汉实施《幸福家庭通》项目】11月7日，中国人口福利基金会复函市人口计生委，支持武汉市实施《幸福家庭通》项目，资助价值350万元的《幸福家庭通》5万份。《幸福家庭通》是中国人口福利基金会推介的创建幸福家庭活动健康促进项目之一，通过网络家庭健康管理平台专家的个性化指导，让家庭成员得到全面科学的健康教育，从运动、营养、心理三个方面，把健康管理理念植入到家庭之中。作为实施“12·300乐福家”行动计划的十二个具体项目之一，全市将于2013年向10万个计划生育家庭免费发放《幸福家庭通》。

打击“两非”行动

在市委、市政府的重视和领导下，武汉市认真贯彻落实国家、省集中整治“两非”专项行动会议精神，将打击“两非”作为综合治理出生人口性别比工作的重中之重，进一步加强领导、完善制度、强化机制，克难攻坚，再鼓干劲，进一步加大了工作力度，再掀专项整治新高潮，使“两非”行为得到有效打击，专项行动达到了预期目的。省委常委、宣传部长尹汉宁、省政府副省长郭生练分别就我市打击“两非”工作做出了批示，给予了充分肯定。

【抓统筹，高层决策倡导到位】一是多次召开高层次会议进行专题部署。6月4日、6月6日、7月24日、8月7日，市委、市政府先后召开全市人口计生工作会议、全市综合治理出生人口性别比会议、全市综合治理出生人口性别比督导会议、全市打击“两非”专项工作会议，市直有关部门、各区党政一把手、分管领导参加会议。阮成发书记、唐良智市长、胡曙光副书记、刘英姿副市长分别就综合治理出生人口性别比工作作重要讲话。二是经常进行人口计生专题调研督导。7月3日，胡曙光副书记率市政法委、市公安、民政、财政、人社、卫生、食品药监、工商、人口计生等部门负责人，深入到武汉市都市妇科医院、江岸区西马街新三巷社区、市妇幼保健院，现场调研检查了公立、民营医院的计划生育手术、孕妇B超、人口出生实名登记落实和基层人口计生服务管理的情况，并对下步推进综合治理出生人口性别比等重难点问题解决，确保全市人口计生责任目标全面完成进行了部署。8月2日、8月8日，刘英姿副市长又带领市政法委、监察局、公安局、卫生局、人口计生委、药监局等部门负责人，分别到洪山区、江汉区、硚口区就打击“两非”工作进行了调研督办。刘英姿副市长反复强调要继续加大打击“两非”行为力度，重拳出击，决不姑息。三是连续出台措施强硬的政策文件。市人口与计划生育领导小组办公室先后下发了《武汉市集中开展整治“两非”专项行动实施方案》、《关于出生人口性别比重点整治年工作方案》。市委办公厅、市政府办公厅制定了《关于进一步加大打击“两非”行为工作力度的通知》（武办文〔2012〕71号），市人口计生委与市药监局、卫生局协商联合制发了《武汉市B型超声诊断仪销售实名登记管理试行办法》的通知，在全市实行B超购置备案制和B超销售实名登记制。

【抓协调，部门联动形成合力】一是明确职责严考核。市人口计生领导小组办公室召开了39个职能部门联络员会议，专门制定了各区、各部门在综合治理出生人口性别比工作中的职责和考评方案，并主动与卫生、药监、公安等部门协商，征求意见。对年度出生人口性别比没有完成目标的区实行“一票否决”；对没有完成工作任务的部门，严格按标准扣分。二是建立专班强合力。市级建立打击“两非”工作联席会议制度，定期研究通报打击“两非”工作情况。三是联合执法显震慑。制定了《关于市卫生、人口计生、食品药品监管、公安四部门开展打击“两非”行为联合执法行动工作方案》，由四个部门各抽调10人，组成联合执法组，每月开展2~3次集中联合执法活动。7月20日、7月27日、8月24日、8月30日、9月7日、9月20日，四个部门先后开展了六次联合执法活动，对江岸、江汉、武昌、青山、洪山、硚口等六个区重点地段进行了联合执法。共检查个体诊所44个，民营医疗机构11个，零售商品药店24个，社区卫生服务中心3个，现场查获并打击无证个体医疗诊所两个，收缴违规药品器械，对违规行为现场进行处罚。四部门联合执法，不仅是一次生动的打击“两非”宣传，而且震慑作用明显，群众给予充分肯定。

【抓打击，铲除“两非”土壤】一是加大打击“两非”宣传力度。7月11日，全市组织开展了打击“两非”集中宣传日活动。各区都设置了宣传点，采取发放宣传资料、播放影像资料、展出宣传展板、悬挂横幅标语、现场接受举报等多种方式进行集中宣传。活动当日全市共发放宣传资料9.5万份，避孕药具3.6万盒，制作宣传展牌180块，悬挂宣传横幅152条，现场咨询17 000多人次，义诊11 500多人次，育龄妇女随访服务7 000多人次。8月1日，市委宣传部、市人口计生委联合召开了新闻通气会，会上通报了全市打击“两非”工作举措。《长江日报》、《楚天都市报》、《武汉晨报》等媒体对东西湖区处理的三起“两非”案件进行了曝光。汉阳区举行孙浩东犯非法节育手术罪公判大会，现场发放抵制“两非”倡议书1 000余份，在社会上引起了强烈反响。8月8日，《长江日报》公布了全市打击“两非”有奖举报电话。市人口计生委还协调广电、城管、交通等部门，利用电视、广播等传媒的黄金时段、出租车尾广告、室外电子屏幕，在7~9月3个月集中播放打击“两非”的公益性广告。二是加大区域协作力度。7月19日，在新洲区召开了武汉市、黄冈市“两非”案件查处工作区域协作座谈会。会上新洲区与麻城市、团风县、红安县分别签定了《查处“两非”案件区域协作协议书》，双方达成了同心同德、真心真意、资源共享等共识。市人口计生委还向省内各地市州及各区县人口计生委普发了区域作协联系函。三是加大系统打击力度。药监部门采取日常检查与专项检查相结合，GSP（药品经营质量管理规范）跟踪检查与突击检查相结合，随访与暗查相结合，主动找线索，查案子，2012年度主动查处“两非”案件10多起；卫生部门开展打击非法行医活动，每年对医疗机构、个体诊所进行清理清查，2012年度主动查处“两非”案件9起；公安部门坚持典型“两非”案件查处必出警，重大案件亲自参与办理；纪检监察部门注重在“三个到位”上下功夫，即：督办到位，协调配合到位，宣传教育到位；市、区两级法院、检察院提前介入“两非”刑事案件，确保触犯刑法的“两非”案件依法处理。“两非”案件查处工作形成了有人抓、有人管、有人落实的良好局面。

2012 年度，全市查处“两非”案件 193 例（含市外移交 14 例、市内移交 9 例），其中典型案例 81 例。刑事判决 4 人，刑事拘留 2 人，没收 B 超机 2 台，吊销执业医师证书 6 人，吊销执业医疗机构证 3 个，行政撤职 1 人，撤销党内职务 1 人，开除党籍 3 人，开除公职 5 人，涉案机构负责人行政降级 2 人，辞退解聘 4 人，注销二孩生育证 66 人。

首届“最美身边人”演讲比赛

2012 年 12 月 18 日，市人口计生委在长航酒店举办全市人口计生系统“最美身边人”演讲比赛，市政协人资环工作委员会专职副主任郑水平、市人口计生委领导班子成员、市人口计生委及直属单位全体干部职工、各区人口计生委主要领导、分管领导、街乡分管人口计生工作的领导及部分人口计生干部代表参加了会议。

【概况】来自人口计生战线上的 19 名计生工作者上演了一场精彩纷呈的演讲大戏，讲述了一个个催人泪下的美丽故事。江岸区的演讲者讲述了心系国策写赤诚的计生人田元成，让一个情系百姓、服务群众，爱岗敬业的计生干部走入大家的视野；汉阳区的丁璟带着电影《甜蜜的事业》的感触在演讲台上讲述了如田大妈一样默默奉献的计生工作者，他们用大爱写人生，把会心的微笑、温馨的问候、感动的泪水、真诚的交流和严厉的批评留在了人口计生工作的每一个阶段；来自蔡甸区的故事催人泪下，因乡镇人事改革而失去编制和干部身份的廖志红义无反顾的在人口计生岗位上一待就是十多年；40 岁的甘芳，踏上人口计生工作岗位已十五年，任劳任怨，以人为本，巧搭连心桥；洪山区关山街计生科规统员秦刚，青山区工人村街桥头社区的计生委员官静萍，都是来自基层的计生干部，无一不是栉风沐雨兢兢业业，愈久弥坚，同样来自基层的还有东湖新技术开发区的刘冬英，30 年如一日，把工作当事业，把计生当使命；武昌的杨木香老人最使人动容，身为计生工作者的，虽然失去了自己唯一的孩子，但 18 年的工作，就像一把带有刻度的尺子，标记着她日日夜夜的辛劳与苦楚，也丈量出她心中的大爱与善良；新洲区的演讲者娓娓道来的是一位妇联主任的琐事，可琐碎中透着不平凡；市计生委的演讲者抒发人口国策情，体现出拳拳为民服务心。

【获奖情况】本次演讲比赛邀请省人

口计生委，市直相关部门的处室负责同志作为评委，评选出一等奖三名，二等奖六名，三等奖十名。

【领导寄语】市人口计生委主任、党组书记李丹芳对参赛选手的精彩演讲给予了高度评价并作了重要讲话，她说，寻找的最美其实是个案，还有太多的人口计生工作者在自己的岗位上无私奉献，任劳任怨，寻找最美的人就是要多关注身边的人，多向身边的人学习，以百姓的福祉为动力、为出发点，人口计生工作才会更美。她指出，人口计生事业是甜蜜的事业，甜蜜正来自于这一个个最美的计生工作者的默默耕耘，默默奉献，大爱无声，大美无形，可大爱铸精诚，大美成事业。武汉市人口计生系统要秉承这种美的精神，人口计生事业必定再上一个新台阶。

人口计生信息化建设

【概况】2012年以来，武汉市强力推进人口计生信息化建设，加强全员人口信息系统监测信息的开发和应用，强化人口计生信息化风向标功能，切实做到数据为基、网络为脉、应用为本，人口计生信息化工作呈现出强劲的发展态势。

【高层推动，人口计生信息化工作快速推进】一是市委、市政府高度重视信息化。分管副市长刘英姿亲自主持召开综治、公安、卫生、规划、房管、信息产业办、人口计生等相关部门会议，研究加强人口基础信息共享，加快推进人口计生信息化建设。二是一把手亲自抓信息化。委党组书记、主任李丹芳多次召开党组会，专题研究提高信息质量、全面提升人口计生信息化水平。市人口计生委新年后的第一个会就是召集各区人口计生委一把手、各处室负责人赴孝感市现场学习信息化经验、现场布置信息化工作。同时提出了“五强化、五突出”和“六个突破”的工作要求。三是目标设置突出信息化。在今年的目标设置上将人口计生信息化应用和信息质量作为否决目标，将村（社区）计生专干应用计算机列入目标，突出了信息化的基础性、保障性、全局性地位。四是投入上重信息化。为迅速推进村社区信息化应用，各级在经费投入上确保信息化设备需求。目前全市3 500个村社区，设备基本配备到位。同时，专门安排584万信息化专项预算，用于为全市188个街乡配备便民办证系统所需证件打印机、证件扫描仪和身份证读卡器及村社区级信息化设备和网络使用费补贴。

【部门配合，人口基础信息共享继续深化】一是相关部门信息交流制度进一步落实。出生入户、户籍人口、出生实名、预防接种、婚姻变动、收养子女、人口统计等信息在相应级别的定期交换共享机制得到完善。人口计生、公安、卫生等部门间信息交流与共享实现了电子化，大大减轻了手工比对信息的工作量，提高了信息利用率、可用性和准确性。二是共享范围进一步拓展。在规范与公安、卫生、民政、统计等主要部门间信息交流共享制度的基础上，拓展了与国土规划部门就全市二维、三位空间地理数据信息的共享，为建设推广人口地理信息系统提供了帮助；与市公安局达成协议，就公安部门的户籍人口、流动人口与人口计生部门全员人口进行实时共享交流。此举将是全省首创，并极大提高全员人口个案信息的准确性、及时性。三是实名登记制度进一步规范。年初，组织专班对全市 51 个计生服务站和 101 个医疗机构落实实名登记制度情况进行了督办，各计生技术服务机构和医疗机构在实名登记宣传告知、登记、证明审核、资料归档、信息录入等方面进一步规范。特别是相对薄弱的省、市级大型医疗机构，实名登记职责进一步得到明确，实名登记制度推进力度进一步加大。

【问题导向，人口计生信息化水平全面提高】一是全员培训、全员应用力度加大。市人口计生委下发了《市人口计生委关于调整信息化工作领导小组的通知》，明确了各处室在信息化管理、应用方面的职责。为推动全系统干部全员应用信息化，市级组织了对市人口计生委机关全体干部的信息系统基本操作培训，并分业务口分别对全市区以上所有工作人员进行了针对性培训，各区分层级都组织了信息系统应用培训，做到了操作培训到全员，系统应用到全员。二是问题督办形成制度。按照委领导要求，人人会用信息系统，人人会用信息系统分析查找问题，以问题为导向，加强督办，落实整改。发规处编写了利用信息系统查找问题的方法，发到委机关所有工作人员和各区，并专门组织培训。李丹芳主任带头亲自查找问题，各区计生委一把手定期在季度目标调度会上演示查找的问题，分析原因。问题督办已形成制度，发规处每周查找各区两个问题个案，以编号督办单的形式，督促基层举一反三，落实整改。三是重点业务系统稳步推进。加大村社区在线服务管理平台应用推进力度，在设备配备、网络连通、人员调配和培训上予以保障。全市 3 400 多个村社区信息化应用所需设备已基本配备到位，除少数村社区受客观条件影响外，其余村社区均已启用在线服务管理平台。同时，加大了人口地理信息系统建设力度，每个区都开展了试点，全市共有 167 个试点村社区建成了人口地理信息系统。四是信息质量全面提高。建立了月测评、季通报制度，落实信息质量长效管理机制。领导重视进一步加强、日常操作进一步规范、各业务口配合进一步密切，整体信息质量明显提高。

人口计生目标管理工作

【概况】2012 年，武汉市深入学习实践科学发展观，弘扬“敢为人先，追求卓越”的武汉精神，按照“抓重点咬住目标不放松，抓亮点彰显特色不动摇”的总体思路，以创新目标管理体系为抓手，不断改革和完善人口计生绩效管理体系，着力实现完成目标与彰显特色“双赢”，积极为武汉市建设国家中心城市和人民幸福城市创造良好的人口环境。

【深化人口计生目标管理改革的动因】一是改革是贯彻落实国家、省人口计生委有关要求的需要。2010 年 5 月 20 日，全国人口和计划生育目标管理责任制改单扩大试点会议暨试点工作推进会提出，目标管理责任制改革要坚持“一根主线”（中国特色统筹解决人口问题道路、实现人口长期均衡发展）、“四压”（把过多的考核次数压下来、把过多的考核指标压下来、把过多的考核环节压下来、把过高的指标压下来）、“四突出”（突出以人为本、求实创新、客观公正、统筹解决人口问题）的指导思想。湖北省是国家人口和计划生育目标管理责任制改革试点单位。2011 年 3 月，省人口计生委在鄂州召开了人口和计划生育目标管理统计改革座谈会，为推进人口计生目标管理责任制改革指明了方向。二是改革是实施“66553”战略目标的需要。新一届市人口计生委党组认真分析研究当前全市人口计生工作形势，提出了实施健全六大体系、完善六大机制、打造五大品牌、争创五个示范、攻克三大难点为内容的“66553”五年战略目标。因此，必须创新出一套科学完善的人口计生目标管理体系，将工作与目标有机结合，充分发挥目标管理的强大推动力。三是改革是完善全市人口计生目标管理体系的需要。随着形势的变化，原有的人口计生目标管理体系重基础、轻特色，重共性、轻个性的弊端日益凸显，主要表现在四个方面，一是重点不突出，即不同水平和侧重点地区的指标大同小异，工作重点凸显不出来；二是特色不鲜明，没有设置创特色目标，个性化体现不出来；三是目标不具体，定性指标过多，操作性不强，考评拉不开差距；四是责任不明晰，有的指标没有明确责任处室（例如，出生人口性别比、出生政策符合率），有的指标多个处室共同负责，造成责任指标无人督导。要解决这些问题，必须改革人口计生目标管理体系。

【人口计生目标管理改革的主要内容】一是改革完善目标管理责任体系。①责任主体全覆盖。按照“责权一致、职责法定”的原则，建立健全各级党委政府、责任部门和人口计生部门“三线”目标管理考核机制，根据各自职责分别设置相应责任指标，每年分别签订责任书和印发考评方案，分线组织考评，分别兑现奖惩。对党委政府，主要突出人口计生与社会经济政策之间的协调兼容情况，为统筹解决人口问题创造环境；对相关部门，重在协调配合、制定相关经济社会政策时与人口计生政策的衔接以及社会资源的利用；对人口计生部门，关键在于日常工作的组织和相关工作措施的落实。②工作区域全覆盖。按照“属地管理、守土尽责”的原则，对全市各级各类经济组织、社会组织、特殊群体等分别明确工作职责，落实目标管理，消除工作盲区。如针对企业改制和民营企业不断增多、部分企业计划生育责任缺失的问题，市委、市政府及时研究拟定了《武汉市单位法定代表人人口和计划生育工作责任制暂行规定》；针对封闭住宅小区增多、人口计生服务管理缺位的问题，武汉市组织力量开展了封闭住宅小区人口计生服务管理专项清理登记，对能成立社区的尽快成立社区，暂不能成立社区的就近纳入属地管理，并进一步明确了住房保障主管部门、物业公司的人口计生服务管理职责。③部门内部全覆盖。按照“谁主管谁负责、谁的职能谁负责”的原则，健全人口计生部门内部责任体系，切实形成“千斤重担众人挑，人人肩上有目标”的工作格局。为确保人口计生各项责任目标落到实处，全委实行全员绩效管理，将上级下达的责任目标、委内确定的绩效目标和需要督导基层落实的各项目标，按照“三定”方案的职责规定，全面及时分解落实到各个处室及每位同志身上，切实做到责任明晰、归属明确、分工负责、协同落实。二是改革完善目标管理指标体系。①优化指标设定原则。在以人为本、求实创新、客观公正、统筹解决人口问题的前提下，坚持“重点确保、特点突出、量化管理、总量控制、权重调节、有利考评”的原则，充分发挥绩效管理“指挥棒”和“风向标”的作用，一方面体现特色，一方面体现争先进位。指标既涵盖省、市人口计生目标要求，又因地制宜引导各区扬长补短。同时，尽可能地量化指标，控制指标数量，根据指标的重要性设置不同权重，确保考评的可操作性。②科学设置指标类型。将考评指标体系分为“刚性指标、重点指标、特色指标、否决指标、加减分指标”等五大类。刚性指标，即省委、省政府、省人口计生委及市委、市政府下达武汉市的责任目标；重点指标，即市人口计生年度主要工作中，要求各区共同完成的任务，例如将网站建设、城乡结合部流动人口服务管理示范社区建设、人口地理系统建设、信息报道和“致富发展”示范户创建等工作纳入重点目标；特色指标，即各区自报的基础上，结合全市中心工作需要统筹确定，比如在中心城区推广儿童早期发展教育和建设生育文化园，在新城区创建计生困难家庭创业致富基地，在开发区推进中心户长管理模式改革等；否决指标，即需全力确保和重点推进的工作，2012 年除了将出生政策符合率和出生人口性别比指标、综合治理、党风廉政建设、行风评议等纳入否决指标外，首次对信息化应用不达标单位实行否决，用超常规手段加长“短板”上水平；加减分指标，即对各责任单位获得表彰奖励（包括肯定性批示等）或受到上级领导（或媒体）通报批评等按有关规定加减分，形成了体现传承与创新、精简与高效、务实与公正相结合的考评指标体系。③创新指标定值方法。坚持上下结合，即一部分指标由市里提出定值设想及依据，由区级提出修改意见，一部分指标（如特色目标）由各区提出定值意见，由市里视情况调整。经过自下而上和自上而下多轮讨论后，形成各方认可的指标及赋值，充分体现平等沟通、有据定值的思路，避免定值“一言堂”。实现高低有别，即同一指标根据各区工作水平不同确定不同的指标值，如出生政策符合率和出生人口性别比，按照不低于各区前三年平均水平的原则确定指标值，充分体现地区差异化和“跳起来摘桃子”的思路，避免“一刀切”。鼓励创先争优，即将指标值分为合格值和挑战值，要求各区在达标的基础上，争创一流，充分体现了“敢为人先、追求卓越”的武汉城市精神。④明确指标督导责任。对下达基层的每一项指标明确一个责任处室，负责目标执行过程的日常督导和进度管理，切实将目标执行过程管理落到实处。三是改革完善目标管理保障体系。①加强领导。成立以委主要领导为组长，分管领导为副组长，各处室、直属单位负责人为成员的市人口计生目标管理工作领导小组，进一步加强人口计生目标管理工作的组织领导。②系统引导。要求各级人口计生部门应用全省人口计生服务管理信息系统、全省人口基础信息共享平台、省级 PADIS 平台，分析现状，带着重点去督导，带着案例去调研，带着疑问去思考对策，带着对策去指导工作。③过程督导。抓目标预警和分析。每月收集目标进度情况，对不达进度的目标及时提出预警，对数据变化定期分析、通报，及时提供领导决策参考。坚持抓重点监测、调研督导和暗访抽查，有力地促进了经常性工作的落实，强化了人口计生抓四季，四季不放松的意识。④目标调度。实行“123”目标调度制，第一个月由发规信息处召集各区人口计生委发规科长调度目标，第二个月由分管主任召集各区人口计生委分管发规的副主任调度目标，第三个月由委党组书记、主任召集各区人口计生委主任调度目标，层层抓落实，月月抓推进。

【人口计生目标管理改革的启示】实行新的目标管理体系后，全市各区、市直各责任部门、委机关各处室及机关工作人员责任更加明确、目标更加具体、思路更加清晰，围绕目标抓工作的积极性、主动性和责任感明显提升，人口计生各项责任指标完成进度良好，目标管理体系改革取得初步成效，也得到一些启示，即在人口计生目标管理中必须做到“四个坚持”：一是坚持统筹协调。统筹协调是人口计生事业发展的支撑点。人口计生工作是党委、政府以及各责任部门共同参与的工作，必须根据党委、政府、责任部门、计生部门所具有的工作职能和承担工作职责科学确定相应的工作目标和任务，通过目标管理来提升各部门抓好人口计生工作的积极性、主动性和责任感。二是坚持克难攻坚。克难攻坚是人口计生事业发展的增长点。人口计生工作就是在不断克服困难，突破制约人口计生工作发展瓶颈的过程中，取得进步的。目标管理是指挥棒、风向标，必须在指标体系的设定和指标权重的设置上，突出重点、难点工作，引导基层将工作重心向重难点工作转移。三是坚持创新争优。创新争优是人口计生工作发展的原动力。人口计生工作要提升竞争力，必须一手抓基层基础，一手抓特色创新。鼓励各区根据自身优势和特点，结合当前人口计生热点和群众关注点，开展特色创新工作。同时，将其纳入目标考评之中，使各区在特色创新上，既有压力，又有积极性。四是坚持求真务实。求真务实是人口计生事业发展的根本基础。要积极引导基层在执行人口计生责任目标时，真抓实干，报实数，求实效。一方面在定值方法上实事求是，根据各单位的实际水平确定指标值，不盲目追高；另一方面在考核方法上鼓励求实，严打弄虚作假。

五、经验交流篇

建立社会保障和服务体系
提升计生家庭幸福指数
——在全国创建幸福家庭活动经验交流会上的发言材料

武汉市人民政府

(2012 年 9 月 24 日)

武汉市委、政府将创建幸福家庭作为全面做好人口计生工作的重要任务，纳入全市经济社会发展总体规划，纳入建设国家中心城市内容，坚持以党委、政府为主导，围绕“文明、健康、优生、致富、奉献”五个方面，扎实推进创建幸福家庭活动。

一、完善创建幸福家庭保障体系

一是建立完善关爱特扶家庭的保障政策。2012 年 8 月，市委、市政府出台《关于对计划生育特殊家庭开展关爱关怀工作的通知》。各部门齐抓共管，从精神慰藉、经济救助、养老就医等 13 个方面对特扶家庭给予帮扶。对退休的或年满 60 周岁的城镇独生子女死亡父母，每人分别给予一次性 7 000 元的扶助资金。对发生独生子女死亡的家庭，第一时间上门慰问，给予 2 000 元的抚慰金。鼓励计划生育特殊家庭父母再生育，并给予再生育一次性 5 000元补助。对计划生育特殊家庭，在每年的元旦、春节、中秋，组织上门慰问，发给 200 元的慰问金。民政部门对符合条件的农村计划生育特扶家庭优先纳入农村“五保”供养范围。卫生部门为计划生育特扶家庭建立健康档案，提供社区基本医疗“五免六减”服务；在市属医院开辟“绿色通道”，为患病的失独父母优先提供诊疗服务。房管部门对符合廉租房分配租赁条件的计划生育特扶家庭，优先照顾解决。市老龄委等部门启动由政府买单的家居护理服务，对计划生育特殊困难家庭的老人实行每天 1 小时的照料，帮助其排忧解难；对年满 70 周岁、生活困难的，另外给予每月 100 元的补贴。

二是建立完善关爱女孩家庭的保障政策。落实优先惠及女孩家庭的相关政策，15 966 名农村女孩享受中考加分和高考优录政策，3 716 个农村独生女免交高中阶段学费。对农村落实节育措施的独女户和双女户育龄夫妻给予一次性3 000元奖励。为农村独女户家庭成员免费办理新型农村合作医疗。实施绿色成才工程，2011年，全市发放关爱女孩专项资金726.88万元。

三是建立完善关爱流动人口的保障政策。积极推进流动人口计划生育基本公共服务均等化，市政府投入资金4 000多万元，为32万名大学新生赠送一张卡（武汉通学生卡）、一本书（书名《最武汉》）。本市和外地农村独生女同等享受中考加5分的优待。流入本市的农村计划怀孕夫妇与本市居民同等享受免费孕前优生健康检查服务。坚持开展“暖在江城”流动人口服务活动，建立流动人口计划生育服务驿站，提供计划生育、生殖健康、生产生活等服务。开展关爱留守儿童、留守老人活动，建立留守儿童学校109个，在校生人数18 508人。

二、优化创建幸福家庭服务体系

一是人口计生宣传立体化。大视野、大手笔、大范围地开展人口文化宣传，成功举办了全市首届人口文化节，举行18个主题展览，每天展馆人潮涌动，深受群众喜爱。开设专题人口论坛与讲座，组织“十佳”幸福家庭、“十佳”人口文化示范基地评选等活动，创办《与福同行》杂志，打造人口计生宣传品牌。会同市广电、城管、交委等部门在电视台、户外宣传屏、车载显示屏播放人口计生公益广告。定期召开人口计生工作新闻通气会，赢得新闻媒体支持，加大宣传力度。

二是人口计生对象服务全程化。依托全市175个计划生育技术服务机构，开展人口计生全程服务。2012年，市政府将免费孕前优生健康检查纳入为民办实事的内容之一，惠及2.2万对符合生育政策、计划怀孕的农村夫妇（含流动人口）。推进阳光早教服务，建立早教基地70个。推进青少年健康人格工程试点，建立青春健康教育基地、青少年空间（青苹果家园）55个。推进宫颈癌和乳腺癌免费检查活动、避孕药具“十进”服务活动。推进居家养老服务，优先安排计生家庭老人进养老机构，优先安排农村女孩户父母进乡镇福利院。

三是人口计生服务队伍职业化。开展心理咨询师和生殖健康师进社区活动，全面启动生殖健康咨询员培训工作，已培训生殖健康咨询师4 697人。与武汉大学心理咨询职业培训中心共同举办了为期一年的全市人口计生系统首届心理咨询师培训班，68人参加了首期培训。

三、创新城乡家庭致富发展模式

在城市，为提高计生家庭致富发展能力，首先是加强技能培训，依托计生家庭致富发展技能培训基地，开展生产技能培训，变“授人以鱼”为“授人以渔”。其次是加强创业指导，开展全市计生家庭致富发展创业计划书大赛，组织专家进行评审、论证，帮助计生家庭选择投资少、风险小、见效快的创业项目，全市357户计生家庭成功创业。第三是加强资金帮扶，遴选一批市场前景好、可行性强、基础条件好的项目，分别给予5 000～10 000元的帮扶启动资金。第四是加强跟踪服务，对选定帮扶的计划生育致富发展项目进行全程跟踪指导和服务，提高项目的示范效应。第五是加强普及推广，建立一批计划生育致富发展示范项目和示范基地，引导更多的计生家庭发展致富。

在农村，建立“公司+基地+农户”的计生家庭致富发展模式。首先，深入基层第一线传播信息，开致富之门。人口计生部门深入农业生产第一线调查，选取合适的致富信息并进行分类整理，及时发布。其次，开展全方位技能培训，传致富之经。开展计生家庭“农村实用技能科技培训”活动，开展面对面“菜单式”、“开放式”点学服务。第三，为计生家庭提供技术信息，搭致富之桥。整合涉农、专业合作社以及劳动部门的资源优势，为计生家庭提供劳务供求信息、创业项目、创业技术。第四，利用宣传媒体传递信息，引致富之路。在电视台、电台等媒体开辟人口计生专题栏目，在广泛宣传人口计生政策法规的同时，宣传农村致富信息，受到群众的好评。

部门一条心　强化一盘棋　推进均等化
——在全国流动人口计划生育基本公共服务均等化试点工作研讨会上的交流发言

武汉市人口计生委

（2012年6月12日）

武汉市地处中部，两江交汇，三镇鼎立。是国家“两型”社会试验区，正在创建国家中心城市。流动人口200多万。面对日益增多的流动人口，全市积极推行基本公共服务均等化。尤其是被国家确定为流动人口计划生育基本公共服务均等化试点市以后，坚持政府主导、全面统筹谋划，部门一条心，强化一盘棋，均等化服务工作取得了阶段性成效。流动人口的城市归属感、认同感、幸福感得到增强。近几年来全市共评选优秀外来务工人员代表3 000多名，流动人口中的人大代表、五一劳动奖章获得者、三八红旗手等200多名。

一、主要做法

（一）实施责任共担，创立均等化服务新机制

市委、市政府将“做好流动人口服务管理，基本形成比较完善的社会公共服务体系，着力完善民生保障的制度安排，推进社会基本公共服务均等化”列为“建设‘幸福武汉’，更加关注民生”的一项重要举措，加强了流动人口服务管理工作体系建设。各部门在政府领导下，服务一条

心，工作一盘棋，各司其职，各负其责，齐抓共管，协同推进，促进了流动人口工作的落实。

一是聚力“1+8”，强化部门均等化服务协作机制。成立了以副市长任组长，市人口计生和综治、公安、教育、民政、财政、人社、卫生、房管九部门领导为成员的推进流动人口计划生育基本公共服务均等化试点工作协调小组。制定了《武汉市关于创新流动人口服务管理体制推进流动人口计划生育基本公共服务均等化试点工作的实施意见》，明确了相关部门的职责，各区也结合实际制定了工作方案，成立了协调小组。

二是制订“12·300乐福家”计划，强化部门幸福家庭创建机制。成立了以市委副书记为组长，市组织、宣传、科技、文化、工商等38个部门为成员的创建幸福家庭“12·300乐福家”行动计划领导小组。通过实施家庭人口文化发展、关爱女孩行动、家庭公共服务等12项计划，充分发挥部门职能优势，加强民生公共政策与计划生育政策的有机衔接，全面做好人口工作，提高家庭发展能力，覆盖300万个家庭，促进人口长期均衡发展。

三是联动“39家”齐抓共管，强化部门计生目标管理机制。将人口与计划生育领导小组39个成员单位纳入全市人口计生责任目标管理，并将“每一个成员单位每年制定本部门关于流动人口基本公共服务均等化工作相关政策，或者落实一两件实事”纳入人口计生工作年度目标。如有的部门根据目标要求，每年帮扶200个计生特殊家庭，创建100个计生家庭致富发展示范基地等。

四是着力开展“4个联合”，强化部门信息共享机制。全面实施运行了流动人口计划生育全员信息系统，开展了流动人口数据与省WIS系统、国家流动人口PADIS系统的对接应用工作。同时，建立了部门信息共享机制：一是社区民警、计生委员、计生协会中心户长、治安协管员“四位一体”的流动人口基础信息联合采集机制，开展出租屋、流动人口信息采集、录入，落实治安、计生责任；二是与卫生部门联合建立的医疗机构出生信息实名登记机制，开展孕妇B超检查、人工终止妊娠、分娩等信息实名制登记管理；三是与工商部门联合建立的市场流动人口计生服务管理责任机制，开展市场流动人口信息登记核查，明确市场、社区、居住地三方责任，落实计生服务管理；四是与相关部门的用工单位联合建立的流动人口计划生育信息交流通报和督导机制，对市人社、建设、交通等部门落实用工单位流动人口计划生育服务管理，基本实现人口信息集成管理、动态更新、资源共享。

（二）实施服务共促，树立计划生育服务新品牌

按照“基本、平等、普遍、均衡”的要求，全面开展了“四个五”惠民工程：

一是“五送”工程。持续开展了元旦春节流动人口计划生育“暖在江城”宣传服务活动和“优质服务、优化管理”活动，针对流动育龄人群生产、生活、生育、生殖健康需求，联合各部门为流动人

口送政策、送知识、送温暖、送服务、送健康。每年都要为 50 多万流动育龄人员送去各式各类服务。

二是“五免”工程。制定了流动人口同等享有计划生育、优生优育、生殖健康服务的政策规定。免费开展为流动人口办理婚育证明、孕环情检测、发放避孕药具、计生技术服务、孕前优生健康检查。同时规范建设了 82 个社区卫生计生服务站和 96 个卫生计生服务中心，卫生部门出台了农民工限价分娩政策，并免费为外来儿童注射疫苗，调整并落实了 35 项基本公共卫生服务项目，使辖区内居住半年以上的非户籍居民，都能享受到基本公共卫生服务。

三是“五同”工程。围绕流动人口计生政策知识普及、婚育节育、优生优育、工作生活、社会保障等需求，开展宣传教育，保障政策法规和婚育知识同知晓；健全服务体系，保障计划生育和生殖健康同服务；实施孕前优生健康检查和婴幼儿早教，保障优生优育优教同体现；妥善解决流动人口就业及子女入学等问题，保障民生发展同机会；开展便民维权，保障奖励优待服务和计生困难家庭扶助同落实。同时，加强了区域协作，分四个层次完善了流入地与流出地的“两地”对接：密切联系市内、全力协作武汉城市圈及省内、不断突破省外。近几年来，市及各区与全国 642 个地市县签订了流动人口计划生育双边协作协议，每年联合各区和省内市州上门慰问流动人口近万人，每年落实流动人口扶助、慰问经费都在 500 万元以上。

四是“五均等”工程。按照面向基层、公开透明、标准规范、回应快速、服务综合的要求，全面细化工作指标和流程，逐步推进计划生育宣传倡导服务、计划生育技术服务、优生优育服务、生殖健康服务和奖励优待服务均等化全覆盖。目前，全市计划生育法律法规、奖励政策、办事程序、服务承诺、咨询投诉全面公开；开设了流动人口服务投诉热线电话，以及婚育证明、独生子女父母光荣证、生育服务证网上办理等服务；确定了 68 个流动人口计生技术服务定点机构；将包括流动人口在内的农村夫妇实行免费孕前优生健康检查纳入 2012 年政府为民办 10 件实事之一；实施了避孕药具、生殖健康知识进产房、进妇科、进工地活动；每区一台流动人口服务车社区巡回服务；晚婚晚育或在现居住地施行计生手术，享受与现居住地人口同等的休假待遇；计生特别扶助和困难家庭扶助政策惠及流动人口家庭；流动人口计划生育政策知晓率达到 94%；5 375 户流动人口家庭参加了早教；民政救助流动人口 119 126 人次（2011 年度）。

（三）实施民生共帮，建立社会融合新格局

一是实行就业融合。房管部门出台了《关于改善农民工居住条件的实施意见》和《关于加快发展公共租赁住房的实施意见》，逐步实现流动人口（农民工）的安居乐业。人社部门坚持开展以支持农民工就业创业为主要内容的“春风行动”和就业援助；简化了创业政策审批环节；建立了城乡统筹的人力资源和社会保障服务平台；制定了企业工资支付保障金制度；建立了农民工举报投诉维权“绿色通道”，依法维护农民工就业权益。

二是实行教育融合。教育部门坚持政府统筹，将进城务工人员随迁子女入学纳入事业发展计划，视同常住人口一样，有学上、读得起。同时深化融合教育模式研究，推进了流动人口社会融合。两年来为610名流动人口农村独女户、双女户女孩落实了中考加分政策；开办流动人口少年儿童“四点半”学校144个。

三是实行社区融合。全市将流入人口计划生育服务管理经费全面纳入财政预算，实行与常住人口同等投入。近两年来，市、区共投入6 000多万元。市、区、街、社区还层层成立了流动人口工作机构，社区流管站达到1 283个，配备协管员4 353名。在群众队伍建设上，根据社区、封闭小区和流动人口集聚特点，建立流动人口计生协484个，发展会员近30万人，覆盖面达到70%以上。开办流动人口之家255个，爱心驿站134个。为流动人口走出家门，融进社区，创造了条件。

四是实行社会融合。一是出台《居住证》制度。年满16周岁的非本市户籍人员，因务工、经商等拟在武汉居住30日以上的，可凭办理的《武汉市居住证》享有包括国家规定的计划生育服务和奖励、优待在内的十项武汉市民待遇。二是建立远距离信息服务平台。开发建设了涵盖流动人口暂住登记、劳动就业、社会保障、计划生育、子女教育以及房屋租赁等内容，联通市直相关部门和社区服务管理的流动人口和出租房屋综合信息管理系统。三是畅通法律维权渠道。在71个流动人口相对集中或工地集中地，成立流动人口法律援助工作站；组织律师志愿者和法律援助工作人员进社区、工地开展宣传咨询；确保进城务工人员的法律援助应援尽援，现场解决欠薪、社保和工伤赔偿纠纷；建立异地法律援助协作机制，与35个城市签订了协议，互相开展法律援助和维权。

通过两年来的先行先试，武汉市的流动人口计划生育基本公共服务均等化工作，基本实现了流动人口管理模式从控管型到服务型、从外来人口到新市民、从被排斥在公共服务体系之外到与流入地居民权益平等的社会治理模式的转变，促进了流动人口的就业融合、教育融合、社区融合和社会融合，为人口与经济社会的协调发展和可持续发展作出了积极努力。

二、主要问题

（一）信息化系统建设还跟不上形势发展的实际需要。一是省内流动人口计划生育信息交流平台还未开发，省内流动人口计划生育信息交流渠道不畅。二是跨省流动人口计划生育信息对接系统正在试用阶段，亟须完善。三是省全员人口计划生育信息系统中，流动人口信息录入指标设项过多，要求每一个对象（包括未一同前来居住的亲属）都要满足33项，难度太大。四是流动人口信息还存在一些欠真实、准确、完整的问题。

（二）计划生育基本技术服务项目相

关手术实施主体及费用结算标准存在分歧和差异，影响了计划生育免费技术服务的落实。

（三）区域间、部门间在流动人口计划生育服务管理上还没有实现真正意义上的“一盘棋”格局。区域间协作协议书很多，协作内容不少，但真正牵涉到一些具体层面或利益时，还有不少推诿或不负责任的现象；部门之间法规“打架”或部门利益，也造成协作上还有些许不协调不一致。

三、试点工作下一步思路和措施

（一）深入开展“优化管理、优质服务”活动。进一步健全完善城区人口和计划生育服务网络建设，加强对城乡结合部、插花地带、出租屋、民营企业、重点经营场所、新建住宅小区、大专院校、部队营区等地流动人口的精细化管理、人性化服务，不断提高流动人口计划生育服务的质量。

（二）将《居住证》与“武汉通”相捆绑，实施“一卡通”，使流动人口凭证更便捷地享受教育、计生、医疗、卫生防疫、社保、技能培训等方面的优惠政策。

（三）加快信息系统建设，推进协作“一盘棋”。建立健全统一的全员流动人口信息采集、更新和动态管理制度，完善并使用流动人口综合服务管理信息系统。有效整合人口计生、统计、公安、劳动与社会保障、民政、卫生等部门相关信息网络资源，建立流动人口数据的快速采集、动态监测和系统分析系统，初步形成城市流动人口发展的辅助决策体系。加强与流动人口流出地的信息沟通和协作配合，切实推进流动人口计划生育双向管理和区域协作“一盘棋”。

（四）全面参与社会综合管理与服务网格化建设。坚持整合资源、统一规划，市区共建、以区为主，规范运作、分级管理，部门联动，信息共享的原则。以社区为单位划分网格，中心城区（含开发区、风景区）按300户左右或800人左右，新城区城关和重点乡镇按500户左右或1 400人左右划分一个网格。整合社保专干、医保专干、低保专干、计生专干、信访专干、残疾人协管员、安保队员、流动人口协管员等“八大员”，建设一支高素质的网格管理服务队伍。以人为本，服务为先，寓管理与服务之中，把各项公共服务和社会管理措施落实到社区、单位、千家万户。

（五）建立健全流动人口计划生育基本公共服务均等化的考核评估体系及相应的激励约束机制。强化对各级政府和相关部门的公共服务行政问责。有计划地开展流动人口计划生育基本公共服务均等化实施情况的督查评估。

（六）建立健全社会参与机制。充分发挥社区与社会组织灵活、多样、自发等优势作用，满足社会成员多样性和多层次的需求。鼓励和引导社会组织广泛参与，以购买服务、设专项基金等方式，努力实现流动人口计划生育基本公共服务投入和效益的最大化，努力为流动人口提供方便、快捷、高效的计划生育基本公共服务。

四、建议

（一）进一步推进“一盘棋”工作的落实。加大流动人口服务管理的顶层设计，从上至下做好部门间的协作，着力体现“一盘棋”工作在实现途径、协作内容及成效等方面的效能。尤其是提高身份证、生育（服务）证、住址等主要信息的准确性与真实性，进一步提高信息化工作的水平。

（二）充分发挥身份证服务管理社会的作用。强化身份证的服务功能，让身份证成为公民生活中的“一卡通”，在社会服务上发挥重要作用。要在身份证里输入生物性特征信息，比如指纹信息，以及相关的社会信息，从而强化社会管理的有效性。可以借鉴美国和其他国家的经验，比如美国的“社会安全卡”，每个人都有一个安全号，从出生就办这个号。提升社会管理效能。

（三）建立和完善与各级政府管理事权相匹配的流动人口计划生育基本公共服务均等化的公共财政制度。加大国家财政转移支付的力度，重点支持流入人口较多城市，平衡城市之间财政支付的差异，提高流动人口计划生育基本公共服务均等化水平和保障能力。

完善利益导向机制　严厉打击“两非”行为 努力实现人口计生重难点工作新突破

——在省委省政府召开的全省人口和计划生育电视电话会议上的交流发言

中共武汉市委　武汉市人民政府

（2013年2月21日）

2012年，在省委、省政府的正确领导下，在省人口计生委的具体指导下，武汉市认真贯彻落实胡锦涛同志4·26讲话精神，不断创新利益导向政策体系，让实行计划生育的群众优先享受社会发展成果；重拳打击“两非”行为，综合治理出生人口性别比偏高问题，努力实现人口计生重难点工作新突破。

一、坚持党政主导，增强统筹全市人口发展工作合力

（一）党政主导抓统筹

市委市政府将人口计生工作纳入国民经济社会发展十二五规划，纳入武汉建设国家中心城市发展战略，纳入创新社会管理的重要内容，统筹人口民生协调发展。省委常委、市委书记阮成发，市长唐良智多次听取全市人口计生工作情况汇报，对人口计生重大问题进行研究。市委副书记胡曙光、市政府副市长刘英姿、市人大副主任郑永新、市政协副主席吴勇先后十余次深入检查调研指导人口计生工作。

（二）完善机制抓联动

建立和完善市人口计生工作领导小组季度联席会议制度、重大案件协查制度、重要工作协作制度、重要信息通报制度等，增强部门全局意识、协作意识和责任意识。创新人口计生目标考评体制，科学设置市直部门责任目标，严格标准市直责任部门考核标准，注重工作联动捆绑式、考核结果梯次式。各部门变被动为主动，形成了主动履责、主动尽职的工作活力。

（三）加大投入抓保障

市委市政府进一步加大对人口计生事业的投入，确保了人口计生工作经费投入稳步增长，确保了流动人口计生经费与户籍常住人口同等标准纳入财政预算，确保了重大项目经费投入到位，确保了奖励政策经费投入。唐良智市长特批统筹整合资金支持举办全市首届人口文化节。列支专项资金落实50 368名市属企业退休职工的计划生育奖励政策等。

二、坚持克难攻坚，加大打击“两非”行为工作力度

（一）在思想上“下真功”

武汉作为特大城市，医疗资源丰富，流动人口较多，城市管理难度较大，让一些从事“两非”行为的不法分子有可乘之机。市委、市政府下定决心坚决铲除“两非”在武汉孳生的土壤。2012 年6～8 月，市委、市政府先后 9 次召开专题会议，专项调研，专案研判，专门督查，形成强大的领导力。

（二）在措施上“出实招”

市委、市政府出台了《关于进一步加大打击“两非”行为工作力度的通知》，实施“十大措施”：打击“两非”工作专班联动制、医疗机构、医务人员情况报备制、“两非”处理结果报备制、B 超购买实名登记制、“两非”黑名单管理制等。开展“五大行动”：集中宣传行动、医务人员法制教育活动、医疗市场专项整治行动、药品市场整治行动、打击“两非”专项视察活动。市食药局、卫生局、人口计生委出台了《武汉市 B 超销售实名登记管理试行办法》，江夏区开发使用 B 超监控系统软件，在全省均属首创。

（三）在行动上“动真格”

以舆论宣传为先导，组织开展打击“两非”集中宣传活动。全市共开展宣传 100 多场（次）、发放近 200 万份宣传资料和宣传品。市委宣传部、市人口计生委多次召开新闻通气会，通报打击“两非”情况，曝光典型案件。市公安、卫生、食品药品监管、人口计生等部门组成 40 多人的打击“两非”巡查专班，每月开展 1～2次联合执法行动。向省内各市州及各区县发出区域协作联系函，同省内 100 多个县市区签定打击两非协作协议，联手破获了一批典型案件。

（四）在结果上“求实效”

全市查处“两非”案件 193 例，同比上升 49.6%，其中典型案件 89 例。省委常委、宣传部长尹汉宁，省政府副省长郭生练分别就我市打击“两非”工作做出批示，给予充分肯定。

三、坚持民生为本，创新完善人口计生利益导向机制

市委市政府坚持民生为本，坚持建设“幸福武汉”、“幸福社区”和“幸福家庭”的有机统一，深入开展“创建幸福家庭”活动，实施“12·300 乐福家计划”，克服财政经费紧张等困难，创新完善人口计生利益导向政策体系。

（一）出台关爱计划生育特殊家庭保障政策

市委、市政府出台了《关于对计划生育特殊家庭开展关爱关怀工作的通知》（武办文〔2012〕57 号），从 13 个方面给予帮扶。11 个相关部门相应制定了具体操作办法并予实施。提高独生子女伤残死亡家庭特扶标准，分别提高到每人每月 150 元、210 元。截至目前，全市共有 99 个计划生育特殊困难家庭享受到每年 365 个小时的免费服务，24 个计划生育特殊困难家庭因加分优先分得经济适用房，40 户落实了廉租房或公租房。

（二）完善计划生育家庭年老奖励制度

对参加新农保的农村计划生育独生子、独女户和双女户，农村节育并发症对象和农村独生子女伤残死亡家庭的夫妻，在领取养老金时，每人每月分别给予 40 ~ 100 元的补贴。在全面落实企业退休职工计划生育一次性奖励政策的基础上，积极争取省政府和省直有关部门的支持，推进城镇计划生育夫妇年老一次性奖励全覆盖。

（三）完善关爱流动人口的保障政策

市政府投入 4 000 多万元，为 32 万名大学新生赠送一张卡（武汉通学生卡）、一本书（《最武汉》）。600 多名流动人口中的农村独生女享受了在武汉市中考加 5 分的优待。流入武汉市的农村计划怀孕夫妇同等享受免费孕前优生健康检查服务。开展关爱留守儿童、留守老人活动，建立留守儿童学校 109 个，在校生人数 18 508 人。

（四）完善关爱女孩家庭保障政策

实行对农村独女户、双女结扎户女孩中考给予加 5 分的优录政策，农村独生女免交高中阶段学费，为农村独女户家庭成员免费办理新型农村合作医疗并提高报销比例，对农村落实绝育措施的独女户和双女户育龄夫妻给予一次性 3 000 元奖励等。2012 年，全市 6 526 名农村女孩享受中考加分和高考优录政策，3 716 个农村独生女免交高中阶段学费，36 053 个农村独女户、双女节育户免缴新农合个人承担部分，同时提高 5% 的住院医疗报销比例。

（五）完善困难计生家庭帮扶制度

开展“进万家门、访万家情、解万家难”活动，走访慰问 25 387 户计划生育家庭，发放慰问金 460 万元。实施“生育关怀春风行”、“救助贫困母亲四季行动”、“两癌”救助计划、为计生家庭购买意外伤害保险等系列活动，为困难计生家庭送去了关怀救助。

（六）提升计生家庭致富发展能力

实行政策扶持、项目扶持、资金扶持、对口扶持，形成了“技能培训+项目经营”、“公司+基地+农户”的城乡家庭致富发展模式。全市各级各部门开展职业技能培训6 657场次，培训人员3.4万人次；举办农业技术培训337场次，参训人员两万余人次；扶持农村计生家庭发展1 509户，投入资金2 672万元。2012年度，全市创建计生家庭发展致富示范基地21个，发展示范户170户，帮助357户计生家庭成功创业。

大力倡导生育文明　推进幸福家庭创建

——在全省生育文明建设工作会上的经验交流材料

中共武汉市委　武汉市人民政府

（2012年10月9日）

倡导生育文明，推进幸福家庭创建是新时期人口计生工作转型发展的重要举措。近年来，在省委、省政府的正确领导下，在省人口计生委的具体指导下，武汉市坚持以宣传教育为先导，以政策推动为保障，以优质服务为根本，以项目运作为基础，着力推进家庭人口文化建设，完善家庭发展政策措施，促进优生优育和生殖健康，提升家庭致富发展能力，实行城镇计划生育夫妇年老一次性奖励和免费孕前优生健康检查“两个全覆盖”，积极推进“生育文明·幸福家庭”创建活动，有力地促进了全市人口计生工作的深入发展。

一、以宣传教育为先导，着力推进家庭人口文化建设

武汉市在开展婚育新风进万家活动、生育文明“三级联创”的基础上，围绕创建幸福家庭活动，大力加强家庭人口文化建设。

一是实施家庭人口文化发展计划。大力开展家庭人口文化建设，创建人口文化示范家庭145 318个。开展“十佳幸福家庭”评选表彰活动，在全市300多万个家庭中，评选出奉献家庭、文明家庭、智慧家庭、励志家庭、致富家庭等“十佳幸福家庭”，充分发挥“十佳幸福家庭”引领、带动作用，推进“生育文明·幸福家庭”创建活动。

二是加强基层人口文化阵地建设。全市打造一批文化氛围浓厚、宣传环境优美、硬件设施齐全的示范基地，共建立人口（生育）文化园59个，人口文化活动中心2 470个，人口文化书屋1 695个，开展“十佳人口文化示范基地”评选表彰活动，评选出优秀人口文化书屋30个。

三是推进人口文化宣传立体化。市广电局、市城管、市交委等部门在电视台、户外宣传屏、车载显示屏播放人口计生公益广告。定期召开人口计生工作新闻通气会，通报人口计生工作。创办《与福同行》杂志，形成自有宣传品牌。今年9月，武汉市成功举办了“幸福江城”武汉市首届人口文化节。人口文化节由开幕式、论坛、讲座、展览、闭幕式五个部分组成，受到社会广泛关注。40多家国家和省、市媒体对武汉市首届人口文化节进行了报道。特别是18个人口文化主题展馆，参观展览的人数达到8.36万人次。

二、以政策推动为保障，着力完善家庭发展政策措施

建立和完善人口计生利益导向政策体系，是推进生育文明幸福家庭的重要保障，武汉市适应新时期人口计生工作发展的需要，不断健全和完善覆盖各类人群的家庭发展政策措施。

一是推进城镇计划生育夫妇年老一次性奖励。市委、市政府对建立城镇计划生育夫妇年老一次性奖励政策高度重视，市委常委会议、市政府常务会议进行专题研究，在全面落实企业退休职工计划生育一次性奖励政策的基础上，积极推进城镇计划生育夫妇年老一次性奖励全覆盖。目前，方案已报请省政府研究同意，即将付诸实施。据初步测算，落实此项奖励政策约需资金7亿多元，分4年一次性兑现，每年需投入资金1.36亿元。

二是出台农村计划生育夫妇年老保障制度。出台《关于做好新型农村社会养老保险制度与人口和计划生育政策衔接的通知》，将计划生育家庭纳入新型农村社会养老保险补助范围，采取补“出口”方式，对参保的计划生育家庭分别给予提高基础养老金40~100元的补助。

三是出台关爱计划生育特殊困难家庭的保障政策。计划生育特扶家庭在生活上、精神上、经济上都有许多困难，市委、市政府对这部分人群特别关心、关注和关爱，制定了《关于对计划生育特殊家庭开展关爱关怀工作的通知》（武办文〔2012〕57号），从精神慰藉、经济救助、养老就医等13个方面对特扶家庭给予帮扶。市老龄委等部门启动了由政府买单对困难的失独老人实行1小时的居家护理服务。

四是出台关爱女孩家庭的保障政策。一方面，市委、市政府制发了《关于进一步加大打击“两非”工作力度的意见》，实施打击“两非”的“十项措施”和“五大行动”。有效地铲除了孳生“两非”行为的土壤。另一方面，实行中考加分和高考优录政策，15 966名农村女孩享受中高考优录政策。3 716个农村独生女免交高中阶段学费。36 053个农村独女户、双女节育户免缴新农合个人承担部分，同时提高5%的住院医疗费报销比例，免费为农村独女户家庭成员办理新农合36 053人。实施绿色成才工程，设立关爱女孩专项资金，营造关爱女孩的良好社会氛围。

五是出台扶助贫困母亲的保障政策。实施“幸福工程——救助贫困母亲行动”，帮助贫困母亲“治穷”、“治愚”、“治病”。组织贫困母亲进行健康检查，对患病的贫困母亲给予治疗救助；帮助贫困母亲办理最低生活保障；帮助残疾贫困母亲办理残疾证；开展集中走访慰问贫困母亲活动，给予每位贫困母亲1 000 元经济救助。

六是出台关爱流动人口的保障政策。市政府投入资金4 000 多万元，对32 万名大学新生送一张卡（武汉通学生卡）、一本书（《最武汉》）作为“见面礼”。市长唐良智亲自看望大学新生，并鼓励在汉学生感受武汉，融入武汉，热爱武汉，毕业后留在武汉，建设武汉。坚持每年开展武汉市杰出（优秀）进城务工青年评选活动。当选杰出进城务工青年的，可获武汉市常住人口户口奖励。将在本市入学的外地农村独生女纳入中考加分范围，全市共有610 人与本市户口的农村独生女同等享受中考加5 分的优待。对流动人口中计划怀孕夫妇进行免费孕前优生健康。今年全市共检查一万多对计划怀孕夫妇，仅此项目就投入资金300 多万元。

三、以优质服务为根本，着力促进优生优育和生殖健康

优生优育、生殖健康是家庭幸福和谐的重要基础。多年来，武汉市始终坚持以优质服务为本，努力提高人口计生服务水平。

一是全面推行免费孕前优生健康检查。市政府将免费孕前优生健康检查纳入市政府为民办实事的内容之一，对符合生育政策、计划怀孕的城镇夫妇和农村夫妇（含流动人口）全部免费实行孕前优生健康检查。目前已完成孕前优生健康检查18 912对。

二是积极推进儿童早期发展教育。广泛开展阳光早教服务，形成“基地 + 社区”的婴幼儿早期发展工作模式。全市共建立早教基地70 个，举办各类早期教育讲座1 199 场，参与人数14 180 人。

三是开展青少年健康人格工程试点。探索青少年人格教育，建立青春健康教育基地、青少年空间（青苹果家园）55 个，开展青春期健康教育240 场次，受教育青少年67 346 人次。

四是广泛开展生殖健康进家庭活动。以计划生育服务站为依托，广泛开展生殖健康检查活动，全市已婚育龄妇女生殖健康普查率达95.36%。开展避孕药具进产科、进妇科、进机关、进工地等“十进”服务活动。坚持开展宫颈癌和乳腺癌“两癌”免费检查活动，开展乳腺癌、宫颈癌普查436 868 人，查出乳腺癌、宫颈癌患者853 人，治愈581 人。

四、以项目运作为基础，着力提升家庭致富发展能力

武汉市针对城乡不同的人群不同的特点不同的需求采取不同的扶持办法，因人而异，因地制宜，实行政策扶持、项目扶持、资金扶持、对口扶持。

一是探索城市计生家庭致富发展扶持办法。即实行技能培训 + 项目经营来指导全市计生家庭开展致富。重点扶持小型、微利、方便经营的项目。如开小商店、书画社、小饭馆等。通过技能培训、创业计划书大赛、项目指导、资金扶持等激发计生家庭创业潜能、变“授人以鱼”为“授人以渔”。对一批市场前景好，可行性强，基础条件好的项目，分别给予5 000 ~

10 000 元的帮扶启动资金，并全程跟踪指导和服务，提高项目的成功率。

二是探索建立农村家庭致富发展扶持办法。建立“公司 + 基地 + 农户”的农村家庭致富发展模式。深入基层第一线传播信息，开致富之门。开展全方位技能培训，传致富之经。开展面对面“菜单式”、“开放式”点学服务。提供技术信息，搭致富之桥。为计生家庭提供劳务供求信息、创业项目、创业技术。利用宣传媒体传递信息，引致富之路。今年全市帮助计划生育家庭成功创业 357 户，建立农村计生家庭发展致富示范基地 100 多个。

健全基层服务体系　推进服务升级转型

——在全省计划生育强基提质工作会议上的交流发言

武汉市人口计生委

（2012 年 4 月 10 日）

人口计生公共服务体系是人口计生的事业发展的基石。近年来，武汉市按照国家和省人口计生委关于“强基提质”的部署和要求，积极争取各级党委、政府的领导和各有关部门的支持，不断加强人口计生公共服务体系建设，强化服务意识，提升服务能力，拓展服务范围，创新工作机制，推进人口计生公共服务升级转型，为全市人口计生工作深入开展创造了较好的条件。

一、强化服务意识，推进人口计生公共服务理念创新

武汉市着力于健全基层服务网络体系，推进公共服务升级转型，主要是由于原有的服务体系、原有的服务方式已不能适应人口计生工作发展的需要，具体表现在以下几个方面：一是人口计生公共服务网络不健全。在 20 世纪 90 年代和 21 世纪初期，由于受经济条件的限制和工作理念的桎梏，全市人口计生公共服务网络建设具有很大的局限性，在农村地区，只有在一些经济条件比较好、人口比较集中在地方建立了一批计划生育服务站，很多地方开展计划生育技术服务依托于卫生医疗机构，没有形成覆盖全市城乡的服务体系。二是服务功能不完善。由于在 20 世纪 90 年代，计划生育工作的主要任务是控制人口过快增长，工作手段是以行政管理为主。原有的计划生育技术服务机构的主要职能定位于“四术”服务，是为计划生育行政管理提供支撑的平台，服务功能不突出。三是服务能力和服务质量不高。原有的计划生育技术服务机构因基础设施条件有限、设备配置水平有限、技术服务水平有限，服务能力有很大的局限性，服务质量不高。

为适应新时期人口计生工作的新形势、新任务和新要求，武汉市不断创新工作理念。一是强化“大人口”理念。在新的历史时期，人口计生工作的主要任务已从仅仅就计划生育抓计划生育，向统筹解决人口问题，促进人的全面发展转变；从单一的控制人口数量向促进人口数量、素质、结构、分布均衡发展转变。人口计生公共服务应紧紧围绕统筹解决人口问题，为全面做好人口计生工作提供支撑。二是强化人本服务理念。人口计生工作方式方法逐步从行政管理手段为主，向运用法律、行政、经济、教育等多措并举转变；从管理为主向以服务为主、寓管理入服务之中转变。人口计生公共服务应着力于以人的全面发展为中心，通过精细化的管理和优质服务推进人口计生各项工作的落实。三是强化按需服务理念。人口计生的服务对象从以育龄人群为主，向婴幼儿、青少年、育龄人口、老年人口、流动人口等全人群转变。群众的公共服务需求呈现多元化的特点，从避孕节育向优生指导、早期教育、生殖保健、老年服务等服务生命的全过程转变。因此，人口计生网络不能满足于传统的计划生育服务，而必须加强服务体系建设，拓展服务内容，提高服务能力，更好地适应和满足群众需求的变化，更好践行服务宗旨，推进人口计生国策深入人心。

二、健全服务体系，推进人口计生公共服务网络升级

近年来，武汉市进一步加大了计生技术服务体系的建设力度。全市13个行政区中，现有区级计生技术服务机构13个，街道（乡镇）服务站57个，社区（村）计生卫生服务室3 392个，形成以区级计生服务站为龙头，街道（乡镇）服务站为骨干，社区（村）服务室为基础的覆盖全市城乡的人口计生技术服务体系。

（一）着力加强基础设施建设

一是抓住国债资金和拉动内需项目的机遇，加快了服务阵地建设的步伐。争取市发展改革委资金800万元用于全市10个区站、54个街道（乡镇）服务站的建设。积极争取国家扩大内需专项资金414万元，完成了15个重点项目的基本建设。二是按照“环境优美、技术优良、服务优质、管理优秀、群众满意”的总要求，新建、改建、扩建的人口计生服务机构，投入2 000多万元，对57个区、乡服务机构进行了形象规范化建设，全市计划生育服务机构形象规范建设比例达到85.07%。三是加大技术服务设备的投入力度。全市各级投入3 000多万元用于服务站设备配置。推广引进了生物芯片优生检测、宫腔镜、臭氧妇科治疗仪、自凝刀等新设备、新技术，为满足群众的服务需求创造条件。

（二）着力提升技术服务能力

一是充实技术服务人员。全市现有技术服务人员396人，具有执业医师或执业助理医师资格的达80%以上，中级职称以上的占34%。二是加强技术服务人员培训。深入开展全市计划生育技术人员岗位练兵、技术竞赛活动，选送技术骨干到省级医院进修培训，多层次举办技术人员业务轮训，不断提高技术队伍服务能力。三是加强队伍职业化建设。先后共组织460人参加了全国生殖健康咨询师资格考试，在首次生殖健康咨询师考试中通过率达85%，居全省前列。四是加强服务机构数字化建设。全面推进人口计生技术服务管理信息系统运用工作，加强服务机构、人员、设备等信息的录入、核对工作，为逐步实现技术服务和管理的信息化奠定基础。

（三）着力规范技术服务行为

一是严格依法准入制度。加强对区、乡服务机构的执业管理，严格《执业许可证》的审批发放和执业人员资格审查，严禁无证上岗和超范围服务。二是坚持岗位责任制度。建立《人口计生技术服务人员岗位责任制和岗位过错责任追究制》，加强执业人员的规范管理。三是完善质量监管制度。建立了技术质量制度、首诊负责制度、疑难病例讨论制度、会诊制度、危重患者抢救等制度。四是落实定期检查制度。定期开展计划生育技术服务质量检查，从依法执业、资质准入、技术应用、医疗文书规范、诊疗设备配备、质量控制管理和应急处置机制等各个方面、各个环节严格把关，排查隐患，确保无重大医疗事故的发生。

（四）着力创新服务运行机制

一方面，积极争取各级党委、政府和各相关部门的支持，力争按照国家有关规定，将人口计生技术服务机构性质明确为财政拨款的公益性事业单位，并将此纳入党政领导线人口计生责任目标考核内容。目前，江岸、硚口、武昌、洪山、蔡甸、江夏6个区已落实到位。另一方面，积极推进街道（乡镇）服务机构实行“以钱养事”制度。加强乡镇计生服务中心公益性岗位设置，实行全员聘用、竞争上岗、优胜劣汰的绩效管理办法，变“以钱养人”为“以钱养事”，费随事转，经费由财政保障。

三、拓展服务范围，推进人口计生公共服务职能转型

在开展计划生育避孕节育、随访服务等常规性工作的基础上，积极推进服务对象从原来的局限于育龄妇女向服务全人群转变；服务功能从原来的局限于“四术”服务向“八大职能”转变，向服务生命的全过程转变。

（一）乘势而上，推进孕前优生健康检查

2011年，黄陂区被纳入“免费孕前优生健康检查项目”国家试点。经过一年的艰苦努力，试点工作取得明显成效，截至去年年底，共为6 500名符合生育政策计划怀孕的农村夫妇及流动人口提供了免费孕前优生健康检查，全区目标人群覆盖率达81.04%，指导率达100%，有效地降低了出生缺陷发生的风险。在试点的基础上，认真总结经验，乘势而上，推进孕前优生健康检查全覆盖。市政府将免费孕前优生健康检查纳入市政府为民办实事内容，成立了以市领导为组成，卫生、民政、财政等有关部门参与的领导领导小组，市政府办公厅印发了《关于做好全市免费孕前优生健康检查工作的通知》，市政府举行了项目启动仪式，对这项工作进行全面动员部署。今年，武汉市将完成两万对农村夫妇（含流动人口）免费孕前优生健康检查任务，人群覆盖率达到80%以上。

（二）趁“需”而入，探索婴幼儿早期教育

0～3岁儿童早期发展教育是社会教育工作的空白点。为适应广大群众对“优育”的服务需求，武汉市积极探索婴幼儿早期发展教育工作模式。市计生科技所积极探索早教工作思路，以0～3岁为主，建立0～6岁早教班作为试验基地。武昌区以“中国人口早期教育暨独生子女培养示范区”项目为载体，将儿童早期教育和独生子女培养作为一项惠民工程，纳入全区儿童发展纲要。建立“阳光早教中心”，在社区、幼儿园设立“阳光早教基地”，开展儿童早期教育服务。在武昌区阳光早教示范区的基础上，以市计生科技所为基地，以社区为依托，形成“基地＋社区”的婴幼儿早期发展工作模式。一年来，举办各类早期教育讲座近1 000场，深受群众欢迎。

（三）变“虚”为“实”，拓展青春期健康教育

为适应青少年对青春期健康和性健康知识的需求，武汉市将青春期性教育与生殖健康教育工作纳入人口计生服务范围，将“虚”功“实”做。正面引导青少年树立正确的恋爱观、择偶观、性爱观和生育观，提高意外怀孕风险防范意识。发挥辖区大专院校、小学、中学教育资源优势，将青春健康教育引进了校园、课堂。江岸区将青少年性教育、青春期卫生和生殖健康教育纳入中小学教学内容；蔡甸区开展了“青春期性健康教育进校园”巡回讲座的活动；洪山区开展以《青春期生殖健康与性健康教育实践与研究》项目为载体，在全区开展青春期生殖健康教育培训工作，收到明显成效。

（四）变“查”为“防”，深化生殖健康服务

为适应群众对生殖健康服务的需求，武汉市改变只局限于“查孕、查环、查病”的工作方式，广泛开展生殖健康“十进”活动，不断深化生殖健康服务内涵。武汉经济开发区与企业携手在企业开展女性生殖健康知识的大讲课；青山区组织街辖流动人口家庭参加“生殖健康知识大讲堂”宣传培训讲座；武昌区坚持多年为机关女职工开展免费生殖健康服务；汉南区积极开展宫颈癌和乳腺癌“两癌”免费检查工作；江岸区、洪山区、武昌区积极开展更年期保健免费服务。市计生药具管理站开展避孕药具进产科、进工地、进校园等“十进”服务，提高大家生殖健康意识，增强防范意识。

（五）变“客”为“主”，加强流动人口公共服务

为适应流动人口计划生育基本公共服务均等化的要求，武汉市将流动人口视同为常住人口，积极为其提供优质服务。全市确定68个技术服务机构实行挂牌定点为流动人口服务。硚口区实行流动人口生殖健康服务“一卡通”服务；江汉区免费为辖区用工单位的农民工进

行体检；武昌区开展“为建筑工地女职工送健康”的活动；洪山区开展打造“流动人口服务管理示范街”活动。2011年，全市为流动人口提供免费的生殖健康服务27万人次。东西湖区专门建立流动人口客栈，全方位为流动人口提供生殖健康、免费孕前优生检测等均等化服务，流动人口称“客栈使我们有家的感觉，好温馨”。

近年来，武汉市坚持开展争创国家和省级优质服务县（市、区）活动，全市累计已创建国家优质服务区11个，占13个行政区的84.62%，省优12个区，占92.3%。

四、创新管理机制，推进人口计生公共服务强基提质

（一）积极推进中心户长改革，把住源头

坚持“重心下移、固本强基”，改革和完善中心户长管理模式。按照精简、提标、提能、扩面、规范的原则，画地为牢，实行网格式管理。新洲区率先启动中心户长改革试点工作，将全区中心户长人数由原来6 000人减少至2 000人，劳动报酬由原来120元/年提高到800元/年，加大中心户长的培训力度，明确中心户长工作职责，实行奖惩分明的考核机制。

（二）积极推进绩效目标改革，把住关口

坚持人口计生“三线”责任目标管理，按照“重点确保、特点突出、量化管理、总量控制、权重调节、有利考评”的原则，建立包括刚性指标、重点指标、特色指标、否决指标、加减分指标等“五项指标”内容的人口计生工作责任目标体系。同时，完善考核方法，创新考核手段，强化对横向责任部门的考核，实行联责、联动、联考，实行考核方式捆绑制和考核结果梯次制，真正做到各负其责、各司其职、形成合力。

（三）积极推进工作方式改革，把住重心

围绕重点工作，采取调度会、培训会、现场会、点评会等多种形式，推进工作落实。一是以调度会形式推进。实行“一二三调度制”，市人口计生委在每个季度的第一个月，召开发规科长调度会；第二个月召开分管主任调度会，第三月召开各区人口计生委主要领导调度会，分析各项工作目标执行进展情况，研究部署下一阶段工作。二是以培训会形式推进。比如，为推进免费孕前优生健康检查工作，市人口计生委多次举办培训班，明确工作要求和工作举措。三是以现场会形式推进，确定每个季度一个重点课题，一个经验、一个现场，现场说法，经验推行，以点带面、点面结合，相互交流，共同提高。四是以点评会形式推进。定期召开会议对各阶段工作进行总结点评，肯定成绩，指出不足，落实整改。

（四）积极推进“三抓三促”，把住环节

一是抓能力，促提升。今年，市人口委将举办心理咨询师培训班生殖健康咨询师培训班、人口文化讲师团培训班、社工师培训班、信息操作员培训班、政策法规培训班、孕前优生健康检查专业培训班等各级各类培训班10期，培训人口计生干部队伍1 240人次。二是抓作风，促转变。今年元旦、春节期间，全市各级人口计生部门深入开展“进万家门、访万家情、解万家难”慰问活动，走访慰问计划生育家庭共24 356户。三是抓指导，促落实。为了解全市人口计生工作进展情况，加强对基层人口计生工作的指导，市人口计生委自2月21日开始，组织委机关、直属单位及基层工作人员70余人，分7个组对17个区（开发区、风景区）的101个街乡、126个社区（村）、51个计生服务站和101个医疗服务机构进行为期一个月的调研督导。

虽然武汉市在加强人口计生公共服务体系建设、推进服务升级转型方面取得了一定的进展，但无论是在服务能力上还是在服务质量上，都与群众的服务需求还有很大差距，与人口计生工作要求还有很大差距，与先进的地区相比还有很大差距，武汉市将以这次会议为契机，学习借鉴兄弟城市好的做法和经验，认真学习贯彻国家人口计生委和省人口计生委关于“强基提质”的批示精神，锐意进取，开拓创新，努力提升全市人口计生公共服务水平。

在坚持中创新　在执行中完善　用科学的目标管理机制推动人口计生事业健康发展

——在全省人口计生发展规划工作会议上的交流材料

武汉市人口计生委

（2012年3月21日）

近年来，武汉市认真贯彻落实国家、省人口计生委《关于改革和完善人口和计划生育目标管理责任制的指导意见》精神，紧紧围绕全面做好人口工作这个中心，以提高各级各部门对人口问题的重视程度、提高考核的公信力和减轻基层负担为重点，加强“三个坚持”，健全“三大体系”，着力改革和完善人口计生目标管理责任制，推动人口计生事业持续均衡健康发展，为武汉建设国家中心城市创造了良好的人口环境。

一、坚持统筹兼顾，健全责任体系，努力实现人口计生目标管理的全覆盖

武汉市坚持把人口工作摆在更加突出的位置，以统筹的理念和思路着力推进人口与发展综合决策，形成了横向到边、纵向到底、全域覆盖、内外兼顾的人口计生目标管理责任体系。

（一）责任主体全覆盖

按照“责权一致、职责法定”的原

则，建立健全各级党委政府、责任部门和人口计生部门“三线”目标管理考核机制，根据各自职责分别设置相应责任指标，每年分别签订责任书和印发考评方案，分线组织考评，分别兑现奖惩。对党委政府，主要突出人口计生与社会经济政策之间的协调兼容情况，为统筹解决人口问题创造环境；对相关部门，重在协调配合、制定相关经济社会政策时与人口计生政策的衔接以及社会资源的利用；对人口计生部门，关键在于日常工作的组织和相关工作措施的落实。

（二）工作区域全覆盖

按照“属地管理、守土尽责”的原则，对全市各级各类经济组织、社会组织、特殊群体等分别明确工作职责，落实目标管理，消除工作盲区。如针对企业改制和民营企业不断增多、部分企业计划生育责任缺失的问题，市委、市政府及时研究拟定了《武汉市单位法定代表人人口和计划生育工作责任制暂行规定》；针对封闭住宅小区增多、人口计生服务管理缺位的问题，组织力量开展了封闭住宅小区人口计生服务管理专项清理登记，对能成立社区的尽快成立社区，暂不能成立社区的就近纳入属地管理，并进一步明确了住房保障主管部门、物业公司的人口计生服务管理职责。

（三）部门内部全覆盖

按照“谁主管谁负责、谁的职能谁负责”的原则，健全人口计生部门内部责任体系，切实形成“千斤重担众人挑，人人肩上有目标”的工作格局。为确保人口计生各项责任目标落到实处，市人口计生委实行全员绩效管理，将上级下达的责任目标、委内确定的绩效目标和需要督导基层落实的各项目标，按照“三定”方案的职责规定，全面及时分解落实到各个处室及每位同志身上，切实做到责任明晰、归属明确、分工负责、协同落实。

二、坚持求真务实，健全指标体系，着力强化人口计生目标管理的导向性

根据中央、省委关于全面做好人口工作的决策部署，武汉市结合自身实际，科学合理设置指标，充分发挥目标管理的导向作用，形成了统筹规划、分步实施、重点突出、特色鲜明的人口计生目标管理指标体系。

（一）以战略目标统领指标设置

委党组书记、主任李丹芳同志带领新一届领导班子，在认真分析研究当前全市人口计生工作形势的基础上，提出了实施“66553”工程的五年战略目标，即健全六大体系（规范的人口问题宏观调控与决策体系、合理的流动人口基本公共服务均等化服务体系、先进的人口计生技术服务体系、完善的人口监测体系、准确的人口计生信息化管理体系、科学的阳光考核评估体系），完善六大机制（利益导向机制、群众自治机制、区域协作机制、部门联动机制、宣传教育机制、优化服务机制）、打造五大品牌（多元化的宣传媒体、多层面的宣传队伍、代表性的宣传典型、多形式的宣传阵地、新奇特的宣传产品）、争创“五个示范”（人口文化示范基地、幸福家庭示范典型、流动人口服务示范阵地、信息化建设示范平台、人口计生队伍示范窗口)、攻克三大难点（稳定低生育水平、综合治理出生人口性别比偏高问题、推进流动人口计划生育基本公共服务均等化)，并以此来统领各级各类人口计生目标管理指标的设置，实现了传承与创新的有机结合。

（二）以改革创新规范指标设置

一是坚持上下结合。一部分指标由市里提出定值设想及依据，由区级提出修改意见，一部分指标（如特色目标）由各区提出定值意见，由市里统筹调整。经过自下而上和自上而下多轮讨论后，形成各方认可的指标及指标值，充分体现平等沟通、有据定值的思路，避免指标定值“一言堂”。二是做到高低有别。同一指标根据各区工作水平高低不同确定不同的指标值，如出生政策符合率和出生人口性别比，按照各区实际工作水平确定指标值，充分体现地区差异化和“跳起来摸高”的思路，避免指标定值“一刀切”。三是鼓励创先争优。将指标值分为合格值、挑战值两个挡，要求各区在达标合格的基础上，努力争创一流，体现“敢为人先、追求卓越”的武汉城市精神，避免指标定值“一个调”。通过这些创新举措，进一步规范了指标设置，实现了务实与公正的有机结合。

（三）以分类管理完善指标设置

将考评指标体系分为“刚性指标、重点指标、否决指标、加减分指标”等四大类。其中，刚性指标，指省委、省政府，省人口计生委及市委、市政府下达我市的责任目标；重点指标，指市人口计生年度主要工作中，要求各区共同完成的任务，如将信息化建设、城乡结合部流动人口服务管理示范社区建设等工作纳入重点目标；否决指标，指需全力确保和重点推进的工作，今年除了将出生政策符合率和出生人口性别比指标、综合治理、党风廉政建设、行风评议等纳入否则指标外，首次明确规定对信息化应用不达标单位实行否决，意在用超常规手段推进弱点工作上水平；加减分指标，指对各责任单位获得表彰奖励（包括肯定性批示等）和受到通报批评的，按有关规定加减分。通过这些分类办法，实现了精简与高效的有机结合。

三、坚持狠抓落实，健全监管体系，全力确保人口计生目标管理的执行力

在推进人口计生目标管理的实践中，武汉市充分应用系统论、控制论的科学原理，采取综合措施确保各项目标任务落到实处，形成了全程管理、动态监测、执行有力、推进有序的人口计生目标管理监管体系。

（一）加强过程督导

一是及时预警。每月收集目标进度情况，对不达进度的目标及时提出预警，对数据变化定期分析、通报，为领导科学决策及时提供参考。二是重点监测。将重点环节、重点部位纳入重点监测范围。如每月分析二孩及以上孕情个案，发现孕情消失的，作为“两非”案件线索进行查处；对人口计生工作水平相对滞后的街乡和村（社区），全程监测数据变化，深入分析问题成因，着力帮促后进转化。三是调度目标。实行“123”目标调度制，第一个月由发规信息处召集各区人口计生委发规科长调度目标，第二个月由分管主任召集各区人口计生委分管副主任调度目标，第三个月由委党组书记、主任召集各区人口计生委主任调度目标，层层抓落实，月月抓推进。

（二）加强信息引导

注重应用和发挥数据信息在目标管理工作中的有益作用，要求各级人口计生部门经常性登录全省人口计生服务管理信息系统、全省人口基础信息共享平台、省级PADIS平台，及时汇总数据，及时发现个案，及时分析研究，带着重点去督导，带着案例去调研，带着疑问去思考对策，带着对策去指导工作。在今年的春季督导中，市人口计生委党组书记、主任李丹芳同志率先演示应用人口计生信息系统查找问题的方法，各位副主任均带着自己查找的问题到基层进行调研。

（三）加强业务指导

按照既定的责任指标分解方案，委机关各处室各自负责对基层相应工作指标进行日常督导和工作指导，经常性深入基层调研督办，确保各项目标任务按时保质落到实处；指导工作的成效与各个处室、每个同志的绩效挂钩，纳入年度考核奖惩兑现。今年春节以来，计生委组织专班，先后对全市各区101个街乡、126个社区（村）、51个计生服务站和101个医疗机构进行了业务督导，为全年人口计生责任目标完成奠定了坚实基础。

武汉市人口和计划生育目标管理责任制的创新实践，取得了阶段性成效，较好地推动了全市各地工作的顺利开展和平衡发展，同时也还存在一些问题和不足。下一步，将根据省人口计生委的工作部署，结合兄弟市州的先进经验，进一步加快务实创新的步伐，不断完善目标管理责任制，推动武汉市人口和计划生育事业持续均衡健康发展。

精心组织　规范运行
扎实推进全市免费孕前优生健康检查工作

——在全省免费孕前优生健康检查工作会上的交流材料

武汉市人口和计划生育委员会

（2012年7月17日）

2010年，武汉市在启动黄陂区国家免费孕前优生健康检查项目第二批试点的时候，就把这项工作的全面实施作为人口计生部门转变服务职能，提升服务能力的重大项目，要求各区“统一实验室改造、统一设备购置、统一人才培育”，早作准备、早当试点、为全市早日全覆盖打好基础。天门会议后，武汉市迅速传达贯彻会议精神，把孕前优生健康检查项目纳入2012年市政府为民办实事的重点工作，纳入流动人口均等化服务的重要内容，全市十三个区和四个开发区全部启动了项目工作，力争年内为两万对农村和流动人口夫妇，提供免费孕前优生健康检查。自2012年3月底全市全面以来，武汉市紧紧围绕规范服务流程、严格服务标准、确保服务质量、强化目标管理等环节，想办法、添措施、扎实有效地推进试点工作。截至2012年7月16日，全市已完成13 800对目标人群的检查任务，完成率为68%，人群覆盖率为56%。

一、加强领导，明确责任

市委、市政府高度重视孕前优生项目试点工作。成立了以分管市长为组长，计生、财政、卫生、民政部门主要领导为副组长，各区分管区长为成员的领导小组。全市6个新城区全部被列为全国免费孕前优生健康检查项目的试点单位。7个中心城区和开发区列为市级试点单位，实现了项目的全覆盖。市政府办公厅下发了《关于做好免费孕前优生健康检查的通知》，市人口计生委与市财政局联合制定《武汉市免费孕前优生健康检查政府实事项目工作方案》。3月1日，市政府在黄陂区召开了高规格的项目启动会和动员会，明确将开展国家免费孕前优生健康检查作为人口计生目标党政线考核重要内容和人口计生部门绩效考评的重要内容。明确了人口计生部门作为项目的牵头单位，负责项目的宣传发动、组织实施、信息统计上报工作；市卫生部门负责配合人口计生部门成立专家指导组，并协助其指导相关医疗机构做好质量控制工作，协助指导妇幼保健机构做好新婚对象孕前优生健康检查宣传动员工作；民政部门负责配合人口计生部门在婚姻登记窗口发放孕前优生健康宣传资料；财政部门负责做好免费服务资金的预算决算、转移支付和监督管理，确保各级配套资金及时到位。市财政局高度重视，迅速与市人口计生委联合下发文件，对孕前优生健康检查项目市级试点区实行市区各负担50%比例投入经费，对孕前优生健康检查项目工作经费由财政在计生事业费中列支。市级财政按每对30元给予补贴。会后，市卫生、民政等部门积极配合，整合调动部门资源，为项目推动提供人、财、物保障。各区人民政府迅速制定了实施方案，成立了领导小组、工作专班和专家组。3月31日，全市各区全面启动了项目工作。

二、广泛宣传，深入倡导

为了提高广大育龄群众的知晓率，为项目的推动营造良好的氛围，武汉市加大了宣传的力度、深度和频度。一是在《现代健康报》、《武汉晚报》、《楚天都市报》进行了专版宣传。在武汉电视台作了专题宣传。在市人口计生门户网站上开辟了“免费孕前优生健康检查项目”专栏，长期进行专栏宣传。二是全市印制了4万份《致全市准备怀孕夫妇一封信》和《帮你生个健康宝宝》知识读本，统一发放到每家每户。三是派驻人口计生工作人员到民政局婚姻登记处，进行政策知识宣传，并做好结婚人员基本信息的登记。四是通过“科技周”、“5.29”等活动日进行户外宣传。并结合北京斯利安天使行动叶酸的捐赠活动，在新城区举办了6场“促进优生优育、预防出生缺陷”的大型知识培训班，进一步增强待孕夫妇对出生缺陷危害的认识，提高优生优育和生殖健康知识的普及率。五是发挥区、乡、村计生服务网络作用，定期开展新婚和已婚待孕夫妇及乡、村两级计生专干进行优生优育知识、孕前优生项目检查流程等方面的培训班，全市举办培训班400多次，参训人员4多万人，发放宣传资料8万余份。形成了多样化、立体式、全覆盖的宣传格局，真正做到项目政策和优生知识家喻户晓。

三、重点建设，提升能力

为切实做好免费孕前优生检查项目工作，武汉市以实验室改造为重点，全面提升各区计划生育服务站的基础设施建设和改造，优化服务条件，提高服务能力。聘请武汉市卫生临检中心为项目的质控中心，在中心检验专家的指导下，各区严格按照布局合理、流程规范、整洁温馨、符合消毒隔离规范的要求，合理改造了实验室。同时，为各区服务站统一装备了全自动生化分析仪、化学发光免疫分析仪等一批适用仪器。全市投入实验室改造资金200余万元，投入实验室设备更新资金800余万元。在加大实验室改造和检验设备更新的同时，更注重引进人才和加强岗位培训。全市共引进聘用42名技术人员，主要充实服务站临床检验、优生咨询等关键岗位，有效提高了项目执行能力。先后举办了全市“免费孕前优生健康检查实验室操作技术人员培训班”、“免费孕前优生健康检查综合评估医生培训班”、“免费孕前优生健康检查实验室规范化培训班”、“综合评估师案例分析培训班”。市区组织技术人员培训50多场次，1 000余人次参加了培训。其中，市级检验人员培训班受训人员考核合格，由市卫生局临床检验中心颁发合格发证。这些培训班针对性、操作性都很强，通过培训提高了检验结果的准确性、综合评估的科技学，确保了项目的运行质量。

四、规范流程，确保质量

武汉市按照国家操作规范，对接诊、宣教、检查、咨询等各个环节都明确了严格的工作流程和工作标准，实行了基础质量的标准化。一是科学预测目标人群。区、乡、村三级都按照当年新婚、一孩持证和二孩及以上持证情况开展了目标人群调查，市级也通过全员信息库调查了目标人群情况，从而科学预测目标人群数，下达项目工作目标。二是完善检查服务模式。在黄陂区国家试点基础上，武汉市6个新城区全部推行黄陂区的区乡共同服务模式，中心城区借鉴区乡共同服务模式，实行市区共享服务模式。全市17个项目区中，6个取得了《卫生医疗许可证》新城区，由其计划生育服务站独立承担实验室项目。7个中心城区委托市计生科技所完成实验室项目，由各区站取样、送样，市计生科技所检验，出检查结果，各区站进行综合评估。4个开发区委托辖区医院和邻区服务站共同完成，充分利用了现有资源。三是增添优生宣传教育内容。利用九喜集团开发的“优生风险评估”软件系统。完成项目要求的优生健康教育。对影响胎儿发育的涉及环境和习惯的十二大风险因素，采取人机对话的形式，将参检对象的信息输入电脑，系统会自动生成风险因素的评估报告，并给出一对一有针对性的指导意见，以增强对象的风险意识和防范能力，远离有害的生活工作环境。四是加强实验室质量管理。质量决定项目的成败，武汉市始终把项目质量放在第一位。为了保证实验室13项检验的准确性，委托武汉市临检中心指导各区服务机构，建立质控工作制度，完善质控监督机制，坚持室内质控常规。建立了规范的实验室SOP及质控体系，制定了《武汉市孕前优生健康检查实验室质量考核标准》。将市区7个实验室纳入全市医院临床检验质控管理体系之中，与300多家综合医院实验室同标准、同评比。这些措施有效地加强了实验室规的范化，提升了检验工作水平，强化了实验人员的质控责任和质控意识。五是强化项目目标调度。武汉市建立了项目目标管理的“周调度、月通报、季质控、年检查”制度。按照制度要求，全市已下发两次月通报。开展了一次室间质控，目前正在实施半年检查。

在项目调度和检查中武汉市很高兴地发现：项目推动平稳有序，今年惠及两万对夫妇的目标可以顺利完成；依托项目，市区两级服务机构的标准化、规范化建设得到很大提升；一支事业心强、质量意识高、技术素质过硬的人口计生技术服务职业队伍正在形成。但同时武汉市也不无遗憾地发现，人口计生“事业留人”的吸引力不强，关键岗位的技术人员缺乏或素质不高，是项目提升人口计生服务形象，提高育龄群众满意度和向心力的制约瓶颈；项目组织目标人群的成本过高，高层次人群的自觉参与度不强；国家试点项目信息系统速度很慢，评估的个性化针对性不强；项目保障经费的标准不高。这些问题是项目将来惠及全人群，真正为提高民族出生人口素质作贡献较难解决的问题，也是武汉市今年提升质量扩面发展必须解决的问题。

经过3个月的项目运行实践，武汉市项目试点工作初步建立“政府主导，人计牵头、部门配合、专家支撑、群众参与”的工作机制，形成了科学、规范、便捷的常规运转模式，目标人群把握准确，渠道畅通快捷，模式运行规范，服务热情周到，评估科学细致，指导准确到位，群众优生意识普遍提高。

加强组织建设　拓展服务领域 努力推进计划生育协会科学发展

——在全省计划生育协会组织建设工作座谈会上的交流发言

武汉市计划生育协会

（2013 年 2 月 27 日）

武汉市计划生育协会成立于 1985 年 6 月 1 日，经过 27 年的发展，全市现有计生协组织 4 122 个，会员 80 多万人。多年来，市计生协认真贯彻落实《中共中央国务院关于全面加强人口和计划生育工作统筹解决人口问题的决定》，以及《中国计划生育协会科学发展规划纲要》，坚持“围绕主题主线，积极服务于科学发展；发挥独特优势，积极服务于社会和谐稳定；坚持以人为本，积极服务于计划生育群众”的“三个服务”工作定位，以协助政府统筹解决人口问题、促进人口长期均衡发展为中心任务，切实加强组织建设，积极参与创新社会管理，较好地发挥联系广大育龄群众和计划生育家庭的桥梁和纽带作用，为武汉市被确定为全国人口和计划生育综合改革示范市、全国婚育新风进万家活动第四阶段示范市、全国流动人口计划生育基本公共服务均等化试点市、全国创建幸福家庭活动试点市，连续多年荣获湖北省党政领导线人口计生目标管理一等奖作出了重要贡献。市计生协连续两次被评为“全国计生协先进单位”。

一、加强组织建设，增强计生协组织的执行力

整合社会资源，汇聚各方力量，是计生协发挥桥梁、纽带和生力军作用的关键。全市各级计生协积极争取党委、政府的领导，自觉接受人口计生部门的指导，密切与相关部门和社会各界协作，使计生协组织的执行力不断增强。

（一）坚持“三统筹”

一是统筹组织建设。2011 年 9 月 9 日，经市委、市政府同意，市计生协召开第五次会员代表大会，选举产生了新一届领导班子。市委分管副书记和市委、市政府老领导担任名誉会长，市政府分管副市长担任会长，市人口计生委主任担任常务副会长。理事会由市直部门、武警部队、大型企业、市人口计生委各处室、各区人口计生委主要负责人和有关专家组成。二是统筹决策部署。各级党委、政府始终坚持走行政管理与群众工作相结合的统筹解决人口问题道路，将计生协工作与人口计生工作摆上同等重要的位置。市委、市政府将计生协工作纳入《武汉市人口和计划

生育事业发展十二五规划》、《关于进一步深化人口和计划生育综合改革的意见》统筹决策，在市委市政府工作会议上统筹部署。三是统筹目标管理。各级党委、政府将计生协的基层组织建设、基层群众自治、生育关怀行动等主要工作分别纳入党政领导线和人口计生部门线目标管理责任制，与人口计生工作同调研、同督察、同考评。2012 年将计划生育家庭意外伤害保险、流动人口计生协组织网络建设、创建计划生育家庭致富发展示范户等计生协工作纳入人口计生部门线责任目标，权重达 8%。

（二）坚持“三纳入”

一是将基层计生协组织建设纳入全市“家园建设行动计划”和“社区建设 883 行动计划”总体规划。村（社区）党支部书记或村（居）民委员会主任担任计生协会长，村（居）民委员会妇女（计划生育）委员担任计生协秘书长，村（居）民小组长或骨干会员担任计生协会员小组组长，形成了计生协组织网络与人口计生管理网络、流动人口协管员网络、志愿者服务网络“四网合一，目标一致”的格局。二是将计生协组织建设纳入基层民主政治建设的总体框架。村（社区）计生协组织与党支部、村（居）民委员会一并组建、换届，明确计生协组织和动员广大群众积极参与计划生育民主管理和民主监督。三是将计生协会员之家纳入村（社区）基层设施建设总体布局。全市所有村（居）民委员会建起了集计生协会员之家、人口学校、党员活动室等于一体的多功能室。2012 年，市委组织部将人口计生纳入推进社区和村党员群众服务中心强化党务、规范居（村）务、优化服务、拓展商务、协调事务“五务合一”全覆盖总体规划。全市基层计生协“会员之家”普遍达到有活动场所、有活动制度、有宣传队伍、有文体器材、有服务计划和记录的“五有”标准。

（三）坚持“三落实”

一是落实机构编制。市、区两级完成了计生协“参公”工作，市计生协秘书处现有编制 5 个，13 个行政区计生协设秘书科共有编制 27 个。二是落实人员待遇。区计生协秘书长（副秘书长）享受科级（副科级）待遇，街（乡镇）计生协秘书长（副秘书长）享受同级计生办主任（副主任）待遇，村（社区）计生协秘书长享受村（居）民委员会副主任待遇，会员小组长由区、街两级人口计生部门给予报酬并逐年提高。三是落实工作经费。各级计生协工作经费和专项活动经费纳入人口计生事业经费预算并逐年提高，2011 年起，市、区两级计生协工作和专项活动经费达1 000多万元。2012 年，新洲区、武汉经济技术开发区、东湖新技术开发区、东湖生态旅游风景区、武汉化学工业区全面改革中心户长管理模式，实现“精简、扩面、提能、提标、规范”的目标。

二、拓展服务活动，增强计生协组织的凝聚力

全市各级计生协大力拓展服务活动的深度和广度，逐步实现“三个转变”，即：由服务已婚育龄群众向服务儿童、青少年、老年群体拓展；由组织群众互帮互助向项目化、产业化、规范化服务拓展；由为群众计划生育服务向为群众改善物质文化生活、创建家庭幸福、建设幸福武汉服务拓展。

（一）宣传倡导服务突出“三性”

一是社会性宣传倡导服务。各级计生协围绕全面做好人口工作的主要任务，在重大节日和纪念日组织群众开展演讲比赛、文艺演出、知识竞赛等宣传倡导活动，江岸区百步亭社区的“计生和谐万家宴”、硚口区汉正街的“楼台生育文化”、武昌区南湖中央花园的“邻里文化”、青山区119社区的“计生街坊节”、洪山区红霞村的“群众计生文化沙龙”等，以群众喜闻乐见的形式，宣传基本国策，倡导生育文明，推进家庭人口文化建设，促进群众婚育观念的转变。二是经常性宣传倡导服务。各级计生协充分发挥扎根群众、联系面广的优势，积极整合社会文化资源和群众文艺骨干，打造了160多个骨干文艺宣传队，积极开展经常性的宣传服务活动，形成了区（街、乡、镇）有生育文化园、村（社区）有人口文化大院、门栋有人口文化宣传栏、育龄群众有生育文化袋的格局。三是主题性宣传服务活动。各级计生协积极参与婚育新风进万家活动和关爱女孩行动，通过树立先进典型，起到了宣传示范、带头引领的作用。江汉区民权街统一五金市场计生协会长毛振国，在全市成立首家“关爱女孩俱乐部”，被评为“全国首届关爱女孩十大新闻人物”。江岸区车站街长安社区流动人口计生协会长白忠如，放弃家乡麻城市送来的二孩生育指标，终身只要一个女孩，以实际行动影响周围和家乡群众的生育观念，被评为“2011年度中国幸福家庭”。

（二）生育关怀服务体现“三化”

一是目标人群多极化。在开展基线调查的基础上，各级计生协将目标人群分为困难的计划生育家庭、独生子女伤残家庭、独生子女父母伤残家庭、独生子女夭折家庭、独生子女死亡不能再生育的家庭、农村独女户、农村双女节育户、留守儿童、空巢老人、贫困母亲、单亲母亲、困难的基层人口计生工作者共12类，市、区、街（乡镇）、村（社区）分级建立目标人群档案，全市生育关怀目标人群呈多级化梯形结构。二是项目活动多元化。按照“突出重点、分级负责”的原则，各级计生协分别实施生育关怀项目，开展生育关怀活动。2007年，市计生协开始实施“生育关怀春风行”项目，对独生子女死亡家庭给予每户1 000元的援助。2011年，市计生协启动“生育关怀·幸福家庭”促进计划，其中，建立了市、区、街（乡镇）计划生育家庭意外伤害保险三级补贴机制。每年开展“春节·生育关怀送温暖”活动，其中2011年共投入580.78万元，走访慰问困难的计划生育家庭23 715户。2012年起每年春节前夕开展“进万家门、访万家情、解万家难”走访慰问活动，其中2012年共投入581.267 7万元，走访慰问了25 387户计划生育家庭。各区、街（乡镇）结合实际积极打造具有地域特性、文化特质、时代特征、协会特点的品牌项目与活动。省、市试点单位汉南区计生协的“生育关怀·艳阳天计划”，每年投入专项资金70多万元，开展金百合计划生育家庭育龄妇女早期宫颈癌普查及患者治疗救助、金色阳光伴我行、金榜奖表彰高考上一类线农村独女双女、八一金辉情暖独生子女现役军人家属、金色年华青春健康教育等“五金关怀”活动，其中“金色阳光伴我行”活动入选国家人口计生委、中国计生协《生育关怀行动100例》，各街道计生协打造了生育关怀——四季行动、暖流行动、惠风行动、福泽行动等特色品牌。江岸区计生协的“爱心驿站”、“手机直通车”，江汉区计生协的“116聚爱沙龙”、“亲情空间”QQ群、“兵儿子”志愿者服务队，武昌区计生协的特扶家庭联谊会、“知心大姐”志愿者服务队，洪山区的“幸福洪山·晚晴行动”，蔡甸区的“绿色低碳·幸福家庭”等，从各个方面关怀帮扶目标人群。村（社区）普遍成立志愿者服务队，开展志愿者与目标人群的“结对帮扶”活动。江岸区百步亭社区建立了由1万多人组成的志愿者服务队，组建了“李小海志愿服务队”等160多个志愿者服务小组，形成了“有时间做志愿者，有困难找志愿者”的格局。东西湖区常青花园社区拓展志愿者服务，探索建立了“邻里守望”、“医疗保健”、“爱老敬老”、“关注成长”、“爱在流动”、“物业帮困”等六大志愿者服务品牌。三是专项资金多重化。各级计生协采取“政府拨一点、部门划一点、社会募一点”的办法筹集生育关怀专项资金，其中2011年达836万元，2012年达1 033万元，市计生协每年将100多万元生育关怀专项资金纳入预算，保障生育关怀行动以项目方式扎实推进，使生育关怀行动真正成为汇聚爱心、凝聚民心的品牌项目。

（三）便民维权服务满足“三需”

一是满足群众就业生活所需。市计生协参与编写了《农民工法律知识学习读本》，开展了“法律进基层”活动，指导流动人口维护合法权益；江汉区的“打工妹之家”、“扁担哥驿站”，为流动人口提供岗位培训、法律咨询和维权服务；汉阳区的“他乡暖吧”，为流动人口提供就业信息、租房信息、政策咨询、代办证件等综合服务；青山区的“四点半学校”，有效解决了孩子放学托管的问题；江夏、黄陂、新洲等区的留守儿童学校，解决了流动人口子女入学的问题；江岸区百步亭社区巾帼家政服务中心和“好大哥”家政服务站，将物业保洁、饮食服务等岗位优先安排困难计划生育家庭。二是满足群众生殖健康所需。市计生协定期组织生殖健康专家深入村（社区）开展咨询服务活动，每年组织开展“育龄妇女生殖健康知识巡回讲座”活动150多场，为育龄群众宣讲生殖健康科普知识，为群众送医送药。2012年启动育龄妇女“两癌救助”项目，对49名困难的计划生育家庭患乳腺癌、宫颈癌的育龄妇女给予了每人2 000元的治疗救助。开展“生育关怀·创建幸福家庭”公益活动，为计划生育特殊家庭再生育障碍夫妇和不孕不育夫妇提供免费和援助治疗服务。创建了一批青春健康教育基地，开展了“青春健康教育进社区”活动。三是满足群众生产发展所需。建立“政府投入、各方参与、协会运作、群众受益”的帮扶机制，各级政府、相关部门共投入帮扶资金 3 560 万元，帮助群众发展生产；东西湖、汉南、蔡甸、江夏等区以基层计生协为依托，成立各类专业协会，通过资金和技术帮扶，帮助计划生育家庭发展特种养殖和种植业；黄陂、蔡甸等区计生协积极探索“公司 + 会员”、“致富能人 + 会员”模式，提高了群众的经济收，增强了计划生育家庭的发展能力。

三、创新社会管理，增强计生协组织的生命力

为建立健全“党委领导、政府负责、社会协同、公众参与”的人口计生工作格局，全市各级计生协认真贯彻落实党中央、国务院关于全面做好人口工作的决策部署，积极参与创新社会管理，积极发挥群众团体的协同、自治、自律、他律、互律作用。

（一）基于“三种形式”创新组织模式

随着工业化、信息化、城镇化、市场化进程的不断加快，面对经济体制深刻变革、社会结构深刻变动、利益格局深刻调整、思想观念深刻变化的新形势，各级计生协积极探索发展“产业式”、“物业式”、“联合式”计生协等新的组织形式，通过计生协的桥梁和纽带作用，形成了党委政府与基层自治组织、经济组织、社会组织和群众团体互联、互补、互动的新格局。青山区大力推进“产业式”计生协组织建设，探索建立了“政府主导，属地管理、单位负责、群众参与”的工作模式；江岸区大力推进“物业式”计生协组织建设，探索建立了“政府牵头、部门配合、社区管理、物业协助、业主参与”的工作模式；东西湖区创建“支部 + 物业 + 协会”模式，破解物业小区计划生育服务管理难题；江夏区按照“合理分类、分清责任、块块管理”的思路，探索建立了村（社区）模块式、高校单位责任式、集贸市场联合式的计生协组织模式。

（二）强化“三个自我”创新群众自治

全市大力推进以“自我教育、自我管理、自我服务”为核心内容，村（居）党支部、村（居）委会、村（居）计生协“三位一体”的人口计生基层群众自治，建立健全了“党支部核心领导，村（居）委会全面负责，计生协组织实施，村（居）民维权自律”的群众自治模式，创建全国人口计生基层群众自治示范村（居）30 个，省级示范村（居）31 个、市级示范村（居）69 个，合格村（居）达 85% 以上。江岸区百步亭社区在全国首创“建设、管理、服务”三位一体的管理体制，探索建立了“党的领导、政府服务、居民自治、市场运作”的工作机制和围绕“一个目标”、行使“两个基本权利”、实现“三个自我”、落实“四个民主”、达到“五个标准”的新模式。“一个目标”就是让居民自觉实行计划生育，真正成为计划生育的主人；“二个基本权利”就是保障居民正确行使依法生育、获得计划生育奖励的权利和免费享受基本技术服务、知情选择的权利；“三个自我”就是让居民在计划生育居民自治中实现自我教育、自我管理、自我服务；“四个民主”就是让广大居民真正做到民主参与、民主决策、民主管理、民主监督；“五个标准”就是教育以居民知晓为标准，管理以居民认同为标准，服务以居民需求为标准，决策以居民做主为标准，监督以居民满意为标准。2009 年 9 月，国家人口计生委、中国计生协在武汉召开“全国人口和计划生育群众自治经验交流会”，中国计生协原会长姜春云、国家人口计生委主任李斌对我市人口计生基层群众自治工作给予了充分肯定，与会代表给予了高度评价。《人民日报》和《新华网》分别发表了《统筹解决人口问题的“生力军”》、《让群众成为计划生育的主体》的专题报道。

（三）立足“三个服务”创新发展之路

近两年来，市计生协认真贯彻落实中国计生协第七次全国会员代表大会和七届二次、三次全国理事会，省计生协第五次全省会员代表大会和五届一次、二次全省理事会精神，按照“三个服务”的工作定位，确立了“一拓四促”的发展思路，即：拓展服务领域，促进人口长期均衡发展、促进家庭致富发展、促进群众健康幸福、促进社会和谐稳定。市计生协相继出台了《关于推进新经济组织新社会组织和流动人口计划生育协会建设的指导意见》、《关于进一步加强基层计生协群众文艺宣传队伍建设的指导意见》、《关于在全市开展“生育关怀行动”品牌项目推进活动的通知》、《关于印发“生育关怀·幸福家庭”促进计划实施方案的通知》、《关于开展“生育关怀——青春健康”工作的意见》、《关于开展创建幸福家庭活动试点工作的意见》、《关于印发武汉市计划生育家庭致富发展促进计划的通知》、《关于开展“双十佳双百优”评选活动的通知》等一系列文件。2013 年，在全市人口计生部门线责任目标中进一步增加了计生协工作的内容，刚性指标、重点指标、特色指标的权重提高到 10.5 ~ 14.5 分。全市计生协工作将再上新台阶，开创新局面。

坚持“三个服务” 强化“宣传倡导”
为全面做好人口工作奠定坚实的群众基础

——在全省计划生育协会宣传工作会议上的交流发言

武汉市计划生育协会

（2012年8月24日）

近年来，在湖北省计生协和武汉市人口计生委的指导下，武汉市计生协认真贯彻落实中国计生协七届二次全国理事会、湖北省计生协五代会精神，紧紧围绕全面做好人口工作的中心任务，坚持“围绕主题主线，积极服务于科学发展；发挥独特优势，积极服务于社会和谐稳定；坚持以人为本，积极服务于计划生育群众”的工作定位，充分发挥会员群众在家庭人口文化建设和创建幸福家庭活动中的主体作用，广泛开展群众性的宣传倡导活动，大力传播科学、文明、进步的婚育观念，为全面做好人口工作营造了良好的社会环境和舆论氛围，奠定了坚实的群众基础。

一、加强组织领导，增强“三个保障”

依托各级计生协会员之家和基层计生协群众文艺宣传队伍，开展群众性宣传工作，普及计划生育、优生优育、生殖健康等科学知识，倡导“婚育文明、性别平等；计划生育、优生优育；生殖健康、家庭幸福”等科学、文明、健康的婚育观念，提高群众实行计划生育的能力和水平，是计生协的一项重要任务。为充分发挥计生协的宣传职能作用，全市各级计生协高度重视宣传工作，增强了“三个保障”。

一是组织保障。全市计生协组织网络实现村（社区）全覆盖，流动人口计生协组织网络基本覆盖。各级计生协在换届选举中，注重推选宣传文化战线的领导和知名人士为计生协理事会理事，团结和带领一批宣传文化战线的骨干力量共同推进计生协宣传工作。村（社区）计生协在吸收“五老”、育龄群众积极分子入会的同时，注重吸收有文化、有知识和爱宣传、会宣传、善宣传的年轻人入会，形成计生协开展宣传工作的有生力量。

二是制度保障。各级计生协每年将宣传倡导工作纳入工作计划，建立健全了宣传工作制度。村（社区）计生协将宣传倡导工作纳入人口和计划生育基层群众自治章程和公约，纳入诚信计生协议书（合同）。各级计生协围绕人口计生工作的中心任务，组织会员群众定期开展大型社会性宣传倡导活动，不定期开展主题性宣传倡导活动，经常性开展个性化入户宣传倡导活动，把人口计生方针政策、法律法规、科普知识传播到千家万户，起到了会员群众自我教育的作用。

三是经费保障。市计生协每年将宣传工作经费纳入年度预算，2012 年将大型活动等宣传工作经费预算提高到 20 万元。市、区、街（乡镇）计生协均建立了宣传工作经费补贴机制，每年分别对区、街（乡镇）、村（社区）计生协开展大型宣传活动给予经费补贴。各区计生协对街（乡镇）、村（社区）《人生》杂志的订阅实行全额补贴，区、街（乡镇）计生协对村（社区）计生协会员之家等阵地建设按比例给予补贴，确保了基层计生协宣传活动的广泛开展。

二、加强会刊订阅，发挥“三个作用”

中国计生协会刊《人生》杂志以贴近实际、贴近生活、贴近群众为宗旨，深受各级计生协工作者和广大会员群众欢迎。市计生协高度重视《人生》杂志的订阅工作，今年《人生》杂志的订阅实现了市计生协理事会理事和区、街（乡镇）、村（社区）计生协两个全覆盖，发挥了“三个作用”。

一是宣传导向作用

《人生》杂志融知识性、趣味性、可读性为一体，通过典型的案例、生动的故事、精彩的报道，宣传人口与计划生育法律法规和方针政策，为会员群众喜闻乐见。基层计生协积极组织会员小组长学习《人生》，进而学会以生动的事例开展宣传倡导工作。广大会员群众通过阅读《人生》杂志，更深刻地理解人口与计划生育法律法规，更直观地领会人口和计划生育方针政策，更自觉地实行计划生育政策。

二是工作指导作用

各级计生协通过《人生》杂志的“直通信息”，广泛了解和学习借鉴全国各地计生协加强组织网络建设、推进人口计生基层群众自治、开展生育关怀行动和宣传倡导活动的经验，促进了计生协工作能力和水平的提高。基层计生协群众文艺宣传队将“生育文苑”的作品作为范本组织学习，将优秀作品进行排练表演，不仅扩大了《人生》杂志的宣传效果，也提高了文艺宣传的水平，受到广大群众欢迎。

三是生活倡导作用

《人生》杂志探索生命奥秘，关注生存环境，关注生命质量，关注家庭发展，倡导文明生活，“婚姻家庭”、“性福有约”、“生殖健康”等栏目，与全市正在开展创建幸福家庭活动、实施“12・300乐福家”行动计划的主要内容“文明、健康、优生、致富、奉献”十分契合。基层计生协将学习《人生》杂志与开展创建幸福家庭活动紧密结合，通过开展专题讲座和知识竞赛活动，收到与会员群众共创幸福家庭和美好人生的良好效果。

三、加强信息工作，做到“三个提高”

2012 年以来，市计生协重点加强了协会信息工作，建立健全了协会信息采集、报送和编发工作制度，全市各级计生协信息工作做到了“三个提高”。

一是提高了信息数量。市计生协秘书处2012年度绩效目标共4类14项，其中，刚性指标3项、重点指标7项、特色指标2项、否决指标2项。市计生协秘书处5项工作纳入市人口计生委2012年拟办十件实事。市人口计生委下达各区2012年人口计生部门线绩效指标6项，权重达8%。由于目标增多、任务加重、责任加强，全市各级计生协各项工作和活动蓬勃开展，信息量激增，1~8月，全市各级计生协信息采集报送量突破500条。

二是提高了信息质量。市计生协在中国人口网、中国计生协网站发布信息实现零突破。截至目前，市计生协在湖北人口网上发布信息32条，在武汉人口网上发布信息47条。基层计生协在湖北人口网、省计生协《协会宣传》、武汉人口网、市人口计生委《与福同行》杂志发表信息达200多条。各级计生协在中国人口报、湖北日报、楚天都市报、湖北电视台、《湖北人口》、《长江日报》、《武汉晚报》、《武汉晨报》、武汉电视台等媒体发表协会信息和新闻报道达100多篇。

三是提高了信息时效。市计生协秘书处加强了信息采集和编发工作，8个月已编印《协会信息》26期，编发各级计生协报送的信息298条，每期《协会信息》图文并茂、丰富多彩，全方位展示了全市计生协工作的新动态和新发展。省计生协网站“地方要闻”每期转发。基层计生协信息报送的积极性空前高涨，做到了上午的动态下午报送信息，下午的动态连夜报送信息。由于信息报送、编发及时，有效起到了指导基层、相互交流、相互促进的作用。

四、加强群众宣传，实现“三个提升”

5月28日，中国计生协、湖北省计生协和武汉市政府联合举行了庆祝中国计生协成立32周年、国际计生联成立60周年暨第14个“会员活动日”活动，给全市各级计生协开展群众宣传活动极大的鼓舞。市计生协联合蔡甸区计生协在奓山街星光村举行了以“创建幸福家庭、建设幸福武汉”为主题的纪念中国计生协成立32周年暨第14个“会员活动日”活动。全市基层计生协群众宣传活动精彩纷呈，实现了“三个提升”。

一是提升了基层群众宣传队伍整体水平。市计生协印发了《关于进一步加强基层计生协群众文艺宣传队伍建设的指导意见》，对基层群众文艺宣传队进行了全面登记，全市骨干宣传队伍达180个，拥有骨干宣传员5 000多人。基层计生协请名师为这些宣传队进行培训指导，帮助这些宣传队配备必要的器乐、服装、道具，有效提升了自编、自导、自演人口文艺节目的能力。这些宣传队常年开展人口文艺宣传活动2 000多场次，一批文艺宣传队应邀参加国际国内演出活动并获奖。蔡甸、新洲等区计生协加大投入，积极扶持基层计生协文艺宣传队，创作和编导了一批精品人口文艺节目。

二是提升了基层群众宣传活动品牌内涵。江岸区百步亭社区的“计生和谐万家宴”、江汉区扬子社区的“街坊节”和

《街坊报》、汉阳区翠微新城社区的“计生吉祥套餐”、青山区119社区的“计生街坊节”、洪山区红霞社区的“群众计生文化沙龙”等一批群众宣传活动品牌不断发扬光大，江岸区街计生协四季精彩的“百姓舞台”、洪山区计生协的“流动大讲堂”等一批新的群众宣传活动品牌层出不穷，进一步激发了蕴藏在群众中的文化潜力和创造力。

三是提升了科普知识宣传服务活动档次。市计生协今年组织开展“生育关怀——育龄妇女生殖健康知识巡回讲座”156场、“生育关怀·创建幸福家庭”公益讲座13场、“青春健康教育进社区”宣传活动8场。在“国际家庭日”期间，各级计生协开展以“弘扬婚育新风，传播人口文化；创建幸福家庭，建设幸福武汉”为主题的宣传服务活动200多场。在“会员活动日”期间，各级计生协开展宣传服务活动1 000多场，发放宣传品26万多份，为5万多名群众开展宣传咨询和义诊服务。

精心组织　规范管理
推进计划生育家庭意外伤害保险工作健康发展

——在全省计划生育家庭意外伤害保险工作会上的交流发言

武汉市计划生育协会

（2013年2月27日）

2012年，全市各级计生协认真贯彻落实省计生协、平安养老保险股份有限公司湖北分公司《关于进一步做好计划生育家庭意外伤害保险工作的通知》（鄂计生协〔2012〕23号），省人口计生委、省计生协《关于进一步加强计划生育家庭意外伤害保险工作的通知》（鄂人口办〔2012〕23号）精神，按照“政府主导，协会承办，市场运作，群众受益”的原则，圆满完成了计划生育家庭意外伤害保险目标任务，全市参保家庭达10.92万户。

第一，组织有力。全省计划生育家庭意外伤害保险工作会后，市计生协迅速启动与平安养老保险股份有限公司湖北分公司的合作，及时与平安养老保险股份有限公司湖北分公司举办全市计划生育家庭意外伤害保险工作培训会，实现计划生育家庭意外伤害保险工作全方位平稳对接。市人口与计划生育工作领导小组将计划生育家庭意外伤害保险纳入创建幸福家庭活动总体规划，作为“12·300乐福家”行动计划12个项目之一组织实施。市计生协下发了《关于进一步加强计划生育家庭意外伤害保险工作的通知》，成立了以市计生协主要负责人任组长和副组长，各区计生协副会长为成员、秘书长为联络员的计划生育家庭意外伤害保险工作领导小组，形成了市、区、街（乡镇）、社区（村）一级抓一级的计划生育家庭意外伤害保险工作网络。

第二，推进有方。全市高度重视计划生育意外伤害保险工作，将计划生育家庭意外伤害保险工作作为计划生育利益导向政策体系的重要组成部分予以推进。市委、市政府将计划生育家庭意外伤害保险纳入市人口计生委绩效考核指标，每月督办目标完成进度。市委办公厅、市政府办公厅《关于对计划生育特殊家庭开展关爱关怀工作的通知》明确要求“计划生育协会要为计划生育特殊家庭购买计划生育家庭意外伤害保险”，对领取了《独生子女证》或《独生子女父母光荣证》、独生子女死亡、未再生育或收养孩子、夫妇年龄在70周岁以内的计划生育特殊家庭，由街（乡镇）计生协负责每年为其购买计划生育家庭意外伤害保险1份，保险费由市、区计生协按1∶2的比例给予补贴。市人口计生委将计划生育家庭意外伤害保险列为拟办十件实事之一，纳入全市人口计生部门线目标管理，将目标任务层层分解落实到村（社区）。

第三，管理有序。全市各级计生协严格按照《湖北省计划生育协会、平安养老股份有限公司湖北分公司业务合作协议书》和《湖北省计划生育家庭意外伤害保险工作管理规范》运作，坚持“严把四关”。一是严把参保关。严格审查参保家庭是否符合《湖北省人口与计划生育条例》规定的计划生育家庭。二是严把理赔关。严格按照理赔流程快速启动赔付程序，协助出险家庭办理赔偿，使出险家庭及时得到理赔保障。三是严把补贴关。严格按照参保家庭户数给予各区三分之一的保费补贴，对计划生育特殊家庭等给予保费全额补贴。四是严把监督关。严格在阳光下操作计划生育家庭意外伤害保险工作，杜绝人情关系和个人利益，提高了计划生育家庭意外伤害保险工作的严肃性和公信力。建立了各层级的联席会议和信息通报制度，通过定期召开联席会议和信息互通，增进了解，加强沟通，积极协调和解决计划生育家庭意外伤害保险工作中出现的问题和困难，切实保障了计划生育家庭意外伤害保险工作的健康发展。

第四，落实有效。全市各级计生协充分发挥网络优势和联系群众的优势，积极做好开展计划生育家庭意外伤害保险的宣传、组织、筹资、信息反馈和监督管理工作。市计生协将计划生育意外伤害保险补贴经费纳入年度预算，每季度督办目标任务完成进度，年底根据各区计生协目标完成情况给予补贴，共补贴各区计生协106万元。基层计生协广泛了解群众在计划生育、保险保障方面的需求，向群众做好保险的宣传、组织动员工作，让群众明白保险的目的、内容和权益，动员群众志愿投保，利用身边参保理赔家庭的生动事例，现身说法，使计生家庭普遍树立保险意识，提高参加保险的积极性，构筑抵御意外伤害风险屏障，帮助计划生育家庭解决最担心、最直接、最现实的利益问题。各级计生协将计划生育优质服务的理念引入计划生育家庭意外伤害保险工作承保、理赔的各个环节，坚持宣传引导和群众自愿投保的原则，不强制办理，不搭车办理，杜绝骗保现象，切实维护群众的合法权益；坚持服务上门的原则，上门宣传、上门办理手续、上门理赔，方便群众、服务群众，把好事办好；对被保险家庭在承保范围内出现意外的积极协调平安养老保险股份有限公司湖北分公司及时按程序进行理赔，最大限度地保障被保险人利益，树立诚信形象。2012 年，全市计划生育家庭意外伤害保险出险 262 例，赔付 80.83 万元，无一例权益纠纷。

虽然全市计划生育家庭意外伤害保险工作取得了一些成绩，但与群众的现实需求还有一定的距离。在新的一年里，武汉市将认真贯彻本次会议精神，向先进学习，进一步提高思想认识，加大工作力度，强化管理监督，努力推进计划生育意外伤害保险工作持续健康快速发展。

健全责任体系　量化责任指标　注重过程管理
——武汉市人口计生委改革完善绩效目标管理推动人口计生工作健康发展

武汉市人口计生委

（2012 年 10 月）

2012 年，武汉市深入学习实践科学发展观，弘扬“敢为人先，追求卓越”的武汉精神，按照“抓重点咬住目标不放松，抓亮点彰显特色不动摇”的总体思路，不断改革和完善人口计生绩效管理体系，推动人口计生事业健康发展，积极为武汉建设国家中心城市和人民幸福城市创造良好的人口环境。

一、坚持三个“全覆盖”，进一步改革完善绩效目标管理责任体系

一是责任主体全覆盖。按照“责权一致、职责法定”的原则，结合省、市有关工作要求，建立健全各级党委政府、责任部门和人口计生部门“三线”目标管理考核机制，根据各自职责分别设置相应责任指标，签订责任书。二是工作区域全覆盖。按照“属地管理、守土尽责”的原则，对全市行政机关、企事业单位、物业小区等各级各类经济组织、社会组织、特殊群体等分别明确工作职责，落实人口计生绩效目标管理，消除工作盲区。三是部门内部全覆盖。按照“谁主管谁负责、谁的职能谁负责”的原则，健全人口计生部门内部责任体系，将省市下达的目标全面及时分解落实到各个处室及每位同志身上，切实形成“千斤重担众人挑，人人肩上有目标”的工作格局。

二、坚持优化与创新，进一步改革完善绩效目标管理指标体系

一是优化指标设定原则。在以人为本、求实创新、客观公正、统筹解决人口问题的前提下，坚持“重点确保、特点突出、量化管理、总量控制、权重调节、有利考评”的原则，充分发挥绩效管理“指挥棒”和“风向标”的作用，一方面体现特色，一方面体现争先进位。指标既涵盖省、市人口计生目标要求，又因地制宜引导各区扬长补短。同时，尽可能地量化指标，控制指标数量，根据指标的重要性设置不同权重，确保考评的可操作性。二是科学设置指标类型。将考评指标体系分为“刚性指标、重点指标、特色指标、否决指标、加减分指标”等五大类。刚性指标，即省委、省政府、省人口计生委及市委、市政府下达武汉市的责任目标；重点指标，即市人口计生年度主要工作中，要求各区共同完成的任务；特色指标，即各区结合全市中心工作需要统筹确定创新发展的项目；否决指标，即需全力确保和重点推进的工作，用超常规手段加长“短板”上水平；加减分指标，即对各责任单位获得表彰奖励或受到通报批评等按有关规定加减分的事项，形成了体现传承与创新、精简与高效、务实与公正相结合的考评指标体系。三是创新指标定值方法。坚持上下结合，即一部分指标由市里提出定值设想及依据，由区级提出修改意见，一部分指标（如特色目标）由各区提出定值意见，由市里视情况调整。经过自下而上和自上而下多轮讨论后，形成各方认可的指标及赋值，充分体现平等沟通、有据定值的思路，避免定值“一言堂”。实行高低有别，即同一指标根据各区工作水平不同确定不同的指标值，充分体现地区差异化和“跳起来摘桃子”的思路，避免“一刀切”。鼓励创先争优，即将指标值分为合格值和挑战值，要求各区在达标的基础上，争创一流，充分体现了“敢为人先、追求卓越”的武汉城市精神。

三、坚持科学督导，进一步改革完善绩效目标管理保障体系

一是实行信息引导。要求各级人口计生部门应用全省人口计生服务管理信息系统、全省人口基础信息共享平台、省级流动人口服务管理平台，分析现状，带着重点去督导，带着案例去调研，带着疑问去思考对策，带着对策去指导工作。二是加强过程监测。抓目标预警和分析。每月收集目标进度情况，对不达进度的目标及时提出预警，对数据变化定期分析、通报，及时提供领导决策参考。坚持抓重点监测、调研督导和暗访抽查，有力地促进了经常性工作的落实，强化了人口计生抓四季，四季不放松的意识。三是强化业务指导。按照既定的责任指标分解方案，委机关各处室各自负责对基层相应工作指标进行日常督导和工作指导，经常性深入基层调研督办，确保各项目标任务按时保质落到实处；指导工作的成效与各个处室、每个同志的绩效挂钩，纳入年度考核奖惩兑现。今年春节以来，市人口计生委组织专班，先后对全市各区135个街乡、160个社区（村）、85个计生服务站和135个医疗机构进行了业务督导，为全年人口计生责任目标完成奠定了坚实基础。四是定期调度目标。实行“123”目标调度制，第一个月由负责绩效目标管理的处室召集各区人口计生委对口科室科长调度目标，第二个月由分管绩效目标管理的主任召集各区人口计生委对口分管的副主任调度目标，第三个月由委党组书记、主任召集各区人口计生委主任调度目标，层层抓落实，月月抓推进。

实行新的绩效目标管理体系后，全市各区、市直各责任部门、委机关各处室及机关工作人员责任更加明确、目标更加具体、思路更加清晰，围绕目标抓工作的积极性、主动性和责任感明显提升，人口计生绩效责任指标完成进度良好。截至2012年9月中旬，全市出生政策符合率为95.14%，保持较高水平；出生人口性别比为115.68，非法鉴定胎儿性别和非法人工终止妊娠案件的查处数量实现大幅提升，查处效果得到省委常委尹汉宁的肯定。

六、媒体聚焦篇

武汉市首届人口文化节开幕

（2012年10月18日《人民日报》）

日前，在武汉市首届人口文化节上，南开大学教授原新表示，目前我国60岁以上老年人达到1.78亿，其中城市空巢老人占49.7%，农村则是38.3%，空巢现象在未来40年将持续存在。北京大学教授穆光宗介绍说，1982年，我国家庭平均人口为4.4人，现在平均每户只有3.1人，大部分独生子女家庭结构单一，养老功能较弱，老年空巢化、空巢孤独化成为社会发展的两大问题。

据介绍，该人口文化节共开设18个展馆，分别体现婚育文明、优生优育、生殖健康等人口文化内涵。武汉市人口计生委主任李丹芳表示，人口文化节落幕后，展馆中寓教于乐的设备和体验设施，都将搬进社区。

计生搭台文化唱戏 武汉首届人口文化节开幕

（2012年9月19日《人民政协报》）

"这是老少太极图，爷爷打太极，孙子在模仿。"在老年福寿馆里，61岁的刘爱芳老人一边认真地进行泥塑一边告诉记者，她从2008年开始学习泥塑，"有了这门手艺，退休后的生活充实多了。"

日前，以"幸福江城我的家"为主题的湖北省武汉市首届人口文化节开幕。现场设置的老年福寿馆、生命起源馆、早期发展馆、江城人口馆、高龙文化馆等18个展馆异彩纷呈，全方位、多视角地展示了武汉市人口文化建设的成就。

传统文化，让人口计生工作接地气

将人口计生工作和传统文化与民俗相结合是近年来武汉市建设人口文化的一大特色。这一点在此次人口文化节上得到了充分展示。

在高龙文化馆，正在现场扎高龙的陈满祥师傅告诉记者，舞高龙是武汉市汉阳一带流传了1 300多年的民俗，被选入国家首批非物质文化遗产名录。“1999年为庆祝澳门回归，我们应邀到北京参加中华舞龙大赛获得了金奖，后来还去过台湾进行文化交流。”

据解说员介绍，高龙气势昂扬，象征着人们对美好婚恋的向往、祝福与追求，而且从古至今，高龙文化就主张不分男女老少、尊卑贵贱均有资格祈求神龙赐福保佑，倡导一种男女平等、不分贵贱的信念。

在木兰文化馆，戎装的木兰像和声声战鼓，勾勒出花木兰替父从军的壮观场面，向人们传达着关爱女孩和社会性别平等的重要意义；在吉庆街文化馆，展示了武汉饮食一条街的风貌，阐述了人口文化和饮食文化的密切联系；在汉正街文化馆，通过“古汉正街”、“今昔大市场”、“汉味商文化”三个板块，展示了悠久的小商品集市文化，演绎了昔日“天下第一街”的繁荣景象，描绘了流动人口享受社会基本公共服务、融入城市化进程的情景。

“传统文化有很强的群众基础，人口计生工作和传统文化相结合，才能接地气，才能更容易被人们接受。”武汉市人口计生委主任李丹芳说。

人口文化节刮起高科技风

声光电齐登场，高科技引领新风尚，是武汉人口文化节的另一大特色。

孕育体验馆里的“孕育互动桌”吸引了众人的目光。“这是采用计算机视觉投影技术制作而成的。只要伸手在桌面上方晃动，即可看到5个不同发育阶段胎儿的3D图片和视频，还能听到充满童趣的胎儿自述。”解说员说。

中年保健馆安放的一台脑血管疾病检测仪受到中年朋友的青睐。操作人员将一个类似探头的东西放在人的颈部，电脑显示屏上就会显示出受检者的血液黏度、血脂、血管弹性、血管阻力等指标。

该展馆还展出了武汉市汉南区引进的宫颈癌细胞DNA定量分析技术。“相较于传统的巴士涂片检测，DNA定量分析技术是自动的，不需要专业的细胞学医生操作，敏感度更高，不易漏诊。”武汉市汉南区人口计生委科技科科长刘艳娇介绍，这项技术弥补了基层缺乏专业医生的不足，目前已覆盖汉南区所有育龄妇女。

壮小伙现场体验孕妇艰难

本次人口文化节的很多展馆都设立了体验环节。在早期发展馆的亲子体验区，家长和孩子们正通过高清触摸屏和专业机构开展的亲子互动课程进行双向互动。

在孕育体验馆，记者看到一位20多岁的小伙子穿上一种特制的“围裙”，肚子“胀得鼓鼓的”，瞬间变成了怀胎数月的“孕妇”，引得旁边参观的几位妇女哈哈大笑。“真够重的，连腰也弯不了，看来妇女怀孕生孩子真不容易。”小伙子说，等以后自己老婆怀孕了，一定要加倍呵护她。

此次人口文化节为期3天。据李丹芳表示，以后每隔两年到三年将举办一次人口文化节。

非物质文化遗产为计生户开辟致富路

——武汉市汉阳区江欣苑社区计生家庭致富培训基地小记

（2012 年 9 月 19 日《人民政协报》）

登黄鹤楼、游东湖、听编钟古乐、逛楚河汉街、品吉庆街夜宵是人们到武汉必做的几件事。如今武汉又添“一景”——汉阳区江欣苑社区的高龙博古城国家非物质文化遗产武汉传承园。在这儿，众多非物质文化遗产项目“争奇斗艳”，计生家庭依托非物质文化遗产项目勤劳致富，景、人相应，文化与自然相融，若不去，实为遗憾。

“这是我的工作室，对面楼里还有培训班，有了政府的支持，汉绣不会灭亡了。”国家级非物质文化遗产汉绣传承人、78 岁的任本荣老人是汉口老绣花街上的最后一代传人。他 12 岁学汉绣，是目前唯一一个掌握汉绣全部工艺的民间艺人。在他的培养下，他的女儿、孙子和侄媳都成了汉绣的传承人。

“汉绣只是入驻江欣苑社区非物质文化遗产的一个代表，要看完所有的非遗项目，你的眼都不够用了。”武汉市汉阳区计生委宣教科科长易海涛说。

五十三个非遗项目入驻基地

江欣苑社区的前身是汉阳的渔业村，社区的绝大多数人口原来都是农民和渔民。后来在汉阳新区建设过程中，这些失去土地、闲置了渔船的农民和渔民就举家迁到了江欣苑社区。

“社区在建立之初就对计生户有特殊的奖扶政策。平均每个村民可分到 100 平方米的房子，如果你是计生户，可多分 100 平方米。我就一个孩子，就多分了一份。”社区物业处主任张高运大姐说。

江欣苑社区最大的特色就是依托悠久的高龙（起源于唐代，流行于汉阳地区的一种民间艺术）文化建立了高龙博古城国家非物质文化遗产武汉传承园，并成立了计生家庭致富培训基地。江欣苑社区主任胡明荣介绍说，建培训基地的目的是通过吸引各类非物质文化遗产项目和传承人进驻社区，充分发挥高龙博古城在传承、展示、研究和弘扬非物质文化遗产项目方面的集聚效应，实现非物质文化遗产品牌化发展，帮助计生家庭通过掌握非物质文化遗产传承技能共同致富。

据悉，基地投资 1 200 万元，占地 5 万平方米，建筑面积为 1.2 万平方米，今年 8 月 16 日正式挂牌。目前传承园已吸纳“汉绣”、“高龙”、“剪纸”、“皮影戏”、“挑花”、“刘泥巴”等五十三个非物质文化遗产项目入驻，其中包括四个世界非物质文化遗产项目，十二个国家非物质文化遗产项目。

三年内带动一千五百计生户走上致富路

“我刚学针法和配色，手还生着呢。”在任本荣老人的汉绣培训班里，30多岁的计生户蒋晨芳正在绣荷花。“孩子还小，每天上学需要接送，所以我不能上班。学汉绣不仅丰富了生活，将来还能靠手艺为家里赚钱。”

在培训基地挂牌当天，江欣苑社区就启动了“计划生育家庭非物质文化遗产传承人培训计划”。未来3年内，每个非物质文化遗产项目传承人将向30户计生家庭传授非物质文化遗产传承技能，带动1 500户计生家庭走上致富路。“家有千金不如一技在身。通过采取集中培训、专业辅导、技能实践、考察学习、成果交流等形式，我们要让90%以上的计生家庭掌握一种以上非物质文化遗产传承技能。”胡明荣说。

“我是个老计生户了，只有一个女儿，女儿和外甥也都只有一个孩子。所以我很愿意将汉绣的制作技术传授给计生户，尤其是家里有残疾人或者有困难的计生户。”任本荣说。

62岁的黄梅挑花国家级非物质文化遗产传承人石九梅同样支持计生户通过学习挑花技术致富，“政府为我们免费提供工作室和培训基地，我们应当为计划生育多作贡献。”

易海涛表示，传承园还将为学者研究非物质文化遗产项目提供最佳场所，打造非物质文化遗产旅游品牌，发展餐饮业和住宿业。将来，游客到此可以享受看非遗、住非遗传承园、品饕餮盛宴的一条龙服务。

建幸福社区，做幸福人

2011年，武汉市被定为全国创建幸福家庭试点市。江欣苑社区积极响应全市创建幸福家庭试点工作，争创幸福社区，提出了居民幸福率要达到90%以上的目标和优化“幸福设施”、创新“幸福服务”、营造“幸福氛围”、测试“幸福指数”的幸福计划。为此，社区成立了“三优”宝宝体验馆、老年活动室、图书室等各种公共服务设施。

少有所教，壮有所为，老有所养，黄发垂髫并怡然自乐。在江欣苑社区，计生家庭找到了一条致富路，也找到了幸福的方向。

武汉市表彰首批“十佳幸福家庭”

（2012年9月19日《人民政协报》）

在湖北省武汉市首届人口文化节开幕式上，首批十佳幸福家庭获表彰。

首批十佳幸福家庭为：“退而不休助他人”的熊约翰家庭、“一花引来千家福”的代学杰家庭、“真情延续深沉大爱”的鲁绥良家庭、“用艺术演绎幸福”的刘泥巴家庭、“一心想着回报社会”的陈亮家庭、“为儿子打开另一扇窗”的宋建明家庭、“我织我绣50年”的康兰英家庭、“一家都有表演范儿”的曾智斗家庭、“夫妻同心改变命运”的程世军家庭、“带领乡亲打伙求财”的陈华清家庭。

据悉，今年武汉市人口计生委实施了“12·300乐福家”幸福家庭行动计划，将惠及300万户武汉市民家庭。行动计划的一项内容就是首次遴选产生十佳幸福家庭。

开幕式上，江岸区百步亭社区、江汉区常青街扬子社区等10个社区，还被命名为武汉市“十佳人口文化示范基地”。

武汉市加大综合治理出生人口性别比工作力度

（2011年10月13日《中国人口报》）

为切实抓好出生人口性别比综合治理工作，今年以来，湖北省武汉市着力完善“五个体系”，创新“五个机制”，形成了“党委、政府统一部署，纪检监察、人口计生、卫生、药监、公安等部门齐抓共管，综合治理”的工作格局。

完善领导责任体系，创新组织保障机制。一是健全组织机构。各级成立了由党政分管领导任组长的出生人口性别比专项整治领导小组，并在领导小组下设立工作专班，具体负责日常工作。市卫生局、公安局根据打击“两非”任务要求，将专班人员调整为法监处和治安处负责人。二是明确考核责任。市委、市政府继续坚持将出生人口性别比整治工作除纳入人口计生“三线”目标管理外，还纳入到各区、各部门绩效目标之中。三是加大工作部署和督办力度。四是落实经费保障。从2010年开始，市人口计生委从事业经费中专门列支了打击“两非”专项经费，对各区进行补贴。

完善宣传教育体系，创新群众参与机制。各地充分利用计划生育“三下乡”、“5·29”、“7·11”等纪念日等，以关爱女孩知识竞赛、婚育新风文艺汇演、慰问困难女孩家庭、资助优秀女生等形式，深入开展社会宣传和关爱关怀活动，吸引千万家庭和广大群众积极参与，形成了各具特色的宣传教育品牌。

完善制度约束体系，创新规范管理机制。完善“街负责、村为主”工作机制，建立每名孕期对象详细的个人孕期随访记录，明确乡镇驻村干部、村两委干部和村计生专干“三包一”责任。坚持每月上门随访一次，定期孕情监测，全程指导孕情保健，协助和动员孕产妇住院分娩。市人口计生委、卫生局联合下发了《关于进一步规范使用中期以上终止妊娠手术证明的通知》。市人口计生委、卫生局联合下发了《关于加强人口出生实名登记管理工作的通知》。市人口计生委与市卫生局联合制定了统一的《孕妇B超检查实名登记簿》等实名登记本，并下发到所有医疗机构和计生技术服务机构。市人口计生委每季度将全市及各区出生人口性别比情况、案件查处情况，向市区党政主要领导、分管领导预警预报。

完善政策支撑体系，创新利益导向机制。教育部门开展“女生优胜奖”评选活动和“关爱女孩”阳光助学行动；民政部门在各种救助保障方面向独女户倾斜；农业部门着力提高农村妇女科技创业能力；妇联和市计生协等群团组织持续开展“春蕾计划”和“生育关怀春风行”活动；扶贫部门将老区贫困地区计划生育女儿户家庭优先纳入剩余劳动力转移技能培训，优先安排成年女孩就业。

完善立体治理体系，创新联合打击机制。一是建立联动查处责任机制。市人口计生委拟定了《“两非”案件的立案追诉范围及查处程序》，对“两非”案件受案范围、查处程序、办案流程和相关文书进行明确规定。各区进一步规范了“两非”的查处工作流程，强化分工合作。二是建立系统打击常态机制。市卫生局对全市所有妇产科和从事B超诊断的医务人员、退休医生、终止妊娠药物销售人员进行了一次人口计生法律法规培训，并组织他们签定不从事“两非”行为的承诺书。市食品药品监督管理局加大对终止妊娠药品案件的查处力度。三是建立区域协作机制。武汉市各区间建立了人口计生协作联席会议制度，将性别比区域联治作为协作的重要内容，每年都相互签订协作协议。建立联合执法制度。

武汉市启动创建幸福家庭活动试点

（2011年10月26日《中国人口报》）

近日，武汉市启动了创建幸福家庭活动试点工作，通过有效整合各方面资源，协调相关部门、群众团体和企业单位的力量，推动解决计划生育家庭在生产、生活、生育、养老等方面存在的问题，切实稳定低生育水平，统筹解决人口问题，提高家庭发展能力，促进人口长期均衡发展和社会和谐进步。围绕“文明倡导、健康促进、优生优育、致富发展、奉献社会”五个方面开展创建幸福家庭活动试点工作，实施三项行动。

（一）家庭人口文化传播行动。深化婚育新风进万家活动、生育文明创建活动和关爱女孩行动，大力传播“婚育文明、性别平等；计划生育、优生优育；生殖健康、家庭发展”为主要内容的家庭人口文化。发挥基层宣传服务阵地功能，以综合改革单位为试点，建设村（社区）新家庭文化屋，实现全市人口学校图书角更名提档；以硚口区为试点，将村（社区）人口学校建设成人口文化活动室，融宣传培训和活动创作于一体；以创建人口文化示范村（社区）为载体，鼓励群众创作有地域特色的文化作品，营造家庭人口文化氛围。创新社会公益宣传方式，利用报刊、广播、电视、网络、手机等大众传媒，采取远程教育、文艺演出、广场活动等多种方式，制作人口文化公益广告，建设人口文化园地，广泛宣传文明进步的家庭观、幸福观。增强宣传品的实用性和针对性，普及优生优育/生殖保健和保护妇女、儿童、老年人、流动人口权益的法律法规知识，使每个育龄群众家庭每年至少获得1份适宜宣传品。推进基层群众自治，以江岸区为试点，打造诚信计生、阳光计生，促进民主管理，激发群众参与；以开展性别平等促进项目的单位为试点，修订完善村规民约，保障妇女合法权益。

（二）家庭健康保障促进行动。推进人口计生队伍职业化建设，结合创建计划生育优质服务先进单位和推进“强基提质”工程，提升基层服务机构装备水平和服务能力。推进优生优育/生殖健康全程服务，推广以结婚登记办证、信息交流、免费婚检、宣传服务为一体的运作模式；以黄陂区为试点，推行国家免费孕前优生健康检测；以江汉区为试点，开展社区婴幼儿早期教育工作；以洪山区为试点，实施青少年健康人格教育工程；全面推行以长效避孕节育措施为主的避孕方法知情选择，实施农村妇女的“乳腺癌、宫颈癌”防治行动，指导育龄妇女积极预防和治疗生殖疾病，降低非意愿妊娠和流引产发生率。推进人口与家庭公共服务机构建设，建立计划生育家庭健康档案，有条件的地方对计划生育家庭开展常规体检。推进计划生育家庭医疗保障体系建设，将农村计划生育家庭全部纳入新型农村合作医疗制度保障范围，对农村特困计划生育家庭、手术并发症家庭、农村独女户和双女户家庭，提高财政补助标准或报销比例；探索计划生育家庭保险政策，对因病致贫、因病返贫的计划生育家庭给予特殊帮扶，减少计划生育家庭的疾病、意外伤害、生命安全等风险。

（三）家庭致富发展扶助行动。全面落实人口和计划生育奖励优惠政策，做好公共政策与计划生育政策的有机衔接，从经济发展、生活保障、技能培训和医疗、教育、就业等方面向计划生育家庭倾斜。深化生育关怀行动，广泛开展志愿者服务活动，对计划生育特殊困难家庭提供法律援助、精神慰藉、经济救助、生活关怀、生产帮扶等服务。继续开展计划生育“三结合”，对计划生育困难家庭提供资金、技术和信息帮扶，扶助开展投资少、风险小、见效快的养殖、种植、农副产品加工等劳动致富项目，广泛开展计划生育家庭创业表彰奖励活动。大力实施关爱女孩行动，推广关爱女孩行动计划和性别平等促进项目的经验做法，认真落实农村计划生育女儿户中考加分、独女户高考加分政策，采取多种形式为农村女孩及其家庭提供社会服务和救助。优化计划生育家庭居住环境，在实施农村危房改造、拆迁还建等方面优先优惠计划生育家庭。关爱流动人口家庭，促进基本公共服务均等化，对人口流动造成的农村留守家庭、空巢家庭，积极开展生产生活帮扶和身心健康关怀活动。发扬敬老、养老、助老的良好社会风尚，积极推进公益性养老服务设施建设，努力让计划生育家庭得实惠、有保障。

武汉市推进流动人口基本公共服务均等化

（2011 年 11 月 28 日《中国人口报》）

近年来，武汉市面对日益增多的流动人口，坚持统筹谋划，完善政策体系，积极推行基本公共服务均等化，采取各项措施促进流动人口的社会融合。

坚持科学发展，统筹谋划流动人口基本公共服务均等化新体制。武汉市委、市政府在“武汉城市圈”和“两型社会”建设中，坚持以人为本的科学发展观，践行政府公共服务均等化理念，采取正面引导、周密管理和均等化服务等措施，加速流入人口本地化融入进程。市委常委会《2011 年工作要点》将“推进人口和计划生育综合改革，做好流动人口、特殊人群服务和管理工作”列为“建设‘幸福武汉’，更加关注民生”的一项重要举措。《市政府工作报告》明确提出“基本形成比较完善的社会公共服务体系，着力完善民生保障的制度安排，推进社会基本公共服务均等化”。市委、市政府两办下发《关于进一步深化人口和计划生育综合改革的意见》，将“积极推进流动人口计划生育基本公共服务均等化”纳入其中。全市成立以分管副市长任组长，市综治、人口计生、公安、教育、民政、财政、人社、卫生、房管九部门领导为成员的市推进流动人口计划生育基本公共服务均等化试点工作协调小组，联合制定了《武汉市关于创新流动人口服务管理体制推进流动人口计划生育基本公共服务均等化试点工作的实施意见》，建起社区流管站 1 350 个，配备协管员 3 678 名，将流入人口计划生育服务管理经费全面纳入财政预算，实行与常住人口同等投入。

实施管理创新，统筹构建基本公共服务均等化新格局。一是实行《居住证》制度。年满 16 周岁的非本市户籍人员，因务工、经商、就学等拟在武汉居住 30 日以上的，可凭办理的《居住证》享有包括国家规定的计划生育服务和奖励、优待在内的十项武汉市民待遇。二是规范房屋租赁管理。出租人发现承租人或租住人怀孕或者生育以及在出租屋内非法实施鉴定胎儿性别和人工终止妊娠的，及时向社区（村）出租房屋综合服务管理机构报告；

承租人同等享受现居住地计划生育技术服务指导。三是规范市内远城区流入中心城区育龄人群的计划生育服务管理。市综治办和市公安局出台《关于加强远城区跨区居住人员登记和计划生育服务管理工作的意见》，确保《居住证》施行后人口计生工作的落实。四是不断扩大流动人口计生协会的覆盖面。根据社区、封闭小区、企业和流动人口集聚地的特点，采取不同的组建模式，建立流动人口计生协423个。同时，注重在外省市建立流动人口计生协会，维护流动人口合法权益，使协会真正成为流动人口的娘家。五是做实做细区域协作工作。加强对流出人口的源头服务管理，市及各区与全国300多个地市县签订流动人口计划生育双边协作协议。

深化民生服务，统筹推进基本公共服务均等化新发展。一是推行教育均等化服务。将进城务工人员随迁子女入学纳入事业发展计划，市人口计生委和市教育局联合出台流动人口独女户、双女绝育户的女孩在现居住地享受中考加分的优录政策，2011年度对295名考生落实加分政策。二是推行公共卫生均等化服务。调整35项基本公共卫生服务项目，使辖区内居住半年以上的非户籍居民都能享受到基本公共卫生服务。对凡是在武汉市内助产医疗机构分娩的湖北省农民工产妇，每人补助300元。开展产前筛查及新生儿疾病筛查、儿童保健、妇女宫颈癌和乳腺癌的防治工作。三是推行公共租赁住房政策。出台《关于改善农民工居住条件的实施意见》和《关于加快发展公共租赁住房的实施意见》，规范外来务工人员的公共住房租赁管理，逐步实现流动人口安居乐业。四是开展就业指导和培训均等化服务。开展以支持服务农民工就业创业为主要内容的“春风行动”和就业援助。五是开展计划生育均等化服务。制定流动人口与户籍人口同等享有计划生育、生殖健康、优生优育服务等方面的政策规定，免费为流动人口开展宣传咨询培训、发放避孕药具、孕环情监测、落实计划生育基本项目的技术服务，开展流动人口计划生育奖励、帮扶、慰问等活动。六是打造均等化服务品牌。各区结合实际打造了“流动人口计划生育服务管理示范一条街”、流动人口青少年之家、“四点半学校”、“他乡暖吧”、“新居民互助服务站”等服务品牌，开展助学、助医、助工、助老、助困、助乐的“六助”活动，提升均等化服务的品质。

武汉市推进婴幼儿早期发展工作

（2012年1月10日《中国人口报》）

近年来，武汉市以社区为基础，以家庭为重点，着力推进婴幼儿早期发展工作，初步形成了“人口计生主导、部门联动、社会协同、家庭参与”的工作模式。

整合资源，统筹协调，积极构筑婴幼儿早期发展平台。一是深入调研，明确工作目标。武汉市从转换服务机构的职能入手，将市计生科技所由过去单纯从事计划生育的技术服务机构拓展为面向家庭全体成员、覆盖生命全过程的人口计生综合服务平台。在全市开展0～3岁婴幼儿养育现状及需求的专项调查，以市计生科技所为基地，选择江汉区作为试点，形成“基地+社区”的婴幼儿早期发展工作模式。二是加大投入，完善设施建设。市人口计生委投入150多万元，在市计生科技所建立500平方米的阳光儿童早期发展中心，内设检查测评室、孕妈妈吧、亲子活动区，感觉统合训练室及多功能活动室，配置多套亲子教具和感统训练设备，全力打造统一规划、统一宣传、统一师资、统一教材、统一模式、统一标准、统一资费、统一考核的“八个统一”早教基地，为服务对象提供优美的环境和温馨的服务。三是整合资源，建设专业队伍。市计生科技所组建了由资深医学、心理学、教育学等多学科专家参与的专家组，建设一支以专家队伍为技术支撑、以专业师资为服务主力、以社区专干为补充力量的阳光早教师资团队。

部门联动，社会协同，全方位支持婴幼儿早期教育工作。将早教作为人口计生责任目标下达到相关部门，明确人口计生、教育、卫生、民政等部门具体职责、工作任务及服务内容。制定了早教管理考核、咨询指导、社区早教评估、宣传培训等多项规章制度，推动早教工作规范运作。积极协调发改委、卫生、教育等部门，在项目建设、培训、教育等方面给予支持。与高校及研究机构联合开展早教专题研究，组织开展了《武汉市阳光儿童早期发展中心0～3岁婴幼儿教育评估》、《武汉市0～3岁婴幼儿养育现状及需求专项抽样调查》等课题研究。形成“各方配合、资源共享、优势互补、上下联动、全民参与”的工作格局。

面向群众，依托社区，深入推进婴幼儿早期发展进家庭活动。

阳光早教充分利用市计生科技所医疗优势，将人口早期发展工作与产后、术后、药具发放等家庭随访工作相结合，进入百姓家庭。一是开展社区普及型服务。市计生科技所阳光儿童早期发展培训中心在属地辖区积极开展早期教育培训，针对孕期夫妇、0～3岁婴幼儿及家长及看护人员，采取集中授课、入户指导等方式，讲授孕期营养、胎儿发育、婴幼儿喂养、早期教育、潜能开发等知识。聘请协和医院专家教授，以“提倡科学育儿，共享育儿快乐”为主题，举办各类早期教育讲座近1 000场，大力普及优生优育知识，预防出生缺陷率的发生。先后举办了“金色孕律——准妈妈音乐会”、“亲子互动——游戏伴随金色童年”、“奶爸大赛”、“给力早教！让宝宝飞”等主题活动，吸引社区居民积极参与。二是开展基地提高型服务。根据家庭的需求，以市计生科技所早教中心为基地，开设综合亲子课程、阅读启蒙课程，为婴幼儿提供生长发育监测评估和个别化指导。结合婴幼儿医疗保健，为0～3岁婴幼儿营养、体格发育、疾病预防、心理卫生及早期潜能开发提供科学优质服务，采取“适时介入”、“适时指导”、“适时评估”，为每个宝宝成长制定最佳方案。

幸福江城我的家

——武汉市“幸福江城”首届人口文化节印象

（2012年9月20日《中国人口报》）

托尔斯泰说：幸福的家庭都是相似的，不幸的家庭各有各的不幸。

反过来说未尝不可：不幸的家庭都是相似的，幸福的家庭各有各的幸福。

武汉首届“幸福江城”人口文化节“十佳幸福家庭”表彰活动，让我们见识了文明、智慧、奉献、致富、励志等各种各样的幸福家庭。

彭刘杨巷，一间简陋的屋子，住着幸福的一家人。他们或许从不会被你的视线关注，你也不会让自己匆忙的脚步为他们而停留，甚至在你有机会了解到他们的生活后，你的第一个反应是感叹不幸、悲悯与同情。宋建明夫妇的孩子宋林龙，11岁的盲童，他无法像别的孩子那样行动自如，但他内心的快乐一点也不少。有了爸爸妈妈的支持，他学会了长笛、架子鼓、葫芦丝、萨克斯……细心的、被爱充盈内心的父母，让孩子从小表现出的音乐天赋一天天成长。宋林龙，成了小小的“音乐达人”，当他拿起乐器，在音乐声中挥洒自如，他的“星范儿”会让你想到他面对的分明就是一个光明的世界。有爱的父母，给了孩子一个强大的内心。生活仍有缺憾，困难不会后退，宋建明一家选择的是勇敢和坚强。简陋的屋子，流淌的是一点也不简陋的幸福。

“有梦想才会了不起”。从外地务工青年到“湖北烹饪名师”、“中国烹饪名师”，从居无定所到安家武昌，梅隐寺社区陈亮的经历是一个典型的励志故事，是为人津津乐道的新时代的“中国梦”。梦想实现的艰难只有陈亮自己最清楚，梦想实现的喜悦也只有他感受最深刻。如今每年回老家过年，他都要带几个老乡到武汉学厨艺，或许他们会复制并延续陈亮曾经的梦想。而陈亮与妻子王改华在女儿陈梦勤身上又实现了新的梦想：在去年6月琴台之声艺术大赛中，陈梦勤获得少儿组第一名，同年8月又获得第十五届世界青少年“金紫荆花奖”。梦想“七十二变”，常变常新。陈亮说：“我爱我的事业，我爱我的家”。

奉献，同样令人幸福。江堤街在江欣苑社区高龙博古城国家非物质文化遗产传承园全面启动“计划生育家庭非物质文化遗产传承人培育计划”，计划三年内达到每位非遗项目传承人向30户计生家庭传承技能的目标。在这里，民间剪纸艺人刘泥巴一家热心公益，他长年以社区志愿者的身份，在社区举办民间艺术剪纸培训班，不取分文报酬。汉绣班上，一位母亲还有意外收获：“女儿有空闲了也来学刺绣，她以前从来都没有动过针。”她高兴地说，想来母女同绣的场景一定会长久地占据她的记忆，带给她别样的幸福。

见识了幸福家庭，武汉基于历史文化对人口文化的开拓也令人耳目一新长了见识。于1930年始获其名的吉庆街，由最初的茫茫水域发展成今日闻名全国的饮食文化街，其发展历史始终与时代的进步紧密相连，但始终维系着汉味文化的原生态，接纳的是最质朴、最普通的市民群体，是市民文化保存了吉庆街。人口文化与饮食文化在此融合，12名优秀民间艺人被聘为人口文化宣传员，自创自编自演，人口文化以独特魅力深深扎根于市民生活之中，共同点缀着吉庆街的繁华景象。在历史文化积淀丰厚的武汉，木兰文化可作为“关爱女孩”的载体，问津典故被提升为注重文化教育的象征，伯牙子期的知音文化体现了人与人之间诚信、重情、互爱的和谐精神，其内涵既是人际关系的历史典范，又是社会文明建设的宝贵财富，在创建幸福家庭的进程中，具有现实意义。“幸福江城”首届人口文化节纳入了这些文化要素，成为武汉人口文化不断发展的丰饶土壤。

幸福是什么，幸福在哪里？一千个人眼中有一千个哈姆雷特，每个人都有自己的答案。但幸福感很难脱离家庭因素，“幸福江城”人口文化节，站在人口计生工作的角度，为提升市民幸福指数助力。在文化节的展馆中，你能够看到认真学习如何照顾孩子的妈妈和老人，看到咨询各年龄段身体保健要领的人们，看到排队了解生命起源的小学生，看到爷爷领着孙辈怡然自得地逛馆……如果这能够给他们追求幸福生活带来一些启示，人口计生工作者岂不是同样幸福！

弘扬人口文化　创建幸福家庭

（2012 年 9 月 6 日《长江日报》）

2011 年 5 月，武汉市被国家人口计生委、中国计划生育协会、中国人口福利基金会确定为全国创建幸福家庭活动试点市。开展幸福家庭创建活动是人口计生工作坚持以人为本、服务民生的客观要求，是人口计生工作服务中心、服务大局的具体体现，是人口计生工作创新理念、转型发展的重要抓手。自开展试点工作以来，全市上下高度重视、扎实推进，实施“12 · 300乐福家”行动计划，围绕“文明、健康、优生、致富、奉献”五个方面，实施家庭人口文化发展计划、“三优”宝宝行动计划等 12 项计划，覆盖 300 万个家庭，积极探索建立创建幸福家庭保障体系、服务体系和家庭发展致富模式。

一、探索建立创建幸福家庭保障体系

一是出台对计生家庭普惠性政策。制定和修改完善《武汉市计划生育管理办法》，对晚婚、晚育的职工，除执行国家规定外，分别增加婚假、产假；对晚育的女职工配偶，给予十日看护假。对在产假期间领取《独生子女父母光荣证》的女职工，增加十五日产假。自领证当月起至独生子女十四周岁止，每月按规定发给独生子女保健费。并将农村村民和城镇无业居民独生子女保健费纳入财政预算，确保独生子女保健费全面落实。城镇分配住房和农村审批住宅基地时，对独生子女按两个孩子份额计算。农村分配或调整承包土地时，对独生子女按两个孩子份额计算。出台《关于做好新型农村社会养老保险制度与人口和计划生育政策衔接的通知》，将计划生育家庭纳入新型农村社会养老保险补助范围，采取补“出口”方式，对参保的计划生育家庭分别给予提高基础养老金 40 ~ 100 元的补助。落实企业退休职工计划生育一次性奖励政策，对国有企业区属以上集体企业退休职工和灵活就业人员，退休后给予 3 500 元的一次性奖励。积极探索城镇计划生育夫妇年老一次性奖励制度，积极争取实现城镇计划生育夫妇年老一次性奖励全覆盖。

二是出台关爱特扶家庭的保障政策。计划生育特扶家庭在生活上、精神上、经济上都有许多困难，需要各级政府和各有关部门、全社会予以特别关心、关注和关爱。在全省率先实施农村部分计划生育家庭奖励扶助制度、计划生育家庭特别扶助制度、率先提高奖励扶助、特别扶助奖励标准；将独生子女死亡家庭扶助标准提高到每人每月 150 元，将独生子女伤残家庭扶助标准提高到每人每月 120 元。市委、市政府制定了《关于对计划生育特殊家庭开展关爱关怀工作的通知》（武办文

〔2012〕57号），从13个方面对特扶家庭给予帮扶。

三是出台关爱女孩家庭的保障政策。实行中考加分高考优录政策，15 966名农村女孩享受中高考优录政策。对农村落实绝育措施的独女户和双女户育龄夫妻给予3 000元一次性奖励；农村独女户、双女绝育户免缴新农合个人承担部分，同时提高5%的住院医疗费报销比例。实施绿色成才工程，加大关爱女孩力度，设立关爱女孩专项资金。2011年，全市发放关爱女孩专项资金726.88万元。

四是出台扶助贫困母亲的保障政策。实施“幸福工程——救助贫困母亲行动”，帮助贫困母亲“治穷”、“治愚”、“治病”。组织开展以“弘扬婚育新风，传播人口文化；创建幸福家庭，建设幸福武汉”为主要内容的宣传咨询服务活动；组织有创业计划的家庭举办SYIB创业培训班，帮助计划生育家庭拟订致富发展创业计划书；组织贫困母亲进行健康检查，对患病的贫困母亲给予治疗救助；帮助贫困母亲办理最低生活保障；帮助残疾贫困母亲办理残疾人证；开展集中走访慰问贫困母亲活动，给予每位贫困母亲1 000元经济救助。

二、探索建立创建幸福家庭的服务体系

一是推进人口计生服务机构系统化。近年来，我市进一步加大了计生技术服务体系的建设力度。全市13个行政区中，现有区级计生技术服务机构13个，街道（乡镇）服务站54个，社区（村）计生卫生服务室107个，形成以区级计生服务站为龙头，街道（乡镇）服务站为骨干，社区（村）服务室为基础的覆盖全市城乡的人口计生技术服务体系。以计划生育技术服务机构为依托，坚持面向家庭、面向全人群开展开展服务。全市创建了4个国家级示范站，11个行政区被评为全国计划生育优质服务先进单位。

二是推进人口计生服务宣传立体化。策划和筹备举办全市首届人口文化节，大视野、大手笔、大范围地开展人口文化宣传活动。会同市广电局、市城管、市交委等部门在电视台、户外宣传屏、车载显示屏播放人口计生公益广告。定期召开人口计生工作新闻通报会，通报人口计生工作，争取新闻媒体支持。创办《与福同行》杂志，形成自有宣传品牌。开展“十佳”人口文化示范基地评选活动，打造一批文化氛围浓厚、宣传环境优美、硬件设施齐全的示范基地。加强门户网站建设，及时发布人口计生工作动态。建立人口计生政务微博，加强信息交流互动。加强人口计生宣传精品创作，制作电视情景剧《怀孕那些事儿》、青春期科普情景剧《青春飞扬》等一批宣传作品。

三是推进人口计生服务工作全程化。推行免费婚检服务，全市适龄婚检率75.3%。市政府将免费孕前优生健康检查纳入市政府为民办实事的内容之一，今年将为两万对符合生育政策、计划怀孕的农村夫妇（含流动人口）进行免费孕前优生健康检查。推进阳光早教服务，形成“基地+社区”的婴幼儿早期发展工作模式。

全市共建立早教基地3个，举办各类早期教育讲座100多场。开展青少年健康人格工程试点，探索青少年人格教育。广泛开展生殖健康进家庭活动，宫颈癌和乳腺癌“两癌”免费检查活动，避孕药具进产科、进工地、进校园等“十进”服务活动。民政、老龄委办、卫生、人口计生部门联手成立居家养老服务站，为社区老人建立健康档案，提供更年期保健和上门医疗服务。

四是推进人口计生服务队伍职业化。开展心理咨询师和生殖健康师进社区活动，为计划生育特殊家庭、育龄群众提供心理健康、生殖健康、家庭保健等个性化服务。成立人口计生干部队伍职业化建设工作领导小组，制定《全市生殖健康咨询师培训方案》。建立生殖健康咨询师培训师资库，选拔了一批理论水平较高、业务素质过硬、实践经验丰富的师资队伍进行专门培训，全面启动全市生殖健康咨询师培训工作，已培训生殖健康咨询师4 697人，274人取得生殖健康咨询员的资格。同武汉大学心理咨询职业培训中心共同举办了全市人口计生系统首届心理咨询师培训班，培训心理咨询师68人。

三、探索建立城乡家庭致富发展模式

实施计划生育家庭致富发展促进计划，探索建立以培训促创业、以创业促致富、以致富促发展、以发展增幸福的“三促一增”家庭发展长效机制，激发计划生育家庭的创业热情，挖掘计划生育家庭的创业潜能，解决计划生育家庭的实际困难，拓宽计划生育家庭的致富渠道，提高计划生育家庭的发展能力。一是培育创业致富典型。全市创建100个计划生育家庭致富发展示范基地、1 000个计划生育家庭致富发展示范户，以带动更多的计划生育家庭走创业、致富、发展、幸福之路。江夏区发展“公司+基地+农户”的经营板块模式100多个，创建幸福家庭9 850户。二是加大政策帮扶力度。市农业局、人社局、扶贫办等部门在农村承包土地、山林、鱼塘和就业安置、贷款免息、技能培训等方面对计划生育家庭优先优待，充分体现让计划生育家庭优先享受改革发展的成果。三是加大帮扶资金投入。市政府投入计划生育专项帮扶资金300多万元，采取“无偿使用，定期回收，滚动发展”的方式，帮助1 000多户计生家庭发展生产。四是扶贫帮困提升家庭发展能力。开展“进万家门、暖万家情、解万家难”活动。每年春节走访慰问1.5万户困难的计划生育家庭。开展尊老、扶老、养老志愿帮扶计划。在全市广泛开展失独家庭结对帮扶活动，组织志愿者帮助失独家庭走出阴影，消除痛苦，走向阳光。开展计划生育家庭意外伤害保险。全市每年为10.2万户参保家庭给予每份保险10元的补贴。

通过一年多的探索与实践，全市逐步形成“党委和政府领导、人口计生牵头、相关部门配合、社会各界支持、城乡家庭参与”的工作格局。广大群众尝到了甜头，得到了实惠。从而进一步密切了党群关系和干群关系，促进了家庭和谐幸福，提升了人口计生部门的地位和作用，树立了新时期人口计生工作服务民生的新形象。

一是家庭人口政策知晓率明显提高。广泛开展“婚育新风进万家”活动、生育文明建设“三级联创”和“关爱女孩行动”，深入开展家庭人口文化发展计划，漂流人口文化书屋建设计划。科学文明进步的婚育观念逐步形成。武汉市被国家人口计生委确定为全国婚育新进万家活动第四阶段（2011~2015）示范市。全市人口计生政策知晓率达到85%，符合政策生育率保持在95%以上，全市一孩家庭积存率达67.65%。

二是家庭生殖健康水平明显提高。全面实施家庭公共服务计划，心理咨询师、生殖健康师等各类专家进社区行动计划，《幸福家庭通》项目行动计划，试行推广乳腺癌、宫颈癌早期检测，建立了便捷、高效的避孕药具发放系统，育龄群众生殖健康基本项目免费服务率100%，育龄群众生殖健康普查率达95%以上。育龄群众对计划生育技术服务的满意率100%。全市有11个区被评为全国计划生育优质服务先进单位。

三是家庭出生人口素质明显提高。建立政府主导、部门联动的出生缺陷一级预防体系。将免费孕前优生健康检查纳入政府为民办实事内容，大力推进“优生促进工程”，“三优”宝宝行动计划，青少年健康人格行动计划，构建了以生殖健康教育、优生咨询、高危人群指导、孕前筛查、营养素补充、免费婚检为主要内容的干预模式，全市每年开展出生缺陷干预服务28万多人次，其中优生咨询和检测1.8万人次，补充叶酸等营养素20多万人次，适龄青年免费婚前医学检查6.2万多人次。2011年，全市婴儿死亡率为3.14‰，孕产妇死亡率为10.71/10万。

四是人口计生公共服务水平明显提高。人口计生工作方式由管控型向服务型、福利型转变。更加注重宣传倡导，更加注重利益导向，更加注重服务关怀，努力实现从行政管理手段为主，向运用法律、行政、经济、教育等多措并举转变；从管理为主向以服务为主、寓管理于服务之中转变。人口计生服务对象从以育龄人群为主，向婴幼儿、青少年、育龄人口、老年人口、流动人口等全人群转变。人口计生服务内容由以计划生育技术服务为主向服务生命全过程转变。优生指导、早期教育、生殖保健、老年服务、致富发展等全过程服务全面推进。

“幸福江城”首届人口文化节：人民的节日

（2012年9月18日《长江日报》）

8.36万名市民观展，全国各地专家学者同仁云集。2012年9月13日至15日，武汉首届人口文化节在武汉国际会展中心成功举行。

来自全国各地专家学者点评：武汉首届人口文化节展馆规模空前、市民参与热情空前、新闻媒体聚焦空前、专家学者好评空前，真正办成了“人民的节日”。

武汉首届人口文化节精心策划了18个场馆。生命起源馆、江城人口馆、幸福家庭馆以现代科技手段探索生命的起源，以多元化的方式展现大武汉的人口发展，以独特的视角展示家庭幸福和谐的风采；早期发展馆、青春健康馆、两性情趣馆、孕育体验馆、中年保健馆、老年福寿馆，以服务全人群、服务生命全过程的展示，阐释新时期人口工作的发展方向；高龙文化馆、知音文化馆、木兰文化馆、问津文化馆、吉庆街文化馆、汉正街文化馆，以立体化的形式集中展示优秀的荆楚文化，以及与人口文化紧密相连的元素；图书馆、演艺馆、作品馆，以人口文化创作和表演精品，演绎出最炫的人口文化风。

本届人口文化节还安排了论坛和讲座，探讨人口理论，普及健康知识，让江城人民共享人口文化的盛宴。

湖北省领导说：

武汉市举办如此大规模的人口文化节，在湖北省尚属首次。文化是民族的血脉、人民的精神家园，人口文化是关于人自身发展的文化；希望通过此次文化节，宣传人口政策，普及人口知识，倡导婚育新风，推动人的全面发展。

武汉市领导说：

举办首届人口文化节很好，它把人口文化与民俗文化、地域文化有机融为一体，寓教于乐、寓教于情景之中，很有创意。

国家人口计生委宣教司副司长莫丽霞说：

武汉首届人口文化节内容丰富，采用多种形式展示了人口文化方方面面的内容，领导重视，部门联动，组织严密，特色鲜明，各个区都结合实际展示了各具特色的内容；同时做到了展示人口文化与创建幸福家庭的有机结合，对全面做好人口工作、促进家庭和谐幸福有重大意义和推动作用。

湖北省人口计生委党组书记胡菊萍说：

整个人口文化节活动组织得很好，社会反响也很好。国家省市领导都很满意。希望你们把人口文化展馆作为一个长久的阵地保存下来。

专家学者点评：

北京大学人口所教授穆光宗说：

武汉首届人口文化节办得非常成功！内容实、形式美、手段新、效果好！各类人口文化展览馆观者如云，足见人口文化魅力！人口文化节是老百姓自己的节日！人口文化建设是重大文化工程，利国利民利家。最后我想说：人文江城，流光溢彩；爱我家国，幸福同行；优化人口，任重道远。

南开大学人与发展研究所教授，博导原新说：

武汉市首届人口文化节大气、精彩、扎实，充分展示了新时期全面做好人口工作的改革思路和实践，是文化大繁荣乐章的华彩。这样大规模系统的展览，在全国排位第一。

湖北省人口计生委主任杨云彦说：

武汉首届人口文化节将深厚的地域文化与先进的人口文化有效融合，既充分展示了江城人民的幸福生活，彰显了城市魅力，又赋予了人口文化新的内涵，是新时期人口计生工作的积极探索与创新。

中国人口出版社社长、总编辑陶庆军说：

武汉市首届人口文化节的最大特点是其综合性，将人口文化与地域文化紧密结合起来，是全国首创，是贯彻落实“文化强市”的具体体现。

著名性学家，华中师范大学教授彭晓辉说：

武汉首届人口文化节的两性情趣馆，是我所见到过的涉性展览中最有文化品位的场馆，展现了古代性文明的精髓，弘扬婚育新文明，达到了开展性教育的目的。场馆布局合理、展示的实物精致、设计新颖，“拂去尘埃见本性”，具有很高的思想性、艺术性、科学性和教育性。做到雅俗共赏，形式内容有机结合。

■生命起源馆

涂江梅（社区工作志愿者）说：

用新形式展示科普知识，实物化石与科普视频相结合，表现形式生动有趣。很适合带孩子来看！

以前女儿问我：“妈妈我是哪里来的?”我总是不知如何回答。现在我知道怎么回答了。

■江城人口馆

某老师说：

城市的前行离不开人口的贡献！江城大地，人杰地灵，人才辈出！希望当代武汉人用浓墨重彩写出更辉煌的江城发展史！

■幸福家庭馆

一市民（江岸区劳动街澳门社区）说：

我看到了来自各地方评选出来的幸福家庭，告诉了我们怎样才是和谐幸福的家庭。“真诚待人、和睦相处、互敬互爱”，这一个个幸福的家庭，诠释了幸福的最真实内涵。

■早期发展馆

李女士（武展社区）说：

我作为外来务工人员，看着这么多孩子们在展馆里开展亲子游戏，让我深切感受到孩子小时候的教育就有这多科学的方法！以后我也要加入社区早教群体，让我的孩子不输在起跑线上！

■青春健康馆

徐威（武钢三中教师）说：

带同学们来参展受益很大，这是一次形象的科普教育，如青春期健康馆里，青春期心理健康等宣传。展览加深了同学们对武汉这座城市的了解，增强了热爱武汉的正力量。

■两性情趣馆

林红（武汉三十中学退休教师）说：

两性情趣馆三个展厅各具风格和特色，用文物、图片、视频等多种形式展出健康、幸福、和谐的主题。我们从内心深处真正体会到随着社会的进步与时代的发展，人们不仅追求男女平等，更加注重健康安全幸福和谐的家庭生活，如“性道德六标准”、“夫妻和谐六标准”、“夫妻危机六标准”等，对我们有很大的启迪和警示意义。

■孕育体验馆

周正康，黄小玲（准父母）说：

在孕妇装体验区，来自东西湖的黄小姐正“逼”着丈夫小周试穿孕妇装。小黄说，“我们准备要孩子了，但如何照顾孩子，我们夫妇俩都感到很茫然。现在参观了场馆后，体验了孕育优生、营养搭配、婴儿护理等展示活动，还能亲手模拟操作，特别是让老公体验下我即将面临的辛苦，能让他更关心我，感到收获颇深。”

■中年保健馆

魏明说：

中年保健馆设计很有创意，互动性强。健康知识的宣传很到位。最吸引人的是免费健康体验活动，让我们享受到了国际最先进的检测仪器为我们检测身体。

■老年福寿馆

汪春芝（武昌区中南街居民）说：

老年馆的活动真是多，老人太极拳剑表演齐整好看，老人做的丝网花、泥塑真是好，像真的一样，老人画的画，写的字一些人要；还有抽奖活动，排队排转了弯，我抽到了一把雨伞，真是高兴。

■木兰文化馆

张玲（硚口区汉正街居民）说：

木兰文化馆很有地方特色，里面有党和国家领导人的书法，有地方小品、木兰武术，还有“关爱女孩行动”和“十佳优秀女孩家庭”展。现场观众与武术演员互动，很有特色，整个展馆的氛围得到了充分发挥。

■问津文化馆

王先生（邾城街市民）说：

我在新洲生活了30多年，还第一次知道新洲的问津书院。看到这里的展示，感觉新洲还是很有文化渊源的，以后要带孩子更多了解自己的家乡与文化。

■吉庆街文化馆

陈老先生（青山区建设二路居民）说：

参观后对人口文化有了新的认识。确实，人口素质、生命质量很重要。在吉庆街文化馆里看到吉庆街的变化、听到新吉庆街的趣闻，非常高兴。

■高龙文化馆

袁明（市民）说：

高龙文化馆尤其让我印象深刻。龙文化是中国几千年文化的精髓，高龙鲜艳的色彩和民族文化底蕴深厚很吸引人。希望能多看到这种展览。

■知音文化馆

葛卫华（湖北成田制药公司员工）说：

参观知音文化馆后，体会很深，深感“人生易老，知音难觅”，感谢你们举办这么好的展馆，让我们了解了伯牙和子期的知音琴缘，展馆设计新颖独特，古色古香，我很喜欢。

■汉正街文化馆

郑祖庆、何远忠（武汉居民）说：

参观了“毫厘不差”、“货真价实”、“童叟无欺”、“诚实守信”四尊反映汉正街商贸文化精髓的老雕像，用新、老照片和古旧实物相结合表现汉正街的变迁的表现形式很好。展览把人口发展与文化融合得这么好，不虚此行。

■演艺馆

涂智敏（一冶公司）说：

演艺馆有民间绝活艺术的灯箱介绍、现场演示，有文艺表演，计生有奖知识问答，现场参与的积极性很高，很有趣味性。市民了解民间艺术的同时，学习到了婚育文明、性别平等、优生优育以及生殖健康的知识。

■江夏区作品馆

李艳云说：

传统文化妙笔点睛，我很喜欢。

■图书馆

黄先生：

馆内除了内容丰富的图书和音像制品，还可以通过悄悄话视屏点播系统和触摸屏查询系统，自助查询感兴趣的知识，避免了面对面咨询的尴尬，图文并茂的生动说明非常形象！很先进！

省内外点评

湖北省人口计生委副主任董尚荣说：

武汉人口文化节办得大气、精彩、富有成效，希巩固、珍藏好本次文化节成果，建立长效机制，让人口文化更多地惠及江城人民。

西安市人口计生委主任倪广天说：

武汉市人口文化节很有创意，很有特色，尤其是开幕式“十佳幸福家庭”的评选表彰很有创意，让人眼前一亮。人口文化中融入了历史和人文的内容，给人一种导向，人口文化的内涵十分丰富，不仅仅是计划生育。

太原市人口计生委主任崔燕说：

活动举办得很成功，体现了国家人口工作理念的转变，将文化与历史、文化相融合，印象很深，特别是将传统计生服务与现代科学成果相结合，对百姓服务更实在，是今后工作的方向。

神农架人口计生委主任陈大新说：

感谢武汉市委宣传部、市人口计生委给我们摆上了一桌如此壮观、大气、优美的视听盛宴，令我们受益匪浅，十分佩服。

武汉首届人口文化节 18展馆体验文化、孕育之美

（2012年9月14日 人民网）

昨日，由武汉市委宣传部和市人口计生委联合主办的首届人口文化节开展，本次展览以“幸福江城我的家”为主题，全面展示武汉市人文底蕴和人口事业发展成就。

武汉国际会展中心一楼东厅18个主

题场馆对外开放。其中，生命起源馆、江城人口馆、幸福家庭馆展示人类进化发展过程、武汉人口历史现状和江城幸福家庭；早期发展馆、青春健康馆、两性情趣馆、孕育体验馆、中年保健馆和老年福寿馆等展馆展示生命全过程。此外，还有高龙、知音、木兰、问津、汉正街、吉庆街等特色文化馆。

文化节除了有18个展馆外，还有不少传统民俗的表演项目，比如皮影戏、汉绣、汉剧、古琴、捏面人、扎风筝等。

汉阳高龙文化传承千年

高龙文化展是汉阳区人口计生委举办的展览，现场几位手工艺人正在为高龙搭建框架。“这是一种用彩纸制作的小龙，以前汉阳一带的人们，为了祈求年年风调雨顺，便每年在春节时舞高龙以祭祀。”汉阳区人口计生委宣教科主任易海涛说。

记者看到，这大高龙有两三个人那么高，呈现S的形状，高大的红黄相间的龙头都有两三米高，全身上下色彩斑斓、金碧辉煌。小高龙有半米长，是由反光的彩纸沿着竹制的骨架一层层粘上去的，“别看这小高龙，也要一个家庭花半个月的时间才能完成。”

高龙具有浓郁的民间文化特色，有着强烈的地域性和历史文化价值，其文化源头相传来自唐朝李世民时期。唐贞观年间，中原大旱，龙王未依令降雨。玉帝一怒之下，令魏徵在云梦泽（也即现在的汉阳区龙阳村）斩杀龙王，大家也用舞龙来祭奠龙王。几千年过去了，这种习俗仍然在汉阳一带流行着。

“汉阳高龙是老祖宗留给我们的遗产，在物质匮乏的时代，汉阳区的人们靠扎高龙谋生，靠舞高龙自娱，也间接地促进了家庭的和谐与安宁。日前我们也准备申报非物质文化遗产。”易海涛说。于今，汉阳区人口计生委还于今年4月开始兴建高龙传承园，引入汉秀、木雕、扎高龙等32位民间艺术大师进驻，承诺他们免费的住房、生活费和工作室，让他们每人在三年的时间里将自己的手艺传授给3个家庭，以延续和发扬这些非物质文化遗产。

蔡甸知音文化入选省级非物质文化遗产

“很多人以为伯牙、子期的传说来自汉阳古琴台，其实我们蔡甸才是知音文化的摇篮。”蔡甸区人口计生委宣教科主任艾新超说。

蔡甸的马鞍山是钟子期的故乡，有知音亭和钟子期墓在此，千年的知音传说是蔡甸区的文化之根，2007年“伯牙与子期的传说”被列为第一批“省级非物质文化遗产保护名录”。2010年蔡甸区被湖北省民间艺术家协会命名为“知音文化之乡”。

记者在知音文化展馆看到，正中央有座古色古香的亭子，在亭子两旁，几位书法艺术家正大笔挥毫，每有游客来索要墨宝，总是欣然赠送。“知音文化的精髓是诚信、平等、感恩、和谐，蔡甸区一直很重视将知音文化融入人口文化之中。”艾新超说。

孕育体验馆体验怀胎十月

孕育体验馆，让不少从未经历过怀胎

十月的人们清晰地看到了宝宝在妈妈肚子里的成长过程。馆内采用先进的视觉投影技术，观众们只要用手指一点击，不仅可以看到胎儿发育图片，还能看到三维孕育视频，聆听胎儿自述配音。

“我们选取了孩子在母体内发育的四个重要时期，比如早期的0~3周，中期的4~8周，将每个时期孩子的发育情况和妈妈要注意的地方展现的视频里，这样比单纯的说教要有趣得多。”武昌区人口计生委主任兰珍说。

除此而外，馆中还设有膳食搭配、孕妇装试穿、新生儿护理的实物模型以及孕期音乐试听、心理辅导等项目。不少准爸爸还穿起了孕妇装，体验妻子“怀孕”的感觉。

两性情趣馆展览古代房中术

在两性情趣馆中，展出了一批极少见的中国古代性文物和性书籍。包括清代的瓷灯、性爱铜镜及《素女经》。

据现场解说人员介绍，中国古代其实有很丰富的性文化，但是由于历史的偏见，这方面的文化被尘封了。此次展览专门展出了两本中国古代“性爱宝典”——《素女经》和《枕边书》。

《素女经》相传是由古代一位性爱女神素女所撰写，成书于战国时代，是古代最重要的性爱宝典，书中提出了初步的优生道理，还首次提出“九殃”，即在九种情况下不宜性交，同时也提出了如何易于怀孕。除书籍外，一些春宫图和性爱雕塑比比皆是。记者在馆内看到，这些展物极其的精致，瓷灯大小如碗形，上有盖子，揭开盖子就可见男女交合的场景。据说，这是古代嫁女的嫁妆之一。

本次人口文化节展出时间从9月13日到9月15日，有兴趣的市民可前往武汉国际会展中心参观。（张文瑾　向秀芳）

武汉首届人口文化节　18场馆接纳上万市民

（2012年9月14日　新华网）

作为男士，你体验过怀孕9个月的感觉吗？你了解青春期孩子的性心理吗？……昨日，武汉市首届人口文化节在武汉国际会展中心开幕，上万市民在18个场馆中流连参观，大开眼界。

“声光电”助市民探索生命起源

昨日9时，场馆开放，大量市民涌入。

在生命起源馆、江城人口馆、幸福家庭馆，大多运用现代声光电科技手段，带领参观者探索生命的起源，多元化展现武汉的人口发展，告诉你怎样才算“和谐幸福的家庭”。

“两性情趣馆”挤满了观众。十余平方米的展馆内琳琅满目，都是与性教育相关的图片、视频、书籍、艺术雕塑等。参观者年龄多集中在五六十岁，也有少数年轻人和白发苍苍的老人。不少人举着相机、DV机和手机拍摄。记者尝试与他们攀谈，少数人有些害羞，多数人并不避讳。

在“古代性教育”展区，不少人仔细观察着名为“压箱底”的小型人像陶器，旁边放着一种名为“嫁妆画”的性教育画卷。解说员说，这些东西通常被母亲悄悄放在女儿的嫁妆中。

“活了60多年，我还是第一次亲眼见到‘压箱底’的东西。”65岁的黎婆婆和老伴一起参观，老伴忙着拍照，她则边看边捂嘴笑。

22岁小伙体验“9个月孕妇”

一个小伙子，戴上一个特殊的围裙，肚子立马鼓起来，瞬间变身“9个月孕妇”！记者走进“孕育体验馆”，看到这有趣的一幕。

小伙子姓谢，乘坐公交车时经常为孕妇让座，听说来这里可以体验当孕妇的感觉，他毫不犹豫地选了一个最大号的“肚子”。“真够重的，弯腰都不方便，更不用说挤公交了。”小谢说，等以后自己老婆怀孕了，一定要加倍呵护她。旁边几位中年妇女笑弯了腰。

“孕育互动桌”前也围着不少人。手指轻点桌面，即可看到五个不同发育阶段的胎儿3D图片和视频，还有充满童趣的胎儿自述。

负责该场馆的武昌区人口计生委负责人表示，人口文化节落幕后，这些寓教于乐的设备和体验设施，都将搬进社区。

讲解员：人们不再谈“性”色变

记者探访全部18个展览场馆，发现除生命起源馆、早期发展馆、青春健康馆、中年保健馆、老年福寿馆等根据生命过程分类的场馆，还有高龙文化馆、知音文化馆、木兰文化馆、问津文化馆、吉庆街文化馆、汉正街文化馆等展示武汉独特民俗民情文化的场馆。

来自计生部门的女讲解员小张说，她3小时接待了几百人，市民不仅细心参观、主动领取避孕药具，还上前跟她咨询，“我感觉大家都大大方方的，以前说谈性色变，现在观念转变了。”

昨日开幕式上，主办方表彰了武汉市首批“十佳幸福家庭”；下午还举办了人口文化论坛、科普知识讲座。

“数字计生”实现人口计生信息化提质提速

（2013年3月1日《中国人口报》）

武汉市是中部地区中心城市，常住人口达1 002万人，家庭户近300万户，人口基数大，人口流动较频繁，人口计生工作形势较为复杂。近年来，武汉市人口计生委强力推进人口计生信息化建设，加强全员人口信息系统监测的开发和应用，强化人口计生信息化风向标功能，切实做到数据为基、网络为脉、应用为本，实现人口计生信息化提质提速。

整体规划，保障科学发展

加强领导。2010 年，市长亲临视察指导人口信息化建设。2011 年，市政协专题调研人口信息化建设。2012 年分管市长召集相关部门负责人专题研究人口信息化建设和应用推进工作，并在各区分管人口计生领导信息化应用培训班上强调进一步推进人口信息化建设。市委办公厅、市政府办公厅印发《关于进一步加强人口基础信息共享工作的通知》，制订具体实施方案，统筹推进人口计生信息化建设。

明确目标。明确全市人口计生信息化建设的总体目标，着力实现“三大覆盖”：人口计生网络系统全覆盖、信息人群全覆盖、信息应用全覆盖，打造“五大平台”：即孕情监测平台、妊娠分娩信息平台、流动人口服务管理平台、计生科技服务平台及利益导向业务信息平台。

强化保障。为迅速推进信息化应用，各级在经费投入上确保信息化设备需求。目前全市 3 500 个村（社区），信息化设备基本配备到位。同时，专门安排 584 万元信息化专项预算，用于为全市 188 个街道（乡镇）配备便民办证系统所需证件打印机、证件扫描仪和身份证读卡器及村（社区）级信息化设备和网络使用费补贴。并将人口计生信息化应用和信息质量作为年终考核目标，将村（社区）计生专干应用计算机列入目标，突出了信息化的基础性、保障性、全局性地位。

资源共享，促进稳步发展

定期交流。武汉市以开展出生实名登记工作为契机，积极推动部门资源整合，规范信息交流制度。出生入户、户籍人口、出生实名、预防接种、婚姻变动、收养子女、人口统计等信息在相应级别的定期交换共享机制得到完善。人口计生、公安、卫生等部门间信息交流在确保双方系统独立运行的情况下，实现了数字比对、检索分析等功能，大大减轻了手工比对信息的工作量，提高了信息利用率、可用性和准确性。

范围拓展。市人口计生委在规范与公安、卫生、民政、统计等主要部门间信息交流共享制度的基础上，拓展了与国土规划部门就全市二维、三维空间地理数据信息的共享，2012 年建立启用人口地理信息系统 147 个；与市公安局达成协议，就公安部门的户籍人口、流动人口与人口计生部门全员人口进行实时共享交流，极大提高全员人口个案信息的准确性、及时性。

登记规范。组织专班对全市 51 个计生服务站和 101 个医疗机构落实实名登记制度情况进行督办，各计生技术服务机构和医疗机构在实名登记宣传告知、登记、证明审核、资料归档、信息录入等方面进一步规范。特别是省、市级大型医疗机构，实名登记职责进一步得到明确，实名登记制度推进力度进一步加大，录入准确率进一步提升。

分类采集，提升“数字”质量

协管员采集模式。在人口复杂的开放性社区，将原来的信息员整合为计生协管员，落实待遇、责任。实行“对象四分法”（分为重点户、安全户、一般户、服务户），画图标户（管辖地域每户位置以图标明当年婚、孕、生、避孕、流动等信息），实现实时录入。

客栈式采集模式。在私房出租和流动人口承租较多的社区，积极探索“以房管人”的新机制，将“公安管户头、综治管房头、计生管人头、工商管摊头”融为一体，设立固定服务网点，辖区居民出租户实行统一编号、挂牌、签定计生协议，对外来流入人口租房实施按需推荐，同时在自主创业、证件办理上提供便民服务，并开展“助工、助学、助医、助困、助孤、助乐”六个方面的优质服务。以服务促管理，以温情促配合。三方良性互动，提高了流动人口信息采集质量，促进了流动人口服务管理。

计生物业联手采集模式。在封闭住宅小区实行“四把关”：一是把好入住关。业主入住时，物业公司真实准确记录其基本情况，定期向社区居委会反馈业主信息情况；二是把好信息关。物业管理员、环卫工、园艺工、保安等发挥岗位优势，将居民进出以及婚、孕、生等信息反馈给小区信息员或协管员；三是把好入户关。社区计生干部根据反馈情况采取灵活方式上门采集信息，纳入服务管理；四是把好宣传服务关，开展生动活泼的宣传教育活动，推进社区生育文化建设。计生、物业责任明确，资源共享，工作互动，有效地提高了封闭住宅小区居民信息采集及服务管理水平。

计生企业联动采集模式。在外来务工人员较多的企业，认真落实人口计生单位法人代表责任制，做到“八落实”：一是按照谁招商谁负责，谁的地盘谁管理的原则，落实所在街道与企业法人代表签订计生工作目标责任书；二是落实企业一名兼职人员负责企业的计划生育工作；三是落实计生工作台账；四是落实企业员工基本信息与计生部门月交流制度；五是落实由计生、劳动、工商等部门联手定期进行考评监督制度；六是落实企业已婚女工生殖健康服务；七是落实企业员工计生奖励政策；八是落实企业计生评先“一票否决”制度。

拓展应用，信息化提质提速

全员培训。市人口计生委下发《关于调整信息化工作领导小组的通知》，明确了人口计生各业务部门在信息化管理、应用方面的职责。组织机关全体干部信息系统基本操作培训，并分业务口分别对区以上所有工作人员进行针对性培训，各区分层级组织信息系统应用培训，做到操作培训到全员、系统应用到全员。

问题督办。按照要求，人人会用信息系统分析查找问题，以问题为导向，加强督办，落实整改。业务处室编写利用信息系统查找问题的方法，发放至所有工作人员，层层培训。市人口计生委主任李丹芳带头亲自查找问题，各区人口计生委一把手定期在季度目标调度会上演示查找问题，分析原因。问题督办形成制度，发现问题以编号督办单的形式，督促基层举一反三，落实整改。

平台互动。充分利用全员人口数据系统汇总信息，分析人口形势，及时调整工作思路，采取有效措施，保障人口计生工作目标有效执行。充分利用婚、孕、生、避孕、补救、生殖健康检查、办证、奖励、处罚、流动等各类信息，再造工作流程，做好依法行政、优孕优生、孕情跟踪、生殖健康、知情选择、利益导向等，不断提高人口计生服务管理水平。改版后的人口计生委门户网站点击率达 40 万余次，搭建起和群众沟通交流的桥梁。

不断丰富的全员人口信息数据和分析系统，为全市“十二五”经济社会发展规划制定、城镇建设、村居改造、文化教育、医疗卫生、劳动就业等提供了重要数据支撑，人口计生信息化实现提质提速。

七、政策文件篇

（一）市委办公厅市政府办公厅文件

关于对计划生育特殊家庭开展关爱关怀工作的通知

（武办文〔2012〕57号）

各区委、区人民政府，警备区党委，市委各部委，市级国家机关各委办局及大型企业、事业单位，各人民团体：

自实行计划生育基本国策以来，广大计划生育家庭为我市经济社会发展作出了积极贡献。同时，也出现了一些独生子女死亡家庭等特殊群体（简称计划生育特殊家庭）。由于独生子女死亡，这些家庭承受着极大的精神悲痛，有的在生产、生活、养老等方面还存在实际困难。对他们实施关爱关怀，提供物质上的救助、精神上的慰藉，是贯彻落实科学发展观、坚持以人为本、保障和改善民生、促进社会和谐稳定的重要举措，有利于完善我市人口和计划生育利益导向政策体系，保护人民群众自觉实行计划生育的积极性，促进低生育水平的稳定。经市委、市政府同意，决定对具有武汉市户籍的计划生育特殊家庭开展关爱关怀工作。现就有关事项通知如下：

一、根据《武汉市计划生育管理办法》第三十八条第四项的规定，对2001年1月1日以后退休或年满60周岁的城镇独生子女死亡的父母，每人分别一次性给予7 000元扶助金。

二、对计划生育特殊家庭，由其所在街道（乡、镇）及时上门慰问，给予2 000元抚慰金；对生活特别困难的，由民政部门依据政策及时给予临时救助，发给一定数额的临时救助金。

三、鼓励计划生育特殊家庭父母再生育。卫生、人口计生部门要为有生育意愿和能力的计划生育特殊家庭提供再生育技术服务；计划生育特殊家庭父母再生育后6个月内，由人口计生部门一次性给予5 000元再生育补助；对不宜或不愿再生育而希望收养孩子的，由民政部门依法按照规定程序办理。

四、工会、共青团、妇联等人民团体在节假日慰问困难家庭时，要将已纳入特别扶助的计划生育特殊家庭（简称计划生育特扶特殊家庭）纳入慰问范畴；人口计生部门在每年元旦（春节）、中秋组织上门慰问时，给每个计划生育特扶特殊家庭发放200元慰问金。

五、民政部门要将符合条件的农村计划生育特扶特殊家庭优先纳入农村“五保”供养范围；对符合低保条件的，及时优先给予最低生活保障；对属于“低保边缘户”的，将其纳入临时救助范围。

六、卫生部门要通过社区卫生服务中心家庭医生，为计划生育特扶特殊家庭建立健康档案，提供社区基本医疗“五免六减”服务；在市属医院开辟“绿色通道”，为计划 生育特扶特殊家庭父母优先提供诊疗服务。

七、老龄工作部门要对年满60周岁、生活困难的计划生育特扶特殊家庭父母，提供居家养老护理服务；对年满70周岁、生活困难的，另外给予每个家庭每月100元补贴。

八、民政部门对申请入住公办福利院的计划生育特扶特殊家庭父母，要给予优先安排。

九、住房保障房管部门对经审核符合廉租住房配房租赁条件的计划生育特扶特殊家庭，要优先纳入当年配房租赁范围轮候配房。

十、司法部门要为需要法律援助或司法救助的计划生育特殊家庭提供免费援助或救助。

十一、民政部门和工会、共青团、妇联等人民团体要发挥志愿者的作用，为计划生育特殊家庭开展结对帮扶、结亲认养等志愿服务活动。

十二、计划生育协会要为计划生育特殊家庭购买计划生育家庭意外伤害保险。

十三、独生子女死亡的父母去世后，民政部门要在社区的配合下为其提供殡葬服务，并按照有关文件精神，为符合条件的困难人员减免相关费用。

各有关部门和单位要根据本《通知》精神，制订具体操作办法。

中共武汉市委办公厅

武汉市人民政府办公厅

二〇一二年八月二十三日

关于进一步加强人口基础信息共享工作的通知

（武办文〔2012〕60号）

各区委、区人民政府，警备区党委，市委各部委，市级国家机关各委办局及大型企业、事业单位，各人民团体：

为进一步做好人口和计划生育工作，准确掌握人口信息，提升人口和计划生育工作信息化应用水平，现就进一步加强人口基础信息共享工作有关事项通知如下：

一、综治部门要将人口计生信息纳入

全市社会综合管理与服务数字化信息系统，定期交流信息，共享信息资源，并组织公安、住房保障房管等部门，加强流动人口和出租屋信息登记，落实“以房管人”的工作要求。

二、公安机关要建立与人口计生部门信息交流共享制度，定期通报新生婴儿户口登记情况、流动人口暂住信息。户籍人口基本信息和户口迁移信息等。基层派出所在办理新生婴儿户口登记手续时，应当严格查验人口计生部门出具的计划生育证明；对政策外生育的，应当核查征收社会抚养费票据或其他有关证明；未缴纳社会抚养费的，应当告知当事人依法缴纳，在办理入户登记的同时，及时向人口计生部门通报情况；每月将新生婴儿户口登记、户口迁移等相关情况向当地人口计生部门通报。区级公安机关和基层派出所负责核查人口相关信息。市公安局每季度与市人口计生委交流共享户籍人口和流动人口基本信息。

三、国土规划部门和住房保障房管部门要与人口计生部门就全市地理信息和房屋信息实行共享，向人口计生部门提供技术指导，并共同建立覆盖全市的人口地理信息系统，实现人口信息精细化管理。住房保障房管部门要督促物业服务企业配合人口计生部门、公安机关，做好人口入住信息的收集工作。

四、卫生部门要督促全市范围内的医疗机构规范落实出生、孕妇B超检查、计划生育手术等各项实名登记制度，主动查验服务对象的有效身份信息、生育服务证或生育证，将人口和计划生育工作作为社区网格化管理的重要内容，使用统一规范的实名登记簿，如实登记相关信息，确保信息真实、准确、完整。完善住院分娩信息，确保住院分娩信息交流的完整性和及时性。各项实名登记信息要按照省里统一要求，在规定时间内录入相应信息系统。

五、信息产业部门要加强对市、区、街（乡、镇）、社区（村）四级人口计生信息网络建设和部门间信息共享的技术指导，加快推进社区（村）信息网络的建设，为人口计生信息建设提质提速提供保障。

六、人口计生部门要加强与相关部门衔接，加大共享信息分析利用力度，加强共享信息的安全保密工作。

中共武汉市委办公厅

武汉市人民政府办公厅

二○一二年八月三十一日

关于进一步加大打击“两非”行为工作力度的通知

（武办文〔2012〕71号）

各区委、区人民政府，警备区党委，市委各部委，市级国家机关各委办局及大型企业、事业单位，各人民团体：

近年来，各区、各部门和各单位将打击“两非”行为（非法利用B超和其他技术手段进行非医学需要的胎儿性别鉴定、非法选择性别人工终止妊娠）作为综合治理出生人口性别比的一项重要举措，集中查处了一批“两非”案件，对促进我市出生人口性别比稳步下降发挥了重要作用。但从目前全市的人口形势来看，出生人口性别比总体水平仍然偏高，“两非”行为在一些地方还十分严重，部分区存在查处“两非”典型案件力度不大、处理不到位、区域协作和部门配合不够、基层基础工作不扎实、长效工作机制缺乏等问题。为进一步加大打击“两非”行为工作力度，促进全市综合治理出生人口性别比工作取得实效，经市委、市政府领导同志同意，现将有关事项通知如下：

一、健全工作机制，抓好工作落实

（一）实行打击“两非”行为工作联动制。进一步充实市综合治理出生人口性别比专项治理领导小组力量，在领导小组下设打击“两非”行为工作办公室，由市政府分管副秘书长兼任主任，工作人员从市人口计生委、公安、监察、司法、卫生、食品药品监管局、检察院、法院等部门和单位抽调，具体领导组织打击“两非”行为工作。建立联席协调会议制度，每双月召开一次联席会议，听取各区、各部门和各单位工作进展情况汇报，研究工作中出现的新情况、新问题，并提出指导意见。每月抽调人员组织两次以上专项督查活动。成立打击“两非”行为案件审查委员会，负责研判“两非”典型案件。

（二）实行专班集中办公制。各区要成立打击“两非”行为工作专班，在人口计生部门相对集中办公。各区工作专班要采取明查和暗访相结合的方式，不定期对本区内医疗保健机构、计生技术服务机构、个体门诊部、药品市场进行检查，发现问题，及时处理。

（三）实行“两非”案件处理结果报备制。各区在处理重大“两非”典型案件时，要将初步处理结果报市打击“两非”行为工作办公室审核。经市打击“两非”行为工作办公室审核后方可作出处罚决定，确保每例案件依法从严处理到位。

（四）实行B超器械销售购买使用实名登记制。食品药品监管部门要督促医疗器械批发企业落实B超器械销售和购买单位实名登记制。卫生部门要严格执行B超器械使用机构、操作人员技术准入和资格确认制度，做到持证上岗；要探索在B超机内安装监控软件，在医疗保健机构醒目位置设置警示牌。区卫生、人口计生部门要对辖区内拥有B超器械的单位和个人进行逐一审核，查清医疗保健机构、计生技术服务机构以及个体诊所B超的诊断类型、数量，并对其进行统一编号、统一管理。各医疗保健和计生技术服务机构要严格执行孕妇B超检查“双人双签”管理制度。

（五）实行B超诊断人员实名档案制。各区卫生、人口计生部门要进一步加强对B超诊断人员档案管理，建立本区内所有从事B超诊断人员的档案，包括“一表二证二照”（基本信息表、身份证复印件、影像学执业证复印件、身份证登记照、个人生活照），并将诊断人员花名册报市卫生局、市人口计生委备案。卫生部门要加强对退休妇产科医生和B超诊断人员的管理，及时掌握其从业动向。

（六）实行孕情服务包保责任制。各街（乡、镇）要对辖区内只有1个小孩并在10周岁以内、且未落实长效节育措施的已婚育龄妇女进行清查，每年至少组织两次生殖健康检查。对符合生育政策的二孩以上孕妇，实行名单化管理，落实包保责任人，并将孕妇及包保责任人名单报市、区人口计生部门备案。坚决杜绝非医学需要大月份引产行为，对实施非医学需要大月份引产的，发现1例，处理1例，对出现恶性案件的部门和单位，实行计划生育“一票否决”。

（七）实行“两非”行为“黑名单”制。卫生、食品药品监管部门要对从事过“两非”行为的机构和人员实行“黑名单”管理，禁止其再从事妇产、计划生育手术和药品销售工作。

（八）实行“两非”案件举报重奖制。市、区各相关部门要进一步完善打击“两非”行为案件有奖举报制度，公开举报电话，设立专项奖励资金，提高奖励标准。经举报查实的，给予举报人重奖。

（九）实行“两非”案件曝光制。电台、电视台、报刊、门户网站等新闻媒体要加大对打击“两非”行为案件的宣传力度，开办专栏，深度曝光，提高群众对“两非”行为危害的知晓度，加大对犯罪分子的震慑力。

（十）强化区域协作制。要进一步加强区域之间的协作配合，着力构建区域协作和部门联动的查处机制。要及时移交涉及外地的“两非”案件，确保案件得到及时查处；对外地移交我市的“两非”案件要高度重视，明确专班，认真查处，并及时将查处结果向移交地通报。

二、实施“五大行动”，加大整治力度

（一）开展打击“两非”行为集中宣传行动。广播影视、交通运输、城管部门要利用电视、广播等传媒的黄金时段、客运出租车车尾显示屏、室外电子屏幕等，集中播放打击“两非”行为的公益性宣传片。各区要结合“7·11”世界人口日、“9·25”公开信发表纪念日等，组织开展打击“两非”行为集中宣传行动，营造强大的舆论氛围和整治声势。

（二）开展医务人员法制教育行动。卫生、人口计生部门每年要举办1～2次人口计生法律法规培训班，组织妇产科和从事B超诊断的医务人员参加，教育医务人员珍惜岗位，依法依规从事医务工作。卫生部门与医疗保健机构，人口计生部门与计生服务机构，医疗保健和计生服务机构与医务人员、计生技术服务人员、B超工作人员之间要签订杜绝“两非”行为的承诺书。

（三）开展医疗市场整治行动。卫生部门要加强医疗市场监管，督促医疗保健机构严格执行实施中期以上引产时查验相关证明等制度，落实出生和计划生育手术实名登记制度，加强信息交流和反馈。定期对辖区内医疗保健机构、个体诊所从事B超诊断和施行终止妊娠手术情况进行清查，严厉打击非法行医行为。建立私营医疗机构。个体诊所和江湖游医动态监测机制，坚决取缔非法行医，端掉“两非”窝点。

（四）开展药品市场整治行动。食品药品监管部门要建立终止妊娠药品流通的监管制度，定期清查终止妊娠药品批发业和零售药店，及时查处非法经营、销售终止妊娠药品的行为。

（五）开展打击“两非”行为专项视察行动。各区、各部门和各单位要积极争取人大、政协的支持，主动接受人大、政协的监督。市人口计生委要适时邀请人大代表、政协委员对综合治理出生人口性别比工作进行专项视察。

三、强化组织领导，严格责任追究

（一）加强组织领导。各区、各部门和各单位要高度重视，将打击“两非”行为工作纳入重要议事日程，主要领导同志亲自负责，分管领导同志亲自落实，认真组织力量有效开展工作。要层层建立目标管理责任制，做到“四个不放过”（不查处不放过、不处理不放过、不追责不放过、不整改不放过）。要始终保持严厉打击“两非”行为的高压态势，坚决铲除滋生“两非”行为的土壤。

（二）强化工作职责。各责任部门和单位要严格按照我市关于集中开展整治“两非”专项行动的要求，认真落实本部门、本单位在打击“两非”行为工作中的职责。人口计生部门负责做好典型“两非”案件查处的组织、协调、检查、评估和考核等工作；卫生部门要按照“谁审批、谁监管”和属地管理原则，加强对医疗市场的管理，负责查处医疗保健机构和非法行医人员实施“两非”的行为；食品药品监管部门要加强对终止妊娠药品、B超器械销售行为的管理；公安机关、检察院、法院对涉嫌犯罪的“两非”当事人要依法追究其刑事责任。

（三）严格责任追究。要加大对医务人员、计生技术服务人员、妊娠药品销售人员和机构负责人等实施“两非”行为典型案件的打击和追究力度，在对孕妇进行处理的同时，严肃追究涉案人员的责任。对出生人口性别比严重偏高、人口计生工作基础比较薄弱的地方实行重点整治，加强监督检查，并将检查结果在全市范围内定期通报。

（四）坚持依法行政。各区在查处“两非”案件过程中，要依靠纪检监察、公安等相关部门，充分发挥其职能作用。注意维护当事人的合法权益，确保办案主体和程序的合法性，杜绝因执法不当而引发恶性事件和群体性事件。

（五）加强信息报送。市卫生、人口计生、食品药品监管部门以及各区要建立信息报送常态制，每月5日前，将上月打击“两非”行为工作情况报市打击“两非”行为工作办公室，由市打击“两非”行为工作办公室汇总后，以专报形式报送市委、市政府分管领导。

中共武汉市委办公厅
武汉市人民政府办公厅
二〇一二年九月二十四日

关于2012年度绩效管理和领导班子综合考评结果的通报

（武办文〔2013〕9号）

各区委、区人民政府，警备区党委，市委各部委，市级国家机关各委办局及大型企业、事业单位，各人民团体：

经市委、市政府研究决定，对2012年度绩效管理和领导班子考评实行综合评定，设立功单位、先进单位、达标单位、不达标单位四个等次。根据各单位绩效管理考评和领导班子考核得分，分别按60%、40%的权重综合计分，从高到低进行分类排序，评定年度综合考评立功单位42家、先进单位57家、达标单位4家，没有未达标单位。对只进行绩效管理考评的8家单位，评定绩效管理立功单位3家、先进单位5家。现将考评结果通报如下：

一、年度综合考评结果

1. 立功单位（42家）

中心城区类3家：汉阳区、江岸区、江汉区

新城区类3家：江夏区、蔡甸区、黄陂区

功能区类2家：武汉经济技术开发区、东湖新技术开发区

经济发展类6家：市财政局、市发改委、市经信委、市审计局、市统计局、市国资委

社会事业类7家：市政府办公厅、市民政局、市人社局、市人口计生委、市民宗委、市文化局、市政府研究室

执法监督类7家：市城管局、市食品药品监管局、市公安局、市国土规划局、市司法局、市园林局、市城乡建设委

综合服务类14家：市委办公厅、市委政法委、市纪委（监察局）、市委组织部、市政协机关、市信访局、市检察院、

市人大机关、市总工会、市委统战部、市编办、市法院、市委市直机关工委、市委政研室

2. 先进单位（57 家）

中心城区类 3 家：洪山区、武昌区、硚口区

新城区类 2 家：汉南区、新洲区

功能区类 3 家：东湖风景区、武汉化工区、武汉新港管委会

经济发展类 9 家：市农业局、市科技局、市商务局、市供销合作总社、市粮食局、市物价局、市知识产权局、市信息产业办、市工业合作联社

社会事业类 11 家：市广播影视局、武汉住房公积金管理中心、市体育局、市政府参事室、市档案局、市卫生局、市新闻出版局、市教育局、武汉地方志办、市旅游局、市外办

执法监督类 10 家：市交通运输委、市林业局、市工商局、市水务局、市政府法制办、市住房保障房管局、市民防办、武汉仲裁委办、市质监局、市环保局

综合服务类 19 家：市委宣传部、市妇联、市委农办、市台办、团市委、长报集团、市老干部局、市委市政府接待办、市残联、市委保密办、市社科院、市科协、市社会主义学院、贸促会武汉分会、市委党校、市侨联、江汉大学、市委党史研究室、市文联

3. 达标单位（4 家）

中心城区类 1 家：青山区

新城区类 1 家：东西湖区

行政序列 1 家：市安监局

党群序列 1 家：市工商联

二、绩效管理考评结果

1. 立功单位（3 家）

武汉警备区、市地税局、市国税局

2. 先进单位（5 家）

市政府金融办、市城建基金办、市气象局、市国安局、市烟草专卖局

中共武汉市委办公厅

武汉市人民政府办公厅

二〇一三年三月十一日

（二）市人口与计划生育工作领导小组文件

关于印发“生育关怀·创建幸福家庭——防治寄生虫，促进健康行动”实施方案的通知

（武人计字〔2012〕1号）

黄陂区人口计生委、卫生局、计生协、疾控中心：

根据中国计划生育协会、国家人口和计划生育委员会、中国人口福利基金会、中国健康教育中心《关于开展“生育关怀·创建幸福家庭——防治寄生虫，促进健康行动”的通知》（国计生协〔2012〕11号），经研究，决定在黄陂区开展“生育关怀·创建幸福家庭——防治寄生虫，促进健康行动”试点工作。现将《武汉市“生育关怀·创建幸福家庭——防治寄生虫，促进健康行动”实施方案》印发给你们，请结合实际，认真组织实施。

武汉市人口与计划生育工作领导小组办公室

二〇一二年五月二十一日

武汉市“生育关怀·创建幸福家庭——防治寄生虫，促进健康行动”实施方案

一、项目背景

为贯彻落实胡锦涛总书记在2011年4月26日中共中央政治局第二十八次集体学习时关于“着力提高人口素质”，“切实促进家庭和谐幸福”的重要讲话精神，进一步拓展生育关怀行动，推进创建幸福家庭活动，中国计划生育协会、国家人口和计划生育委员会、中国人口福利基金会、中国健康教育中心于2012年3月7日决定联合开展“生育关怀·创建幸福家庭——防治寄生虫，促进健康行动”活动，并于2012年4月24日在郑州召开“生育关怀·创建幸福家庭——防治寄生虫，促进健康行动”启动会，我市作为全国创建幸福家庭活动试点市，被列为“生育关怀·创建幸福家庭——防治寄生虫，促进健康行动”试点地区之一。2007年，我市开始在黄陂区设立省级监测点，开展

土源性线虫病监测，连续四年感染率分别为4.4%、5.2%、2.2%、0.46%，总体呈下降趋势，主要为蛔虫感染，其次为蛲虫和鞭虫感染，主要易感染群体为农村10岁以下儿童。

二、重要意义

寄生虫病是农村流行范围较广、感染率较高、危害人民群众健康、影响人口素质和家庭幸福的疾病，受寄生虫病威胁的人群主要是妇女和儿童。实施“生育关怀·创建幸福家庭——防治寄生虫，促进健康行动”项目，是贯彻落实党中央、国务院关于全面做好人口工作决策部署的具体行动，是建设幸福武汉的现实需要，是深入开展生育关怀行动、推进创建幸福家庭活动的重要载体。充分发挥各级计生协组织网络优势，广泛动员社会各界力量，实施“生育关怀·创建幸福家庭——防治寄生虫，促进健康行动”项目，降低项目地区土源性线虫感染率，有利于促进妇女、儿童健康，提高群众生活质量，促进家庭幸福和社会和谐发展。

三、指导思想

以科学发展观为指导，认真贯彻落实党中央、国务院关于全面做好人口工作的决策部署和胡锦涛总书记在中共中央政治局第二十八次集体学习时的重要讲话精神，按照《2006～2015年全国重点寄生虫病防治规划》的要求，以“防治寄生虫，促进健康行动”为载体，以计划生育家庭妇女和儿童为目标人群，大力弘扬“生育传承文明，关怀相伴和谐”的生育关怀行动宗旨，丰富创建幸福家庭活动“健康促进”的内涵，积极造福于广大计划生育家庭，促进建设幸福武汉。

四、基本原则

（一）坚持公益性质。以政府投入为主体，统筹协调相关部门和企业，形成合力。

（二）宣传倡导为主。宣传防治寄生虫病知识与方法，倡导健康、卫生的生活习惯。

（三）尊重群众意愿。群众体检自愿、选药自主、服药自由。

五、总体目标

通过宣传倡导与提供服务，增强目标人群卫生保健意识，提升目标人群防治寄生虫病的知识知晓率和健康行为形成率，促进土源性线虫感染率比例下降。

六、主要任务

（一）开展分类健康教育。通过群众喜闻乐见的形式，广泛开展宣传倡导活动，教育群众养成良好的卫生习惯，增强自我防病意识，增强群众参与查病驱虫工作的主动性和自觉性。宣传教育的重点内容：寄生虫病的危害、传播途径、感染方式、预防方法和防治寄生虫病的意义等。对不同人群开展有针对性的宣传教育：在学校对中小学生开展以“饭前便后要洗手”为重点的健康教育；在农村提倡“下地耕作要穿鞋、施肥不用新粪便”；针对家庭主妇开展“饮食卫生要注意，生食瓜果要洗净”的宣传。

（二）寄生虫病的控制。通过对不同人群的防病健康宣传倡导，引导群众自愿查病驱虫，使用高效、安全性好、服用方便的驱虫药。土源性线虫感染率在50%以上的街（乡镇），对群众进行健康教育，引导群众集体驱虫，第1年春秋两季各1次，第2、3年，每年1次。土源性线虫感染率在20%~50%的街（乡镇），对群众进行健康教育，引导群众自愿驱虫，每年1次，连续3年。土源性线虫感染率在10%~20%的街（乡镇），对群众进行健康教育，引导重点人群自愿驱虫，每年1次，连续3年。土源性线虫感染率在10%以下的街（乡镇），对群众进行健康教育，鼓励自愿查治。

（三）其他综合性防治。结合社会主义新农村建设、城乡环境卫生整治和创建卫生城镇等活动，积极动员计生协会员和计划生育家庭落实政府有关部门关于改水、改厕、改善环境等综合性防治措施，努力提高农村安全饮用水和无害化厕所覆盖率，改善家庭和公共环境卫生。

七、时间安排

（一）启动阶段（2012年5月）。5月上旬，制定“生育关怀·创建幸福家庭——防治寄生虫，促进健康行动”实施方案；成立“生育关怀·创建幸福家庭——防治寄生虫，促进健康行动”领导小组。5月下旬，举办“生育关怀·创建幸福家庭——防治寄生虫，促进健康行动”启动会暨培训班。

（二）实施阶段（2012年6月~2014年12月）。6月上旬，提交年度工作计划；6~11月，按计划开展各项活动；12月，提交年度工作总结及2013年工作计划。2013年3月，召开项目工作交流会，总结2012年度工作成果。2014年试点工作计划另行通知。

（三）总结阶段（2015年1月~5月）。对“生育关怀·创建幸福家庭——防治寄生虫，促进健康行动”活动试点项目成果进行评估、总结，表彰工作中表现突出的先进单位和个人。

八、职责分工

市计划生育协会：负责项目的统筹、策划、协调；对试点工作的具体指导、日常管理、总结经验和沟通信息；动员社会力量，整合资源支持项目实施。

市人口和计划生育委员会：负责指导政策宣传，协调媒体与大型社会活动的组织宣传，开展健康知识普及、宣传倡导活动。

市卫生局：负责寄生虫病防治免费捐赠药品的监督发放，组织有关专家进行健康教育技术指导。

市疾病预防控制中心：负责土源性线虫防治效果的监测及评估。

九、工作要求

（一）加强组织领导。试点区要成立“生育关怀·创建幸福家庭——防治寄生虫，促进健康行动”活动领导小组，由政府分管领导任组长，人口计生委、计生协领导任副组长，卫生局、疾控中心负责人为成员，形成长效机制。

（二）加强统筹协调。各级计生协要主动和相关部门保持密切联系，统筹协调“生育关怀·创建幸福家庭——防治寄生虫，促进健康行动”的实施。各相关部门要发挥各自优势，各尽其责，形成合力。

（三）加强资金筹集。要广开渠道，多方筹措资金，保证“生育关怀·创建幸福家庭——防治寄生虫，促进健康行动”正常运转。

（四）加强督查评估。每半年对实施情况和保障措施进行一次督查评估。实施情况主要着眼于工作指标落实的状况；保障措施主要是对项目的组织体系、工作制度、经费保障和宣传教育进行督查评估。

附件

武汉市“生育关怀·创建幸福家庭——防治寄生虫，促进健康行动”领导小组成员名单

组　长　刘英姿　市人民政府副市长
副组长　李丹芳　市人口计生委主任
　　　　李　滔　市卫生局局长
领导小组办公室主任　高惠祥　市人口计生委副主任
　　　　　　　　　　　　　　市计生协副会长
成　员　魏善波　市卫生局疾病控制处处长
　　　　章　炜　市人口计生委宣教处处长
　　　　金　玲　市人口计生委科技处处长
　　　　江哲银　市计生协副秘书长
　　　　徐明星　市疾病预防控制中心血吸虫病防治所所长
　　　　李俊林　市疾病预防控制中心健康教育所

关于调整市推进流动人口计划生育基本公共服务均等化工作协调小组的通知

（武人计字〔2012〕2号）

各区人民政府、市人民政府各部门：

为了进一步加强我市流动人口服务管理工作，深入推进流动人口计划生育基本公共服务均等化，切实保障流动人口的合

法权益，促进流动人口社会融合，因人员变动，确保工作连续性，现将市推进流动人口计划生育基本公共服务均等化工作协调小组调整情况通知如下：

组　长　刘英姿　市人民政府副市长
副组长　周　元　市人民政府副秘书长
　　　　李丹芳　市人口计生委主任
成　员　廖元春　市综治委办公室副主任
　　　　吴克敏　市人口计生委巡视员
　　　　夏建中　市公安局副局长
　　　　叶建萍　市教育局巡视员
　　　　张明武　市民政局副局长
　　　　夏　伟　市财政局副局长
　　　　徐良骏　市人力资源和社会保障局副局长
　　　　彭厚鹏　市卫生局副局长
　　　　阎　磊　市住房保障和房屋管理局副局长

协调小组下设办公室，办公室设在市人口计生委，李丹芳兼任办公室主任。成员单位相关处室负责人为协调小组联络员。

武汉市人口与计划生育工作领导小组
二〇一二年五月二十五日

关于调整全市出生人口性别比专项治理领导小组成员的通知

（武人计字〔2012〕3 号）

市人口与计划生育工作领导小组成员单位：

为进一步推动全市出生人口性别比综合治理工作的深入开展，现对全市出生人口性别比专项治理领导小组成员调整如下：

组　长　胡曙光　市委副书记
　　　　刘英姿　市人民政府副市长
副组长　张　捷　市委副秘书长
　　　　周　元　市人民政府副秘书长
　　　　李丹芳　市人口计生委主任
成　员　周　滨　市委政法委常务副书记
　　　　刘悦斋　市委督查室主任
　　　　刘生华　市监察局副局长
　　　　熊　波　市公安局副局长
　　　　张红星　市卫生局副局长
　　　　吴克敏　市人口计生委巡视员
　　　　王怀卓　市人口计生委副主任
　　　　石　进　市药监局巡视员
　　　　孙亘乐　市妇联副主席

包楚林　武汉警备区后勤部部长
赵利洪　江岸区委副书记
曾艳红　江岸区人民政府副区长
李海燕　江汉区委副书记
周　岚　江汉区人民政府副区长
刘　洁　硚口区委副书记
程宏刚　硚口区人民政府副区长
盛继亮　汉阳区委副书记
潘　涛　汉阳区人民政府副区长
方　洁　武昌区人民政府副区长
刘栿堂　青山区委副书记
雷　萍　青山区人民政府副区长
欧阳坤松　洪山区委副书记
万　磊　洪山区人民政府副区长
张明权　东西湖区委副书记
韩民春　东西湖区人民政府副区长
张彩萍　汉南区委副书记
李彩云　汉南区人民政府副区长
陈邂馨　江夏区委副书记
黄莹丽　江夏区人民政府副区长
郭笑撰　蔡甸区委常委、宣传部长
张丽筠　蔡甸区人民政府副区长
严中兴　黄陂区委宣传部部长
吴立群　黄陂区政府副区长
耿洪山　新洲区委副书记
蔡怀春　新洲区人民政府副区长
李昌贤　东湖高新区纪工委书记
彭绪宁　武汉经济技术开发区管委会副主任
李祖高　东湖生态旅游风景区工委副书记、管委会副主任
吴大志　武汉化工区管委会副主任

领导小组下设办公室，在市人口计生委办公，办公室主任由李丹芳兼任。

武汉市人口与计划生育工作领导小组

二〇一二年六月四日

关于印发《武汉市出生人口性别比重点治理年实施方案》的通知

（武人计字〔2012〕5号）

各区人口与计划生育工作领导小组，市人口与计划生育工作领导小组各成员单位：

现将《武汉市出生人口性别比“重点治理年”实施方案》印发给你们，请结合实际，认真贯彻落实。

武汉市人口与计划生育工作领导小组

二〇一二年六月四日

武汉市出生人口性别比“重点治理年”实施方案

国家人口计生委将2012年确定为出生人口性别比“重点治理年”，根据国家、省有关要求，结合我市实际，现制定出生人口性别比“重点治理年”（以下简称“重点治理年”）实施方案。

一、指导思想

坚持以胡锦涛总书记在中央政治局第二十八次集体学习时的重要讲话精神为指导，以国家人口计生委、公安部等六部委开展集中整治“两非”专项行动为总体要求，坚持分类指导、综合治理、守土有责的原则，通过开展专项宣传、督导、查处等一系列行动，进一步巩固和深化集中整治“两非”专项行动成果，力争综合治理出生人口性别比工作取得实效，为实现武汉建设国家中心城市创造良好的人口环境。

二、工作目标

通过开展“重点治理年”行动，力争全市出生人口性别比在“六普”数据基础上实现逐年下降，2012年下降幅度不低于上一年超出基点107部分的10%，到“十二五”期末，全市出生人口性别比下降到114以内。

三、主要措施

（一）强化组织领导，坚持守土有责。市政府成立“重点治理年”领导小组，下设办公室（见附件1），办公室设在市人口计生委。各区“重点治理年”行动要在党委、政府的领导下统一进行，成立专门组织，组建工作专班，明确职责任务，开展专项重点整治。人口计生、公安、卫生、药监、妇联、武汉警备区等相关部门要高度重视，密切配合，切实履行工作职责，狠抓工作落实。各区要坚持守土有责，强化属地管理责任，切实加强对公立医院、民营医院、个体诊所等医疗机构和计生技术服务机构的B超、终止妊娠手术和药物管理，加强源头控管，严厉打击“两非”行为，严防成为“两非”行为发生地。特别是各中心城区和城乡结合部要拉网式排查“两非”案件的窝点，坚决打击不法医疗机构的猖獗行为。各中心城区等要以查处暴露出来的“两非”窝点和典型案件为突破口，举一反三，严厉打击，务求取得新的进展和突破。

（二）落实各项工作，强化综合治理。要认真按照市人口与计划生育工作领导小组办公室《关于武汉市集中开展整治“两非”专项行动实施方案》（武人计字办〔2012〕5号）的要求，加强“重点治理年”的宣传倡导工作，传播科学文明进步的婚育观念，推进家庭人口文化建设；严格落实各项管理制度，严把孕情监测鉴定关、终止妊娠审批管理关、孕妇分娩引产实名登记关、B超使用准入关、孕情全程服务关，严防“两非”案件发生；夯实基层基础，强化“村为主”工作机制，实行关口前移，强化孕前型管理，落实孕情包保责任，积极开展创建无“两非”村（社区）活动；加大孕情倒查力度和“两非”案件查处力度，重点查处一批“两非”典型案件特别是大案要案，始终保持对“两非”案件查处的高压态势，提高打击“两非”工作的威慑力；完善利益导向机制，坚持同等优先的原则，不断深化关爱女孩行动，在城乡社保、医保、养老保险等普惠政策实施过程中，向计划生育女孩户家庭倾斜；提高信息化应用水平，建立信息共享平台预警机制，每半月进行一次分析比对，对出生人口性别比异常情况及时通报和督办。

（三）坚持突出重点，实行分类管理。根据武汉市“六普”出生人口性别比数据及近年来的工作情况，对全市各区出生人口性别比综合治理工作分三类进行管理。一是严重偏高地区。“六普”出生人口性别比在全市平均值119.73以上的地方，为出生人口性别比严重偏高地区，共有7个区：硚口、蔡甸、江夏、黄陂、新洲、武汉经济技术开发区、东湖新技术开发区，要求到“十二五”期末，硚口区、武汉经济技术开发区出生人口性别比下降到114以内，蔡甸区、黄陂区出生人口性别比下降到116以内，江夏区、新洲区、东湖新技术开发区下降到119以内。二是偏高地区。“六普”出生人口性别比在113以上119.73以下的，为出生人口性别比偏高地区，共有4个区：江岸、江汉、洪山、汉南，要求到“十二五”期末出生人口性别比下降到112以内。三是基本正常地区。“六普”出生人口性别比在113以下的，为出生人口性别比基本正常地区，共有4个区：汉阳、武昌、青山、东西湖，要求到“十二五”期末出生人口性别比下降到109以内。东湖生态旅游风景区、武汉化工区因人口规模较小，要求出生人口性别比逐年稳步下降。

（四）加强目标管理，创新完善工作机制。一是坚持将综合治理出生人口性别比考核评估纳入人口计生“三线”目标责任制考核的重要内容，严格考核结账，实行“一票否决”。开展专项课题研究，委托专家、学者对综合治理出生人口性别比工作情况进行调研、分析、评估，加强理论指导和智力支持。二是完善查处“两非”案件部门合作、区域协作制度，对查处的“两非”典型案件实行相关部门和协作查案区考核一分两计或多计，责任共担。三是实行跨区“两非”案件市级备案、督办制度，实现全市“两非”案件查处“一盘棋”管理。四是落实有奖举报制度和B超、妇产科等重点场所实时监控制度，对举报“两非”案件查实的给予重奖。五是建立打击“两非”“黑名单”和“灰名单”制度，对查实“两非”行为的机构和人员一律实行“黑名单”管理，禁止其再进入医疗卫生和药品销售市场或从事计划生育手术、妇产、药品销售业务；对有“两非”行为的嫌疑人，一律实行“灰名单”管理，加强跟踪监管，严防实施“两非”行为。六是建立出生人口性别比统计质量和孕情消失责任追究制度，将开展出生人口性别比“重点治理年”行动与开展人口计生数据质量年活动有机结合起来，对弄虚作假、虚报瞒报的，从严追究责任。对孕情无故消失的，严格依法依纪追究所有责任人员包括孕妇、包保责任人员、直接责任人员、直接负责的主管人、单位主要领导员等责任。

四、实施步骤

（一）宣传发动（2012 年 6 月）。制定全市“重点治理年”实施方案，召开全市综合治理出生人口性别比工作会议，总结部署工作。利用报刊、广播、电视、互联网等新闻媒体，广泛深入宣传“重点治理年”行动的重要意义、工作内容和方法步骤，动员全社会积极支持和参与“重点治理年”行动。

（二）专项督查（2012 年 6 月 ~ 9 月）。报请市人大、市政协对全市 2 ~ 3 个出生人口性别比严重偏高或“两非”案件查处不力的区进行专项视察；市政府对部分出生人口性别比长期严重偏高且治理不力的区党政主要领导进行约谈；市“重点治理年”领导小组组织专班，对全市集中整治“两非”专项行动进行督办，对工作进展缓慢、任务不落实、案件查处不力的及时发现、及时通报、及时处理、及时督促整改。各区党委、政府要切实加大对本地区综合治理出生人口性别比工作的督查力度。

（三）考核评估（2012 年 10 月）。组织有关部门组成考核督查组，对综合治理出生人口性别比工作特别是“重点治理年”行动进行专项考核评估和总结，对成绩突出的给予表彰奖励，对工作不落实的实行“一票否决”。

附件：1. 武汉市出生人口性别比“重点治理年”领导小组名单

2. 2010 年全市各区出生人口性别比数据表（略）

附件1

武汉市出生人口性别比“重点治理年”领导小组名单

组　长：胡曙光　市委副书记
　　　　刘英姿　市政府副市长
副组长：张　捷　市委副秘书长
　　　　周　元　市政府副秘书长
　　　　李丹芳　市人口计生委主任
成　员：刘生华　市纪委常委、市监察局副局长
　　　　吴克敏　市人口计生委巡视员
　　　　王怀卓　市人口计生委副主任
　　　　熊　波　市公安局副局长
　　　　张红星　市卫生局副局长
　　　　石　进　市食品药品监管局巡视员
　　　　孙亘乐　市妇联副主席
　　　　包楚林　武汉警备区后勤部部长

领导小组下设办公室，办公室主任由市人口计生委巡视员吴克敏兼任。

关于进一步加强对被通报批评街（乡、镇）人口计生工作督导的通知

（武人计字〔2012〕6号）

蔡甸、江夏、黄陂、新洲区党委、区人民政府：

在6月4日市委、市政府工作会议上，蔡甸区侏儒街、江夏区湖泗镇、黄陂区蔡店乡和新洲区凤凰镇因人口计生工作落后，被市委、市人民政府通报批评。为落实市委、市政府关于被通报批评街（乡、镇）人口计生工作整改的意见，现将有关工作要求通知如下：

一、整改期限

加强过程管理，实行限期整改。被通报批评街（乡、镇）的整改时间自2012

年6月开始，至考评验收合格后结束；验收不合格的，下年度将报请市委、市政府对其实行重点管理。

二、验收时间

对被通报批评街（乡、镇）考评验收的时间为2013年6月，若有调整，另行通知。

三、考评内容

（一）当年出生政策符合率不低于前三年平均水平。

（二）连续三年出生人口性别比偏高的，要求滚动三年出生人口性别比有所下降。

（三）二孩及以上孕情登记上报及时率达到60%以上，或低于60%且有“两非”案件线索。

（四）坚持依法行政，杜绝人口计生违法违规行政案件。

（五）生殖健康服务到位率达到95%以上。

（六）长效节育措施知情选择到位率达到75%以上。

（七）流动人口三类重点对象信息提交率、反馈率达到90%以上。

（八）流动人口已婚育龄妇女重点对象有效联系率达到90%以上。

（九）社区（村）级服务管理信息系统应用率达到60%以上。

（十）全员人口数据库主要信息完整准确率达到95%以上。

四、结果运用

验收综合得分达到85分以上，且出生人口统计准确率达到98%以上、无违法行政行为引发恶性案件、落实人口计生奖励方面未出现严重弄虚作假行为等情况的，取消通报批评；否则为验收不合格。

五、有关要求

（一）分析形势，正视问题。各区要督促所在街乡认真开展经常性的人口计生信息清理清查，对清查结果进行客观分析，准确把握人口计生工作形势，切实增强责任感和紧迫感，真正做到找准问题、认识问题、正视问题和解决问题。对问题突出、严重影响人口计生工作的单位和个人，要处理到位，主要责任人应坚决予以调整。

（二）强化领导，狠抓调度。各区及所在街乡要始终坚持人口计生工作党政一把手亲自抓、负总责，分管领导具体抓、负专责，进一步强化各级人口计生工作人员目标管理责任制，实行班子成员、行政干部人口计生工作包村制度。要抓好指挥棒，把好风向标，看表调度，街乡一把手要亲自运用人口计生信息系统查看进度，每两周调度一次，分管领导每周调度一次。

（三）把握重点，主攻难点。各街乡当前的重点工作是查孕情、摸出生、落实节育措施和生殖健康服务，紧紧围绕农村一女户、二女未绝育对象、未落实长效节育措施对象、久出未归对象、多次不参加环孕情监测对象和违法生育意愿强烈的对象等重点人群做工作，要在孕前型管理上有突破，在查找“两非”案件线索和处理“两非”行为人上有突破，在创新人口计生利益导向机制上有突破。

（四）求真务实，进位争先。各街乡在强力推进人口计生工作时，要切实做到措施实、数据实和效果实，在求实的基础上求进步，并将这一指导思想贯彻到各级人口计生工作人员中；在努力扭转落后面貌时，还要有争先创优的意识、信心和决心，借势借力，大胆创新，争取实现人口计生工作的大跨越。

（五）实行报备，严格管理。按市领导要求，各区将被通报批评街乡主要领导、分管领导名单报市人口计生工作领导小组办公室，再报市委组织部备案。同时，各区委要加强干部人口计生责任的管理和监督，对未解除通报批评或重点管理的街乡，其主要领导和分管领导不得提拔、调动和交流。

（六）监测进度，定期督导。被通报批评的街（乡、镇、场）每月向市人口计生工作领导小组办公室书面汇报一次人口计生工作情况。市人口计生工作领导小组办公室对口联系领导每月将对其进行一次督查，并对基层基础工作及有关重点工作整改情况通报一次。

武汉市人口与计划生育工作领导小组

二〇一二年七月十六日

关于印发《武汉市党政领导线人口计生目标管理考评办法》的通知

（武人计字〔2012〕8号）

各区委、区人民政府，武汉经济技术开发区、东湖新技术开发区、东湖生态旅游风景区、武汉化工区管委会：

现将《武汉市党政领导线人口计生目标管理考评办法》印发给你们，请结合实际认真贯彻落实，确保完成各项目标任务。

武汉市人口与计划生育工作领导小组

二〇一二年八月十日

武汉市党政领导线人口计生目标管理考评办法

根据省委、省政府人口计生目标管理要求，以及市委、市政府绩效管理工作规定，为扎实有效推进全市人口计生目标管理工作，公开、公正、公平地评价各区人口计生工作实绩，经市人口计生工作领导小组研究，特制定本办法。

一、适用范围

本办法适用于对各区（开发区、风景区及化工区，以下简称各区）党政领导线人口计生责任目标的年度考评。

各区党政领导线人口计生目标考评工作，在市委、市政府的领导下，由市人口计生工作领导小组具体实施。

二、考评内容

依据《武汉市2012年度党政领导线人口和计划生育目标管理责任书》进行考评，各责任指标分值见附件1。

三、考评方式

考评实行百分制计分，根据平时抽查和年终考评结果综合计算指标值得分。具体方式有：

（一）自查。各区撰写责任指标完成情况自查报告，填写自查表，报市人口计生委。

（二）座谈。各区组织区委、区政府领导和责任部门参加的座谈会。市人口计生工作考评组听取汇报，并依据各区上报的责任指标自查表，查阅相关印证资料。

（三）集中抽查。采取入户走访、资料核对、电话调查和部门数据协查等方式，集中时间、集中人员对指标完成情况进行不打招呼地检查。

（四）系统核查。通过对全员人口信息库、湖北省基础信息共享平台、PADIS平台等数据进行对比和分析，评价指标完成情况。

（五）单项评估。以各区上报资料为依据，采取入户走访、资料核对和部门数据协查等方式，评定单个指标完成情况。

（六）信访调查。采取入户走访、资料核对和部门数据协查等方式，对群众举报的涉及责任指标的情况，进行不打招呼地核查。

四、加减分办法

（一）加分。人口计生工作获得领导肯定性批示、指示推广宣传的，按照中共中央、国务院，国家人口计生委及省委、省政府，市委、市政府三个层次分别加0.5分、0.3分、0.2分；获中共中央、国务院表彰奖励且划分等次的，按等次分别加0.5分、0.3分、0.2分，未划分等次的加0.5分；获国家人口计生委及省委、省政府表彰奖励且划分等次的，按等次分别加0.3分、0.2分、0.1分，未划分等次的加0.3分；以上同一事项受到多层级表彰奖励的，按最高表彰等级、等次加分一次。人口计生工作在中央综合性媒体（如中央电视台、人民日报、求实杂志和新华网等）、省主要媒体（如湖北日报、省电视台等）及省委、省政府刊物公开发表文章、新闻报道、经验推介等，分别加0.2分、0.1分（同一文章、新闻报道、经验推介多次刊发的，按最高等次加分一次）；人口计生工作被国家，省委、省政府推介经验的，大会发言每次加0.2分，书面交流每次加0.1分。同时，为了鼓励各区结合实际创新发展人口计生事业，对新出台计划生育利益导向政策的给予1分以内的加分，对改革创新取得重大突破的给予1分以内的加分。以上加分累计不超过7分。

（二）减分。人口计生工作受到中央、

省、市媒体负面报道经查实的，分别减3分、2分、1分。因人口计生问题进京上访的，非正常访每人次扣0.5分，正常访每人次扣0.05分。对违反考核纪律、数据质量较差的，给予5分以内的扣分。为体现严格实行人口计生目标管理责任制，对区领导未落实省市会议要求的，酌情减分。以上减分累计不超过7分。

各区提出本单位加分申请，并出具证明材料（相关文件、资料、奖牌、证书以及相关复印件、影像信息等）。表彰时间晚于当年目标管理年终评比时间的，可顺延一年使用。

加减分办法由市人口计生工作领导小组办公室负责解释。

五、奖惩兑现

（一）考评结果作为衡量各区人口计生工作政绩、奖惩兑现的重要依据。

（二）市委、市政府将分三类评定等次。其中江岸区、江汉区、硚口区、汉阳区、武昌区、青山区、洪山区为一类；东西湖区、汉南区、蔡甸区、江夏区、黄陂区、新洲区为一类；东湖新技术开发区、武汉经济技术开发区、东湖生态旅游风景区、武汉化工区为一类。

前两类综合得分排位在前3名、后一类综合得分排位在前2名的区，为目标管理优秀单位，各奖励10万元；其他完成人口计生目标任务的区，为目标管理达标单位，各奖励6万元。当年被评为全国或省计划生育优质服务先进区、省人口和计划生育工作先进区的单位原则上作为目标管理优秀单位，并另奖励5万元。原则上对完成主要责任目标并且人口计生工作同比取得较大进步的单位，授予“进步奖”；对重难点工作有重大突破或创新工作机制取得明显成效的单位，授予“创新奖”，各奖励3万元。奖金用于奖励人口计生目标相关责任人和工作人员。

（三）根据省考核办法“对坚持实事求是的地方，不因如实上报数据而‘一票否决’”。对存在严重弄虚作假行为、因违法行政行为引发恶性案件等违反鄂办发〔2005〕32号、武发〔1994〕10号文件规定的单位，确定为不达标单位，严格实行“一票否决”。区人口计生部门主要领导违反党风廉政建设等有关规定的，所在区不得评为党政领导线目标管理优秀单位（人口计生部门作为不达标单位）。

（四）各街（乡、镇、场）人口计生责任目标奖惩兑现。

1. 对综合考评成绩优异且没有违反“一票否决”规定的街（乡、镇、场），授予先进街（乡、镇、场）荣誉称号，各奖励2万元。具体标准如下：

（1）整体工作水平高。

（2）基层工作扎实。

（3）统计数据真实。

（4）出生人口性别比综合治理各项措施落实较好。

（5）查处“两非”案件力度大、效果好。

（6）流动人口服务管理有效果。

（7）1～2项特色工作在省、市、区有影响。

（8）在所在区年度考核排位靠前。

2. 对有下列情形之一的街（乡、镇、场），视情况实行通报批评或重点管理：

（1）出生人口性别比偏高问题治理不力的。

（2）流动人口计生服务管理落实不到位及其统计质量较差的。

（3）因工作方法不当导致计划生育恶性案件发生的。

（4）在人口和计划生育工作中有严重弄虚作假行为或严重干扰考核评估的。

（5）在省、市考评样本点上人口出生出现较为严重错、漏、瞒、虚报的。

（6）在所在区年度考核排位靠后的。

附件：1. 2012 年度党政领导线人口计生指标分值分配一览表（略）

2. 2012 年度党政领导线人口计生目标指标考评计分办法（略）

3. 有关指标的计算方法（略）

（三）市人口与计划生育工作领导小组办公室文件

关于成立武汉市免费孕前优生健康检查实施项目工作专班及专家指导组的通知

（武人计字办〔2012〕3 号）

各区人口与计划生育工作领导小组办公室，市人口与计划生育工作领导小组各成员单位：

为认真贯彻落实国家人口计生委、财政部《关于启动国家免费孕前优生健康检查项目第二批试点工作的通知》（人口科技〔2011〕18 号）精神，根据《市人民政府办公厅关于做好全市免费孕前优生健康检查工作的通知》（武政办〔2012〕31 号）、经研究决定，成立武汉市免费孕前优生健康检查实施项目工作专班和项目专家指导组。现通知如下：

一、工作专班

主　任　李丹芳　市人口计生委党组书记、主任

副主任　刘庆香　市人口计生委副主任

夏　伟　市财政局副局长

成　员　葛晓群　市人口计生委党组成员

黄开宏　市人口计生委办公室（财务处）主任

蔡金书　市人口计生委流管处处长

金　玲　市人口计生委科技处处长
章　炜　市人口计生委宣教处处长
祝丽华　市财政局教科文处副处长
张士新　市人口计生委发展规划处副调研员
何　平　市计划生育宣教中心主任
曾白涛　市计划生育科技所所长

二、项目专家指导组

组　长　刘庆香　市人口计生委副主任
副组长　金　玲　市人口计生委科技处处长
吴方清　市人口计生委科技处副调研员
组　员　石淑华　华中科技大学同济医学院公共卫生学院教授、博士生导师
熊承良　同济医学院计划生育研究所所长、主任医师
杨　菁　武汉大学人民医院妇产科主任医师
陈文卫　武汉大学人民医院超声科科主任医师
丁　玎　市妇幼保健院妇产科主任
甄　燕　武汉市临床检验中心主任
曾白涛　市计生科技所外科副主任医师
叶　鸣　市计生科技所妇产科副主任医师
周志敢　市计生科技所化验医师
刘晓莉　市计生科技所妇产科主治医师

项目专家组办公室设在市人口计生委科技处，吴方清兼任办公室主任。

三、工作职责

（一）武汉市免费孕前优生健康检查项目工作领导专班在市人口与计划生育领导小组的统一领导下进行工作，主要职责是制定武汉市免费孕前优生健康检查项目工作实施方案、相关配套政策和规范工作流程；以多种方式对项目工作进行督导检查，使项目试点工作的资金管理、经费落实、质量控制、实施效果进行如实的督导，评估项目工作进展的情况和目标实现情况；建立“资格确认、免费服务、按例结算、监督检查”的工作制度，构建免费孕前优生健康检查工作正常稳定、可持续实施的管理运行体系和技术服务体系；规划免费孕前优生健康检查项目全市宣传活动。

（二）专家指导组负责全市技术指导及适宜技术评估，项目技术质量控制，高风险人群的优生咨询评估和指导，各级各类人员的培训。

武汉市人口与计划生育工作领导小组办公室

二〇一二年三月七日

关于印发《武汉市集中开展整治“两非”专项行动实施方案》的通知

（武人计字办〔2012〕5号）

各区人口与计划生育工作领导小组办公室，市人口与计划生育工作领导小组各成员单位：

现将《武汉市集中开展整治“两非”专项行动实施方案》印发给你们，请认真组织实施，并将有关情况及时报送市打击“两非”工作专班。

市打击“两非”工作专班通讯地址：江岸区江大路138号　武汉市人口和计划生育委员会政法处

市人口与计划生育工作领导小组办公室

二〇一二年四月十六日

武汉市集中开展整治“两非”专项行动实施方案

为认真贯彻落实国家、省依法打击非医学需要鉴定胎儿性别和非法选择性别人工终止妊娠行为（以下简称“两非”）有关精神，推动我市出生人口性别比综合治理工作深入开展，经市委、市政府同意，决定今年继续在全市集中开展整治“两非”专项行动。结合我市实际，制定本实施方案。

一、指导思想

以“三个代表”重要思想为指导，坚持科学发展观，依照《人口与计划生育法》、《母婴保健法》、《国家人口计生委、卫生部、国家药品监督管理局关于禁止非医学需要的胎儿性别鉴定和选择性别的人工终止妊娠的规定》（国家三部委8号令）、《湖北省人口与计划生育条例》、《湖北省禁止非医学需要鉴定胎儿性别和选择性终止妊娠的规定》（省政府第218号令）等有关法律法规和规章，依法严厉打击“两非”行为，进一步建立完善各项防范管理制度和长效监管机制，为实现“十二五”时期人口性别比下降目标创造条件。

二、工作目标和任务

通过专项整治行动，集中查处一批“两非”典型案件，严肃处理一批涉案单位、人员及相关责任人，在社会上产生强烈的震慑作用；完善相关管理制度，建立长效工作机制，形成部门联动、区域联治、上下联管的“一盘棋”格局。

（一）广泛开展宣传教育活动，营造强大的舆论氛围。专项活动期间，各级各部门要充分利用广播、电视、报刊、政务公开栏、宣传单、网络媒体等各种渠道，大力宣传国家、省、市有关禁止“两非”行为的法律法规和有关政策规定，突出宣传性别比失衡的危害、“两非”行为的违法性。各级党委、政府和各有关部门要在党委（党组）中心学习组至少组织一次人口计生法律法规的学习。人口计生、卫生、食品药品监管等部门要对全市所有妇产科和从事B超诊断的医务人员、退休医生、终止妊娠药物销售人员进行一次人口计生法律法规培训。各村、社区要利用人口学校对育龄群众开展人口计生法律法规知识讲座。有关媒体要公开曝光查处的“两非”典型案例，通报有关机构和人员受到处理的情况，营造强大的舆论氛围和整治声势。

（二）加强医疗保健、人口计生服务机构和药品市场监管，严堵“两非”行为的源头。各区卫生、人口计生、食品药品监管等部门要对辖区内具有母婴保健资质或从事计划生育技术服务的医疗机构、计划生育技术服务机构以及终止妊娠药品销售、使用单位进行登记，定期清查。坚决取缔无证行医诊所，严厉打击非法行医行为，重点整顿个体诊所、江湖游医及在住宅小区等场所从事非法行医的活动。严格实行B超使用准入制度，卫生部门要对拥有B超的单位和个人逐个审核，查清医疗保健机构、计划生育技术服务机构以及个体诊所B超诊断类型、数量和操作人员姓名，登记造册，专抓专管。对从事B超服务的人员实行严格资质审定和持证上岗。加强对医务人员、计生技术服务人员和B超工作人员的教育管理，实行承诺制。

（三）完善落实各项管理制度，强化源头管理。各医疗和计生技术服务机构要严格执行孕妇B超检查“双人双签”管理制度、施行怀孕14周以上终止妊娠手术查验计生证明制度、出生实名登记、计划生育手术实名登记（未婚除外）等制度。人口计生部门要建立和落实孕妇包保责任制，对符合生育政策的怀孕对象实行孕情全程跟踪服务。各级人口计生、卫生、食品药品监管等部门要设立“两非”案件有奖举报电话和举报箱，发动群众举报，对查证属实的，给予举报人重奖。

（四）坚持部门协作联合办案机制，加大“两非”案件查处力度。专项行动期间，各区要从纪检监察、人口计生、公安、卫生、食品药品监管等部门抽调专门人员，组成工作专班，统一开展“两非”案件集中整治行动。发现“两非”线索，工作专班要制定周密方案。专班成员按照各自职责进行落实。对每条线索都要抓紧排查，一查到底。对查实的案件，要严格按照《人口与计划生育法》、《湖北省人口与计划生育条例》、国家人口计生委等6部门《关于印发<集中整治“两非”专项行动实施方案>的通知》（人口宣教〔2011〕69号）以及《省人民政府办公厅关于进一步加大查处“两非”案件工作力度的通知》（鄂政办发〔2011〕77号）等有关法律法规和文件要求处理到位。

（五）积极开展创建无“两非”乡镇、村（社区）活动，落实“乡负责、村为主”工作机制。要强化打击“两非”属地管理职责，切实做到守土有责。进一步加强基层基础工作，大力开展基层群众自治和诚信计生活动，发动群众积极支持、参与打击“两非”行动。积极争创无“两非”乡镇、村（社区）活动，有效防范“两非”行为发生。

三、职责分工

打击“两非”行为应在各级党委、政府的统一领导下，实行齐抓共管、综合治理。

（一）人口计生部门负责计划生育技术服务机构和人员的管理；依法查处实施“两非”行为的技术服务机构和育龄妇女，并及时向卫生部门通报和移交有关案件；建立有奖举报制度，落实有关举报案件的登记和核查。

（二）卫生部门负责整顿医疗市场，严厉打击非法行医和非法进行节育手术行为；加强对医疗保健机构和个体诊所B超、施行终止妊娠手术的清查和管理；查处医疗保健机构、个体诊所和非法行医实施的“两非”案件；与人口计生部门加强信息沟通，严格执行婴儿出生、计划生育手术实名登记度、婴儿死亡登记报告制度和终止妊娠手术报告等制度。

（三）药品监管部门负责清理整顿终止妊娠药品销售市场，建立终止妊娠药品流通的管理、监管制度；对终止妊娠药品批发业、零售药店进行清查，及时对非法经营销售终止妊娠药品的行为进行查处。

（四）公安部门负责保障查处“两非”执法行为的顺利进行。依法打击拐卖女婴、非法行医、非法进行胎儿性别鉴定以及选择性别终止妊娠的犯罪行为。派出所责任区民警要配合卫生部门加大对辖区内非法行医诊所的查处力度，治安部门要及时办理卫生部门移交的非法行医的刑事案件。加大为非法行医、非法人流引产、非法出售终止妊娠药物行为提供房屋的出租人的排查力度，依法处罚相关责任人。

（五）纪检监察机关要积极参与对党员干部和国家工作人员实施“两非”行为案件的查处。依法依纪对在综合治理出生人口性别比工作中失职渎职的有关部门和单位的主要领导、分管领导、直接责任人员给予党纪、政纪处分。

四、时间安排

（一）动员部署阶段（2012年4月）。各区按照本方案要求，结合本地实际，制定具体实施方案；成立相应工作专班；召开专题会议进行动员部署，启动整治“两非”专项工作。各区于4月30日前将专班联络员名单、联系电话报市打击“两非”工作专班。

（二）集中整治阶段（2012年5月~8月）。各区各部门在自查基础上集中查处“两非”案件，依法严肃处理涉案单位及有关责任人；对各级各类医疗保健、人口计生服务机构和终止妊娠药品销售、使用单位进行全面检查，建立完善相关工作机制和管理制度；协调新闻媒体开展系列宣传活动。各区、各部门每月5号前将上月专项行动情况向市打击“两非”工作专班进行专报。市工作专班及时汇总、上报、通报各区专项行动进展情况。

（三）考核评估阶段（2012 年 9 月）。市打击“两非”工作专班抽调有关人员，组成若干考评组，对各区整治情况进行考核评估。市工作专班将总结通报各区各部门工作情况。

五、有关工作要求

（一）切实加强领导。各级、各部门要从贯彻落实科学发展观、确保人口安全和构建社会主义和谐社会的高度，充分认识专项治理行动的重要性、紧迫性，切实加强对专项治理行动的领导，将此项工作纳入重要议事日程。成立工作专班、制定工作方案、明确工作重点、落实工作责任，做到责任明确，任务到人。

（二）突出工作重点。要加强重点部位、重点人群的管理。农业区要加强对落后乡（镇、场、街）、村（社区），特别是连续多年无女孩出生村（社区）的检查；城区要加强对城乡结合部、流动人口、个体诊所较多的地区以及出租屋的清理。人口计生部门重点做好符合生育二孩和再生育政策人群的管理。卫生部门要加强对退休医生、民营医院、个体诊所等对象的监管。

（三）严格考核，严厉追责。实行查处“两非”案件专项考核，把考核情况纳入各级党政线、相关部门线、人口计生部门线目标管理责任制三线考核的重要内容。对查处“两非”典型案件较多的区，给予奖励。加大责任追究力度，对出生人口性别比长期严重偏高，查处“两非”典型案件很少的地方，要实行问责。相关部门不积极履行职责、查处案件不力的，要严格进行责任追究；对有案不查，工作失职渎职的，要进行通报批评；情节严重的，要追究有关领导的责任。

关于开展出生人口性别比综合治理专项督查的通知

（武人计字办〔2012〕7 号）

江岸区、江汉区、硚口区、汉阳区、武昌区、青山区、洪山区、江夏区、新洲区人口和计划生育工作领导小组办公室：

为了进一步推进我市出生人口性别比综合治理工作的深入开展，做好迎接省委、省政府专项督查的准备工作，市人口与计划生育领导小组定于 5 月 16 ~ 17 日组织对江岸区等 9 个区的出生人口性别比综合治理工作进行专项督查，请各区做好相关准备工作。

附件：2012 年综合治理出生人口性别比工作专项督查方案

武汉市人口与计划生育工作领导小组办公室

二〇一二年五月十三日

2012 年综合治理出生人口性别比工作专项督查方案

国家人口计生委等六部委将今年定为出生人口性别比“重点治理年”。为加大出生人口性别比综合治理工作力度，促进工作平衡发展，确保完成国家、省人口计生委下达的目标任务，市人口与计划生育领导小组定于 5 月 16 ~ 17 日组织对江岸区等 9 个区出生人口性别比综合治理专项督查，具体方案如下：

一、督查内容

重点督查省委、省政府和市委、市政府关于出生人口性别比综合治理的有关安排部署的落实情况：

（一）贯彻落实 2011 年省、市综合治理出生人口性别比工作会议和人口出生实名登记现场推进会议精神情况。

（二）近两年综合治理出生人口性别比各项工作开展情况，主要包括：宣传教育、利益导向、孕情监测和服务、出生实名登记、“两非”案件查处尤其是重点案件的查处、考核评估、区域协作等情况。重点是开展集中整治“两非”专项行动以来的进展情况。

（三）各区综合治理工作经验、存在的困难和问题、意见和建议。

二、样本点选定

对 9 个区各随机抽取 1 所公立医疗服务机构、1 所非公立医疗服务机构、1 个药品经营企业、1 个重点街乡、1 个派出所和区级计生服务站。

三、人员组成

共组成 6 个组，每个组 10 人，其中：带队领导 1 人，市综合治理专班成员单位各 1 人，组长 2 人，调查员 4 人，司机 2 人。

四、时间安排

5 月 15 日下午，召开市综合治理领导小组工作专班会议。督查组及调查员培训。

16 日，督查江岸区、硚口区、青山区、江夏区、新洲区。

17 日，督查江汉区、汉阳区、武昌区、洪山区。

五、督查方式

（一）实地调查。对公立和非公立医疗服务机构、区级计生服务站调查 B 超使用管理和中期以上人工终止妊娠审批等制度落实情况、出生、人流、引产、和出生实名制等落实情况、孕妇和出生信息交流情况、终止妊娠药品管理使用情况、医务人员全承诺情况；对药品经营企业调查终止妊娠药品管理制度落实、台账登记和药品销售情况；对派出所调查出生入户登记信息交流和打击“两非”情况，以及调查户外广告环境整治情况等；到村（社区）与基层干部群众座谈，了解落实“村为主、街负责”工作机制和宣传教育、落实孕情全程服务及包保责任制（含流动人口）、利益导向和出租屋管理等情况。

（二）查阅资料。查阅文件、制度、办案资料、实名制、孕情包保责任制等相关资料。

（三）召开座谈会。区公安、卫生、药监、妇联、人口计生、纪委等相关部门负责人参加，重点听取开展人口计生法律法规宣传教育、建立打击“两非”目标责任制、落实孕情全程服务、开展关爱女孩行动、“两非”案件查处等情况，以及综合治理出生人口性别比工作中存在的主要问题、原因分析及下一步工作措施。

（四）听取汇报。督查组听取区委、区政府综合治理出生人口性别比工作情况的汇报。

（五）现场反馈。督查组在听取汇报、汇总调查情况后，由督查组领导和组长向被督查单位反馈情况，提出下一步工作意见。同时按照查处“两非”案件的法律法规依据，就督查中发现的情况和问题，协调督查一批“两非”典型案件的查处。

六、督查通报

督查结束后，召开督查情况交流会，各督查组汇报督查情况，并在5月19前提交3 000字左右的督查报告。市人口计生委形成总体督查报告，报请市人口与计划生育领导小组印发督查通报，六月上旬召开全市综合治理出生人口性别比工作约谈会。六月下旬召开全市出生人口性别比工作大会。

七、有关事项

（一）请被督查区提交以下材料和数据：

1. 区级综合治理出生人口性别比工作情况报告。主要内容包括：近年本区出生人口性别比升高态势（分农业非农业人口、分胎次、分流动人口等）；本区综合治理工作成效、措施及存在的主要问题；今后工作打算等。

2. 区级2011年度和今年截至4月底的有关性别比和“两非”案件相关资料。

3. 有关文件、会议纪要、领导讲话等资料。

（二）被督查区在督查前和督查期间将举报电话在当地社区、街道、电视、（报纸）等进行公告，接受群众举报。

（三）被督查区本着实事求是的态度，认真配合做好本次专项督查，不得弄虚作假。

关于明确全市出生人口性别比专项治理领导小组新增成员单位职责的通知

（武人计字办〔2012〕8号）

市人口与计划生育工作领导小组成员单位：

按照国家六部委《关于集中整治“两非”专项行动实施方案的通知》（人口宣教〔2011〕69号文）和省人口与计划生育工作领导小组《关于全省集中整治“两非”专项行动实施方案的通知》（鄂人口组办〔2011〕8号文）精神，市人口与计划生育工作领导小组决定增加市妇联、武汉警备区为全市出生人口性别比专项治理领导小组成员单位。具体职责如下：

市妇联：负责组织本部门相关单位和人员参加整治“两非”专项行动；会同人口计生、公安、卫生、食品药品监管等部门联合查处“两非”案件；发挥社会群众团体优势，动员和组织广大妇女参与集中治理专项行动，发挥积极作用。依法保护妇女合法权益。

武汉警备区：加强与地方政府的密切配合，在所属医疗机构及相关场所同步开展集中治理专项行动，加强对流动人口的服务管理。

武汉市人口与计划生育工作领导小组办公室

二〇一二年六月五日

关于印发《2012年度各区符合政策生育率和出生人口性别比指标以及市直责任单位计划生育责任指标考评计分办法》的通知

（武人计字办〔2012〕13号）

各区人民政府，武汉经济技术开发区、东湖新技术开发区、东湖生态旅游风景区、武汉化学工业区管委会，各市直责任单位：

为进一步扎实有效地推进全市人口计生绩效管理工作，现将《2012年度各区符合政策生育率和出生人口性别比指标以及市直责任单位计划生育责任指标考评计分办法》印发给你们，请认真贯彻落实，确保完成各项责任目标。

武汉市人口与计划生育工作领导小组办公室

二〇一二年五月二十五日

2012年度各区符合政策生育率和出生人口性别比指标以及市直责任单位计划生育责任指标考评计分办法

为进一步扎实有效推进全市人口计生绩效管理工作，公开、公正、公平地评价各责任单位工作实绩，根据省、市关于人口计生目标管理工作要求及《武汉市绩效管理和市管领导班子、领导干部考核评价实施办法（试行）》的有关规定，制定本办法。

一、考评内容

（一）对各区、武汉经济技术开发区管委会、武汉东湖新技术开发区管委会、市东湖生态旅游风景区管委会、武汉化学工业区管委会的考评内容：

符合政策生育率和出生人口性别比考核达标。

（二）对纳入市绩效管理的市直责任单位的考评内容：

计划生育责任指标。

二、考评对象

江岸区、江汉区、硚口区、汉阳区、武昌区、青山区、洪山区、东西湖区、汉南区、蔡甸区、江夏区、黄陂区、新洲区、武汉经济技术开发区管委会、武汉东湖新技术开发区管委会、市东湖生态旅游风景区管委会、武汉化学工业区管委会以及纳入市绩效管理的市直责任单位。

三、考评主体

考评工作在市考评办的指导下，由市人口计生委负责具体实施。

四、考评方式

遵循日常考核和年终汇总认定相结合的原则，采取平时抽查、重点督办、专项考评、信访核查、部门自查、属地评估、基层核查、年终综合考评等方式进行考评。

五、计分办法

（一）对各区、武汉经济技术开发区管委会、武汉东湖新技术开发区管委会、市东湖生态旅游风景区管委会、武汉化学工业区管委会出生政策符合率和出生人口性别比指标的考评（100分）

对出生政策符合率和出生人口性别比达到《武汉市2012年度党政领导线人口和计划生育目标管理责任书》要求，且责任书其他相关工作落实到位的，得满分，否则按未完成比例扣分。

（二）对属于市人口与计划生育领导小组成员单位的市直绩效责任单位计划生育责任指标的考评（100分）

本单位职工（含有干部人事管理权限的直属单位）、临时用工和出租房屋内从业和居住人员当年有政策外生育的，得分为0分。无政策外生育的按以下办法评分：

1. 按照《2012年度人口和计划生育工作目标管理责任书》的内容进行考评，全面完成的，得50分；未全面完成的，按未完成比例扣分。

2. 按照市委办公厅市政府办公厅《关于印发〈武汉市单位法定代表人人口和计划生育工作责任制暂行规定〉的通知》要求，与所在街道签订的年度责任目标全面完成的，得50分；未全面完成的，按未完成比例扣分。

（三）对市人口与计划生育领导小组成员单位以外的其他市直绩效责任单位计划生育责任指标的考评（100分）

本单位职工（含有干部人事管理权限的直属单位）、临时用工和租用单位门面的经营、从业人员当年有政策外生育的，得分为0分。无政策外生育的，按照市委办公厅市政府办公厅《关于印发〈武汉市单位法定代表人人口和计划生育工作责任制暂行规定〉的通知》要求，与所在街道签订的年度责任目标全面完成的，得100分；未全面完成的，按未完成比例扣分。

六、考评年度时间

考评年度时间为2011年10月1日～2012年9月30日。

七、本办法由市人口计生委负责解释。

关于对2012年度各绩效责任单位计划生育专项指标进展情况进行半年考评的通知

（武人计字办〔2012〕17号）

各区人民政府，武汉经济技术开发区、东湖新技术开发区、东湖生态旅游风景区、武汉化学工业区管委会，各市直责任单位：

按照市考评办的要求，市人口计生委将对2012年度各区符合政策生育率和出生人口性别比指标以及市直责任单位计划生育责任指标进展情况进行半年考评，现将有关事项通知如下：

一、考评对象

江岸区、江汉区、硚口区、汉阳区、武昌区、青山区、洪山区、东西湖区、汉南区、蔡甸区、江夏区、黄陂区、新洲区、武汉经济技术开发区管委会、武汉东湖新技术开发区管委会、市东湖生态旅游风景区管委会、武汉化学工业区管委会以及纳入市绩效管理的市直责任单位。

二、考评内容

（一）对各区、武汉经济技术开发区管委会、武汉东湖新技术开发区管委会、市东湖生态旅游风景区管委会、武汉化学工业区管委会的考评内容：

符合政策生育率和出生人口性别比指

标完成值达到目标进度要求。

（二）对纳入市绩效管理的市直责任单位的考评内容：

计划生育责任指标完成情况达到目标进度要求。

三、考评方式

（一）对各区、武汉经济技术开发区管委会、武汉东湖新技术开发区管委会、市东湖生态旅游风景区管委会、武汉化学工业区管委会的考评方式：

由市人口计生委根据上报情况对符合政策生育率和出生人口性别比指标完成进度进行审核、认定，填写《2012 年度各区符合政策生育率和出生人口性别比指标完成情况半年考评表》（见附件 1）。

（二）对纳入市绩效管理的市直责任单位的考评方式：

半年考评委托市直责任部门所在区进行，由所在区人口计生部门根据平时掌握的情况进行评估，填写《2012 年度市直责任单位计划生育责任指标完成情况半年考评表》（见附件 2），不专门组成调查组进行现场检查考核。

四、考评安排

请各区人口计生部门于 2012 年 6 月 27 日（星期三）前将有关材料报市人口计生委发展规划与信息处。

联 系 人：杨琳琳

联系电话：82261033

附件：1. 2012 年度各区符合政策生育率和出生人口性别比指标完成情况半年考评表（略）

2. 2012 年度市直责任单位计划生育责任指标完成情况半年考评表（略）

3. 2012 年各区辖市直责任单位名单（略）

武汉市人口与计划生育工作领导小组办公室

二〇一二年六月十九日

关于印发《武汉市人口计生责任部门线目标管理考评办法》的通知

（武人计字办〔2012〕23 号）

市人口与计划生育工作领导小组各成员单位：

为了客观、公正地评价市直人口计生责任部门 2012 年度人口计生目标管理责任制执行情况，制定《武汉市人口计生责任部门线目标管理考评办法》。现印发你们，请结合实际认真贯彻落实，确保完成各项目标任务。

武汉市人口与计划生育工作领导小组办公室

二〇一二年七月二十日

武汉市人口计生责任部门线目标管理考评办法

为扎实有效推进全市人口计生责任部门目标管理工作，公开、公正、公平地评价各责任部门工作实绩，根据省人口计生工作领导小组目标管理要求，以及市委、市政府绩效管理工作有关规定，经市人口计生工作领导小组研究，特制定本办法。

一、适用范围

本办法适用于39家市人口计生工作领导小组成员单位人口计生责任目标考评工作。

人口计生责任部门线目标考评工作，在市委、市政府的领导下，由市人口计生工作领导小组办公室具体实施。

二、考评内容

依据《2012年度人口和计划生育工作目标管理责任书》进行考评。

三、评分方式

考评实行百分制计分，采取平时抽查和年终考评相结合的方式进行。具体方式如下：

（一）部门自查。各区撰写责任指标完成情况自查报告，填写自查表，报市人口计生工作领导小组办公室。

（二）实地调查。对责任部门及其基层单位进行调查，了解人口计生制度建设和服务管理落实情况。

（三）属地评估。按照计划生育属地管理原则，区级人口计生部门根据平时工作掌握情况，对辖区责任部门人口计生工作进行评估。

（四）单项评估。以各区上报资料为依据，采取入户走访、资料核对和部门数据协查等方式，评定单个指标完成情况。

四、加减分办法

（一）加分。人口计生工作获得领导肯定性批示、指示推广宣传的，按照中共中央、国务院，国家有关部委及省委、省政府，市委、市政府三个层次分别加0.5分、0.3分、0.2分；获中共中央、国务院表彰奖励且划分等次的，按等次分别加0.5分、0.3分、0.2分，未划分等次的加0.5分；获国家有关部委及省委、省政府表彰奖励且划分等次的，按等次分别加0.3分、0.2分、0.1分，未划分等次的加0.3分；以上同一事项受到多层级表彰奖励的，按最高表彰等级、等次加分一次。人口计生工作在中央综合性媒体（如中央电视台、人民日报、求实杂志和新华网等）、省主要媒体（如湖北日报、省电视台等）及省委、省政府刊物公开发表文章、新闻报道、经验推介等，分别加0.2分、0.1分（同一文章、新闻报道、经验推介多次刊发的，按最高等次加分一次）；人口计生工作被国家，省委、省政府及省人口计生工作领导小组推介经验的，大会发言每次加0.2分，书面交流每次加0.1分。以上加分累计不超过5分。

（二）减分。人口计生工作受到中央、

省、市媒体负面报道经查实的，分别减3分、2分、1分。对违反考核纪律、数据质量较差的，给予5分以内的扣分。为体现严格实行人口和计划生育目标管理责任制，对责任部门未按要求参加省市会议和活动以及履行职责不到位的，酌情减分。以上减分累计不超过5分。

各责任部门提出本单位加分申请，并出具证明材料（相关文件、资料、奖牌、证书以及相关复印件、影像信息等）。

加减分办法由市人口计生工作领导小组办公室负责解释。

五、奖惩兑现

根据综合得分，设定先进、达标和不达标单位三个等次；其中，先进等次单位数量控制在35%左右。对评为先进和达标的单位，分别给予3万元、2万元的奖励（用于奖励人口计生目标相关责任人和工作人员）；出现“一票否决”问题或工作严重不落实、不配合的为不达标单位。

附件：市直责任部门2012年度人口和计划生育工作目标评分办法（略）

关于表彰全市“十佳幸福家庭”的通报

（武人计字办〔2012〕26号）

各区人口与计划生育工作领导小组，市人口与计划生育工作领导小组各成员单位：

市委、市政府高度重视人口文化建设和创建幸福家庭活动，将此项工作纳入建设幸福武汉的重要内容，着力提升家庭发展能力，促进家庭和谐幸福。全市涌现出一批“文明倡导、健康促进、优生优育、致富发展、奉献社会”的幸福家庭先进典型。经市人口与计划生育工作领导小组研究决定，授予熊约翰等10户家庭全市“十佳幸福家庭”荣誉称号。

希望受到表彰的家庭珍惜荣誉，再接再厉，充分发挥示范引领作用。全市各区和有关部门要进一步加大幸福家庭活动创建的工作力度，创新宣传服务特色，培育幸福家庭先进典型，广泛开展社会宣传，为提升家庭幸福指数、繁荣人口文化、建设幸福武汉做出新的更大贡献！

附件：1. 武汉市“十佳幸福家庭”名单

2. 武汉市“十佳人口文化示范基地”名单

武汉市人口与计划生育工作领导小组办公室

二〇一二年八月二十一日

附件1

武汉市“十佳幸福家庭”名单

1. 熊约翰、李又新家庭（奉献家庭）
2. 代学杰、徐翠荣家庭（奉献家庭）
3. 鲁国汛、朱一桢家庭（文明家庭）
4. 刘泥巴、文筱英家庭（智慧家庭）
5. 陈　亮、王改华家庭（智慧家庭）
6. 宋建明、林荣枝家庭（励志家庭）
7. 钟秋溪、康兰英家庭（文明家庭）
8. 曾智斗、芦小琴家庭（励志家庭）
9. 程世军、王先锋家庭（致富家庭）
10. 陈华清、熊凤灵家庭（致富家庭）

附件2

武汉市“十佳人口文化示范基地”名单

1. 江岸区百步亭社区
2. 江汉区常青街扬子社区
3. 硚口区宗关街发展社区
4. 汉阳区江堤街江欣苑社区
5. 武昌区中南路街静安社区
6. 洪山区张家湾街红霞社区
7. 青山区钢都管委会绿景苑社区
8. 东西湖区常青花园社区
9. 蔡甸区奓山街星光村
10. 黄陂区前川街三姜村

武汉市“幸福江城”首届人口文化节表彰通报

（武人计字办〔2012〕27号）

各区人口计生委，武汉经济技术开发区、东湖新技术开发区社发局，东湖生态旅游风景区计生办，武汉化学工业区社发局：

2012年，武汉市“幸福江城”首届人口文化节在各级党委、政府的高度重视和相关部门的大力支持下，全市人口计生系统广大干部职工努力创新，无私奉献，扎实工作，确保了首届人口文化节的成功举办。特别是18个场馆建设，将人口文化与人文历史有机融合，充分展现了新时期人口工作的发展方向，受到各级领导、专家学者、参展群众和新闻媒体的充分肯定和一致好评。

为表彰先进，根据社会反响和民意测

评等综合因素，经研究决定，授予生命起源馆等8个场馆“最佳场馆”称号，授予江城人口馆等10个场馆“优秀场馆”称号；授予江岸区“特别贡献奖”，授予江汉区、硚口区“优秀组织奖”；授予兰珍等44名同志先进个人荣誉称号。

希望受表彰的单位，继续发扬成绩，再接再厉，进一步提高认识，加强领导，强化措施，积极推进人口文化和幸福家庭建设，共同将全市人口计生工作提高到一个新的水平。

附件：武汉市“幸福江城”首届人口文化节获奖名单

武汉市人口与计划生育工作领导小组办公室

二〇一二年十月十日

附件

武汉市“幸福江城”首届人口文化节获奖名单

一、场馆获奖名单

（一）最佳场馆

生命起源馆（市人口计生委承办）、两性情趣馆（市人口计生委承办）、孕育体验馆（武昌区人口计生委承办）、中年保健馆（汉南区人口计生委承办）、问津文化馆（新洲区人口计生委承办）、高龙文化馆（汉阳区人口计生委承办）、演艺馆（青山区人口计生委承办）、作品馆（江夏区人口计生委承办）

（二）优秀场馆

江城人口馆（市人口计生委承办）、幸福家庭馆（江岸区人口计生委承办）、早期发展馆（江汉区人口计生委承办）、青春健康馆（洪山区人口计生委承办）、老年福寿馆（东西湖区人口计生委承办）、知音文化馆（蔡甸区人口计生委承办）、木兰文化馆（黄陂区人口计生委承办）、汉正街文化馆（硚口区人口计生委承办）、吉庆街文化馆（江岸区人口计生委承办）、图书馆（省市计生宣教中心承办）

二、集体奖名单

（一）特别贡献奖

江岸区人口计生委

（二）优秀组织奖

江汉区人口计生委、硚口区人口计生委

三、个人奖名单

陈典学　彭荣莉　杨　丽　姜　凡
肖　敏　胡　霞　张　泉　童　翔
景　京　施惠芳　王立毅　易海涛
兰　珍　张国松　徐　钢　冷　红
冯晓红　殷　伟　何龙先　宋新建
谢　军　刘宏喜　洪汉望　张传明
邓忠民　高超林　龙桃仙　李　松
邓传波　张爱华　李　晓　付长生
艾新超　叶建华　程开文　曹秋菊
易志林　郑昌胜　方元睿　吴先敏
夏西学　曹新梅　黄汉林　刘　莹

（四）市人口计生委与相关部门联合发文

关于印发《武汉市B型超声诊断仪销售实名登记管理试行办法》的通知

（武食药监规〔2012〕1号）

各区人口计生委、卫生局、食品药监分局：

现将《武汉市B型超声诊断仪销售实名登记管理试行办法》印发给你们，请指导、督促有关单位认真贯彻执行。

市食品药监局

市人口计生委

市卫生局

二〇一二年十月十五日

武汉市B型超声诊断促销售实名登记管理试行办法

第一条 为进一步规范我市具有胎儿性别鉴定功能的B型超声诊断仪（以下简称B超）销售管理；根据《湖北省禁止非医学需要鉴定胎儿性别和选择性终止妊娠的规定》（省人民政府令第218号），制定本办法。

第二条 医疗机构（含民营医院、个体诊所，下同）需要购置B超时，必须持有《医疗机构执业许可证》，且其诊断科目中应有超声诊断项目；在有合法资质企业购买，并按照《湖北省禁止非医学需要鉴定胎儿性别和选择性终止妊娠的规定》第五条的规定，凭购置B超的票据到单位所在区级卫生行政管理部门备案；然后凭备案表原件，到销售企业提货，或由企业送货。《武汉市购置具有胎儿性别鉴定功能的B超备案表》（见附件1，略。）

第三条 计划生育技术服务机构需要购置B超时，必须持有《计划生育技术服务机构执业许可证》，且其诊断科目中应有引产服务项目；在有合法资质企业购买，并按照《湖北省禁止非医学需要鉴定胎儿性别和选择性终止妊娠的规定》第五条的规定，凭购置B超的票据到单位所在区级人口和计划生育行政管理部门备案；然后凭备案表原件，到销售企业提货，或由企业送货。

第四条 教学科研等其他单位需要购

置B超时，应提供单位资质原件和加盖印章的复印留存件，给销售企业核对，并实名登记。

第五条 医疗器械经营企业在销售B超时，要认真落实B超销售实名登记制。应明确B超销售实名制责任人，在经营场所醒目位置悬挂《武汉市B型超声诊断仪销售实名登记管理试行办法》；应按本规定对购置单位的资质进行审核并留存有关资质复印件；应做好实名登记工作，登记的主要内容是：购置单位及执业证照名称、编号、从业地址、所购置B超的型号、日期；应在购置单位取得所在区级卫生行政管理部门或人口计生行政管理部门的备案后，收取《武汉市购置具有胎儿性别鉴定功能的B超备案表》原件才能发货；应实行B超销售信息化管理，按全市统一部署纳入药品医疗器械流向远程监控系统，做到B超销售可追溯；不得超范围经营；不得向未提供合法资质的单位或个人销售B超；不得有出租《医疗器械经营企业许可证》或挂靠、走票经营B超的行为。

第六条 卫生行政部门负责辖区医疗机构购置B超的备案管理；人口计生部门负责辖区计划生育技术服务机构购置B超的备案管理；食品药品监管部门负责督促辖区医疗器械经营企业落实B超销售实名制；各部门对拒不执行B超销售实名登记和备案管理的销售企业和购置单位，依法进行教育和查处。

第七条 加强部门之间的信息交流。将B超销售实名登记和备案情况通报，纳入市区打击“两非”工作联席会议内容，各部门每季度相互进行一次通报。

第八条 本办法自二〇一三年元月一日起施行。

关于认真做好将三级以上计划生育手术并发症人员纳入特别扶助制度工作的通知

（武人计〔2012〕26号）

各区人口计生委，财政局，武汉经济技术开发区、东湖新技术开发区社发局，东湖生态旅游风景区计生办，武汉化学工业区社发局：

为进一步建立完善人口和计划生育利益导向政策体系，缓解计划生育手术并发症人员面临的实际困难，根据国家人口计生委、财政部《关于将三级以上计划生育手术并发症人员纳入计划生育家庭特别扶助制度的通知》（人口政法〔2011〕62号）、《省人口计生委、财政厅关于印发＜湖北省计划生育手术并发症人员特别扶助制度实施方案＞的通知》（鄂人口委〔2012〕3号）精神，决定从2012年开始，在全市全面实施三级以上计划生育手术并发症人员特别扶助制度。现就有关事项通知如下：

一、充分认识将并发症人员纳入特扶制度的重要意义

手术并发症是计划生育工作特殊历史时期产生的特殊问题。并发症人员为落实计划生育基本国策、促进我市经济社会协调发展做出了贡献。对并发症人员实行特别扶助制度，是深入贯彻落实科学发展观、保障和改善民生、促进社会和谐稳定的重要举措。有利于进一步完善我市人口和计划生育利益导向政策体系，稳定低生育水平；有利于维护并发症人员的基本权益，促进社会公平。各级人口计生部门要高度重视，积极稳妥地将并发症人员纳入特别扶助制度，完善落实并发症免费诊治制度，做好与相关社会保障制度相结合，深入开展社会关怀，保障并发症人员的基本生活，促进社会稳定与和谐。

二、扶助标准与政策衔接

经区级或区级以上计划生育手术并发症鉴定小组鉴定为三级以上的并发症人员，纳入计划生育手术并发症生活扶助范围，发给生活扶助金（手术并发症人员康复治疗经费由各区解决）。其中，对三级并发症人员，给予每人每月不低于100元的扶助金；对二级并发症人员，给予每人每月不低于200元的扶助金；对一级并发症人员，给予每人每月不低于300元的扶助金。建立特别扶助标准动态调整机制，根据城乡居民消费水平、物价变动及财政承受能力，适时调整标准。遇下列情况，注意政策上的衔接：

（一）经规定程序确认为三级以上并发症人员，原扶助待遇高于上述规定的，按原扶助待遇发放扶助金，高出部分所需资金由原渠道解决；原扶助待遇低于上述标准的，按本文件标准发放扶助金。

（二）经规定程序确认，达不到三级的并发症人员，按原渠道、原待遇发放扶助金。

（三）对于已落实一次性生活扶助待遇的并发症人员，经鉴定程序确认为三级以上的，按本文件标准发放扶助金。

三、特别扶助资金来源及负担比例

计划生育手术并发症人员特别扶助资金列入财政预算，在人口和计划生育事业费中列支。生活扶助资金由中央、省、市、区四级按比例分担。其中：蔡甸区、江夏区、黄陂区、新洲区分别按中央、省级、市级、区级50%、20%、20%、10%比例负担；江岸区、江汉区、硚口区、汉阳区、武昌区、洪山区、青山区、东西湖区、汉南区分别按中央、市级、区级50%、30%、20%比例负担。

四、2012年并发症人员特别扶助工作实施步骤

（一）启动阶段（2012年3月31日前完成）

1. 前期筹备（3月20日前完成）。成立计划生育手术并发症人员特别扶助制度工作领导小组，负责协调指导实施工作。各区领导小组要由政府分管领导担任组长，人口计生、财政、卫生、人社、民政、扶贫开发、监察等部门为成员单位。

制定工作方案和实施细则，调整充实并发症鉴定专家库。

2. 动员部署、培训、摸排（3 月 31 日前完成）。各区要召开专题会议进行部署；举办培训班，学习有关文件精神；组织乡镇计划生育技术服务人员和村计生专干，有针对性地对老并发症人员、上访户、群众有反映且病症明显的人员进行摸底登记，并上报统计表。计划生育手术并发症申请人员填写申请表，提交相关的有效证件和病例资料等。

（二）组织实施阶段（11 月底前完成）

1. 社会调查（4 月 15 日前完成）。在对并发症人员鉴定前，要进行社会调查。乡级调查人员对目标人群 100% 入户，区级人口计生部门对乡镇上报的申请鉴定人员以抽查的方式入户调查，调查人数不得少于上报人数的 30%。调查采取一对一的走访调查方式。对每一名申报鉴定的人员，还需在同组或同村走访调查 3 名以上群众。参加访谈的人员不得少于 2 人，并按规定的表格填写访谈记录，访谈记录需受访人签字确认。

2. 组织医学鉴定和确定扶助名单（5 月 31 日前完成）。5 月 15 日前，名区完成区级鉴定并公示拟纳入特别扶助制度的人员情况。5 月 25 日前将公示后群众无异议的并发症人员名单予以确认，汇总后按机要交通的方式上报到市级并发症扶助制度领导小组办公室，对二级以上的对象由市级上报省级。5月 31 日前，省、市级组织专家分别对二级以上并发症人员情况和三级以上并发症人员资料逐一审查，确定纳入特别扶助制度名单，并将确认结果反馈到各区进行公示。

3. 统计上报数据（7 月 10 日前完成）。6 月 1 日前，各区向市领导小组报送 2012 年计划生育手术并发症人员特别扶助制度统计报表、经费预算和人员个案资料。6 月 15 日前，市级抽查后，将并发症人员特别扶助制度统计报表、经费预算和人员个案资料报送省级并发症领导小组办公室。采用纸质文本（含光盘）通过机要交通的方式报送有关材料。

4. 资金发放（11 月 30 日前完成）。经抽查合格的单位，按照计划生育特别扶助金的发放办法，采取“直通车”方式，将并发症扶助金由特扶代发机构发放到个人账户。

（三）总结评估阶段（12 月底前完成）

总结实施过程中的工作情况，修订完善相关政策措施，保证并发症人员特别扶助制度的实施更加规范化和制度化。

五、有关工作要求

（一）切实加强领导。各级人口计生部门要高度重视手术并发症纳入特扶工作，切实加强领导和组织协调，作为年度重要任务纳入工作安排和考核内容。严格执行国家有关保密规定。加强调查研究，及时总结经验，研究解决实施过程中发生的特殊问题。涉及有关保密事项的，要严格按照有关规定执行。

（二）认真做好并发症人员鉴定和特别扶助对象的资格确认工作。各级人口计生部门要组织工作人员认真学习《湖北省计划生育手术并发症人员特别扶助制度实施方案》，熟练掌握政策口径和工作流程。各区自行组织开展并发症的鉴定工作，要按照国家和省相关规定开展工作，不得降低标准和扩大范围。对以往已经依法鉴定并已确定等级的并发症人员，要进行复核，确定扶助等级；对需要鉴定等级的，已持有医院或计生技术服务机构证明且由有关单位负责治疗的，以及长期接受治疗并有病历资料的，应作为鉴定的重要依据；对其他人员，要开展必要的社会调查工作，综合考虑相关因素，确认是否享受特别扶助制度。

（三）建立信息反馈制度。各区要定期将并发症人员特别扶助工作的进展、经验和有关问题报市特别扶助工作领导小组。对实施过程中遇到的重大问题和突发性事件，要在一个工作日内报市特别扶助工作领导小组办公室。

武汉市人口计生委

武汉市财政局

二〇一二年三月二十七日

关于在元旦春节期间开展“进万家门、访万家情、解万家难”活动的通知

（武人计〔2012〕67号）

各区人口计生委、计生协，武汉经济技术开发区、东湖新技术开发区社发局计生协，东湖生态旅游风景区计生办、计生协，武汉化学工业区社发局：

2012年元旦春节即将来临，为贯彻以人为本、执政为民的理念，保证有困难的计划生育家庭过一个欢乐、祥和、幸福的节日，经研究，决定在元旦春节期间开展“进万家门、访万家情、解万家难”走访慰问活动。现将有关事项通知如下：

一、主要目的

开展“进万家门、访万家情、解万家难”走访慰问活动的目的是：认真贯彻落实党的十七届五中、六中全会和武汉市第十二届党代会精神，切实保障和改善民生，促进社会和谐稳定，推进建设幸福武汉和创建幸福家庭活动的深入开展。通过开展生育关怀慰问活动，实行人性关爱、人文关怀，使困难的计划生育家庭分享经济社会发展成果，亲身感受到党和政府的温暖，进一步激发人民群众自觉实行计划生育的积极性。

二、主要对象

“进万家门、访万家情、解万家难”走访慰问活动的主要对象是：全市所有的独生子女死亡家庭，以及困难的计划生育家庭、独生子女伤残家庭、独生子女父母伤残家庭、独生子女父母死亡家庭、农村独女家庭、农村双女绝育家庭、空巢老人家庭、留守儿童家庭、人口计生系统离退

体干部、基层人口计生工作者（包括计生专干、信息员、中心户长）。

三、主要活动

全市集中开展“五个一”活动：

（一）送上一份贺年卡。向计划生育家庭为落实计划生育基本国策所作的贡献表示诚挚的谢意，并致以亲切的问候和新年的祝福。

（二）进行一次走访慰问。各级人口计生部门领导干部要亲自带队，察民情、访民意、解民忧、纾民困，将党和政府的关怀和温暖送到关怀对象家中和群众心上。

（三）召开一次座谈会。组织不同群体、特别是特扶家庭群体座谈，倾听他们的诉求，和他们交心谈心，做好释疑解惑、理顺情绪、化解矛盾工作。

（四）吃一次团年饭。组织不同群体、特别是特扶家庭群体吃团年饭，开展丰富多彩的联欢活动，让他们感受大家庭的温暖和亲人般的关怀。

（五）开展一次有纪念意义的活动。组织不同群体、特别是特扶家庭群体，或游览市内风景名胜，或观看一场电影，或参观一次展览，或举办一次联谊会等活动。

四、活动方式

（一）市、区、街（乡镇场）、村（社区）四级关怀慰问相结合。市人口计生委、市计生协领导带队重点慰问特困的计划生育家庭，每个区各5～10户，包括因重大疾病或意外伤害致贫的计划生育家庭、丧失劳动能力且无固定经济来源或患有重大疾病的特扶家庭，慰问对象由各区于2012年元月6日前报市计生协秘书处。区、街（乡镇场）、村（社区）人口计生部门、计生协联合对辖区关怀对象进行慰问。

（二）经济救助、物质帮扶、精神慰藉、志愿服务四重关怀慰问相结合。市人口计生委对各行政区开展“五个一”活动给予一定补贴。各区人口计生委、计生协负责经济救助，走访慰问关怀对象户数及标准：中心城区和黄陂、新洲等区不少于800户，东西湖、汉南、江夏、蔡甸和东湖新技术开发区不少于500户，武汉经济技术开发区、东湖生态旅游风景区、武汉化学工业区不少于300户；要确保独生子死亡家庭全覆盖，慰问金统一标准为每户200元。街（乡镇场）计生办、计生协负责物质帮扶。村（社区）计生协负责精神慰藉，动员组织志愿者开展“邻里一家亲”活动，帮助关怀对象置办年货、打扫卫生，陪他们拉家常、吃团圆饭等活动。

（三）与民政、工会、妇联等相关部门和人民团体关怀慰问相结合。各级人口计生部门和计生协要加强与同级民政、工会、妇联等相关部门和人民团体的联系，积极争取相关部门和人民团体对重点关怀对象的多重关怀慰问。

五、有关要求

（一）提高认识，服务于民。开展走访慰问活动是以人为本、执政为民的具体行动，对于密切党群干群关系、促进家庭幸福、维护社会和谐稳定具有十分重要的意义。各级人口计生部门、计生协要充分认识这项活动的重要性，切实解决群众最关心、最直接、最现实的问题，千方百计搞好服务，让他们节日快乐，生活幸福。

（二）加强领导，精心组织。要积极争取党委、政府的重视，加强“进万家门、访万家情、解万家难”走访慰问活动的领导，确保领导到位、组织到位、活动到位、投入到位，切实将好事办实办好。

（三）突出重点，人文关怀。要将关怀对象当亲人，对重点关怀对象要及时了解他们的思想动态和活动动向，适时进行经济帮扶、思想疏导和精神慰藉。要尊重关怀对象，理解关怀对象的感受，特别是慰问独生子女死亡家庭时不拍照、不摄像。

（四）登记造册，汇总上报。区、街（乡镇场）、村（社区）开展走访慰问活动要全部登记造册，由各区人口计生委汇总上报。开展活动的工作总结、名册和汇总表，请各区于 2012 年 2 月 18 日前分别上报市人口计生委办公室和市计生协秘书处。市人口计生委将适时召开走访慰问活动座谈会。

附件：1. 2012 年元旦春节走访慰问名册（略）

2. 2012 年元旦春节市级慰问对象申报表（略）

3. “五个一”关怀慰问活动汇总表（略）

4. “五个一”关怀慰问活动汇总表（略）

武汉市人口和计划生育委员会

武汉市计划生育协会

二〇一一年十二月三十一日

关于 2011 年度全市人口和计划生育基层群众自治示范村（居）的通报

（武人计〔2012〕6 号）

各区人口计生委，武汉经济技术开发区、东湖新技术开发区社发局，东湖生态旅游风景区计生办，武汉化工区社发局，各区计生协：

2011 年是实施“十二五”规划的开局之年，也是全面推进人口和计划生育基层群众自治百村（居）示范活动的关键之年。一年来，全市各级人口计生委、计生协广泛深入地开展内容丰富、形式多样、特色鲜明的人口和计划生育基层群众自治示范村（居）创建活动，不断掀起创建示范村（居）活动的高潮，有效提高了人口计生基层群众自治的能力和水平。根据市人口计生委、市计生协《关于深入开展人口和计划生育基层群众自治百村（居）示范活动的通知》（武人计〔2010〕14 号），经自下而上层层推荐，市人口计生委、计生协组织评估验收，市人口计生基层群众自治百村（居）示范活动领导小组审核确认，决定授予江岸区四唯街六合社区等20个村（居）“全市人口和计划生育基层群众自治示范村（居）”荣誉称号。

市人口计生委和市计生协号召，全市各级人口计生委和计生协，要广泛宣传、组织学习示范村（居）的先进经验，进一步加强村（居）人口计生组织网络、规章制度和阵地建设，不断丰富服务活动，完善利益导向政策，充分发挥计生协动员组织群众自我教育、自我管理、自我服务、自我监督的作用，不断增强广大人民群众自觉、自主、自愿落实计划生育基本国策的主人翁责任感。各区要充分发挥人口计生基层群众自治示范村（居）的示范带头作用，培育、创建更多的人口计生基层群众自治示范村（居），全面推进人口计生基层群众自治工作，促进人口计生长效工作机制建设，为全面做好人口工作作出新的贡献。

附件：2011年度全市人口计生基层群众自治示范村（居）名单

武汉市人口和计划生育委员会
武汉市计划生育协会
二〇一二年二月一日

附件

2011年度全市人口计生基层群众自治示范村（居）名单

江岸区四唯街六合社区
江汉区万松街电业社区
硚口区汉水桥街海工社区
汉阳区洲头街新五里社区
武昌区中南路街小刘家湾社区
武昌区紫阳街复兴路社区
青山区钢都管委会126社区
洪山区张家湾街建材社区
东西湖区东山办事处五四大队
汉南区邓南街南庄村
江夏区五里界街锦绣村
蔡甸区蔡甸街姚家林村
蔡甸区大集街曾铁岭村
黄陂区祁家湾街张店村
黄陂区六指街甘铺村
新洲区阳逻开发区红岭村
武汉经济开发区沌口街周公社区
武汉经济开发区军山街幸福桥村
东湖高新区花山街白浒村
东湖风景区建强村

关于开展“双十佳双百优”评选活动的通知

（武人计〔2012〕32号）

各区人口计生委，武汉经济技术开发区、东湖新技术开发区社发局，东湖生态旅游风景区计生办，武汉化学工业区社发局，各区计生协：

为认真开展“喜迎十八大、争创新业绩”主题实践活动，市人口计生委、市计生协决定开展“双十佳双百优”评选活动。现将有关事项通知如下：

一、指导思想

通过开展“双十佳双百优”评选活动，大力弘扬“敢为人先，追求卓越”的武汉城市精神，努力建设一支“特别能吃苦、特别能战斗、特别能奉献”的新时期人口计生干部队伍，切实履行好全国人口和计划生育综合改革示范市、全国婚育新风进万家活动第四阶段示范市、全国流动人口计划生育基本公共服务均等化试点市、全国创建幸福家庭活动试点市的重大责任，全面完成2012年人口计生目标任务，为建设国家中心城市和幸福武汉作出新的更大贡献，以优异成绩迎接党的十八大胜利召开。

二、评选范围

（一）“十佳百优”基层人口和计划生育工作集体的评选范围：街（乡镇）人口和计划生育办公室（科）、计划生育协会；村（社区）人口和计划生育委员会、计划生育协会。其中“十佳”基层人口和计划生育工作集体10个，“百优”基层人口和计划生育工作集体100个。

（二）“十佳百优”基层人口和计划生育工作者的评选范围：街（乡镇）、村（社区）从事人口计生、计生协工作三年以上的在职工作人员。其中，“十佳”基层人口和计划生育工作者10名，“百优”基层人口和计划生育工作者100名。

三、评选条件

（一）“十佳百优”基层人口和计划生育工作集体的评选条件：

1.“十佳百优”集体基本条件：

(1) 坚持改革创新。认真贯彻落实《中共中央国务院关于全面加强人口和计划生育工作统筹解决人口问题的决定》和新时期人口和计划生育工作的方针政策，积极探索新形势下人口和计划生育工作的新思路、新机制、新方法。

(2) 业务水平领先。工作思路清晰，工作扎实，能够为党委、政府当好参谋，协调各有关部门，形成人口和计划生育工作齐抓共管、综合治理、统筹解决人口问题的工作氛围。多年来，整体业务工作在本地区处于领先水平。

(3) 工作保障有力。管理服务网络健全，有一支政治坚定、业务精湛、作风过硬的高素质、职业化工作人员队伍。能够保证必要的经费投入。

（4）领导班子团结。勤政廉洁，作风民主，依法行政，优质服务，科学管理，党群、干群关系融洽，人民群众对人口和计划生育工作满意程度高。

2.“十佳”集体必备条件（必须同时具备）：

（1）连续5年无政策外生育。

（2）连续5年在上级检查、考核中无出生差错。

（3）连续5年在上级年度考核同类别中排名前3名。

（4）连续5年未发生计划生育群体性事件，未发生影响恶劣的投诉、上访事件。

3.“十佳”否决条件（有下列情形之一的）：

（1）连续5年二孩及以上出生无女孩。

（2）5年内有二孩及以上孕情消失。

（3）全员人口信息质量低于98%。

（4）流动人口信息提交率、反馈率低于95%，有效联系率低于90%。

4.“百优”集体必备条件（必须同时具备）：

（1）连续3年无政策外生育。

（2）连续3年上级检查、考核无出生差错。

（3）连续3年在上级年度考核同类别中排名前3名。

（4）连续3年未发生计划生育群体性事件，未发生影响恶劣的投诉、上访事件。

5.“百优”集体否决条件（有下列情形之一的）：

（1）连续3年二孩及以上出生无女孩。

（2）3年内有二孩及以上孕情消失。

（3）全员人口信息质量低于98%。

（4）流动人口信息提交率、反馈率低于95%，有效联系率低于90%。

（二）“十佳百优”基层人口和计划生育工作者的评选条件：

1.“十佳百优”基本条件：

（1）政治坚定。认真学习邓小平理论和“三个代表”重要思想，深入贯彻落实科学发展观，坚决贯彻执行党的各项方针政策，具有较高的政治素质。

（2）作风过硬。坚持全心全意为人民服务宗旨，模范遵守社会公德、职业道德和家庭美德，忠于职守，爱岗敬业，廉洁奉公，无私奉献，在群众中享有较高威信。

（3）能力突出。具有较强的职业技能和业务水平，积极探索新形势下统筹解决人口问题的新途径，创新计划生育、优生优育、生殖健康服务管理方式方法。

（4）业绩显著。热爱人口和计划生育事业，从事人口和计划生育（计划生育协会）工作3年以上，在本职岗位上为人口和计划生育事业发展作出突出贡献。

2.“十佳”工作者必备条件：

（1）所在单位连续5年或任职以来无政策外生育。

（2）所在单位连续5年或任职以来上

级检查、考核无出生差错。

（3）所在单位连续5年或任职以来在上级年度考核排名在前3名以内。

（4）所在单位连续5年或任职以来未发生计划生育群体性事件，未发生影响恶劣的投诉、上访事件。

3.“十佳”工作者否决条件：

（1）所在单位连续5年或任职以来二孩及以上出生无女孩。

（2）所在单位5年内或任职以来有二孩及以上孕情消失。

（3）所在单位全员人口信息质量低于98%。

（4）所在单位流动人口信息提交率、反馈率低于95%，有效联系率低于90%。

4.“百优”必备条件：

（1）所在单位连续3年无政策外生育。

（2）所在单位连续3年上级检查、考核无出生差错。

（3）所在单位连续3年在上级年度考核排名在前3名以内。

（4）所在单位连续3年或任职以来未发生计划生育群体性事件，未发生影响恶劣的投诉、上访事件。

5.“百优”否决条件：

（1）所在单位连续3年二孩及以上出生无女孩。

（2）所在单位3年内有二孩及以上孕情消失。

（3）所在单位全员人口信息质量低于98%。

（4）所在单位流动人口信息提交率、反馈率低于95%，有效联系率低于90%。

四、评选办法

（一）坚持群众路线，充分发扬民主。在“双十佳双百优”评选中，要坚持公开、公平、公正的原则，采取自下而上的方式逐级评选推荐。各区人口计生委（社发局、计生办）、计生协对推荐的对象要进行公示，公示内容包括评选条件、拟推荐对象名称（姓名）、先进事迹等，公示时间为5个工作日。在各区推荐的基础上，由市人口计生委、市计生协确定拟表彰“双十佳双百优”对象，并在全市范围进行公示。

（二）坚持评选条件，确保评选质量。严格按照评选条件，坚持以政治表现、工作业绩和贡献大小作为衡量标准，好中选优，并考虑其一贯表现。推荐的“双十佳双百优”要有突出的事迹，确保先进性、典型性和代表性。推荐对象为机关、事业单位工作人员的，应征求本单位组织部门、纪检、监察等部门的意见。各级人口计生部门要严格“一票否决”审核。

（三）认真撰写事迹，按时报送材料。各区要对推荐对象的先进事迹进行深入挖掘，组织撰写内容真实、重点突出、生动感人的纪实性材料，字数控制在3 000字左右。要认真填写《全市“十佳百优”基层人口和计划生育工作集体推荐审批表》、《全市“十佳百优”基层人口和计划生育工作者推荐审批表》一式三份，于2012年8月10日前分别报送市人口计生委政治处、市计生协秘书处，同时报送申报审批表的电子版。

五、表彰奖励

坚持精神奖励和物质奖励相结合，以精神奖励为主的原则。对评选出的全市“十佳”基层人口和计划生育工作集体、全市“百优”基层人口和计划生育工作集体，颁发奖牌和物资；对评选出的全市“十佳”基层人口和计划生育工作者、全市“百优”基层人口和计划生育工作者，颁发证书和奖金。将“双十佳双百优”先进事迹汇编成册，在全市宣传推广。

附件：1. 全市“双十佳双百优”名额分配表（略）

2. 全市“十佳百优”基层人口和计划生育工作集体推荐审批表（略）

3. 全市“十佳百优”基层人口和计划生育工作者推荐审批表（略）

武汉市人口计生委

武汉市计生协

二〇一二年四月十二日

（五）武汉市人口计生委党组文件

关于印发《市人口计生委2011年度绩效目标及工作人员考评工作方案》的通知

（武人计党组〔2012〕2号）

委机关各处室及直属单位：

现将《市人口计生委2011年度绩效目标及工作人员考评工作方案》印发给你们，请遵照执行。

中共武汉市人口计生委党组

二〇一二年元月三十一日

市人口计生委2011年度绩效目标及工作人员考评工作方案

为进一步建立健全公务员岗位责任制，全面科学正确评价公务员的德才表现和工作实绩，为公务员的职务晋升、学习培训、奖励惩罚等提供依据，根据《中华人民共和国公务员法》、《武汉市公务员考核实施意见（试行）》的通知（武组文〔2007〕160号）、《关于做好2011年度公务员考核工作的通知》（武组文〔2011〕535号）等有关规定，结合本单位实际，制定工作方案如下：

一、指导思想和目的

2011年度考评工作，坚持以科学发展观为指导，健全确责、履责、问责机制，坚持德才兼备、以德为先，注重实绩、群众公认，客观公正、激励创新、奖优罚劣的原则，以绩效考评为核心，坚持考人与考事有机结合，全面、科学、客观、正确地考评处室及直属单位的管理工作，以及每个工作人员的德才表现和工作实绩，促进机关干部作风转变和人员素质的提高，进一步调动工作人员的积极性，提高行政效能和管理水平。

二、考评范围

（一）委机关各处室及直属单位。

（二）委机关及直属单位全体工作人员（含聘用人员）。

三、考评内容和标准

（一）处室及直属单位考评内容

1. 委机关各处室及直属单位履行工作职责、完成年度目标任务的情况。

2. 委机关各处室及直属单位思想作风建设、党风廉政建设、精神文明建设等“一岗双责”的落实情况。

（二）处室及直属单位的考评标准

在思想作风建设、领导水平、工作实绩、党风廉政建设等方面的成效情况。年度考评结果分为好、较好、一般和差四个等次。2011年度评选先进处室、先进直属单位数量占机关处室总数、直属单位总数的40%。

好：高标准完成年度目标任务，团队大局意识、科学创新意识、团结协作和勤政廉政意识强，作风扎实，破解工作难题，有效提出工作的改进方法，工作质量和效率高，社会满意率高。

较好：有一定的大局意识、协作意识和创新意识，作风比较扎实，完成年度目标任务，工作较为主动，工作质量和效率较高。

一般：工作被动应付，协作意识一般，基本按要求完成年度目标任务，工作质量和效率一般。

差：处室不团结、内耗大；不能按时完成年度目标任务，工作质量和效率差。

（三）委机关工作人员的考评内容

以工作人员的职位职责和所承担的工作任务为基本依据，全面考评工作人员德、能、勤、绩、廉的情况。在全面考评的基础上，结合各处（室）责任目标及工作人员应履行的职位职责，考核其参加政治业务学习、廉洁自律、实际完成年度目标任务及出勤的情况，着重考核工作实绩。

德：是指思想政治素质及个人品德、党性修养、职业道德、社会公德等方面的表现。

能：是指履行职责的业务素质和能力。

勤：是指责任心、工作态度、工作作风等方面的表现。

绩：是指完成工作的数量、质量、效

率和所产生的效益。

廉：是指廉洁自律等方面的表现。

（四）委机关工作人员考评标准

以机关工作人员的职位（岗位）职责和所承担的工作任务为基本依据，考核结果分为优秀、称职、基本称职、不称职四个等次。2011年度委机关评选市优秀公务员6名（含参照公务员管理的人员）、委先进个人数量在排除年度优秀公务员数量的基础上按总数的30%评选（评优、评先人员不重复）；在委机关借调人员、司机及聘用人员中分别按总数的50%评选先进个人。个人考评各等次的基本标准是：

优秀——思想政治素质高，认真贯彻执行党组各项决议，政治上与党组织保持一致；精通业务，工作能力强，效率高；工作实绩突出，在承担各项工作或大型系列的活动中，创新意识强，特色鲜明，贡献突出，团结协作，得到上级组织认可和表彰；工作态度好，经常加班加点，没有迟到、早退、旷工的现象，工作勤勤恳恳，任劳任怨；清正廉洁；群众公信度高。病、事假累计没有超过规定的时间

称职——思想政治素质较高，贯彻执行党组各项决议，政治上与党组织保持一致；责任心较强，熟悉业务工作，积极、努力完成本职工作；有集体观念，服从组织安排；廉洁自律，能按规章制度办事。

基本称职——思想政治素质一般，大局意识较差，搞小团体，闹无原则纠纷，搞不实举报影响单位形象；履行职责的工作能力较弱，能基本完成本职工作，但完成工作的质量和效率不高，或在工作中有较大失误；出勤不出力，工作责任心一般，或工作作风方面存在明显不足；能够基本做到廉洁自律，但某些方面存在不足。

不称职——思想政治素质差，拨弄是非，诬告他人，严重破坏单位形象的；业务素质和工作能力不能适应工作要求，工作态度差，无故旷工，工作讲条件拈轻怕重的；工作责任心、工作作风差的；不能完成工作任务或在工作中因严重失误、失职造成重大损失或者恶劣社会影响的；存在不廉洁问题、且情形较为严重的；工作中被投诉或被检查发现有行政不作为、乱作为行为，且情形较为严重的。年内连续旷工超过5个工作日或累计超过10个工作日，迟到、早退累计超过10次的；无正当理由不参加年度考核，经教育后仍拒绝参加的；有其他违反公务员纪律的行为且影响恶劣的。

四、考评办法

（一）处室及直属单位考评办法

处室及直属单位年度考评实行百分制，采取实绩考评、民主测评、领导评价三种方法进行。

1. 实绩考评办法（100分）

各处室及直属单位业务目标完成情况由发规信息处认定后报考评领导小组；党风廉政建设及精神文明建设完成情况由委纪检、机关党委认定后报考评领导小组；集体、个人评先、论文表彰以荣誉证书为准，省以上现场会、经验交流会以会议通知和会议议程为准，由政治处审查认定后

报考评领导小组。

实绩考评得分计算公式：

各处室实绩考核得分 = 业务目标完成情况 ×80% + 党风廉政建设目标完成情况 ×10% + 精神文明建设完成情况 ×10%

2. 民主测评办法（100 分）

民主测评结果分为好、较好、一般、差四个等次，其中好的分值为 3 分，较好的分值为 2 分，一般的分值为 1 分，差的分值为 0 分。在民主测评中，各处室及直属单位总体评价结果为“好”和“较好”的得票率达不到三分之二的，将评为“一般”等次；结果为“差”的得票率超过三分之一的，或工作目标任务未完成的，经考核认定，将评为“差”等次。

民主测评结果对应的得分通过标准化计算转换为百分制：

民主测评标准化计算得分 = 民主测评结果对应得分的总和 ÷（参加测评的人数 × 民主测评结果为好的对应分值）×100

3. 领导评价办法（100 分）

由分管领导（协管领导）对分管处室及直属单位按工作情况评分（其中，分管领导占 70%，协管领导占 30%）。

4. 加分事项

处室、直属单位年度工作受到国家、省、市表彰或召开现场会、介绍经验的按一定分值予以加分。其中：获国务院表彰的加 0.7 分，获国家部委办局、省委省政府表彰的加 0.6 分，获省直部门、市委市政府及其办公厅表彰的加 0.5 分；国家、省在汉召开现场会并在会上介绍经验或参观现场的，分别加 0.7、0.5 分，在国家、省有关会议上介绍经验的分别加 0.5 分、0.3 分。获奖以自然年度为准；同一事项分别获国家、省、市表彰的，按最高分加分，不累计计分。总加分累计不得超过 4 分。

处室及直属单位考评综合得分计算公式：

处室及直属单位考评综合得分 = 实绩考评得分 ×70% + 民主测评得分 ×20% + 分管领导（协管领导）评价得分 ×10% + 获得荣誉加分

（二）委机关工作人员考核办法

委机关工作人员年度考核实行百分制，采取民主测评和领导评价两种方法进行。

1. 民主测评方法（100 分）

民主测评结果分为优秀、称职、基本称职、不称职四个等次。其中，优秀计 3 分，称职计 2 分，基本称职计 1 分，不称职计 0 分。

民主测评结果对应的得分通过标准化计算转换为百分制：

民主测评标准化计算得分 = 民主测评结果对应得分的总和 ÷（参加测评的人数 × 民主测评结果为优秀的对应分值）×100

2. 领导评价办法（100 分）

科级以下工作人员由处室主要负责人根据工作情况评分。

处级工作人员由分管领导（协管领导）根据工作情况评分（其中，分管领导占 70%，协管领导占 30%）。

3. 加分事项

委机关工作人员被国务院表彰的加0.6分，被国家部委办局、省委省政府的加0.5分、被省直部门、市委市政府及其办公厅表彰的加0.4分。在市级以上刊物发表论文、研讨文章、经验材料的，每篇加0.2分；对撰写省级以上会议经验材料的，加0.2分；联合署名的获奖论文或刊物，按加分的分值平均计分。获奖以自然年度为准；同一事项分别获国家、省、市表彰或刊物刊登的，按最高分加分，不累计计分；总加分累计不得超过4分。

委机关工作人员考评综合得分计算公式：

委机关工作人员考评综合得分＝民主测评得分×80%＋分管领导（协管领导）或处室主要负责人评价得分×20%＋获得荣誉加分

五、考评步骤和时间安排

市人口计生委考评工作从2012年2月1日至2012年2月20日前完成。分以下几个阶段进行（附机关工作人员2011年度考评工作日程表）：

（一）动员部署。召开全体干部大会部署考核工作，统一思想，明确任务、步骤和要求。

（二）自我总结。由被考评人就自己一年来的德、能、勤、绩、廉写出书面总结，处级干部另撰写书面述职述廉报告（处室及直属单位负责人还需撰写本部门述职述廉报告），并填写《武汉市公务员年度考核登记表》。处级干部要求准备2 000字以上的文字材料，科级及以下工作人员准备1 200字以上的文字材料。

（三）个人述职，民主评议、评定等次。以处室为单位进行个人述职，民主评议，并在全委范围内测评。科级以下工作人员，由各处室负责人根据个人总结、民主评议、群众测评等情况，写出评语，按照考评的分数提出考核等次，报委党组审定。处级干部的评语、考评等次由委分管领导根据工作完成情况、考评分数撰写。

（四）处室负责人述职。召开机关全体干部大会，处室负责人代表处室和本人作述职述廉报告。

（五）民主测评。在全体机关干部大会上发放民主测评表，分别对委机关各处室及直属单位、处室负责人及委机关全体工作人员进行民主测评。

（六）按照综合得分、考评、推荐结果确定处室、直属单位及委机关全体工作人员考评等次，先进集体和优秀个人。

（七）委考评领导小组对所有工作员人员的测评结果、考核等次和意见进行审核。

（八）委党组听取委考评领导小组的汇报，讨论审定工作人员的考核等次及评优名单，对拟定为优秀等次的工作人员、先进集体（个人）在机关范围内公示，公示时间为三个工作日。其中，对优秀等次的工作人员报市人社局审批、备案。

（九）大会总结并表彰优秀个人、先进工作者、先进处室、先进单位。

六、考评结果的使用

考评结果的使用按照《武汉市公务员考核实施意见（试行）》的通知（武组文〔2007〕160号）的规定办理。委党组把考评结果作为处室评先、干部选拔任用、培养教育、管理监督、激励约束的重要依据。连续三年以上被确定为优秀等次的，按审批权限和规定程序记三等功一次，晋升职务时优先考虑。

七、组织领导

为确保考评工作顺利开展，在委党组的领导下，委机关成立考评领导小组。组长：委党组书记、主任李丹芳；副组长：委副主任、党组成员吴克敏、高惠祥，委纪检组长、党组成员周汉超；成员：刘丽纯、黄开宏、张士新、卢丹。考评领导小组下设办公室，刘丽纯同志兼任办公室主任，考评日常工作由政治处负责。

考评领导小组的职责：制定考评实施方案；负责机关处室、工作人员和事业单位班子的考核、考评工作；组织、指导、监督考评工作；审核考核评语、等次；复核有异议的考评结果。

八、几点要求及说明

（一）个人总结述职报告要全面、客观、准确、能真正反映全年德、能、勤、绩、廉表现。

（二）坚持标准，严格考评。各处室、直属单位要严格按照有关规定和要求，实事求是地进行考核评比、确定等次。

（三）从直属单位中借调到委机关的工作人员均由现工作部门写出评语，在编制单位进行考核并确定等次。

（四）委直属单位工作人员的年度考评，按《武汉市事业单位工作人员考核工作试行办法》（武人〔2005〕1号）、《关于全市事业单位工作人员2011年度（聘期）考核工作的通知》（武人社发〔2011〕97号）的有关要求并参照本方案执行。各直属单位要成立考评领导小组，按照机关工作人员考评的时间安排，制定考评方案，搞好组织实施，直属单位工作人员考评等次及年度考评优秀等次人员名单需报委党组审批后，报市人社局备案。

（五）处室及直属单位工作人员出现违法、违反党风廉政建设有关规定被立案查处的，在评先上实行“一票否决”。

（六）处室及直属单位被评为“一般”“差”等次的，处室及直属单位主要负责人当年不得被评为“优秀”等次。

（七）严肃考评纪律。要切实加强对考评工作的领导，按照本通知的要求，认真进行部署，规范考评程序，严格执行考评规定，并抓好落实。对在考评过程中徇私舞弊、打击报复、弄虚作假等违法违纪行为的，依照有关规定予以严肃处理。

关于表彰2011年度
先进处室（文明处室）优秀工作者的决定

（武人计党组〔2012〕3号）

委机关各处室及直属单位：

2011年是“十二五”开局之年，在委党组的正确领导下全委干部职工以科学发展观为统领，深入贯彻落实党的十七届五中、六中全会精神，齐心协力，开拓创新，圆满完成了2011年的各项工作目标，取得了较好的成绩。根据《中共武汉市委组织部、武汉市人事局关于印发〈武汉市公务员考核实施意见（试行）〉的通知》（武组文〔2007〕160号）、《市人口计生委2011年度绩效目标及工作人员考评工作方案》要求，我委认真组织了全体工作人员2011年度考评工作。在个人总结、民主评议推荐以及委机关工作人员年度考核领导小组综合评估的基础上，经委党组研究决定授予：宣传教育处、发展规划信息处、政治处、政策法规处、市计生宣传教育中心、市计生协会秘书处2011年度绩效管理先进处室（单位）称号；经委党组研究同意，并报市人事局审核确定委机关卢丹、李群发、刘丽纯、张士新、谌培、金玲6位同志2011年度考核为优秀等次；其中卢丹、谌培同志连续三年年度考核确定为优秀等次，根据市人力资源和社会保障局有关文件精神记三等功一次；直属事业单位何平、张曼、陈绍峰、熊付丽、臧南平5位同志2011年度考核为优秀等次。任艳军、刘利、郭靖、章炜、蔡金书、葛晓群、江哲银、胡玉霞、占丽娜、刘晓莉、杨捷、余永清、余福高、胡琳、刘道汉、蔡长江、陈定国、秦春芳、梁礼萍、李尧、匡伟明、王媛、王翔、王巍、洪亮、袁伟26名同志被评为市人口计生委2011年度先进个人。

希望受到表彰的先进集体和先进个人珍惜荣誉，再接再厉，继续发挥表率作用，不断做出新的更大贡献。同时，希望全委干部职工以先进为榜样，始终保持饱满的工作热情和昂扬向上的精神状态、开拓创新，求真务实，勇于奉献，立足本职，创先争优，为创造良好的人口环境作出积极贡献，以优异成绩向党的十八大献礼。

中共武汉市人口计生委党组

二〇一二年三月二十一日

关于开展“喜迎十八大、争创新业绩”主题实践活动的通知

（武人计党组〔2012〕4号）

委机关各处室、直属单位：

为了贯彻市第十二次党代会精神，深化创先争优活动，以卓越的业绩喜迎党的十八大召开，按照市委、市政府的统一部署，集中一年时间，在委机关及直属单位开展“喜迎十八大、争创新业绩”主题实践活动。

一、指导思想

以邓小平理论和“三个代表”重要思想为指导，深入贯彻落实科学发展观，以迎接党的十八大、学习贯彻党的十八大精神为主线，以贯彻落实市第十二次党代会精神，建设国家中心城市、复兴大武汉为主题，按照“联系实际、突出重点、解决问题、促进发展”的总要求，弘扬“敢为人先、追求卓越”的武汉精神，团结带领委机关及直属单位广大党员干部群众，履职尽责创先进、立足岗位争优秀，为人口计生事业作贡献。

二、主要目标

结合创先争优，围绕“提精神、优环境、转作风、惠民生、强基层、促发展”的目标任务，转变工作作风，优化发展环境，狠抓工作落实，促进跨越发展，以奋发有为的精神状态和创先争优的实际行动，创造新业绩，作出新贡献，实现新跨越。

1. 转变工作作风。引导广大党员干部立足本职、埋头苦干、扎实工作、勇挑重担，主动深入基层，以饱满的热情和高昂的斗志积极投身到人口计生事业，在各项工作中体现价值、有所作为。

2. 优化发展环境。按照深入、常态、规范的要求，围绕建设国家中心城市、围绕人民群众反映强烈的突出问题、围绕建立健全治庸问责和优化投资发展环境的长效机制，把治庸问责向纵深推进，进一步解决好突出问题，进一步优化投资发展环境。

3. 狠抓工作落实。解放思想、转变观念，形成狠抓落实的工作作风；勇于负责、敢于担当，树立狠抓落实的胆识和气魄；提升能力、勤政廉政善政，增强狠抓落实的工作本领。重点是解决实际问题，落脚点是通过我们卓有成效的工作，推动武汉科学发展、跨越式发展，促进建设国家中心城市，复兴大武汉，以优异成绩向党的十八大献礼。

三、主要内容

这次主题实践活动按照联系实际、突出重点、解决问题、促进发展的要求，主要开展以下五项活动：

1. 开展“弘扬武汉精神、勇当跨越先锋”和“讲党性、顾大局、守纪律、鼓干劲”活动，激发干事业热情。

开展“学党史、知党情、跟党走”学习教育活动，广泛开展革命传统教育，组织开展学雷锋等系列活动（机关党委、政治处负责）。

开展市第十二次党代会精神学习活动，将“敢为人先、追求卓越”的武汉精神作为学习宣传的重要内容，积极参加市直机关工委组织的《机关大讲堂》学习讨论（机关党委负责）。

参加以“爱我武汉”和“公仆风采”为主题摄影大赛活动（宣教处负责）。

在党的十八大召开后，举办党员十八大精神学习专题讲座，做好党的十八大精神的学习、宣传、贯彻、落实工作（机关党委负责）。

2. 开展“深化治庸问责、提升行政效能”活动，优化投资发展环境。

继续突出问题导向、严肃问责、制度创新、民评民议四个重点，结合岗位实际，以“方便办事为先”的原则，完善公开承诺，解决突出问题（纪检组、办公室负责）。

落实好委党组年初已下发的再造流程。参加“治庸问责·创先争优窗口行”、“万人评行风”、“三评”等活动（纪检组、各处室及直属单位负责）。

3. 开展“结对共创”活动，转变机关干部作风。

深入开展“双联双促”（机关联基层、干部联群众，促科学发展、促社会和谐）活动。按照“结对共建”的要求，每名机关干部在我们单位所联系的村联系1户群众，帮助群众解决生产生活中的实际困难，为联系村办1～2件群众看得见、摸得着的实事（机关党委、相关处室单位负责）。

4. 开展“基层组织建设年”活动，夯实党的执政基础。按照“抓落实、全覆盖、求实效、受欢迎”的工作要求，推进机关基层党组织工作创新，深化机关党支部规范化建设，切实增强党支部的组织功能（机关党委负责）。

5. 结合本委实际，主要开展“四个一”活动：开展“五亮五比五创”（亮身份、亮职责、亮承诺、亮点评、亮评议，比素质、比干劲、比奉献、比创新、比作风，创一流部门、创一流队伍、创一流业绩、创一流服务、创一流形象）；“我为人口计生事业献一策”活动；查找“十个问题”、“十种现象”的活动；“重温入党誓词”活动；“在本职岗位上作贡献”的演讲活动。

四、活动步骤

主题实践活动具体分为宣传发动、推进实施、评先表彰和成果运用四个步骤。

（一）宣传发动（元月至2月底）

委机关制定下发通知，对委机关及直属单位开展主题实践活动进行部署。各处室、单位要按照全委的统一部署，具体组织实施。同时利用各种媒体加强宣传，营造浓厚的舆论声势，确保宣传发动工作“横到边、纵到底”，使每个岗位、每名党员干部都行动起来。

（二）推进实施（2 月底～10 月底）

按照活动方案，结合实际有计划分步骤地推进各项具体活动。以加强党性修养、保持党的纯洁性为主题召开专题组织生活会。开展丰富多彩的群众性主题教育实践活动。“七一”前开展创先争优活动专项表彰，掀起活动新高潮。

（三）评先表彰（7 月和 12 月）

在“七一”前夕，委机关将开展创先争优活动总结暨“五佳双五”（五佳党支部、五个党员先锋岗、五名党员服务明星）评选表彰活动。

（四）成果运用（10 月底～12 月底）

党的十八大后，各处室、单位要认真总结在弘扬武汉精神、优化发展环境、转变干部作风、夯实基层基础、争创优秀业绩、树立典型营造氛围等方面取得的好经验好做法，并转化为务实管用、简便易行的制度。

五、组织领导

各处室、单位要把开展好主题实践活动作为当前的一项重大政治任务，精心组织、扎实推进、抓出实效。

1. 加强组织领导。为加强活动领导，委机关成立“喜迎十八大、争创新业绩”主题实践活动领导小组，由委党组书记、主任任组长，委党组成员、副主任吴克敏，纪检组长周汉超任副组长，委政治处处长刘丽纯、办公室主任黄开宏、政法处处长李群发、宣教中心主任何平、药具站副站长侯群杰、科技所党支部副书记刘晓莉任成员。领导小组下设办公室，办公室主任葛晓群，副主任刘丽纯、万由鑫，工作人员卢丹，办公室设在委纪检组、机关党委。

2. 创新活动载体。深入开展“三岗联创”（党员示范岗，青年文明号，巾帼文明岗）等活动。激发广大党员群众参与活动的内在动力，确保活动取得基层和群众满意的实效。

3. 营造浓厚氛围。开展多种形式的宣传活动，树立在工作岗位追求卓越，做出突出成绩的典型。举办先进事迹报告会，学习宣传身边的典型，营造学习先进、崇尚先进、争当先进的良好氛围。

4. 注重活动实效。要把主题实践活动与正在开展的创先争优活动、“三万”活动、治庸问责工作等统一起来，与推进和服务全委中心工作结合起来，以各项工作成果衡量和检验主题实践活动的成效。

中共武汉市人口计生委党组

二〇一二年三月二十二日

关于开展践行武汉精神主题宣传教育工作方案

（武人计党组〔2012〕5号）

委机关各处室、直属单位：

为深入学习贯彻市第十二次党代会精神，弘扬"敢为人先、追求卓越"的武汉精神，根据《关于在市直机关开展践行武汉精神主题宣传教育工作的通知》（武直工委〔2012〕8号）精神，结合我委实际，现就开展武汉精神宣传教育活动制定如下方案。

一、指导思想

全面贯彻党的十七届六中全会精神和市第十二次党代会精神，按照营造氛围、扩大影响、讲求实效的总体要求，动员全市人口计生系统立足岗位职责，拼搏奉献意识，以实际行动践行武汉精神，为建设国家中心城市、复兴大武汉作出应有的贡献。

二、目标任务

以"弘扬武汉精神引领城市复兴"为主题，将武汉精神宣传教育活动与"三个中心"、"三个武汉"建设相融合，与创先争优活动、治庸问责工作相融合，按照"人人知晓武汉精神、人人传播武汉精神、人人践行武汉精神"的目标，以宣传造势、营造氛围、作品展示等多种形式，结合人口计生工作特点，扩大践行武汉精神主题宣传教育活动的影响力和覆盖面，让武汉精神入脑入心，确保在市直机关组织的第三方机构对我委干部职工"武汉精神"知晓率普查中达到100%。

三、活动内容

结合市第十二次党代会精神的学习和我委新一轮文明创建再上新台阶的重要内容，按照营造氛围、增强意识、促进发展的要求，推进武汉精神宣传教育活动。

（一）将"武汉精神"作为本委全年宣传教育的重要内容，营造一个浓厚氛围。通过报刊、网络、简报、宣传栏、固定标语牌等多种方式，宣传武汉精神的相关内容，提升机关干部职工及直属单位对践行武汉精神的关注度和知晓率。

（二）以"弘扬武汉精神"主题广泛开展社会公益活动。结合全国植树节和张公堤公园建设，组织完成好植树活动；结合学雷锋纪念日，举办一期专栏；结合三八妇女节，开展一次慰问活动；结合五四青年节，组织一次学雷锋爱环境活动；结合学党史，开展一次重温入党誓词活动；结合年度表彰，开展在本职岗位作贡献的演讲活动；结合全年的工作总体思路，开展一次"我为人口计生事业献一策"活动。

（三）围绕"幸福城市"建设开展读书活动，努力倡导读书交流活动。以"理解幸福、创造幸福、共享幸福"为主题，开展群众性“读好书·荐好书”活动，推进学习型机关创建。

（四）围绕“爱我武汉”、“创文明城市”主题，广泛开展“讲文明、树新风”活动。开展公务礼仪、社交礼仪、公共场所礼仪和文明礼貌用语的学习宣传及普及，教育引导干部职工做到言谈举止文明有礼、公共场合文明有礼、邻里相处文明有礼、行路文明有礼、旅游观光文明有礼、网上交流文明有礼等。

（五）以“喜迎十八大·创一流岗位业绩”为主题，组织各类学习活动。按照“敢为人先、追求卓越”的武汉精神，鼓励各党支部结合部门实际，创新学习、创新思路、创新方法、创新制度、创新管理，着力推进“创一流部门、创一流队伍、创一流服务、创一流业绩、创一流形象”五创工程。

（六）以“寻找我身边的武汉精神践行者”为抓手，推出一批爱岗敬业等方面的先进典型。围绕新一轮文明单位申报迎检工作，推进“文明处室”、“示范岗”等系列创建，推动党员干部在“敢为人先、追求卓越”中发挥示范带动作用。

四、工作要求

（一）加强组织领导。成立“武汉精神宣传教育”活动领导小组，领导小组下设办公室，办公室设在委纪检组、机关党委，两名委党组成员负责全面工作。构建委党组统一领导、纪检组和机关党委具体负责、各部门（直属单位）参与协同的工作机制。

（二）强化工作措施。将践行武汉精神主题宣传教育工作纳入机关各处室、直属单位年度绩效考核范畴，纳入文明处室创建的考核之中。机关各处室、各直属单位要充分认识践行武汉精神主题宣传教育工作的重要性，精心组织实施，加大推进力度，稳步扎实展开，保证各项任务顺利完成。

（三）发挥好引领示范作用。党员干部尤其是处以上党员领导干部要率先垂范，带头参与践行武汉精神主题宣传教育活动，通过自己的言传身教做出表率，确保践行武汉精神主题宣传教育工作取得实效。

中共武汉市人口计生委党组

二〇一二年三月二十日

关于党政领导干部同党外代表人士联系交友工作安排的通知

（武人计党组〔2012〕6号）

委机关各处室，各直属单位：

根据《中共中央关于加强新形势下党外代表人士队伍建设的意见》（中发〔2012〕4号）以及委党组有关要求，现就市人口计生委党政领导干部同党外代表人士联系交友工作安排通知如下：

一、市人口计生委党政领导干部联系交友分工安排

（一）李丹芳同志联系

刘庆香（市政协第十二届常委，湖北省性学会理事，武汉市性学会副理事长，无党派代表人士，市人口计生委副主任）

曾白涛（湖北省、武汉市性学会会员，无党派代表人士，市计生科技所所长、副主任医师）

（二）高惠祥同志联系

熊付丽（无党派代表人士，市计生科技所副所长、副主任医师）

刘业强（民进会员，江岸区政协委员，市人口计生委流管处主任科员）

（三）王怀卓同志联系

胡玉霞（农工民主党党员，市计生科技所副主任医师）

（四）周汉超同志联系

夏清芬（无党派代表人士，市人口计生委巡视员）

二、联系交友工作有关事项

（一）联系交友原则

坚持“政治上充分信任、工作上大力支持、生活上关心照顾”，主动热情、平等待人、坦诚相见，交挚友、交诤友，努力营造团结、宽松、和谐的交友氛围。

（二）主要内容

了解交友对象的情况，掌握思想动态；对党外代表人士普遍关心的重点、热点、难点问题交换看法，促进共识；听取交友对象对我市人口计生事业发展方面的意见和建议，认真研究采纳，并及时做好反馈回告；关心交友对象的工作和生活情况，及时帮助他们反映和解决存在的问题及困难。

（三）主要形式

可采取登门走访、邀请谈心、电话联络、书信往来等多种形式。还可邀请他们参与重要问题的调研与考察。每年与交友对象联系或面谈不少于4次，其中见面谈心不少于1次（2012年与交友对象联系不少于3次，其中见面谈心不少于1次）。

（四）组织分工

在市人口计生委党组的领导下，由委

政治处负责做好联系交友的联络工作，并负责做好联系交友情况的登记。相关处室和直属单位积极做好配合工作。

附件：联系交友情况登记表（略）

中共武汉市人口计生委党组

二〇一二年　月　日

2012年市人口计生委中心组理论学习安排

（武人计党组〔2012〕11号）

根据市委加强党员干部理论学习的有关精神，按照市委宣传部的要求，结合我委实际，现对2012年委党员干部理论学习安排如下：

一、指导思想

坚持以邓小平理论和“三个代表”重要思想为指导，深入贯彻落实科学发展观，以学习宣传贯彻党的十七届六中全会、十八大和市第十二次党代会精神为主线，深化拓展中国特色社会主义理论体系学习宣传，着力推进社会主义核心价值体系建设，认真研究人口与经济、社会、资源、环境协调和可持续发展相关的重大理论和实践问题。不断改进和创新学习形式，切实转变学风，促进党员干部做到真学、真懂、真信、真用，为加快武汉国家中心城市建设步伐，实现大武汉新的伟大复兴提供强大的思想保证、精神动力和智力支持。

二、学习重点和任务

（一）紧紧围绕学习宣传贯彻党的十七届六中全会精神和迎接宣传贯彻党的十八大，着力推进文化改革发展。2012年是我们党和国家发展进程中具有特殊意义的一年。认真学习、深刻领会、全面贯彻党的十七届六中全会精神，迎接党的十八大、宣传贯彻十八大，是当前和今后一个时期全市各级党组织的一项重要政治任务。党的十七届六中全会对加快文化改革发展、建设社会主义文化强国提出了明确要求，委中心组要认真学习、准确把握党的十七届六中全会的精神实质，充分认识推进文化改革发展的重大意义和深刻内涵，把思想和行动统一到党的十七届六中全会精神上来，统一到中央对深化文化体制改革、推动社会主义文化大发展大繁荣的总体部署上来。要认真组织学习《论文化建设——重要论述摘编》，以高度的文化自觉和文化自信，采取有力措施，切实组织好武汉市首届人口文化节，为建设国家中心城市和人口计生事业的发展提供坚实的文化支撑。

（二）紧紧围绕学习宣传中国特色社会主义理论体系，着力推进武汉科学发展、跨越式发展。深入学习中国特色社会主义理论体系中贯穿的马克思主义立场、观点、方法，不断巩固马克思主义在意识形态领域的指导地位。深入学习以科学发展观为主要内容的涉及经济建设、政治建设、文化建设、社会建设和党的建设的一系列重大理论创新成果，通过历史与现实、国际与国内的比较，系统梳理和领会中国特色社会主义的历史进程和巨大成就，帮助广大干部群众进一步提高坚持中国特色社会主义道路、理论体系和制度的自觉性、坚定性。全委要以处以上干部为重点，以武汉科学发展为主题，以《武汉人口规模调控研究》为重要内容，以统筹解决人口问题为主线，深入学习研究人口与建设国家中心城市、复兴大武汉建设中的重要理论与实际问题，着力在转型发展、创新发展、跨越发展上下功夫，努力把理论学习的成果转化为促进发展的科学思路和政策措施，转化为领导发展的实际能力，以优异成绩向党的十八大献礼。

（三）紧紧围绕深化社会主义核心价值体系的宣传教育，着力推进武汉精神的践行。今年中央将颁布实施《社会主义核心价值体系建设实施纲要》，对在全社会进一步推进社会主义核心价值体系建设作出全面部署。我们要以此为契机，广泛组织《实施纲要》的学习宣传活动，强化教育引导、强化认知践行，努力把社会主义核心价值体系贯穿到党员干部教育管理全过程，融入到党员干部日常工作学习生活中，使广大党员干部成为实践社会主义核心价值体系的模范，做中国特色社会主义共同理想的坚定信仰者、科学发展观的忠实执行者、社会主义荣辱观的自觉实践者、社会和谐的积极促进者，并转化为党员干部内在的精神信仰和价值追求。要积极引导广大党员干部自觉践行“敢为人先追求卓越”的武汉精神，广泛开展武汉精神主题教育活动，引导广大党员干部群众增强热爱武汉、建设武汉的荣誉感、责任感和使命感，凝聚各方面的智慧和力量，为我市的新一轮发展提供强大的精神动力。

在学好以上重点内容的前提下，根据形势任务的变化，及时学习中央和省、市委重要精神，广泛学习经济、政治、文化、社会、法律、科技、管理、历史等方面的知识，及时了解和掌握当代经济政治文化社会等各领域的新知识、新成果，用人类创造的优秀文明成果充实自己、提高自己。

三、学习形式与方式

党组中心理论学习采取个人自学与集中研讨相结合；专题讲座与现场调研相结合；理论联系实际，将理论成果转化为解决实际问题促进工作的效果。

（一）个人自学与集中研讨相结。中心组成员日常理论学习以个人自学为主，按要求读完必读书目，撰写读书笔记。在个人自学的基础上，中心组理论学习将围绕一个主题专题开展集中学习研讨，集中学习研讨采取讨论交流、专题发言、观看影视资料片、座谈会等多种形式进行。

（二）专题讲座与现场调研相结合。党组中心组理论学习，可结合学习专题，定期不定期聘请专家、教授、理论教员进行专题讲座，结合人口计生改革与发展重点、难点、热点问题，开展专题调研活动，撰写调研文章，开展专题调研文章的评选活动。

（三）学习与应用相结合。建立专题调研成果的应用制度，树立理论联系实际的学风，通过举办学习成果交流会，努力将学习成果转化为工作思路和工作成效。

四、主要学习活动和要求

（一）深入推进学习型党组织建设，不断提升理论学习的引领力

按照科学理论武装、具有世界眼光、善于把握规律、富有创新精神的要求，深入推进学习型党组织建设，大力营造重视学习、崇尚学习、坚持学习的浓厚氛围。

充分发挥委党组中心组的示范带头作用。根据市第十二次党代会确定的目标任务设置专题，结合人口计生工作实际，邀请有关专家作专题辅导报告，力争每一次报告会都能给党员干部增加一些知识，理清一些思路，提供一些启示，达到“管用解渴”，增强实践创新能力的目的。委中心组要根据学习－决策－实践的原则，做到工作学习化、学习工作化，推动理论学习长效机制的形成。中心组成员每年自学时间不少于300小时，中心组全体成员全年集中学习不少于12次。委中心组集中学习情况要及时报送市委宣传部，机关党委要加强学习的日常管理。

努力创新学习形式。要积极开拓干部理论学习新平台，发挥互联网、移动多媒体等在理论学习中的作用，让领导干部熟悉网络、运用网络，同时积极探索运用网络加强干部学习的日常管理。

广泛开展丰富多彩的读书活动。根据市直机关工委的统一部署，委党组决定在市人口计生委机关及直属单位开展“书香、悦读——读好书、荐好书”活动。活动的主要方式：自学——完成指定读书篇目外，视各自的兴趣爱好选择性读书。自学的篇目由个人向委中心组填报。在委机关真正形成爱读书、读好书的浓厚氛围，让读书成为一种生活、一种时尚、一种追求。交流——党员干部在自学的基础上，写一篇或数篇读书体会，委中心组将组织学习交流活动。演讲——由委中心组、机关党委、政治处确定课题，在广大党员干部自习、交流的基础上，组织演讲。委党组提出，完善“图书室”，建立“青年读书小组”。要求党员干部注重学用结合，要用理论上新进步解决实际中的新问题，用工作中得到的新感悟促进思想理论上的新提升，把读书活动成果转化为谋划工作的思路、促进工作的措施、提升工作的本领。

强化重大理论和现实问题的调查研究。要坚持理论联系实际的马克思主义学风，重点围绕人口“十二五”发展规划的实施和落实市第十二次党代会确定的目标任务，开展主题调研，形成一批有质量的调研成果，以实际问题的研究解决深化理论学习，以最新理论成果促进科学决策，提高理论工作服务大局的能力和水平。

（二）积极拓展理论宣传覆盖面，不断扩大理论工作的影响力

坚持分类指导、因人施教的原则，针对不同的学习对象，采取灵活的教育方式，把理论学习、宣传、教育结合起来，增强理论宣传的实效性。

拓展理论宣传平台。做好《与福同行》的编辑工作，汇集理论热点，展示人口计生成就，解答育龄群众困惑。

（三）建立健全学习管理机制，不断增强理论工作的执行力

坚持一手抓学习，一手抓管理，不断提高学习管理的科学化水平，确保学习任务落到实处，确保取得学习实效。

加强理论学习组织领导。要充分认识加强干部理论学习的重要性，切实增强学习的责任感、紧迫感和使命感，把理论学习摆上重要议事日程，统筹协调好理论学习和日常工作，按照中央、省、市委《关于进一步加强和改进党委（党组）中心组理论学习的意见》，落实中心组学习一把手责任制，建立健全党组主要领导亲自抓、分管领导具体抓、职能部门协助抓的领导机制。进一步加强对党员干部理论学习的组织领导和常态管理，及时发现、总结和推广工作中的好做法、好经验，切实把学习任务落到实处，提高理论学习成效。

构建理论学习长效机制。完善委党组中心组理论学习和学习型党组织建设的管理办法，坚持和完善各项学习制度，探索建立完备的管理制度，更加重视动态管理，更加重视过程管理，更加重视考核结果的运用，逐步建立健全科学的理论学习长效机制。

附件：2012年市人口计生委中心组学习计划

中共武汉市人口计生委党组

2012年3月3日

附件

2012年市人口计生委中心组学习计划

1月：开展践行“武汉精神”活动。中心组成员参加委机关组织的迎春长跑和“我爱我家”迎春团拜会。此活动的主题：践行城市精神、培育团队精神。提出“家”的理念、将快乐工作法和城市精神融为一体。

2月：开展“进万家门、访万家情、解万家难”活动，委中心组成员深入到基层走访基层专干，慰问计生困难群众，调研春季人口计生工作。

3月：开展“学党史、知党情、跟党走”学习教育活动。委中心组成员参加机关组织的反腐倡廉教育，革命传统教育，重温入党誓词教育活动。

4月：开展“书香、悦读——读好书、荐好书”活动。活动的主要方式：自学——完成指定读书篇目外，视各自的兴趣爱好选择性读书。自学的篇目由个人向委中心组填报。交流——党员干部在自学的基础上，写一篇或数篇读书体会，委中心组将组织学习交流活动。

5月：开展社会主义核心价值体系的

学习，组织践行武汉精神的活动。

6月：开展人口理论学习。委中心组部分学员和系统干部参加南京人口国际培训中心人口理论学习培训。

7月：专家辅导学习。请无锡市人口计生委主任杨清华作“新时期人口计生工作转型的实践与思考”专题报告会。

8月：委中心组成员，集中学习胡锦涛总书记“7.23”讲话。

9月：委中心组成员参与全市首届人口文化节，参加人口问题论坛和人口理论讲座活动。

10月：委中心组成员集中学习交流联系本职工作实际的理论调研文章。

11月~12月：开展十八大精神学习专题讲座。

关于2012年落实党风廉政建设责任制的报告

（武人计党组〔2012〕13号）

市委、市纪委：

2012年，我委深入贯彻落实党的十七大、十七届六中全会精神以及中纪委全会和省市反腐倡廉会议精神，全面落实科学发展观，加强全系统作风建设，深入开展党风廉政建设和反腐败工作，不断完善党风廉政建设责任制，为全市人口和计划生育事业健康发展提供有力保障。

一、以落实党风责任制为主线，党风廉政建设形成工作合力

委党组高度重视并自觉承担起反腐倡廉建设的政治责任和领导责任，严格执行党风廉政建设责任制。年初，组织召开委机关和直属单位副处以上干部参加的党组扩大会议，会上传达了胡锦涛总书记在中纪委七次全会上的重要讲话和中纪委七次全会、省纪委九届九次全会精神；学习了市委书记阮成发和市长唐良智在全市反腐倡廉暨深化治庸问责工作会议精神，市纪委书记车延高同志工作报告等。研究了在全市人口计生系统贯彻落实反腐倡廉工作的意见。委党组书记李丹芳同志结合大家讨论的意见强调指出：要认真学习领会胡锦涛总书记的重要讲话和省、市反腐倡廉会议精神，联系我委机关和直属单位实际，全面加强党员干部作风建设，切实抓好党风廉政建设和治庸问责工作。李丹芳同志要求以抓教育、抓制度、抓监督检查、抓作风、抓落实的“五抓”，贯彻会议精神，建设一支纪律严明、作风过硬、工作务实的干部队伍，勤政廉政完成今年的各项任务。委纪检组结合全市人口计生工作实际，就如何贯彻好这次会议精神，提出2012年的工作思路。

强化目标管理。委党组认真执行党风廉政建设目标责任制，委主要领导与分管领导、处室、直属单位负责人签订了党风廉政建设目标《责任书》。将党风廉政建设的具体任务分解到委机关各处室、直属单位。党风廉政建设责任制纳入全委工作目标进行管理和考核，委党组成员及职能部门的主要负责人实行“一岗双责”，全面履行第一责任人的政治职责。

强化制度建设。2012年，我委制定了27项制度，以制度规范管理、以制度从严要求、以制度进行监督约束。结合全市人口计划生育实际，将党风廉政建设和反腐工作任务进行分解。

强化组织建设。在机关党的建设中，实施“三化”管理，推进机关党建。2012年，是中央确定的“基层组织建设年”。我们结合人口计生工作实际，以加强机关党组织凝聚力和战斗力为主线，以服务人口计生工作、强化队伍为核心任务，以建设为民、务实、高效、清廉机关为目标，求真务实、开拓创新、狠抓落实，全面推进机关党的思想、组织、作风、制度和反腐倡廉建设，进一步提高了机关党建工作科学化水平。基础工作规范化：“三调整、三为主”：委党组调整了委机关党建工作思路，以抓基础工作为主；调整了机关党委成员，以专职人员组织开展党建工作为主；调整了党支部分布，以支部为单位开展党务工作为主。据记载，今年，委党组研究机关党委的活动议题共有12次。党建工作特色化：迎春长跑显活力；新春团拜聚力量；读书活动强素质；献计献策凝智慧；传统教育激干劲；创先争优展风采。重点工作目标化：机关及直属单位党支部进行了调整；成立团总支；组织开展红色教育等活动。基层组织建设的强化，使机关党的建设各项工作落到实处，机关党委的政治核心作用、党支部的战斗堡垒作用和党员的先锋模范作用得到充分发挥。

二、以依法行政为重点，全面开展“阳光计生行动”

按照省人口计生委“阳光计生行动”的统一部署和要求，我们将“阳光计生行动”和依法行政的工作理念，贯穿于人口计生工作的全过程。

全面部署，逐步推进。我们立足抓基础、树形象、创品牌，将深化阳光计生、打造诚信计生、创建幸福家庭活动、严格依法行政融入到人口计生工作的全过程。年初召开了全系统反腐倡廉会议，对党风廉政建设、“阳光计生行动”工作进行了整体部署。4月份，在武昌区召开“阳光计生行动”专题会议，会上交流经验、研究创建达标的具体工作、参观武昌区中南街“阳光计生”现场。委纪检组对今年创建省级“阳光计生”的四个区的工作进行了策划、督办和验收。9月份，洪山区等四个区接收了省人口计生委“阳光计生”检查评估组的验收。全市区、街（乡镇）和村（社区）三级规范化的人口计生政务、办事、村（居）务三项公开实现了全覆盖。全市创建省级“阳光计生行动”达标的任务分三年实施，2011年的创建单位占23%、2012年占30%、2013年占47%。全市“阳光计生行动”，使想了解政策的群众能及时了解政策，想办事的群众知晓办理的程序，想反映问题的群众知道反映的渠道，极大地满足了群众需求，受到群众的欢迎。

以点带面，示范引导。江岸区去年被命名为全国“阳光计生”示范单位，硚口区、东西湖区被命名为省级“阳光计生”示范单位。为了扎实、深入地推进“阳光计生行动”，我市采取“以点带面、示范引导”的办法，力求“阳光计生行动”的质量。在创建工作中，今年我们着重抓好四个创建省级“阳光计生”的四个区。对各区提出的“阳光计生行动”的任务是：5万人以下的乡镇街办1～2个点，5万人以上的乡镇街办2～3个点，通过办点示范，做到形式上统一，样式上规范，实现形式、样式、内容的统一。2012年全市“阳光计生”有品牌的样板点50个，为全市“阳光计生行动”的推进发挥了良好的示范作用。

突出重点，规范公开。在推进“阳光计生行动”中，我市以“三项公开”为重点，全面推进各项工作。一是明确公开内容。本着“全公开、常公开、真公开”原则，把人口和计划生育法律法规、办理程序、服务承诺、办事和投诉处理结果、社会抚养费征收标准、办事纪律和维权途径、服务热线、门户网站网址等情况，全部予以公开，做到政务公开规范化、村（居）务公开实用化，扩大群众知情权。二是规范公开载体。坚持以“实际、实用、实效、便捷”为原则，市区人口计生委主要通过政府信息网、人口计生门户网站、宣传折页等载体公开；各街乡主要通过政务公开栏、电子显示屏、电子触摸屏、办事指南和宣传折页等载体公开；区计生服务中心主要通过电子显示屏、电子触摸屏、办事公开栏、宣传册等形式公开；社区、村主要以户外公开栏、电子显示屏、电子触摸屏、办事指南和宣传折页等形式公开。三是公开形式多样。全市各级人口计生部门通过多种公开形式，及时全面公开人口计生政策信息。全市“三项公开”做到了“两个统一”，即：统一内容，区级公开9项，区服务站公开8项，乡镇公开14项，村（社区）14项，其他内容各地可因地制宜。统一形式，公开的形式各地严格按照公示栏，宣传折页和电子显示屏的形式进行公开。同时以动态更新公开为重点，把社会抚养费和党员干部超生等情况作为重点内容必须及时公开，及时更新。

三、以作风建设为着力点，树立风清气正的行业形象

全面开展“三评”活动。根据省人口计生委“三评”活动的文件精神，全市人口计生系统认真落实科学发展观，以加强政风行风建设为核心，以群众满意为目的，紧紧围绕人口计生工作，5～9月份，全系统集中时间开展“三评”活动：在农村开展“请农民兄弟姐妹评计生活动”，在城市社区开展“请流动人口评计生活动”，在系统内开展“请区人口计生委机关评议市人口计生委机关活动”。根据省人口计生委的要求，总人口在3万人以上的街乡发放问卷400份，总人口在3万人以下的街乡发放问卷300份，社区（村）视情况自定。全市共收回问卷62 098份，参评人员对全市人口计生整体工作、干部作风、廉洁自律等情况的满意度均在98%以上。

完善“12356”阳光计生热线的管理。充分发挥“12356阳光计生热线”的作用。探索推进“一个电话对外、一个网络受理、一个平台分办、一个部门督办”的工作机制。按照“分级负责、归口办理”的原则，采取自办、转办、督办等形式，及时受理、办理各种投诉，切实做到投诉便捷、办理落实。2012年，我市“12356”阳光计生服务热线来电总量2 520人次，语音咨询1 770人次，人工咨询750人次，其中：政策咨询583人次、问题求诀10人次、意见建议5人次、信访举报4人次、行政申诉0人次、其他148人次。解决问题14件，有效服务率达100%，无服务不规范现象出现。

严格执行两个纪律。参与政风行风热线活动，积极做好我委上线工作，委领导及政法处、科技处、流管处、等处室主要负责人上线，认真回答了听众提出的问题，着力解决群众反映强烈的问题，坚决纠正损害群众利益的不正之风，进一步提高群众满意度。开展创建文明行业活动，努力构建评、纠、建相互促进的政风行风建设长效机制。在考核工作中，委纪检组督促各区遵守人口和计划生育检查考评工作纪律。一是抓规范环节。二是抓保密环节。三是抓宣传教育环节。四是抓廉洁自律环节。在今年全市人口计生工作考核中，以发通知、打电话等方式，督促各区严格执行考核工作纪律，确保了检查考评权力的正确行使。在考评工作中，没有发现一起违规问题。

四、以制度建设为保障，全在落实“十个全覆盖”

按照市纪委“十个全覆盖”的统一部署和总体要求，我委坚持从源头上找缺口、从制度上找漏洞、从现象上找规律、从预防上找措施。建立健全惩治和预防腐败工作体系，在全系统广泛开展“十个全覆盖”，不仅有力地促进了惩防体系建设和党风廉政建设责任制的深入落实，进一步增强了工作人员廉洁自律、自觉接受监督、主动参与监督和积极化解腐败风险的意识，同时也促进了行政行为的规范和行政效能的提高。

建立领导机制。成立由委党组书记任组长的领导小组，组建了工作专班，处室和直属单位有专人负责。将“十个全覆盖”纳入全年绩效目标责任书内容，建立了绩效考核机制；将“十个全覆盖”纳入党风廉政建设责任制考核的重要内容，并对责任范围进行了分解；将“十个全覆盖”与阳光计生有机结合，为扎实推进“十个全覆盖”打下了坚实的基础。委领导班子成员按照分工联系的处室和直属单位，建立了“十个全覆盖”对口联系点，达到了以点带面，整体推进的效果。

理顺责任机制。开展“十个全覆盖”的思想教育，引导党员正确行使民主权利、切实履行党员义务，调动其参与“十个全覆盖”工作的积极性。委纪检组将“十个全覆盖”的内容列出目录，分解细化公开的内容，使相关处室、直属单位和广大党员明确了公开的指导思想、基本原则、目标内容、实施范围和步骤、主要内容、方式方法以及具体要求，同时通过定期召开会议，印发文件，对责任范围的“十个全覆盖”工作进行指导。

完善管理机制。按照“十个全覆盖”的要求，明确具体部门、责任人员、工作措施和进度安排，全员参与腐败风险预警防控的教育、排查、预警；全员参与党务政务公开的实施及监督评议；全员参与廉政教育活动，全力推进“十个全覆盖”工作任务落实到位。在工作中，我委及时完善了党内情况通报、重大决策征求意见、重要情况通报等民主管理制度，规定在一些重大决策前，通过召开座谈会、书面征求意见等方式，征求各处室、直属单位及广大党员的意见，做到公开决策、民主决策、科学决策。一是向社会作出了“为民服务、创先争优”的4项承诺，增强行政行为透明度，促进人口计生工作水平和办事效率的提高；二是建立健全岗位责任制工作方案，使干部自觉履行本职岗位职责；三是建立周例会和月例会制度，做到全委的全局性工作和各处室的局部工作有机结合。

根据全委干部职工查找出来的风险点，进行认真的总结和分析，并以此为依据，对全委党风廉政建设和反腐败工作的侧重点和目标方向进行调整。充分发挥腐败预警防控工作在党员干部反腐倡廉教育方面的预警作用。经过认真查找，初步梳理、归类、分析，全系统共查找有效风险点，全委共参与风险点查找的党员干部41人，其中局级干部8人，处级干部15人，一般干部18人，共查找风险点27个，其中一类风险点6个，二类风险点9个，三类风险点12个。通过分析，个人岗位风险点排在前三位的依次是岗位职责风险、权力运行风险和思想道德风险。

五、以专项治理工作为重点，加强行政效能监督监察

根据《省人口计生委关于开展乱收费乱罚款专项治理工作的通知》精神，我们在全系统开展了乱收费乱罚款专项治理工作。

高度重视，全面开展专项治理工作。委党组、主任办公会召开会议，传达学习文件精神，专题研究专项治理工作，委党组要求，要把专项治理作为维护社会稳定的重要工作切实抓紧抓好。委纪检组制定专项治理方案，制发了专项治理工作文件，将具体任务部署到区。各区及时传达到基层人口计生部门，组织专门力量，对现有收费罚款项目逐一审核清理。

明确重点，狠抓专项治理工作的落实。一是全面清理收费罚款项目。严格依据国家“一法三规”和《湖北省人口与计划生育条例》，对本地计划生育收费、罚款项目进行逐一清理，坚决取消非法收费、罚款项目，严禁违反法定标准和程序征收社会抚养费，严禁用押金、违约金、罚款等不合法方式管理村务，严禁以服务为名向群众乱收费和协助推销药品、保健品、商业保险等搭车收费。二是重点查处农村基层计划生育乱收费乱罚款行为。全系统按照《国家人口计生委关于开展治理乱收费乱罚款基层文明执法和信访工作专项督查的通知》和《省人口计生委转发〈国家人口计生委关于开展治理乱收费乱罚款基层文明执法和信访工作专项督查的通知〉的通知》要求，加强监督检查，严肃查处社会抚养费征收工作中定指标下任务、超标准征收、打白条以及截留、挪用等行为；坚决查处在农村人口计生工作中违反规定收取违约金、保证金、罚款、搭车收费等行为。三是认真落实收费公示制。全系统在全面清理收费罚款项目的基础上，对保留的计划生育合法收费、罚款项目的依据、标准等向社会公示，并将收费项目标准等纳入“12356”阳光计生服务热线的咨询解答，使阳光收费深入人心，形成防治乱收费乱罚款的坚实群众基础。

注重实效，坚持严格依法行政。认真填写《人口计生系统乱收费乱罚款专项治理情况统计表》，全面掌握分析全系统情况。保留的计划生育收费、罚款项目要合法有据、标准清楚。并通过本地人口计生部门网站、宣传页等向社会公示，并填写《保留的计划生育收费罚款项目表》。严格执行《社会抚养费征收管理办法》，坚决落实“收支两条线”，并填写《社会抚养费征收情况表》。经过清理，全系统没有发现乱收费、乱罚款等问题。

在开展专项治理工作的同时，全系统纪检监察围绕今年人口计生中心工作，加强对奖励扶助制度执行情况、人口和计划生育经费投入使用管理、农村计划生育家庭奖励扶助兑现、社会抚养费“收支两条线”管理情况的监督检查，坚决维护群众利益，确保各项人口计生政策措施落实到位。全系统法定奖励优惠政策落实率达到100%。各基层人口计生委结合实际，因地制宜，为计生家庭出台了各项优先优惠政策。

六、以条规为准绳，严肃查处党员、国家工作人员违法生育案件

2012年考核年度，武汉市立案查处党员、国家工作人员违法生育案件86件（党员80件、非党7件），其中：2011年47件（党员44件、非党3件）；2012年39件（党员35件、非党4件）。

在案件查处中，严格移送、规范程序。按照《武汉市人口与计划生育部门向行政监察机关移送违反人口与计划生育法律法规案件的暂行规定》，人口与计划生育部门对辖区内的违法生育行为，依法调查处理，下达《社会抚养费征收决定书》，并建立完整的案卷。对公务员和行下机关任命的其他人员违法生育的案件，向行政监察机关移送的，制作《行政处分建议书》，在下达《社会抚养费征收决定书》之日起10日期内，将《行政处分建议书》与有关案卷资料一并移送。人口与计划生育部门对公务员和行政机关任命的其他人员违反人口与计划生育法律法规行为，移送行政监察机关给予行政处分的。

违法生育案件查处工作的主要特点：一是高度重视，各级党委、政府、纪委和计生委高度重视，集中人员查处党员、国家工作人员违法生育案件；二是量纪规范，严格执行《中共湖北省委关于共产党员违反人口与计划生育法律法规行为的党纪处分暂行规定》、《湖北省人口与计划生育条例》，所查处的案件，凡是党员违法生育的案件一律开除党籍，国家工作人员违法生育的案件一律开除公职；三是依法征收社会抚养费。违法生育案件的查处，维护了计划生育国策和党纪国法的权威性和严肃性。充分体现了各级党委、政府坚决查处共产党员和国家工作人员违纪违法生育的决心，也表明了各级纪检监察、人口计生等部门严格维护计划生育政策的鲜明态度。

七、以“治庸问责”为重点，全面提升人口计生系统工作水平

制度创新强化“治庸问责”。为推动全系统治庸问责、优化发展环境工作的规范化、制度化、常态化，我们紧紧围绕人口计生工作实际，全面落实市第十二次党代会精神，以问题导向为重点、以严肃问责为手段、以制度创新为根本、以民评民议为标准，总结经验、深化改革、完善制度，逐步建立健全治庸问责、优化发展环境长效工作机制，为建设国家中心城市、复兴大武汉提供有力保障。在“治庸问责”中，委机关转变观念，变“管理”为“服务”；提高效率，开发软件实施网络办公；精简行政审批事项，提高行政审批效率；攻克重难点工作，为民办实事；加大政务公开的力度，规范行政执法行为。

简化行政审批时限和相关办事程序。将涉及我委两项行政许可事项，制定了新的办事流程，优化行政许可、行政审批程序，从国家规定的30个工作日缩短到5个工作日。结合工作实际，简化办理《生育服务证》等相关证件的手续及发放程序，制定《市人口计生委办理计生证件实行首问首办、限时办结责任制暂行办法》，进一步规范办证程序，明确办证责任单位，缩短办证时限，最大限度的方便人民群众。

建立健全解决突出问题机制。制定《关于进一步建立健全治庸问责优化发展环境长效工作机制的意见》。一是坚持和完善承诺整改工作方式。坚持问题导向，每年选取育龄群众反映强烈的涉及干部作风等方面的突出问题，采取承诺整改的方式，推动各区人口计生委和相关单位予以解决。二是持续开展爱岗敬业教育。将爱岗敬业教育纳入党员干部思想道德教育和党风廉政宣传教育之中，创新教育方式，提高教育实效，增强党员干部的责任意识、服务观念和履职能力，引导党员干部争做“敢为人先、追求卓越”的武汉精神实践者，着力营造浓厚的干事创业氛围。三是坚持和完善公务员岗位责任制。结合绩效管理目标任务、重大项目和重点工程以及其他年度工作任务的分解，明确各级领导班子工作职能和领导干部岗位职责。细化、量化公务员的岗位责任，分级、分层签订年度岗位责任书，加强平时考核管理，促进岗位责任制落到实处。四是积极推进民评民议优化发展环境工作常态化。坚持“三项公开”、“四项评议”、“五项监督”，参与全市开展的电视问政、网络问政活动，接受服务对象、市民群众评议，促进履行承诺、解决问题、改进工作，形成“评议—监督—整改—提高”的良性循环。

八、以廉洁自律为准则，严格规范计生干部的从政行为

廉洁自律是我们党对每一个党员最基本的政治要求。我委领导班子成员始终绷紧廉洁自律这根弦，认真学习廉洁自律的各项规定，严格遵守廉洁自律的各项要求，做到警钟长鸣。

领导带头作表率。领导班子成员牢记“自重、自警、自励、自省”的要求，不断加强修养，自觉坚持党性，增强拒腐防变的能力。班子成员带头遵守党风廉政建设各项规定。

重申相关制度。元旦、春节期间，我们加大宣传教育力度，积极营造廉洁过节的良好氛围；明确纪律要求，规范党员干部的行为和廉洁自律各项规定落实；明确工作责任，采取有效举措，加强节日期间的监督检查，切实做好维护事关群众切身利益的各项工作。

具体内容包括：严禁违反规定收送现金、礼品、购物卡；严格执行市委、市政府关于规范公款接待用餐、禁止党政机关干部参与赌博；严禁借元旦、春节之机巧立名目突击花钱或违反规定发放奖金、津贴、补贴和实物；不准违规使用小汽车和私驾公车。通过重申各项规定，使廉洁自律工作有了制度保证。

加强自身建设。委纪检组作出公开承诺：一是努力学习，塑造高尚品质。在政治上做一个坚定明白的人，在工作上做一个勤政能干的人，在生活上做一个朴素清廉的人，在处事上做一个公道正派的人。二是履行职责，打造一流工作。强化廉政风险防范促进党员干部党性修养；维护群众的合法权益纠正损害群众利益的不正之风；实施效能监察提高依法行政水平。三是求实务实，服务基层组织。超前思考，形成主动作为的作风；深入实际，指导基层查处党员违规生育案件；主动协调，指导全系统纪检监察工作。四是加强调研，创新工作理念。

九、以良好的党风政风，促进全市人口计生工作上新台阶

一年来，我们全面落实党风廉政建设责任制，在工作中，结合人口计生面临的新形势、新任务、新特点，紧紧围绕稳定低生育水平、提高人口素质、促进人口长期均衡发展等主要目标，抓重点、攻难点、补弱点、扫盲点、展亮点，开拓创新，求真务实，圆满完成了市委、市政府下达的各项人口计生目标任务。我市创建幸福家庭活动、生育文明建设、综合治理出生人口性别比、流动人口计划生育基本公共服务均等化、免费孕前优生健康检查等多项工作十多次在全国、省相关会议上交流经验。

2012 年，全市符合政策生育率为 95.07%；出生人口性别比为 113.74，在前三年平均水平的基础上下降了 1.57 个位置值；2011 年来应处理违法生育的党员和国家工作人员 39 名，已全部处理到位。人口计生机构队伍和经费投入按规定落实率 100%；国家、省法律法规和有关文件规定的计划生育奖励政策落实率 100%；

群众对人口计生工作的满意率为98%。今年全系统工作的主要特点：

——坚持统筹协调，完善机制，人口计生工作焕发新的活力；

——坚持锐意进取，克难攻坚，人口计生重难点工作实现新的突破；

——坚持开拓创新，打造亮点，人口计生工作彰显新的特色；

——坚持民生为本，利益导向，人口计生保障体系和服务体系得到新的健全；

——坚持固本强基、提升能力，人口计生基层基础工作得到新的夯实。

十、2013年全系统反腐倡廉主要工作

2013年，全系统党风廉政建设和反腐败工作的总体思路是：认真贯彻落实党的十八大精神，深入贯彻落实《在全市开展党员干部腐败预警防控工作的意见》，整体推进教育、制度、监督、改革、纠风、惩处各项工作，加强以预防腐败体系为重点的反腐倡廉建设，加大行政效能监察工作的力度，切实提高反腐倡廉建设成效。

（一）坚持把维护党的政治纪律摆在首位，坚决维护党的集中统一。深入学习贯彻党的十八大精神，把思想和行动统一到党的十八大精神上来，把力量凝聚到实现党的十八大确定的各项任务上来，使党员干部以昂扬向上、奋发有为的精神状态，自觉担负起推动人口计生事业创新发展的历史重任。深入开展政治纪律教育，引导党员干部增强党的意识、宗旨意识、执政意识、大局意识、责任意识，在思想上、政治上、行动上与党中央保持高度一致。

（二）认真执行党风廉政建设责任制，确保各项工作落到实处。委机关及直属单位领导班子要认真执行《关于实行党风廉政建设责任制的规定》，结合实际制定党风廉政建设工作计划、目标要求和具体措施，对党风廉政建设工作任务进行责任分解，明确党风廉政建设中的职责，扎实抓好落实。

（三）深入开展示范教育、警示教育和岗位廉政教育。坚持开展“四个一”经常性教育活动。利用多种形式和载体，加强廉政文化建设。落实“十个全覆盖”的具体内容，围绕排查出来的风险点，加强日常管理，进行源头控制。

（四）继续深入开展“阳光计生行动”，以落实群众知情权为重点，大力实施各项公开制度。认真办好“12356”阳光计生服务热线，充分发挥服务群众作用。全面贯彻实施《阳光计生行动规范》，六个区创建“阳光计生行动”省级示范单位，推动行风建设上水平。做好群众来信来访和群体性事件的防范和处置工作。加强对反腐倡廉舆情处置，注意及时核查新闻媒体和网络舆情反映的问题。

（五）严肃查处党员、国家工作人员违法生育案件。

（六）开展效能监察。加强《流动人口计划生育工作条例》执行情况的专项检查；加强对人口计生群众工作纪律执行情况的监督检查；加强对奖励扶助制度执行情况、计划生育药具经费使用和药具发放管理等情况的监督检查。

（七）强化治庸问责，推动各项工作。

严格落实问责工作责任制，明确工作责任制，规范工作流程，提高工作效率，履行问责职责。加强干部作风建设，深化“爱岗敬岗、履职履责”教育，强化道德修养。

（八）认真贯彻执行党内监督条例，严格执行《廉政准则》。加强对民主集中制执行情况的监督检查，提高民主生活会质量。认真执行党政领导干部选拔任用工作有关规定和干部监督工作四项制度。规范和强化对拟提拔干部的廉政考察。加强对人口计生系统廉政风险防控工作的指导，总结推广预防腐败经验。认真开展廉洁自律评估；加强专题研究，完善监督工作机制。严禁领导干部以各种名义接受管理和服务对象以及其他与行使职权有关系的单位或者个人的礼金和各种有价证券、支付凭证。

中共武汉市人口计生委党组

二〇一二年十一月二十六日

关于全市人口计生系统广大党员干部认真学习贯彻党的十八大精神的通知

（武人计党组〔2012〕14号）

各区人口计生委、武汉经济技术开发区，东湖新技术开发区社发局，东湖生态旅游风景区计生办，武汉化学工业区社发局：

全面贯彻落实党的十八大精神，是当前和今后一个时期全系统党员干部的一项重要政治任务。现就认真学习贯彻党的十八大精神通知如下。

一、统一思想，充分认识学习贯彻党的十八大精神的重大意义

党的十八大是在我国全面建设小康社会关键期和深化改革开放、加快转变经济发展方式攻坚期召开的一次十分重要的大会。胡锦涛同志代表第十七届中央委员会向大会作了题为《坚定不移沿着中国特色社会主义道路前进，为全面建成小康社会而奋斗》的报告（以下简称《报告》）。《报告》高举中国特色社会主义伟大旗帜，深入总结过去十年和党的十七大以来党领导人民奋力把中国特色社会主义推进到新的发展阶段的生动实践和新鲜经验，深刻阐述科学发展观的科学内涵、精神实质和根本要求，明确了建设中国特色社会主义的基本要求，提出了确保到2020年全面建成小康社会的宏伟目标，对我国经济建设、政治建设、文化建设、社会建设、生态文明建设和党的建设作出了全面部署。《报告》主题鲜明、内涵丰富、思想深刻、论述精辟，进一步回答了举什么旗帜、走什么道路、以什么样的精神状态、朝着什么样的目标继续前进等根本问题。

认真学习宣传贯彻党的十八大精神，关系党和国家工作全局，关系中国特色社会主义事业长远发展，对于动员全党全国各族人民在以习近平同志为总书记的党中央领导下，高举中国特色社会主义伟大旗帜，满怀信心为全面建成小康社会、夺取中国特色社会主义新胜利而奋斗，具有重大现实意义和深远历史意义。要充分认识到学习好、宣传好、贯彻好十八大精神，是动员和激励党员干部解放思想、实事求是、与时俱进、求真务实，以更加奋发有为的精神状态投身人口计生事业的迫切需要；是进一步把科学发展观贯彻到人口计生工作全过程、体现到党的建设各方面的迫切需要；是坚持计划生育基本国策，推动人口计生事业发展，依法行政、优质服务的迫切需要。

二、把握内涵，全面准确领会党的十八大的主要精神

高举中国特色社会主义伟大旗帜，以邓小平理论、“三个代表”重要思想、科学发展观为指导，解放思想，改革开放，凝聚力量，攻坚克难，坚定不移沿着中国特色社会主义道路前进，为全面建成小康社会而奋斗，这是十八大的主题。要紧紧围绕这个主题，认真学习胡锦涛同志的报告，全面把握十八大精神。

1. 要深刻领会高举中国特色社会主义伟大旗帜的丰富内涵。《报告》深刻阐明了坚持和发展中国特色社会主义对于党和国家事业发展的极端重要性。新世纪新阶段，高举中国特色社会主义伟大旗帜，必须坚持人民主体地位，坚持解放和发展社会生产力，坚持推进改革开放，坚持维护社会公平正义，坚持走共同富裕道路，坚持促进社会和谐，坚持和平发展，坚持党的领导。要通过学习，引导广大党员干部更加自觉地坚持和发展中国特色社会主义道路，坚持和发展中国特色社会主义理论体系，坚持和发展中国特色社会主义制度，更加坚定发展中国特色社会主义的道路自信、理论自信和制度自信。

2. 要深刻领会科学发展观是党必须长期坚持的指导思想。《报告》强调，科学发展观是马克思主义同当代中国实际和时代特征相结合的产物，是中国特色社会主义理论体系的最新成果，是中国共产党集体智慧的结晶，是党必须长期坚持的指导思想。科学发展观的第一要义是发展，核心立场是以人为本，基本要求是全面协调可持续，根本方法是统筹兼顾，最鲜明的精神实质是解放思想、实事求是、与时俱进、求真务实。要通过学习，引导党员干部更加准确地把握科学发展观的科学内涵、精神实质和根本要求，勇于实践、勇于变革、勇于创新。

3. 要深刻领会全面建成小康社会的各项目标任务。《报告》明确提出了确保到2020年实现全面建成小康社会的宏伟目标。今后五年，是全面建成小康社会的关键时期，必须牢牢把握社会主义初级阶段的“总依据”，按照五位一体的“总布局”，加快转变经济发展方式，坚持推进政治体制改革，扎实推进社会主义文化强国建设，在改善民生和创新管理中加强社会建设，大力推进生态文明建设，加快推进国防和军队现代化，丰富“一国两制”实践和推进祖国统一，继续促进人类和平与发展，全面实现社会主义现代化和中华民族伟大复兴的“总任务”。要通过学习，引导党员干部进一步统一思想、凝聚力量，埋头苦干、顽强拼搏，敢为人先、追求卓越。

4. 要深刻领会全面提高党的建设科学化水平的根本要求。《报告》提出，要把加强党的执政能力建设、先进性和纯洁性建设作为主线，坚持解放思想、改革创新，坚持党要管党、从严治党，全面加强党的思想建设、组织建设、作风建设、反腐倡廉建设、制度建设，增强自我净化、自我完善、自我革新、自我提高能力，建设学习型、服务型、创新型的马克思主义执政党，确保党始终成为中国特色社会主义事业的坚强领导核心。要通过学习，使全市广大党员干部切实认识到全面推进党的建设的重要意义，做到思想上始终清醒、政治上始终坚定、作风上始终务实，使全系统真正成为组织群众、联系群众、服务群众，并且深受群众欢迎的战斗堡垒。

三、求真务实，明确党的十八大对人口计生工作提出的各项要求

1. 要准确把握计划生育基本国策的深刻内涵。《报告》提出“坚持计划生育的基本国策，提高出生人口素质，逐步完善政策，促进人口长期均衡发展”的重大战略决策。认真学习、宣传贯彻党的十八大精神，要准确把握计划生育基本国策的深刻内涵，这个内涵的根本在于坚持以人的全面发展为中心，核心在于实施人口与发展综合决策，关键在于推进人口发展各要素的统筹协调。

2. 要建立健人口发展评价体系。《报告》提出，到2020年在发展平衡性、协调性、可持续性明显增强的基础上，实现国内生产总值和城乡居民人均收入比2010年翻一番的奋斗目标，以及按照人口资源环境相均衡、经济社会生态效益相统一的原则，加快实施主体功能区战略，为人民创造良好的生产生活环境。要深刻理解中央的要求，始终把人口问题放到经济社会发展全局和改革发展稳定大局中去思考、研究、谋划，建立健全人口发展评价体系，努力建设美丽中国，实现中华民族永续发展。

3. 要始终坚持计划生育基本国策不动摇。《报告》强调，坚持发展是硬道理的本质要求就是坚持科学发展，以科学发展为主题，以加快转变经济发展方式为主线，是关系我国发展全局的战略抉择。我们要紧紧围绕主题主线，始终坚持计划生育基本国策不动摇，以人的全面发展统筹解决好人口问题，坚持把稳定低生育水平作为基础和前提，筑牢提高出生人口素质第一道防线，综合治理出生人口性别比偏高问题，引导人口有序流动和合理分布，积极应对人口老龄化，着力提升人口发展质量，逐步完善政策，促进人口长期均衡发展，努力开创事业科学发展的新局面。

4. 要构建以人口基础信息为导向的人口综合服务机制。党的十八大报告对加强社会建设，必须加快推进社会体制改革作出了新部署，提出了新要求。人口管理是社会管理的基础，迫切需要加快创新人口服务管理制度，建立经济社会发展中人口规划前置、人口政策统筹、人的发展优先的公共政策体系，构建以人口基础信息为导向的人口综合服务机制。特别需要强化人口基础管理，把人口信息化建设作为突破口和重要抓手，加快全员人口统筹管理信息系统建设步伐。全面实施人口计生服务体系“十二五”规划，优化城乡公共服务设施布局，推进服务机构转型升级，大力推进城乡人口计生基本公共服务均等化，加快实现免费孕前优生健康检查项目全覆盖，加快实现计划生育优质服务全覆盖。同时，坚持依法行政，推进政务公开、村务公开，深入开展“阳光计生”、计划生育群众自治和“诚信计生”。

5. 要推进职业化建设和人才培养。《报告》提出建设职能科学、结构优化、廉洁高效、人民满意的服务型政府，健全部门职责体系。要按照党的十八大的部署和人口发展新形势新任务的要求，在总揽全局、服务大局、推动战略中获得认可，在未雨绸缪、超前谋划、应对改革中得到支持，在巩固基础、突破难点、稳中求进中实现发展。要确保基层工作机构和队伍的稳定，推进职业化建设和人才培养，着力提高科学决策和解决实际问题的能力，进一步巩固创先争优长效机制，加强基层服务型党组织建设，加强党风廉政建设和行业作风建设。

四、精心组织，扎实推进党的十八大精神的学习贯彻工作

全系统要切实增强政治意识、大局意识、责任意识，按照市委的统一部署，把学习好领会好贯彻好落实好党的十八大精神作为首要政治任务贯穿于当前和今后一个时期人口计生工作始终。

1. 把握学习重点，抓好理论武装。要全面、准确、系统地学习党的十八大报告、新党章及有关文件原文，要联系个人思想实际学习，联系工作实践学习，坚持边学习边研究边实践边落实。要通过学习党的十八大精神，进一步明目标，明方向，明思路，明路径，明载体，明措施，明办法，不断提高广大党员干部运用科学理论分析和解决实际问题的能力。

2. 采取多种方式，迅速掀起高潮。全系统要通过行之有效的措施切实抓好党的十八大精神的学习贯彻。要重点组织好党组中心组学习，中心组成员要带头学习宣传党的十八大精神，做到先学一步、学深一步。把集中学习与个人自学，通读文件与专题研讨结合起来，集中时间、集中精力，深刻领会、全面把握精神实质。要通过报告会、培训班、专题讲座、学习讲评、红色教育、演讲比赛、评比表彰等活动深入学习党的十八大精神，并结合人口计生工作实际，坚持以人为，注重从加强部门协调、完善法律法规、创新机制制度等层面，推出一批高质量、有深度、有分量的理论研究成果。

3. 强化宣传引导，深入组织发动。要在主流媒体有步骤地连续推出有分量、有影响的报道，对党的十八大精神和基层人口计生工作进行全方位、多角度的宣传。要充分利用内部简报、刊物，及时编发系统党员干部学习贯彻党的十八大精神、加强人口计生工作的特色做法及实际成效。要加强网络阵地宣传，在本部门本单位的门户网站首页开辟专栏，加大党的十八大精神和基层组织建设工作的宣传力度。要利用公开栏、板报、展板等及时宣传、展示党员干部学习党的十八大精神的心得体会和学以致用的实际成效。通过有效宣传引导，确保每一个党支部都积极行动，每一名基层党员干部都参与学习，每一名计生工作者都知晓精神，使党的十八大精神深入党心民心。

4. 理论联系实际，指导推动工作。全系统各级党组织要以学习贯彻党的十八大精神为契机，发扬马克思主义理论联系实际的学风，在学以致用、指导工作上狠下工夫，不断把学习引向深入。要把学习贯彻党的十八大精神与学习贯彻市第十二次党代会精神紧密结合起来，与推进当前各项重点工作努力完成各项目标紧密结合起来，与全面总结工作、科学谋划明年和今后一个时期的工作思路紧密结合起来，切实把思想和行动统一到党的十八大精神上来，赢得主动，赢得优势，赢得未来。

5. 加强组织领导，确保取得实效。全系统各级党组织负责人作为学习贯彻党的十八大精神第一责任人，要切实增强组织学习贯彻活动的自觉性和紧迫感，切实把党的十八大精神的学习贯彻抓在手上，加强领导，科学谋划，精心组织，周密部署，确保全员参与全面覆盖。征订学习资料，党员干部人手一册。在学习活动中，突出“感党恩、跟党走、促发展、助和谐”主题，组织开展“书记讲党课”政策宣讲活动；组织开展“重温党史”革命传统教育活动；组织开展形式多样的服务群众活动。确保学习贯彻活动扎实开展、深入推进、收到实效。

中共武汉市人口计生委党组

二〇一二年十一月三十日

关于印发《市人口计生委干部选拔任用实施办法》的通知

（武人计党组〔2012〕15号）

委机关各处室、各直属单位：

现将《市人口计生委干部选拔任用实施办法》印发给你们，请遵照执行。

中共武汉市人口计生委党组

二〇一二年十二月十七日

市人口计生委干部选拔任用实施办法

为进一步加强干部队伍建设，推进干部选拔任用工作科学化、民主化、制度化，规范化，根据《中华人民共和国公务员法》、《党政领导干部选拔任用工作条例》、《党政机关竞争上岗工作暂行规定》及有关政策法规，制定本实施办法。

一、指导思想

坚持以党的十八大精神为指导，认真贯彻执行党的干部路线、方针、政策，坚持“德才兼备，以德为先”和“公平、公开、公正”的原则，提高选人用人公信度。按照“以实干论实绩，从实绩看德才，凭德才用干部”的选人用人原则，树立“个人埋头干事、业绩群众公认、进步组织关心”的良好导向，倡导干事文化，结合实际工作需要，在编制和职数限额内选拔任用优秀的干部，建立一支政治坚定、作风过硬、实绩突出、勤政廉政、群众公认的人口计生干部队伍。

二、适用范围

本办法适用于委机关内设机构和直属事业单位的干部选拔任用工作。

三、干部选拔任用的主要方式

（一）竞争上岗。

（二）“两推一述”（民主推荐、考察推荐、个人述职）。

四、任职条件和资格条件

选拔任用的干部应具备《中华人民共和国公务员法》、《党政领导干部选拔任用工作条例》规定的基本条件、资格条件及选拔任用职位所必需的职位条件和基本要求。

五、竞争上岗程序

竞争上岗按照确定竞争上岗职位、制定工作方案、报名和资格审查、考试、民主推荐、民主测评、组织考察、讨论决定、公示等程序进行。

（一）确定竞争上岗职位。政治处根据岗位需要和职数情况，经过调研和征求意见，并在一定范围内进行酝酿，提出竞争职位和初步方案，报委党组研究确定。

（二）制定工作方案。竞争上岗工作方案经委党组会研究确定后以文件的方式在机关内公布。

（三）报名和资格审查。在规定时间内，符合条件人员自愿报名，填写竞争上岗报名表，注明是否服从组织安排。报名阶段，报名人可查询各职位报名情况和调整报名职位。

领导小组办公室负责对报名人员进行资格审查，确定竞岗人员后，由领导小组办公室发放竞岗通知书，并公布审查结果。

每个职位报名人员一般不得少于2人，报名达不到规定人数的职位，在征求报名人意见的基础上进行调剂。调剂后仍达不到规定报名人数的职位，在符合资格条件的人员中按有关规定进行“两推一述”。

（四）工作实绩登记、公示。参加竞争上岗人员填写《主要工作实绩登记表》，如实填报近三年履行岗位职责，完成处室工作目标，参与全委中心工作或承担重点工作项目，以及领导交办的其他工作等方面所做的主要工作实事。每人登记5条主要工作实事，每条字数在150字以内。竞争上岗领导小组办公室采取适当的方式将竞争上岗人员的工作实事予以公示。

（五）考试。根据《党政干部公开选拔和竞争上岗考试大纲》和岗位职责要求组织笔试、面试。

1. 笔试。采取闭卷考试方法进行（男年满55周岁、女年满50周岁的实行开卷考试），试卷由市有关部门专业人员命题和改卷，在笔试考场现场拆封，考试结束后按保密要求收回。笔试以《党政领导干部公开选拔竞争上岗考试大纲》、时事政治、人口计生工作政策法规及业务知识为主要内容，主要测试竞岗人员履行竞争职位所必备的基本知识、理论素养、政策水平、办文办事和分析解决问题能力以及文字表达能力。

2. 面试。主要采取演讲、答辩方式进行。测试竞岗人员履行竞争职位所必备的基本素质和能力。答辩题采取抽签方式确定。考官设专家评委组和群众评委组。专家评委组面试考官原则上由委领导、专家及相关人员组成，一般为7～9人，其中外请人员占三分之二以上。专家评委组评分占面试总分的90%；群众评委组由各处室及直属事业单位推荐公道正派的人员担任，一般为9～11人，群众评委组评分占面试总分的10%。

（六）民主推荐。由领导小组办公室统一组织，采取填写民主推荐表的方式进行。委机关民主推荐参加范围为委机关全体干部、直属单位主要负责人。其中市管领导填A表，推荐分占50%，其他参加推荐人员填B表，推荐分占50%；直属单位民主推荐范围为本单位全体干部职工。

（七）民主测评。民主测评包括参加竞争上岗人员主要工作实绩的测评、干事创业正反向要素的测评和德的正反向要素测评，三类测评均实行量化打分（总分各100分），采取无记名方式。召开干部职工大会（参会人员为机关全体干部、直属单位主要负责人），参加民主测评的人数应达到应参加测评人数的80%以上。民主测评占综合成绩的40%，其中工作实绩的测评占20%，干事创业正反向要素的测评占10%，德的正反向要素测评占10%。

竞争上岗人员的所有成绩按有关规定予以公布，竞岗人也可到竞争上岗工作办公室查询本人笔试、面试成绩。

（八）计分办法。计分实行百分制加上有关绩效加分。

总分计算：笔试得分（20%）+面试得分（20%）+民主推荐分（20%）+民主测评（40%）+绩效加分。

1. 笔试、面试、民主推荐、民主测评单项分别按100分计算，再综合折算成四项综合得分（100分为满分），其中笔试占20%，面试占20%，民主推荐占20%，民主测评占40%。

笔试占四项综合得分数计算公式：笔试分×20%＝笔试得分。

面试占四项综合得分数计算公式：

面试得分＝专家评委组评分90%＋群众评委评分10%。

专家评委组评分，去掉一个最高分和一个最低分（剩余评委评分相加÷剩余评委人数×100%）×90%×20%。

群众评委组评分，去掉一个最高分和一个最低分，（剩余评委评分相加÷剩余评委人数×100%）×10%×20%。

民主推荐占四项综合得分数计算公式：得票数×（100÷当天参加民主推荐人数）×20%＝民主推荐得分。

民主测评占四项综合得分数计算公式：得分数×（100÷当天参加民主测评人数）×40%＝民主测评得分。

2. 加分办法及条件：

从竞争上岗近三年内获得相关荣誉，累计加分不超过5分。

（a）获得市委市政府表彰和市委办公厅、市政府办公厅表彰的，每次加0.6分，获市直部门（不包括其所属二级单位，下同）单项表彰的，每次加0.4分。

（b）获得省委、省政府表彰和省委办公厅、省政府办公厅表彰的，每次加0.8分；获得省直部门单项表彰加每次加0.6分。

（c）获得中直机关表彰的，每次加1分。

（d）在近三年年度考核中，被评为优秀等次的，每次加1分。

在急难险重的关键时刻表现突出及积极参加竞争上岗的酌情考虑加分。

参加竞争上岗人员在报名时须将以上各种获奖证书原件及复印件交竞争上岗领导小组办公室予以认定。

（九）组织考察。由竞争上岗领导小组根据竞争上岗考试综合成绩，提出拟任建议人选，报党组研究确定考察对象，实行考察预告制，公布考察对象名单。政治处负责考察组织工作。考察内容包括德、能、勤、绩、廉情况及其政治业务素质与竞争职位的适应程度。考察范围为委领导、各处室主要负责人、被考察对象所在处室的干部。考察采取个别谈话的方式进行。

（十）讨论决定。党组根据考察情况和工作需要讨论决定拟任人选。

（十一）公示。对党组确定的拟任人选实行任前公示制，在委机关公示7天。

（十二）任命。公示期满后，对公示结果无异议的，按规定办理任免手续。

六、“两推一述”工作程序

（一）个人述职。符合选拔任用职位条件人员进行述职。述职包括个人基本情况、近三年的工作成绩，及选拔任用到该职位后的工作思路及办法措施等。

（二）民主推荐和民主测评。民主推荐由领导小组统一组织，采取填写民主推荐表的方式进行。委机关民主推荐参加范围为委机关全体干部、直属单位主要负责人。其中市管领导填A表，推荐分占50%，其他参加推荐人员填B表，推荐分占50%；直属单位民主推荐范围为本单位全体干部职工。

民主测评包括参加竞争上岗人员主要工作实绩的测评、干事创业正反向要素的测评和德的正反向要素测评，三类测评均实行量化打分（总分各 100 分），采取无记名方式。召开干部职工大会（参会人员为机关全体干部、直属单位主要负责人），参加民主测评的人数应达到应参加测评人数的 80% 以上。民主测评占综合成绩的 40%，其中工作实绩的测评占 20%，干事创业正反向要素的测评占 10%，德的正反向要素测评占 10%。

（三）个别谈话推荐。由选拔任用工作领导小组组织委领导，各处室及直属单位负责人进行个别考察谈话推荐，推荐符合该职位的人选。

“两推一述”中民主测评和民主推荐的计分方式同竞争上岗。

七、组织领导

机关干部选拔任用工作，在委党组的领导下进行，委机关成立选拔任用干部工作领导小组，由党组书记、主任任组长，分管干部人事工作的委领导任副组长，纪检组、政治处、机关党委等有关人员为成员。领导小组下设办公室，办公室设在政治处，负责干部选拔任用的具体组织工作。

八、纪律与监督

选拔任用干部必须严格按照本办法的各项规定进行，并遵守下列纪律：

（一）不准超职数或不按规定的职位选拔任用干部。

（二）不准违反干部选拔任用工作原则、规定和程序进行选拔任用干部。

（三）不准超越干部管理权限，未经党组同意而进行选拔任用干部。

（四）不准故意隐瞒选拔任用情况，或不结合民主推荐结果、竞争上岗结果、年度考核结果而酝酿、确定考察对象。

（五）不准以民主测评结果代替选拔任用结果，或以推荐其他职务结果代替选拔任用结果。

（六）不准违背组织原则向他人泄露选拔任用有关情况，或歪曲事实真相。

（七）不准在选拔任用中私下打招呼或授意推荐。

（八）不准在选拔任用中行贿、拉票，不准搞团团伙伙、营私舞弊。不准利用选拔任用索贿、受贿或者打击报复。

干部选拔任用工作实行工作责任追究制度。对于违反干部选拔任用规定造成不良影响或严重后果的，按照《党政领导干部选拔任用工作责任追究办法》的规定，并根据具体情况，追究主要责任人以及其他相关责任人的责任。委纪检组负责调查核实干部、群众对有关竞争上岗工作违纪行为的检举和申诉，发现有违纪行为的，按照有关规定视情节轻重予以组织处理和纪律处分。

关于印发《市人口计生委2012年度绩效目标及工作人员考评工作方案》的通知

（武人计党组〔2012〕16号）

委机关各处室、各直属单位：

现将《市人口计生委2012年度绩效目标及工作人员考评工作方案》印发给你们，请遵照执行。

中共武汉市人口计生委党组

二〇一二年十二月三日

市人口计生委2012年度绩效目标及工作人员考评工作方案

为进一步建立健全公务员岗位责任制，全面科学正确评价公务员的德才表现和工作实绩，提高绩效管理和干部考评工作科学化水平，为公务员的职务晋升、学习培训、奖励惩罚等提供依据，根据《中华人民共和国公务员法》、《武汉市公务员考核实施意见（试行）》（武组文〔2007〕160号）精神，结合本单位实际，制定工作方案如下：

一、指导思想和目的

坚持以科学发展观为指导，健全确责、履责、问责机制，坚持德才兼备、以德为先，注重实绩、群众公认，客观公正、激励创新、奖优罚劣的原则，以绩效考评为核心，坚持考人与考事有机结合，全面、科学、客观、正确地考评处室及直属单位的管理工作，以及每个工作人员的德才表现和工作实绩，促进机关干部作风转变和人员素质的提高，进一步调动工作人员的积极性，提高行政效能和管理水平。

二、考评范围

（一）委机关各处室及直属单位。

（二）委机关及直属单位全体工作人员（含聘用人员）。

三、考评内容和标准

（一）处室及直属单位考评内容。

1. 委机关各处室及直属单位履行工作职责、完成每月工作任务和年度目标任务的情况。

2. 委机关各处室及直属单位思想作风建设、党风廉政建设、精神文明建设等“一岗双责”的落实情况。

（二）处室及直属单位的考评标准。

以处室及直属单位工作职责和承担的绩效目标为基本依据。年度考评结果分为好、较好、一般和差四个等次。2012年度评选先进处室、先进直属单位数量占机关处室总数、直属单位总数的40%。

好：高标准完成年度目标任务，团队大局意识、科学创新意识、团结协作和勤政廉政意识强，作风扎实，破解工作难题，有效提出工作的改进方法，工作质量和效率高，社会满意率高。

较好：有一定的大局意识、协作意识和创新意识，作风比较扎实，完成年度目标任务，工作较为主动，工作质量和效率较高。

一般：工作被动应付，协作意识一般，基本按要求完成年度目标任务，工作质量和效率一般。

差：处室不团结、内耗大；不能按时完成年度目标任务，工作质量和效率差。

（三）委机关工作人员的考评内容。

以工作人员的职位职责和所承担的工作任务、绩效目标为基本依据，全面考评工作人员德、能、勤、绩、廉的情况。在全面考评的基础上，结合各处（室）责任目标及工作人员应履行的职位职责，考核其参加政治业务学习、廉洁自律、实际完成年度目标任务及出勤的情况，着重考核工作实绩。

德：是指思想政治素质及个人品德、党性修养、职业道德、社会公德等方面的表现。

能：是指履行职责的业务素质和能力。

勤：是指责任心、工作态度、工作作风等方面的表现。

绩：是指完成工作的数量、质量、效率和所产生的效益。

廉：是指廉洁自律等方面的表现。

（四）委机关工作人员考评标准。

以机关工作人员的职位（岗位）职责和所承担的工作任务为基本依据，考核结果分为优秀、称职、基本称职、不称职四个等次。2012年度委机关评选市人社局表彰的优秀公务员6名（含参照公务员管理的人员）、市人口计生委党组表彰的先进个人9人，（除开市人社局表彰的人员的基础上按总数的30%评选，评优、评先人员不重复）；在委机关借调人员、司机及聘用人员中分别按人员总数的50%评选先进个人。个人考评各等次的基本标准是：

优秀——思想政治素质高，认真贯彻执行党组各项决议，政治上与党组织保持一致；精通业务，工作能力强，效率高；工作实绩突出，在承担各项工作或大型系列的活动中，创新意识强，特色鲜明，贡献突出，团结协作，得到上级组织认可和表彰；工作态度好，经常加班加点，没有迟到、早退、旷工的现象，工作勤勤恳恳，任劳任怨；清正廉洁；群众公信度高。病、事假累计没有超过规定的时间。

称职——思想政治素质较高，贯彻执行党组各项决议，政治上与党组织保持一致；责任心较强，熟悉业务工作，积极、努力完成本职工作；有集体观念，服从组织安排；廉洁自律，能按规章制度办事。

基本称职——思想政治素质一般，个人品行不佳，团结协作意识不强，履行职责的工作能力较弱，能基本完成本职工作，但完成工作的质量和效率不高，或在工作中有较大失误；出勤不出力，工作责任心一般，或工作作风方面存在明显不足；能够基本做到廉洁自律，但某些方面存在不足。

不称职——思想政治素质差，拨弄是非，诬告他人，严重破坏单位形象的；业务素质和工作能力不能适应工作要求，工作态度差，无故旷工，工作讲条件拈轻怕重的；工作责任心、工作作风差的；不能完成工作任务或在工作中因严重失误、失职造成重大损失或者恶劣社会影响的；存在不廉洁问题、且情形较为严重的；工作中被投诉或被检查发现有行政不作为、乱作为行为，且情形较为严重的。年内连续旷工超过 5 个工作日或累计超过 10 个工作日，迟到、早退累计超过 10 次的；无正当理由不参加年度考核，经教育后仍拒绝参加的；有其他违反公务员纪律的行为且影响恶劣的。

四、考评办法

（一）处室及直属单位考评办法。

处室及直属单位年度考评实行百分制，采取实绩考评、民主测评、领导评价三种方法进行。

1. 实绩考评办法（100 分）。

各处室及直属单位的绩效目标得分由发展规划信息处根据各处室及直属单位绩效目标完成情况认定评分后报考评领导小组；每月工作任务完成情况由政治处根据月测评情况认定评分后报考评领导小组；党风廉政建设及精神文明建设完成情况由委纪检、办公室认定后报考评领导小组。

实绩考评得分计算公式：

各处室实绩考核得分 = 绩效目标完成情况 ×80% + 党风廉政建设目标完成情况 ×8% + 精神文明建设完成情况 ×8% + 处室月测评排名 ×4%。

2. 民主测评办法（100 分）。

民主测评结果分为好、较好、一般、差四个等次，其中被评为“好”的分值为 2 分，被评为“较好”的分值为 1 分，被评为“一般”的分值为 0 分，差的分值为 -1分。在民主测评中，各处室及直属单位总体评价结果为“好”和“较好”的得票率达不到三分之二的，将评为“一般”等次；结果为“差”的得票率超过三分之一的，或工作目标任务未完成的，经考评组认定，将评为“差”等次。

民主测评结果对应的得分通过标准化计算转换为百分制：

民主测评标准化计算得分 = 民主测评结果对应得分的总和 ÷（参加测评的人数 ×民主测评结果为好的对应分值）×100

3. 领导评价办法（100 分）。

由委领导对处室及直属单位工作情况进行打分，其中分管领导对分管处室及直属单位按工作情况评分占 90%，其他领导对处室及直属单位评分占 10%。委领导对处室及直属单位的评分要拉开档次。

4. 加分事项。

处室、直属单位年度工作受到国家、省、市表彰或召开现场会、介绍经验的按一定分值予以加分。按照中共中央、国务院，国家有关部委及省委、省政府，市委、市政府三个层次分别加 0.5 分、0.3 分、0.2 分；获中共中央、国务院表彰奖励且划分等次的，按等次分别加 0.5 分、

0.3分、0.2分，未划分等次的加0.5分；获国家有关部委及省委、省政府表彰奖励且划分等次的，按等次分别加0.3分、0.2分、0.1分，未划分等次的加0.3分；国家、省在汉召开现场会并在会上介绍经验或参观现场的，分别加0.7、0.5分，在国家、省有关会议上介绍经验的分别加0.5分、0.3分。获奖以自然年度为准，以上同一事项受到多层级表彰奖励的，按最高表彰等级、等次加分一次，不累计计分。总加分累计不得超过4分。集体表彰以表彰文件为准，省以上现场会、经验交流会以会议通知和会议议程为准，由政治处审查认定后报考评领导小组。

处室及直属单位考评综合得分计算公式：

处室及直属单位考评综合得分 = 实绩考评得分 × 70% + 民主测评得分 × 20% + 领导评价得分 × 10% + 绩效加分

（二）委机关工作人员考评办法

委机关工作人员年度考核实行百分制，采取民主测评和领导评价两种方法进行。

1. 民主测评方法（100分）。

民主测评结果分为优秀、称职、基本称职、不称职四个等次。其中，优秀计2分，称职计1分，基本称职计0分，不称职计 -1分。

民主测评结果对应的得分通过标准化计算转换为百分制：

民主测评标准化计算得分 = 民主测评结果对应得分的总和 ÷（参加测评的人数 × 民主测评结果为优秀的对应分值）× 100

2. 领导评价办法（100分）。

科级以下工作人员由处室主要负责人根据工作情况评分。

处级工作人员由委领导根据工作情况评分。其中分管领导评分占90%，其他领导评分占10%。委领导对副处级以上干部的评分要拉开档次。

3. 加分事项。

委机关工作人员被国务院表彰的加0.6分，被国家部委办局、省委省政府表彰的加0.5分、被省直部门、市委市政府及其办公厅表彰的加0.4分。在市级以上刊物发表论文、研讨文章、经验材料的，每篇加0.2分；对撰写省级以上会议经验材料的，加0.2分；联合署名的获奖论文或刊物，按加分的分值平均计分。获奖以自然年度为准，同一事项分别获国家、省、市表彰或刊物刊登的，按最高分加分，不累计计分；总加分累计不得超过4分。个人评先、论文表彰以荣誉证书为准，由政治处审查认定后报考评领导小组。

4. 扣分事项。

对于工作人员违反相关规定、影响我委形象情况的扣分。

（1）凡在党风廉政建设、计划生育、安全生产、信访稳定、国家安全保密及社会治安综合治理方面发生违规行为的一次扣2分。

（2）对在“治庸问责”中受到上级通报批评、改善经济发展软环境受到举报投诉并核实属实等行为造成严重影响的责任人，每项扣10分，责任人所在的部门负责人扣5分。

（3）对无故不参加机关党委组织学习活动，每缺席一次扣0.5分。

委机关工作人员考评综合得分计算公式：

委机关工作人员考评综合得分=民主测评得分×80%+委领导或处室主要负责人评价得分×20%+绩效加分-扣分事项。

五、考评步骤和时间安排

市人口计生委考评工作从2012年12月13日至2012年12月30日前完成。分以下几个阶段进行（附机关工作人员2012年度考评工作日程表）：

（一）动员部署。召开全体干部大会部署考核工作，统一思想，明确任务、步骤和要求。

（二）个人总结。由被考评人就自己一年来的德、能、勤、绩、廉写出书面总结，处级干部另撰写书面述职述廉报告（处室及直属单位负责人还需撰写本部门述职述廉报告），并填写《武汉市公务员年度考核登记表》。处级干部要求准备2 000字以上的文字材料，科级及以下工作人员准备1 200字以上的文字材料。

（三）个人述职，民主评议、评定等次。副处级（部门负责人除外）及以下干部以党支部为单位进行个人述职，民主评议，并在全委范围内测评。科级以下工作人员，由各处室负责人根据个人总结、民主评议、群众测评等情况，写出评语，按照考评的分数提出考核等次；处级干部的评语、考评等次由委分管领导根据工作完成情况、考评分数撰写，报委党组审定。

（四）处室负责人述职。召开机关全体干部大会，处室负责人代表处室和本人作述职述廉报告。

（五）民主测评。在全体机关干部大会上发放民主测评表，分别对委机关各处室及直属单位、处室负责人及委机关全体工作人员进行民主测评。

（六）按照综合得分、考评情况确定处室、直属单位及委机关全体工作人员考评等次，先进集体和先进个人人选。

（七）委考评领导小组对所有工作员人员的测评结果、考核等次和意见进行审核。

（八）委党组听取委考评领导小组的汇报，讨论审定工作人员的考核等次及评先名单，对拟定为优秀等次的工作人员、先进集体（个人）在机关范围内公示，公示时间为3个工作日。其中，对优秀等次的工作人员报市人社局审批、备案。

（九）大会总结并表彰优秀个人、先进工作者、先进处室、先进单位。

六、考评结果的使用

考评结果的使用按照《武汉市公务员考核实施意见（试行）》的通知（武组文〔2007〕160号）的规定办理。考评结果作为处室评先、干部选拔任用、培养教育、管理监督、激励约束的重要依据。连续三年以上被确定为优秀等次的，按审批权限和规定程序记三等功一次，晋升职务时优先考虑。

七、组织领导

为确保考评工作顺利开展，在委党组

的领导下，委机关成立考评领导小组。组长：委党组书记、主任李丹芳；副组长：委副主任、党组成员高惠祥，委纪检组长、党组成员周汉超；成员：葛晓群、刘丽纯、黄开宏、张士新、卢丹。考评领导小组下设办公室，刘丽纯兼任办公室主任，张士新兼任办公室副主任，考评日常工作由政治处负责。

考评领导小组的职责：制定考评实施方案；负责机关处室、工作人员和事业单位班子的考核、考评工作；组织、指导、监督考评工作；审核考核评语、等次；复核有异议的考评结果。

八、委直属事业单位年度考评工作

委直属单位工作人员的年度考评，按《武汉市事业单位工作人员考核工作试行办法》（武人〔2005〕1号）及市人社局的有关要求并参照本方案执行。各直属单位要成立考核领导小组，按照机关工作人员考核的时间安排，制定考核方案，搞好组织实施，直属单位工作人员考核等次及年度考核优秀等次人员名单需报委党组审批后，报市人社局备案。

九、几点要求及说明

（一）个人总结述职报告要全面、客观、准确、能真正反映全年德、能、勤、绩、廉表现。

（二）坚持标准，严格考评。各处室、直属单位要严格按照有关规定和要求，实事求是地进行考核评比、确定等次。

（三）直属单位中借调到委机关的工作人员由现工作部门主要负责人写出评语，并参加委机关民主测评；编制单位根据测评结果和现实表现确定考评等次。

（四）处室及直属单位工作人员出现违法、违反党风廉政建设有关规定被立案查处的，在评先上实行“一票否决”。

（五）处室及直属单位被评为“一般”、“差”等次的，处室及直属单位主要负责人当年不得被评为“优秀”等次。

（六）严肃考评纪律。要切实加强对考评工作的领导，按照本通知的要求，认真进行部署，规范考评程序，严格执行考评规定，并抓好落实。对在考评过程中徇私舞弊、打击报复、弄虚作假等违法违纪行为的，依照有关规定予以严肃处理。

关于表彰2012年度先进单位（文明处室）优秀工作者的决定

（武人计党组〔2013〕4号）

委机关各处室及直属单位：

2012年，在委党组的正确领导下全委干部职工以科学发展观为统领，紧紧围绕全委中心工作，深入贯彻落实党的十八大精神，干事创业，拼搏进取，勇创一流，圆满完成了2012年的各项工作目标，取得了显著的成绩。根据《中共武汉市委组织部、武汉市人事局关于印发〈武汉市公务员考核实施意见（试行）〉的通知》（武组文〔2007〕160号）、《市人口计生委2012年度绩效目标及工作人员考评工作方案》（武人计党组〔2012〕16号）要求，我委认真组织了全体工作人员2012年度考评工作。在个人总结、民主评议推荐以及委机关工作人员年度考核领导小组综合评估的基础上，经委党组研究决定授予：办公室（财务处）、宣传教育处（性别比综合治理办公室）、发展规划与信息处、政治处、市计生协会秘书处、市计生药具站为2012年度绩效管理先进单位（文明处室）称号；经委党组研究同意，并报市人社局审核确定委机关章炜、刘丽纯、李群发、金玲、张士新5位同志2012年度考核为优秀等次；直属事业单位江哲银、陈定国、秦春芳、侯群杰、周致敢、刘伊俊6位同志2012年度考核为优秀等次。黄开宏、谌培、卢丹、任艳军、刘利、王晓萍、孙勇、朱文华、熊付丽、占丽娜、刘晓莉、余永清、周祖香、刘道汉、俞静波、李尧、刘伟娜、张曼、姚晶、胡怀林、王翔、肖建平、匡伟明、王媛24位同志被评为市人口计生委2012年度先进个人。

希望受表彰的先进集体和先进个人珍惜荣誉，戒骄戒操，再接再厉。号召市人口计生委及直属事业单位全体干部职工以先进典型为榜样，开展“比、学、赶、帮、超”，进一步解放思想，开拓进取，凝心聚力，团结一心，求真务实，为创造良好的人口环境作出积极贡献。

中共武汉市人口和计划生育委员会党组

二〇一三年三月七日

（六）市人口计生委文件

关于对2011年贯彻计生法规和符合政策生育率指标完成情况进行考评的通知

（武人计〔2011〕56号）

市绩效责任单位：

按照市委绩效考评办的要求，市人口计生委将对市绩效责任单位自身建设指标中贯彻计生法规和符合政策生育率指标完成情况进行考评，现将有关事项通知如下：

一、考评对象

承担贯彻计生法规和符合政策生育率自身建设指标的市绩效责任单位。

二、考评内容

（一）市人口计生领导小组成员单位的考评内容

1. 全面完成《武汉市2011年度人口和计划生育责任部门目标管理责任书》规定的目标任务。

2. 按照市委办公厅、市政府办公厅《关于印发〈武汉市单位法定代表人人口和计划生育工作责任制暂行规定〉的通知》要求，与所在街道签订年度责任目标并全面完成。

3. 本单位职工（含有干部人事管理权限的直属单位）、临时用工和租用单位门面的经营、从业人员当年无政策外生育。

（二）对其他绩效责任单位的考评内容

1. 按照市委办公厅、市政府办公厅《关于印发〈武汉市单位法定代表人人口和计划生育工作责任制暂行规定〉的通知》要求，与所在街道签订年度责任目标并全面完成。

2. 本单位职工（含有干部人事管理权限的直属单位）、临时用工和租用单位门面的经营、从业人员当年无政策外生育。

三、考评方式

（一）对市人口计生领导小组成员单位的考评方式

考评采取部门自查、属地评估、基层核查和年终考核相结合的方式进行，其中部门自查占10%，属地评估占15%，基层核查占15%，年终考评占60%。部门自查、基层核查和年终考评工作已与省、市人口计生党政领导线考评一并进行；属地评估是由各部门填写《2011年度人口和计划生育责任目标完成情况属地评估表》（见附件2），并提交辖区街道计生部门盖章确认。

（二）对其他绩效责任单位的考评方式

考评采取部门自查、属地评估、年终考评等方式进行，其中部门自查占20%，属地评估占30%，年终考评占50%。部门自查是由各部门按照考评内容组织自查，并填写《2011年度人口和计划生育责任目标自查评分记录表》（见附件1），形成并上报2011年度人口和计划生育工作的自查报告；属地评估是由各部门填写《2011年度人口和计划生育责任目标完成情况属地评估表》（见附件2），并提交辖区街道计生部门盖章确认；年终考评委托市绩效责任部门所在区进行，由所在区组织调查组对照市绩效责任部门自查报告、自查表的真实性及工作效果进行审核。

四、考评安排

各绩效责任单位于2011年12月20日（星期二）前将有关材料报市人口计生委发展规划与信息处。

附件：1. 2011年度人口和计划生育责任目标自查评分记录表（略）

2. 2011 年度人口和计划生育责任目标完成情况属地评估表（略）

武汉市人口计生委
二〇一一年十一月二十一日

关于表彰2011年度全市计划生育优质服务站的通报

（武人计〔2011〕62号）

各区人口计生委，武汉经济技术开发区、东湖新技术开发区社发局，东湖生态旅游风景区计生办，武汉化学工业区社发局：

2011年，各区认真贯彻省人口计生委《湖北省深入开展创建计划生育优质服务站和“百佳”乡（镇）服务站活动的方案》（鄂人口委〔2006〕58号）文件精神，围绕计划生育、优生优育、生殖健康，将优质服务站创建工作作为计划生育优质服务的重要内容，深入开展计划生育优质服务站创建活动。加强领导，加大投入，完善管理，创优环境，创建了一批技术优良、服务优质、管理优秀、环境优美、群众满意、依法执业的计划生育服务站，经市人口计生委评估验收。决定授予蔡甸区索河镇和张湾街计划生育服务中心为“2011年度全市计划生育优质服务站”荣誉称号。

希望被授予“2011年度全市计划生育优质服务站”荣誉称号的单位要继续发扬成绩，总结经验，查找不足，再接再厉，发挥先进带头作用，不断提高计划生育优质服务水平；各区要认真学习借鉴计划生育优质服务站的先进经验，进一步加强计划生育服务站建设，加强服务站标准化和形象规范化建设，全面提高计划生育技术服务质量和管理水平，要认真执行《计划生育技术服务管理条例》和相关技术规范，树立服务的理念，坚持计划生育行业特色，充分发挥计划生育技术服务机构宣传教育、技术服务、优生指导、药具发放、信息咨询、随访服务、生殖保健、人员培训“八项职能”，为全市育龄群众提供良好的计划生育优质服务环境。

附件：2011年度全市计划生育优质服务站名单

武汉市人口计生委
二〇一一年十二月十五日

附件

2011年度全市计划生育优质服务站名单

蔡甸区张湾街计划生育服务中心　　蔡甸区索河镇计划生育服务中心

关于在2012年元旦春节期间开展“暖在江城”流动人口计划生育服务管理活动的通知

（武人计〔2011〕63号）

各区人口计生委，武汉经济技术开发区、东湖新技术开发区社发局，东湖生态旅游风景区计生办，武汉化学工业区社发局：

2012年是我市流动人口计划生育基本公共服务均等化试点工作的重要一年。为开好头、起好步，根据省人口计生委《关于及时开展2012年元旦春节期间流动人口计划生育服务宣传活动的通知》（鄂人口流管〔2011〕9号）精神，市人口计生委决定，在2012年元旦、春节期间，继续开展“暖在江城”流动人口计划生育服务管理活动，现将有关要求通知如下：

一、开展大宣传、大教育，落实“六送六进”。各区人口计生委要营造浓厚的计划生育宣传氛围，广泛宣传中央、省、市委《决定》以及人口和计划生育相关法律法规、全国、全省、全市人口形势、计划生育和生殖保健科普知识及流动人口（农民工）的便民维权措施，突出宣传《流动人口计划生育工作条例》中关于政府和部门职责、两地人口计生部门责任、服务项目和流动人口的权利、义务等重点内容，以及流动人口基本公共服务均等化各项政策，让流动人口（农民工）家喻户晓，保障流动人口享有计划生育的知情权、参与权和监督权。现居住地仍要突出城乡结合部、城区插花地带等重点地段的宣传，同时注重与相关部门的联合，做好“六送六进”即：送婚育新观念、人口计生政策法规、生殖健康保健知识、人口计生宣传册、人口计生实物宣传品、避孕药具进社区、进车站、进集市、进企业、进工地、进家庭。户籍地要在交通要道、村口等重要地段挂横幅、出板报、送宣传单，有条件的地方可出动宣传车进村入湾，大力宣传婚育新风，鼓励流动人口积极主动办理《婚育证明》和落实长效、安全的节育措施。每个区都要举办一次集中性的大型宣传服务活动，各个街乡镇场也要结合实际开展各种形式的宣传服务活动。

二、开展大走访、大慰问，落实“六

访六问”。元旦、春节期间的流动人口计划生育服务管理活动，要实施计生干部大走访、大慰问，在暖、访、助上下功夫。进万家门，知万家情，解万家难，暖万家心，关注流动人口的生产、生活、生育状况，帮助流动人口，特别是农民工解决实际困难，切实维护流动人口实行计划生育的合法权益。服务促和谐，欢乐过佳节。上门做好“六访六问”：一是上门调查访问流动人口计生服务需求。按照流动人口需求，改进工作方式方法，建立更加和谐友好的服务管理关系。二是上门访问流动人口计生政策及知识知晓情况。向流动人口家庭发放慰问信、送《流动人口须知》、《流动人口计划生育工作条例》、生殖健康、优生优育、艾滋病防治知识等宣传资料，解答生育政策、奖励规定等方面的疑问，并对可以享受计生奖励政策的流动人口家庭及时兑现奖励。三是上门访问流动人口计划生育状况，并落实相关服务。免费办理或更换《流动人口婚育证明》、免费查环查孕、免费发放避孕药具。四是上门访问流动人口就业状况，开展就业信息服务。会同人力资源和社会保障部门为农民工提供就业信息。五是上门访问流动人口家庭生活状况，开展帮困服务。尤其要解决计划生育特困户、独生子女户、双女结扎户、特别扶助户的困难。特别是对计划生育家庭留守的老人和子女，根据不同的情况，研究帮扶解决的措施。六是上门访问了解外出未返乡流动人口重点对象的情况，采用电话、短讯等通讯方式主动与在外流动人口沟通联系，及时掌握其计划生育信息。现居住地要对没有返乡的流动人口做好上门服务和慰问工作，协调有关部门解决流动人口拖欠工资、子女上学等现实问题。有条件的地方，现居住地和户籍地要联手做好流动人口返乡、返城的迎送活动，促进流动人口计生服务管理区域协作。

三、开展大采集、大异动，落实“六清六实”。各级人口计生部门要紧紧围绕省、市、区三级人口计生责任目标任务，在组织人员进村入户开展宣传服务的同时，对流动育龄妇女进行适时的信息录入、查证、更新、补登，以及相关工作的补漏。做到“六清”、“六实”。“六清”即流动育龄妇女底数清、身份证号码清、外出流向清、婚孕生育情况清、避孕节育措施清、持婚育证明情况清。“六实”即流动育龄妇女婚、孕、生育情况的登记实，社会抚养费征收实，孕环情监测服务实，政策外怀孕补救及长效节育措施实，育龄妇女流动人口《婚育证明》办理实，流动育龄妇女个案逐一对接上传到 PADIS 对接平台情况实。要按《全国流动人口计划生育服务管理工作规范》（国人口发〔2009〕49 号）、《湖北省流动人口计划生育管理和服务工作规范》（鄂人口流〔2008〕8 号），以及《PADIS 对接平台使用手册》的要求，做好流动人口登记、建档，并从全员人口信息系统流动人口数据库中，将流动育龄妇女个案逐一对接上传 PADIS 系统对接平台。流入地要充分利用清理清查结果，对未持《婚育证明》流入、婚育情况不清、在本地有生育和节育行为、在孕对象、孕环情监测和生殖健康服务情况等重要信息通过全国流动人口服务管理工作平台（PADIS系统）等多种形式实施协查通报，确保信息提交质量和提交及时率。流出地在做好查询信息反馈的同时要及时下载流入地提交的重点对象相关信息，进一步完善本地流出人口服务管理信息档案。特别是市内中心城区和远城区要开展双边或多边协作活动，加强市内跨区流动人员的信息核实与登记，并坚持落实办证、验证核对WIS系统信息、及时依据PADIS交换信息变更全员人口个案信息等制度，提高建卡率、流动信息录入率，做好《居住证》制度实行后市内跨区流动人员的计划生育服务管理工作。

四、加强组织领导，狠抓工作落实。各区人口计生委要高度重视、认真组织此项活动，并积极争取各级党委、政府对流动人口计划生育工作的高度重视和各相关部门的支持配合，要结合宣传贯彻党的十七届六中全会精神，结合计划生育“三下乡”、“婚育新风进万家”活动，结合各地“送温暖”等活动，开展形式多样的宣传服务。保障投入，结合实际，制定方案，认真部署，精心安排，务求实效。

请各区于2011年12月30日前，将元旦、春节期间开展流动人口计划生育服务管理的方案报送市人口计生委流管处；2012年2月15日前，将元旦、春节期间开展“暖在江城”流动人口计划生育服务管理活动总结及汇总表报送市人口计生委流管处。

附件：武汉市2012年元旦春节“暖在江城”流动人口计划生育服务管理活动汇总表（略）

武汉市人口计生委

二〇一一年十二月十五日

关于做好2012年全市计划生育“三下乡”活动的通知

（武人计〔2011〕64号）

各区人口计生委，武汉经济开发区、东湖新技术开发区社发局，东湖生态旅游风景区计生办，武汉化工区社发局：

根据中宣部、中央文明办、国家人口计生委等十四部委联合发出的“三下乡”通知精神，全市人口计生系统将在2012年元旦、春节期间继续广泛深入开展“三下乡、送温暖”活动。现将有关事项通知如下：

一、活动时间

2012年1月上中旬。

二、活动形式

市级“三下乡”中心点设在江夏区（另制定活动方案）。其他各区自行组织。

三、活动主题

婚育新风入村寨，幸福和谐暖万家。

四、活动内容

（一）与宣传政策法规结合起来。将人口和计划生育“一法三规”（《人口与计划生育法》、《计划生育技术服务管理条例》、《流动人口计划生育工作条例》、《社会抚养费征收管理办法》）的学习宣传作为一项重要内容。印发有关宣传提纲和宣传品，制作宣传展牌和标语横幅，使人口计生政策家喻户晓。

（二）与生育文明“三型六好”家庭人口文化发展计划、创建幸福家庭活动结合起来。大力倡导性别平等，宣传表彰人口文化，提升广大计划生育家庭的生活质量和发展能力。

（三）与开展优质服务结合起来。采取咨询服务、文艺演出、义诊服务等群众喜闻乐见的形式，宣传科学、文明、进步的生育观念和生殖健康、优生优育、避孕节育等知识，不断提高广大群众和家庭的自我保健能力。

（四）与实施关怀扶助结合起来。通过捐赠、入户走访慰问等形式，重点扶持计划生育特困户、独生子女户、双女结扎户、奖励扶助户和特别扶助户，关爱计划生育留守老人和儿童。

五、有关要求

（一）全市人口计生系统要把“三下乡、送温暖”活动作为深入学习实践科学发展观，认真学习贯彻胡锦涛总书记4·26重要讲话精神，加强组织领导，精心制定方案，切实为农民群众办实事、办好事，确保活动富有实效。

（二）全市人口计生系统要加大对活动的宣传、报道力度，充分利用报刊、广播、电视、互联网等媒体，及时反映活动动态。

（三）2012年1月15日前，向市人口计生委宣教处报送本区“三下乡”工作开展情况。

武汉市人口计生委

二〇一一年十二月十九日

关于全市第一批基本实现诚信计生工作合格区的通报

（武人计〔2011〕68号）

各区人口计生委，武汉经济技术开发区、东湖新技术开发区社发局、东湖生态旅游风景区计生办、武汉化学工业区社发局：

2011年，全市人口计生系统以邓小平理论和“三个代表”重要思想为指导，深入贯彻科学发展观，认真落实《国家人口计生委关于全面推进诚信计生工作的通知》（人口政法〔2010〕55 号）、《省人口计生委关于印发〈湖北省推行诚信计生工作实施方案〉的通知》（鄂人口政法〔2011〕2 号）和《市人口计生委关于印发〈武汉市全面推进诚信计生工作实施方案〉的通知》（武人计办〔2011〕14 号）文件精神，着力构建“政府诚信、群众守信、村（居）民互信”的“双向承诺、充分自愿、依法自治”诚信计生模式，基本落实了以长效节育为主的避孕方法知情选择，实现了基层人口计生服务管理便民利民，全面落实了国家、省、市人口计生各项免费、扶助、奖励及优先优待政策，人口和计划生育有关数据更加真实准确，人口计生工作思路和方法有较大转变。按照市方案要求，经各区人口计生委申报，市人口计生委考评验收，决定命名江岸区、江汉区、硚口区、汉阳区、武昌区、青山区、洪山区、东西湖区、汉南区等 9 个区为全市第一批基本实现诚信计生的区。

希望合格区珍惜荣誉，再接再厉，再创佳绩，进一步发挥典型示范作用。各区人口计生部门要积极开展向先进单位学习活动，认真总结开展诚信计生工作中好的经验和做法，查找工作中存在的薄弱环节，制定切实有效措施，扎实推进诚信计生工作深入开展。

武汉市人口计生委

二〇一一年十二月二十八日

关于对 2011 年度全市人口计生依法行政示范乡镇（街道）命名的通报

（武人计〔2011〕69 号）

各区人口计生委，武汉经济技术开发区、东湖新技术开发区社发局，东湖生态旅游风景区计生办，武汉化学工业区社发局：

2011 年度，全市人口计生系统以邓小平理论和“三个代表”重要思想为指导，深入贯彻科学发展观，认真落实《国家人口计生委关于开展全国人口和计划生育系统依法行政示范乡镇（街道）创建活动的通知》（国人口政法〔2011〕48 号）、《省人口计生委印发〈关于开展人口和计划生育依法行政示范乡镇（街道）创建活动实施方案〉的通知》（鄂人口政法〔2011〕7 号）和《市人口计生委印发〈关于开展人口和计划生育依法行政示范乡镇（街道）创建活动的实施方案〉的通知》（武人计〔2011〕36 号）精神，按照合法行政、合理行政、程序正当、高效便民、诚实守信、权责统一的基本要求，大力开展人口和计划生育依法行政示范乡镇（街道）创建活动，有力推动了人口计生工作的制度化、规范化。全市人口计生工作人员依法行政意识和能力明显增强，行政执法行为进一步规范，人民群众合法权益进一步得到维护，为统筹解决人口问题、促进人口长期均衡发展提供了法制保障。通过创建活动，全市涌现出了一批依法行政典型乡镇（街道），起到了很好的示范作用。经各区人口计生委审核推荐，市人口计生委考评验收，决定命名江岸区四唯街等31个乡镇（街道）为全市人口和计划生育依法行政示范乡镇（街道）。

希望命名的示范乡镇（街道）珍惜荣誉，再接再厉，开拓创新，再创佳绩，进一步发挥典型示范作用。市人口计生委号召各级人口计生部门要向受命名的示范乡镇（街道）学习，认真总结开展创建活动中好的经验和做法，查找存在的问题和不足，采取切实有效措施，进一步推进创建活动深入开展，提高依法行政水平，促进我市人口计生事业持续健康发展。

武汉市人口计生委

二〇一一年十二月二十八日

市人口计生委关于颁发《人口和计划生育工作者荣誉证书》的通知

（武人计〔2011〕70号）

各区人口计生委，武汉经济技术开发区、东湖新技术开发区社发局，东湖生态旅游风景区计生办，武汉化工区社发局，委机关各处室及直属单位：

根据国计生委人字〔1989〕63号、鄂计生委人字〔1993〕7号以及武计生办字〔1996〕22号文件的规定和要求，经基层审查申报、市人口计生委审核，并报请省人口计生委批准，向夏清芬等208位同志颁发《人口和计划生育工作者荣誉证书》（名单附后）。

获得《人口和计划生育工作者荣誉证书》的人口计生工作人员，由其所在单位一次性奖励1 000元。

附件：授予《人口和计划生育工作者荣誉证书》人员名单

武汉市人口计生委

二〇一一年十二月三十日

附件

授予《人口和计划生育工作者荣誉证书》人员名单

市人口计生委（7 人）
夏清芬　李群发　金　玲　吴方清
任艳军　刘　利　王　翔
市计生宣传教育中心（1 人）
秦春芳
市计生科技所（2 人）
李玉兰　李翠娥
市计生药具站（1 人）
陈绍峰
市人口计生行政执法支队（3 人）
余福高　朱文华　张　娜
江岸区（12 人）
张军鹏　李翠莲　王　俊　朱爱萍
陈　琳　肖　琼　曹庆真　尹　勤
吴旭芳　姜道群　王庆林　吴红建
江汉区（4 人）
朱　俐　夏　荣　余　勇　徐　艳
硚口区（5 人）
张福珍　祁　秀　徐仁荣　熊忠翠
沈馨莹
汉阳区（3 人）
吴红文　华红岩　赵素华
武昌区（6 人）
刘爱华　倪　艳　代红英　俞蒨苇
李　卫　翟卫华
青山区（5 人）
王慧兰　秦文莉　胡　萍　杨　华
郭琼花
洪山区（10 人）
邓　燕　周　芳　吴康庆　范晓英
周治久　万新明　徐　静　孙素颖
罗小焕　马丽玲
东西湖区（12 人）
张艳林　许小桃　张春娥　刘　莉
龚红俊　程　艳　叶淑珍　管保珍
张秋珍　聂小仙　王志敏　陈琴华
汉南区（7 人）
董登明　董方威　韩爱珍　宋佑爱
余明春　王新枝　刘春姣
蔡甸区（10 人）
阮　燕　王言冀　李　斐　郑玉侠
彭少梁　王　新　郑艾国　肖伟军
郭小荣　陈祖梅
江夏区（17 人）
张应超　曹秋菊　陈江霞　周松涛
陈家利　朱元春　鲁晓梅　张立新
甘晓丽　汤汉桥　熊其文　徐正枝
孙绪兰　熊道清　曾霓虹　黄良胜
陈素云
黄陂区（41 人）
吴劲松　柯　荣　王颖伟　刘　俊
陈顺泉　朱　勇　彭爱珍　许敬峰
杜美琪　柳其友　余良军　章利立
蔡　英　晏　艳　邹中桥　陈　洁

段素华　杨亚玲　祁大华　兰芝金
马丽红　夏惠芳　甘建华　张运生
张顺友　刘医珍　黄　旭　雷　敏
段爱红　肖清华　胡传宏　白玉霞
朱木兰　杨惠文　邱晶晶　朱兰珍
梅艳云　王冬香　谌建林　徐德勇
王建祥

新洲区（48 人）

邓　惠　薛岸松　陶火咏　陈　英
周正华　胡军霞　张娅萍　李红英
徐春梅　汪周保　隗胜祥　霍建华
袁春才　陈春桃　张喜桂　易菊华
李晓珺　苏阳春　江腊香　张向九
熊丽芳　陈爱苑　熊彩霞　陶连元
周希庸　刘元珍　周晓辉　李丽华
彭常建　魏珍荣　方　伟　汪武军
蔡丽娟　尚丽群　黄方莉　吴耀明
操凤姣　谢芝兰　甘红英　朱胜琴
金翠红　冯建和　黄翠萍　彭明丽
唐　湘　汪月涛　霍卫京　张　鹏

武汉经济技术开发区（4 人）

李家丰　杨　静　宋红艳　周玉华

东湖新技术开发区（10 人）

刘　莹　杨文举　张　华　刘玉莲
肖桂华　袁军民　胡慧敏　夏德荣
张学军　彭先详

关于印发《武汉市 2011 年度人口计生工作总结》的通知

（武人计〔2011〕71 号）

各区人口计生委，武汉经济技术开发区、东湖新技术开发区社发局，东湖生态旅游风景区计生办，武汉化学工业区社发局，委机关各处室、各直属单位：

现将《武汉市 2011 年度人口计生工作总结》印发给你们，请结合实际，认真总结 2011 年人口计生工作，研究、安排好 2012 年工作，确保全市人口计生工作再上新台阶。

武汉市人口计生委

二〇一二年一月十七日

武汉市 2011 年度人口计生工作总结

2011 年，在市委、市政府的正确领导下，在省人口计生委的具体指导下，我市牢牢把握全国人口和计划生育综合改革示范市、全国婚育新风进万家活动第四阶段示范市、全国流动人口计划生育基本公共服务均等化试点市、全国创建幸福家庭活动试点市的契机，以人口长期均衡发展为目标，以人的全面发展为中心，以统筹解决人口问题为主线，全面加强人口计生工作，圆满完成了人口计生各项责任目标任务。全市共出生86 747人，出生政策符合率为95.71%，低生育水平保持稳定；出生人口性别比为115以内，呈下降趋势；流动人口计划生育统筹服务进一步加强，基本公共服务均等化试点稳步推进；以“三·六家庭”人口文化发展计划为载体婚育新风进万家活动和生育文明“三级联创”活动广泛开展；计划生育技术服务体系进一步完善，优质服务水平进一步提高；利益导向政策体系进一步健全，各项奖励政策全部落实；人口计生机构队伍建设进一步加强，经费投入力度进一步加大，市、区两级财政投入人口计生事业费2.27亿元，人均27.09元，比上年增长12.93%。

一、加强组织领导，形成统筹解决人口问题的强大合力

全市各级人口计生部门积极争取党委政府的领导和支持，从统筹解决人口问题的高度出发，坚持人口与经济社会发展统筹决策，坚持党政主要领导亲自抓、负总责，坚持和完善目标管理责任制，不断加强组织领导，确保认识到位、措施到位、责任到位、落实到位。

（一）坚持人口与经济社会发展统筹决策。将人口计生工作纳入全市经济社会发展大局，统筹人口与经济社会协调发展，统筹人口数量、素质、结构、分布长期均衡发展。《武汉市国民经济和社会发展第十二个五年规划纲要》、市委、市政府《关于2011年全市农业农村工作的意见》等文件都将全面做好人口计生工作作为重要内容之一。市委扩大会议、全市经济工作会议等全市性重要会议都强调要全面做好人口计生工作。在编制《武汉市国民经济和社会发展第十二个五年规划》时，省委常委、市委书记阮成发强调，要将人口计生事业发展规划作为全市国民经济和社会发展第十二个五年规划的基础性规划，在总结“十一五”人口计生工作的基础上，认真编制“十二五”人口计生事业发展规划。建立健全了“政府牵头、部门协作、专家为主、社会参与”的人口发展战略研究机制，市委、市政府召开全市人口发展战略研讨暨培训会，就人口数量、素质、结构、分布、流动、老龄化应对等方面提出了一系列关系人口与经济社会发展全局的政策性建议。

（二）坚持党政主要领导亲自抓、负总责。市委常委会、市政府常务会分别听取全市人口计生工作情况汇报，对人口计生工作重大问题进行研究。在2011年的首次市委市政府工作会议上，市委、市政府主要领导、市四大家分管领导、各区党政主要负责人、各市直部门和大型企业单位负责人参加会议，阮成发书记作重要讲话，唐良智市长主持会议，胡曙光副书记部署全市人口计生工作。市委、市政府高度重视人口计生综合改革，阮成发、唐良智等主要领导分别作出重要批示，纳入市委、市政府重点工作和重大事项督查范围。以市委办公厅、市政府办公厅名义出台了《关于进一步深化人口和计划生育综合改革的意见》，要求全市各级党委政府和各部门认真学习和落实。胡曙光副书记、刘顺妮副市长多次深入基层调研人口计生工作，带队对出生人口性别比综合治理进行专项督查、进行党政线人口计生责任目标考核。市人大、市政协领导调研“十二五”人口计生事业发展规划编制和实施工作。调整充实了市政府主要领导为组长的人口计生工作领导小组，完善了定期联席会议、信息通报、考核评估和重要工作联合督办、难点工作联系解决、专项工作联动协作等六大制度。召开了市计生协第五次会员代表大会，选举产生了协会新一届领导机构。

（三）坚持和完善目标管理责任制。坚持将人口计生责任目标下达到全市107个一级绩效目标管理单位，与市人口计生领导小组40个成员单位签订了人口计生目标管理责任书。各相关部门按照目标管理责任书的要求，认真履行职责，在流动人口均等化服务、生育文明创建、综合治理出生人口性别比、落实计生奖励政策等方面加大协作力度。市纪委、监察局督促有关单位严格依法依纪查处违法生育的党员、国家工作人员；市委组织部在干部选拔任用、评先评优时，严格执行计划生育“一票否决”制度；市委宣传部把人口理论和《中共中央 国务院关于全面加强人口和计划生育工作统筹解决人口问题的决定》作为各级党委（党组）中心组的学习内容，把人口计生工作作为精神文明建设和文明单位评比的重要内容；市委党校将人口与计划生育法律法规和人口理论纳入干部培训内容；市委农办在全市推进新农村建设和城乡一体化建设工作和“三万”活动中，积极推进农村计划生育工作；市综治办、建委、交委、工商局、房管局等部门积极做好流动人口服务管理工作；财政、人社、国资、人口计生等部门密切配合，共同落实企业退休职工计划生育奖励政策；公安、卫生、食品药品监管、人口计生等部门共同开展打击“两非”专项整治活动；民政、农业、扶贫等部门对计划生育家庭给予优先和优惠，形成了齐抓共管人口计生工作的强大合力。

二、突出综合治理，重难点工作取得新突破

坚持将稳定低生育水平、综合治理出生人口性别比偏高问题和流动人口计划生育服务管理三个方面作为统筹解决人口问题的重难点工作，实行综合治理。

（一）千方百计稳定低生育水平。深入开展国策、国情、人口形势教育，引导群众自觉实行计划生育。严格执行《湖北省人口与计划生育条例》，坚持一级抓一级，落实街道（乡镇）负责、村（社区）为主工作机制和单位法定代表人计划生育工作责任制。加强对农村、城乡结合部、城市新建小区等薄弱区域人口计生工作的督导。2010年度考核工作刚一结束，全市就组织开展元旦、春节期间的流动人口“暖在江城”服务活动和计划生育“三下乡”工作。2011年3月，以农村薄弱街道

(乡镇)、城乡结合部和城区流动人口多的街道为重点，组织7个调研督导组深入17个区（开发区)、84个街（乡镇)、84个村（社区)，42个医疗服务机构、零售药店，42个区、街乡计生服务站和34家企业，对人口计生责任目标执行情况进行了为期半个月的春季调研督办。4月份，组织工作专班对7个城区城乡结合部的7个街道流动人口计划生育服务管理工作进行了重点督导。8月份，组织对远城区连续3年二孩出生无女孩的44个村进行统计监测，对重点村进行了集中调研督导。4月份和9月份，分两次组织了对17个区(开发区）的57个村（社区）的平时考核抽查。对每次督办和抽查的情况，以印发通报、下达督办单等形式督促落实整改。江岸区确定3月份为人口和计划生育攻坚月，推进未成立社区的新建小区人口计生工作；新洲区建立周分析、旬督查、月调度制度，加大督查落实力度。

（二）综合治理出生人口性别比工作成效明显。认真贯彻落实全国、全省集中整治“两非”专项行动会议精神，进一步加强领导、完善制度、强化机制，加大对“两非”行为的查处和打击力度。

1. 加大专项整治力度。2011年，是我市连续第十年开展出生人口性别比专项整治活动，市委、市政府召开专题会议进行部署，下发了专项整治方案。坚持将出生人口性别比整治工作纳入全市人口计生“三线”目标管理，纳入到各区、各部门绩效目标之中。市委、市政府和各部门领导带队，督查各区出生人口性别比综合治理工作。从人口计生事业经费中专项列支打击“两非”专项经费。各级成立了由党政分管领导任组长的出生人口性别比专项整治领导小组，形成了“党委、政府统一部署，纪检监察、人口计生、卫生、食品药监、公安等部门齐抓共管”的工作格局。新洲、江夏等区政府领导和专班集中办公，开展专项行动。

2. 加大关爱女孩行动推进力度。2011年，全市建立关爱女孩专项资金742.11万元，实际发放726.88万元，采取多种形式为农村女孩及家庭提供社会服务和救助，4个远城区深入开展关爱女孩行动取得明显成效。同中国人口与发展研究中心、德国卢森堡基金会联合举办武汉性别平等促进研讨会，将性别平等参与式培训延伸涵盖至试点街道（乡镇)、村（社区)。召开关爱女孩行动项目和性别平等促进项目总结暨成果发布会，得到国家人口计生委领导和专家的充分肯定。教育、人口计生部门联合出台政策，3 016名农村独生女和双女绝育户女孩享受中考优录政策，961名农村独生女享受高考加分政策；民政部门在各种救助保障方面向独女户倾斜；农业部门着力提高农村妇女科技创业能力；妇联和市计生协等群团组织持续开展“春蕾计划”和“生育关怀春风行”活动；扶贫部门将贫困地区计划生育女儿户家庭优先纳入剩余劳动力转移技能培训，优先安排女孩就业。

3. 加大制度约束力度。落实“街负责、村为主”工作机制和孕期全程服务制度。加强孕情跟踪和随访服务，及时掌握孕情。规范引产手术审批制度。市人口计生委、卫生局联合下发了《关于进一步规范使用中期以上终止妊娠手术证明的通知》。全面落实出生实名登记制度。全市公立和民营的242家助产技术服务机构和计划生育手术机构、453家孕妇B超检查医疗机构、56家计划生育技术服务机构，全面实行了出生、计划生育手术、孕妇B超检查实名登记。强化预警预报制度，利用WIS系统的孕情监测预警功能，加强孕情监测。完善有奖举报制度，人口计生、卫生、食品药监系统向社会公布了有奖举报电话，印发了10多万张有奖举报单，全市兑现有奖举报金额50多万元。

4. 加大打击“两非”力度。建立联动查处责任机制。拟定了《“两非”案件的立案追诉范围及查处程序》，对“两非”案件受案范围、查处程序、办案流程和相关文书进行明确规定。建立各部门打击常态机制，市卫生局对全市所有妇产科和从事B超诊断的医务人员、退休医生、终止妊娠药物销售人员进行法律法规培训，并组织签订承诺书和责任书。积极开展打击无证行医行动，共监督检查各类医疗机构6 333户次，出动监督员10 678人次，取缔非法行医1 400家。与市食品药监局联合下发了《关于查处非法经营和使用终止妊娠药品案件行政处罚指导意见》，市食品药监局加大对终止妊娠药品案件的查处力度，主动查处了6起非法销售终止妊娠药品的典型案件。省食品药监局转发了武汉市药监局《关于进一步加强终止妊娠药品监管工作的通知》，在全省推广我市食品药监局查处“两非”案件的做法和经验。建立区域协作机制，各区之间建立区域协作联合执法制度，形成协作合力，全市“两非”案件共立案137起，结案129起，其中典型案件56起，开除医务人员工作8人，开除党籍1人，罚款136万元，吊销执业医师证书6人，吊销执业医疗机构证8个，已刑事处罚5人，移送司法机关2人。新洲区对李文旭非法鉴定胎儿性别案进行了公开审理和宣判。

（三）积极推进流动人口计划生育基本服务均等化。坚持“公平对待、服务至上、合理引导、完善管理”的方针，积极推进流动人口计划生育基本公共服务均等化。

1. 建立政府主导的工作体制。成立了以副市长任组长，市综治、公安等九部门领导为成员的全市推进流动人口计划生育基本公共服务均等化试点工作协调小组，制定了《武汉市关于创新流动人口服务管理体制，推进流动人口计划生育基本公共服务均等化试点工作的实施意见》，出台了《武汉市流动人口和出租屋服务管理站规范化建设的意见》和《武汉市流动人口和出租屋协管员管理办法》。各区成立了流动人口工作科（站），街乡成立了流管办，社区成立了流管站，目前全市社区流管站达1 283个，配备协管员4 353名。建立流动人口计生协423个，发展会员22万余人，流动人口计生协工作覆盖面达70%以上。将流入人口计划生育服务管理经费纳入了财政预算，实行与常住人口同等投入，市级去年投入流动人口经费952

万元，市、区合计近3 000万元。

2. 构建服务管理新机制。实行《居住证》制度，对年满16周岁的非本市户籍人员，因务工、经商、就学等在武汉居住30日以上的，可凭办理的《居住证》享有包括国家规定的计划生育服务和奖励、优待在内的10项武汉市民待遇。符合市政府规定条件的，还可申请办理本市户口。规范房屋租赁管理，制定《武汉市房屋租赁管理办法》，明确出租人和承租人的权利和义务，将计划生育、严禁“两非”行为等内容纳入其中。出台了《关于加强远城区跨区居住人员登记和计划生育服务管理工作的意见》，确保在《居住证》制度施行后远城区跨区居住人群的计划生育工作不掉挡。与全国300多个地市县签订了流动人口计划生育双边协作协议，每年联合各区和省内市州上门慰问流动人口近万人，落实流动人口扶助款、慰问经费500万元以上。

3. 落实流动人口计划生育均等化服务。将进城务工人员随迁子女入学纳入全市教育事业发展计划，农民工子女免交九年义务教育借读费。出台了流动人口中市外农村独生女和双女绝育户女孩享受中考优录政策，295名流动人口女孩享受中考加分政策。推行公共卫生均等化服务，对凡是在武汉市内助产医疗机构分娩的湖北省农民工产妇，每人补助300元。开展产前筛查及新生儿疾病筛查、儿童预防保健、妇女宫颈癌和乳腺癌的防治。推行公共租赁住房政策，出台了《关于改善农民工居住条件的实施意见》，逐步实现流动人口（农民工）的安居乐业。开展就业指导培训和就业援助，为农民工提供就业岗位26万个。开展计划生育“四送四免”服务和“双优”活动，为流动人口送政策、送温暖、送健康、送服务，免费为流动人口办证、免费宣传咨询培训、免费发放避孕药具、免费落实计划生育基本项目的技术服务。全市64个计划生育技术服务机构挂牌为流动人口定点服务，实行流动人口生殖健康服务“一卡通”。坚持开展“两节”期间流动人口计划生育服务管理。2011年开展“暖在江城”活动，发放各类宣传品50余万份，上门服务65万户，慰问计生家庭6 000户，扶助款、慰问金近120万元。关爱留守家庭老人、儿童，给他们送去帮扶金和慰问品。新洲、黄陂、蔡甸、江夏等流出人口较多的区建立了留守子女学校；青山区创设了流动人口子女“四点半学校”；江汉区在社区建立了新居民互助服务站、外来妹之家。

三、强化优质服务，着力提升基本公共服务水平

坚持以人为本，围绕建设人民幸福城市，以创建幸福家庭活动试点市为契机，更加注重利益导向、服务关怀和宣传倡导，着力提升人口计生社会管理和公共服务水平。

（一）围绕倡导家庭人口文化，强化宣传倡导服务。深入推进婚育新风进万家活动，市委宣传部等13部门联合出台《“十二五”期间（2011年~2015年）深入推进婚育新风进万家活动的意见》。精心承办全国婚育新风进万家活动第四阶段示范市工作暨培训会议，相关中直部门、各省及101个示范市代表观摩我市常青花园现场点，我市还在会上作了交流发言。加强生育文明建设，制定生育文明“三型六好”家庭人口文化发展计划，开展创建人口均衡型、人文和谐型、人情关怀型的“三型”村（社区）和婚育观念好、法律意识好、生活方式好、生产技术好、道德理念好、人际关系好的“六好”家庭活动，着力建设人口文化氛围浓厚的基层宣传园地。承办全省人口计生新闻宣传工作会议并在会上进行了经验交流，与会代表参观我市3个示范点，得到省人口计生委领导和与会代表一致好评。各区积极制定幸福家庭创建规划，形成了各具特色的创建品牌。全市创建人口文化示范家庭14.7万户，表彰了“十佳”计划生育模范家庭，武昌区被授予全省生育文明建设先进区。

（二）围绕促进家庭健康，强化计划生育技术服务和生殖健康服务。加强服务机构阵地和队伍建设，全市计生技术服务机构规范化、标准化建设达到59个，占85.5%，形成了以区服务中心为龙头、中心乡镇服务站为骨干、社区计生卫生服务中心为依托、村服务室为基础、流动服务车为纽带的基层人口计生宣传服务网络。加强计划生育技术服务硬件建设，全年累计投入资金1 000多万元；加强计划生育技术服务能力建设，开展了岗位练兵、技术竞赛活动，在省级比赛中荣获团体二等奖；加强依法执法准入、规范服务行为，完成了64个技术服务机构和247名技术服务人员《合格证》的校验工作；加强技术服务队伍建设，全市各级技术服务人员283人，中高级职称占40%。

坚持面向家庭、面向全人群开展个性化服务，提高出生人口素质。利用人口学校和服务机构阵地，为新婚家庭提供优生优育知识宣传服务，培训78万人次。在民政婚姻办证大厅设置“六位一体”的一站式免费婚检服务，全市适龄青年婚检率达72.3%，农业人口免费婚检率达75.17%；为怀孕家庭提供孕前风险评估、孕前优生健康检查服务。全面启动孕前风险评估系统，已有12 380人参加了孕前风险评估。在黄陂区启动了“国家免费孕前优生健康检查项目”试点工作，对计划怀孕的3 250对农村夫妇进行了孕前优生健康检查，人群覆盖率达到81%。稳步推进江夏、汉南、新洲区“国家免费孕前优生健康检查项目”省级试点工作。为婴幼儿家庭提供早期发展等服务，市计生科技所、武昌、江汉区建立阳光早教示范基地（区），形成了“基地+社区”的运作模式；为青少年家庭提供青春健康教育服务，武昌、江岸、蔡甸区与教育部门和高校协作，将青春期健康教育进校园、进课堂；洪山区与华中师范大学合作，开设青苹果网站，为中老年家庭提供健康指导、精神慰藉、更年期心理健康咨询服务；民政、卫生、人口计生部门联手成立居家养老服务站，为社区老人建立健康档案，提供更年期保健和上门医疗服务。

通过开展优质服务先进单位创建、计

划生育优质服务月、生殖健康“十进”、避孕药具进产科进人流室等活动，为全市160多万育龄群众提供生殖健康服务，普查率达96%，术后及药具随访达99%，出生人流比0.131，农业人口两个年度生育对象长效措施落实率达73%，建立避孕药具免费发放网点5 000多个。继蔡甸区于2011年成功创建“全国计划生育优质服务区”，目前全市已有11个区完成“国优区”创建。

（三）围绕家庭致富发展，强化奖励优待服务。落实法定奖励政策，市、区两级投入资金255.2万元，奖励扶助7 090人，将农村455名符合规定的“半边户”纳入奖励扶助制度落实范围。投入资金741.8万元，落实计划生育特别扶助7 040人；投入资金1 216万元，落实独生子女保健费101 356人。落实企业退休职工计生奖励政策，全市应落实奖励资金6.15亿元，已落实奖励资金5.68亿元，其中市、区两级财政投入2.4亿元，黄陂、江夏、东西湖、汉南、东湖高新区对企业退休职工实行计划生育奖励政策一次性兑现，东西湖区基本上实现了全覆盖。落实计生家庭社会保障制度，印发了《关于做好新型农村社会养老保险制度与人口和计划生育政策衔接的通知》，对农村计划生育家庭参加新农保的，按每人每月40～100元的标准，由市区两级财政按1∶1的比例安排专项资金给予补贴，共兑现6 740人。投入资金60万元，对6万户计划生育家庭参加意外伤害保险给予补贴。在征地补偿、分配宅基地时，农村独生子女按两个孩子计算份额。每年投入1 000多万元，对计划生育家庭在资金、技术等方面进行帮扶。

四、创新社会管理，着力提高人口计生工作科学管理水平

我市不断完善人口计生目标责任体系，全面推进依法行政，进一步加强信息化建设、计生干部队伍建设和基层基础工作，着力提高全市人口计生科学管理水平。

（一）改革完善目标责任体系和考评办法。坚持和完善人口计生“三线”目标管理责任制体系，根据责任要求的不同，科学设置党政领导线、责任部门线和人口计生部门线责任指标。进一步改革目标管理考评办法，建立了平时抽查、信访核查、专项考评、处室评估、年终综合考评相结合的考评制度。继续实行明点考核和免检制度。对部分重难点街乡和村（社区）实行明点考核，突出信息的及时掌握上报、数据的真实性准确性，促进重难点地区的转化；对工作基础好的街乡，选择部分专项工作有特色的，实行一年工作免检，鼓励基层创新与突破。不断改进目标考核方式，强化对目标执行过程的监管，强化平时抽查考核和督办，确保全年人口计生责任目标顺利完成。

（二）全面推进人口和计划生育依法行政。进一步健全各级人口计生部门法制机构，加强行政执法干部队伍建设，市、区成立了计生执法支队（大队），配备执法人员60人，市行政执法支队和江岸区、硚口区执法大队实现了参公管理。全面清理法规规章和规范性文件，规范计划生育行政执法程序。结合全市“治庸问责”行动，实行办理计划生育证件首问首办和限时办结责任制。“阳光计生行动”不断深化，人口计生“三项公开”、“四项评议”、“五项监督”得到加强。江岸区人口计生委被国家人口计生委评为“阳光计生行动”示范单位。认真开展诚信计生工作，着力建立政府诚信、群众守信、村（居）民互信的“双向承诺、充分自愿、依法自治”的诚信计生模式，9个区达到基本实现诚信计生的标准。全面开展人口和计生依法行政示范乡镇（街道）创建活动，30个街乡达到市级示范标准，申报省级示范街乡15个、国家级示范街乡1个。

（三）进一步加强信息化建设。各级高度重视人口计生信息化建设工作。健全全员人口信息库，完善个案数据采集及变更工作机制和数据质量保障机制，实施标准统一、业务规范的人口个案信息管理。依托全员人口信息数据库，完善育龄妇女、技术服务、孕情监测、流动人口服务管理、便民服务信息，为人口计生服务管理提供信息支持。加大信息化建设投入力度，全市村（社区）配备人口计生专用计算机设备数量2 220个，信息化设备配备率达到65%。加大信息服务网络应用推广力度和信息化业务培训，使信息化网络向村（社区）延伸。江岸、江汉、汉阳、武昌、洪山、江夏6个区已完成村（社区）网络和系统应用全覆盖。进一步加强公安、卫生等部门之间信息交流共享，出生入户、户籍人口、出生实名、预防接种、婚姻变动、收养子女、人口统计等信息在相应级别的定期交换共享机制得到完善。人口计生、公安、卫生等部门间信息交流与共享实现了电子化。

（四）加强干部队伍建设和基层基础工作。全市186个街乡配备了公务员，工作人员均在3人以上。在村（社区）换届工作中，全市3 393个村（社区）委会共配备专（兼）职计生专干3 511名，女专干配备率达100%。全市36 003个村（居）民小组全部配备了计生信息员，并提高了报酬。7个区级计生服务机构纳入了全额拨款的事业单位。街乡计生服务站按照人口规模设立了2～5个公益岗位，按照“项目测算、经费预算、签订协议，严格结账”的办法，实行“以钱养事”。加强人口计生干部队伍职业化建设，培训生殖健康咨询员4 597人，培训率93%。新洲区对取得生殖健康咨询职业资格人员实行职称补贴，江岸区对通过生殖健康咨询员考试的人员给予一定奖励。在全市人口计生系统深入开展创先争优和“治庸问责”活动，不断加强干部队伍思想作风建设。深入推进人口计生基层群众自治，进一步强化村（社区）“两委”和计生协的作用，形成“两委负总责、协会当骨干、依法建制度、群众做主人”的新机制。开展人口计生基层群众自治“百村示范”创建活动，创建市级人口和计划生育基层群众自治示范村（居）20个，推荐第二批全国人口和计生基层群众自治示范村（居）10个、全省人口和计生基层群众自治示范村（居）3个，全市基层群众自治合格村（居）达85.7%。

虽然我市人口计生工作取得了新进

展，但我们也清醒地看到，全市人口计生工作依然存在很多问题和不足。一是综合治理出生人口性别比任务依然艰巨。二是流动人口计生服务管理工作难度大，管理力量相对不足，基本公共服务均等化需要进一步加强。三是工作发展不平衡，一些地方基层基础工作薄弱，落后村、社区仍然占有一定比例。四是计划生育技术服务体系需要进一步健全，服务能力和服务水平有待进一步提高。

2012 年，着重做好以下工作：一是认真学习和贯彻落实胡锦涛总书记在中共中央政治局第二十八次集体学习时发表的重要讲话，把思想和行动统一到胡总书记重要讲话精神上来，进一步提高思想认识，增强做好人口工作的自觉性和主动性。适应新时期人口计生工作的新形势、新任务和新要求，加强战略研究、政策统筹、工作协调、任务落实。二是加大出生人口性别比综合治理力度，加强重点部位、重点人群的管理，加强对落后街乡、村（社区）的督导，对城乡结合部、流动人口、个体诊所较多的区域以及出租屋的清理，认真落实出生实名登记制度，严厉打击“两非”行为。三是切实加强流动人口计划生育服务管理基础性工作，积极推进流动人口基本公共服务均等化。四是加强计生服务体系建设，提高服务能力，围绕服务家庭、服务全人群、服务生命全过程，广泛开展优质服务和幸福家庭创建活动。五是进一步推进“两示范、两试点”（全国人口计生综合改革示范市、婚育新风进万家活动第四阶段示范市、流动人口计划生育基本公共服务均等化试点市、创建幸福家庭活动试点市）工作，不断提高统筹解决人口问题工作水平，为促进全市人口长期均衡发展、促进经济社会的协调可持续发展创造良好的人口环境。

关于印发《2012 年全市人口和计划生育工作要点》的通知

（武人计〔2012〕3 号）

各区人口计生委，武汉经济技术开发区、东湖新技术开发区社发局，东湖生态旅游风景区计生办，武汉化学工业区社发局，委机关各处室、各直属单位：

现将《2012 年全市人口和计划生育工作要点》印发给你们，请结合实际，认真贯彻落实。

附件：1. 市人口计生委 2012 年拟办实事

2. 2012 年市人口计生委月重要工作（活动）安排

武汉市人口计生委

二〇一二年一月十七日

2012年全市人口和计划生育工作要点

2012年，全市人口计生工作总体思路是：坚持以邓小平理论和“三个代表”重要思想为指导，认真贯彻落实党的十七届六中全会、胡锦涛总书记在中央政治局第二十八次集体学习的重要讲话和市第十二次党代会精神，深入学习实践科学发展观，发扬“敢为人先，追求卓越”的武汉城市精神，以稳定低生育水平、提高出生人口素质为主线，以加强人口理论研究为前提，以深化人口计生综合改革为动力，以综合治理出生人口性别比为重点，以实施流动人口计划生育基本公共服务均等化为基础，以政策服务和科技服务为支撑，以固化信息化建设为平台，以完善绩效目标管理体系为抓手，着力在抓重点、攻难点、补弱点、扫盲点、展亮点上下功夫。突出抓重点，咬住目标不放松；抓亮点，彰显特色不动摇。逐步实现管理精细化、服务人性化、程序便捷化、信息现代化，不断促进全市人口计生工作再上新台阶，实现新跨越，为建设国家中心城市和人民幸福城市作出积极贡献，以优异成绩迎接党的“十八大”胜利召开。

一、加强统筹协调，深入推进综合改革

完善统筹协调机制。争取党委、政府的领导和支持，坚持将人口计生工作纳入经济社会发展大局，加强人口与经济社会综合决策。坚持党政“一把手”亲自抓负总责，结合换届工作人事变动和领导分工调整，调整充实各级人口计生工作领导小组，适时召开市人口计生工作领导小组会议。完善和落实定期联席会议、信息通报、考核评估和重要工作联合督办、难点工作联系解决、专项工作联动协作等制度。做好《武汉市人口和计划生育事业发展“十二五”规划》实施工作。

加强人口理论研究。与高等院校合作，建立人口理论研究机构，确定人口理论研究课题，发挥大专院校、社会研究机构及基层专业工作者的作用，借力、借脑、借智，加强“六五”人口普查数据的开发利用，实行人口理论课题招标制及其成果发布制，进行人口理论研究成果评比表彰。

强化责任目标管理。按照“重点确保、特点突出、量化管理、总量控制、权重调节、有利考评”的原则，坚持和完善人口计生“三线”目标管理责任制，改进绩效目标体系，合理设置刚性目标、重点目标、特色目标、否决目标和成果加分项，探索建立定量考核、定性评估和创新激励相结合的绩效目标考评机制。强化对相关责任部门的考评。建立“123”目标调度制度，寓于过程管理。坚持特色创新与攻克难点“两手抓”，继续实行考核免检和明点考核。采取信息系统比对、春季督办、专项督办、平时抽查、年终考核、

举报核查、考核通报、排位排序等多种措施，加大考核力度，提高工作质量。

深入推进综合改革。认真贯彻国家和省关于深化人口计生综合改革的有关指示精神，加强统筹协调、科学管理、优质服务、利益导向、群众自治、人财保障机制建设。加强对综合改革工作的调研、指导和总结、提升，采取“申报－初审－签订协议－扶植－验收－表彰”的创建模式，抓好一批综合改革试点街乡（社区），继续开展综合改革示范区创建活动，发挥示范效应。

二、夯实基础工作，切实稳定低生育水平

严格控制政策外生育。严格执行现行生育政策，坚持街道（乡镇）负责、社区（村）为主的工作机制。认真落实单位法定代表人人口计生工作责任制，加强新建住宅小区计划生育管理，以宣传教育为先导，坚持孕前型服务管理，加强孕情跟踪服务，防止和减少政策外生育。

广泛开展群众自治。深入开展百村（居）示范创建活动，打造人口计生基层群众自治亮点。对全市计划生育村（居）民自治章程、合同进行全面清理，重点清理违法设定限制群众权利、增设群众义务以及权利义务不对等的内容。改革协会中心户长管理模式，通过精简、提标、提能、扩面、规范等措施，严格实行网格化管理，开展“十佳百优”基层计生协会评比表彰活动，充分调动广大群众的积极性，实行自我教育、自我服务、自我管理，进一步夯实基层基础工作。

严肃查处违法生育。认真贯彻落实《湖北省人口与计划生育条例》和中共湖北省委《关于共产党员违反人口与计划生育法律法规行为的党纪处分暂行规定》，严肃查处违法生育行为，重点加大对党员干部和国家工作人员的查处力度和清理清查工作，实行季报告制度。加大社会抚养费征收力度。

三、加强综合治理，促进性别比趋向平衡

深化关爱女孩行动。广泛宣传科学、文明、进步的婚育观念，做好农村计划生育女孩家庭女生中、高考加分工作。落实关爱女孩专项资金，对计划生育女孩家庭大力开展困难扶助、成才奖励、关怀慰问等活动，总结推广关爱女孩行动项目和社会性别平等促进项目经验，放大“关爱女孩行动计划”专项项目的成果效应，营造性别平等的社会氛围。

健全制度约束机制。协调卫生、药监、公安等部门完善和落实孕情包保责任制、B超检查登记、终止妊娠药物管理、出生实名登记等制度。协调食品药品监管部门出台关于加强B超和终止妊娠药品管理的有关制度，规范终止妊娠药品市场管理。

严厉打击“两非”行为。认真贯彻落实国家和省、市集中整治“两非”专项行动实施方案，适时召开全市出生人口性别比综合治理工作会议，联合纪检监察、公安、卫生、药监等部门深入开展打击“两非”专项整治活动，加大对“两非”案件涉案机构和相关人员的责任追究力度，查处一批典型案件，深挖“两非”案件源头。健全市内区际和与周边城市的“两非”联控网络，完善“两非”案件协查和案件查处情况通报制度。建立打击“两非”条块结合督查机制，对出生人口性别比长期偏高、“两非”行为较严重且查处不力的地方进行重点督查。适时召开全市严打“两非”案例成果研讨会。

四、坚持均等服务，加强流动人口服务管理

部门联动区域协作。加强人口计生部门与相关职能部门的合作，实现资源整合、信息共享、责任共担、区域联动。强化市内中心城区和远城区协作、武汉城市圈内协作、圈外省内协作、省外协作，进一步完善对口联系制度、定期交流制度，创新协作机制，拓展协作范围，打造流动人口计划生育无缝式服务管理和区域协作一体化。

加强双向服务管理。坚持属地管理的原则，流出地在巩固完善“六个一”服务管理制度的基础上，全面推行“五个结合”，即：流动人口计生服务管理与基层村、社区班子建设相结合、与落实惠农政策相结合、与新农村建设相结合、与弘扬文明乡风民俗相结合、与村（居）民自治相结合，不断提高流动人口有效联系率；流入地全面加强“五化”建设，即统筹一体化、基础信息化、服务均等化、管理规范化、宣传多样化，打造流动人口温馨家园。加强流动人口服务管理基础信息和动态监测工作，严格落实国家和省关于流动人口信息采集更新和管理相关技术标准规范，做好全员系统和PADIS系统的对接，扎实推进全员流动人口统计信息工作，做好流动人口动态监测。

强化重点地域管理。切实抓好大专院校、部队、城乡结合部、插花地带、出租屋、民营企业、重点经营场所、新建住宅小区等地流动人口计生服务管理工作，加强经常性的检查督办。今年将重点整治一批城乡结合部位，通报一批措施不力、工作落后的街道（乡镇）和社区（村）。深化流动人口“暖在江城”服务活动。

推进均等化服务试点。坚持“公平对待、服务至上、合理引导、完善管理”的方针，建立流动人口计划生育基本公共服务均等化投入保障机制；全面梳理、完善流动人口公共服务政策，协调有关部门建立健全外来务工人员户籍管理、计划生育、社会保险、劳动就业、义务教育、公共卫生等配套政策；建立健全流动人口计划生育基本公共服务均等化考核评估体系及相应的激励约束机制。按照“以人为本、统筹推进、重点突破”的原则，开展均等化试点，坚持一区一品牌，一街一特色，整体推进均等化服务。做好国家流动人口计划生育基本公共服务均等化试点验收工作。

五、坚持以人为本，提高优质服务水平

加强服务体系建设。进一步加强服务网络升级转型建设，加强人口计生服务机构规范化管理，开展服务站规范达标活动，加大科技服务投入力度，优化服务环境，配备实验室设备，广泛运用省人口计生科技服务平台、省计生基础信息共享平台和WIS系统，推进中心镇和特色镇服务站建设，提升服务站的服务能力和工作水平。开展优质服务先进单位和国家优质服务示范站创建活动。

实施优生促进工程。认真实施市政府为民办实事项目，全面落实符合生育政策、计划怀孕的农村（含流动人口）夫妇免费孕前优生健康检查，普及运用孕前风险评估系统。广泛开展优生优育知识宣传普及和优生咨询指导。加强优生检测、B超产前检查、农村适龄青年免费婚检工作。会同卫生部门开展孕妇保健、叶酸营养素补充工作。规范病残儿医学鉴定工作。

拓展生殖健康服务。全面推进“生殖健康进家庭”活动。围绕计划生育、优生优育、生殖健康，积极探索面向全人口、生命全过程的全程服务。规范避孕节育知情选择和随访服务，加强避孕药具应用指导，深化“避孕药具进产科、进妇科”等“十进”活动；推进婴幼儿早期发展教育、青春期教育、更年期服务工作，关注男性生殖健康，利用“男性生殖健康日”和“世界艾滋病日”等开展生殖健康知识普及宣传活动。会同卫生部门开展乳腺癌、宫颈癌普查工作。

推进服务科技创新。认真抓好以避孕节育、优生优育、不孕不育、生殖健康基础研究和应用研究为主的11个项目的科研。积极争取市建委、市科技局、市科协等部门的支持，争取将课题纳入其研究课题内容。加强对科研项目的督查总结工作，启动新的科研项目。

六、加强宣传倡导，建设家庭人口文化

强化宣传载体建设。建设人口文化园、人口文化活动室、新家庭人口文化屋等宣传基地，注重培植大院文化、长廊文化、楼道文化、墙体文化和电梯文化，打造集宣传、培训、创作、健身、娱乐、展示为一体的人口文化活动中心。充分发挥电台、电视台、网络、报刊、杂志“五位一体”的媒体效应，进一步优化人口计生户外宣传环境。建立与大专院校合作机制，组建人口计生战线先进事迹报告团、婴幼儿早期发展和青春期健康教育讲师团、幸福家庭心理咨询师服务团，广泛开展各类讲师团进社区（村）、进家庭、进学校活动。

打造人口文化品牌。创办武汉人口计生杂志，提升人口文化建设理论水平。创新人口文化理念，举办武汉市首届人口文化节，扩大人口文化的影响力。继续开展大型社会宣传活动，积极创作人口文化艺术精品，制作发放群众喜爱的各类宣传品；树立和表彰一批家庭人口文化示范街（乡）、社区（村）及人口文化示范家庭，充分展示人口文化成果。市级拟表彰30个示范街（乡）、40个示范社区（村）、100个示范家庭、10个人口文化示范基地。

开展幸福家庭创建。按照国家《关于开展创建幸福家庭活动试点工作的指导意见》和省计划生育协会“生育关怀·幸福家庭”促进计划，广泛开展创建幸福家庭活动试点工作，开展“进万家门、访万家情、解万家难”活动。大力实施家庭人口文化传播行动、家庭健康保障促进行动、家庭致富发展扶助行动三大工程，开展提升计生贫困家庭生存发展能力项目建设，重点抓好一批市级生产致富示范家庭，提升家庭发展能力。继续实施“生育关怀春风行”项目，促进婚育新风、优质服务、奖励政策、关爱行动、民主管理“五进”家庭，着力创建“文明、健康、优生、致富、发展”的幸福家庭。

七、强化利益导向，落实各项惠民政策

落实现行奖励政策。全面落实独生子女保健费、农村部分计划生育家庭奖励扶助制度、特别扶助制度、农村双女绝育户一次性奖励、计生家庭新农保补贴等现行奖励优惠政策。加大部门协调力度，创新工作方式方法，推进全市企业退休职工计生奖励政策全面落实。建立计划生育利益导向政策统筹审核备案制度，全面实行奖励对象名单化管理。

推进奖励制度创新。加强部门协调，争取出台新的奖励优待政策。进一步完善计划生育特别扶助制度，提高特别扶助标准。协调相关部门制定独生子女死亡家庭扶助政策。做好计划生育手术并发症人员纳入特别扶助相关工作。建立病残儿免费医学鉴定制度。

加强奖励政策衔接。积极争取各级党委、政府重视，建立普惠公共政策人口计生“有效介入机制”、执行“联动机制”以及执行结果“绩效评估机制”。在城乡最低生活保障、社保医保、社会救助、就学就业、农村林权制度改革、宅基地分配、扶贫开发、移民安置、征地补偿等方面体现对计划生育家庭的优先优惠。

八、推进依法行政，保障群众合法权益

加强法制建设工作。加强立法调研，拟定修正案初稿，征求各方面的意见，修订《武汉市计划生育管理办法》，力争本年内提交市人大和市政府审议。坚持规范性文件审查备案制度，做好规范性文件清理和规范性文件立、改、废工作。

加强法制宣传教育。制定人口计生系统“六五”普法规划。将人口计生法律法规纳入全市各级党委中心组学习内容，纳入党校、行政学院干部培训重要内容，纳入全市公务员和事业单位工作人员培训和考试内容。开展好全国“12·4”法制宣传日活动。

强化行政执法力度。进一步完善行政执法责任制、公示制、考核评议制和过错责任追究制。进一步规范执法主体、执法程序、执法依据、执法文书、执法档案，修订自由裁量权三步式执法程序，开展行政执法案卷专项评查活动。做好行政复议、行政应诉工作。加强层级监督，加大重大案件督查力度，落实行政问责，对因违法行政导致发生重大案件的地方，严格实行“一票否决”。

开展便民维权活动。认真落实首问首办和限时办结责任制，简化办事程序，推进《生育服务证》网上办理，落实《出生证》审批公示制度，提高办事效率。积极推行政务公开，深入推进“阳光计生”、“诚信计生”活动，落实人口和计划生育“三公开”、“四项评议”、“五项监督”制度。深入开展创建“阳光计生”示范单位和人口计生依法行政示范乡镇（街道）活动。

做好信访稳定工作。加强信访舆情分析、研判和处置工作，推进信访工作规范管理，加大信访事项督查督办制度，减少重信重访和信访积案发生。抓好重点类型、重点人群、重点区域的帮扶工作。认真做好节假日、纪念日、重大活动期间的信访稳定工作。

九、加强信息化建设，促进工作方式转型

强力推进信息化建设。重心下移，固本强基，以强化目标管理、定期督办和制度创新为抓手，以全面服务于市、区、街、社区四级培训与应用为目标，学习借鉴孝感等市的做法和经验，全面推进人口计生信息化建设，力争门户网站、全员人口信息化、重点业务信息系统、便民服务信息系统建设和部门信息资源共享等方面取得突破性进展。加快推进信息化应用向社区（村）延伸，推进人口计生服务与管理信息系统村（居）版应用，强化《湖北省人口基础信息共享平台》分拣信息的反馈和上报工作。

提高统计数据质量。开展人口计生数据质量年和岗位练兵活动，健全统计规范，夯实基层基础，确保人口计生数据的真实性、准确性、完整性和及时性，切实提高信息质量。深入开展争创人口计生“统计质量信得过单位”和“阳光统计之星”活动。扎实推进东西湖区国家全员人口信息采集机制创新试点工作。

十、加大经费投入，提高资金使用效率

完善投入保障机制。认真落实财政部、国家人口计生委《关于完善人口和计划生育投入保障机制意见》，加强同财政等部门的协调，落实年度人口和计划生育事业费的投入目标，将流动人口计生服务管理经费按照户籍人口同等投入标准纳入区级财政预算，落实省、市转移支付计划生育经费规定。优化经费支出结构，健全“以奖代拨”经费投入机制。落实利益导向政策经费、计划生育经常性工作经费、计划生育技术服务经费和免费婚前检查经费。

严格财务监督管理。严格执行年度预算，实行精细化管理。认真落实“收支两条线”，保证经费的专款专用，加强社会抚养费征收使用管理。加强对基层“以钱养事”经费、设备补助、救灾等资金的检查，加强中央投资项目的管理。开展财务管理培训，提高财务人员的业务技能和理财水平。

十一、加强队伍建设，健全服务管理体系

加强机构组织建设。积极争取区级计生技术服务机构核定为公益性全额拨款事业单位，进一步完善乡镇计生技术服务机构以钱养事机制。加强人口计生执法队伍建设，充实社区流管专职协管员。按照“组织健全，结构优化，素质提高，活力增强”的要求，开展各级计生协换届选举工作，加强流动人口计生协、新经济组织和新社会组织计生协建设，巩固和发展国有企业计生协组织建设。

加大教育培训力度。制定人口计生系统中长期人才发展规划，分三级三个层面，采取以街道（乡镇）分管领导进市级党校培训，区、街计生干部进国家专门机构培训，社区计生专干进社区人口学校培训等方式，分三年对全系统工作人员普遍轮训一次，进一步提高干部队伍综合素质。加强生殖健康咨询师、人口社工师、人口信息统计师、心理咨询师培训考证工作。深入开展全市技术人员岗位大练兵活动。举办全市人口和计划生育政策法规培训班。

加强党风廉政建设。认真落实党风廉政建设责任制，在全市人口计生系统深入开展反腐倡廉宣传教育活动，扎实推进腐败预警防控管理，全面查找风险点，建立人口计生系统的腐败预警防控管理制度保障、程序运行、技术监控和考核评价等配套体系，严格执行廉洁自律各项规定。

加强政风行风建设。深化治庸问责，优化发展环境，认真开展“喜欢十八大、争创新业绩”活动。进一步加强机关建设，完善工作制度，提高行政效能，努力建设效率型、责任型、学习型、服务型、廉政型机关。认真做好人口计生精神文明建设、社会治安综合治理、国家安全、机要保密和档案等工作。

附件1

市人口计生委2012年拟办实事

1. 培训50名心理咨询师、100名生殖健康咨询师并对取得生殖健康咨询员资格证的专干给予一次性奖励。

2. 开展计生药具“十进”活动，增加50个免费药具的发放网点。

3. 将计划生育手术并发症对象纳入特别扶助范围；免费开展计划生育家庭病残儿医学鉴定。

4. 推行《生育服务证》网上便民办理。

5. 为2万户符合生育政策、计划怀孕的农村（含流动人口）夫妇免费孕前优生健康检查。

6. 加大计划生育家庭意外伤害保险力度，为10.2万户参保家庭给予每户10元的补贴。

7. 实施“生育关怀春风行”，对200户困难的独生子女死亡家庭给予每户1 000元的经济帮扶。

8. 实施“救助贫困母亲四季行动”，对102名计划生育家庭的贫困母亲给予每人1 000元的经济帮扶。

9. 实施“两癌”救助计划，对50名困难的计划生育家庭妇女乳腺癌、宫颈癌患者给予每人2 000元的治疗救助。

10. 重点扶持生产致富家庭100户，提升家庭生存发展能力。

附件2

2012年市人口计生委月重要工作（活动）安排

一月份

1. 开展流动人口“暖在江城”活动。

2. 开展计划生育“三下乡”活动。

3. 开展“进万家门、访万家情、解万家难”春节走访慰问活动。

4. 举行全系统“我爱我家”春节团拜会。

二月份

1. 召开全市人口计生工作会议。

2. 举行全市人口计生委主任工作会暨信息化建设现场推进会议。

3. 召开全市孕前优生健康检查项目动员会。

三月份

1. 全市人口计生系统反腐倡廉工作会议。

2. 召开武汉市计生协常务理事会。

3. 开展计划生育“优质服务月”活动。

4. 春季督办。

5. 举办心理咨询师培训班。

四月份

1. 召开武汉市人口理论研究课题发布会。

2. 召开全市人口计生工作领导小组会议。

3. 召开全市人口计生综合改革现场推进会。

五月份

1. 人口计生工作转型暨改革中心户长管理模式现场会。

2. 召开全市综合治理出生人口性别比工作会议。

3. 举行5·29全国计生协会员集中活动日纪念活动。

六月份

1. 召开上半年各区、各处室绩效目标考评会议。

2. 召开流动人口计划生育服务管理现场会。

3. 举办街道计生科人口计生业务知识培训班。

4. 武汉人口和计生工作杂志正式创刊。

七月份

1. 举行“7·11”世界人口日纪念活动。

2. 军地共建、相关部门座谈会。

八月份

1. 参加武汉电台《行风连线》节目。

2. 扩大流动人口计生协工作覆盖面现场会。

3. 爱岗敬业演讲比赛。

九月份

1. 举办全市首届人口文化节。

2. 生育关怀行动总结表彰会。

十月份

1. 年终目标考核。

2. 全市严打“两非”案例成果研讨会。

3. 开展“10·28”男性健康日活动。

十一月份

1. 全市人口形势分析会。

2. 市计生协五届二次理事会。

3. 全市计生协“十佳百优”表彰会。

4. 迎接国家人口计生委对流动人口计划生育基本公共服务均等化试点验收。

十二月份

1. 全市2013年人口计生工作务虚会。

2. 全市孕前优生健康检查实事项目总结会。

3. “12·1”世界艾滋病日社会宣传活动。

4. 人口理论研究课题成果表彰会。

关于调整信息化工作领导小组的通知

（武人计〔2012〕8号）

各区人口计生委，武汉经济技术开发区、东湖新技术开发区社发局，东湖生态旅游风景区计生办，武汉化学工业区社发局，委机关各处室、各直属单位：

因工作需要，经研究决定，现将市人口计生委信息化工作领导小组及其办公室调整如下：

组　长　李丹芳（党组书记）

副组长　高惠祥（副主任）

成　员　葛晓群（党组成员）

黄开宏（办公室主任）

蔡金书（流动人口服务管理处处长）

刘丽纯（政治处处长）

金　玲（科学技术服务处处长）

李群发（政策法规处处长）

章　炜（宣传教育处处长、综合治理性别比办公室主任）

张士新（发展规划与信息处副调研员）

江哲银（市计划生育协会秘书处副秘书长）

何　平（市计划生育宣传教育中心主任）

侯群杰（市计划生育药具管理站副站长）

曾白涛（市计划生育科技所所长）

市人口计生委信息化工作领导小组主要职责是：统筹规划、组织协调和指导全市人口计生政务信息化、业务信息化工作的开展和委机关信息化建设。

市人口计生委信息化工作领导小组下设办公室，设在发展规划与信息化处，张士新任办公室主任。负责信息化领导小组日常工作，具体组织实施人口计生系统信息化建设、应用。

附件：武汉市人口计生委信息化工作领导小组成员单位工作职责

武汉市人口计生委

二〇一二年二月三日

附件

武汉市人口计生委信息化工作领导小组成员单位工作职责

一、共性职责

1. 负责按全省统一规划制定本部门业务信息化建设与应用发展规划和年度工作计划，提交业务信息系统研发管理应用需求报告，并组织实施。

2. 负责组织开展本部门业务信息系统推广应用，制定、执行相应的管理规范，加强操作培训和检查督办，收集整理业务信息系统应用中存在的问题，解答相关业务问题。

3. 按照电子政务和政府信息公开的要求和相关职责分工，做好武汉市人口计生委门户网站信息更新。

二、部门职责

（一）纪检组：

1. 负责对全市人口计生信息化建设软件及硬件采购招标工作实施监察。

2. 负责利益导向（违法生育党员干部查处情况）等相关业务系统应用。

（二）办公室：

1. 负责建立健全市人口计生系统电子政务和政府信息公开有关的各项制度规范，推进相关工作。

2. 负责省（市）电子政务网、省（市）办公自动化系统（OA）的设计、应用维护管理和推广培训。

3. 负责武汉市人口计生委门户网站设计、日常维护工作。

4. 负责组织年度信息安全保密检查。

5. 负责审核人口计生信息化建设和应用经费预算，审核及监督信息化项目建设与运营资金的使用情况，做好相关政府采购工作。

6. 负责国家 PADIS 平台中奖扶、特扶系统的应用。

（三）政策法规处：

1. 负责审查信息化建设项目中涉及依法行政、行政许可等事项的合法性。

2. 负责人口计生便民办证、利益导向（中考加分、独生子女保健费、社会抚养费、退休职工计生一次性奖励）等相关业务系统应用，参与人口基础信息共享平台应用维护，参与督查出生实名登记制度落实情况。

（四）发展规划与信息处：

1. 负责整合基层人口计生工作账卡表册，推进村（居）在线服务管理、考核评估等业务信息系统推广应用。

2. 加强全员人口个案信息采集，负责育龄妇女管理信息系统、人口基础信息共享平台应用，参与孕情监测信息系统应用。

3. 建立完善全员人口信息采集机制，加强对各区人口计生信息系统数据质量监管评估。

4. 负责制定信息化建设各项管理规范，指导各级人口计生部门开展人口计生信息化建设工作。

5. 负责为各处室开展业务系统的培训提供保障。

6. 负责信息系统技术维护工作，指导全市人口计生系统信息化建设硬件装备，抓好基层人口信息网络队伍技术技能培训工作。

（五）宣传教育处（综合治理出生人口性别比办公室）：

1. 负责人口计生系统信息化建设对外宣传工作。

2. 负责孕情监测、利益导向（高考加分）等相关业务系统应用，参与人口基础信息共享平台应用维护，参与督查出生实名登记制度落实情况。

（六）科学技术服务处：

1. 负责数字化服务站建设应用，参与孕情监管信息系统、人口基础信息共享平台等相关业务系统应用维护。

2. 建立完善业务信息采集机制，负责科技服务信息系统应用。

（七）流动人口服务管理处：

1. 负责流动人口服务管理信息系统、国家 PADIS 流动人口信息平台及省市 PADIS 对接平台的应用，参与人口基础信息共享平台应用，做好系统对接的协调工作。

2. 建立完善全员流动人口信息采集机制，加强对流动人口信息动态监测。

（八）政治处：

1. 负责加强各级人口计生部门从事信息化工作人员培训及队伍建设工作。

2. 负责人口计生人事管理等相关业务系统应用，做好生殖健康咨询师在线考试系统使用。

（九）市计划生育协会秘书处：

负责本单位业务信息化应用推广。

（十）市计划生育宣传教育中心：

负责本单位业务信息化应用推广。

（十一）市计划生育药具管理站：

负责本单位业务信息化应用推广。

（十二）市计划生育科学技术服务中心：

负责本单位业务信息化应用推广。

关于2011年度人口和计划生育部门目标管理考评情况的通报

（武人计〔2012〕10号）

各区人口计生委，武汉经济技术开发区、东湖新技术开发区社会发展局，东湖生态旅游风景区计生办，武汉化学工业区社会发展局：

2011年，全市各级人口计生部门在党委、政府的正确领导下，深入学习贯彻胡锦涛总书记在中央政治局第二十八次集体学习时的重要讲话精神，全面贯彻落实中央、省、市《关于全面加强人口和计划生育工作统筹解决人口问题的决定》（以下简称《决定》），围绕市人口计生委下达的各项目标和任务，突出重点、破解难点、强化措施、狠抓落实，各区均较好地完成了年度人口和计划生育工作主要责任指标。

根据年度考核、平时调查、处室评估等综合考评的结果，经研究决定，授予江岸区人口计生委、硚口区人口计生委、汉阳区人口计生委、武昌区人口计生委、东西湖区人口计生委、蔡甸区人口计生委、江夏区人口计生委、武汉经济技术开发区社会发展局、东湖新技术开发区社会发展局“2011年度人口和计划生育部门目标管理优秀单位”称号；授予江汉区人口计生委、青山区人口计生委、洪山区人口计生委、黄陂区人口计生委、新洲区人口计生委、东湖生态旅游风景区计生办、武汉化学工业区社会发展局“2011年度人口和计划生育部门目标管理达标单位”称号。对获奖单位的奖励按目标责任书的规定予以落实。

希望以上获奖单位继续发扬成绩，再接再厉，进一步做好人口和计划生育工作，不断取得新的成绩和经验。全市各区要认真学习先进单位的成功经验，再加力度，再添措施，狠抓落实，努力推动全市人口和计划生育工作的平衡发展和整体工作水平的提高。

当前我市人口形势依然十分严峻，保持低生育水平稳定的压力很大，二孩及以上出生人口性别比仍然严重偏高，流动人口计划生育服务管理还不到位，计划生育利益导向机制还需完善，基层计划生育优质服务水平有待提高，全市人口计生工作发展不平衡，人口和计划生育工作任务十分艰巨。

2012年，全市各级人口计生部门要深入学习实践科学发展观，认真贯彻落实中央、省、市有关人口计生工作的决定，发扬“敢为人先、追求卓越”的城市精神，坚决克服盲目乐观、麻痹松懈和消极畏难的情绪，转变工作理念和方式方法，围绕

"66553"工程的实施，进一步加强战略研究、政策统筹、工作协调和任务落实，千方百计稳定低生育水平，综合治理出生人口性别比偏高问题，着力提高出生人口素质，全面加强流动人口服务管理，切实促进计划生育家庭和谐幸福，努力完成全年人口和计划生育各项工作目标，推动全市人口和计划生育工作再上新台阶、实现新跨越，以优异成绩迎接党的十八大胜利召开。

武汉市人口计生委

二〇一二年二月六日

关于认真做好2012年度人口和计划生育工作调查研究和理论研究的通知

（武人计〔2012〕11号）

各区人口计生委，武汉经济技术开发区、东湖新技术开发区社发局，东湖生态旅游风景区计生办，武汉化学工业区社发局，委机关各处室、各直属单位：

为认真贯彻市第十二次党代会精神和省人口学会第五届常务事理会第四次会议精神，进一步做好我市2012年人口和计划生育工作调查研究和理论研究工作，破解我市人口计生工作的重点、难点问题，现将有关事项通知如下：

一、指导思想

以科学发展观为指导，以新时期人口理论为支撑，以武汉人口计生为立足点，创新研究课题，创新研究方法，创新研究机制，创新研究成果，为统筹解决我市人口问题进入"中部第一，国家第一方针"提供决策和实践依据。

二、目标任务

任务：完成8~10个涉及我市人口长期均衡发展，人口与经济社会协调和可持续发展相关课题研究。

目标：研究成果达到省内先进水平，2篇以上在省级以上刊物发表，2篇以上获得省人口学会优秀论文奖。

三、主要内容

2012年工作调研和理论研究要紧紧围绕贯彻市第十二次党代会精神，统筹解决武汉人口问题，为建设国家中心城市复兴大武汉创建良好的人口环境。其重点：一是进一步在体制和机制上总结创新人口和计划生育综合改革的经验；二是进一步总结创新流动人口管理和服务特别是均等化服务等经验；三是深入总结人口和计划生育法制建设的经验，特别是特别扶助政策以及出生人口性别比现实问题的对策研究；四是育龄群众生殖健康的需求和对策研究；五是总结创新人口文化建设的经验；六是研究人口计生在武汉市两个文明建设中的作用。

四、主要方式

我市人口和计划生育工作调研和理论

研究一是要注重理论和实际的结合，立足于工作实际，紧紧抓住工作的重点和难点问题，深入调查、认真分析，提出具体的对策和建议。二是要充分发挥智库的作用，善于借力借智借脑，将人口计生行政机关与社会人口理论研究机构结合起来，将人口计生工作者和人口理论工作者整合起来，使我们的研究成果既有前沿理论的支撑，又根植于厚重的工作基础。三是要注重上级机关与基层的结合，注重深入基层调查研究，集思广益，丰富思想。四是要将前瞻性研究和现实性研究有机结合，以理论指导实践，促进人口与计生理论工作的深入开展，以提高人口计生工作整体水平。

五、时间安排

今年的工作调研和理论研究主要分以下几个时段进行：

1. 自此通知下发起一个月内，各区根据本通知精神研究部署工作，确定课题和人员，制定具体工作计划。市人口计生委将在2月份同相关研究机构商定具体研究课题并签订合作协议。

2. 4月份，市人口计生委将组织召开人口理论研究课题发布会，邀请武汉地区有关专家学者和各区人口计生委主任参加，通报我市人口理论研究主要情况，发布今年人口理论研究主要课题，提出深入开展人口理论研究的要求和措施。

3. 8月和11月份，市人口计生委将组织有关专家分别对《武汉市第六次人口普查资料开发研究》成果和其他委托研究成果进行评审鉴定。

4. 12月份，市人口计生委将召开人口理论研讨会，并对各区人口计生委和有关专家撰写的调研报告和论文进行评比表彰。

六、主要措施

1. 建立合作机构，协同武汉地区高等院校开展人口理论有关课题研究。

2. 实行课题招标，积极组织专家学者参与国家和省、市有关人口理论项目的申报投标。

3. 建立激励机制，对经市人口计生委组织的专家学者在省级以上刊物发表的涉及我市人口问题的论文或在省、国家有关机构论文评选中获奖的论文，市人口计生委均给予表彰奖励。

市人口计生系统工作人员的论文和工作调研报告在省级以上刊物发表或在省以上机构组织的论文评选中获奖的同样给予表彰奖励。

七、要求

1. 各区人口计生委要重视工作调查研究和理论研究，要按照本通知精神，认真组织部署并抓好落实。

2. 论文或调研报告请于2012年11月底前提交电子文稿。

附：参考课题

1. 建设国家中心城市与武汉人口长期均衡发展

2. 总结创新我市人口与计划生育综合改革的经验

3. 武汉建设国家中心城市战略下的人口布局现状、目标探索

4. 武汉人口文化建设的途径、方式

研究

5. 武汉人口文化在我市社会主义文化建设中的地位作用及关系研究

6. 我市多形式人口与计划生育宣传阵地建设及新奇特宣传产品打造探索

7. 我市计划生育奖励体系建设

8. 我市独生子女伤残死亡家庭现状及对策研究

9. 帮助支持计划生育家庭提升致富能力，建设幸福家庭的经验总结和创新

10. 控制出生人口性别比的现实困境与对策，特别是打击“两非”行为的对策研究

11. 武汉人口有序流动与均等化服务的途径、方式、问题及对策

12. 流动人口计划生育管理服务区域协作机制和部门联动机制探索

13. 武汉市第六次人口普查数据分析研究

14. 人口与计划生育考核评估机制研究

15. 人口信息化现状及发展

16. 人口与计划生育监测体系建设研究

17. 分年龄段育龄群众生殖健康需求、现状及对策

18. 我市人口与计划生育队伍建设研究

武汉市人口计生委

二〇一二年二月七日

关于印发《武汉市免费孕前优生健康检查政府实事项目工作方案》的通知

（武人计〔2012〕15 号）

各区人口计生委、财政局：

现将《武汉市免费孕前优生健康检查政府实事项目工作方案》印发给你们，请认真组织实施。

武汉市人口和计划生育委员会

武汉市财政局

二〇一二年二月九日

武汉市免费孕前优生健康检查政府实事项目工作方案

为了降低出生缺陷发生风险，提高出生人口素质，全面落实《国家人口计生委财政部关于启动国家免费孕前优生健康检查项目第二批试点工作的通知》（人口科

技〔2011〕18号)、《省人口计生委财政厅关于印发〈湖北省免费孕前优生健康检查项目试点工作实施方案〉的通知》(鄂人口委〔2010〕12号)精神，根据市人民政府2012年为民办实事的要求，结合我市实际，制定本方案。

一、指导思想

以科学发展观为指导，依托计生市区乡村四级服务网络，以农村(含流动人口)计划怀孕夫妇为重点、以宣传倡导为切入点、以计生科技为支撑、以服务质量为核心，全面开展免费孕前优生健康检查，推动出生缺陷预防模式向“孕前预防”、“群体预防”转移，有效降低出生缺陷发生的风险，促进全市出生人口素质的提高，促进家庭幸福、社会和谐。

二、工作目标

通过开展全市免费孕前优生健康检查工作，计划怀孕夫妇优生科学知识知晓率达到80%以上；人群覆盖率达到80%以上。从而有效降低出生缺陷发生风险，提高全市出生人口素质。

三、工作原则

(一)免费服务原则。严格按照国家相关规定对符合政策条件的目标人群，免费开展孕前优生健康检查基本服务项目，不得搭车收费和乱收费。

(二)宣传引导原则。广泛做好群众宣传发动工作，使农村计划怀孕夫妇及时了解孕前优生健康检查的重要性，知晓优生科学知识，提高孕前优生健康检查的人群覆盖率。

(三)知情自愿原则。客观告知受检者所检查项目的内容、必要性和检查结果的解释、技术水平的局限性等，充分尊重受检者的选择权利，引导计划怀孕夫妇积极参加免费孕前优生健康检查。

(四)依法服务原则。技术服务单位和技术服务人员必须具备与所开展的检查项目相符合的合法执业资质，采购合法的药品(试剂)、检查设备等，严格按照《国家免费孕前优生健康检查项目试点工作技术规范》的要求，量力而行开展服务，必要时及时转诊，禁止超范围服务。

(五)严格保密原则。严格遵守保密性医疗原则，务必保护服务对象隐私，对受检者个人信息，特别是对高风险人群信息和各项检查结果，要严格保密，妥善保存相关资料，切实维护群众合法权益。

(六)坚持适当拓展原则。在国家统一要求的免费孕前优生健康检查19项基础内容上，结合本地出生缺陷高发病种及疾病流行状况，有针对性地拓展检查内容。

(七)坚持属地服务原则。项目检查以行政区域为单位组织实施。符合生育政策、计划怀孕的农村夫妇，包括流动人口计划怀孕夫妇，在户籍地或在现居住三个月以上的区接受服务。

四、主要工作内容和要求

(一)目标人群

目标人群需同时具备下列条件：

1. 符合生育政策并准备怀孕的夫妇。

2. 夫妇至少一方为农业人口或界定为农村居民户。

3. 夫妇至少一方具备本地户籍或夫

妇双方非本地户籍但在本地居住三个月以上。

（二）目标人群的确认及审核

1. 通过自愿报名或村级计划生育专干收集辖区内符合条件计划怀孕夫妇信息，提出名单，每月汇总报送街（乡、镇）人口计生部门；街（乡、镇）人口计生部门确定计划怀孕夫妇名单后，反馈给居（村）委会人口计生专干。

2. 乡级计生办收集、汇总各村上报的符合条件的计划怀孕夫妇名单，报区级人口计生行政部门审核。区人口计生部门可积极协调民政，可通过新婚登记环节了解新婚对象准备生育的情况，并将相关信息告知街（乡、镇）人口计生部门；协调公安等相关部门密切配合，确认相关信息。

3. 区级人口计生行政部门核实确定辖区内免费服务对象。

对流动人口计划怀孕夫妇，由区级人口计生部门与流出地人口计生部门沟通共同确认服务对象资格，并将所有已接受免费孕前优生健康检查的流动人口计划怀孕夫妇信息告知流出地，以便流入地、流出地人口计生部门共同管理。

（三）服务机构与人员管理

免费孕前优生健康检查各项服务由区级人口和计划生育技术服务机构承担、同级医疗卫生机构配合参与。区级人口和计划生育技术服务机构不具备《医疗机构执业许可证》的，由区级人口计生行政部门将实验室检查 9 项，病毒筛查 4 项委托市计生科技所完成，检查结果反馈各区，并按同等标准结算费用。没有区级人口计划生育技术服务机构的委托邻近区级人口计划生育技术服务机构开展免费检查，按同等标准结算费用。

乡级计划生育技术服务机构承担着免费孕前优生健康检查项目中健康教育、采集基本信息、病史询问、一般人群咨询指导、早孕及妊娠结局随访等重要任务。没有乡级计划生育技术服务机构的区其以上任务由区级计划生育服务机构承担。

具体人员资质要求见《国家免费孕前优生健康检查项目试点工作技术规范（试行）》。

（四）服务内容和服务方式

服务内容包括优生健康教育、病史询问、体格检查、临床实验室检查、影像学检查、风险评估、咨询指导、早孕及妊娠结局随访等 19 项服务。其中医学检查内容有 14 项，包括实验室检查 9 项，病毒筛查 4 项，影像学检查 1 项。

服务方式为各区符合生育政策、计划怀孕的农村夫妇（含流动人口）每孩次提供一次免费孕前优生健康检查；如果计划怀孕的农村夫妇接受免费孕前优生健康检查后未按计划怀孕的，再次准备怀孕时，应根据需要在医生指导下自费接受孕前优生健康检查；流动人口中计划怀孕的农村夫妇，原则上在现居住地接受免费孕前优生健康检查。

（五）服务流程

具体服务流程可分为区乡共同服务、区级直接服务两种模式。

区乡共同服务模式：由乡级计划生育技术服务机构提供健康教育，签订知情同意书；询问病史，收集夫妇基本信息和病史信息，做好孕前风险评估，有条件的乡站可配合区级服务人员采集血标本，告知评估结果，给予咨询指导，并进行早孕和妊娠结局随访，建议定期接受孕期保健记录。区级计划生育技术服务机构负责采集血、尿、阴道分泌物等标本，并进行实验室检查和辅助检查，对象的检查结果进行评估和指导，建立健康检查档案。中心城区及其他4个开发区的医学检查内容有13项，包括实验室检查9项，病毒筛查4项由市计划生育科技所承担。

区级直接服务模式：由区级定点服务机构直接为计划怀孕夫妇提供免费孕前优生健康检查服务。中心城区及其他4个开发区的医学检查内容有13项，包括实验室检查9项，病毒筛查4项由市计划生育科技所承担。

两种服务模式流程见《国家免费孕前优生健康检查项目试点工作技术服务规范（试行）》。

（六）结算标准和方式

免费孕前优生健康检查经费结算标准为240元（女性190元，男性50元）。资金由市、区财政按5∶5比例分担，其中武汉经济技术开发区和东湖新技术开发区由区级全额负担。国家试点区的资金中央负担50%、省级负担30%、区级负担20%。免费孕前优生健康检查工作经费由区财政从计生事业费中统筹解决，市级财政给予适当补助。

（七）信息收集和管理

各区、乡（镇）均指定项目信息员，专项负责孕前优生健康检查全程信息数据录入及信息管理工作。保存好纸质健康档案。国家试点区按照国家人口计生委统一组织设计《国家免费孕前优生健康检查服务信息管理系统》等软件，统一建立数据库。妥善收集、保存计划怀孕夫妇检查资料，建立孕前优生健康检查资料档案。其他区计划生育服务站根据国家人口计生委《国家免费孕前优生健康检查服务信息管理系统》的要求，建立夫妇信息档案，及时统计汇总分析上报检查人数、检查结果、妊娠结局、专项资金使用等数据信息，提高信息化管理能力。与个人隐私相关的信息应严格限定接触人员范围。每月15日前上报《全市免费孕前优生健康检查项目技术服务工作月统计报表》、《全市免费孕前优生健康检查项目地区妊娠结局月统计报表》及工作动态，每周一上报上周《全市免费孕前优生健康检查项目周统计表》及工作信息。

五、实施步骤

（一）准备阶段。2012年1~3月。

制定实施方案，分解目标任务，召开全市孕前优生健康检查项目启动会，印制相关资料，开展宣传发动，组织项目管理人员和技术人员培训。各区结合本区实际和目标任务制定实施方案。完成实验室配备调试、工作流程制定、人员培训和调查摸底工作。

（二）实施阶段。2012年4~12月。

1. 各区按规定的程序实施孕前优生健康检查工作。广泛宣传动员群众，开展健康教育，进行健康检查，提供风险评估，为一般人群或高危人群进行有针对性的优生指导，完成目标对象的实验室优生健康检查，并根据工作任务要求和目标人群的需求完善改进工作。

2. 督查评估。市人口计生委、市财政局联合组织不定期检查，对项目工作的管理实施、资金落实、质量控制及实施效果进行督导评估。各区人口计生部门每月对目标、质量、效果进行检查。

（三）总结评估阶段。2012 年 12 月各区人口计生委对项目实施情况进行全面的自检自评，形成客观全面的项目评估报告，上报市人口计生委。市人口计生委将对项目进行总结。

六、工作要求

（一）切实加强组织领导。各区党委、政府要从贯彻落实科学发展观、以人为本、关注民生的高度，切实加强对项目工作的统一领导和组织协调，积极落实各项保障措施，研究解决工作中出现的问题，确保全市免费孕前优生健康检查项目顺利开展。

（二）认真履行部门职责。各区人口计生、财政部门要在党委、政府统一领导下，共同做好项目组织实施工作。其中：

1. 人口计生部门职责。人口计生部门要加强技术服务监督管理，开展人员培训、技术指导和质量控制，做好服务机构和服务对象资格确认工作，建立夫妇信息档案，及时统计汇总分析检查人数、检查结果、妊娠结局、专项资金使用等数据信息，认真收集、汇总、统计、分析工作的数据、资料，总结孕前优生健康检查服务的工作经验，按要求定期上报。

2. 财政部门职责。财政部门要做好免费服务资金的预算决算、转移支付、总量控制和监督管理工作，确保配套资金及时足额到位，并对全部资金进行严格的监管。

（三）广泛开展社会宣传。各区利用结婚登记、办理《生育服务证》、开展免费婚检服务等窗口平台，加强舆论引导，提高育龄群众特别是计划怀孕夫妇对进行孕前优生健康检查重要性、必要性的认识，增强其积极参与和接受孕前优生健康检查的自觉性和主动性。

（四）强化人员培训指导。加强对服务人员依法服务的教育，增强其政策观念、法制观念和服务意识，熟练掌握规范的操作流程，切实履行职责。市人口计生委组织各区师资和技术骨干培训参加省、市人口计生委统一组织的培训，各区级人口计生部门也要做好基层干部和服务人员的管理培训工作，确保严格责任规范，健全预防监督机制，对出现的违规违纪问题，要严肃查处，决不能姑息迁就。

（五）严格规范服务标准。承担免费孕前优生健康检查的区、乡服务机构要严格按照《国家免费孕前优生健康检查项目试点工作技术服务规范》要求，结合实际制定优生检查制度、职责、标准规范，做到“六个统一”，即统一服务内容、统一工作流程、统一技术规范、统一宣传培训、统一统计报表、统一建立数据库。

（六）保证工作经费投入。各区开展免费孕前优生健康检查的工作经费及开展的 14 项医学检查以外的服务项目经费，由各区财政从本级安排的计生事业费中统筹解决。

（七）加强项目监督管理。各区要结合本地实际，规范工作流程，建立资格确认、免费服务、按例结算、监督检查的工作制度，构建免费孕前优生健康检查正常稳定、可持续实施的管理运行体系和技术服务体系。加强项目监督管理，保障专项资金专款专用。定期组织监察、审计等部门对项目组织实施、资金使用等情况进行监督评估。各区要加强调查研究，及时总结经验，不断完善免费孕前优生健康检查的工作制度和配套措施。

（八）积极参与国家、省级试点。各区计划生育服务机构应在今年 3 月内配齐具有相应执业资质的健康检查医师、临床实验室检验技师、风险评估和咨询指导人员、注册护士等，并加强培训，配齐设备。做好宣传动员群众，开展健康教育，制作相应的宣传资料和项目所需档案资料。中心城区符合条件的在年内办理《医疗机构执业许可证》。

附件：1. 孕前优生健康检查基本服务内容及核算标准（略）
2. 孕前优生健康检查服务内容示意图（略）
3. 科室及设备一览表（略）
4. 区、街（乡）共同服务流程图（略）
5. 区级直接服务流程图（略）
6. 全市免费孕前优生健康检查项目技术服务工作月统计报表（略）
7. 全市免费孕前优生健康检查项目妊娠结局月统计报表（略）
8. 全市免费孕前优生健康检查项目周统计（略）

关于开展计划生育优质服务月活动的通知（节录）

（武人计〔2012〕18 号）

各区人口计生委，武汉经济技术开发区、东湖新技术开发区社发局，东湖生态旅游风景区计生办，武汉化学工业区社发局：

根据全国、全省人口和计划生育工作会议精神，结合落实市政府为民办实事要求和今年的人口计生目标任务，定于 2012 年 3 月份，在全市开展以“计划生育·生殖健康·优生优育·家庭幸福”为主题的计划生育优质服务月活动。现将有关事项通知如下：

一、指导思想

以党的十七届六中全会、胡锦涛总书记 4·26 讲话和市第十二次党代会精神为指导，全面落实科学发展观，稳定低生育水平、提高出生人口素质，推进计划生育优质服务提质提速和转型升级。

二、工作任务

（一）开展孕环情监测服务，落实避孕方法知情选择，做好以长效避孕措施为主的避孕节育技术服务，做到“四个清”。开展经常性上门的个性化服务。实施分类指导，对育龄妇女新婚、妊娠、生育、节育实施全程随访服务，按照知情选择原则，指导育龄妇女及时落实长效为主的避孕节育措施，做到“四个清”：即服务对象底数清、孕期妇女孕情清、出生婴儿情况清、产后避孕措施清。

（二）开展生殖健康普查工作，落实“四项服务”。围绕婚前婚后、孕前孕后、产前产后、术前术后，以及育龄期前后全面开展育龄妇女生殖健康服务工作，落实“四项服务”：一是各级计生服务机构设置咨询保健服务室，为群众提供咨询保健服务。二是组织技术人员、村（社区）专干、中心户长，对手术后、使用避孕药具的人员以及手术并发症人员进行上门访视服务。三是为农村村民、城市无业居民、半边户、流动人口开展一次免费的生殖健康普查服务，并指导各辖区单位开展以生殖健康为重点的体格检查，并统计上报情况。四是各区集中开展一次为环卫女工或其他弱势群众开展一次生殖健康检查服务。

（三）落实市政府为民办实事，做好孕前优生健康检查工作，把握“四个环节”。各区要认真实施市政府为民办实事项目，全面落实符合生育政策准备怀孕的农村夫妇（含流动人口）免费孕前优生健康检查。把握“四个环节”，即：宣传发动、组织实施、检查质控、项目评估。广泛开展社会宣传，强化人员培训指导，严格规范服务标准，加强项目监督管理。做到“六个统一”，即统一服务内容、统一工作流程、统一技术规范、统一宣传培训、统一统计报表、统一建立数据库。

三、主要措施

（一）大力开展宣传教育活动，广泛普及计划生育政策法规和生殖健康系列知识。各区人口计生委要营造浓厚的计划生育宣传氛围，广泛宣传中央、省、市《决定》精神、人口和计划生育相关法律法规及当前的人口形势、宣传计划生育、生殖健康和优生优育科普知识。对新婚、怀孕对象，重点宣传计划生育的权利和义务、孕前优生健康检查等知识；对近两年有生育行为的已婚育龄妇女，重点宣传避孕节育、生殖保健等知识。采取广场宣传、入户宣传、文艺演出、知识竞赛等形式，开展“四个一”宣传：一个展版展示，一份折页入户，一次培训讲座，一次面对面个性化告知。普及避孕节育、免费婚检、出生缺陷预防、生殖系统常见病预防、早期宫颈癌预防及检测、艾滋病防治等知识，提高育龄群众对自身生殖健康的保健意识。

（二）加强流动人口均等化服务，促进流动人口计生管理与服务工作。各区要把推进流动人口计划生育基本公共服务均等化，作为稳定低生育水平、统筹解决人口问题、体现社会公平的重要举措。为广大流动人口育龄妇女提供更方便、更优质的服务和计生知识宣传。对流出人口要做到“六个一”，即：外出前免费为已婚育龄妇女进行一次孕检，落实一项长效措施，免费办理一本婚育证明，签订一份计生合同，明确一个联系方式，建立一份计生档案。对流出返乡的，要进行一次孕情检查服务；对流出未归的，要弄清其详细地址，以电话或短信方式定期联系；对流入人员要纳入本地经常性服务与管理，实行与户籍人口同宣传、同服务、同管理。

（三）围绕服务全人群和生命全过程，广泛开展特色服务。围绕计划生育、优生优育、生殖健康，不断拓展服务人群和服务项目。一是对新婚期、孕期以及哺乳期的对象产前提供一次宣传培训、产后进行一次进村入户随访服务，发一套避孕节育知识的宣传品、送一份避孕药具、提供一次生殖健康检查、落实一项适宜的避孕节育措施。二是对0～3岁婴幼儿、婴幼儿家长及看护人开展早期科学育儿和健康教育知识讲座，开展亲子互动活动。三是在小学高年级、中学、职业学校和大学开展适宜的婚恋观教育、青少年性教育、青春期卫生和生殖健康教育，免费开展意外怀孕救助。四是对更年期人群，积极开展更年期健康教育讲座，配合卫生部门对更年期人群进行一次全面身体检查、妇科检查和防癌检查，指导更年期人群选择合适的避孕方法，适时取出避孕环。

（四）创新药具发放模式，提高避孕药具的使用率。畅通全市免费避孕药具主渠道，规范药具发放服务流程，创新药具发放模式，提升服务水平。药具服务做到“四化”即：人性化、多样化、优质化、规范化。各区要进一步完善规范村（社区）药具发放网络，每个村（社区）都要有争取达到药具管理细则的标准化、规范化要求。在巩固“避孕药具进产科”的成果的基础上，开展避孕药具“进人工流产室”活动，将《科学避孕 远离流产》的宣传展板、宣传折页和避孕药具送进医院妇科，宣传避孕知识，强化避孕意识，落实有效的避孕方法，最大限度地降低非意外妊娠和重复人工流产率。继续做好避孕药具“十进”工作，各街（乡、镇）积极拓展规范化的发放网点，各区在市药具站的统一布置下，组织避孕药具进工地活动，满足农民工的避孕节育需求。

四、工作要求

（一）加强领导，精心组织。各区人口计生部门要加强组织领导，统筹安排，周密部署，保障投入，务求实效。要按全市部署拿出切实可行的实施方案。请各区在3月1日前报市人口计生委科技处。

（二）加强督导，强化信息。各区人口计生部门要深入基层，指导活动的全面开展，特别是对基础工作薄弱、计划生育优质服务落后的街（乡镇）的督导。要充分利用省人口基础信息共享平台，全员人口信息系统平台，分析掌握出生，孕妇B超、手术、孕情、服务信息，促进基层基础工作规范化建设，促进经常性工作的扎实开展，促进服务工作的延伸。市人口计生委科技处、计划生育科技所、药具站将组成工作组分赴各区开展现场督导。

（三）注重创新，构建特色。各级人口计生部门、人口计生服务机构要注重内容、形式的创新，根据围绕育龄群众的需求，开展富有地域性特色、个性化的服务。以优质服务月为契机，提升优质服务整体水平。

（四）认真总结，积极推进。各区要对计划生育优质服务月活动进行认真总结，针对存在的问题和薄弱环节，采取相应的对策和措施，提升服务能力和服务水平，加快推进计划生育优质服务提质提速。请各区将活动总结材料和有关统计表于4月15日前报市人口计生委科技处。

附件：1. 武汉市已婚育龄妇女孕环情监测情况报表（略）

2. 武汉市人口和计划生育科技服务统计表（略）

3. 婚前医学检查统计表（略）

武汉市人口计生委

二〇一二年二月二十二

关于下达2012年度计划生育药具分配计划的通知

（武人计〔2012〕19号）

各区人口计生委，武汉经济技术开发区、东湖新技术开发区社发局，东湖生态旅游风景区计生办，武汉化学工业区社发局：

根据省人口计生委下达我市2012年度计划生育避孕药具分配计划，结合各区2012年度避孕药具需求计划，各区总人口数、已婚育龄妇女数、流动人口数及库存周转量，现将2012年度计划生育药具分配计划下达给你们，并就有关事项通知如下：

一、严格按照需求落实计划。各区要根据所辖街（乡、镇、场）避孕药具实际需求，综合考虑流动人口和特定人群分布情况，下达避孕药具的分解计划。做到既要保证供应，又要避免积压浪费。

二、加强避孕药具的随访与跟踪服务。要及时了解育龄群众对避孕药具品种需求的变化，掌握并反馈辖区内育龄群众避孕药具使用、副反应等情况的动态信息，对使用避孕药具发生的副反应要及时进行追踪，逐级上报。

三、坚持宫内节育器的免费供应。凡计划分配的宫内节育器不得向育龄群众收取任何费用，尽量满足基层计生服务站的需求。

四、加强避孕药具的及时调拨。要根据本辖区避孕药具供应的变化情况，加快调拨速度，确保药具供应充足。凡避孕药具品种、数量不足需追加计划的单位，追加计划表须由分管领导签字，并附文字说明短缺原因，于3月15日前上报市药具站，以便及时组织调整调拨。

五、加强计划生育药具仓储管理。各区要做好本级仓储管理，注重药具在库养护，保证药具在库质量完好，严格执行按药具批号堆码、发放登记的管理制度，确保2012年度计划生育药具免费供应工作顺利进行。

六、严禁免费药具流入零售市场。严禁“国家免费供应”的避孕药具进入市场销售。一经发现，将按有关规定处理，并追究有关领导和当事人的责任。

附件：2012年度计划生育药具订购计划分配表（略）

武汉市人口计生委

二〇一二年二月二十日

关于深入开展流动人口计划生育“优质服务、优化管理”活动的通知

（武人计〔2012〕21号）

各区人口计生委，武汉经济技术开发区、东湖新技术开发区人口社发局，东湖生态旅游风景区计生办，武汉化学工业区社发局：

为贯彻落实国家人口计生委、综治委、财政部、人力资源和社会保障部《关于创新流动人口服务管理体制推进流动人口计划生育基本公共服务均等化试点工作的指导意见》的精神，全面深化流动人口服务管理工作，经研究决定，于2012年2月20日~6月30日继续深入开展流动人口计划生育“优质服务、优化管理”的活动（以下简称“双优活动”）。通知如下：

一、主要任务

（一）“双优活动”服务管理对象：主要是在我市居住或从业（或流出）一个月以上的全员流动人口，重点是流动人口已婚育龄妇女。

（二）优质服务内容：对辖区内流动人口已婚育龄妇女免费做一次生殖健康检查。免费为孕妇做一次孕前免疫疾病干预，积极为流动人口孕妇开展围产期知识讲座，积极发动流动人口参与婴幼儿早期教育活动。免费发放避孕药具，大力开展“避孕药具进工地”活动，积极落实国家规定的免费技术服务项目。免费发放含政策咨询、生殖健康、优生优育优教等内容的宣传资料。及时为流动人口在现居住地办理一孩生育服务证并通过PADIS通报户籍地，免费为流动人口代办婚育证明。及时为流动人口子女入学、入托出具居住从业证明，对市外流入人口农村独生女和双女绝育户女孩中考加分人员及数量进行摸底。协调落实流动人口产假、护理假等休假权益。

（三）优化管理内容：及时为流动人口登记建档，及时摸清流动已婚育龄妇女的有效联系电话、居住地、从业地，及时将流动人口录入全员信息系统，及时落实PADIS对接系统的信息交流和反馈，及时

对政策外怀孕的落实补救措施。根据流动人口流向、数量，与外省市建立“点对点”流动人口计划生育协会。根据全市计划生育“66553”工作要求，打造不同类型的服务管理示范点。

江岸区、江汉区、硚口区、汉阳区、武昌区、青山区、洪山区、武汉经济技术开发区、东湖新技术开发区、东湖生态旅游风景区、武汉化学工业区、东西湖区开展“双优活动”的重点是流入人口。东西湖区、汉南区、蔡甸区、江夏区、黄陂区、新洲区的重点是流出人口，在区政府所在地及流入人口较多的街、乡、镇（场）的重点是流入人口。

二、工作步骤

第一阶段：2月20日~2月29日，宣传培训阶段。主要是做好组建班子、制定方案、宣传发动、业务培训、资料准备、后勤保障准备及相关协调工作。

第二阶段：3月1日~6月20日，组织实施阶段。对全市范围内的小区、学校、单位、厂区、工地、市场、出租屋，特别是城乡结合部的流动人口进行摸底登记。实现户籍地与现居住地“双覆盖”，居住地和从业地“双覆盖”，“两地”及时交流相关信息，及时登记录入系统。各区及时汇总“双优活动”进展情况，定期将数据库跨省流动人口数量与信息平台进行数据比对，与目标进行比对，每月逐级上报工作进度表。

第三阶段：6月20日~30日，验收总结阶段。由各区人口计生委先行组织本区“双优活动”的检查验收和总结分析，对街级完成情况进行排名，并于7月10日前将验收总结情况上报市人口计生委，市人口计生委将对部分区进行抽查验收并综合通报。

三、工作要求

全市各级人口计生部门要成立工作专班，明确工作职责。将“双优”工作与均等化试点工作相结合，与绩效目标管理相结合，与“双实有”工作相结合，与全市计划生育“66553”工程相结合。以“双优”活动为契机，大力宣传《流动人口计划生育工作条例》和四部委《关于创新流动人口服务管理体制推进流动人口计划生育基本公共服务均等化试点工作的指导意见》的精神和要求。层层加强督导，加强清理登记、录入、信息交流与反馈工作。求真务求，全面完成全市登记录入挑战值90万、录入系统挑战值63万的目标，完成信息对接平台的各项指标。

附件：武汉市2012年流动人口计划生育“优质服务、优化管理”活动汇总表（略）

武汉市人口计生委

二〇一二年二月十五日

关于认真做好2012年诚信计生工作的通知

（武人计〔2012〕35号）

各区人口计生委，武汉经济技术开发区、东湖新技术开发区社发局，东湖生态旅游风景区计生办，武汉化学工业区社发局：

2011年，全市人口计生系统认真落实《国家人口计生委关于全面推进诚信计生工作的通知》（人口政法〔2010〕55号）、《省人口计生委关于印发<湖北省推行诚信计生工作实施方案>的通知》（鄂人口政法〔2011〕2号）和《市人口计生委关于印发<武汉市全面推进诚信计生工作实施方案>的通知》（武人计办〔2011〕14号）文件精神，把诚信计生工作作为新时期完善群众自治机制、创新基层计生服务管理方式、加强基层人口计生工作的重要措施，强化组织领导、广泛宣传发动、优化服务管理、落实奖扶政策、严格操作规程，基本建立了政府诚信、群众守信、村（居）民互信的"双向承诺、充分自愿、依法自治"的诚信计生模式，并对照标准组织评估验收。江岸区等9个区达到全市第一批基本实现诚信计生合格区的标准。最近，国家人口计生委印发了《2011年诚信计生工作进展情况的通报》（人口政法函〔2012〕45号，以下简称《通报》），对做好下步诚信计生工作提出了具体要求，现结合《通报》精神，就2012年度诚信计生工作提出如下要求：

一、进一步提高认识，切实加强对诚信计生工作的组织领导

各级人口计生部门要认真学习理解国务院领导同志对诚信计生工作的批示精神，努力提高对开展诚信计生工作重要性的认识，将稳定低生育水平与帮助群众解决实际困难结合起来，将人口计生工作与群众自我管理自我服务、社会诚信建设结合起来，将诚信计生作为新时期人口计生部门加强和创新社会管理，推进依法行政，提升基层人口计生服务管理机制的重大举措，从维民权、促民生，促进人口计生工作思路和方法的根本改变出发，切实加强对诚信计生工作的组织领导。各级人口计生部门，要积极争取当地党委政府的重视支持，努力做到各类民生政策向计生家庭优惠倾斜，要按照省、市《实施方案》部署，认真贯彻《通报》精神，制定完善具体方案，创造条件、营造氛围；突出重点，夯实基础，积极协调解决好工作中遇到的问题，确保工作顺利推进。

二、不断实践探索，努力推进诚信计生工作深入开展

各级人口计生部门要认真贯彻《通报》精神，按照省、市《实施方案》部署的年度目标和方法步骤、时间节点及工作要求，扎实做好每一项工作。要进一步改革创新人口计生服务管理机制，加大网上办证、网上咨询和答疑力度，简化办事程序，缩减办事时间，公开办事制度，实行首问首办责任制度，提高群众满意度。2011 年开展诚信计生工作的区，要认真总结经验教训，巩固已取得的成果，做好总结推广工作，强化诚信计生激励机制建设，让更多的利导政策优惠于计生家庭，进一步增强诚信计生工作的吸引力。2012 年开展诚信计生工作的区，要认真学习借鉴先行单位的好的做法和成功经验，结合实际，有针对性地制定实施方案，大胆实践，积极创造开展诚信计生工作的政策和制度环境，营造良好的舆论氛围，确保诚信计生工作健康有序深入发展。今年基本实现诚信计生的区，4 月 30 日前将方案报送市人口计生委政法处。汉阳、武昌、青山、江夏、蔡甸、黄陂、新洲七个区在 4 月 30 日前将本区诚信计生工作方案报省人口计生委政法处。

三、加强督查指导，务必确保诚信计生活动取得实效

各级人口计生部门要加强与计生协的配合，将诚信计生与阳光计生、基层群众村（居）自治、百村（居）示范创建活动结合起来，加强检查督导和分类指导。要切实推进落实避孕方法知情选择，禁止将“一环二扎”落实率纳入年度目标责任制，禁止下达避孕措施到位率等考核指标。区级人口计生部门要抽查 30% 的村（居），乡（镇、场、街道）计生办要逐个督查村（居）自治章程、村规民约和诚信计生协议，对不符合法律法规和不适应经济社会发展形势和政府职能转变的政策规定，及时指出并督促修改完善。协调集体经济比较好的村（居）制定对诚信计生家庭的优惠奖励政策，为参加诚信计生活动的群众提供激励政策，增强群众参加诚信计生活动的自觉性。严禁借开展活动收取各种押金、保证金等措施，确保合法合规，依法行政，合理行政。市人口计生委将在 8 月中下旬对今年开展诚信计生工作的区进行验收，省人口计生委将于 9 ~ 10 月组织抽查。

武汉市人口计生委

二〇一二年四月二十四日

关于创办《与福同行》杂志的通知

（武人计〔2012〕36 号）

各区人口计生委，武汉经济技术开发区、东湖新技术开发区社发局，东湖生态旅游风景区计生办，武汉化学工业区社发局：

为适应当前人口计生工作的新形势新

要求，更好地服务全市人口事业发展大局，经市人口计生委研究决定，从今年6月份起创办《与福同行》杂志，现将有关事项通知如下：

一、办刊宗旨

《与福同行》杂志是武汉市人口计生委主办的内部月刊，刊号采用湖北内部出版刊物号。其宗旨是“围绕中心，服务大局，突出特色，办成精品”，充分发挥“平台、窗口、园地”的作用，全方位宣传报道我市人口事业发展成果、各地工作特色和先进典型事迹。栏目包括：刊首语、重要资讯、理论研讨、工作研究、人物采风、基层短波、生殖健康、他山之石、人口文化、幸福家庭、漂流书屋、当月大事记。

二、组稿事项

（一）征稿范围为全市人口计生工作者及关心、支持人口计生工作的社会各界人士。

（二）投稿一律要求以电子文稿形式发送至专用邮箱，注明作者单位、姓名、职务。大稿字数不超过3 200字，小稿字数不超过800字。

（三）编辑对新闻线索和所需题材的组稿，以约稿或直接深入基层采访的形式进行。各区要积极配合杂志编辑、记者的工作，为他们的采访工作提供便利和支持。

（四）《与福同行》从通知发出之日起开始征稿。各区要积极组织人员撰写稿件，踊跃投稿。稿酬按国家新闻出版署有关规定执行。

三、有关要求

（一）各区要高度重视《与福同行》杂志创办工作，《与福同行》杂志是全市人口计生宣传工作的重要载体，各区要充分利用好这个载体，结合自身实际，积极组织反映辖区人口计生工作的各方面稿件，提供新闻信息和采访线索。及时传送本区最新的工作动态、工作成就及典型的经验做法，指定专人负责本区的信息收集、撰写和报送工作。

（二）各区要迅速建立《与福同行》杂志通讯员队伍，选择一些政治素质高、业务能力强、文字功底过硬的同志担任《与福同行》杂志通讯员，加强通讯员队伍培训和经常性联络。

（三）各区通讯员队伍、投稿数量、刊登稿件的数量、质量及发行工作将作为评价宣传工作的重要依据，刊登稿件数量纳入年度新闻宣传目标范围，并实施奖励措施。各区每月提供稿件5篇、新闻线索3条，年采用稿件15篇；武汉经济技术开发区、东湖新技术开发区每月提供稿件3篇、新闻线索2条，年采用稿件10篇；东湖生态旅游风景区、武汉化工区每月提供稿件2篇、新闻线索1条，年采用稿件5篇。

（四）投稿内容本着实事求是的原则，体现真实性、科学性和时效性，要求观点鲜明、论据充分、数据可靠、结论准确、文字精练，具有可读性和推广价值。稿件内容如有引用，须注明出处，严禁抄袭或网络下载他人作品。

（五）本刊物属免费发行，基层发行

工作由各区人口计生委负责，不得从事各种直接或间接商业活动。

武汉市人口计生委
二〇一二年五月五日

关于印发《武汉市人口计生系统2012年“三评”活动方案》的通知

（武人计〔2012〕44号）

各区人口计生委，武汉经济技术开发区、东湖新技术开发区社发局，东湖生态旅游风景区计生办，武汉化学工业区社发局：

现将《武汉市人口计生系统2012年“三评”活动方案》印发给你们，请认真组织实施。

武汉市人口计生委
二〇一二年五月三十日

武汉市人口计生系统2012年“三评”活动方案

根据国家和省人口计生委的要求，为进一步转变干部作风，市人口计生委2012年将在全市人口计生系统开展“三评”活动。现就开展好“三评”活动，制定如下活动方案：

一、评议目的

通过“三评”活动进一步改进工作作风，严格规范行政执法行为，提高技术服务质量，保障人民群众的知情权、参与权、表达权、监督权，密切党和政府与人民群众的联系，为构建和谐武汉创造良好的人口环境。

二、评议范围

市人口计生委机关、区、街、乡、镇计划生育行政管理部门和技术服务机构。

三、评议内容

本次评议的内容主要包括：育龄群众对人口计生工作的满意度评价，即计划生育政务公开、技术服务、文明执法、流动人口管理和服务、工作作风、治庸问责、优化发展环境等6项主要内容。

四、评议方法

（一）发放调查表，对计划生育服务对象进行问卷调查。调查表采取现场发放、无记名填写回收的办法。

（二）在评议过程中，市人口计生委将组成抽查组，采取查看评议活动资料、召开计划生育服务对象座谈会等形式，了解评议活动进展情况。

（三）各区人口计生委对本辖区评议工作负责，并汇总统计数据。

五、评议安排

“三评”活动自2012年6月至2012

年10月，主要分为四个阶段：

（一）安排部署。2012年6月上旬，印发《武汉市人口计生系统2012年“三评”活动方案》。各区人口计生委进行部署，并制定“三评”活动实施意见。

（二）组织实施。2012年7月~8月，各区人口计生委根据“三评”活动方案组织开展评议活动。

（三）集中整改。2012年9月，各区人口计生部门针对评议活动中群众反映的突出问题，制定整改措施，并加以落实。

（四）总结评估。2012年10月上旬，各区人口计生委将“三评”活动有关数据进行汇总，并形成有分析、有分量的总结报告，于10月10日前报市人口计生委纪检组。

六、有关要求

（一）要充分认识开展“三评”活动的重要意义。将“三评”活动与深化人口计生系统治庸问责，优化发展环境，反腐倡廉建设，喜迎十八大，争创新业绩结合起来。

（二）要切实加强领导。制定具有科学性、可操作性的实施方案，进一步建立和完善各项规章制度，强化依法行政意识，规范技术服务行为，提高为民服务的工作效率。

（三）要认真组织填写评议问卷。要将评议过程和评议结果向群众公开，主动接受群众监督。总人口在3万人以上的街乡镇发放问卷400份，总人口在3万人以下的街乡镇300份。保证参加评议的人员中已婚育龄妇女数不少于参加评议总人数的60%，有效评议问卷回收率达到95%以上。各区人口计生委街、乡（镇、场）、村（社区）干部评议市人口计生委机关发放问卷100份，各层次参评对象各占30%，对在评议活动中弄虚作假的单位和个人，予以通报批评。

（四）要坚持纠评建并举、以评促纠、以评促建的方针。对群众反映强烈的突出问题，要认真分析原因，制定整改措施，进一步完善和落实各项规章制度，以人民群众的满意度作为检验人口计生工作的根本标准，使广大群众得到更多的实惠。

附件：1.“请农民兄弟姐妹评计生活动”评议问卷（A）
2.“请流动人口评计生活动”评议问卷（B）
3.“请区街、乡（镇、场）、村（社区）人口计生干部评市人口计生委机关活动”评议问卷（C）
4.“请农民兄弟姐妹评计生活动”评议问卷汇总表（A）
5.“请流动人口评计生活动”评议问卷汇总表（B）
6. 市人口计生委“下评上活动”评议问卷汇总表（C）

附件1

“请农民兄弟姐妹评计生活动”评议问卷（A）

（远城区参评育龄群众填写）

1. 个人信息

1.1　性别：1. 男　2. 女　□

1.2　年龄：1. 18～24岁　2. 25～35岁　3. 36～49岁　4. 50岁以上　□

2. 满意度

请您给计划生育工作整体情况和各项具体工作给予评价

1. 满意　2. 基本满意　3. 不满意

2.1　对计划生育整体工作的评价　□

2.2　对计划生育依法行政工作的评价　□

2.3　对计划生育宣传教育工作的评价　□

2.4　对计划生育技术服务工作的评价　□

2.5　对计划生育部门工作人员工作态度及工作作风的评价　□

3. 政务公开

3.1　您居住的村子是否有村务公开栏　□

1. 有　2. 没有　3. 不清楚

您是否知道本村以下情况

1. 知道　2. 不知道　3. 不清楚

3.2　计划外生育费交纳情况　□

3.3　村里的党员、干部及子女、亲属实行计划生育的情况　□

3.4　享受农村计划生育家庭奖励扶助制度的对象　□

3.5　计划生育监督举报电话号码　□

4. 技术服务

4.1　去年以来，您或您的家人有没有接受过计划生育手术　□

1. 有　2. 没有

4.2　做计划生育手术，自己有没有花钱　□

1. 自己花钱了　2. 自己没有花钱

4.3　您平时是否使用避孕药具　□

1. 使用　2. 没有使用

4.4 这些避孕药具是否是计划生育部门免费提供 □

1. 是计划生育部门免费提供的　2. 不是免费的，自己要花钱

4.5 您对计划生育的手术和药具服务满意吗？ □

1. 满意　2. 基本满意　3. 不满意

5. 文明执法

据您所知，在本村有没有下列情况发生

1. 有　2. 没有

5.1 有人因违反计划生育条例被打骂 □

5.2 有人因违反计划生育条例被关押 □

5.3 有人因违反计划生育条例家里财物被没收或损害 □

5.4 有人去计划生育部门办事被刁难 □

5.5 计划生育部门拒绝提供合理的服务 □

5.6 计划生育部门乱罚款、乱收费 □

5.7 有人被强制做计划生育手术 □

5.8 有人违反计划生育条例却没被处罚 □

6. 流动人口

6.1 您最近两年有没有外出打工 □

1. 有　2. 没有

6.2 外出打工前有没有办理《流动人口婚育证明》 □

1. 办理了　2. 没有办理

6.3 办理《流动人口婚育证明》时有没有收办证费 □

1. 收费了　2. 没有收费

6.4 外出打工前有没有签计划生育合同 □

1. 签合同了　2. 没有签合同

6.5 签合同时有没有交保证金或押金 □

1. 交了保证金　2. 没有交保证金

6.6 在外地打工时，户籍地计划生育部门有没有要求您定期寄回孕检证明 □

1. 要求寄回孕检证明　2. 没有要求寄回孕检证明

6.7 在外地打工时，户籍地计划生育部门有没有要求您定期回本地做孕检 □

1. 要求　2. 没有要求

6.8 在外地打工时，户籍地计划生育部门能否落实计划生育奖励优惠政策 □

1. 可以落实　2. 没有落实

6.9 在外出打工前，户籍地计划生育部门有没有人指导您如何节育避孕 □

1. 有人指导　2. 没人指导

附件2

“请流动人口评计生活动”评议问卷（B）

（供城区流动人口育龄群众填写）

1. 个人信息

1.1 性别：1. 男　　2. 女 □

1.2 年龄：1. 18～24岁　2. 25～35岁　3. 36～49岁　4. 50岁以上 □

1.3 您的户籍地是　省　市　区（县）

2. 满意度

请您给现居住地的计划生育工作整体情况和各项具体工作给予评价

1. 满意　2. 基本满意　3. 不满意

2.1 对计划生育整体工作的评价 □

2.2 对计划生育依法行政工作的评价 □

2.3 对计划生育宣传教育工作的评价 □

2.4 对计划生育技术服务工作的评价 □

2.5 对计划生育部门工作人员工作态度及工作作风的评价 □

3. 政务公开

3.1 您现居住地是否有政务公开栏 □

1. 有　　2. 没有

3.2 您看到的政务公开栏中是否有计划生育政策法规的内容 □

1. 有　　2. 没有

3.3 您是否知道现居住地附近的计划生育技术服务机构 □

1. 知道　　2. 不知道

3.4 您是否知道符合条件可以享受国家规定的免费的计划生育技术服务项目 □

1. 知道　　2. 不知道

3.5 您是否知道计划生育监督举报电话的号码 □

1. 知道　　2. 不知道

4. 技术服务

4.1 去年以来，您或您的家人有没有接受过计划生育查孕、查环、查病 □

1. 有　　2. 没有

4.2 做计划生育手术，自己有没有花钱 □

1. 自己花钱　　2. 自己没有花钱

4.3　您平时是否使用避孕药具　□

1. 使用　　2. 没有使用

4.4　这些避孕药具是否是计划生育部门免费提供　□

1. 是计划生育部门免费提供的　　2. 不是免费的，自己要花钱

4.5　您对计划生育的手术和药具服务满意吗？　□

1. 满意　　2. 基本满意　　3. 不满意

4.6　外出打工前是否做过计划生育手术　□

1. 做过　2. 没有

5. 文明执法

5.1　户籍地的计划生育部门是否定期与您联系　□

1. 定期联系　　2. 不定期联系　　3. 从未联系

5.2　户籍地的计划生育部门是否帮助您在户籍地的家人解决实际困难　□

1. 帮助解决过　　2. 没有帮助解决过

据您所知，在现居住地有没有下列情况发生

1. 有　　2. 没有

5.3　有人去计划生育部门办事被刁难　□

5.4　计划生育部门拒绝提供服务　□

5.5　计划生育部门乱罚款、乱收费　□

5.6　有人被强制做计划生育手术　□

5.7　有人违法生育却没被处罚　□

6. 管理措施

6.1　您外出打工有多少时间了　□

1. 1～3年　　2. 3～5年　　3. 5年以上

6.2　外出打工前有没有办理《流动人口婚育证明》　□

1. 办理了　2. 没有办理

6.3　办理《流动人口婚育证明》时有没有收办证费　□

1. 收费了　　2. 没有收费

6.4　外出打工前有没有签计划生育合同　□

1. 签合同了　　2. 没有签合同

6.5　签合同时有没有交保证金或押金　□

1. 交了保证金　　2. 没有交保证金

6.6　户籍地计划生育部门有没有要求您定期寄回孕检证明　□

1. 要求寄回孕检证明　　2. 没有要求寄回孕检证明

6.7　户籍地计划生育部门有没有要求您定期回户籍地做孕检　□

1. 有　　2. 没有

6.8　现居住地的计划生育部门是否给您进行查孕、查环、查病并提供证明　□

1. 是　　2. 否

6.9　现居住地的计划生育部门为您查孕、查环、查病时是否收费　□

1. 收费了　　2. 没有收费

附件3

“请区街、乡（镇、场）、村（社区）人口计生干部评市人口计生委机关活动”评议问卷（C）

（供各区街、乡（镇、场）、村（社区）人口计生干部填写）

1. 请您给市人口计生委工作整体情况和各项具体工作给予评价

1. 满意　2. 基本满意　3. 不满意

（1）对人口计划生育整体工作的评价　□

（2）对人口计划生育依法行政工作的评价　□

（3）对人口计生委行政效能工作的评价　□

（4）对市人口计生委工作人员工作态度及工作作风的评价　□

（5）对市人口计生委执行“两个纪律”的评价　□

（6）对市人口计生委开展治庸问责，优化发展环境工作的评价　□

2. 请您给市人口计生委各处室、直属单位整体工作给予评价

1. 满意　2. 基本满意　3. 不满意

（1）对办公室整体工作的评价　□

（2）对政法处整体工作的评价　□

（3）对发规处整体工作的评价　□

（4）对科技处整体工作的评价　□

（5）对宣教处整体工作的评价　□

（6）对流动人口管理处整体工作的评价　□

（7）对政治处整体工作的评价　□

（8）对人口学会整体工作的评价　□

(9) 对纪检组、机关党委整体工作的评价 □
(10) 对计生协会秘书处整体工作的评价 □
(11) 对执法支队整体工作的评价 □
(12) 对培训中心整体工作的评价 □
(13) 对科技所整体工作的评价 □
(14) 对药具站整体工作的评价 □

3. 请您给市人口计生委及各处室、直属单位干部廉洁自律情况给予评价 □

1. 满意 2. 基本满意 3. 不满意

(1) 对委领导班子廉洁自律情况的评价 □
(2) 对办公室干部廉洁自律情况的评价 □
(3) 对政法处干部廉洁自律情况的评价 □
(4) 对发规处干部廉洁自律情况的评价 □
(5) 对科技处干部廉洁自律情况的评价 □
(6) 对宣教处干部廉洁自律情况的评价 □
(7) 对流动人口管理处干部廉洁自律情况的评价 □
(8) 对政治处干部廉洁自律情况的评价 □
(9) 对人口学会干部廉洁自律情况的评价 □
(10) 对纪检组、机关党委干部廉洁自律情况的评价 □
(11) 对计生协会秘书处干部廉洁自律情况的评价 □
(12) 对执法支队干部廉洁自律情况的评价 □
(13) 对培训中心干部廉洁自律情况的评价 □
(14) 对科技所干部廉洁自律情况的评价 □
(15) 对药具站干部廉洁自律情况的评价 □

附件 4

“请农民兄弟姐妹评计生活动”评议问卷汇总表（A）

填报单位：　　　　　　　　　　　2012 年　　月　　日　　　　　　单位：人

发放问卷　　份；	收回问卷　　份；	有效评议收回问卷　　份		
评议人情况	性别	男	女	总数
	年龄	18～24 岁　人，25～35 岁　人，36～49 岁　人，50 岁以上　人。		
满意度	对计划生育整体工作的评价	满意	基本满意	不满意
	对计划生育依法行政工作的评价	满意	基本满意	不满意
	对计划生育宣传教育工作的评价	满意	基本满意	不满意
	对计划生育技术服务工作的评价	满意	基本满意	不满意
	对计划生育部门工作人员工作态度及工作作风的评价	满意	基本满意	不满意
政务公开	居住村是否有村务公开栏	有	没有	不清楚
	是否知道本村计划外生育费缴纳情况	知道	不知道	不清楚
	是否知道村里党员、干部及子女亲属实行计划生育情况	知道	不知道	不清楚
	是否知道村里享受农村计划生育家庭独女户、二女绝育户中考加分的对象	知道	不知道	不清楚
	是否知道计划生育监督举报电话	知道	不知道	不清楚
技术服务	去年来自己或家人有无接受计划生育手术	有	无	
	做计划生育免费技术服务项目自己有没有花钱	花钱	没有花钱	
	平时是否使用避孕药具	使用	没有使用	
	这些避孕药具是否是计划生育部门免费提供	是	否	
	对计划生育的手术和药具服务是否满意	满意	基本满意	不满意
文明执法	因违反计划生育条例被打骂、侮辱	有	没有	
	因违反计划生育条例被非法关押	有	没有	
	因违反计划生育条例家里财物被没收或损害	有	没有	
	去计划生育部门办事被刁难	有	没有	
	计划生育部门拒绝提供合理的服务	有	没有	
	计划生育部门乱罚款、乱收费	有	没有	
	有人被强制做计划生育手术	有	没有	
	有人违反计划生育条例却没被处罚	有	没有	
流动人口	最近两年有没有外出打工	有	没有	
	外出打工前有无办理《流动人口婚育证明》	办理	没有办理	
	办理《流动人口婚育证明》时有无收办证费	收费	没收收费	
	外出打工前有无签计划生育合同	已签	没有签	
	签合同时有没有交保证金或押金	有	没有交	
	在外打工时户籍地计生部门有无要求定期寄回孕检证明	要求寄回	没有要求	
	在外打工时户籍地计生部门有无定期要求回本地做孕检	要求	没有要求	
	在外打工时户籍地计生部门是否落实计划生育奖励优惠政策	已落实	没有落实	
	在外打工时户籍地计生部门有无指导您如何节育避孕	有人指导	没人指导	

填表说明：请在相应意见栏填写百分比。

附件5

“请流动人口评计生活动”评议问卷汇总表（B）

填报单位：　　　　　　　　　　2012年　　月　　日　　　　　单位：人

发放问卷　　份；	收回问卷　　份；	有效评议收回问卷　　份		
评议人情况	性别	男	女	总数
	年龄	18～24岁　人，25～35岁　人，36～49岁　人，50岁以上　人。		
满意度	对计划生育整体工作的评价	满意	基本满意	不满意
	对计划生育依法行政工作的评价	满意	基本满意	不满意
	对计划生育宣传教育工作的评价	满意	基本满意	不满意
	对计划生育技术服务工作的评价	满意	基本满意	不满意
	对计划生育部门工作人员工作态度及工作作风的评价	满意	基本满意	不满意
政务公开	居住地是否有政务公开栏	有	没有	
	政务公开栏中是否有计划生育政策法规的内容	有	没有	不清楚
	是否知道现居住地附近的计划生育技术服务机构	知道	不知道	
	是否知道符合条件的免费计划生育技术服务项目	知道	不知道	
	是否知道计划生育监督举报电话	知道	不知道	
技术服务	去年来自己或家人有无接受计划生育手术	有	无	
	做计划生育免费技术服务项目自己有没有花钱	花钱	没有花钱	
	平时是否使用避孕药具	使用	没有使用	
	这些避孕药具是否是计划生育部门免费提供	是	否	
	对现居住地计划生育技术服务是否满意	满意	基本满意	不满意
	外出打工前是否做过计划生育手术	做过	没有	
文明执法	户籍地计划生育部门是否定期与您联系	定期联系	不定期联系	从未联系
	户籍地计生部门是否帮助您在户籍地的家人解决实际困难	帮助解决过	没有帮助解决过	
	去计划生育部门办事被刁难	有	无	
	计划生育部门拒绝提供合理的服务	有	无	
	计划生育部门乱罚款、乱收费	有	无	
	有人被强制做计划生育手术	有	无	
	有人违反计划生育条例却没被处罚	有	无	
管理措施	外出打工时间	1－3年	3－5年	5年以上
	外出打工前有无办理《流动人口婚育证明》	办理	没有办理	
	办理《流动人口婚育证明》时有无收办证费	收费	没收收费	
	外出打工前有无签计划生育合同	已签	没有签	
	签合同时有没有交保证金或押金	已交	没有交	
	在外打工时户籍地计生部门有无要求定期寄回孕检证明	要求寄回	没有要求	
	在外打工时户籍地计生部门有无定期要求回户籍地做孕检	有	没有	
	现居住地的计生部门是否给您进行孕检并提供证明	是	否	
	现居住地计划生育部门为您孕检时是否收费	收费	没有收费	

填表说明：请在相应意见栏填写百分比。

附件6

市人口计生委“下评上活动”评议问卷汇总表（C）

填报单位：　　　　　　　　　　　　　　　　2012年　　月　　日　　　　　　单位：人

发放问卷　　份；	收回问卷　　份；		有效评议收回问卷　　份	
评议人情况	性别	男	女	总数
廉洁自律	（1）对全市人口计划生育工作整体情况的评价	满意	基本满意	不满意
	（2）对全市人口计划生育工作依法行政情况的评价	满意	基本满意	不满意
	（3）对全市人口计生委行政效能监察情况的评价	满意	基本满意	不满意
	（4）对市人口计生委机关工作人员工作态度及工作作风的评价	满意	基本满意	不满意
	（5）对市人口计生委开展治庸问责、优化发展环境工作的评估	满意	基本满意	不满意
整体工作满意度	（1）对办公室整体工作的评价	满意	基本满意	不满意
	（2）对政法处整体工作的评价	满意	基本满意	不满意
	（3）对发规处整体工作的评价	满意	基本满意	不满意
	（4）对科技处整体工作的评价	满意	基本满意	不满意
	（5）对宣教处整体工作的评价	满意	基本满意	不满意
	（6）对流动人口处整体工作的评价	满意	基本满意	不满意
	（7）对政治处整体工作的评价	满意	基本满意	不满意
	（8）对人口学会整体工作的评价	满意	基本满意	不满意
	（9）对纪检组、机关党委整体工作的评价	满意	基本满意	不满意
	（10）对计生协会整体工作的评价	满意	基本满意	不满意
	（11）对执法支队整体工作的评价	满意	基本满意	不满意
	（12）对培训中心整体工作的评价	满意	基本满意	不满意
	（13）对科技所整体工作的评价	满意	基本满意	不满意
	（14）对药具站整体工作的评价	满意	基本满意	不满意
处室满意度	（1）对委领导班子廉洁自律情况的评价	满意	基本满意	不满意
	（2）对办公室干部廉洁自律情况的评价	满意	基本满意	不满意
	（3）对政法处干部廉洁自律情况的评价	满意	基本满意	不满意
	（4）对发规处干部廉洁自律情况的评价	满意	基本满意	不满意
	（5）对科技处干部廉洁自律情况的评价	满意	基本满意	不满意
	（6）对宣教处干部廉洁自律情况的评价	满意	基本满意	不满意
	（7）对流动人口处干部廉洁自律情况的评价	满意	基本满意	不满意
	（8）对政治处干部廉洁自律情况的评价	满意	基本满意	不满意
	（9）对人口学会干部廉洁自律情况的评价	满意	基本满意	不满意
	（10）对纪检组、机关党委干部廉洁自律情况的评价	满意	基本满意	不满意
	（11）对计生协会干部廉洁自律情况的评价	满意	基本满意	不满意
	（12）对执法支队干部廉洁自律情况的评价	满意	基本满意	不满意
	（13）对培训中心干部廉洁自律情况的评价	满意	基本满意	不满意
	（14）对科技所干部廉洁自律情况的评价	满意	基本满意	不满意
	（15）对药具站干部廉洁自律情况的评价	满意	基本满意	不满意
请您对市人口计生委机关开展创先争优、优化人口计生工作环境活动，转变干部作风提出意见和建议				

填表说明：请在相应意见栏填写百分比。

关于筹备首届人口文化节有关活动安排的通知

（武人计〔2012〕46号）

各区人口计生委，武汉经济技术开发区、东湖新技术开发区社发局，东湖生态旅游风景区管委会计生办，武汉化工区社发局：

为成功举办全市首届人口文化节，现将有关活动要求通知如下：

一、活动内容

（一）评选十佳“文明、健康、优生、致富、奉献”幸福家庭。

（二）评选十佳“我爱我家”人口文化示范基地。

（三）评选“幸福江城”人口文化文艺创作作品。

（四）评选“心连心”人口文化手工艺品和宣传品。

（五）评选“美丽一生”摄影书画比赛优秀作品。

二、评选标准

（一）幸福家庭评选活动。

1. 报送时间：六月三十日以前。

2. 参选范围：计划生育家庭。

3. 参选条件：参照市人口计生委关于实施生育文明“三型六好”家庭人口文化发展计划的“六好”家庭标准。

4. 评选类型：体现夫妻和谐、包容扶持的“温馨家庭”；体现几代同堂、尊老爱幼的“和睦家庭”；体现时尚进取、才华出众的“魅力家庭”；体现少生优生、善育重教的“亲子家庭”；体现坚忍不拔、战胜困难的“勇敢家庭”；体现流动人口奋斗进取的“新市民家庭”。

5. 报送要求：每区推荐一个家庭，被推选家庭事迹介绍在2 000字以内，被推选家庭全家福8寸彩色照片二张，被推选家庭采访视频不超过5分钟，报送相关图片资料，填写推荐表（见附件一）。

（二）人口文化文艺创作作品评选活动。

1. 推荐时间：七月六日前。

2. 展示内容：反映“婚育文明、性别平等，计划生育、优生优育，生殖健康、家庭幸福”为主要内容的人口文化文艺创作作品。

3. 表现形式：歌舞、小品、戏曲等各种文艺表演形式。

4. 评选原则：符合时代要求，展示民间特色，深受群众喜爱。鼓励各团体自创自演。

5. 参评办法：择优选送，时间控制在10分钟以内，录制光碟，填写推荐表（见附件二）。

（三）人口文化示范基地评选活动。

1. 报送时间：七月。

2. 评选方式：通过听、看、查、访等

形式，综合评估人口文化基地建设情况。

3. 报送要求：每个区申报2～3个示范点，每个开发区申报1～2个示范点，文字、图片介绍要求内容真实、特色突出，简介不超过2 500字，填写申报表（见附件三）。

4. 评选条件：人口计生基层基础工作扎实，无恶性案件，目标任务完成好。有人口文化实施方案和幸福家庭创建计划，活动资料齐全。人口文化氛围浓厚，宣传环境美观优化。宣传服务硬件设施齐全，建有人口文化活动室、书屋、宣传栏和服务不同人群的文化活动设施。群众人口文化活动丰富，各类志愿者队伍开展经常性服务。

（四）人口文化手工艺品和宣传品评选活动。

1. 推荐时间：七月。

2. 参评范围：由群众设计制作的人口文化手工艺品，由人口计生系统制作的实物宣传品和宣传片、书籍、画册等，具有创新性、实用性和艺术性。

3. 评选原则：作品贴近实际、贴近生活、贴近群众，满足广大群众精神需求、健康需求和发展需求。

4. 报送要求：手工艺品报送一式5份（大型工艺品或独创作品除外），宣传品报送一式10份，填写推荐表（见附件一）。

（五）摄影书画评选活动。

1. 推荐时间：七月。

2. 展示内容：鼓励群众创作，全方位展现人口事业发展风貌，包括人口文化、幸福家庭、先进典型等内容。

3. 表现形式：美术、摄影、书法等艺术表现手法。

4. 评选原则：作品思想性强，构思新颖，艺术视角独特，艺术形象生动。

5. 参评办法：择优选送，每种艺术形式选送的参评作品数量不超过20件。报送的摄影作品规格为16寸，标注作品名称；书画作品规格不小于16开纸，也可拍成16寸照片。作品均要求报送电子版，书画通过扫描转化为数字照片，规格不小于2M，文件名为“作品标题”。填写推荐表（见附件一）。所有参评作品一律不退还，组委会对获奖作品有用于资料汇编、展示的使用权，作品一经报送，均视作同意。

三、评奖办法

（一）各项活动以区为单位向市人口文化节组委会报送作品，由组委会聘请有关专家组成各项活动评奖委员会，对参评作品进行评选。

（二）组委会对获奖作品给予奖励，对领导重视、组织严密和推荐作品数量多、质量好的报送单位颁发组织奖。

附件：1. 首届人口文化节参评作品推荐表（略）

2. “幸福家庭”推选活动报送表（略）

3. 人口文化示范基地评估表（略）

武汉市人口计生委

二〇一二年六月七日

关于调整武汉市计划生育技术服务专家委员会的通知

（武人计〔2012〕49号）

各区人口计生委，武汉经济技术开发区、东湖新技术开发区社发局，东湖生态旅游风景区计生办，武汉化学工业区社发局，市计划生育技术服务专家委员会各成员单位：

因工作需要和人事调整，经征求市计划生育技术服务专家委员会各成员单位意见，决定对市计划生育技术服务专家委员会进行适当调整，现将调整后的名单通知如下：

主任委员　李丹芳　市人口计生委主任

副主任委员　刘庆香　市人口计生委副主任

彭厚鹏　市卫生局副局长

乔福元　同济医院教授、妇产科主任

邓淑珍　市妇女儿童医疗保健中心主任医师、心血管内科主任

委　　员　黄星原　湖北省人民医院主任医师、儿科主任

吕胜启　湖北省人民医院主任医师、泌尿外科教授

陈建华　湖北省人民医院副主任医师、妇产科主任

李家福　武汉大学中南医院主任医师、妇产科主任

付学东　武汉大学中南医院副主任医师、儿科副主任

周　春　武汉大学中南医院主任医师、生殖中心主任

张元珍　武汉大学中南医院主任医师、党委书记

刘继红　华科大同济医学院附属同济医院教授、副院长

罗小平　华科大同济医学院附属同济医院教授、儿科主任

胡秀芬　华科大同济医学院附属同济医院副主任医师

刘海霞　华科大同济医学院附属同济医院副主任医师

肖亚军　华中科技大学同济医学院附属协和医院教授

黄亚玲　华中科技大学同济医学院附属协和医院教授

邹　丽　华中科技大学同济医学院附属协和医院教授、妇产科主任

丁　玎　武汉市妇女儿童医疗保健中心主任医师、妇产科主任

刘智胜　武汉市妇女儿童医疗保健中心主任医师、副院长

王智楠　武汉市妇女儿童医疗保健中心主任医师、耳鼻喉科主任

李世莲　武汉市妇女儿童医疗保健中心主任医师、眼科主任
胡家胜　武汉市妇女儿童医疗保健中心主任医师、神经内科主任
李文洲　武汉市中心医院主任医师、副院长
吴汝芳　武汉市中心医院副主任医师
王继中　武汉市精神卫生中心主任医师、儿科主任
马　筠　武汉市精神卫生中心副主任医师、儿科主任
刘毅俊　武汉市卫生局妇社处处长
付　旻　武汉市卫生局医政处副处长
李群发　武汉市人口和计划生育委员会政策法规处处长
金　玲　武汉市人口和计划生育委员会科学技术处处长
吴方清　武汉市人口和计划生育委员会科学技术处副调研员
曾白涛　武汉市计划生育科技所副主任医师、所长
叶　鸣　武汉市计划生育科技所副主任医师
胡玉霞　武汉市计划生育科技所副主任医师

武汉市计划生育技术服务专家委员会下设三个组：计划生育技术服务管理小组、独生子女病残儿医学鉴定小组、计划生育手术并发症技术鉴定小组。

（一）计划生育技术服务管理小组

李丹芳　刘庆香　彭厚鹏　张元珍
周　春　李群发　金　玲　刘毅俊
付　旻　吴方清　曾白涛　叶　鸣
胡玉霞

（二）独生子女病残儿医学鉴定小组

刘庆香　邓淑珍　黄星原　付学东
罗小平　胡秀芬　刘海霞　黄亚玲
刘智胜　胡家胜　王继中　马　筠
王智楠　李世莲　金　玲　吴方清
曾白涛　叶　鸣　胡玉霞

（三）计划生育手术并发症技术鉴定小组

刘庆香　乔福元　丁　玎　吕胜启
陈建华　李家福　刘继红　肖亚军
邹　丽　李文洲　吴汝芳　王继中
金　玲　吴方清　曾白涛　叶　鸣
胡玉霞

武汉市人口计生委
二〇一二年六月六日

关于开展人口计生依法行政督查工作的紧急通知（节录）

（武人计〔2012〕53号）

各区人口计生委，武汉经济技术开发区、东湖新技术开发区社发局，东湖生态旅游风景区计生办，武汉化学工业区社发局：

2012年6月29日，省人口计生委下发了《关于开展人口计生依法行政督查工作的紧急通知》（鄂人口政法〔2012〕9号），将于近期在全省范围内开展人口计生依法行政专项督查工作。为做好迎接省督查准备工作，我委将于7月4日开始，组织对部分重点区进行督查。现就有关事项通知如下：

一、督查的主要内容

（一）贯彻落实《省人口计生委关于转发〈国家人口计生委关于进一步做好信访维稳工作的紧急通知〉的通知》（鄂人口办〔2012〕12号）的情况。

（二）重点督查在行政执法中存在的粗暴执法，造成群众人身伤害，财产损失等问题；违规施术、社会抚养费征收不规范、定指标、下任务、超标准征收、打白条以及截留、挪用、乱收费、乱罚款等问题。

（三）群众来信来访反映的突出问题处理情况和信访积案化解情况。

（四）群体访隐患排查情况等问题。

二、督查形式

督查工作分为区级自查和市级对重点地区督查相结合的方法进行。

（一）自查。2012年7月2日至7月5日，各区人口计生委组织进行，并于7月6日前向市人口计生委政法处报送自查情况报告。

（二）督查。2012年7月4日起，市人口计生委将派出督查组，对重点地区进行抽查。方法如下：

1. 走访干部群众。进村入户，向基层干部群众了解人口计生行政执法情况，听取基层干部群众对人口计生行政执法工作的意见和建议。

2. 召开座谈会。听取被抽查的区人口计生委关于行政执法情况、相关信访问题和违法行政案件处理情况和重点地区、重点人群排查情况的汇报；召开基层干部、执法人员座谈会。

3. 检查台账。查看区、街两级规范性文件、有关执法文件、统计报表、工作台账等资料。

三、工作要求

（一）各区要充分认识开展人口计生依法行政督查工作的重要意义，认真查找行政执法过程中存在的乱收费、乱罚款、粗暴执法、违规施术、行政不作为、政策不落实等突出问题，确保督查工作取得实效。

（二）被督查的区要本着实事求是的原则，积极配合督查组做好工作，不得弄虚作假。

（三）各督查组要在7月5日前完成督查工作，7月6日前提交督查工作书面报告。

（四）参与督查工作的人员要严格执行检查考评工作纪律，严格执行公务接待有关规定，确保工作顺利完成。

附件：市人口计生委开展人口计生依法行政督查安排表（略）

二〇一二年七月二日

关于印发《武汉市人口计生系统法治建设暨“六五”普法规划》的通知

（武人计〔2012〕54号）

各区人口计生委，武汉经济技术开发区、东湖新技术开发区社发局，东湖生态旅游风景区计生办，武汉化学工业区社发局：

现将《武汉市人口计生系统法治建设暨“六五”普法规划》印发给你们，请认真贯彻执行。并及时将“六五”普法及法治建设进展情况、经验做法及存在的问题报送市人口计生委。

武汉市人口计生委

二〇一二年六月十九日

武汉市人口计生系统法治建设暨“六五”普法规划

为深入贯彻落实中央、省、市关于2011～2015年法制建设暨第六个五年法制宣传教育工作规划的有关精神，进一步加强全市人口计生系统法治建设和法制宣传教育工作，提高广大干部依法行政的能力和水平，全面推进依法行政，根据《省人口计生委关于印发<湖北省人口和计划生育系统法治建设暨法制宣传教育第六个五年规划（2011～2015年）>的通知》（鄂人口政法〔2011〕22号）、市普法办《关于印发武汉市法治区、法治单位创建考评工作实施细则（试行）、武汉市法治区创建考评标准（试行）、武汉市法治单位创建考评标准（试行）的通知》（武普法办〔2011〕7号）等有关要求，结合我市人口计生系统工作实际，制定本规划。

一、指导思想、主要目标和工作原则

（一）指导思想。

以邓小平理论、“三个代表”重要思想为指导，深入贯彻落 实科学发展观，紧紧围绕我市“十二五”时期经济社会发展目标任务和人口事业发展规划，按照全面落实依法治国基本方略和建设社会主义政治文明的新要求，坚持法制宣传教育与社会主义核心价值体系教育相结合，与社会主义法治理念教育相结合、与社会主义公民意识教育相结合、与法治实践相结合，深入开展人口计生法制宣传教育，扎实推进法治建设，创新服务管理，为构建人口均衡型、资源节约型、环境友好型社会，全面推进社会主义和谐社会建设营造良好的法治环境。

（二）主要目标。

通过深入扎实的人口计生法制宣传教育和法治实践，进一步提高全市人口计生系统干部职工的法律意识和法律素养，不断增强依法决策、依法办事、依法管理、依法服务的能力和水平；进一步普及人口计生法律法规、方针政策，增强广大人民群众法制观念，自觉用法律规范生育行为和维护自身合法权益。经过五年的努力，力争法制宣传教育普及率达到100%，人口计生依法行政示范乡镇（街道）创建活动深入开展，推动形成自觉学法守法用法的社会法治氛围。

（三）工作原则。

1. 坚持围绕中心，服务大局。紧紧围绕我市“十二五”人口计生事业发展的总体目标，统筹安排和落实人口计生法治建设和法制宣传教育的各项任务，强化法律的调节、规范和保障功能作用，服务人口计生事业发展全局，服务全市经济社会发展，服务维护社会和谐稳定。

2. 坚持以人为本，服务群众。树立执法为民、法治惠民的理念，充分尊重人民群众实行计划生育的合法权利，寓法治建设和法制宣传教育于日常服务管理之中，着力解决计划生育家庭关心的热点难点问题，提供优质服务，维护群众权益。

3. 坚持分类指导，注重实效。根据不同地区、不同对象、不同阶段的特点，因地制宜，分类指导，明确人口计生法治建设和法制宣传教育的内容和方式方法，提高针对性和实效性。

4. 坚持与时俱进，改革创新。认真研究人口计生法制法治建设和宣传教育工作的新思路、新措施，创新工作理念，完善工作机制，改进方式方法，不断提高人口计生法治建设和法制宣传教育的水平。

二、主要任务

（一）深入学习以宪法为统帅的中国特色社会主义法律体系。全面学习宪法，深刻理解宪法的基本原则和精神，学习宪法有关计划生育基本国策的论述，有关国家尊重和保障人权的规定，进一步树立宪法意识、公民意识和民主法制意识，树立国家一切权力属于人民的观念，树立权利与义务相统一的观念，树立在宪法和法律范围内活动的观念。深入开展社会主义法治理念教育。深入学习中国特色社会主义法律体系形成的重要意义、基本经验、基本构成和基本特征，重点学习宪法相关法、民商法、行政法、经济法、社会法、刑法、诉讼与非诉讼程序法等方面的基本法律，形成学法用法守法的良好法治氛围。

（二）学习宣传规范政府行政行为的法律法规。进一步加强《行政强制法》、《行政许可法》、《行政处罚法》、《行政复议法》、《行政诉讼法》、《国家赔偿法》等规范政府行政行为法律法规的学习，牢固树立有权必有责、用权受监督、侵权须赔偿的理念，确立执法者必先学法、用权者必先守法的意识，提高依法行使公权力的能力，促进严格执法、公正执法、文明执法。学习社会治安综合治理、流动人口服务管理、突发事件应急管理、政府信息公开、信访条例等相关法律法规，充分认识人口计生工作在促进社会和谐、服务发展全局中的重要作用，提高依法解决社会矛盾和化解纠纷的能力，促进社会和谐稳定和公平正义。

（三）学习宣传人口与计划生育相关法律法规。学习宣传《人口与计划生育法》、《社会抚养费征收管理办法》、《计划生育技术服务管理条例》、《流动人口计划生育工作条例》等“一法三规”；学习宣传《湖北省人口与计划生育条例》等地方性法规规章及配套文件；学习宣传《婚姻法》、《收养法》、《母婴保健法》、《妇女权益保障法》、《执业医师法》、《关于禁止非医学需要的胎儿性别鉴定和选择性别的人工终止妊娠的规定》（国家三部委8号令）、《湖北省禁止非医学需要鉴定胎儿性别和选择性终止妊娠的规定》（省政府第218号令）等相关法律法规，提高依法管理人口计生事务的能力，依法开展优质服务的能力，依法维护群众合法权益的能力。提高群众实行计划生育的自觉性和参与人口和计划生育工作的能力。

（四）深化法律“进机关、进乡村、进社区、进学校、进企业、进单位”的主题活动。按照“谁执法谁普法”的原则，针对机关、乡村、社区、学校、企业、单位的不同需求，加强正反两个方面典型案例的宣传，采取多形式、多渠道、多层次、有针对性的工作措施，提高人口计生法制宣传教育的实效性，进一步增强各级政府及相关部门、企事业单位、非政府组织和广大群众履行人口计生法定职责和义务的自觉性，在全社会营造浓厚的人口和计划生育法治氛围。深入开展“12·4”全国法制宣传日活动。加强长效机制建设，落实责任单位，明确工作职责，量化工作指标，确保活动取得实效。

（五）深入推进依法治理。广泛开展法治单位创建活动，不断提高人口计生工作的法治化水平。认真贯彻国务院《全面推进依法行政实施纲要》、《关于加强法治政府建设的意见》、《市人民政府关于全面推进依法行政的若干意见（武政〔2005〕22号）》，进一步完善行政执法程序，规范行政执法行为，强化行政执法监督和问责，完善执法责任制、执法公示制和执法过错责任追究制，认真执行国家人口计生委《人口和计划生育行政执法监督规定》。继续将依法行政纳入目标责任制考评，实行重大恶性案件“一票否决制”。围绕人口计生重点难点问题及管理服务薄弱环节，开展法制宣传和专项治理活动，提高依法管理服务水平。认真开展人口计生依法行政示范乡镇（街道）创建活动，加强基层依法行政工作，建立依法行政长效工作机制，力争到2013年全市创建3个国家级、45个省级、60个市级依法行政示范乡镇（街道）。全面开展诚信计生工作，推进人口和计划生育基层群众自治，促进基层服务管理机制改革创新，力争2012年全市所有的区基本实现诚信计生。

三、工作对象和要求

“六五”普法主要对象：各级党政领导、人口计生部门管理和技术服务人员、机关、企事业单位和广大群众。重点是各级人口计生部门的领导干部、执法人员以及广大农村育龄群众和流动人口。

（一）切实加强领导干部学法守法用法。将人口和计划生育“一法三规”纳入全市“六五”普法内容。完善和落实各级人口计生委党组（党委）中心组集体学法制度、领导干部学法用法制度、领导干部法制讲座制度、重大决策前的法律咨询审核制度及任前法律知识考试考核制度。各级人口计生领导干部要把宪法、国家基本法律及人口计生法律法规作为学习的重要内容，带头学法守法用法，不断提高依法决策、依法行政的意识和能力。继续将人口理论和人口计生政策法规纳入各级党校、行政学院和公务员培训机构的教学计划。加强对领导干部任职前法律基本知识的考察、学法守法用法情况的督查和年度评估考核，把依法决策、依法管理、依法办事等考核结果作为干部综合考评的重要内容。“十二五”期间，市人口计生委将举办党校师资培训班、心理咨询师培训班、人口计生系统干部职工专业知识培训班、依法行政专题培训班和法制讲座等，加大培训和考核力度。

（二）大力推进人口计生管理和技术服务人员学法守法用法。把法制宣传教育纳入人口计生系统干部教育培训“十二五”规划中，加大对人口计生系统公务员、执法人员和技术服务人员的法制培训力度。将法制宣传教育纳入公务员初任培训、任职培训、专门业务培训和更新知识培训中，加强通用法律知识和与履行职责相关的专门法律知识的学习。不断提高公务员运用法律手段解决问题的能力。“六五”普法期间，各级人口计生部门每年至少举办1期法律知识讲座和1～2期法制培训班，全系统公务员学法和接受集中法律知识培训的时间每年不少于40个小时。坚持和完善法律知识考试考核制度，将公务员依法办事情况作为公务员任职、晋升的重要依据。

加强对基层人口计生行政执法人员的法制教育培训。开展人口计生执法理念教育，加强职业道德教育、法律专业知识、相关业务知识的学习培训，牢固以人为本、执法为民、便民维权、服务为先的理念，切实提高执法能力和执法水平。继续实行行政执法人员持证上岗制度，把有关法律知识作为持证上岗的重要内容，对考试不合格人员，坚决予以清退。

加强对计划生育技术服务人员的法制教育培训。继续加强《人口与计划生育法》、《湖北省人口与计划生育条例》、

《母婴保健法》、《计划生育技术服务管理条例》、《关于禁止非医学需要的胎儿性别鉴定和选择性别的人工终止妊娠的规定》（国家三部委8号令）、《湖北省禁止非医学需要鉴定胎儿性别和选择性终止妊娠的规定》（省政府第218号令）以及有关法律法规的宣传教育，在举办计划生育服务站（所）长培训班、技术服务人员业务培训班、心理咨询师培训班、技术服务人员合格证考试、科技岗位大练兵等活动中增加有关法律法规内容，提高计划生育技术服务人员的法律意识和依法服务的水平。

（三）加大对广大群众特别是农民群众的普法力度。要面向广大人民群众，尤其是农民群众，扎扎实实开展人口计生法制宣传教育工作，进一步提高育龄群众对人口计生法律法规的知晓率。要重点加强对农村“两委”干部和村（居）计生专干的法制宣传教育，提高其服务群众、教育群众的能力和水平。采用广大农民群众喜闻乐见的方式宣传人口和计划生育法律法规，提高群众依法生育和依法维权意识。要把法制宣传内容纳入到村务公开、政务公开、“婚育新风进万家”、“关爱女孩行动”、人口计生“三下乡”、实施新农村新家庭计划等活动中，充分发挥人口计生服务站（所）、人口学校等基层服务网络优势，深入推进法制宣传和便民维权活动，在全社会营造浓厚的法制宣传氛围。加大对《流动人口计划生育工作条例》等法律法规的宣传力度，引导流动人口树立法制观念，做到依法实行计划生育和依法维权；将法制宣传教育落实到社区和用工单位，引导其注重依法管理和优质服务，保障流动人口的合法权益。

（四）广泛开展人口计生法制社会宣传。充分利用“5·29”协会会员日、“7·11”世界人口日、“9·25”《公开信》发表纪念日、《人口与计划生育法》和《湖北省人口与计划生育条例》颁布纪念日以及“12·4”全国法制宣传日，大力开展有特色、有影响的主题法制宣传活动。对新颁布和新修订的与人口和计划生育相关的法律法规，及时开展专题宣传活动，为其顺利贯彻实施营造良好的社会氛围。积极开展或组织面向全社会的法制征文、公益广告、新闻摄影、知识竞赛、书画、动漫作品征集等丰富多彩的法治文化活动，弘扬社会主义法治精神。在各级人口计生网站、报刊、广播等媒体上开设法制宣传教育专栏，增强法制宣传的生动性、互动性和时效性，提升法制宣传效果。

四、工作步骤和安排

本规划从2012年开始实施，到2015年结束。分为以下三个阶段：

（一）宣传发动阶段：2012年7月中旬。各区人口计生部门要根据本规划，制定具体的实施方案，既要面向系统，也要注意面向社会大众，并上报上一级人口计生部门备案。要及时做好宣传、发动和组织工作，营造浓厚的氛围。

（二）组织实施阶段：2012年7月至2015年上半年。各区人口计生部门要依据本规划确定的目标任务和要求，结合实际制订年度工作计划，认真组织实施，确保“六五”普法规划全面贯彻落实。2013年下半年开展中期检查和督导活动。

（三）检查验收阶段：2015年下半年。各区人口计生部门按照本规划确定的任务、要求，对本地人口和计划生育普法和依法治理进行总结验收。市人口计生委将进行检查监督和总结验收。同时，迎接国家、省人口计生委和市依法治市工作领导小组进行的检查监督和总结验收。

五、组织领导和保障

（一）加强组织领导，提供法治建设和法制宣传教育组织保障。各级人口计生部门要充分认识法治建设和法制宣传教育工作的重要性，切实加强组织领导。市人口计生委成立以委党组书记、主任李丹芳为组长，副主任刘庆香、高惠祥、王怀卓、纪检组长周汉超为副组长，各处室及直属单位主要负责人为成员的领导小组。各区人口计生委要把法治建设和法制宣传教育纳入人口计生目标管理，建立健全各级法治建设和法制宣传的领导机构和办事机构，明确工作职责，落实工作任务。要自觉接受同级党委、人大、政府对法治建设和法制宣传教育工作的领导和监督，加强与同级普法办的联系，主动接受普法办的业务指导，上级人口计生部门要加强对下级人口计生部门法治建设和法制宣传教育工作的指导和监督检查。

（二）明确职责任务，确保法治建设和法制宣传各项任务落到实处。各级人口计生部门要把法治建设和法制宣传教育工作作为人口计生工作的一项重要内容，摆上议事日程，与其他业务工作同部署、同检查、同考核。按照“谁执法谁普法”的原则，人口计生部门内部各职能机构要按照职责分工，切实承担起具体实施“六五”普法规划的职责。法治建设和法制宣传教育日常工作由各级人口计生部门法制工作机构承担，负责组织、协调、指导和检查本规划的实施工作。

（三）开展学习培训，切实加强法制宣传队伍建设。要加强法治建设和法制宣传教育工作人员的配备和培训工作，建立健全定期学习培训和管理制度，按照“一级抓一级，一级带一级”的模式，建立一支从事法治建设和法制宣传教育的骨干队伍。坚持“请进来，走出去”的原则，主动邀请人大、政府法制部门及相关专家培训法治建设和法制宣传教育骨干人员，以及通过人口计生系统内外的横向交流学习，不断提高专职法治建设和法制宣传教育工作者的政治业务素质和指导能力。鼓励和引导志愿者参与人口计生法治建设和法制宣传教育工作。

（四）加大投入，保障法治建设和法制宣传经费落实到位。各级人口计生部门要将法治建设和法制宣传经费列入年度预算，根据工作需要和经济发展情况，建立动态增长机制，保证法治建设和法制宣传教育工作顺利进行。要确保“六五”法治建设和法制宣传教育工作经费投入不低于“五五”法制宣传教育时期的水平，并根据实际需要逐年增加。

（五）总结经验，健全考核评估与奖惩机制。要建立完善人口计生法治建设和法制宣传教育工作的考核评估与奖惩机制，各级人口计生部门要根据本地实际，对本规划实施情况进行年度考核、阶段性检查和专项督查，注重发现和培育先进典型，总结和推广成功经验和做法。将法治建设和法制宣传教育工作作为各级评优评先的重要内容，对工作得力、成效显著的单位和个人进行表彰，调动广大干部学法用法积极性，推动全系统法治建设和法制宣传教育工作不断取得新成绩。

关于对部分重点街道（乡镇）实行委领导定点联系督导的通知

（武人计〔2012〕57号）

各区人口计生委，武汉经济技术开发区、东湖新技术开发区社发局，东湖生态旅游风景区计生办，武汉化工区社发局，市人口计生委机关各处室、各直属单位：

为切实加强对基层人口计生工作的指导，抓两头带中间，促进全市人口计生工作平衡发展，经委党组研究决定，对蔡甸区侏儒街等17个街道（乡镇）实行市人口计生委领导定点督导整改，对武昌区水果湖街等两个街道实行定点联系指导创特色。现将有关事项通知如下：

一、联系督导范围

市人口计生委领导定点联系督导的街道（乡镇）包括两种类型：

（一）基础工作薄弱，出生人口性别比严重偏高或流动人口计划生育服务管理不到位的地区；

（二）省委所在地武昌区水果湖街、市委所在地江岸区劳动街。

二、联系督导分工

原则上市人口计生委每位领导联系2~3个街道（乡镇），除委主要领导安排2个处室协助开展工作外，其余的委领导各安排1个处室或具有行政执法职能的直属事业单位协助配合。具体分工见附件。

三、有关工作要求

（一）坚持调查研究在第一线。请市人口计生委各位领导和各责任处室高度重视定点联系督导工作，切实加强对定点联系街道（乡镇）的调研、指导和督办。每个月到定点联系的街道（乡镇）现场办公、现场调研。要深入到联系点的村（社区）、医疗服务机构、流动人口集中地区了解第一手情况，掌握第一手资料。

（二）坚持问题解决在第一线。市人口计生委各责任处室每周要通过人口计生信息系统分析定点联系街道（乡镇）重点工作目标执行的进展情况，为委领导研判形势、分析问题、研究措施当好参谋。委领导要针对联系点存在的困难和问题，现场指导、现场会商、现场督办，研究具体的工作措施，落实具体的整改方案。

（三）坚持责任落实在第一线。市人口计生委领导定点联系的街道（水果湖街、劳动街除外）、乡镇每个月要向市人口计生委相关责任处室上报当月工作进展情况，经与其定点联系的领导和责任处室审核后，提交市人口计生委党组会或主任办公会研究。对工作措施不力、工作进展不明显的街道（乡镇）予以通报，并责令整改。

（四）坚持经验发掘在第一线。委领导在指导所联系的街道（乡镇），特别是省委、市委所在地街道，在抓好人口计生基础工作的同时，要结合具体实际，指导基层创新工作理念，拓宽工作思路，打造工作亮点，培育先进典型，创造先进经验，在全市发挥先锋引领作用，并双月报送特色、亮点工作推进情况。

附件：市人口计生委领导定点联系督导街道（乡镇）分工

武汉市人口计生委

二〇一二年七月二十九日

附件

市人口计生委领导定点联系督导街道（乡镇）分工

姓　名	职　务	联系街道（乡镇）	责任处室	备　注
李丹芳	党组书记、主任	武昌区水果湖街、新洲区凤凰镇	办公室、发展规划处	
刘庆香	副主任	江岸区劳动街、硚口区汉正街、黄陂区蔡店乡	科技处	
高惠祥	副主任	江汉区汉兴街、武昌区珞家山街、江夏区湖泗镇	发展规划处	
王怀卓	副主任	青山区白玉山街、汉南区纱帽街、蔡甸区侏儒街	政策法规处	
周汉超	纪检组长	东西湖区将军路街、武汉化工区八吉府街	政治处	
舒文斌	巡视员	汉阳区翠微街、武汉开发区沌口街	宣教处	
夏清芬	巡视员	洪山区和平街、东湖高新区流芳街	市计划生育行政执法支队	
吴克敏	巡视员	江岸区塔子湖街、东湖风景区城乡工作办事处	流管处	

关于印发《全市人口计生系统集中开展领导干部大接访活动实施方案》的通知

（武人计〔2012〕66号）

各区人口计生委，武汉经济技术开发区、东湖新技术开发区社发局，东湖生态旅游风景区计生办，武汉化学工业区社发局，委机关各处室、各直属单位：

现将《全市人口计生系统集中开展领导干部大接访活动实施方案》印发给你们，请认真贯彻执行。

附件：各区（开发区）、街（乡、镇）人口计生部门领导干部包案清单（略）

武汉市人口计生委

二〇一二年九月四日

全市人口计生系统集中开展领导干部大接访活动实施方案

为进一步密切党和政府同人民群众的联系，及时了解群众的诉求，妥善处理信访事项，保护群众的合法权益，根据国务院《信访条例》的规定和省市关于信访工作要求，经研究决定，在全市人口计生系统集中开展“领导干部大接访”活动。现制定实施方案如下：

一、指导思想

以邓小平理论和“三个代表”重要思想为指导，深入贯彻落实科学发展观，认真贯彻国家、省、市信访维稳工作会议精神，切实加强新形势下群众工作，按照接访、办案、督查“三位一体”的工作思路，在全市人口计生系统集中开展“领导干部大接访”活动，解决久拖未决的信访积案和群众反映突出的人口计生热点难点问题，以信访工作的新成效促进社会和谐稳定，迎接党的十八大胜利召开。

二、工作要求

（一）明确目标任务。通过集中开展接访下访、领导包案、跟踪督办，从源头上减少信访问题的产生，切实化解长期积累的疑难复杂信访积案，推动基层人口计生部门进一步落实信访工作责任制，加大对信访问题的解决力度，把矛盾化解在基层，把问题解决在当地，坚决防止进京赴省非正常上访。

（二）落实责任主体。各区（开发区）、

街（乡、镇）人口计生部门主要负责人。

（三）突出接访重点。这次领导干部大接访主要解决三个突出问题：一是长期积累、久拖未决的信访积案；二是进京赴省到市集体上访和非正常上访反映的问题；三是影响人口计生系统和谐稳定的热点难点问题。

（四）严格工作标准。一是要保证接访时间。区（开发区）人口计生部门每2周至少安排1天时间由主要领导接待来访群众，每周安排1天由分管领导接待来访群众；街（乡、镇）计生办每周至少安排1天时间由主要领导接待来访群众。区（开发区）人口计生部门每月分析研究信访问题1次，街（乡、镇）计生办每2周分析研究信访问题1次，并要将领导干部接待群众来访时间先期预告。二是要注重包案数量。在大接访活动中，区（开发区）人口计生部门领导每人包案解决信访问题数量不少于1个；街（乡、镇）计生办主要领导可根据本地实际情况安排包案数量。三是要切实解决问题。各级人口计生部门要积极协调、督促和推进有关地方和部门及时解决信访突出问题。对群众诉求合理的信访问题，要做到案结事了、息访息诉。

三、方法步骤

此次集中开展“领导干部大接访”活动时间为2012年9～10月。具体分为动员部署、组织实施、检查总结三个阶段。

（一）动员部署（2012年9月上旬）

各区（开发区）人口计生部门要根据方案要求，结合贯彻落实市人口计生委信访稳定工作专题会议精神，召开党组（党委）会议，进行专题研究部署，明确工作要求，落实工作责任，并及时将有关精神传达到各街（乡、镇）计生办认真贯彻执行。

（二）组织实施（2012年9月中旬至10月下旬）

重点把握好“四个环节”：一是全面排查。各区（开发区）、街（乡、镇）人口计生部门要对本地区存在的热点难点问题进行全面排查梳理。对排查出来的信访案件，要逐件按信访事项、时间、地点、单位、涉及人数、重点人员、重信重访情况、事态发展预测等要素登记建档，建立台账，把信访案件分解到每个包案领导，责任到人；二是公开接访。要采取定点接访、重点约访、专题接访、带案下访等方式，及时接待群众，有效解决问题；三是领导包案。对“领导干部大接访”活动中接谈的信访事项，各级人口计生部门领导要采取“一个问题、一名领导、一套班子、一个方案、一抓到底”的方法，做到领导带头，亲自化解疏导，亲自协调落实，直至彻底解决问题；四是督查督办。活动过程中，各级人口计生部门主要领导要加强督促检查，推动信访问题及时有效解决，并将领导干部大接访的进展情况及时上报市人口计生行政执法支队。

（三）检查总结

活动期间，市人口计生委行政执法支队将采取明查暗访等方式进行检查监督，对工作不力、效果不好、没有按要求开展大接访的要约谈主要领导。活动结束后，行政执法支队将区（开发区）、街（乡、镇）人口计生部门开展情况形成总结报告向委党组专题汇报。

四、组织领导

各级人口计生部门主要领导是“领导干部大接访”活动的第一责任人，分管领导为直接负责人，其他领导坚持“一岗双责”，要确保接访、办案、督查“三落实”。市人口计生行政执法支队要安排专人对活动开展情况进行检查，并加强对各区（开发区）及街（乡、镇）人口计生部门开展“领导干部大接访”活动的指导和协调，及时研究解决工作中存在的问题，确保“领导干部大接访”活动收到实效。

关于成立将三级以上计划生育手术并发症人员纳入特别扶助制度工作领导小组的通知

（武人计办〔2012〕9号）

各区人口计生委，武汉经济技术开发区、东湖新技术开发区社发局，东湖生态旅游风景区计生办，武汉化学工业区社发局：

为认真贯彻落实国家人口计生委、财政部《关于将三级以上计划生育手术并发症人员纳入计划生育家庭特别扶助制度的通知》（人口政法〔2011〕62号）和省人口计生委、财政厅《关于印发<湖北省计划生育手术并发症人员特别扶助制度实施方案>的通知》（鄂人口委〔2012〕3号）精神，确保此项工作顺利进行，市人口计生委决定成立将三级以上计划生育手术并发症人员纳入特别扶助制度工作领导小组。

领导小组成员名单如下：

组　长　李丹芳　市人口计生委党组书记、主任

副组长　刘庆香　市人口计生委副主任

　　　　王怀卓　市人口计生委副主任

成　员　葛晓群　市人口计生委党组成员、机关纪委书记

　　　　金　玲　市人口计生委科技处处长

　　　　李群发　市人口计生委政法处处长

　　　　张士新　市人口计生委发规处副调研员

　　　　黄　艳　市人口计生委办公室副调研员

　　　　曾白涛　市计划生育科技所所长

领导小组主要负责制度实施的组织、协调、监督、检查等工作。领导小组办公室设在市人口计生委政法处，李群发同志兼任办公室主任。

武汉市人口计生委

二〇一二年三月八日

（七）市人口计生委机关党委文件

关于在“喜迎十八大、争创新业绩”主题实践活动中开展保持党的纯洁性学习教育活动的意见

（武人计党委〔2012〕2号）

各党支部：

为深入贯彻落实胡锦涛同志在十七届中央纪委七次全会上的重要讲话精神，市委决定在“喜迎十八大、争创新业绩”主题实践活动中开展保持党的纯洁性学习教育活动。现结合委机关及直属单位实际，提出如下意见。

一、指导思想

深入贯彻落实中央、省委、市委关于保持党的纯洁性的部署要求，着力加强党员干部思想政治教育，切实增强党员干部党性意识，不断提高党员干部自身素质，大力保持党员干部清正廉洁，引导党员干部自觉以实际行动维护改革发展稳定的良好局面，保持党员干部党性纯洁、政治纯洁、思想纯洁、组织纯洁、道德纯洁、境界纯洁、世界观和价值观纯洁、作风纯洁，以“三个中心”、“三个武汉”建设的新成效，为党的十八大召开筑牢思想基础、政治基础和组织基础。

二、活动内容

集中学习教育活动从今年6月开始，具体分为集中学习、查摆问题、整改落实、建章立制四个阶段：

1. 集中学习（6月份）。各党支部要通过召开专题学习会议、党员领导干部带头讲党课、学习全省优秀共产党员肖明等先进典型、观看重大历史题材电影《忠诚与背叛》等方式，组织广大党员干部认真学习领会中央、省委、市委关于保持党的纯洁性的有关精神，明确学习教育活动要解决的主要问题和达到的目标要求。

2. 查摆问题（7月上旬）。各党支部和广大党员干部要在深入学习的基础上，认真查找在思想、政治、组织、作风、廉洁自律等方面与保持党的纯洁性不相适应的问题。领导班子和党员领导干部要通过多种方式广泛征求意见建议，以“保持党的纯洁性”为主题，召开专题民主生活会，认真开展批评与自我批评。

3. 整改落实（7月中旬）。党员领导干部要结合自身实际和工作职责，针对存在的问题与差距，制定切实可行的整改方案措施，公开作出整改承诺，扎实开展整

改。普通党员要通过自我学习、自我教育，实现自我提高，立足岗位创先争优。各级党组织要着力解决自身建设存在的突出问题，着力增强创造力、凝聚力和战斗力。

4. 建章立制（7 月下旬）。结合创先争优活动，探索建立保持党的纯洁性的长效机制。

三、组织领导

各党支部要把保持党的纯洁性学习教育活动作为当前“喜迎十八大、争创新业绩”主题实践活动的一项重要内容，集中时间，集中精力，精心组织实施。

1. 落实领导责任。党组织主要负责同志要认真履行第一责任人的职责，带头抓学习教育活动，做到认识到位、组织到位、措施到位、工作到位，确保学习教育活动覆盖委机关及直属单位，力争使每个党员干部都参加活动、受到教育。

2. 加强分类指导。学习教育活动以领导班子和党员领导干部为重点，覆盖每个党支部和每名党员。机关党委对开展学习教育活动指导督查。

3. 注重宣传引导。与创先争优“七一”专项表彰活动有机结合，加大宣传力度。特别要关注思想领域的热点问题，统一思想，凝聚共识，为改革发展稳定和人口计生事业的发展营造良好的舆论环境。

4. 坚持统筹兼顾。将开展保持党的纯洁性学习教育活动与创先争优、基层组织建设年、“治庸问责”、“结对共创”等活动紧密结合起来，与当前人口计生工作紧密结合起来。引导广大党员投身“三个中心”、“三个武汉”建设的主战场，以优异成绩迎接党的十八大胜利召开。

武汉市人口计生委
“喜迎十八大、争创新业绩”
主题实践活动领导小组
二〇一二年六月十九日

关于认真做好创先争优“七一”评选表彰工作的通知

（武人计党委〔2012〕3 号）

委机关及直属单位党支部：

按照全市“喜迎十八大、争创新业绩”主题实践活动总体部署，为总结委机关及直属单位开展创先争优活动取得的成绩和经验，树立典型，表彰先进，进一步促进委机关党组织和广大党员履职尽责创先进、立足岗位争优秀，委党组研究决定，今年“七一”前夕开展市人口计生委机关庆祝建党 91 周年暨创先争优评选表彰活动。现将有关事项通知如下：

一、评选表彰范围

凡党的关系隶属委机关的党组织、正

式党员和党务工作者，均属此次评选表彰的范围。

二、评选表彰条件

（一）先进党支部的评选条件

1. 领导班子好。坚持民主集中制原则，团结战斗，勤政廉政，创造力、战斗力和凝聚力强，充分发挥战斗堡垒作用。

2. 党员队伍好。坚持开展创先争优活动，围绕本单位的发展目标，做到主题鲜明、载体丰富、举措有力、活动有效、业绩突出，特别是在开展婚育新风进万家活动、稳定低生育水平，综合治理出生人口性别比、加强流动人口计生管理服务，推进计划生育优质服务，深化人口计生综合改革中成效明显。

3. 工作机制好。坚持落实党建工作责任制，切实加强党组织自身建设，“五个基本”建设落实，“七个体系”构建完善，工作制度机制健全，积极探索党员教育管理工作新路子，发展党员工作规范，党员主体地位突出，党员表达诉求渠道通畅，党员关怀服务落实，党员队伍素质高，充分发挥先锋模范作用。

4. 工作业绩好。坚持加强党性党风党纪建设，严格遵守和执行中央以及省市委关于加强作风建设的有关规定，支部班子作风正、执行能力强，注重加强社会主义精神文明建设，教育引导党员群众树立积极进取、健康向上的生活方式。

5. 群众反映好。坚持密切联系群众，把群众的根本利益放在第一位，问计于民、问政于民、问需于民、问效于民，深入服务、教育、组织、宣传、发动群众，充分调动群众的积极性和创造性，党支部在系统中有较高威信，党员在群众中起示范作用。

（二）党员先锋岗的评选条件

“党员先锋岗”是以党员为主体，以支部或是以行政职能为单位，在工作中创造一流工作成绩、发挥党员先锋模范作用、得到人口计生系统和服务对象普遍认可、体现党员先进性的岗位称号。评选条件是：

1. 政治思想坚定。全面落实科学发展观，带头树立社会主义荣辱观，具有坚定的共产主义理想信念，遵纪守法，服务大局，党性观念强。

2. 岗位业绩突出。具有强烈的事业心和责任感，立足本职岗位，在稳定低生育水平、加强流动人口管理服务、综合治理出生人口性别比、推进优质服务、完善利益导向体系等重点工作中克难奋进、开拓创新，取得突出成绩；工作中勤奋敬业，持之以恒，创造性地开展工作，主动服务，乐于奉献，出色完成所承担的各项任务。

3. 工作作风务实。始终保持创先争优、奋发有为的精神状态，恪尽职守，廉洁自律，团结协作，树立良好的岗位形象，宗旨观念和服务意识较强，密切联系群众，积极为群众办好事、办实事。

4. 示范作用明显。有较高的服务水平、业务能力和工作技能，对其他岗位党员群众的引领带动作用明显，在人口计生系统中有较高威信。

（三）党员服务明星的评选条件

“党员服务明星”是党员在创先争优

活动中自觉践行服务承诺，立足本职争创一流业绩，服务质量高、深受系统服务对象好评的优秀共产党员代表。评选条件是：

1. 政治思想坚定。自觉遵守和维护党章，带头执行党的各项方针政策，具有较高的政治素养、文化素养和履职本领，充分发挥先锋模范作用。

2. 工作业绩突出。坚持立足本职，爱岗敬业，求真务实，勇于创新，在平时工作中埋头苦干、甘于奉献，在本职岗位上做出显著成绩，为群众做表率。

3. 服务意识好。坚持全心全意为人民服务的宗旨，密切联系、服务群众，自觉践行服务承诺，认真听取群众意见，带头为群众做好事、办实事、解难事，自觉维护群众合法权益，在群众中形象好、威信高。

4. 守法意识强。坚持廉洁奉公，模范遵守党纪国法，严格执行廉洁自律的相关规定，自重、自省、自警、自励，信守职业道德和社会公德，始终保持高尚的道德情操。

5. 服务质量高。弘扬党的优良作风，讲党性、重品行、作表率；坚持原则，依法行政，办事公正；举止端庄，语言文明，服务热情周到，团结协作，群众威信高、深受系统服务对象好评。

（四）优秀党务工作者的评选条件

1. 忠诚党的事业，热爱党务工作，自觉遵守和维护党章，带头执行党的各项方针政策，深入学习实践科学发展观，注重学习党的建设理论，有较高的党建理论水平，充分发挥先锋模范作用。

2. 熟悉党建业务，认真履行岗位职责，有较丰富的党务工作经验和实际能力，善于研究和解决新形势下党建工作的新情况、新问题，创新意识和开拓精神强，工作业绩突出。

3. 坚持全心全意为人民服务的宗旨，密切联系、服务、宣传、教育群众，深入群众开展调查研究，有针对性地做好党员和群众思想政治工作，在党员和群众中形象好、有较高威信。

4. 坚持廉洁奉公，模范遵守党纪国法，严格执行廉洁自律的相关规定，正确行使权力、履行职责，清正廉洁，忠于职守，始终保持和体现党的先进性。

5. 自觉加强党性修养，带头讲党性、重品行、作表率，顾全大局，自觉践行社会主义核心价值体系，遵守社会公德、家庭美德、职业道德、个人品德，个人作风正派，生活情趣健康。

三、评选表彰的方法

评选表彰活动，采取各党支部推荐，机关党委审定，委党组批准的方式进行。

以支部为单位推荐，党员服务明星和党员示范岗各5个，在机关及直属单位全体党员中评选；党务工作者4个，在机关党委委员及党支部委员中评选；先进党支部3个，在机关及直属单位党支部中评选。

各党支部应严格按条件进行组织推荐，拟在“七一”前夕召开表彰大会予以表彰。

四、有关要求

（一）坚持群众路线，把握条件标准。各支部在开展评选推荐中，要认真对照评选条件，在民主评议的基础上严格按程序进行。所评选推荐的典型应为本支部党内外群众所公认，又是本支部先进典型的代表。

（二）严格程序要求，充分发扬民主。今年评选表彰的申报审定工作实行公示。由机关党委对拟表彰的先进集体和个人进行公示，公示时间为7天。

（三）密切联系实际，增强活动效果。各支部要把评先活动与深入开展创先争优活动结合起来，与“五个基本、七个体系”创建结合起来，与深化党的“双基工程”结合起来，相互促进，相得益彰，推动党的基层组织建设上新台阶。

（四）加强舆论宣传，营造良好氛围。“七一”前后，要广泛深入地宣传先进党支部、党员先锋岗、党员服务明星和优秀党务干部的先进事迹。要把组织推荐、表彰、宣传先进典型，作为加强支部组织建设和党员队伍建设的过程，进一步形成学习先进、争当先进、赶超先进的良好氛围，更好地推动人口计生事业的科学发展、不断促进社会和谐。

附件：1. 先进基层党组织推荐表（略）

2. 党员先锋岗推荐表（略）

3. 党员服务明星推荐表（略）

4. 优秀党务工作者推荐表（略）

中共武汉市人口计生委机关党委

二〇一二年六月六日

关于表彰先进党支部、党员先锋岗、党员服务明星和优秀党务工作者的决定

（武人计党委〔2012〕4号）

自开展创建先进基层党组织、争当优秀共产党员活动以来，委机关及直属单位紧紧围绕中心，服务大局，努力工作，开拓进取，在稳定全市低生育水平、突破重难点问题、深化综合改革等工作中，充分发挥党支部战斗堡垒作用和共产党员先锋模范作用，为构建和谐民本计生，促进全市人口经济社会协调发展和可持续发展作出了积极的贡献。特别是通过开展“治庸问责”活动、全面实施基层组织建设年，大力弘扬“敢为人先、追求卓越”的武汉精神，团结和带领机关及基层组织和广大共产党员以创先争优的实际行动，不断创造新的业绩。为了表彰先进，弘扬正气，推动全市人口计生各项工作再上新台阶，市人口计生委机关党委决定：授予机关第一联合党支部、第二联合党支部、宣教中心党支部为“市人口计生委先进党支部”

荣誉称号。授予发规处信息化建设管理岗（王军、李尧）、科技处技术管理岗（吴方清）、药具站药具发放管理岗（刘道汉）、政治处干部人事管理岗（卢丹）、办公室机要档案管理岗（王小萍）、市人口计生委信访接待岗（张娜）等6个岗位为“市人口计生委党员先锋岗”荣誉称号。授予任艳军、万由鑫、江哲银、匡伟民、刘春生等5名同志为“市人口计生委党员服务明星”荣誉称号。授予葛晓群、李群发、孙勇、刘晓莉等4名同志为“市人口计生委优秀党务工作者”荣誉称号。

这些受到表彰的先进党支部、党员先锋岗、党员服务明星和优秀党务工作者是创先争优活动开展以来委机关涌现出来的典型代表。市人口计生委机关党委号召，各党支部和全体共产党员要以他们为榜样，学习他们牢记党的宗旨、办实事、求实效、勤政廉洁的优良作风；学习他们忠诚履职、忘我工作、精益求精的负责态度；学习他们顾全大局、团结协作、和谐共事的优良品质。

希望受到表彰的先进集体和优秀个人，珍惜荣誉，发扬成绩，再接再厉，以更加坚强的党性、更加昂扬的斗志、更加务实的作风，争创新业绩。委机关及直属单位党支部和党员干部要按照市第十二次党代会的总体部署，始终保持与时俱进的思想观念、奋发有为的精神状态、求真务实的工作作风，锐意进取、奋力拼搏、创先争优，在委党组的领导下，为把武汉建设成为国家中心城市出一份力，为人口计生事业的发展作出更大贡献，以优异成绩迎接党的十八大胜利召开。

中共武汉市人口计生委机关党委

二〇一二年六月二十九日

八、信息简报篇

第1期

●市委考评组到市人口计生委进行市绩效管理和市管领导班子、领导干部年度考评

●市人口计生委召开委机关处室绩效考核干部考评工作会

市委考评组到市人口计生委进行市绩效管理和市管领导班子、领导干部年度考评

2月6日下午，市委第二十一考评组到市人口计生委进行市绩效管理和市管领导班子、领导干部的年度考评工作。考评组采取领导干部述职、民主测评、个别谈话等形式，对班子建设、班子成员履行职责情况、干部选拔任用工作进行考核，通过听取汇报、现场查阅资料等形式对我委2011年工作进行绩效考核。委机关全体干部、直属单位主要负责人、部分区人口计生委主任及直属单位群众代表参加了会议，委党组书记李丹芳代表委党组作了班子和个人述职。

考评组组长李上玉同志在会上就本次考评工作提出三点要求：一是提高思想认识，把握今年年度考评工作的主要特点。二是把握方法步骤，全面客观公正地开展各项评价工作。三是认真总结经验，积极谋划和推进2012年各项工作。

市人口计生委召开委机关处室绩效考核干部考评工作会

2月6日上午，市人口计生委召开委机关处室绩效考核及干部年度考评工作会。会上，各处室负责人代表处室和本人作述职述廉述责报告，回顾2011年各处室工作，分析存在不足，提出改进措施，就个人廉洁自律情况进行述廉。同时，对委机关各处室及直属单位负责人、委机关全体工作人员2011年履职情况进行民主测评，推选2011年度绩效目标考评先进集体和优秀个人。本次年度考评工作体现出四个结合：一是考人与考事相结合；二是考评工作与落实武汉市党代会精神

有机结合；三是把考评工作与市人口计生委各项工作相结合；四是把考评工作与提高工作效率、管理效率和社会效果有机结合。

第 2 期

●市人口计生委全面部署 2012 年全市人口计生工作

●市人口计生委重点推进全市人口计生信息化建设

市人口计生委全面部署 2012 年全市人口计生工作

2 月 10 日，市人口计生委召开全市各区人口计生委主任工作会议，总结、兑现 2011 年人口计生部门目标责任制，部署 2012 年工作任务。委领导班子成员，各区人口计生委党组书记、主任，委机关各处室、各直属单位主要负责人参加会议。

会议对全市人口计生工作形势进行了认真分析，明确了 2012 年全市人口计生工作思路：坚持以邓小平理论和“三个代表”重要思想为指导，认真贯彻落实党的十七届六中全会、胡锦涛总书记 4·26 讲话和市第十二次党代会精神，深入学习实践科学发展观，发扬“敢为人先，追求卓越”的武汉城市精神，以稳定低生育水平、提高出生人口素质为主线，以加强人口理论研究为前提，以深化人口计生综合改革为动力，以综合治理出生人口性别比为重点，以实施流动人口计划生育基本公共服务均等化为基础，以政策服务和科技服务为支撑，以固化信息化建设为平台，以完善绩效目标管理体系为抓手，着力在抓重点、攻难点、补弱点、扫盲点、展亮点上下功夫。逐步实现管理精细化、服务人性化、程序便捷化、信息现代化，不断促进全市人口计生工作再上新台阶，实现新跨越，为建设国家中心城市和人民幸福城市作出积极贡献，以优异成绩迎接党的“十八大”胜利召开。会议明确了 2012 年全市人口计生工作要点：加强统筹协调，深入推进综合改革；夯实基础工作，切实稳定低生育水平；加强综合治理，促进性别比趋向平衡；坚持均等服务，加强流动人口服务管理；坚持以人为本，提高优质服务水平；加强宣传倡导，建设家庭人口文化；强化利益导向，落实各项惠民政策；推进依法行政，保障群众合法权益；加强信息化建设，促进工作方式转型；加大经费投入，提高资金使用效率；加强队伍建设，健全服务管理体系。明确了 2012 年拟办十件实事和每月重要工作（活动）安排。

会上，委党组书记李丹芳充分肯定了 2011 年人口计生工作，分析了人口计生工作面临的形势，全面部署 2012 年全市人口计生工作。抓重点，咬住目标不放松。着重抓好“六项重点”：一是改革绩效指标管理模式。按照“重点确保、特点突出、量化管理、总量控制、权重调节、有利考评”的原则，建立包括刚性指标、重点指标、特色指标、否决指标、加减分指标等“五项指标”内容的人口计生工作科学考核体系。二是抓好综合治理出生人口性别比，切实稳定低生育水平。三是加强信息化建设。四是加强流动人口服务管理，加大均等化服务力度。五是认真做好市政府实事之一的“免费孕前优生健康检查”项目的落实。六是不断创新利益导向机制，丰富利益导向内容。创亮点，彰显特色不动摇。实现“一区一品牌，一街一特色”。着力打造“六大亮点”：一是加强人口理论研究。二是加强人口文化宣传。三是开展人口文化研究、举办首届人口文化节，营造人口文化环境。四是开展创业致富，提升家庭发展能力。五是开展心理咨询师、生殖健康师、律师等各类专家讲师团进社区、进家庭、进学校活动。六是开展特扶家庭结亲认养活动。攻难点，重拳出击不懈怠。针对综合治理出生人口性别比这一难点，强化措施，重拳出击。一是坚持重心下移、固本强基。二是实行信息监测、跟踪服务。三是强化打击、标本兼治。四是联动担责、捆绑考核。五是完善制度、强化过程管理。扫盲点，开发区建设不落后。针对开发区外资企业、民营企业多，新建小区、新建楼盘多，建筑工地多、拆迁户多，人口流动性大实际，一是加强开发区服务管理体系建设。二是加强信息采集工作，夯实基础工作。三是按照属地管理的原则，理顺管理关系，加强新建小区、新建楼盘计划生育服务管理。四是强化计划生育企业法定代表人责任制，加强对外资企业、民营企业用工的计划生育服务管理。五是强化建筑管理部门和开发商的责任，加强建筑工地流动人口计划生育服务管理，尤其是加强对拆迁人口的跟踪服务，实行户籍地与现居住地共同管理。六是改革开发区人口计生目标管理体系，加大目标考评力度，强化基础、强力推进。

市人口计生委重点推进全市人口计生信息化建设

2月9日，市人口计生委在孝感市召开全市推进人口计生信息化建设学习现场会，委党组书记李丹芳出席会议，全市各区计生委书记、主任和委机关全体及直属单位负责人参加会议。

会议传达了省人口计生信息化工作会议精神，部分区交流了加强信息化工作、提高信息质量的经验，总结了2011年度全市人口计生信息化建设工作情况，通报了2012年度第一季度主要目标执行情况，部署了2012年度人口计生信息化建设工作。同时组织会议代表参观孝感市孝南区车站街鸿城社区、陡岗镇袁湖村信息系统相关应用情况及孝南区计生局机关各科室信息化建设与应用的先进做法。

市人口计生委委党组书记李丹芳就全面推进人口计生信息化建设提出五点要求：一要高度重视，做到数据为基、网络为脉、应用为本，把信息化建设工作摆在优先发展位置，奋起直追；二要把信息化建设与应用落实在人口计生工作的各个方面；三要建立并启用人口地理信息系统，强化以房查人、以人查房、人房对应管理模式；四要办好人口计生系统门户网站，利用好门户网站的窗口、阵地作用，提高知名度，加强宣传和接受监督；五要把信息化建设作为优质工程来抓，建立规范的采集、监测、通报、评估制度，加强统计求实，注重孕情跟踪，力争信息化建设工作实现质的飞跃。

市人口计生委副主任高惠祥强调，2012 年要以信息化建设和应用为抓手，以落实目标任务为重点，抓春季部署、目标管理、统计求实、重点难点、薄弱环节、亮点特色，着力解决信息化建设应用工作中存在的“三重三轻”问题，要抓住关键、突出重点、努力实现“八个新进展”：一要在门户网站建设管理上求新进展；二要在全员人口数据库建设上求新进展；三要在重点业务系统应用上求新进展；四要在相关部门信息共享上求新进展；五要在全面提高信息质量上求新进展；六要在信息化成果开发应用上求新进展；七要在人口计生便民服务上求新进展；八要在解决信息化人才匮乏问题上求新进展。

【江岸区】人口计生依法行政结硕果。江岸区人口计生委坚持以全国人口和计划生育依法行政示范乡镇（街道）创建活动为抓手，认真开展法制宣传教育，规范行政执法行为，加强行政执法监督，依法兑现奖励扶助，把加强和创新社会管理与人口计生工作紧密结合，依法行政能力进一步提高，人口计生工作基础进一步夯实，全区人口计生工作整体水平明显提升。目前，该区四唯街办事处被国家人口计生委授予“第一批全国人口和计划生育依法行政示范乡镇（街道）”称号。

【硚口区】“四项机制”加大信息平台督察力度。春节前后，区人口计生委多次组织街道计生办主任及规统、政法、科技工作人员综合培训，建立健全省人口基础信息共享平台核查机制、流动人口信息督查机制、优质服务信息反馈机制、便民办证服务机制，全方位加强业务指导。春节前后，全区共更正出生错误信息 27 条，补充生育（服务）证信息 170 条，新增全员流动人口信息 1 537 条，录入生殖健康检查信息 1 606 人次、随访服务信息 2 101 人次，通过便民办证系统为 97 名对象办理生育服务证。

【洪山区】“五个到位”加强全员流动人口信息化工作。开年以来，洪山区人口计生委高度重视全员流动人口信息化工作，精心部署，严格程序，扎实推进，切实做到思想认识、动员培训、人员力量、硬件设备、督导调度“五到位”，保证了全区全员流动人口信息工作的顺利进行。目前全员流动人口信息中已登记录入流出人口 3 056 人，流入人口 90 905 人。

第3期

●刘英姿副市长专程到省人口计生委汇报工作

刘英姿副市长专程到省人口计生委汇报工作

2月13日，市人民政府副市长刘英姿在市人口计生委党组书记李丹芳和党组成员、副主任高惠祥陪同下，专程到省人口计生委汇报全市人口计生工作，听取了省人口计生委领导有关意见。省人口计生委党组书记胡菊萍、主任杨云彦、副主任刘望清、朱惠民、李元彪等领导会见刘英姿副市长一行。

省人口计生委领导对武汉市人口计生工作取得的成绩和今年的工作思路给予了充分肯定。省人口计生委党组书记胡菊萍指出，多年来，武汉市委、市政府高度重视人口计生工作，坚持高层倡导、顶层设计，将人口计生综合改革纳入重要议事日程，人口计生工作理念不断创新、力度不断加大，人口计生目标管理取得了很好的成绩。这次市政府换届后进一步高度重视人口计生工作，市人口计生委党组书记李丹芳到任后，工作紧、理念新、作风实，政务信息报送得快，相信武汉市这个全省龙头定会舞得更好。

省人口计生委主任杨云彦对我市人口计生工作提出了具体指导意见：一是要保先进。武汉市一直荣获全省党政领导线人口计生目标管理一等奖，拿先进难，保先进更难。二是要创品牌。工作不仅要落实，更要创造性地落实；工作要创品牌，要发现品牌，做大品牌，做强品牌。三是要破难题。流动人口计生服务管理要与社会管理创新、与信息化建设有机结合起来；要严厉打击“两非”行为，综合治理出生人口性别比偏高问题。要力争每年在破解1～2个重难点问题上有新突破，扎实推进工作发展。四是要补空白。要高度关注开发区人口计生工作，通过检查、指导、考核，强化薄弱环节。同时，要进一步做好人口发展战略研究、关爱计划生育特扶家庭、落实企业退休职工计划生育奖励政策、加强信息化建设和应用等工作，巩固先进地位，创新工作机制，加强分类指导，促进平衡发展。

刘英姿副市长对省人口计生委多年来对我市人口计生工作的关心、支持和指导表示感谢，表示武汉市人口计生工作一定会在省人口计生委的有力指导下，发扬“敢为人先，追求卓越”的武汉城市精神，争先创优，为人口计生工作再立新功、再创辉煌。

第 4 期

● 市委副书记胡曙光、副市长刘英姿会见省人口计生委胡菊萍书记一行

市委副书记胡曙光、副市长刘英姿会见省人口计生委胡菊萍书记一行

2 月 15 日下午，市委副书记胡曙光、副市长刘英姿会见省人口计生委党组书记胡菊萍、副主任朱惠民等春季调研组成员，听取省人口计生委春季调研组对我市人口计生工作的意见。市政府副秘书长周元、市委巡视员张捷，市人口计生委全体班子成员，江岸区区长黎东辉陪同参加。

省人口计生委党组书记胡菊萍指出：市委、市政府高度重视人口计生工作，抓得紧、抓得实，各项工作进展很快。在市人口计生委党组书记李丹芳的带领下，人口计生干部队伍大局意识很强，对省人口计生工作的任务，主动请缨，全力以赴，勇于担当，付出了很多很多，特别能战斗。这次调研中发现的问题，是前进中的问题，也是工作中需要研究解决的问题。这次市人口计生委被评为市委、市政府表彰的“全市民评民议优化发展环境优秀单位”，并且排名第六位，成绩的确来之不易，得益于市委、市政府为人口计生工作创造了良好条件。我代表省人口计生委由衷地感谢武汉市委、市政府对人口计生工作的高度重视、关心和支持。

市委副书记胡曙光说：去年省里授予我市党政领导线人口计生目标管理一等奖，这是省里对我们的关心、支持和厚爱。今后我市人口计生工作要继续保持领先，必须加倍努力，要积极与武汉市委、市政府建设“国家中心城市”的战略目标相适应，力争工作跃上新的台阶。胡菊萍书记对我市人口计生工作进行了专题调研，提出了今后工作要求。下一步，我们决不辜负省人口计生委的信任，共同努力把武汉市人口计生工作做得更好。

第5期

●省人口计生委党组书记胡菊萍率队调研武汉市春季人口计生工作

省人口计生委党组书记胡菊萍率队调研武汉市春季人口计生工作

新春伊始，省人口计生委党组书记胡菊萍、副主任朱惠民带领专题调研组，于2月14～16日，对武汉市黄陂区、汉阳区、青山区、江岸区和新洲区等五个区的16个医院、计生服务站、大型企业和街道及社区（村）人口计生工作进行了调研。市委副书记胡曙光、副市长刘英姿陪同调研，听取了省调研组意见，提出了我市整改措施。市政府副秘书长周元、市委办公厅巡视员张捷、市人口计生委党组书记李丹芳及相关区委、区政府主要领导也陪同调研。

在2月16日下午召开的专题调研汇报会上，市人口计生委党组书记李丹芳从贯彻落实全省人口计生工作会议精神情况、全市人口计生综合改革进展情况、免费孕前优生健康检查项目实施情况和元旦、春节期间开展流动人口服务管理工作四个方面情况进行了专题汇报。

听取汇报后，胡菊萍书记充分肯定武汉市春季人口计生工作起步早、行动快、措施实、成效显著。武汉市第一次将计划生育困难家庭纳入市“四大家”领导春节走访慰问对象体系，第一次将走访慰问计生家庭纳入市“一把手”慰问工程，市“四大家”分管领导第一次集体参加市人口计生委举办的“我爱我家”春节团拜会慰问基层计生干部，第一次将免费孕前优生健康检查工作纳入市政府为民办实事的内容，第一次就解决独生子特殊困难家庭诉求纳入市政府专题研究，副市长刘英姿到任后第一站到市人口计生委调研等“六个第一”，体现了党委、政府对人口计生工作的高度重视；市人口计生委提出的“健全六大体系、完善六大机制、打造五大品牌、争创五个示范、攻克三大难点”的“66553”工程任务明确、重点突出，体现了创新性、引领性、针对性和可操作性；整个人口计生系统勇于创新、干劲实足，展现了良好的精神风貌；社区（村）人口计生信息系统应用工作推进快；人口文化弘扬主旋律，创新人口文化理念，展示人口文化成果，创作人口文化精品，亮点纷呈，在全省起到了引领表率的作用。市人口计生委在万人“民评民议”优化发展环境中排名第6名的成绩的确来之不易。

胡菊萍书记在通报中分析了当前我市人口计生工作的主要问题，提出了下步工作要求。她指出，当前武汉市人口形势依然严峻，出生人口性别比仍然偏高，流动人口服务管理均等化还需进一步落实，优质服务水平有待提升，基层基础工作有待进一步抓实。对此，胡书记强调，要进一步创新思路理念，将人口计生工作融入大局、服务大局。要进一步加强出生人口性别比综合治理，把综合治理出生人口性别比工作放在突出位置。要进一步加强流动人口服务管理，推动流动人口基本公共服务均等化的落实。要进一步加强计划生育优质服务工作，推动优质服务规范化。要全面加强计划生育基层基础工作，促进基层基础工作上台阶、上水平。要创新人口计生品牌，为全省人口计生工作创造更多借鉴的经验。

副市长刘英姿在汇报会上，代表市委、市政府对胡菊萍书记一行专题调研指导武汉市人口计生工作表示衷心的感谢！表示要认真学习胡菊萍书记和省人口计生委调研组三天调研行程中，心系国策、深入基层、亲民务实，认真、严谨、敬业、专业的工作作风和工作方法。表示武汉市一定会对照胡菊萍书记提出的要求，正视现实、查找差距、拓展思路、加强整改，用创新思路谋划发展，用创新举措破解难题。要抓改革，抓难点，抓重点，扫盲点，创亮点，切实使人口计生工作融入全市经济社会发展大局，打造“管理精细化、服务人性化、程序便捷化、信息现代化”新型人口计生服务管理模式，不断促进全市人口计生工作再上新台阶，实现新跨越。

第6期

●各区贯彻落实全市人口计生委主任会议暨推进信息化建设学习现场会精神情况综述

各区贯彻落实全市人口计生委主任会议暨推进信息化建设学习现场会精神情况综述

2月8~10日全市各区人口计生委主任会议暨推进信息化建设学习现场会后，各区高度重视，迅速行动，立即召开多层次会议传达学习会议精神，紧密结合实际，客观分析形势，认真查找差距，明确重点，突出难点，细化目标，强化措施，狠抓各项工作落实。

一、提高思想认识，加强组织领导

各区人口计生委迅速向区委、区政府主要领导和分管领导专题汇报会议精神，争取党委政府对人口计生工作的领导和重视。江岸区、汉南区分别把企业退休职工计划生育奖励政策落实和农村独女家庭、伤亡计生家庭父母免费健康查体纳入2012年政府为民办实事重要内容；武昌区将“计生奖励政策落实工作”作为区委常委民主生活会整改内容重点督办；洪山区新增177万元专项经费用于村社区基层人口计生建设；硚口区“四大家”领导对人口计生工作进行专题调研指导；蔡甸区区委、区政府分管领导先后就贯彻会议精神明确提出“二个三”工作要求；黄陂区在全区经济工作暨农村工作千人大会上，对全区人口计生工作进行动员部署；新洲区开展“四大家”领导对口调研督导人口计生工作活动；东湖生态旅游风景区两次召开会议，专题传达会议精神；东湖新技术开发区按10%的增幅优先批拨人口计生事业费。

二、创新工作思路，强化目标责任

围绕会议提出的工作目标、工作任务和工作要求，各区进一步创新工作思路，细化“五项”责任目标。一是明确工作思路。江岸区确立了“把握一条主线、着力两个优化、突出三个重点、实现四个转变”工作思路；东西湖区提出了“加大两个力度、推进三项工作、启动两项工作、落实三项新政策、推广一个新试点、打造一个新型人口文化园”工作新举措；武汉化学工业区在全面分析区情实际基础上，提出了责任落实、督办检查、信息化建设、性别比综合治理“四狠抓”和优质服务、流动人口服务管理、社会抚养费征收、人口文化宣传“四强化”工作措施。二是细化责任目标。根据市人口计生责任目标内容，组织全系统人员逐一学习、逐一分解，将每项目标分解到街道（乡镇）及机关各科室。根据岗位责任制要求，细化目标，做到人人有职责、人人有目标。新洲区召开区“四大家”分管领导参加的全区人口计生系统绩效目标管理暨调度会，将市人口计生委下达的42项目标分解到各街镇计生办、委机关各科室和区计生服务站；东西湖区做到三个挂钩：即责任目标与岗位职责挂钩、平时考核与定点督办挂钩、科室目标与街级目标挂钩，全面实施绩效考核。

三、突出工作重点，狠抓工作落实

围绕会议提出的“抓重点、攻难点、补弱点、扫盲点、展亮点”工作思路，各区结合实际，进一步突出工作重点，强化工作措施，狠抓工作落实。一是加大督办指导力度。江汉区以春季督办为契机，对各街人口计生工作开展情况进行现场督办指导，发现问题及时指导分析，并通报结果；武昌区建立“一周一抽查、一月一通报、一季一考评”目标调度制度；青山区采取不定时、不打招呼的形式对流动人口集中的市场、出生人口较多的社区（村）、医院等重点地段进行暗访，通报督察情况，建立奖惩机制，以奖代补；二是狠抓出生人口性别比综合治理。汉阳区专派人员参加国家人口计生委举办的办案取证培训班，并选派法律专业能手参与“综合治理性别比”工作专班；江夏区组织纪检监察、组织、人社、公安、法院等部门联动，查处党员干部和国家工作人员违法生育行为；东湖新技术开发区对一起非法引产“两非”案件进行立案侦查。三是强力推进人口计生信息化建设。江岸区坚持整合资源、完善机制，加大投入、配强队伍，加强指导、定期核查；东西湖区坚持“定目标、强举措、抓培训、促交流”扎实开展工作；洪山区投入370万元用于基层人口计生信息化网底建设；汉南区坚持每年投入30万元确保政务网向村（居）延伸；蔡甸区、东湖新技术开发区全面启用网上便民办证系统，并稳步推进村（居）在线平台和人口地理信息系统应用。青山区下发《关于开展统计数据求实活动的工作方案》，强化信息质量建设；硚口区在强化信息化建设业务培训的基础上，首次出台街道和委机关信息、新闻奖励办法，实施一月一奖励，仅一月份就上报各类信息、新闻77篇，简报11期。四是狠抓政府实事落实。黄陂区作为免费优生健康检查项目全国试点区，目前，已完成近千对待孕夫妇孕前免费优生检查；东西湖区做到“三有”（有班子、有目标、有流程）、“两落实”（落实技术人员培训、落实服务阵地规范化建设）、“一启动”（开展启动仪式隆重造势）；新洲区正式启动免费孕前优生健康检查工作。目前，已完成免费孕前优生健康检查94对。五是加强干部队伍建设。江岸区在去年为17条街道配备85名协管员的基础上，今年又增加22名，进一步强化社区基础工作；汉阳区及时调整区人口计生委领导班子，配备年轻干部充实基层计生专干队伍；开发区针对工作实际，积极研究新型社会管理体制人财保障措施，充实人口计生队伍力量。

四、创新工作理念，打造工作亮点

围绕会议提出的“一区一品牌、一街一特色”要求，各区努力创新工作理念，创新工作方法，打造工作亮点。一是创新利益导向。江岸区对符合生育政策并采取上环和绝育手术的流入人员分别奖励50元和500元；汉阳区在“城中村”改造中，对农村独女户家庭、已办理《独生子女父母光荣证》的女孩户家庭出台优惠政策，同时优先安置就业；对独女户、农村双女户女生实行专项奖励；东西湖区新近再出台对农村纯女户家庭等三项优惠政策。二是创新开展均等化服务。江岸区加大流动人口计生协会建设；硚口区颁发实施流动人口休假政策文件；东西湖区开展“两统一、三转变、一利用、一实现”流动人口“客栈式服务”试点；江夏区积极探索“支部+协会，服务+管理”的服务管理模式，全力打造“关爱留守儿童”新品牌；青山区建立“四统一”档案随流动人口异动。三是创新人口文化品牌。江汉区实施建设“新时代社区”、“新概念家庭”人口文化发展计划和“创建幸福家庭活动”；硚口区启动欣宜人口文化活动中心、幸福自治家园建设；东西湖区组织相关人员学习借鉴江苏昆山、宜兴人口文化园建设；武汉经济开发区指导“东风系”企业完善计划生育服务阵地。

第7期

●黄陂等受检区认真整改省人口计生委党组书记胡菊萍调研指出的问题

黄陂等受检区认真整改省人口计生委党组书记胡菊萍调研指出的问题

2月14~16日，省人口计生委党组书记胡菊萍带领专题调研组，轻车简从，深入我市黄陂区、汉阳区、青山区、江岸区、新洲区等5个区11个街道、5个区（街）计生服务站、两个医院、8个社区（村）和单位，对我市人口计生工作进行了专题调研。在调研过程中，胡菊萍同志充分肯定了我市人口计生工作取得的成绩和基层人口计生工作者良好的精神风貌，客观地分析了我市人口计生工作存在的问题和不足，对进一步做好新时期人口计生工作提出了十分重要的指导意见。针对省人口计生委专题调研组指出的问题和提出的整改意见，各区高度重视，举一反三，查找差距，研究制定了具体的整改措施。

【黄陂区】一是严格落实网上便民办证制度。按照省、市关于网上便民办证要求，明确基本原则和操作流程，强化对街、乡办证工作人员业务培训；不定期组织街、乡网上便民办证抽查，现场督办、指导；电话了解申请办证人员问题反映，优化办证流程，切实方便群众。二是规范实名登记制度。加强医疗机构、计生服务站操作共享平台人员培训力度，尽量杜绝漏登、缺项、错误和录入不全、不及时、不准确等问题；加强信息分拣和核查，强化信息及时反馈、及时异动；对出生、孕情信息不准确的特殊信息补充调查说明资料；每周对共享平台信息进行网上抽查，每月在网上对反馈、更新信息进行通报，每季度对共享平台应用情况进行排位，并以书面形式在全区进行通报。三是及时为适合对象做好长效避孕服务；继续完善自主采集、办事采集、部门协同采集的信息收集渠道，做到早期发现孕情，及时做好相关孕情服务工作；按责任分工，层层分解工作任务，狠抓春季工作部署。

【汉阳区】一是加大重点人群、重点环节的管理，优化“一盘棋”工作机制。以“民情户户通”为载体，对社区计生工作网格化管理；落实“以房管人”，探索社区服务新途径；试行“物业协管”。二是加强孕情跟踪监督，形成完整责任链。三是加大应用性课题研究，促进相关研究成果更好地指导基层实践。四是进一步加大信息化应用培训力度，使区、街、社区（村）的计生工作人员真正做到口径清楚、操作熟练、目标明确。五是全面应用村居在线服务平台，强化信息录入、核查、分析、反馈，提高信息准确率和及时率。

【青山区】2 月 17 日上午，召集委机关干部、各街、各相关单位传达学习了胡菊萍书记在省调研组反馈总结会上的讲话精神。2 月 20 日上午，分管副区长雷萍分别到工人村街青宜居社区、新沟桥街召开人口计生、民政、文体等相关部门工作协调会，布置重点督办工作，提出七个“进一步”整改措施：一是进一步创新思想理念，树立统筹协调解决人口问题的科学发展观念，围绕全区经济社会发展中心任务，寻求做好人口计生工作的切入点和突破点，提升全区综合管理服务水平。二是进一步加强计生干部队伍建设，树立求真务实的工作作风。三是进一步加强出生人口性别比综合治理，大力推进关爱女孩行动和婚育新风进万家活动。四是进一步加强优质服务体系科学化、标准化、规范化建设。五是进一步加强流动人口均等化服务，真正提高流动人口的归属感和幸福感。六是进一步加强基层基础工作，健全完善基层联系点制度，深入开展依法行政示范街道创建活动，加快推进信息化应用向社区（村）延伸。七是进一步加强平时督查力度，加强对流动人口集中的城乡结合社区（村）、新建小区、市场和工地等重点地段开展暗访抽查，定期进行情况通报，并召开人口目标完成情况分析会，确保全面完成各项目标任务。

【江岸区】我区在召开分层会议传达胡菊萍书记讲话精神的同时，举一反三，分析我区目前存在的主要问题：一是“大人口”理念树立不够牢；二是工作作风有待进一步改进；三是长效节育措施未落实到位；四是信息采集准确率不高；五是对人户分离情况的管理措施不力。制定整改措施如下：一是始终抓住“稳定低生育水平”主线不放松；二是强化人口计生综合改革和人口计生信息化建设两项工作重点；三是正确处理好打基础与创特色、治标与治本、形式与内容三个关系；四是狠抓出生人口性别比、流动人口均等化服务、计划生育优质服务、基层基础四项工作。

【新洲区】一是强化出生信息统计准确率为第一目标意识，通过入户采集、共享平台清理等，进一步提高出生信息统计准确率；二是强化二孩孕情跟踪“三覆盖”，保持对“两非”严打高压态势，扭转出生人口性别比上升局面；三是强化孕前管理和节育措施落实，全面开展节育情况大排查，对应采取措施对象实行名册管理；加强与卫生局等单位数据共享，并引入“倒查”机制，对重点对象信息进行核查；四是加强在职技术服务人员的培训工作，并公开向社会招聘具有执业资格的执业医师，进一步充实技术服务力量；五是对公示栏进行统一清理，注重宣传的针对性、有效性，体现特色。

第8期

●市政府专题研究人口计生信息化工作

●武汉市全面启动免费孕前优生健康检查项目

市政府专题研究人口计生信息化工作

3月7日，市政府召集市人口计生委、综治办、公安局、卫生局、国土规划局、住房保障房管局、信息产业办等相关单位负责人，共同研究人口计生信息化建设和应用推进工作。市政府刘英姿副市长出席会议并讲话，周元副秘书长主持会议。

会上，市人口计生委主任李丹芳介绍了我市人口计生信息化工作的现状，就加快推进人口计生信息化建设和应用提出了建议。各部门就主动履行职责，共同参与人口计生信息化建设与应用进行了发言。

刘英姿副市长指出，计划生育是国策，是“一票否决”指标，人口计生信息化涉及方方面面，各部门要高度重视，切实履行职责，强化任务落实，从信息收集源头把关，努力提高信息质量，不断提升应用水平。她要求，综治办、公安局、国土规划局和住房保障房管局要将“两实有”信息与人口计生委进行共享，共同支持建立人口地理信息系统，并督促基层协管员加强与村社区进行流动人口信息交流；卫生局要进一步规范落实住院分娩、孕妇B超检查、计划生育手术等各项实名登记制度，并完善住院分娩信息交流共享，保证住院分娩信息交流的完整性和及时性，各项实名登记信息必须确保24小时内录入；市人口计生委、市卫生局要再次联合进行培训，每年进行两次联合检查考核，监督各医疗机构实名登记制度落实；信息产业办加强人口计生市、区、街乡、村社区四级信息网络建设和部门间信息共享的技术指导，加快推进村社区信息网络的覆盖，为我市人口计生信息建设提质提速提供保障；在市民之家信息系统建设中要充分考虑人口基础信息的共享需求。

武汉市全面启动免费孕前优生健康检查项目

3月1日，市政府在黄陂区召开全市免费孕前优生健康检查项目现场会暨启动仪式。市政府副秘书长周元出席会议并讲话，市民政局、市财政局、市卫生局、市人口计生委有关领导，各区人民政府办公室分管主任、人口计生委主任及分管副主任、科技科科长、服务站站长和部分乡（镇、街）代表共计240多人参加会议。

会议下发了《市政府办公厅关于做好全市免费孕前优生健康检查工作的通知》，对免费孕前优生健康检查的服务人群、服务内容、服务机构及工作任务进行了进一步明确。

会上，黄陂区政府和黄陂区计生服务站作了经验交流发言。至2011年以来，黄陂区已对6 500名符合生育政策的计划怀孕的农村夫妇（含流动人口夫妇）接受了免费孕前优生健康检查服务，对检查发现的2 793名异常情况人群进行了个性化的咨询指导和跟踪服务。

会议指出，为符合条件的计划怀孕夫妇提供免费孕前优生健康检查被市政府列为2012年实事项目之一，充分体现市政府对农村和流动人口的关心，体现了对人口计生工作的重视，体现了以人为本的执政理念。对人口计生系统来说，既是加快战略转型、深入推进优生促进工程，提高优质服务水平的重要契机，又是对公共服务和组织协调能力的挑战。会议要求各区做好各项准备，大力加强宣传倡导，不断完善服务流程，配置好服务资源，在优化服务上下功夫，保质保量完成市政府实事项目。

第9期

- 市政府常务会议专题研究人口计生工作
- 市食品药品监管局创新举措强化终止妊娠药品监管

市政府常务会议专题研究人口计生工作

3月19日，全国“两会”刚刚结束，市政府召开第6次常务会议专题听取全市人口计生工作情况汇报，对人口计生工作进行研究部署。会议进一步学习了全省人口计生工作会议精神，听取了关于省人口计生委党组书记胡菊萍一行来汉调研的情况汇报以及2011年度全市人口计生工作取得的主要成效、2012年人口计生工作思路和工作举措等有关情况汇报，客观地分析了全市人口计生工作形势、存在的主要困难和问题，审议了2011年度全市党政领导线人口计生责任目标和市直各责任部门目标考评结果，重点对需要市委、市政府解决的有关问题进行了研究。

市委副书记、市长唐良智主持会议并作重要讲话。他说，在市委、市政府的正确领导下，经过全市上下的共同努力，全市人口计生工作取得了显著的成绩，得到省委、省政府和省人口计生委的肯定。但是，人口计生工作难度很大，还存在一些困难和问题亟待研究解决，特别是全市出生人口性别比仍处在115的高位，高出正常值上限8个单位。要切实采取措施，运用法律的、行政的等多种手段综合治理，使出生人口性别结构趋向正常。要严厉禁止非法鉴定胎儿性别和选择性别人工终止妊娠，对从事“两非”行为的单位和个人，情节严重的，不仅仅要吊销其行医资格，还要依法追究其刑事责任。

会议原则同意市人口计生委关于全市人口计生工作情况的汇报。对提请市委、市政府研究解决的有关问题，唐良智要求，全市各级政府和各有关部门要全力支持人口计生工作。一是提请市委常委会听取全市人口计生工作情况汇报，尽早召开全市人口和计划生育工作会议，总结部署全市人口计生工作。二是对实行计划生育的家庭，要一视同仁，全面落实计划生育奖励政策。三是要关怀、关爱独生子女特殊困难家庭，认真研究对独生子女特殊困难家庭的扶助政策，使实行计划生育的群众得到更多的实惠。

市食品药品监管局创新举措
强化终止妊娠药品监管

近日，市食品药品监管局召开2012年全市药品监管工作会议，强调保持持续高压态势，在日常监管中做到“四个到位”，在查处非法销售终止妊娠药品案件中坚持“五不放过”，进一步加强终止妊娠药品监管。

一是宣传培训到位，进一步强化医药企业的法治意识。年初各分局与辖区医药企业签订了《药品质量责任承诺书》，重点强调加强终止妊娠药品采购、验收、销售等管理要求。结合全市药品安全示范区创建工作，强化企业是“药品质量安全第一责任人”意识。加强对企业的培训，组织药品经营企业负责人学习政策法规，并督促企业加强对从业人员的业务培训，明确终止妊娠药品品种范围，增强企业依法经营、规范销售终止妊娠药品的自觉性。

二是制度落实到位，切实规范终止妊娠药品经营行为。督促医药企业建立并落实终止妊娠药品管理制度，加强对零售药店和药品批发企业的分类管理。零售药店做到“两有一无”，即有禁止采购和销售终止妊娠药品的管理制度，在店堂醒目位置悬挂有“禁止销售终止妊娠药品”的标识，切实做到无终止妊娠药品销售。药品批发企业要做到“三有一不一留存”，即有制度、有禁止标志上墙，有防范违规销售终止妊娠药品的措施，切实做到不将终止妊娠药品销售给零售药店、未获得施行终止妊娠手术资格的机构和个人，企业在向医疗保健机构、计生服务机构销售终止妊娠药品时，必须向销售对象索取获得施行终止妊娠手术资格的资质证明，并留存复印件备查。

三是源头监管到位，严厉打击违法违规经营终止妊娠药品行为。采取三种结合，以进一步加强妊娠药品的源头监管。第一，专项检查与日常监管相结合。建立健全药品批发企业购销资质审核制度、药品零售企业经营品种清查制度，加强对生产、经营终止妊娠药品企业销售渠道的日常督查和专项检查。第二，监管与稽查工作相结合。实行终止妊娠药品案件查处情况月报表制度。市稽查分局与各区建立联合办案机制，加强对分局查处非法经营和使用终止妊娠药品案件行政处罚的指导，坚持“五不放过”原则（即来源、去向不查清不放过；涉案的单位、责任人不查清不放过；产生的原因分析不透彻不放过；今后防备的措施制定不完备不放过；对所有涉案单位、人员责任追究不到位不放过），严厉打击终止妊娠药品经营中的违法违规行为。第三，明查与暗访相结合。在定期不定期明查的基础上，将对药品经营企业进行暗访，掌握该类药品的流通情况。

四是部门协调配合到位，共同做好出生人口性别比综合整治工作。食品药品监管部门将进一步加强与计生、卫生、公安等相关部门密切配合、互通信息，对违法销售终止妊娠药品线索，严格依法履职、依法查处，并及时将查处情况通报计生、卫生行政部门，形成依法打击违法销售终止妊娠药品的强大舆论声势和良好氛围，共同做好综合治理出生人口性别比工作。

基础动态

武昌区紫阳街创新方法打造人口文化品牌

武昌区紫阳街地处古城武昌南大门，是武昌区少数民族居住相对集中的街道之一，辖区有回族、苗族、彝族、壮族、白族、土家族、维吾尔族等12个少数民族，6.8万兄弟姐妹和睦相处。得天独厚的地域优势和民俗优势，为建设紫阳人口文化创造了现实基础和基本条件。

一、加强领导，完善机制。紧紧围绕区人口计生委“实施‘幸福武昌’家庭人口发展计划的意见”，抓机制、夯基础。强化领导机制，完善保障机制，健全管理机制，在复兴路社区打造了集新家庭文化屋、人口学校、“孕生育”体验馆、人口文化健身房四合一场所的“家庭人口文化活动中心”。

二、发挥优势，挖掘队伍。充分发掘辖区民族民间文化传承人、群众文化活动积极分子、文化志愿者组建文化人才队伍，形成专兼结合、广泛参与的文化人才队伍格局。

三、创新理念，丰富载体。成立文艺宣传队，把国情国策、法律法规、避孕方法、生殖健康等相关知识融入到快板、舞蹈、黄梅戏、三句半等节目中，利用重大节日，组织开展人口文化进广场、进工地、进社区文艺演出活动，增强家庭人口文化建设的吸引力，使群众在娱乐中得到熏陶，潜移默化中受到教育。

汉阳区江堤街江欣苑社区家庭人口文化彰显个性特色

江堤街江欣苑社区是汉阳区家庭人口文化发展试点社区，是武汉市第一批“家庭人口文化”示范社区。该社区把“昂扬向上，奋发进取”的高龙精神融入现代婚育文化中，推出的“高龙之舞”家庭人口文化颇具个性特色。先后打造了“家庭人口文化长廊”、楼栋宣传百宝箱、楼道个性文化走廊；实施了社区生殖健康服务“七个一”工程，即每栋有一个计生优质服务公开栏，每人建立一份全民生殖健康服务证，每月组织一次上门随访，每季开展一次宣传教育咨询活动、一次家庭人口文化活动、一次查病治病、一次查病随访登记；开展了“七色服务、多彩人生”特色服务，推行红色的生殖健康服务，优生优育服务；橙色的青少年早期教育、优育教育、关爱女孩、社区代管等服务；黄色的家庭人口文化发展服务；紫色的孕前检查、免费增补叶酸、优孕胎教服务；绿色的夕阳红、居家养老服务；蓝色的就业、创业服务以及橘色的流动人口均等化服务等个性化服务。目前“高龙之舞”已然为凝聚社区人心、提升居民素质、展现社区精神、传承社区文化的宝贵财富和重要文化载体，也是社区家庭人口文化发展的永动力。文化的大发展让社区群众就业有工资，房屋有租金，年终有红利，小孩有教育，老人有娱乐，幸福家庭其乐融融。

新洲区启动计生协会中心户长改革工作

3 月 16 日，为适应新形势工作要求，加强基层协会建设，新洲区人口计生委、区计生协在潘塘街金寨村（试点村）召开中心户长改革工作现场会，全面启动中心户长新一轮改革工作。此次中心户长改革具有以下五个特点：一是全区中心户长数量减员，由原来的 6 000 人减到 2 000 人。二是提高报酬，中心户长劳动报酬由原来 120 元/年，提高到 800 元/年（区街各配套 50%），鼓励有条件的村（居）增加补贴。三是精心挑选，加强培训，提高工作效能。四是明确职责。要求新任中心户长做到业务知识和联系对象生育、孕情、节育、奖励等基本情况清楚；参与政策宣传、优质服务、流动人口服务管理、幸福家庭创建等工作；监督人口计生政策、避孕节育措施、计划生育村（居）民自治公约、依法行政等工作的落实和对违反生育政策人员的处理。五是建立新的工作机制和考核机制，将中心户长工作实绩与报酬挂钩，落实奖惩制度。

第10期

- ●省委常委、市委书记阮成发强调加强顶层设计全面做好人口计生工作
- ●市人口计生委召开全市上半年人口计生绩效目标管理调度会
- ●市人口计生委召开2012年新闻通气会
- ●专家共商首届人口文化节

省委常委、市委书记阮成发强调加强顶层设计全面做好人口计生工作

3月22日，市委常委会听取审议了全市人口计生工作情况汇报，对人口计生工作进行专题研究部署。省委常委、市委书记阮成发强调，要加强顶层设计，突出难点工作，强化工作措施，落实“一票否决”，全面做好人口计生工作。

阮成发指出，人口计生工作难度很大，实行计划生育是我国的基本国策，即使再难也要做好，而且要做得更好。人口计生工作涉及人口问题的各个方面，计划生育只是人口问题的一个方面，而不是全部。特别是武汉市作为一个特大的中心城市，全面做好人口工作显得尤为重要。人口顶层设计问题，不仅仅是理论研究方面的问题，而是一个具体实际的问题，发展改革部门、规划部门、教育部门、房产部门等都要有规划，包括公安部门，户籍制度改革到底该怎样改，改到什么程度，城市户籍的准入门槛如何设置等，都需要认真研究。

阮成发强调，要切实采取措施，抓好人口计生难点工作。要进一步加强信息化建设，落实居住证制度，加强流动人口计划生育服务管理。进一步加强出生人口性别比综合治理，对出生人口性别比居高不下的区，特别是具体的街道（乡镇），要追究党政一把手的责任。

会议对制定和完善人口和计划生育有关奖励政策进行了认真研究。

市人口计生委召开全市上半年人口计生绩效目标管理调度会

3月28日，市人口计生委召开全市上半年人口计生绩效目标管理调度会。市人口计生委党组书记、主任李丹芳主持会议，市人口计生委副主任高惠祥、各区人口计生委主任参加会议。

会议演示了运用信息系统查找问题的方法，学习了2012年度省人口计生目标考评方案及指标解释（讨论稿）等内容，通报了2012年度春季人口计生调研督导工作情况，各区就近期主要工作措施和做法进行了大会交流，李丹芳主任对上半年人口计生绩效目标执行情况进行了调度，并提出了下步工作要求。

李丹芳指出，市委、市政府高度重视人口计生工作，近期已分别召开党委会、常务会议专题研究人口计生工作。通过春季督办，各区要更新理念，要发现问题，要切实加强整改，要运用信息系统指导工作。她强调，一要切实增强忧患意识、目标意识、责任意识。二要坚持抓重点、攻难点、补弱点、扫盲点。三要坚持基础工作、过程调度、各项措施、工作效果“四抓到位”。四要重心下移，把基层作用真正发挥起来，共同推动人口计生工作迈上新的台阶。

市人口计生委召开2012年新闻通气会

3月27日，市人口计生委召开2012年新闻通气会。来自人民日报湖北分社、湖北日报、楚天都市报、长江日报、武汉晚报、武汉晨报、武汉电视台、武汉电台、长江网的新闻记者与各区人口计生委宣传科长参加座谈，会议由市人口计生委副主任吴克敏主持。

会议通报了2012年全市人口和计划生育重点工作，特别是我市孕前优生健康检查政府实事工作的开展情况。与会记者就人口计生新闻报道有关问题交流了体会，提出了工作建议。

委党组书记、主任李丹芳表示非常乐意与新闻媒体交朋友，也非常欢迎新闻媒体关心、关注人口计生工作。她介绍了当前人口计生工作的形势和任务：一是人口计生工作的方式方法已经发生了根本转变，我们现在的任务就是贯彻落实胡锦涛总书记在中央政治局第二十八次集体学习时发表的重要讲话精神，全面做好人口工作。二是人口计生部门的新闻热点很多，作为全国人口和计划生育综合改革示范市、全国婚育新风进万家活动第四阶段示范市、全国流动人口计划生育基本公共服务均等化试点市、全国创建幸福家庭活动试点市，我市在创建幸福家庭活动、孕前优生健康检查、流动人口均等化服务、利益导向机制等方面都有很好的探索，基层和家庭也有很多先进典型值得报道。三是我们尊重新闻媒体，会同心协力共同做好人口计生新闻宣传工作。人口事业的发展离不开新闻媒体的大力支持，市人口计生委诚邀媒体朋友主动参与、正面宣传，积极营造社会和谐的氛围。

专家共商首届人口文化节

日前，市人口计生委邀请武汉大学、华中科技大学人口理论专家和市委宣传部、市文化局、市广电局、武汉国际会展中心等相关部门专业人士10余人，就我市首届人口文化节方案开展专题研讨，正式启动武汉市首届人口文化节筹备工作。

与会专家表示，举办人口文化节意义重大，作为武汉普通市民非常期待首届人口文化节如期举办。与会专家针对各自擅长领域，对首届人口文化节提出诸多建议，如与全市文化五城建设的融合，文化节的定位及价值取向，开幕式和闭幕式的形式、内容和地点，吉祥物的选定，大学生志愿者服务队伍招募等。会后，市人口计生委吸纳专家意见，修改完善了首届人口文化节方案。

基层动态

各区认真开展孕前优生健康检查准备工作

今年，市政府已将为符合生育政策，计划怀孕的农村夫妇（含流动人口）免费孕前优生健康检查列入政府为民办事实的内容。自3月1日市政府在黄陂区召开全市免费孕前优生健康检查项目启动会后，各区高度重视，召开专题会，迅速部署，制订方案，宣传发动，紧锣密鼓地做好免费孕费优生健康检查项目准备工作。

【江岸区】“三举措”落实免费孕前优生健康检查工作。一是实行目标管理。将孕前优生健康检查工作作为重要事项，列入年度工作目标考核内容。二是加强宣传教育。制作VCD、充分利用多种媒体渠道，广泛宣传孕前优生健康检查的目的和意义。三是认真组织活动。开展需求调查和普及孕前优生健康检查知识的专题活动，切实落实政府实事。

【硚口区】“六个及时”加强工作准

备。即及时向领导汇报，制订《方案》；及时分解目标；及时组织学习培训；及时办理《医疗机构执业许可证》；及时扩建装修服务站检验室；及时招聘相关医师、检验人员。

【武昌区】结合春季督办上门服务进行宣传发动，让育龄群众特别是计划怀孕夫妇初步认识孕前优生健康检查重要性、必要性，抓紧办理《医疗机构执业许可证》，增配相关医务人员。

【洪山区】利用优质服务月活动和基础信息清理清查工作，组织用人单位和村社区计生专干、中心户长信息员上门入户，对目标人群进行调查摸底登记，与待孕夫妇进行面对面地交流，宣传孕前免费优生健康检查的政策和好处。及时发放市人口计生委印发的《致全市准备怀孕夫妇的一封信》、《帮你生个健康宝宝》等资料，并结合洪山实际，制作《致全区计划怀孕夫妇的一封信》电子版，在计生服务中心和街乡、社区服务站大厅电子显示屏上滚动播放，加大项目的宣传力度和广度，突出对适宜对象的教育引导，提高群众对项目的知晓率及参与率。

【东西湖区】迅速行动，精心安排。借鉴已开展孕前优生健康检查区、县成功经验，结合自身特色，出台了实施方案；投入20多万元对实验室进行改造，并聘请了两名检验医师和两名主治医师。开展人员培训和摸底动员，为全面实施做好准备。

【蔡甸区】组织区计划生育服务站专业技术人员深入街道进行免费孕前优生健康检查知识培训，对参加培训对象进行了知识问卷调查和一对一的答疑解惑，完成了实验室的改造，为全面启动打好了良好基础。

【江夏区】区政府召开了由人口计生、卫生、财政、宣传等部门参加的免费孕前优生健康检查项目专题协调会，协调区妇幼暂时承担新区站改造未完成之前的实验室任务，并按国家规定标准按照每对240元进行结算；区财政局迅速安排资金，投入200万元对区计生服务站进行规范化改造装修；举办32场巡回讲座，对全区14个乡镇街计生干部、技术人员、村（居）计生专干、育龄夫妇共计4 032人进行了专门培训。

【东湖风景区】迅速成立领导小组，制订工作方案，广泛宣传，认真摸底，全面掌握待孕夫妇的基本情况；加强工作协调，落实免费孕前优生健康检查单位。

黄陂、新洲、汉南三个区项目运行良好，已完成1 389对孕前优生健康检查。

第 11 期

- 市政府将创建幸福家庭工作纳入《武汉市人口和计划生育事业发展十二五规划》
- 市人口计生委再次动员部署 2012 年人口计生科技三项重要工作
- 《人民网》登载市人口计生委开展计生药具进工地活动信息

市政府将创建幸福家庭工作纳入《武汉市人口和计划生育事业发展十二五规划》

2011 年，我市被列为全国 32 个创建幸福家庭试点城市之一。近日，创建幸福家庭试点市工作被纳入市政府办公厅印发的《武汉市人口和计划生育事业发展十二五规划》。

《规划》指出，在“十二五”期间，要建立健全家庭发展战略，切实促进家庭和谐幸福，一是不断完善促进家庭发展政策体系。广泛深入开展“生育关怀行动”和“生育关怀·幸福家庭”促进计划，围绕“文明倡导、健康促进、优生优育、致富发展、奉献社会”五个方面，积极推进创建幸福家庭活动试点工作，解决城乡家庭特别是计划生育家庭在生产、生活、生育、养老等方面的问题，研究制定关心和关爱留守儿童、留守老人、流动儿童的扶持政策，加大对贫困母亲、儿童的支持和扶持力度，提升贫困家庭的发展能力，实现计划生育家庭在经济、文化、教育、健康、环境、能力六个方面全面发展。二是积极构建家庭发展的支持体系。探索建立以家庭为中心的人口健康促进模式，围绕服务家庭，服务全人群，服务生命全过程。根据新婚家庭、计划怀孕家庭、怀孕家庭、婴幼儿家庭、青少年家庭、中老年家庭、老年家庭等不同需求开展服务。广泛开展婴幼儿早期教育和青少年健康人格工程等。三是推进新型家庭人口文化建设。以婚育新风进万家活动、生育文明建设、流动人口文化融合工程、新农村新家庭计划为载体，努力建设以“婚育文明、性别平等、计划生育、优生优育、生殖健康、家庭幸福”为主要内容的家庭人口文化。

《规划》还将区、街计生服务站、中心的新建、改建项目纳入“十二五”时期人口和计划生育事业发展基础建设。对计生服务站进行升级改造，增加咨询、随访、孕前风险评估等服务项目，完成国家、省人口计生委青少年人格健康工程基地改造项目，促进区、街两级计生服务机构向人口和家庭发展中心转型。

市人口计生委再次动员部署2012年人口计生科技三项重要工作

3月27日，市人口计生委召开2012年全市人口计生科技工作会，对人口计生科技三项重要工作进行再次动员部署。各区分管科技主任、科技科长和服务站站长70多人参加会议，市人口计生委副主任出席会议并讲话。

会议围绕2012年科技工作要点，特别是做好2012年人口计生科技三项重要工作进行了再动员、再部署。会议要求免费孕前优生健康检查是今年政府十件实事之一，各区要确保设备到位、人员到位、流程到位、操作到位、质量到位。新增加的特扶制度工作难度大，情况复杂，时间要求紧，各区要把好四个环节，抓紧时间，按照阶段节点要求认真落实。对今年新增的3个目标，特别是二孩及以上孕前监测到位率，必须实行名单化管理和跟踪服务销号制，保证各项目标完成。

《人民网》登载市人口计生委开展计生药具进工地活动信息

日前，《人民网》以“计生药具进工地武汉农民工不再羞答答”为题，报道市人口计生委在武昌徐家棚绿地建筑工地举行的计生药具进工地活动。活动现场，农民工积极领取避孕药具，主动向专家咨询人口政策法规和生殖健康问题。

近年来，市人口计生委高度重视计划生育药具工作，不断创新药具发放模式，积极推动避孕药具“进人工流产室”、“进大专院校”、“进机关”、“进市场”等“十进”工程，建立了市、区、街（乡镇）和村（社区）四级服务网络，拥有近5 000个基层免费药具发放点。

此次计生药具进工地活动作为“十进工程”的延伸，还将走进全市100～150个工地，以切实满足育龄群众避孕节育需求。

第12期

●国家人口计生委党组书记、主任王侠一行调研武汉市人口计生工作

国家人口计生委党组书记、主任王侠一行调研武汉市人口计生工作

4月15~16日，国家人口计生委党组书记、主任王侠带领调研组考察调研武汉市人口计生工作。省委常委、市委书记、市人大常委会主任阮成发，市长唐良智会见王侠一行。市领导龙正才、刘英姿、郭胜伟、周元等参加有关调研活动。

王侠主任先后视察了黄陂区免费孕前优生健康检查和江岸区百步亭社区基层群众自治工作情况，对两个考察点工作给予高度肯定。她说，黄陂区免费孕前优生健康检查硬件、制度落实较好，质量标准控制严格，工作成效明显；百步亭社区计生服务志愿者队伍庞大，是人口计生事业一笔宝贵的财富，百步亭社区13年无社会治安案件、无违反政策生育现象，打造了优美的人文和谐环境。

省委常委、市委书记阮成发，市长唐良智会见王侠一行。王侠主任高度评价武汉市经济社会发展的巨大进步，充分肯定武汉市人口计生工作取得的成绩。她指出，人口问题是经济社会发展的战略问题，人口的任何小问题都是经济社会发展的大问题。在人口计生服务管理方面，武汉市在全省是做得比较好的，有很多好的经验。比如，对计划生育家庭的奖励优惠政策，包括流动人口计划生育家庭子女在内的中高考加分政策，关爱特殊家庭的“兵儿子”志愿者服务活动等，都取得了积极的社会效益。她强调，人口计生工作必须跟着育龄人群走。全国流动人口有2.3亿人，其中8 400万是育龄妇女，是人口计生工作的重点、难点，武汉市流动人口多，人口计生工作压力很大，要创新社会管理，积极开展有针对性的工作。王侠表示，感谢市委、市政府领导班子对人口计生工作的关心，希望今后能一如既往地支持人口计生工作，继续为全国创造更多宝贵的经验。

阮成发对国家人口计生委来武汉检查指导工作表示欢迎，表示王侠主任的肯定是对武汉市人口计生工作的鞭策，武汉市将继续加大工作力度，继续加强和改善流动人口计划生育的服务和管理，继续做好出生人口性别比的综合治理工作，进一步深化人口问题的统筹和顶层设计。

唐良智表示，武汉将按照王侠主任提出的要求，在现有基础上切实抓好全市人口计生各项工作的落实，力争使武汉市人口计生工作走在全国的前列。

国家人口计生委办公厅主任张春生、

宣传教育司司长张建、科学技术服务司司长张世琨、发展规划信息司副司长许长旺，省委副秘书长姚中凯，省人口计生委党组书记胡菊萍、主任杨云彦等陪同王侠主任考察调研。

第13期

●关于2012年1~4月份全市人口计生政务信息工作情况的通报

关于2012年1~4月份全市人口计生政务信息工作情况的通报

今年1~4月，全市人口计生系统紧紧围绕服务全市经济社会发展大局，高度关注人口计生工作综合改革、出生人口性别比治理、幸福家庭创建、流动人口基本公共服务均等化、家庭人口文化建设等重难点工作，着眼于解决实际问题，加大政务信息工作力度，积极主动向省人口计生委和市委、市政府报送了许多有参考价值的信息，在服务领导决策、服务全市人口计生全局、提高人口计生整体水平等方面发挥了积极作用。

一、全市人口计生政务信息上报及采用情况

1~4月份，市、区人口计生委上报政务信息共计1 467条（次），被省、市人口计生委和市委、市政府采用1 045条（次），占71.23%。其中，向省门户网站报送890条，采用510条，占57.30%；市门户网站采用529条；省人口计生委《人口和计划生育情况》、《人口和计划生育信息》等信息载体刊发我市信息4条；报送市委、市政府政务信息44条，采用3条。

省人口计生委门户网站采用情况：市人口计生委76条。其中，发展规划处19条，计生协会16条，科技处9条，办公室7条，政法处、政治处各5条，宣教处4条，流管处、宣教中心各3条，纪检组2条、人口学会、执法支队、药具站各1条；各区采用434条。其中，江岸区96条，江汉区16条，硚口区7条，汉阳区24条，武昌区80条，青山区43条，洪山区25条，东西湖区17条，汉南区13条，蔡甸区25条，江夏区12条，黄陂区24条，新洲区35条，东湖新技术开发区16条，东湖生态旅游风景区1条，武汉开发区、武汉化工区为零。

市人口计生委门户网站采用情况：市人口计生委214条。其中，发展规划处34条，计生协会30条，宣教处、科技处各

24条，办公室22条，流管处16条，政治处15条，宣教中心13条，纪检组11条，药具站8条，政法处7条，执法支队5条，科技所4条，人口学会1条；各区采用315条。其中，江岸区48条，江汉区18条，硚口区28条，汉阳区14条，武昌区45条，青山区25条，洪山区12条，东西湖区18条，汉南区16条，蔡甸区29条，江夏区8条，黄陂区12条，新洲区22条，武汉经济技术开发区2条，东湖新技术开发区13条，东湖生态旅游风景区4条，武汉化工区1条。

省纸质信息载体采用的4条分别为：市人口计生委办公室《市领导垂范引领，“六个第一”切入》、市宣教中心《青春期科普情景剧〈青春飞扬〉在全国数字电视频道首播》、江岸区人口计生委《江岸区流动人口均等化服务再出新招》、黄陂区人口计生委《黄陂区突出“三化”规范运转模式》；此外，我市有8篇协会工作调研报告和论文在省计生协征文中获奖。其中，市计生协会1篇，武昌区2篇，江岸、洪山、东西湖、蔡甸、江夏各1篇。

1~4月，我委共向市委、市政府报送政务信息44条，被采用3条，分别为：《市人口计生委开展节间“进万家门、访万家情、解万家难”活动》、《全市召开流动人口计生工作总结部署暨经验交流会》和《国家人口计生委主任王侠考察调研我市人口计生工作》。

此外，《市人口计生委开展计划生育药具进建筑工地活动》一文被市政协十二届一次会议3号建议案办理工作简报（流动人口第3期）刊登，市人口计生委党组书记、主任李丹芳同志作了重要批示，要求全委各处室要向科技处、药具站学习；黄陂区人口计生委撰写的《黄陂区及时跟进汉口北市场群流动人口计划生育服务管理》一文也被市政协十二届一次会议3号建议案办理工作简报（流动人口第6期）采用。

二、1~4月份政务信息工作的主要特点

（一）一把手主推，为人口计生政务信息提供有力支撑

市人口计生委党组书记、主任李丹芳同志上任伊始，在2012年全市人口计生工作务虚会提出的“66553”工程中，提出了今后五年全市人口计生系统要健全规范的人口计生信息化管理体系，其中就包含人口计生政务信息工作。在今年市人口计生委召开的全市推进信息化建设学习现场会上，李丹芳再次强调指出，要办好人口计生系统门户网站，利用好门户网站的窗口、阵地作用提高知名度、加强宣传和接受监督，一把手的主推，“三大举措”、“四步法”的实施，全面推进了人口计生信息化应用提质提速；分管政务信息工作的副主任高惠祥同志既是领导，又是兼职信息员，他撰写的《刘英姿副市长专程到省人口计生委汇报工作》、《市委副书记胡曙光、副市长刘英姿会见省人口计生委胡菊萍书记一行》等重要信息分别被省、市人口网采用。

（二）亮硬招，加措施，强化人口计生政务信息工作

一是实行目标管理。在委领导的高度

重视下，市人口计生委首次将人口计生政务信息工作纳入到各处室、各直属单位、各区人口计生工作目标考核责任目标，并分别设立了人口计生政务信息工作的合格值与挑战值，做到与人口计生业务目标同重视、同部署，同督办，同考核，同总结，同兑现；二是下发《关于调整信息化工作领导小组的通知》，成立以委党组书记、主任李丹芳同志任组长，分管主任高惠祥同志任副组长的领导机构；三是机构健全。委办公室具体负责人口计生政务信息工作，各处室（单位）确定一名信息员负责本处室及各区的政务信息收集与撰写，委办公室负责上报省、市相关部门及市人口计生委门户网站的信息更新与管理；并实行每月统计，双月通报；四是健全制度。今年年初市人口计生委下发了《关于印发武汉市人口计生政务信息工作制度（试行）的通知》和《关于印发武汉市人口计生委互联网网站信息发布管理办法的通知》，对政务信息报送工作作出了明确规定，制定了考核办法。

江岸区元宵节期间就召开专题会部署新年度人口计生政务信息工作，区人口计生委主任陈典学亲自部署，专门就政务信息工作提出了具体要求，受到了省人口计生委的好评；在4月15日国家人口计生委党组书记、主任王侠视察江岸区百步亭社区的当天，江岸区及时报道了领导视察专题信息，市人口计生委在门户网站上予以刊发；江汉区新招聘一名年轻的大学生专门负责人口计生政务信息工作；汉阳区及时出台了《汉阳区人口和计划生育政务信息工作管理办法》，明确各街、委机关及直属单位的政务信息管理办法，并纳入绩效目标管理，尤其是重点考核政务信息的采用率，既重视数量，更重视信息编写的质量，使政务信息工作落到实处；汉南区围绕当前时政热点，针对目前国内市场出现的“毒胶囊”事件，严把药品购进关，确保为群众开展计划生育优质服务；其他各区也纷纷出台硬招，将人口计生信息作为展示人口计生战线风采、交流人口计生工作经验、解决人口计生工作“瓶颈”的一个有效载体，切实加强政务信息工作。

（三）力度大，见成效，推进中心工作

一是报送的及时性增强，市人口计生委办公室、政法处、政治处、宣教处、发展规划处、市计生协以及江岸区、武昌区、黄陂区等对国家、省、市有关领导重要活动及时编写和报道，当天活动当天报道；二是报送量较2011年全年增加了135条；三是市门户网站浏览量逐稳步上升；四是时政要闻、政风公开、关爱女孩、婚育新风、人口论坛、科普园地更新及时；五是较好地起到了为领导决策提供参谋、指导人口计生工作、交流工作经验、展示计生风采等重要作用。

三、目前政务信息工作中存在的主要问题和下一步工作要求

尽管全市人口计生政务信息工作取得了较大的进步，但还存在一定的不足：一是政务信息报送不平衡，个别单位对政务信息工作认识不高，重视程度不够，没有把信息工作放在重要的位置，政务信息工作出现空白或被动应付的“零”状态；二是个别单位还存在完成任务思想，存在月末突击报送现象；三是政务信息质量不高，报道活动内容的较多，信息流于一般化；调研类文章较少，有思考、有内涵、有深度、有建议的调研报告不多，省人口计生委和市委、市政府纸质信息载体采用的信息偏少等。

为进一步加强政务信息工作，提出以下几点要求：

（一）进一步提高认识，采取目标考核制，深化人口计生政务信息工作。政务信息是反映各区人口计生部门工作动态、工作任务、工作目标、工作措施及落实情况的“晴雨表”，各区、各单位务必高度重视，要制定年度目标、考核办法、具体指标，明确具体的责任领导和责任人，做到领导、分管领导、责任科室、各业务科（单位）层层落实相关的职责，不仅年终要考核评比，每个月、每个季度、半年都要及时评比总结与通报，对完成政务工作较差的处、科室（单位）提出预警和整改方案，不断提高，年终才能结硬账，出实效。

（二）围绕人口计生工作中心，突出工作特色与创新，打造政务信息精品。人口计生部门在长期的工作实践中，形成了不少行之有效的鲜活经验，各级人口计生部门要善于工作，又要善于总结与交流，同时还要学习借鉴兄弟单位的好的做法。要深入基层，收集、整理、报送群众反映的热点、难点问题，报送层次起点高、内容角度新、时效针对性强、有质量、有特色、有深度、有创新的工作信息，为领导决策当好参谋。

（三）开展调查研究工作，提高政务信息的实用性。今年，市人口计生委下发了《关于认真做好 2012 年人口和计划生育工作调查研究和理论研究的通知》（武人计〔2012〕11 号）文件，市人口计生委两篇申报课题经省人口学会组织专家评审，中标《2012 年湖北省人口发展战略》的课题招标。各区要紧密结合当前人口计生工作的重难点、热点、民生关注的切入点，开展多种形式的调查与研究，以理论指导实践，以实践完善人口计生工作。

（四）建章立制，规范报送。各区、委机关各处室及直属单位要严格按照《武汉市人口计生委政务信息工作制度（试行）》的要求，及时、准确、全面地报送人口计生工作政务信息，同时要建立政务信息审批制度，责任落实到人，确保网上信息渠道的安全与畅通。

第 14 期

- 省委省政府专项督查我市出生人口性别比综合治理工作
- 刘英姿副市长主持召开各区人口计生分管领导培训会
- 全市推进人口计生工作综合改革现场会在东西湖区召开

省委省政府专项督查我市出生人口性别比综合治理工作

5 月 23 ~ 24 日，省委、省政府综合治理出生人口性别比督查组在省政府副秘书长黄国雄、省人口计生委副主任刘望清带领下，深入江夏区、新洲区、黄陂区、硚口区等四区 6 个计生服务站、8 家医疗机构和 4 个街、乡（村），实地调研督查我市出生人口性别比偏高问题综合治理工作。

省督查组对我市专项整治工作给予了充分肯定，指出：武汉市各级领导重视，部门配合，标本兼治，真抓实干，成效显著，通过抓重点、展亮点、攻难点和扫盲点，“六普”出生人口性别比较“五普”降低明显，为全省作出了很大贡献。其工作特点：一是党政高度重视，综合保障有力；二是部门齐抓共管，工作合力增强；三是加强规范管理，制度更加健全；四是全力整治“两非”，工作成效明显；五是着力改革创新，利导机制完善。同时指出了当前我市应引起重视的四个问题：一是出生人口性别比总体水平仍然偏高；二是孕情监管工作不够到位；三是“两非”案件查处力度亟待加强；四是基层基础工作有待进一步规范。省督查组还对我市下步工作提出了建议：要进一步深化思想认识，加强组织领导；要进一步加大宣传力度，转变生育观念；要进一步完善利益导向，提高计生家庭发展能力；要进一步加强部门配合，强化过程监管；要进一步突出工作重点，加大查处力度。

刘英姿副市长代表市委、市政府汇报了我市近两年出生人口性别比综合治理工作情况，并感谢省督查组的肯定和指导，表示全市将按照省委、省政府的要求，秉持以人为本的科学理念和“敢为人先、追求卓越”的武汉精神，对省督查组提出的问题和建议，认真吸纳和整改，一项一项抓落实。同时以此次督查为契机，将统筹解决人口问题放在建设国家中心城市的重要位置，不断创新工作机制，夯实基层基础，努力将综合治理出生人口性别比工作抓好抓紧。

市政府副秘书长周元、张广勇及市卫生局、市公安局、市食品药品监管局等相关部门负责人全程陪同督查。

刘英姿副市长主持召开各区人口计生分管领导培训会

5月22日，刘英姿副市长主持召开全市各区人口计生分管领导培训会。培训会演示了人口计生信息化建设和应用情况以及信息系统的操作、现场考察了黄陂区免费孕前优生健康检查项目、讲解了人口计生工作的主要任务和职责。

市人口计生委副主任高惠祥介绍了全员人口信息系统的构成、作用、功能及应用的重要意义，现场演示了应用全员人口信息系统的方法步骤，并就如何进行个案查询、生成相关报表和如何利用信息系统分析问题作了深入讲解。

市人口计生委党组书记、主任李丹芳报告了全市人口计生工作，分析了当前人口计生工作面临的严峻形势，通报了今后五年全市人口计生工作思路及当前工作重点，并提出八点建议：一要坚持对人口计生工作的高层倡导；二要千方百计稳定低生育水平；三要加大出生人口性别比综合治理力度；四要积极做好流动人口计划生育基本公共服务均等化工作；五要积极开展创建幸福家庭活动；六要强力推进人口计生信息化建设；七要强化目标管理实行严格考核；八要积极助推人口计生服务转型。

市政府副市长刘英姿强调：作为分管人口计生工作的领导干部，一是要思考如何加强业务学习，提高驾驭人口计生工作的能力。二是要深入基层一线调查研究，指导基层把基础工作做扎实；要掌握基层实际工作情况，了解基层工作和群众需求，制定可行措施，切实为基层和群众解决实际困难。三是继续为人口计生部门撑腰给力，引领人口计生工作更好的服务经济社会发展。

全市推进人口计生工作综合改革现场会在东西湖区召开

5月25日，市人口计生委在东西湖区召开推进人口计生工作综合改革现场会。省人口计生委副主任刘望清出席会议，并作《加快长效工作机制建设、全面推进人口计生综合改革》专题辅导讲座。市人口计生委主任李丹芳及班子成员、委机关处室主要负责人，各区人口计生委主任、办公室主任及全市28个综合改革示范街(乡)计生科长共80多人参加会议。

此次推进会采取现场观摩、经验交流、观看专题片与讲座培训相结合的方式进行。与会代表首先现场学习观摩了东西湖区长青街合兴里社区流动人口计生客栈式服务管理的创新举措和柏泉街新苑社区以“树立新的婚育观念，创建新的婚育生活，倡导新的婚育风尚，规范新的婚育行为”为主要内容的生育文明创建活动；东西湖区、汉南区、新洲区分别在会上交流了本区开展人口计生综合改革的经验；新洲区将开展中心户长“精减、提酬、增效”改革的具体探索制成20多分钟的专题片在会上进行了介绍。与会代表一致反映，学有所获、受益匪浅。

李丹芳从“为什么学？学什么？如何学？”三个方面，就全市如何进一步深化人口计生综合改革进行了再动员。她结合胡锦涛总书记“4・26”讲话所提出的“一个中心”、“四个加强”、“六个切实”，提出了新时期人口计生工作重点任务，阐明了人口计生综合改革服务于人口计生自身转型发展的重要性，提出了进一步总结经验、学习交流、统一认识、深化改革、提升水平的明确要求，讲清了“为什么学”的问题；她结合东西湖区、汉南区、新洲区经验交流的重点，提出了要学习借鉴东西湖区创新开展流动人口服务管理的“五种模式”，学习汉南区开展基层群众自治的“六个一”工作机制，学习新洲区按照“精减、提酬、明责、增效”的原则开展中心户长改革的有益探索等内容，讲清了“学什么”的问题。针对“如何学”的问题，她提出了六个方面要求：一是要结合人口计生工作转轨变型、结合市委市政府建设国家中心城市目标、适应社会管理与服务创新进一步深化对人口计生综合改革的认识；二是要确立服务科学发展求新发展、根植重大改革谋新经验、基于保障民生寻新探索、创新社会管理谋新突破的工作思路；三是要明确统筹协调、科学管理、利益导向、人财保障、优质服务、群众自治等六大机制是人口计生综合改革的主要工作内容；四是要明确“两示范、两试点”和出生政策符合率、出生人口性别比综合治理作为人口计生综合改革的工作重点；五是要在流动人口计划生育基本公共服务均等化、综合治理出生人口性别比、利益导向政策体系、拓展优质服务、创建幸福家庭和人口计生顶层设计等六大方面进行人口计生综合改革的积极探索；六是要按照“一区一特色、一街一品牌、一村（居）一亮点”原则，在全市打造人口计生综合改革的示范典型。

省人口计生委副主任刘望清以《加快长效工作机制建设、全面推进人口计生综合改革》为主题，对与会人员进行了专题辅导讲座，并就加强人口发展战略研究、创新人口计生目标考核办法、加强对计划生育特殊家庭的帮扶、奖励政策的落实、关爱女孩行动和打击“两非”工作对武汉市人口计生工作提出了指导性意见。

第15期

●贯彻市委、市政府人口计生工作会议专辑（一）

贯彻市委、市政府人口计生工作会议专辑（一）

编者按：

3月下旬，市委、市政府分别召开常委会和常务会，专题研究全市人口计生工作。6月4日，市委、市政府再次召开全市人口计生工作大会，总结部署全市人口计生工作。省委常委、市委书记、市人大常委会主任阮成发出席会议并发表重要讲话，明确提出要加强人口问题顶层设计，解决好人口总量与布局安排的问题，统筹规划全市总体和各区域人口发展目标，为全市经济社会发展提供科学决策依据；要加大出生人口性别比综合治理力度，并严格落实通报批评和一票否决，切实解决出生人口性别比偏高的问题；要积极应对人口老龄化挑战，大力推进养老保障服务体系建设。市长唐良智也强调，要把人口和计划生育工作作为加强和创新社会管理的重要内容，坚持基本国策不动摇，为推动武汉科学发展、跨越式发展创造良好的人口环境。

会后，各区思想重视，迅速行动，创新举措，狠抓落实。特别是东湖生态旅游风景区党工委、管委会在明确提出“四抓”举措的同时，又专门邀请市人口计生委部分班子成员和相关处室负责人现场研究，听取情况，查找问题，剖析原因，会商措施，为全面完成全年人口计生目标任务、推动人口计生工作争先进位打下了坚实基础。

现将东湖生态旅游风景区的做法刊登印发，供学习借鉴。请各区认真抓好全市人口计生工作会议精神的贯彻落实，并将好的经验做法及时报市人口计生委办公室。

东湖风景区工委召开人口计生工作专题会议 力争全区人口计生工作争先进位

近日，东湖生态旅游风景区工委书记、管委会主任张卫国主持召开专门会议，专题研究贯彻落实全市人口计生工作会措施，提出“四抓”举措，切实加强全区人口计生工作。

一是抓班子队伍建设。在提拔重用原

分管人口计生主任的同时，明确城乡工作处党委书记、主任兼任计生办主任，选派一名能力强、综合素质高的处级干部担任计生办常务副主任。同时，在人员、编制少的情况下，将区、街两级合署办公的人口计生专职工作人员增加至10名，配齐配强村（社区）计生专干，并加强业务培训力度，切实加强人口计生干部队伍和能力建设。

二是抓目标责任落实。将人口计生工作责任目标，作为各村、社区党组织及其主要负责人的一项重要考核指标和工作任务，实行细化、量化下达，并纳入“治庸问责”范畴，对措施不强、工作不力、出现工作反复的村（社区），严格落实对单位及其负责人“一票否决”制度，切实调动基层人口计生工作积极性和主动性。

三是抓重点难点工作。针对风景区人口计生工作实际，将出生政策符合率、出生人口性别比综合治理作为人口计生工作重点，将流动人口、高档小区人口计生服务管理作为人口计生工作难点，实行重点跟进、重点督办、重点突破。

四是抓联动整治力度。由计生、公安、城管等部门，成立专门工作专班，并专门下拨30万元经费，摸底数、核信息，逐村逐户重点开展针对流动人口和空挂户的“四季清查”专项整治行动，形成人口计生服务管理的高压态势，力促全区人口计生工作实现新跨越。

市人口计生委应邀赴东湖风景区共商人口计生服务与管理工作

近日，应东湖生态旅游风景区工委邀请，市人口计生委主任李丹芳带领部分班子成员和有关处室负责人赴该区现场调研，就进一步加强人口计生服务管理工作共同分析形势、深入交换意见、研究工作措施。

此次调研取得了以下三项实效：一是探索出了一条加强我市五个国家级开发区人口计生服务管理新模式。二是与东湖风景区就开展武汉市“人口婚庆文化园”项目合作达成初步意向。三是根据东湖风景区工作困难和问题，市人口计生委应邀派驻专门督导巡视组开展为期十天培训指导，切实提升东湖风景区人口计生工作水平。

东湖风景区工委书记、管理会主任张卫国主持召开专题研讨会，探讨相关工作措施。东湖风景区计生办汇报了今年以来该区人口计生进展情况、存在的问题和下一步工作打算。市人口计生委副主任高惠祥肯定了该区人口计生工作取得的成绩，通报了该区今年考核年度以来信息平台所有数据，并对2008年以来的相关数据进行了分析，指出了该区在稳定低生育水平、综合治理出生人口性别比、流动人口计划生育服务管理和基层基础工作等方面存在的不足。

李丹芳主任综合研讨情况，提出了四点工作建议：一是抓重点，紧盯出生政策符合率、出生人口性别比两项重点目标；二是攻难点，抓牢出生人口性别比综合治理和流动人口计划生育服务管理两个“牛鼻子”；三是扫盲点，强化对城乡结合部、新建楼盘、“农改非”人员和流动人口服务管理；四是展亮点，因地制宜，量力而行，积极打造“人口婚庆玫瑰园”等特色典型。李丹芳表示，市人口计生委将积极配合风景区开展工作，在工作指导、经费、项目、培训等方面强化支持力度。

张卫国书记指出，此次研讨会非常及时，让风景区更加充分地认清了人口计生工作面临的形势，增强了紧迫感，明确了下一步工作重点、目标和要求。近期，要再次召开全区人口计生工作会，对此次共同研究的措施进一步细化、动员、落实。一是要加强队伍建设力度，确保人员到位、机构健全；二是整合部门力量，强化工作合力；三是加强分类管理，强化“四季清查”；四是加大责任考评，实行约谈制度，严格落实“一票否决”。张卫国书记和李丹芳主任经共同会商，就市人口计生委加强业务帮带，派驻专门督导巡视组开展为期十天工作指导达成一致意见。

鉴于风景区东湖玫瑰园项目与市人口计生委“人口婚庆玫瑰园”项目相融点较多，张卫国书记和李丹芳主任一行前往玫瑰园项目实施点——风景区落雁景区进行了实地考察调研，就项目合作进行了探讨。

第 16 期

●贯彻市委、市政府人口计生工作会议专辑（二）

贯彻市委、市政府人口计生工作会议专辑（二）

编者按：

6 月 4 日，市委、市政府召开全市人口计生工作大会，总结部署全市人口计生工作。省委常委、市委书记、市人大常委会主任阮成发出席会议并发表重要讲话，明确提出加强人口问题顶层设计、加大出生人口性别比综合治理力度、积极应对人口老龄化挑战的工作指示。市长唐良智要求，要把人口和计划生育工作作为加强和创新社会管理的重要内容，坚持基本国策不动摇，为推动武汉科学发展、跨越式发展创造良好的人口环境。

会后，各区高度重视，迅速行动，创新举措，狠抓落实。市人口计生委在《贯彻市委市政府人口计生工作会议专辑(一)》已专题刊登了东湖生态旅游风景区贯彻落实全市人口计生工作会议情况。本期将对部分区有关做法刊登印发，供学习借鉴。

【东湖高新区】6月5日，在市委市政府6月4日召开全市人口计划生育工作和创新社会管理工作会议后，东湖高新区迅速召开了人口计划生育工作专题会议，学习传达全市会议精神，分析人口和计划生育的形势，表彰2011年度人口和计划生育工作先进单位和个人，通报人口和计划生育工作重点管理单位，部署人口计生工作目标任务。高新区管委会主任张光清主持会议，市委常委、高新区党工委书记马旭明作重要讲话。他要求，一是要提高认识，进一步增强统筹解决人口问题的责任感、紧迫感。要牢固树立计划生育是我党基本国策的政治理念；要做好顶层设计，解决高新区园区布局和规划安排；要扎实工作，经济发展要走在全省全市的前列，落实基本国策也要做好表率。二是要明确目标，认真抓好统筹解决人口问题的各项任务。明确责任分工，强化部门配合，在分类指导、无缝式管理、优化服务、打击“两非”等工作上，形成齐抓共管的工作格局；加强人口和计划生育法律法规宣传，高度重视重难点街和落后村的转化问题，严肃查处违法生育和管理失职行为，严格控制政策外生育。三是加强领导，为高新区人口计生工作的健康发展提供有力保障。狠抓组织领导。各单位“一把手”要亲自部署人力物力投入，亲自下基层调研，亲自督促检查，推动工作落实。要坚持目标管理责任制，严格执行“一票否决”制度。狠抓工作机制。强化目标考核机制，实行目标奖惩兑现；建立健全齐抓共管机制，定期分析研究人口计生工作；完善利益导向机制，制定和完善对计划生育家庭，特别是农村独生子女和双女户家庭的优先优惠政策，既要对违反生育的处罚到位，又要认真落实计划生育家庭的奖励优惠政策。狠抓基础保障。结合社会管理创新实践，切实加强人口和计划生育干部队伍建设，稳定和健全基层工作机构和队伍，成立高新区人口计生执法队。建立稳定的投入保障机制，把人口和计划生育事业作为公共财政投入的必保项目，确保财政投入增长幅度要高于经常性财政收入增长幅度。加强监督检查，保证计划生育事业经费及时足额拨付到位。

市人口计生委主任李丹芳、副主任高惠祥应邀出席会议，并本着说实话、办实事、求实效的原则，召开专题座谈会，向高新区党工委反馈存在的问题，分析问题原因，同时，就加强人口计生工作与东湖高新区党工委交换了工作意见。应东湖高新区党工委邀请，市人口计生委将派驻专门督导巡视组，对高新区开展为期十天业务指导。

【江岸区】领导重视，积极动员。围绕阮成发同志的讲话精神，进行多层次传达学习，并专题分析研究了江岸区人口计生工作的优劣势和工作中存在的困难问题及面临的形势，区委书记蔡杰强调，要将人口计生工作融入社会服务管理创新机制中，做到“三个坚持”：一是坚持科学发展的理念，提高思想认识，坚定不移地抓好人口计生工作。二是坚持统筹发展的理念，明确思路举措，着力构建和谐惠民计生。三是坚持与时俱进的理念，创新体制机制，努力开创人口计生工作新局面。研究措施，制订方案。针对人口计生工作中存在的问题，该区积极研究方案，明确“三点”工作措施，助推人口计生工作再上新台阶。一是抓重点，严格控制政策外生育、严肃查处违法生育、加强信息化建设。二是攻难点。狠抓出生人口性别比综合治理、积极推进流动人口计划生育基本公共服务均等化、落实政府实事着力提高出生人口素质。三是补弱点。坚持分类指导，固本强基；推进中心户长（信息员）管理改革；提升优质服务能力和水平。强化考核，狠抓落实。一是采取领导带队、定期下街道督办检查的方式，对各街道人口计生工作的完成情况、人员配备情况等进行检查，并与各街道计生分管领导、计生科工作人员共同研究讨论各街道人口计生工作，及时予以指导。二是对全区人口计生绩效目标进一步细化，研究制定了新的评分细则与奖惩办法。同时，扩大了绩效责任目标的覆盖范围，从原来的街道、相关部门共48家单位，扩大到全区所有部门共80家单位，并将责任目标单位分成街道、流动人口相关部门、人口计生相关部门、其他区直相关部门四类，分别下达绩效目标责任书，实行联动式、捆绑式考核。

【汉阳区】区委书记曹裕江、区长徐洪兰专门听取了人口计生工作情况汇报，提出了“四不”要求：一是抓重点不放松。坚持和完善人口计生“三线”目标管理责任制，改进绩效目标体系，坚持特色创新与攻克难点“两手抓”；坚持党政“一把手”亲自抓负总责，按照周汇报、月调度、季考评的工作方法，完善和落实定期联席会议制度、信息通报制度、考核评估制度和重要工作联合督办、难点工作联系解决、专项工作联动协作等制度；强化对相关责任部门的考评和督办。二是创亮点不动摇。建立婴幼儿早期发展教育基地，积极创建省级婴幼儿早期发展教育示范区；大力开展关爱女孩活动，倡导中华传统文化、和孝人口文化和流动人口服务管理均等化，提升人口文化内涵，打造流动人口均等化服务示范点；深化创建幸福家庭活动，最大限度激发社会活力，最大限度增加和谐因素。三是攻难点不气馁。千方百计稳定低生育水平，确保完成出生政策符合率指标；抓好出生人口性别比综合治理，落实好孕情包保责任制，标本兼治，严厉打击“两非”；加强流动人口服务管理，加大均等化服务力度。四是打基础不懈怠。全面推进人口计生信息化建设，加快推进信息化应用向社区（村）延伸；加强孕情的跟踪管理；加强基层干部队伍建设，配齐配强街道（管委会）、社区（村）人口计生干部队伍；加强计生干部培训工作，提高干部业务能力。

【武昌区】加强领导，高层倡导。区委将“加强人口计生工作”列入武昌区今年党代会、人代会报告重点工作，将责任分解到区人口计生委和各街道抓落实。新任代理区长张幸平专题听取人口计生工作汇报，要求区人口计生委围绕市级目标抓落实，各项指标在全市进入先进行列。分管区长方洁对“两非”案件查处工作亲自调度，并要求区人口计生委尽快筹备召开全区出生人口性别比综合治理工作会。强化措施，夯实基础。一是改进绩效目标体系。设置区级刚性目标、重点目标、特色目标、否决目标和成果加分项，调整区考评办对街道季度计生考评内容，统筹各项指标。二是认真执行“111”目标调度制度，即一周一抽查、一月一通报、一季一考评。狠抓落实，推进工作。一是“两非”案件取得突破。6月9日，根据东西湖区举报信息，对辖区武汉玛丽亚妇产医院有关人员实施胎儿性别鉴定进行了查处。二是积极筹备召开全区出生人口性别比综合治理工作会，通报全区“两非”案件查处情况，部署下一步工作。三是结合世界人口日宣传，积极筹备幸福武昌人口文化开幕式。

【青山区】切实做到“四个紧扣”，全力推进人口目标完成。一是紧扣责任目标抓统筹。区委、区政府领导高度重视，认真学习了阮成发书记及唐良智市长的重要讲话，针对市人口和计划生育工作领导小组下发的“2012 年度主要目标执行进度预警单”，区委书记黄家喜、区长何建新先后批示，要求区人口计生委科学分析目标完成进度情况，认真抓好落实整改；区政府副区长雷萍召集人口计生委、卫生局、公安局等部门负责人召开专题会议，研究部署出生实名登记及“两非”案件查处工作。二是紧扣薄弱环节抓整改。区人口计生委针对出生人口性别比及出生政策符合率两项刚性目标，认真查找薄弱环节，对目标完成情况较差的重点街道和单位下发预警通知单，引起各单位党政一把手高度重视；加大督查暗访力度，坚持单月自查、双月督查、季度奖评的工作制度，近期对红卫路街、钢花村街、冶金街等辖区的6个社区及3个市场进行了督查暗访，对发现的问题专发反馈单，要求10天内整改到位。三是紧扣保障民生抓服务。全面落实各项计生奖励政策，做好企业退休职工3 500奖励政策、计划生育特别扶助、农村独生女及双女中高考加分政策等奖励对象资格审核工作；出台了流动人口中农村独女及双女中考高助学奖励办法，凡在青山区就读，中考被省级示范高中录取、高考被二本以上高校录取的农村独女或双女家庭，分别发放1 000元和2 000元的助学金。以“5·29”及端午节为契机，对计划生育特殊困难家庭进行慰问，每户送去100元购物卡和一封慰问信。四是紧扣家庭文化抓特色。围绕“新青山·新人家”人口文化建设和幸福家庭创建方案，全力打造青山特色亮点，完善钢都绿景苑及工人村青宜居人口文化基地建设，新建武钢条材厂企业人口文化园地和女职工悄悄话室、钢花村街118社区亲子互动乐园、全面开展“青山一家人”“幸福江城”等人口文化摄影、书法、绘画、手工艺品、宣传品等征集和幸福家庭评比活动，全面营造和谐幸福的人口文化氛围，提升人口文化内涵和品质。

【汉南区】“两疏两堵”确保完成人口计生工作目标。一是疏通层级管理责任，强化责任落实。坚持党政一把手亲自抓、负总责，落实层级动态管理责任制。区委、区政府召开全区人口计生目标分析会，通报目标，查摆问题，制定措施，规定了整改时限。4个街、15个相关部门一把手参加了会议。二是疏通经常性管理瓶颈，提高工作效能。根据市平时督办通报情况，围绕人口计生工作存在的问题，落实动态管理。区人口计生委将42项计生线目标逐项分解到各科室、各街。同时，以信息引导服务，以服务促进管理。依托全员人口信息系统和信息共享平台，逐月分析人口形势。各科室通过信息系统反馈的情况，有针对性地深入到各村（社区）指导计生专干，切实做到目标“日看、周查、月通报”。三是堵塞违法生育通道，稳定低生育水平。做到政策法规宣传、村规民约、孕情环情监测、社会抚养费征收以及部门协作管理等五个到位。各街加大避孕节育措施知情选择面，切实抓好长效节育措施的落实。公安部门做好出生人口户籍登记关。法院依法做好计划生育非诉讼案件的强制执行工作，对首期征收社会抚养费未达标准的一律不得中止强制执行。四是堵塞出生人口性别比综合治理漏洞，实现人口均衡。做到“五个加强”，即加强B超管理，加强人工终止妊娠管理，加强住院分娩、计生手术出生实名制管理，加强人工终止妊娠药品管理，加强专项治理。

【东西湖区】突出重点，强化绩效目标管理。一是注重结合，加强平时考核与督办。将市人口计生责任目标与市区《关于建立健全公务员岗位责任制的意见》、《关于深化公务员平时考核工作的实施意见》的工作要求相结合，将责任目标与岗位职责相挂钩，将平时考核与定点督办相挂钩，全面实施绩效考核。同时，将人口计生责任目标42条要求逐一分解，将每条目标落实到科室，细化到每个岗位、每个人，做到人人有职责、人人有目标。二是全面提升全区村人口计生在线平台应用水平。在前期对专职统计人员进行培训的基础上，加大对湖北省人口计生服务管理村（居）在线平台普及推广应用，社区和大队使用面达到100%。三是继续深入推进家庭人口文化创建工作。积极开展生育文明创建活动，推进全区“2124”（200名“五好”中心户长、1 000户六新家庭示范户、20个生育文明“八好”示范大队社区、4个生育文明“十全”街道办事处、园区）生育文明示范工程。四是加大出生人口性别比治理工作力度。认真落实“以村为主”的跟踪服务制度，关口前移，切实对重点对象（符合生育二孩或再生育一个子女；第一个是女孩（双女）不符合再生育政策的；一孩家庭未采取长效措施的）坚持月见面制度，落实二孩及以上孕情跟踪责任；强化对非医学需要引产的审批制度；充分运用系统技术，查找案源，并协调部门力量加大查处力度。五是继续推进依法行政工作。围绕治庸问责，抓公开、抓监督、抓服务，从严治理庸、懒、散行为，实现在人口计生系统内“强基提质，争先创优”主题活动，继续推进依法行政建设，严格执法程序，提高执法效能。

【蔡甸区】坚持“两强化、两突出”，全力冲刺奋勇争先。强化责任意识，统一思想认识。6月12日，组织召开专题工作会议，及时传达了全市人口和计划生育工作会议精神，统一思想认识。强化部门配合，狠抓综合治理。针对出生人口性别比升高的趋势，成立全区出生人口性别比重点治理年领导小组和集中整治“两非”工作专班，制订《蔡甸区出生人口性别比“重点治理年”实施方案》。区卫生、纪检监察、公安、食品药监等相关成员单位加强主动配合意识，主动作为，积极行动，对全区27家医疗卫生保健机构、人口计生技术服务机构、经营药店进行了联合检查，对以上机构和相关人员实行“名单化”管理，规范从业行为。突出过程管理，实行工作预警。对全区14个报表单位下发了《2012年5月人口计生工作主要目标执行进度预警单》，对全区各地出生政策符合率、出生人口性别比等重点指标进展情况进行了通报。突出分类管理，实行难点攻坚。根据全区各地人口计生工作实际情况和不同进展情况，采取“分类管理、榜样示范”的模式，着力推进各地各项难点工作取得突破。

【黄陂区】6月12日，区委、区政府组织召开全区分管领导和计生办主任工作会议，传达学习了全市人口计生工作会精神，通报了市人口计生工作领导小组主要目标执行进度预警单，各街（乡镇）就2012年度主要目标完成情况进行了分析，明确了下阶段工作的重点和措施。区委区政府主要领导、分管领导要求，全区上下要认清形势，切实增强紧迫感、责任感，抓住有限时间，对照责任目标，抓重点、抓难点、抓薄弱环节、抓工作落实。同时，区两办督察室和区人口计生委组成了工作督导组，对全区19个街乡镇场年度目标进度进展进行督办，帮助各地查找问题，制定整改措施，积极指导整改，确保年度目标顺利完成。

第 17 期

●市委副书记、政法委书记胡曙光专题调研人口计生工作

●李丹芳强调做好第四季度工作　要把握现状、克难攻坚、弹好钢琴

●开发区不能成为人口计生工作的盲区

市委副书记、政法委书记胡曙光专题调研人口计生工作

继市委市政府6月4日、6月6日先后召开全市人口计生工作会和全市综合治理生人口性别比专题会议后，7月3日，市委副书记、政法委书记胡曙光在出访归来后第一个工作日，再次专题调研检查人口计生工作。市委副秘书长张捷主持召开调研检查座谈会。市委政法委、市公安、民政、财政、人社、卫生、食品药监、工商、人口计生等部门负责人陪同调研。

胡曙光先后深入武汉市都市妇科医院、江岸区西马街新三巷社区、市妇幼保健院，现场调研检查了公立、民营医院的计划生育手术、孕妇B超、人口出生实名登记落实和基层人口计生服务管理的情况；听取了今年以来全市人口计生工作情况的汇报，并对下步推进综合治理出生人口性别比等重难点问题解决，确保全市人口计生责任目标全面完成进行了部署。

胡曙光指出，做好人口计生工作是建设国家中心城市、复兴大武汉的根本保证。全市人口计生工作当前面临较大的现实压力，解决人口问题必须统筹协调、齐抓共管，各相关部门要认真履责，主动作为。这次召集相关部门主要负责人深入一线开展调研调查，就是要针对存在的问题，进一步理清职责，加强配合，抓好重点环节，解决突出问题。综合治理出生人口性别比和加强流动人口计生服务管理是现阶段人口计生工作必须解决的重难点问题。解决好这些问题，一是要理清部门工作职责。市人口计生委要针对调研中发现的问题，对服务与管理中的各个关键环节如何做，要进一步梳理，理清相关部门应尽的职责。二是要强化部门责任落实。卫生、公安、食品药监等部门要认真落实各项实名登记、打击“两非”的职责；公安、工商等部门要强化流动人口较集中的市场和地域的流动人口计划生育服务管理；财政、人社等部门要创造性地落实相关保障措施，创新举措落实各项人口计生奖励政策；政法委、民政等部门要在创新社会管理中突出抓好基层人口计生专职队伍力量的增强和稳定。三是量化考核标准。要将人口计生工作的各项具体指标要求进行量化，如信息录入及时率、准确率等要落实在具体的工作中，细化在工作的

各个环节中，并做到严格考核。四是要严格兑现考核。对工作中敷衍塞责、不履责、不作为的行为，要实行严格的责任追究，必要时，市委督查部门要介入督导、实行通报。

汇报会上，该市人口计生委主任李丹芳报告了全市人口计生工作情况，市公安、民政、财政、人社、卫生、食品药监、工商等部门负责人分别从如何履行好本部门职责、解决好调研中发现的问题等进行了表态发言。

大家一致表示，要认真落实近期市委、市政府关于人口计生工作的一系列指示精神，突出综合治理出生人口性别比、加强流动人口计生服务管理重点，主动作为，努力形成部门履职主动抓、合力齐心抓的良好工作局面。

李丹芳强调做好第四季度工作
要把握现状、克难攻坚、弹好钢琴

6月28日，市人口计生委召开全市“大战第四季度，全面完成2012年度人口计生责任目标”动员大会，迅速贯彻全省人口计生委主任（局长）会议精神，部署第四季度人口计生工作。市人口计生委领导、各区人口计生委主任、市人口计生委各处室及直属单位负责人参加了会议。就如何把握四季度工作重点，李丹芳提出七点工作要求：一是确保完成“两大刚性”目标，全面推进人口计生工作。要看表管理；要把目标落实到部门，责任细化到人；要加强督导；要坚决杜绝大月份引产。二是精心筹备人口文化节。三是营造氛围，加大打击“两非”行为工作力度。全面落实十大举措和五大行动。四是积极开展人口战略研究，加强顶层设计。五是加大流动人口服务管理力度。加强清理，落实均等化，确保统计数据详实。六是开展创建幸福家庭活动，实施“12·300乐福家”行动计划。七是进一步服务好人民群众，要变上访为下访，变要访为约访。

开发区不能成为人口计生工作的盲区

市委常委、武汉经济技术开发区党工委书记朱毅在接待市人口计生委调研时强调“开发区不能成为人口计生工作的盲区”。

7月4日，市人口计生委党组书记、主任李丹芳继对东湖新技术开发区、东湖生态旅游风景区、武汉化学工业区调研后，带队对武汉经济技术开发区人口计生工作进行了调研。她对开发区经济社会发展表示钦佩，对开发区一直以来高度重视人口计生工作表示感谢。她总结了开发区人口计生工作成绩：一是党政重视，认识到位。二是严管目标，狠抓调度。三是重心下移，强基固本。四是强化措施，狠抓落实。五是完善机制，加强协调。李丹芳主任同时对武汉经济技术开发区面临的人口计生工作形势进行了分析：一是保持低生育水平稳定面临压力。二是面临综合治理出生人口性别比偏高问题的压力。三是流动人口计划生育服务管理面临压力。四是人口计生管理体制不顺。五是基层基础工作存在薄弱环节。她对经济开发区人口计生工作提出了五点建议：一是要千方百计稳定低生育水平。二是要综合治理出生人口性别比偏高问题。三是着力推进流动人口计划生育基本公共服务均等化。四是进一步强化人口计生统筹协调。五是狠抓薄弱环节，切实提高服务管理水平。

市委常委、武汉经济技术开发区党工委书记朱毅听取了李丹芳主任的调研反馈。他强调，开发区在发展经济的同时，要更加关注人文环境，更加重视社会发展，也要丝毫不放松人口计生工作，开发区不能成为人口计生的盲区。要发扬开发区人勇于创新、追求卓越的精神，以更饱满的精神状态、更忘我的工作作风、更强烈的责任心，认真做好人口计生各项工作。对人口计生工作中存在的困难和问题要认真分析，逐一梳理，主任办公会将专题研究予以解决。同时，他要求市人口计生委加强指导，帮助开发区不断提高工作水平。

第18期

●借智借脑，推进全市人口计生工作向“大人口”转型发展

●武汉市在全省人口计生依法行政暨诚信计生工作会上交流经验

●市人口计生委开展严打“两非”集中宣传

借智借脑，推进全市人口计生工作向“大人口”转型发展

为进一步转变人口计生工作思路，促进人口计生工作向“大人口”转型发展，7月6日，市人口计生委邀请江苏省无锡市人口计生委主任杨清华来汉，专题授课

并进行工作交流。市人口计生委全体干部，各直属单位负责人，各区人口计生委领导班子成员及中层干部，各街道（乡镇）分管领导、计生办主任共计500余人参加专题讲座。

杨清华主任以“新时期人口计生工作转型与思考”为主题，从创新人口管理体制、拓展部门工作职能、提升计划生育水平、落实各项保障措施、创新与实践的体会五个方面，详细讲授了无锡市开展人口计生工作转型发展的实践历程和经验做法。参加会议的人员普遍反映，参加这次讲座，拓展了思维，开阔了视野，明确了努力方向，对促进武汉市人口计生工作的转型发展将起到积极的推动作用。

市人口计生委主任李丹芳指出，我市人口计生工作正面临着完成目标任务和转型发展的双重压力，如何向“大人口”转型发展，无锡市在这方面，已经为我市人口计生事业的发展创造了典型的经验。组织这次专题讲座，就是要学习无锡市的经验，推动我市人口计生工作向“大人口”转型发展。她要求，要对我市人口计生事业的发展有足够、清醒的认识，不为困惑所扰、不为困难所阻，苦练内功，把现阶段的人口计生工作做细、做实；要认真领会杨清华主任的讲座内容和精神实质，转变思维方式，创新工作理念积极探求人口计生事业转型发展的新模式；要凝心聚力，牢固树立“大人口”观念，在人口问题顶层设计、统筹解决人口问题、协调部门严格履职等方面，敢于担当，切实推动武汉市人口计生事业的转型发展。

武汉市在全省人口计生依法行政暨诚信计生工作会上交流经验

近日，省人口计生委召开了全省依法行政暨诚信计生工作会。会上，市人口计生委副主任王怀卓就人口计生依法行政工作作了题为《创新机制，狠抓落实，全面提升人口和计划生育依法行政水平》的发言，受到省人口计生委领导和参会代表的肯定。

在近年来，武汉市人口计生委认真贯彻落实国家、省人口计生委有关依法行政、文明执法指示精神，以理念创新为引领，以制度创新为基础，以规范管理为保障，不断推进依法行政工作。

一是突出问题导向，不断增强依法行政工作理念。结合“治庸问责”风暴、“三评”活动、基层文明执法专项行动、群众来信来访、省长信箱、市长专线、行政投诉等，积极从执法理念、执法态度、执法程序、执法方式、执法文书等各个方面查找依法行政中存在的问题，并制定了专门的整改措施，做到“四个强化”，即强化组织领导、强化工作部署、强化目标管理、强化经费投入，有力促进了依法行政工作的深入发展。

二是突出制度创新，不断彰显依法行政工作成效。强力推出惠民新政策。先后联合市人社局、财政局下发了《关于做好新型农村社会养老保险制度与人口和计划生育政策衔接的通知》、联合教育部门出台了《关于我市流动人口中市外农村独生女和双女绝育户女孩享受中考优录政策的通知》等。着力创新便民服务方式，建立了全市人口计生系统首问首办、限时办结制度。有效解决了基层在为群众办理计划生育证件中存在的相互推诿问题。对我委的两项审批事项进行了流程再造，将时限由过去的 30 天缩短到 5 个工作日。不断创新重点工作管理制度。制定了《“两非”案件的立案追诉范围及查处程序》，联合市药监局出台了《关于查处涉及终止妊娠药品“两非”案件行政处罚的指导意见》，联合市卫生局出台了《关于进一步规范使用中期以上终止妊娠手术证明的通知》，规范了打击“两非”行为。大胆创新难点工作破解思路。采取“五定”工作方法，即正视难题定目标、查摆问题定任务、量化职责定时限、流程再造定责任、创新服务定结果，积极落实企业退休职工计划生育奖励政策。

三是突出规范管理，不断增加依法行政工作动力。健全了各级执法机构，配齐了执法人员，全市人口计生干部 600 多人经考试、考核，换发了省政府法制办统一发放的行政执法证，全部实行了持证上岗，进一步规范了执法主体。加强规范性文件管理，实行规范性文件事前审查、事后备案以及公开制度，进一步规范了执法依据。开展规范社会抚养费征收管理和农村计划生育乱收费、乱罚款清理工作清理工作，组织对全市计划生育服务机构执业许可审批、服务站依法执业、服务机构规范化建设六个方面进行了全面检查，开展行政执法案卷评查活动，进一步规范了执法程序。积极推行信息化建设，推行《生育服务证》网上便民办理、奖励优惠政策、社会抚养费征收情况、党纪政纪处理信息化工作。进一步提升依法行政手段。开通了政务微博，畅通群众监督渠道。

市人口计生委开展严打“两非”集中宣传

7 月 11 日，第 23 个世界人口日，武汉市结合纪念世界人口日，在全市 13 个区、4 个开发区（风景区）开展了打击“两非”集中宣传日活动，在全市范围内掀起了打击“两非”的宣传热潮。

省人口计生委副主任董尚荣，市人民政府副秘书长周元，市人口计生委主任李丹芳，副主任王怀卓及市人民政府法制办、市司法局、市公安局、市卫生局、市食品药监局等部门相关负责人一行首先来到汉口火车站广场参加江汉区打击“两非”集中日宣传活动。广场上热闹非凡，江汉区人口计生委、卫生、药监、工商、公安等部门联合组织的宣传队早已拉起宣传横幅、布设好宣传牌，正在向过往群众宣传出生人口性别比偏高对社会的危害，宣传关爱女孩行为，宣传男女平等、生男生女一样好等新型生育观念，宣传计划生育相关及生殖健康相关知识，现场接受群众举报“两非”案件等。人口计生宣传的温馨提示广播吸引了不少行人驻足聆听，有的刚下火车的旅客也凑过来积极参与。制作精美、图文并茂的宣传展板吸引了大批群众驻足观看，有的进行政策咨询，有的接受医疗服务。

随后，省、市领导一行又来到硚口区宝丰路人民广场，广场上空彩球迎风摆动，彩带飘扬，人口计生政策文艺宣传队打起欢快的腰鼓，各种现场咨询、影像资料、宣传展板、横幅标语引来不少群众前来咨询，工作人员采取面对面宣传打击“两非”的相关政策法规、关爱女孩优惠政策，现场发放相关资料，接受群众举报“两非”案件等形式进行宣传。活动现场李丹芳主任亲切地询问一位30多岁的育龄妇女，“这种形式的宣传对你们有没有帮助?”该妇女高兴地说：“这种宣传很有帮助，让我们更加直观地认识到性别比偏高对社会的危害，也让我们了解到了更多的避孕节育知识，学到了更多自身保健的知识”。

市人口计生委领导高惠祥、周汉超、舒文斌、夏清芬、吴克敏分别带队参加了新洲区、青山区、武昌区、洪山区、江岸区、汉阳区开展打击“两非”集中宣传日活动。

据统计，活动当日共发放宣传资料9.5万份，避孕药具3.6万盒，制作宣传展牌180块，悬挂宣传横幅152条，现场咨询17 000多人次，义诊11 500多人次，育龄妇女随访服务7 000多人次。

第 19 期

●真情交流　真心帮扶

——武汉市人口计生委召开特扶家庭代表座谈会

●强力推进　狠抓落实

——武汉市全面加强人口计生依法行政工作

真情交流　真心帮扶

——武汉市人口计生委召开特扶家庭代表座谈会

7 月 5 日，市人口计生委组织七个中心城区计划生育特殊困难家庭代表召开座谈会，真情交流，倾听诉求，座谈会共征求意见和建议三大类共 15 条。

在座谈会上，各区人口计生委主任介绍了帮扶特扶家庭上半年的工作及下一步打算。江汉区人口计生委主任姜凡谈到该区的特扶家庭底数已初步摸清，将根据特扶家庭的具体情况进行分类统计、分析个案，做到以情帮扶。

李丹芳主任在听取与会代表的发言后深受感动。她说，感谢特扶家庭对人口计生工作的理解、关心和支持。各位与会代表反映的问题，市委、市政府非常重视，正责成市人口计生委进行分门别类地汇总，并就建立上门慰问机制、社区组织志愿帮扶服务、建立特扶低保家庭档案、健全社区居家养老机制等协调有关部门研究解决。

与会代表对市人口计生委坚持每半年组织特扶家庭代表座谈会表示感谢，对变要访为约访、变上访为下访的做法表示肯定，并推心置腹的交心谈心表示感谢，并将积极配合做好特扶家庭群体的工作。

座谈会由市人口计生委副主任王怀卓主持。七个中心城区人口计生委主任。市人口计生委办公室、政法处、行政执法支队，市计生协秘书处等部门负责人参加了座谈会。

强力推进　狠抓落实

——武汉市全面加强人口计生依法行政工作

6月28～29日，省人口计生委召开了全省人口计生依法行政暨诚信计生工作会议，研究部署了下一步全省人口计生依法行政和诚信计生工作。会后，市人口计生委高度重视，迅速行动，强力推进全市人口计生依法行政工作。

一、多层次传达会议精神。7月2日，我委召开委机关及直属单位全体干部职工大会，传达学习了国家、省人口计生委关于进一步做好信访维稳工作和开展人口计生依法行政督查工作的紧急通知等会议精神。委党组书记、主任李丹芳指出，全面推进依法行政，实现人口计生工作部门法制化是人口计生工作健康深入发展的重要保证，全市人口计生干部职工要站在科学发展观的战略高度，牢固树立执法为民、文明执法的理念，坚持将依法行政贯穿于人口计生工作的始终，落实在人口计生工作的各个方面和每一个具体环节。7月5日，又召开各区人口计生委主任会议进行传达贯彻，要求各区认真贯彻落实省会议精神，按照依法行政的要求，积极推进人口计生各项工作的落实，坚决杜绝简单执法、粗暴执法、不按程序执法等违法执法行为发生，切实解决依法行政中存在的主要问题。

二、多方位调研重难点工作。一是争取市领导调研。7月3日，市委副书记、政法委书记胡曙光率市政法委、市公安、民政、财政、人社、卫生、食品药监、工商、人口计生等部门负责人，深入到武汉都市妇科医院、江岸区西马街新三巷社区、市妇幼保健院，现场调研检查了公立、民营医院的计划生育手术、孕妇B超、人口出生实名登记落实和基层人口计生服务管理的情况，并对下一步推进综合治理出生人口性别比等重难点问题解决，确保全市人口计生责任目标全面完成进行了部署。二是加大对弱点地区的调研督办。李丹芳主任亲自带队，深入四个功能区进行调研，并当面向各区主要领导反馈情况，帮助分析形势。市人口计生委还组织工作专班，到各功能区每个街乡解剖麻雀，现场指导，提高人口计生干部工作能力。

三、多途径促依法行政开展。一是积极开展自查依法行政督查工作。下发了《市人口计生委关于开展人口计生依法行政督查工作的紧急通知》（武人〔2012〕53号），组成8个督查组，由委领导带队，采取走访干部群众、召开座谈会、检查台账等方式，对各区依法行政情况进行了督查。各区也按照通知要求，进行了自查。市人口计生委将针对查找出来的问题，研究制定相应整改措施。二是加大打击“两非”宣传力度。各区在“7·11”集中组织开展了声势浩大的打击“两非”专项宣传活动。省人口计生委、市政府有关领导以及相关部门负责人参加了江汉和硚口的宣传活动。市人口计生委还协调城管、交通等部门，利用出租车尾广告、室外电子屏幕，在7~9月三个月集中播放打击“两非”的公益性广告。三是主动上门征求相关部门意见。为进一步加大打击“两非”工作力度，市人口与计划生育领导小组办公室出台了《关于进一步加大打击“两非”行为工作力度的通知》。李丹芳主任带领相关处室负责人，分别到市公安、卫生、食品药品监管等部门就打击“两非”行为中的职责以及考评方案征求了意见。四是借智借脑，推进全市人口计生工作向“大人口”转型发展。7月6日，市人口计生委邀请江苏省无锡市人口计生委主任杨清华，就“新时期人口计生工作转型与思考”作了专题讲座。市人口计生委全体干部，各直属单位负责人，各区人口计生委领导班子成员及中层干部，各街道（乡镇）分管领导、计生办主任共计500余人参加。

四、多渠道化解信访矛盾。一是零距离倾听计生特殊困难家庭诉求。7月5日，市人口计生委召开计划生育特殊困难家庭座谈会，听取计划生育特扶家庭代表的诉求，现场为特扶家庭答疑解惑，共商特扶家庭解忧纾困良策。李丹芳主任勉励他们要正视现实、直面未来，相信党和政府，坚定生活信心。二是主动约访调解信访积案。7月11日，市人口计生委副主任王怀卓主持，约谈一起信访积案当事人，并达成初步和解意见。三是争取政策解决后顾之忧。经市人口计生委反复汇报以及协商有关部门，目前，市委、市政府正在出台《关于对计划生育特殊家庭开展关爱关怀工作的通知》，解决计划生育特殊困难家庭在生产、生活、医疗、精神慰藉、临终关怀等方面的困难和问题。

第20期

●全市各区人口计生工作开展情况综述专辑（一）

全市各区人口计生工作开展情况综述专辑（一）

编者按：今年以来，全市各区党委、政府和人口计生部门高度重视人口计生工作，坚持按照“抓重点、攻难点、补弱点、扫盲点、展亮点”的工作思路，科学部署，强化措施，狠抓落实。为加强工作交流，促进各区人口计生工作均衡发展，现将各区好的做法予以刊发，供学习借鉴。

坚持党政领导　狠抓工作落实

——全市各区党委、政府高度重视人口计生工作

2012年以来，全市各区党委、政府高度重视人口计生工作，坚持党政一把手亲自抓、负总责，认真贯彻省、市人口和计划生育工作会议精神，围绕年初确定的人口计生工作目标和主要任务，科学部署，强化措施，狠抓落实，人口和计划生育整体工作推进更加有力。

一是党政主要领导亲自调度部署。市委常委、武汉经济技术开发区党工委书记朱毅强调，开发区在发展经济的同时，要更加关注人文环境，更加重视社会发展，也要丝毫不放松人口计生工作，开发区不能成为人口计生的盲区；市委常委、东湖高新区党工委书记马旭明专门就人口计生工作提出了提高认识，进一步增强统筹解决人口问题的责任感、紧迫感；明确目标，认真抓好统筹解决人口问题的各项任务；加强领导，为高新区人口计生工作的健康发展提供有力保障的三点要求；东湖风景区管委会工委书记、管委会主任张卫国亲自主持研究全区人口计生工作，调整充实全区人口计生工作领导小组，邀请市人口计生委李丹芳主任调研东湖风景区工作，并协调市人口计生委派出专门巡视督导组，对全区人口计生工作进行指导培训；武汉化工区管委会主任黄克强要求各级正视问题，强化责任，团结一心、振奋精神，迎难而上，坚定抓实人口计生工作；江岸区区委书记蔡杰亲自协调区委办、区政府办、区直相关部门负责人，深入社区、医院，调研基层人口计生工作情况，指导基层开展流动人口服务管理和出生人口性别比综合治理工作；汉阳区区委书记曹裕江在全区建设国家中心城区大会上专门强调要将人口计生工作融入社会创新管理；江夏区区委书记汪祥旺在全区人口计生工作会上重点强调，要把人口计生工作作为党政“一把手”工程来抓，马虎不得，谁出了问题就向谁实行问责；汉南区区委书记涂山峰多次对出生人口性别比综合治理、流动人口服务管理、人口计生系统干部队伍建设等人口计生工作的重难点问题进行调研；区长陈平开年上班第一周（2月2日）专题调研全区人口健康公共服务中心、推进市级人口计生信息化建设试点等五项人口计生重点工作进展情况；新洲区区委书记王世益、区长余世平定期调度全区人口计生工作，提出了知耻而后勇、扎实工作、强化法治、重拳出击的工作要求；黄陂区今年以来先后3次召开出生人口性别比工作调度会，区长吴祖云对出生人口性别比偏高的6个街道一把手进行了集中约谈。

二是强化措施狠抓工作落实。江岸区

将人口计生工作责任落实、综合治理、人财物投入等纳入重大事项督查范围，并将人口计生工作目标纳入全区80家绩效考核单位的检查，检查结果纳入区级绩效目标考核管理；不断加强基层投入，逐年加大下拨比例，每年75%以上的资金用于基层，保证基层开展计生工作的资金需要。江汉区“三项要求、四项机制”重拳出击全面推进出生人口性别比综合治理工作；硚口区出台《关于进一步加强出生人口性别比综合治理工作的意见》，实施“三抓”，深入开展出生人口性别比治理工作；武昌区将“计生奖励政策落实工作”作为区委常委民主生活会整改内容重点督办、对市春季督办中成绩突出的单位给予奖励，对问题突出的单位由分管区长约谈其主要领导；洪山区区政府常务会议专题研究全区人口计生工作，提出了要始终坚持把城中村、流动人口、出生人口性别比等工作作为重点工作抓紧抓好；要始终坚持把强基层、打基础作为人口计生工作着力点；要始终把齐抓共管、依法行政作为人口计生工作重要手段的工作举措；东西湖区提出做到三个挂钩：即责任目标与岗位职责挂钩、平时考核与定点督办挂钩、科室目标与街级目标挂钩，全面实施绩效考核；汉南区将新体制机制建设与正在进行的城乡一体化建设、新农村建设、经济建设等工作结合起来，做好人口计生和各项改革措施的相互衔接，统一部署，通盘考虑，协调推进；蔡甸区区委、区政府协调人口计生、卫生、药监等部门联手开展以“四查四看”为主要内容的出生人口性别比综合治理“回头看”活动；新洲区召开区“四大家”分管领导参加的全区人口计生系统绩效目标管理暨调度会，将市人口计生委下达的42项目标分解到各街镇计生办、委机关各科室和区计生服务站，并由16名区级领导对15个街镇人口计生工作实行责任包挂；东湖风景区增加30万人口计生工作经费，协调相关责任部门认真履行各自人口计生职责，开展拉网式清理清查工作，并将人口计生工作纳入治庸问责进行重点督办；东湖新技术开发区按10%的增幅优先批拨人口计生事业费；武汉化工区出台四个“强化”（强化组织领导、强化协调配合、强化责任追究、强化制度管理）、四个“到位”（认识到位、责任到位、措施到位、组织到位）措施，狠抓出生人口性别比综合治理。

三是研究出台惠民便民措施。在党委政府的主导下，各区出台了一系列惠民便民政策措施。江岸区、汉南区分别把企业退休职工计划生育奖励政策落实和农村独女家庭、计划生育特殊困难家庭父母免费健康检查纳入2012年政府为民办实事重要内容；洪山区在关山街鲁磨路创建流动人口均等化服务管理示范一条街，投入30万元设立流动人口计划生育宣传长廊，建立了高校志愿者服务队和流动人口服务综合平台，为流动人口提供一站式服务；青山区出台《关于对青山区流动人口中农村独女户和双女绝育户发放中考、高考助学奖励的实施方案（试行）》，规定凡在该区就读并取得学籍的流动人口农村独女户和双女节育户，参加中考并被省级示范高中录取，参加高考并被一类、二类本科大学录取，分别给予1 000～2 000元的助学奖励；东西湖区出台三项优惠政策，对部分计生家庭在参加农村新型合作医疗、子女高中阶段就读和参加新农保时给予补贴；蔡甸区构织计生特困家庭救助保障线、最低生活保障线、独女及双女户医疗统筹保障线、奖励扶助保障线，筑牢人口计生工作的利益导向长效机制和社会保障制度，不断提高计生家庭的经济和社会地位；黄陂区以“关爱女孩行动”为载体，在落市国家、省、市级系列优惠政策的基础上，陆续出台多项区级计划生育惠民政策，每年投入300万元，设立人口和计划生育奖励专项资金，促进群众生育观念转变。各区还在宅基地分配、住宅还建中，出台对独女户、双女户优先优惠措施，体现对计划生育家庭的关心关怀。

四是创造条件夯实基层基础。各区党委、政府高度重视人口计生基层基础工作，积极为基层人口计生工作创造条件。江岸区在去年为17条街道配备85名协管员的基础上，今年又增加22名，进一步强化社区基础工作；对符合生育政策并采取上环和绝育手术的流入人员分别奖励50元和500元；硚口区为工作量较大的长丰街增配2名计生信息员；武汉化工区新增计生工作人员17人；东湖风景区对工作落后的社区（村）、单位实行重点任务督办监管和不定期抽查评估；江岸区、武汉化工区定期组织社区互查，街和区抽查。硚口区实现包片、包街责任制，规定每周下街道、社区督办指导人口计生工作不得少于3天；洪山区新增177万元专项经费用于村社区基层人口计生建设；东西湖区每月组织专班对各单位人口计生工作质量进行考评，对排名靠前的进行奖励，对连续3个月排名在末位的，取消年终评先资格；武昌区拟全面实施人口信息光纤网进社区工程，将社区计生信息专网连接速度提升至百兆；汉南区将政务网线延伸到村（社区）；江夏区协调成立社会抚养费征收专班、技术服务专班和基础工作督导专班，帮促后进街乡提升人口计生工作水平。

坚持改革创新　不断加强人口计生目标管理

——全市各区加强人口计生目标管理情况综述

2012年以来，全市人口计生系统坚持改革创新，不断加强人口计生目标管理，形成了横向到边、纵向到底、全域覆盖、内外兼顾的人口计生目标管理责任体系。各区加强调度督办，成效显著。

一、加强领导，高层推进。一是各区

委、区政府专题专会研究人口计生工作。汉阳区委书记曹裕江主持召开了全区人口计生工作大会，特别要求新上任的街道年轻主任们要高度重视人口计生工作；蔡甸区副区长张丽筠亲自主持召开了全区综合治理出生人口性别比的专题会议；东湖风景区党工委书记、管委会主任张卫国要求将人口计生工作纳入治庸问责，并邀请市人口计生委督导巡视组指导培训基层工作。二是各区领导专程专班调研人口计生工作。东西湖区人大主任专程带队调研全区人口文化建设情况，汉南区区长陈平专程调研了全区人口计生五项重点工作（组建人口健康公共服务中心、推进市级人口计生信息化建设试点、为农村独女计生家庭和计生特殊困难家庭开展免费健康检查、开展免费孕前优生健康检查、加强出生人口性别比综合治理等）的开展和人口健康公共服务中心建设进展情况。

二、细化目标，落实责任。江岸区人口计生委将绩效目标责任书的签订范围扩大到全区所有部门共 80 个单位，并根据所承担的责任分成街道、流动人口相关部门、人口计生相关部门、其他区直相关部门四类，分别下达绩效目标责任书；江汉区对未完成进度的目标进一步分解，责任到人，严格考评；汉南区将目标责任书进行条目式细化到街、委机关科室；东西湖区做到三个挂钩，即责任目标与岗位职责挂钩、平时考核与定点督办挂钩、科室目标与街级目标挂钩，全面实施绩效考核。

三、重视过程，动态调度。一是坚持看表调度。自市人口计生委推行“季度123”目标调度制以来，各区相继实施定期看表调度制。武昌区建立“一周一抽查、一月一通报、一季一考评”目标调度制度；江夏区委副书记陈邂馨、区人民政府副区长黄莹丽主持召开第三季度人口计生绩效目标管理调度会，对照分析、研究部署全区人口和计划生育工作。二是坚持动态监测。硚口区人口计生委将重点环节、重点部位纳入重点监测范围，将区人口计生委干部包街督办，定期到基层，深入分析问题成因，着力打开局面。三是坚持及时预警。汉阳区人口计生委推行目标预警机制，收集目标进度情况，对不达进度的目标及时提出预警，随时掌握动态，建立专班加强对基层的督导，对目标执行情况定期发布给相关部门“一把手”。

四、重心下移，督导落实。一是深入基层抓调研。江夏区副区长黄莹丽带领区人口计生委班子成员、相关科室到湖泗镇督办人口计生工作，特别强调对湖泗镇在人口计生工作经费上，区政府、区人口计生委要给予倾力支持。二是落实包保抓督办。新洲区派驻 17 个区直单位，对全区 17 个出生人口性别比整治不力、连续 3 年有二孩及以上出生无女孩的村（社区）进行整改督导，明确 17 个村（社区）所在街镇主要负责人为包保责任人，对包保和督导情况进行重点督查和捆绑结账，结账结果纳入年终绩效目标。三是对标督查抓整改。青山区坚持“单月自查双月督查季度奖评”的工作制度，近期对红卫路街、钢花村街、冶金街 3 个街道的 6 个社区及 3 个市场进行了督查暗访，对发现的问题出具督办单，要求10天内整改到位；东西湖区、街分级对照目标找问题，对照制定整改措施，督办自查相结合，以确保全年目标任务的完成。

五、信息引导，清理清查。一是依托信息化，有的放矢。武昌区辖区街道通过共享平台和全员信息的比对，每月打印B超信息核查单下发社区，一方面利用医院信息完善全员数据质量；另一方面对出生及B超反馈信息进行认真核实，通过入户核查、电话核实和到医院调取资料等多种形式，不断提高信息质量。市化工区每周二集中区、街规统人员办公，共同核对全员人口、共享平台、流动人口、孕妇跟踪信息、出生人口等信息，查找差距和问题，及时整改；青山区武东街对照公安“两实有”及居住证登记信息，对公安系统中4 740多条流动人口信息，逐户上门核对、落实，经过核对，将300多条信息补入全员信息系统，清理已流出信息1 000多条。二是明确对象，全面清理。江岸区正在开展为期三个月的出生人口清理清查活动，严把源头信息质量关，加强与公安、卫生等部门的人口数据信息共享，彻底摸清辖区人口出生底数；黄陂区组织专班，在全区范围内开展了“六清六落实六提高”的清理清查活动，对出生、节育、孕情、社会抚养费征收、医技从业行为及未落实相关措施对象等六类情况进行全面清理。三是部门联动，合力清查。东湖风景区成立了由工委副书记、管委会副主任李祖高任组长，区综治办牵头的专项整治工作领导小组，并抽调区综治办、公安分局、工商分局、卫生办、建设局、房产局、城管执法局、食品药品监管局、城乡工作办事处等相关部门人员组成行动工作专班，集中清理清查流动人口及打击“两非”。

六、强基固本，完善体系。一是打破常规竞人才。汉南区湘口街、东荆街在全街首次采用“街聘、街管、村用”的方式公开选聘年纪轻、素质高的6名女同志担任街、村（社区）人口计生工作人员；市化工区从青山区和洪山区引进两名专业技术骨干，为每个村（社区）增加1名计生信息员，今年共增加人口计生工作人员27人。二是落实政策保投入。东湖高新区建立稳定的投入保障机制，把人口和计划生育事业作为公共财政投入的必保项目，确保财政投入增长幅度要高于经常性财政收入增长幅度。三是规范管理强服务。武汉开发区于近期发布了《开发区企业（工业园区）计划生育服务室建设指导标准》和《车都健康屋企业形象识别系统（VIS）》，进一步促进了人口和计划生育目标管理企业法定代表人责任制的落实，规范和提高企业员工计划生育技术服务水平。四是培训指导提素质。江汉区组织培训班，加大对基层计生干部培训力度，不断提高政策水平、业务素质和解决重难点问题的能力。

七、创新机制，扫盲补弱。一是拆迁过渡不断档。为加强对拆迁过渡期居民的人口计生服务管理，洪山区实施一份花名册、一张联系表、一次生殖健康普查、一项见面制度的“四个一”管理措施，利用年底分红、发放节日物资等形式与每个重点对象见面，确保拆迁过渡期人口计生服务管理不断档，全覆盖。二是新建小区不留空。新洲区阳逻开发区协调各新建小区物业公司指定了专人负责人口计生管理与服务工作，要求及时将小区内人员变动情况，房主变更情况，入住人员怀孕、生育情况等信息向开发区计生办进行通报，并对各小区人口计生管理员给予一定的劳动报酬。三是日常工作有创新。江岸区人口计生委提出了用“智”去清理、去核对；用“情”去服务、去感人；用“谋”去上报、去交流；用“心”去分析、去记录；用“脑”去思考、去总结；用“力”去学习、去掌握的“六字工作法”。

第21期

●全市各区人口计生工作开展情况综述专辑（二）

全市各区人口计生工作开展情况综述专辑（二）

编者按：今年以来，全市各区党委、政府和人口计生部门高度重视人口计生工作，坚持按照“抓重点、攻难点、补弱点、扫盲点、展亮点”的工作思路，科学部署，强化措施，狠抓落实。为加强工作交流，促进各区人口计生工作均衡发展，现将各区好的做法予以刊发，供学习借鉴。

全市免费孕前优生健康检查项目落实情况综述

今年市政府把为符合生育政策，计划怀孕的农村夫妇（含流动人口）免费孕前优生健康检查列入政府为民办事实的内容。自3月1日武汉市政府在黄陂区召开全市免费孕前优生健康检查项目启动会后，各区区委、区政府高度重视，召开专题会，迅速部署，制订方案，宣传发动，紧锣密鼓地做好免费孕费优生健康检查项目准备工作。全市紧紧围绕规范服务流程，严格规范标准，确保服务质量，强化目标管理等环节，想办法、添措施、扎实有效推进试点工作。截至7月6日，全市已完成13 086对目标人群的检查任务，完成率为65.43%。人群覆盖率为52.34%。

江岸区：“三举措”落实免费孕前优生健康检查工作。一是加强学习培训，明确责任目标。加强宣传教育、加大人员培训，科学调配人员，合理分配力量，明确工作责任，细化目标任务。二是规范服务流程，精心组织落实。摸清服务对象，优化服务流程，认真组织人群。三是及时录入信息、优化后续服务。准确录入信息，个性化的评估，及时跟踪随访。

江汉区：孕前优生检查服务做到温馨化、亲情化、精细化。一是按检查需要提供开水、休息场所和“爱心”早餐，有专人引导检查，确保检查秩序井井有条。二是保证检查时间。考虑到参加孕前检查夫妇的实际情况，每天均衡安排检查对象。三是科学评估指导。针对病史记录、检查结果由三名医生组成评估小组，为每对孕前检查夫妇作出科学评估，客观地出具评估报告单。对一般人群，由街、社区计生服务员负责送达评估报告单并做好随访工作。对高风险人员进行重点服务指导，由区服务站通知本人领取评估报告单，并进行一对一指导。汉兴街胡某检查结果显示肝功能严重受损，本人还不知情，服务站当天就电话告之本人到医院就诊治疗，通过检查和及时转诊治疗，消除了导致出生缺陷的隐患。

硚口区：强化投入，确保服务设备到位。区人口计生委先后投入40多万元，对区站的6大设施进行了全面改造并新建一批设施。一是改建消防双通道，配备消防设施及污水、污物、医疗废物等生物安全设备。二是改进服务站检查环境设施，扩建了15平方米的生化检验室。三是改建了女性诊室、男、女检查室、咨询指导室。四是建立了站内局域网。五是增建了体检辅助设施供暖系统和进餐厅。

汉阳区：“三项措施”强化免费孕前优生健康检查工作。一是召开了高层全区目标调度会，通报、排名、预警。二是继续进行全区动员，克服各种困难，将政府实事落实到位，让老百姓得到实实在在的优质服务。三是区人口计生委采取奖励政策，对全区完成全年工作目标的前5名街道奖励2 000元。

武昌区：落实“五项”工作强化免费孕前优生健康检查工作。一是强化宣传培训。注重对区人口计生服务中心技术人员、街道计生科长、科技干部、计划怀孕夫妇对象的培训，明确检查意义、工作流程、工作职责、服务内容和日程安排。二是强化组织协调。与卫生部门协调，办理了《医疗机构执业许可证》，增加医务人员2名和临时聘用医务人员2名。三是强化服务流程。严格按照国家有关规定，建立了孕前优生健康检查档案和登记表、制度，规范服务流程。四是强化经费投入。为确保免费孕前优生健康检查工作顺利开展，投入7万元，对区人口计生服务中心进行调整科室用房，扩大规范检验科，并专门购置部分设施。五是强化考评督查。区人口计生委把免费孕前优生健康检查工作列入重点工作进行考评，对工作推进情况进行点评。每月对各街道情况进行督察通报，有效地促进了项目工作的健康开展。

青山区：免费孕前优生健康检查工作宣传广泛，发动到位。为提高宣传的实效性，区级统一制订了翔实的培训计划，分层次举办培训。一是培训计生工作人员。

区人口计生委召开各街道计生科长、社区、单位计生专干专题培训会，明确工作流程、工作职责和服务内容，明确目标人群的范围。二是培训专业技术人员。区计生服务站先后选派10多名技术人员参加了市里组织的专业培训。三是培训准备怀孕夫妇。通过培训，计划怀孕的夫妇了解了这项惠民政策，了解了孕前检查能有效降低出生缺陷的风险。据统计，全区共举办培训51期1 681 人。

全区利用广播、电视、宣传栏等多种形式，广泛宣传发动孕前优生健康检查的重要性和必要性，在民政局婚姻登记处设立了优生服务咨询点，开展优生服务与婚姻登记一站式服务。充分利用人口计生服务网络，发动基层力量，分片包干、责任到人，组织社区计生专干、中心户长走村入户进家庭，把免费孕前优生健康检查相关政策和知识深入宣传到每个家庭、每对计划怀孕的夫妇，引导群众主动参与免费孕前优生健康检查。

洪山区：加强对免费孕前优生健康检查工作督导调度。一是结合委领导挂点联系制度，区人口计生委成立5个调研督查小组，对街道、社区开展督查。二是科技科制作印发了三种表格：全区免费孕前优生健康检查工作日进度表和周通报表，区人口计生委实行周通报制度。三是召开了两次目标调度会。分别于4月28日和5月31日召开了全区街（乡）分管领导、计生科长（主任）和委机关科级以上干部参加的目标调度会议，印发了关于孕前优生健康检查工作实施情况的通报，对工作中发现存在的问题和薄弱环节，指导提出相应的对策和措施，力争服务全覆盖。

东西湖区：“两强化、四明确、六到位”，落实免费孕前优生健康检查工作。强化“两项”责任，即强化部门联动责任和上下互动责任；做到“四个”明确，即明白孕前优生健康检查的两类对象，明确免费孕前优生健康检查项目四项目标责任，明确十九项服务内容，明白两条检查途径；保障“六个”方面到位，即确保服务技术人员到位，确保服务阵地到位，确保质量标准到位，确保岗位制度到位，确保评估效果到位，确保监督指导到位。

汉南区：扩大目标人群，宣传培训到位。汉南区将参与免费孕前优生健康检查目标人群由农村户籍人口和流动人口扩大到所有符合政策生育对象，实现城乡全覆盖。做到“三个结合”，引导群众积极参与。首先，与区、街、村三级考核评估相结合。把孕前优生检测工作纳入区人口计生部门线目标考核，对各街工作开展情况实行周通报、月汇总、兑奖惩。其次，与部门、街、村人口计生经常性工作相结合。区民政局在婚登窗口放置孕前优生健康检查一封信，村级在为群众办理生育服务证和生育证时，主动宣传免费孕前优生检测项目，积极引导群众参与优生检测。再次，与宣传培训相结合。区计生服务站巡回为4个街开展孕前优生健康检查和预防出生缺陷知识的宣传培训，举办培训班16期，接受培训的群众达到3 500 人次。全区共印发宣传知识手册3万余份。截至7月9日，已有712 人参与了免费孕前优生健康检查项目，人群覆盖率达到71.2%。

蔡甸区：规范操作流程，提升服务质量。一是组建高水平工作专班，从检验人员的素质入手，去年公开招聘了一名研究生学历的检验人员，临床检验专业毕业生1名，又聘请原十三医院退休副主任检验师一名，外科主治医师1名。二是配备高性能服务设施，按照项目要求，今年3月区计生委投入近10万元对化验室进行了标准化改造及污水处理。增加了3个检验单元，一个检验人员办公室。并投入近40万元，购置了全自动生化分析仪等装备建设。三是建立了实验室基本的质量管理体系，相关的程序文件，实验室操作标准程序在1个月之内完成。及时规范每一检验项目质控的管理，进一步完善了有关检测项目的质控记录和原始记录数据，质控结果分析和失控后处理措施，完善临检质量跟踪管理。

江夏区：协调部门配合，确保免费孕前优生健康检查工作正常开展。加强领导，落实人财物到位。区政府召开了由人口计生、卫生、财政、宣传等部门参加的免费孕前优生健康检查项目专题协调会，积极与区妇幼协调，在新区站改造未完成之前，实验室任务暂由区妇幼承担，并按国家规定的标准每对240元结算。区财政迅速安排资金，投入200万元对区计生服务站进行规范化改造装修。

黄陂区：畅通渠道，提供便民化服务。为了畅通便民化的渠道，全区设计两种运转模式3条服务路径来满足不同群体的需求。一是新婚对象：直接在婚登处接受部分服务后再到区服务站接受进一步相关检查。二是初婚无孩、有二孩或多孩生育指标的农村常住人口和流动人口，首先到村计生专干登记，再到乡计生办领取免费服务卡，同时接受乡计生服务站的部分服务，最后到区服务站进一步接受相关检查和优生咨询指导。三是高风险人群直接到区服务站接受所有的服务，实现了目标人群检查的全覆盖。在区乡共同完成的模式中，根据服务站每天可承载的接诊量，将19个街乡镇场合理分诊分流到每一天，确保对象能享受快速便捷的服务。充分利用流动人口集中返乡的时段，以村卫生室为服务点，上门服务，免费提供早餐，做到村不漏户，户不漏人，人不漏项，实现目标人群全覆盖。

新洲区：加大投入，加强实验室建设和人员配备。新洲区站针对现状与实际，按照试点检查项目的高标准要求，在服务站二楼建设新的实验室，共投入资金10万余元。选配人员，充实区服务站医学检验技术人员。一是从区医疗卫生机构选调1名具有中级技术职称，多年临床检验经验的检验技师；二是聘用1名天津医科大学医学检验专业毕业的大学生；三是对服务站从事检验工作的医师进行业务培训；四是公开向社会招聘妇科执业医师1名和执业护师3名。

东湖高新区：落实“三项举措”推进免费孕前优生健康检查工作。一是精心组织、优质服务。简化办事流程，专人接待指导，贴心主动服务，提供免费早餐，实行奖励政策。二是贴心关怀、提升质量。对检查中发现的高风险对象，医院安排专人通知参检对象，征询本人意见后再通知其家人进行优孕咨询，提出针对性的医学指导意见或建议进一步复诊。对暂未发现存在风险因素的夫妇，及时发放评估建议告知书，做好跟踪随访服务。三是工作细致、深入人心。对部分育龄群众有疑问和顾虑，甚至不清楚，采取“面对面”谈心和陪同送检的方式，使育龄对象慢慢放下了心理顾虑，在切身体验到医院优质的环境和服务氛围后，自发带头对周围的育龄夫妇做起了宣传。

第22期

●洪山区十项措施强力推进综合治理出生人口性别比工作

洪山区十项措施强力推进综合治理出生人口性别比工作

省市出生人口性别比综合治理会议后，洪山区认真查找问题，分析原因，采取十项措施，严厉打击“两非”行为，强力推进综合治理出生人口性别比综合治理工作。

一、设立专项工作经费。区财政设立依法打击“两非”行为的专项工作经费100万元，其中，部门联动工作专项经费50万元，有奖举报和工作奖励经费50万元，以保障部门联合集中整治和经常性督查，保障“两非”案件的及时查处和区域查案的有效协作。

建立打击“两非”工作奖励制度。综合治理出生人口性别比相关制度落实；孕情上报及时准确；孕情包保责任到位，无孕情无故消失；主动发现线索，主动提供案源，积极协助相关部门打击“两非”，并积极参与取证调查，无核实的举报“两非”案件和区外移交“两非”案件。成绩突出的，给予3万元奖励。

区直相关部门每查处一例“两非”典型案件，给予案件主管单位1万元奖励，用于奖励相关办案人员。

建立有奖举报制度。凡举报“两非”典型案源线索，经查证属实的，个案给予举报人5 000元奖励；窝案给予1万元的奖励。区内已婚育龄夫妇从事“两非”行为，举报奖励经费由其所在地街道办事处支付；其他举报奖励从区有奖举报经费中支付。

二、健全长效监管机制。建立监管巡查登记制度。卫生、食品药监、人口计生等部门要加大对医疗保健机构、人口计生技术服务机构、终止妊娠药品经营销售企业及药店的巡查密度，采取部门联合、全天候、不定时的方式集中检查，每月不少于10批次；对重点区域的医疗机构不定期暗访巡查，每周不少于两次；每月对医疗机构、个体诊所督察实行全覆盖。巡查情况要详细记录、责任人要签字，做到备案可查。

街乡、社区村要求法人、居民不得向无证及违法从事医疗活动的当事人提供房屋租赁，一旦发现，要及时制止其违法行为，并向上级主管部门提供相关信息，配合执法部门依法查处；要招募打击“两非”行为的志愿者和信息员，发挥他们对医疗机构和个体诊所从事“两非”行为监督的作用。

三、健全包保责任制。各街乡、社区村要开展孕情全程跟踪服务，建立包保责任制。对符合生育政策的二孩以上孕妇，实行名单化管理，落实孕情全程服务包保责任人，并将孕妇及包保责任人员的名单报区人口计生委备案。

对有孕情无故消失的街乡，每无故消失1例，从区人口计生事业费拨付给其工作经费中扣减1万元；无故消失达到3例将给予黄牌警告；无故消失达到4例将取消人口计生评奖资格；无故消失达到5例以上即实行人口计生“一票否决”，其街乡主要负责人和相关责任人三年不调动、不评先、不提拔。

坚决杜绝非医学需要大月份引产。辖区医疗机构因急诊处置引产手术需在24小时内通报区人口计生委；出现因工作方法不当造成计划生育恶性案件坚决实行“一票否决”。

四、实行名单化管理。建立“两非”行为人“黑名单”和“灰名单”制度。卫生、食品药监部门对查实从事“两非”行为的机构和人员，一律实行“黑名单”管理，永远在洪山区范围内禁止其再从事计划生育手术、妇产和药品销售工作。对有“两非”行为的嫌疑人，一律实行“灰名单”管理，对其实行跟踪监管。

五、建立承诺及监察机制。实行不从事“两非”行为承诺制。卫生部门与医疗保健机构，人口计生部门与人口计生技术服务机构；医疗保健机构、人口计生技术服务机构与医务人员、人口计生技术服务人员、B超工作人员，签订不从事“两非”行为的承诺书。卫生、人口计生部门要建立从事B超诊断人员、引产资质人员的档案，包括B超诊断人员的相片、影像学执业证复印件、工作电话、从业地址等。

在查处“两非”行为时，执法人员要廉洁自律，依法办案。对为医疗保健机构、药品销售企业和药店提供“保护伞”、通风报信、纵容实施“两非”的情况，纪检监察部门要从重处理。

六、健全案件处理机制。对“两非”案件线索，要坚决一查到底。在查处“两非”案件时，人口计生法律法规和卫生法律法规均有明确处罚规定，适用处罚较重的法律条款，一律取其上限条款予以处理。

依法规范便捷的行政案件向刑事案件移交工作流程，健全案件会商制度。各行政执法机关和司法机关在查处“两非”案件时，依法做到从严、从重、快办、快处、快结。

对“两非”案件的当事人、所在单位主要负责人和直接责任人，要坚决依法依规处理到位，该开除或解聘的，要坚决予以开除、解聘；该撤职的，要坚决予以撤职；该吊销执业证书的，要坚决予以吊销；对公立医疗保健机构、人口计生技术服务机构发生“两非”案件，一律给予单位主要负责人撤职处分。

七、建立联合执法机制。对“两非”案件检查和执法，既要严格保密，又要处置迅速。相关部门和单位在接到“两非”案源线索调查通报后，要快速组织人员，按要求在第一时间到达指定位置，并开展工作。人员一次不到位，对相关责任单位进行黄牌警告；两次不到位，实施“一票否决”；贻误时机造成严重后果，追究当事人及相关负责人的责任。

八、强化宣传机制。辖区各医疗保健机构、人口计生技术服务机构、终止妊娠药品生产和销售企业及药店，应在醒目处张贴“两非”禁止标识和相关制度，张贴有奖举报电话。

建立“两非”典型案件通报制度。所有“两非”案件，由案件处罚部门在全区范围内通报，并在全区综合治理出生人口性别比会议上点名通报。

各街乡、社区村应利用户外宣传栏、室内学习培训场所、网络媒体和群众性活动等，广泛宣传综合治理出生人口性别比的重大意义，剖析“两非”行为对社会的严重危害性，传播科学文明进步的婚育观念，倡导新型家庭人口文化，形成关注出生人口性别比综合治理工作的浓厚舆论氛围和“两非”整治声势。

九、建立约谈诫勉机制。建立“两非”预警约谈制度。洪山区政府每年两次召集医疗保健机构、人口计生技术服务机构、终止妊娠药品生产销售企业的法定代表人进行集体预警谈话；卫生、食品药监、人口计生等部门联合每年召集医疗保健机构、人口计生技术服务机构、终止妊娠药品生产销售企业的负责人和相关人员进行一次法律法规、制度规范和职业道德的培训；对“两非”行为高发区域的医疗保健机构、人口计生技术服务机构、终止妊娠药品生产销售企业的负责人和相关人员进行每年不少于四次的集体预警谈话。

对出生人口性别比近三年严重偏离正常值、监管制度落实不到位、二孩及以上妊娠对象孕情上报及时率低、孕情无故消失，以及对辖区医疗机构和终止妊娠药品销售企业配合监督不力、查处配合不力、核实的举报“两非”案件和区外移交“两非”案件多的街乡，由区委、区政府分管人口计生的领导约谈其街乡党政主要负责人；造成严重后果的，由区纪委、监察局对街乡主要负责人进行诫勉谈话。对“两非”行为监管不力、“两非”案件查处或履职不到位、在核实的“两非”案件中信访举报多和外地“两非”案源移交多的相关主管部门，由区委、区政府分管人口计生的领导约谈其主要负责人；造成严重后果的，由区纪委、监察局对其主要负责人进行诫勉谈话。

十、完善利益导向机制。认真落实法律法规规定的计划生育奖励政策。深入开展计划生育群众自治，制定落实独生子女户和双女户的优先优惠政策。在城中村改造实施过程中，坚持同等优先的原则，在房屋安置、股权分配等方面向计划生育女孩户倾斜。设立区关爱女孩资金30万元。在中小学开展阳光女孩助学行动，每年助学100名阳光女孩，每人给予1 000元助学金；开展“感动洪山十佳女孩”评选表彰活动，每人给予2 000元的奖励；提升独女户和双女户家庭发展能力，每年帮扶10户，给予每户项目扶持金2 000元；实施计划生育特殊困难家庭立即关怀制度，对独生子女特殊困难家庭上门慰问；家庭对独生子女、双女户困难家庭实施关爱行动，每年元旦春节期间慰问100户，每户慰问500元。

第23期

●求真、求实、求准、求同心

——武汉市、黄冈市“两非”案件查处工作区域协作座谈会成功召开

●武汉市开展联合巡查行动　掀起打击“两非”夏季行动

求真、求实、求准、求同心
——武汉市、黄冈市“两非”案件查处工作区域协作座谈会成功召开

7月19日，武汉市、黄冈市“两非”案件查处工作区域协作座谈会在新洲区阳逻开发区召开。省人口计生委副主任刘望清出席会议并讲话。会上，新洲区政府分管领导蔡怀春、黄冈市人口计生委主任涂新年、武汉市人口计生委主任李丹芳先后发表了热情洋溢的讲话。新洲区人口计生委与麻城市、团风县、红安县人口计生局分别签定了《查处“两非”案件区域协作协议书》。武汉市人口计生委副主任王怀卓主持了本次会议。

武汉市人口计生委主任李丹芳就武汉、黄冈两市开展区域合作表示：一是认识要提高。将综合治理出生人口性别比作为统筹解决人口问题的重要任务。二是态度要坚决。对周边交办的案件不推诿、不埋怨、不非议。三是措施要得力。建立联席会议制度、及时沟通制度。四是配合要同心。做到同心同德、真心真意。五是处罚要到位。严格按照标准处理到位。通过

区域合作查处“两非”，真正做到求真、求实、求准、资源共享。

省人口计生委副主任刘望清充分肯定了武汉市、黄冈市打击“两非”的做法和成功经验，并就两市开展查处“两非”区域协作提出了三点要求：第一，要认真履行协作协议。签了协议关键是抓落实，要互相信任、理解，支持，认真履行协议书职责，对移交的案件，要依法依规严厉查处到位。第二，要不断完善协作机制。要明确领导和分管人员，要有多种联系方式、信息交换方式。要摸索出适合查处“两非”案件工作特点的区域协作机制，要有配套的工作制度和措施。建立不定期、经常化管理机制，最终达到常态管理。第三，要务求取得协作实效。这次签订协议书的4个县市区，都是出生人口性别比严重偏高的地区，四个县市区签订的工作协议时间为5年，希望对照协议做到持之以恒，常抓不懈。要通过我们的努力工作，真正起到加强信息交流、查处一批案件、积累丰富经验的作用，加大综合治理出生人口性别比工作力度，为促进两市乃至全省出生人口性别比逐步趋向平衡作出新的贡献。

武汉市开展联合巡查行动
掀起打击“两非”夏季行动

为深入贯彻落实全省综合治理出生人口性别比工作约谈会议精神，根据《武汉市集中整治“两非”专项行动实施方案》（武人计字办〔2012〕5号）要求，市出生人口性别比专项治理领导小组办公室决定在今年7～9月开展打击“两非”专项巡查行动。

7月20日，盛夏初伏第三天，烈日当头。市卫生局、市食品药品监管局、市公安局、市人口计生委联合组织了打击“两非”巡查督办组，49名执法人员分两组对江岸区的百步亭、后湖、塔子湖街一带的医疗机构、个体诊所、零售药店进行了突击式联合巡查行动。由此拉开了2012年武汉市打击“两非”专项巡查行动的序幕。

在当日的行动中，联合巡查督办组共巡查个体诊所11家，药品零售企业6家，民营医疗机构两家。经查对药品零售企业柜台销售药品和购进票据，均未发现违规销售终止妊娠药品的情况。对武汉黄浦中西医结合医院从湖北九州通等药品批发企业购进“乳酸依沙吖啶注射液”、“米非司酮”等终止妊娠药品的明细情况进行了调查摸底，通过逐笔核对购进票据、入库验收记录、使用情况和库存情况，未发现终止妊娠药品流失，未发现销售“两非”药品和违规行医。在后湖街淌湖村现场查获并处理一家无证个体医疗诊所，收缴药品四箱，18 种药品主要为抗病毒和消炎药品。在对诚信综合门诊部的突击检查过程中，发现该门诊部曾实施“两非”行为，巡查组当即责成江岸区卫生局、区人口计生委抓紧严处，吊销其执业证书，市巡查组将跟踪督办查处结果。

第 24 期

●全市各区人口计生工作开展情况综述专辑（三）

全市各区人口计生工作开展情况综述专辑（三）

编者按：今年以来，全市各区党委、政府和人口计生部门高度重视人口计生工作，坚持按照“抓重点、攻难点、补弱点、扫盲点、展亮点”的工作思路，科学部署，强化措施，狠抓落实。为加强工作交流，促进各区人口计生工作均衡发展，现将各区好的做法予以刊发，供学习借鉴。

全市流动人口计划生育服务管理工作情况

今年以来，全市各区党委、政府高度重视流动人口计划生育服务管理工作，坚持实行目标管理责任制，层层签订目标责任状，确保人、财、物到位。目前，各区主要指标基本接近或完成目标值，但全市整体水平推进不平衡，还存在一些薄弱环节，形势依然严峻。

一、元旦春节强力推进“暖在江城”服务管理活动。全市在元旦、春节期间，继续开展了“暖在江城”流动人口计划生育服务管理活动。各区按照市里统一部署“六送六进”、“六访六问”、“六清六实”的工作要求，开展了不同形式的服务管理活动。省、市人口计生委、汉阳区委、区政府共同举办了“国策伴你行、情暖农民工”心连心迎春慰问活动。江夏区举办了“情暖江夏，营建流动人口温馨家园”活动，前来参与活动的群众达 7 000 余人。蔡甸区举办了“关爱流动人口、计生送温暖、服务进社区”活动。并对按要求办理《婚育证明》的流入人口，给予了车费补贴，发放独生子女保健费，对 4 户困难家庭发放了慰问金。东西湖区长青街对返乡的 53 户流出独生子女家庭，上门落实了独生子女保健费；对符合中、高考加分的学生，趁其父母返乡之时，主动通知并收集材料，让他们安心工作学习。黄陂区三里镇，由党委班子成员及计生专干对流动人口特困户实行“一对一”帮扶。区人口计生委对李家集街舍己救人英雄、在深圳打工的汪述恩的家人进行了慰问，送去了计生部门的关爱。

据统计，全市2012年元旦、春节期间共登记流动育龄妇女390 039人，生殖健康检查252 229人，登记孕妇3 588人，流动人口重点对象信息更新异动数54 309条，发放婚育证明催办通知书70 241人，补验证数34 440本，补办和更换婚育证明14 616本，签订计划生育合同34 102份，出租户合同67 447份，发放各类宣传品44余万份，避孕药具244 882盒，上门服务95 813户，慰问计生家庭6 286户，扶助款、慰问金近197万元。为全年工作打下了牢固的基础。

二、围绕目标继续开展“双优”活动，迎来服务管理“第二春”。各区继续开展了“双优”活动。江汉区定期通报工作动态，每天在QQ群中提醒各街录入进度，与唐家墩街工商所、区人力资源社保局和社区干部对辖区内的华南海鲜市场、华南眼镜批发等市场进行全面摸底。硚口区于2月下旬至4月初组织专班对全区11条街道进行流动人口计生服务管理工作暗访。对采取长效节育的流动人口实行奖励政策，上环奖励50元，绝育奖励200元。武昌区为14条街配发电脑，指定专人负责流动人口信息录入工作。汉阳区为8 986名流动人口已婚育龄妇女提供免费生殖健康检查，组织229名婴幼儿和124名孕妇参加早教知识、围产期保健知识讲座，同时为流动育龄妇女代办《婚育证明》610本。洪山区人口计生委领导班子成员带领各科室干部分头下到街乡督导，监测流动人口清理清查工作进度，召开专题会议通报督查情况，直接点名排序。他们还坚持了对接平台和全员信息系统日常监测，保证日登录制度的落实，保证反馈信息日结零，确保流动人口全员信息缺失值每日清零，保证每日全员流动人口有增加、有异动，在网上为流入人口异地办理一孩生育服务证17例。东西湖区对流入人口纯女户家庭女孩及低保计生家庭读高中的子女实行货币补贴。汉南区对城乡结合部、集贸市场、新建小区、工业园区进行重点清查，区建设局对40多个在建工地的流动人口进行了登记造册，湘口街、东荆街对两个移民点的流出人员进行了认真清理。蔡甸区采取召开座谈会、家访等形式访问流动人口家庭，上门1 430家，全区慰问计生困难户、独生子户、双妇结扎户、特别扶助户、困难家庭512户，金额152 400元。江夏区加强对纸坊街、庙山、藏龙岛、大桥新区等几个流入人口较多的地区所辖的小区、学校、单位、厂区、工地、市场、出租屋，特别是城乡结合部流动人口的清理清查。黄陂区组织338名流动人口参加婴幼儿早教活动，550名孕妇参加知识讲座，组织8 563人参加生殖健康检查。东湖高新区关东街组织技能培训，结业后有75名育龄妇女与流芳富士康工业园、庙山武船等单位签订了用工协议。安排专人对56个楼盘、小区的流动人口重点对象进行信息核实，落实“以房管人”机制。东湖风景区举办了4期培训班，对计生专干和中心户长200余人进行了培训。化工区八吉府街对11个村的出租屋进行了清理清查。

今年“双优”活动第一阶段新增登记上报全员流入人口16 175人，增幅为2.41%；新增录入全员流入人口数57 689人，增幅为10.44%；全市跨省提交信息平台为96.2%。在本地“三查”88 571人；实施婴幼儿早教3 511人，参加知识讲座2 985人，送药具进工地数658个，建跨省流动人口协会74个，发放宣传资料211 219份，代办流动人口婚育证明10 589本。全市新增登记流出人口4 716人，增加录入2 787人。应提交信息交流36 733人，已提交11 754人，提交率为32%。

三、广泛开展区域协作，切实形成服务管理一盘棋。各区积极拓展区域协作空间和层面，深入推进两地协作，流动人口计划生育区域协作向更广更深层面推进。1月10日和13日，市及青山、汉阳两区人口计生委分别赴孝感市云梦县沙河乡、鄂州市梁子湖区沼山镇开展流动人口计划生育双边协作交流活动，并走访慰问了两个乡镇20多户流动人口家庭。洪山区注重发挥非政府组织作用，携手黄冈市、黄石市、新洲区人口计生委在民办东升学校举办了“关爱流动花朵，创建幸福家庭”活动，创建了“青少年健康人格教育基地”，启动了助学工程。硚口区进一步密切了与周边地区的计生协作，邀请仙桃、天门、潜江、孝感等地人口计生委负责人召开了流动人口计划生育双边协作联席会，签订了双边协议。致力于推进流动人口计生服务管理三级平台建设。一是构建本地政府与外来流动人口的沟通平台，以满足不同流动人口群体的计生服务需求；二是搭建流动人口双边联管的信息互通平台，协助完善流动人口基础信息数据库建设；三是创建流动人口自治互助的平台，即自我教育、自我管理、自我服务、自我监督，自觉实行计划生育。江岸区利用元旦、春节给省内外有关县、市、区计生部门邮寄贺年卡的同时，一并向250多个单位寄去了流动人口双边联管协议书，有力加强了协作力度。黄陂区加强对跨省流出人口计划生育服务管理，与宁夏银川市金凤区密切协作，在银川市金凤区成立了“武汉市黄陂区驻宁夏华扬劳务公司流动人口计划生育协会”，开启了双边协作的新篇章。

四、强化求实意识，着力突破重难点工作。千方百计稳定低生育水平，全面推进流动人口计划生育服务管理，是人口与计划生育工作长期而艰巨的任务。各区人口计生部门紧紧围绕人口和计划生育工作目标，不断探索解决流动人口重、难点问题的措施，作出了进一步努力。江岸区塔子湖街规范出租屋和流动人口计划生育服务管理，向出租户主免费赠送制作的《家庭房屋出租登记簿》，印制了人口计生政策法规内容，以及承租户信息登记、房租及水电缴费记载、房屋出租协议书等栏目。东西湖区根据地域特点，按照“强西、兴东、促中”的工作思路和“均衡发展、协调共进、和谐计生、质量提升”的工作理念，将城乡结合部、插花地段，将“以房管人”的工作进一步具体化，探索外来流动人口“客栈管理服务”模式。长青街二雅社区、合兴里社区将“公安管户头，城管管房头，计生管人头，工商管摊头”融为一体，让外来人口“来得了，住得稳，管得住”，努力实现“联合、联手、共治、共享”的工作机制。黄陂区针对汉口北市场群流动人口计生管理上凸显出的“信息掌握难、服务管理难、区域协作难”等问题，通过加强计生队伍建设，建立流动人口服务管理体系；加强信息平台建设，建立信息互动交流体系；加强计生协会建设，建立自治组织网络体系；逐步探索出了大型商贸物流区流动人口计生工作管理新机制。新洲区 1 月 13 日即开始了春季人口计生行动，重点围绕流动人口“孕环情监测”、补救、社会抚养费征收等，实行日进度制，严把“五关”加强流动人口管理。一是底数关。全面清理清查流到武汉市中心城区和跨省的流动人口，摸清底数、掌握情况。二是地址关。对流出育龄妇女必须有一个现居住详细地址。三是电话关。每个流动人口家庭要有一个电话能接通。四是合同关。每名流动人口重点对象要与村签订一份计划生育合同。五是信息关。充分利用流动人口对接平台信息，加强流动人口信息协查反馈工作。汉南区实行计生办工作人员包村（社区）责任制，督导村、社区干部、信息员、中心户长，进行逐户、逐人进行走访登记。重点对城乡结合部、集贸市场、新建小区、工业园区进行重点清查。东荆街对碧桂园的管理人员、已进驻的流动人口和项目在建的农民工进行了核查。

五、统筹协调，加强部门配合，进一步加大齐抓共管力度。各区人口计生委会同区直相关部门进一步加强了协调配合，在流动人口计划生育目标管理责任制的履行、信息采集工作的全面推进、优秀农民工评选、优秀进城务工青年评选、基本公共服务均等化等方面，与相关部门同商讨共谋划齐推进，确保了流动人口计划生育服务管理的健康开展。2 月上旬，青山区人口计生委参与全区“两实”检查工作，抽查了 95 个社区（村）282 名流动人口，将公安“两实”信息与计生信息进行了逐一比对，进一步促进了流动人口信息管理工作。与公安、工商、劳动、卫生、房管、交通、商旅、建管等相关部门实行信息资源共享，在人口信息采集、校验、应用等环节互联互通的同时，成立“企业联席会”、“市场联席会”、“医院联席会”，定期召开联席会成员单位信息通报会，收集、交流、反馈流动人口相关信息。洪山区人口计生委 3 月份组织人力资源、工商、卫生、交通等人员一起对鲁磨路“一条街”的 15 家酒店及 3 家美容、2 家 KTV 活动场所的流动人口进行集中清理，收到很好的效果。汉阳区注重与公安部门的配合，在出租屋管理上相互补台，以二桥街十里社区为试点，探索将出租屋业主在流动人口计划生育信息通报及相关事务上的表现纳入出租屋“星级评定”机制，规范出租屋流动人口计划生育服务管理。汉南区赴十堰市郧阳县就移民工作进行了联系，对移民基础信息清理、通报、委托办证服务、生殖健康服务、避孕节育措施的落实、政策外怀孕补救及社会抚养费征收等工作进行了协商，并签订了共管协议。东荆街为居住在碧桂园的流动人口主动联系原籍地计生部门，为其办理生育服务证。

六、进一步拓展基本公共服务均等化工作。今年全市进一步拓展了流动人口计划生育服务管理内容，各区在服务的层次和内涵上进一步深化。青山区出台流动人口独女户和双女节育户女孩中考、高考助学奖励政策，规定：对流入该区的农村户籍流动人口独女户、双女节育户女孩，参加中考并被省级示范高中录取，参加高考并被一类、二类本科大学录取的，分别给予1 000 ~2 000 元的助学奖励。江岸区出台了关于对流动人口独女户家庭小孩入托优待实施意见，对在辖区内上幼儿园的流入人口独女户家庭每户每年给予200 元入托费资助。武昌区在徐家棚街举办了“学习雷锋无私服务”活动，邀请湖北省武警医院泌尿外科医学博士在滨江商务区绿地建筑工地开展男性生殖健康知识讲座。汉阳区琴断口街加大流动人口计划生育宣传服务阵地建设，精心设计打造一流的宣传服务及活动场所，优化市场与社区流动人口计划生育服务管理的协作配合，强力推进了共驻共建。江夏区舒安乡将2012 年确定为“关爱留守儿童活动年”。深入开展了以“关爱留守雏鹰，携手展翅高飞”为主题的“关爱留守儿童”活动。投入资金6.8 万元，整合社会资源。打造留守儿童“亲情屋”，配备了电脑、数码相机等相关设备，开通了亲情热线电话，使留守儿童通过互联网和亲情电话能定期与远在异乡务工的父母进行情感交流；动员乡村两级计生专干、优秀教师和社会志愿者与留守儿童结对，做留守儿童的“爱心妈妈”，着力解决留守儿童生活失助、学习失教、心理失衡、亲情失落等方面的问题，切实解决了外出务工的流动育龄夫妻对孩子日常生活和管理教育的后顾之忧，取得了良好的社会效果。汉南区为近300户流入人口办理医保，享受常住人口医疗报销待遇。

七、加大信息化建设力度，努力提高数据质量和工作效率。一是全市配发205台流动人口专用笔记本电脑到各区流管科(站)、街计生科，做到离线录入提交反馈，对区街两级业务人员进行了两期业务培训，各区将目标层层分解到基层，层层分解指标数。信息录入、提交、反馈工作定岗到人；二是加信息监督，实行网上跟踪，实名上网查询等方法，及时准确掌握目标完成进度。每周在流管 QQ 群上发布信息，对各区排名，工作落后的单位，分级上门“开小灶”，帮助寻找原因，现场指导，研究对策，限期整改，做到不留人情面子，实行“抓两头，促中间”整体推进，平衡发展。截至目前，登记录入数同比增长10%以上的区有江岸区、汉阳区、洪山区等区，各区有效联系率均达90%以上。

各区在开展流动人口计划生育服务管理过程中，还存在以下几方面问题：一是流入人口漏管现象仍然比较突出，登记录入的总数与公安比对仍然有较大差距；二是政策符合率低，出生人口性别比偏高；三是城乡结合部、移民还建、城中村改造、大型集贸市场、企业流动人口集中的地方、大专院校毕业生、空挂户、外嫁女等重难点地区，服务管理不到位；四是街、社区人员变动频繁、业务人员业务不熟、数据质量差不能满足信息平台的要求。

第25期

●全市各区人口计生工作开展情况综述专辑（四）

全市各区人口计生工作开展情况综述专辑（四）

编者按：今年以来，全市各区党委、政府和人口计生部门高度重视人口计生工作，坚持按照“抓重点、攻难点、补弱点、扫盲点、展亮点”的工作思路，科学部署，强化措施，狠抓落实。为加强工作交流，促进各区人口计生工作均衡发展，现将各区好的做法予以刊发，供学习借鉴。

突出重点　狠抓落实
全市各区计生协工作扎实推进

今年以来，全市各级计生协认真贯彻落实中国计生协七届二次理事会、湖北省计生协五代会和全市人口计生工作会议精神，围绕2012年人口计生（计生协）责任目标，突出重点，狠抓落实，为全市人口计生工作保持良好发展态势作出了积极贡献。

江岸区：一抓人口计生基层群众自治工作。拟定大智街泰宁社区、二七街操场社区创建人口计生基层群众示范社区。二抓流动人口计生协组建工作。建立“区域合作、双向服务”工作网络，逐步形成流动人口“流动有序、异地有家、管理有章、服务有位”的工作模式，上半年已经成立了两个市场流动人口计划生育协会。三抓计划生育家庭意外伤害保险工作。与平安养老保险公司合作，开展了计划生育家庭意外伤害保险培训工作。四抓计划生育家庭致富发展示范户创建工作。积极总结推广计划生育家庭致富发展的典型经验，促进计划生育家庭致富发展。

江汉区：一是深化人口计生基层群众自治。人口计生基层群众自治合格社区创建比例达到88%。二是健全生育关怀长效机制。参加计划生育家庭意外伤害保险户数（户）达到7 402户。三是扩大流动人口计生协工作覆盖面。新建流动人口计生协3个。四是提高家庭发展能力。创建“致富发展”示范户10户。五是推进创建幸福家庭活动。按照武汉市实施“12·300乐福家”行动计划的要求，制定和实施“新时代社区”、“新概念家庭”人口文化发展计划和“创建幸福家庭活动规划”。

硚口区：一是推进人口计生基层群众自治。人口计生基层群众自治合格社区（村）创建比例达85%，汉水桥街营南社区、宝丰街3 506社区、汉正街全新社区做好创建全国、省、市示范社区验收达标工作。二是健全生育关怀长效机制，做好计划生育家庭意外伤害保险工作。已召开专题工作会并对全区各街道计生协工作人员进行培训，本月将全额完成此项目标。三是扩大流动人口计生协工作覆盖面。已经成立古田街陈家墩社区流动人口计生协，韩家墩街、汉正街的流动人口计生协正在筹建中。四是提高家庭发展能力。正在组织开展“致富发展”示范户创建工作。五是开展特扶家庭认亲结对活动。已下发活动方案，确保每个计生特殊家庭有一个结对的志愿者，8月底将形成一套完整的资料。

汉阳区：一是征集基层群众自治百村（居）示范活动典型案例12例。通过宣传典型，弘扬先进，为全面做好基层群众自治工作打下良好基础，现全区计划生育基层群众自治合格社区（村）创建比例达100%。二是征集书画、摄影、剪纸作品参加中国计生协评选展览活动。群众积极参与，共收集摄影作品26幅，书画、剪纸作品13幅，作品有思想性、有艺术性、有观赏性。三是开展“救助贫困母亲四季行动”。对全区实行计划生育的独生子女或双女家庭进行摸底登记工作，上半年已经救助贫困母亲20人，为每人送去1 000元慰问金。四是落实基层计生协群众文艺宣传队伍的登记、整建工作。区计生协已完成登记并上报市计生协群众文艺宣传队10支。五是开展“5·29全国会员集中活动日”活动。今年结合“母亲节”和“5·15国际家庭日”，积极开展慰问困难母亲、计生困难家庭和特殊家庭一系列活动。六是开展计划生育家庭意外伤害保险工作。领导高度重视，以保障特困计生家庭为重点，联合保险公司做好沟通工作，及时上门送达保单和宣传资料，发放《汉阳区计划生育保险服务告知书》，随时随地热心解答各种疑惑，让计生家庭满意。全区意外伤害保险目标6 273份，截至目前完成5 405份，完成目标86%。

武昌区：一是领导重视、认识到位。区政府每年与相关部门及街道签订目标责任书，分管区长每年对计划生育工作进行调研，不定期召开街道及部门分管领导调度会，人口计生委领导班子针对上年工作目标完成情况及新一年省市目标进行研究，组织目标执行科室进行讨论，对目标完成中出现的问题及可能影响到目标完成的因素进行分析，根据目标完成情况召开街道分管领导及科长工作会，通报目标完成进度。二是责任到人，部署到位。领导班子将协会目标落实到科室，具体到责任人，主要领导负总责，分管联系协会的领导具体抓、秘书长为目标责任人。各目标科室分工合作，工作与目标相结合，在流动人口较多的地方，协会指导街道，督促其成立流动人口协会，经济状况较差的街道，督促其开展提高家庭能力创建“致富发展”示范户工作，计划生育家庭意外伤害保险与创建幸福家庭结合起来，把目标下达到有关街道，确保目标完成。三是奖罚严明，落实到位。各街根据区计生协所下达的目标进行落实，区计生协不定期对目标完成情况进行督促检查，一起探讨目标完成中所出现的问题。年终考核验收，对完成目标好的街道进行奖励，没有完成的街道不达标，保证目标完成落实到位。

青山区：一是抓好幸福家庭创建工作。依托全区“新青山新人家”家庭发展计划，打造人口文化园 1 个，人口文化长廊 1 处，在市场、企业、社区建立人口文化活动空间 7 个。开展了幸福家庭评比表彰活动，表彰命名幸福家庭 7 500 余户，其中发展致富家庭 10 户。二是抓好计生协会组织建设。新建流动人口协会和企业计生协会 5 个，新增流动人口会员 800 余名。三是抓好计生家庭意外伤害保险工作。分三批为全区低保家庭、独生子女伤残死亡家庭、计生干部家庭办理保险5 609份，投入资金 16.8 万余元。四是抓诚信计生及居民自治创建工作。围绕争创全省“诚信计生”示范区工作，制定了工作方案，召开了全区动员会，指导基层街道和社区对照居民自治合格社区、示范社区及诚信计生示范社区标准推进各项工作，创建居民自治合格社区达 85%，示范社区 1 个。五是建立“生育关怀”长效机制。出台流动人口中独生女及双女家庭中高考助学奖励政策：在我区就读考取省示范高中、二本以上高校的分别奖励 1 000 元、2 000元。对计划生育特殊困难家庭一年开展两至三次慰问（春节、端午、中秋）。继续开展慰问基层计生干部“夏季送清凉、冬季送温暖”活动（街道、社区计生干部、中心户长、企业计生干部 1 400 余人，投入近 20 万元）。六是开展纪念“5·29”系列活动。评比表彰“十佳百优”中心户长（共 110 名），召开座谈交流会并颁发荣誉证书及奖品。七是提高计生协会信息报送质量。据统计省市计生政务平台及各级新闻媒体采用我区计生协会活动信息 30 余篇。

洪山区：一是充实计生协队伍。辖区高校建立了专业涵盖心理学、教育学、医学、绘画、书法的人口和计划生育专家库和志愿者队伍。二是为特殊家庭开展多种活动。组织华中师范大学心理学教授为辖区特殊家庭开展心理辅导。三是积极开展计划生育家庭意外伤害保险工作。截至目前，全区共投保 8 821 户。四是部分街道开展了青春健康进校园活动。五是开展了

"国际家庭日"活动。慰问了10户贫困母亲，结合创建幸福家庭活动，在全区开展幸福快车进社区活动。六是新建了流动人口协会。出台了《关于进一步抓好流动人口计划生育协会工作的意见》，规范了相应的流程、资料等。目前，已新建5个流动人口计生协。

东西湖区：一是成立了将军路金银角市场流动人口计生协。市场内经营户、会员代表、居民代表、特邀代表共50余人参加。会上宣读了《流动人口计生协会章程》、《群众自治诚信公约》，选举产生了计生协理事会人员21名。成立金银角市场流动人口计生协是市场流动人口管理与服务的需求，通过计生协创造性地开展工作，金银角市场人口和计生工作将会有更长足的进步，金银角市场生意也会越来越红火。二是区计生协举办培训班，全面启动计划生育家庭意外伤害保险工作。要求各级计生协宣传到位、投入到位、责任到位，确保活动的正常运转，使每个计生家庭都能受惠。各级计生协与保险公司始终保持紧密联系，通力协作，认真做好宣传、倡导工作，及时向保险公司提供计划生育家庭的相关信息、需求，遇到疑难问题及时反馈。保险公司也及时为计划生育家庭投保提供便捷优质的服务。目前，已完成目标80%以上，在9月前能顺利完成市下达的工作目标。

汉南区：一是着力做好人口计生基层群众自治示范村（居）、合格村（居）创建工作。按照文件要求，广泛动员，组织广大育龄群众积极参与，每个街创建80%以上的示范村、20%的合格村，每个街创建2个示范会员之家。同时，今年将"5·29全国会员集中活动日"融入开展幸福家庭的创建活动中，深入开展"百、千、万"创建活动。二是建立和开展流动人口计划生育协会工作。制发了《武汉市汉南区计划生育协会关于在流动人口集中的社区、企业、集贸市场加强计划生育协会建设的实施意见》，在流动人口较大的私营企业集中区域组建流动人口计生协并开展有关工作。三是扎实开展"生育关怀——艳阳天"活动。开展生育关怀女性健康，提高生活生命质量。在纱帽街、邓南街组织开展了生育关怀女性生殖健康知识讲座活动，向广大育龄妇女宣传普及生殖健康知识，倡导女性文明健康生活。现场气氛十分活跃，参加听课的育龄妇女人数达200余人。在端午节期间，慰问计划生育特殊困难家庭26户，慰问金共32 000元。四是做好计生家庭意外伤害保险工作。今年我区参保指标1 500户，各街在确保去年的基数上有所增加，力争完成目标值。五是建立青春健康教育基地。区计生协和区教育局与辖区国土资源职业技术学院进行了沟通，于7月9日前往武汉市铁路职业技术学院进行了学习，青春健康教育基地整体工作已筹备完毕。各街已在辖区中学开展了一些青春健康教育活动。

蔡甸区：以创建幸福家庭为落脚点，充分发挥各级计生协作用，突出"三抓三促"，即抓基础，促目标；抓管理，促规范；抓创新，促发展。在目标的部署上求早、标准上求严、措施上求实、思路上求新，确保2012年计生协工作的顺利开展，为实现全年目标奠定了基础，我们作法是：一是突出一个“早”字，切实做好今年工作部署。①工作思路早谋划；②工作重点早安排；③工作目标早分解。我们根据市计生协2012年计生协工作要点和市人口计生委签订的绩效指标责任书，在广泛征求各级计生协意见的基础上将全年工作目标及时分解到各街乡镇（园区）计生协，下发了蔡甸区2012年计划生育协会工作要点和工作要求，召开了各街乡镇（园区）计生办主任、协会秘书长会议，专题部署责任落实到人。二是突出一个“严”字，着力强化目标管理工作。根据市人口计生委、市计生协目标管理的新方法、新要求，我们严格考评细则，结合工作实际，对街乡镇（园区）计生部门线绩效指标按刚性指标、重点指标、特色指标，三大类指标，量化具体分值分解到各街乡镇（园区）实行跟踪管理，严格督查督导，建立“六个一”的目标监控机制，即“一日一清查、一周一统计、一月一通报、一季一暗查、半年一考评、年终一考核”，确保经常性的工作落实到实处。三是突出一个实字，确保目标任务落实到实处。①计划生育家庭意外伤害保险目标任务4 286人，到目前为止以完成3 086人，占目标任务72%，下欠28%。②计划生育基层群众自治全区317个村，到目前为止创建269个合格村（社区），合格率为85%。③创建百村示范村（社区）目标2个，到目前为止创建5个，超额完成目标。④提高家庭发展能力，创建“致富发展”示范户目标8个，已创建8户，完成了目标。⑤新建流动人口计生协目标1个，已建立1个，完成了项目。⑥建设具有农村特色的“十好幸福家庭示范户”目标8个，目前已建立8户，此项目已完成。⑦提高家庭发展能力示范基地和企业就业示范基地目标4个，已建3个，占目标75%，下欠1个。

江夏区：按照年初市计生委下达的43项部门绩效目标任务，区人口计生委及时召开工作例会，对每一项目标进行专题讨论分解到各科室，各科室又将目标细化到乡镇街，由各乡镇街分管计生领导签订目标责任书。具体执行情况如下：一是人口计生基层群众自治合格村（居）和示范村（居）的创建。各乡镇街必须完成合格村创建率达85%，建立一个示范村，区人口计生委、计生协进行考核择优上报。二是流动人口计生协会的创建。对流出和流入人口较多的乡镇街下达创建目标。三是计划生育家庭意外保险的落实。按各乡镇街总人口数进行分解，经济状况好的地方由当地政府出资，统一为计划生育家庭购买，作为生育关怀工作之一；经济条件欠缺的由政府和个人共同出资。四是特色目标和致富示范户的创建。由各乡镇街上报在当地有影响力的致富计生家庭。

黄陂区：一是加强人口计生基层群众自治。已经对19个街乡镇场进行验收，基层群众自治合格村达到85%以上，目前有16个村符合基层群众自治示范村的条件，将选取1个上报市计生协。二是推进计划生育家庭意外伤害保险。生育关怀意外伤害保险目标是9 121户，挑战值是9 391人，我们完成了4 719户，离挑战值差4 672人。三是加强流动人口计生协组织网络建设。已新建两个流动人口计生协，一个是武汉市黄陂区驻银川市华扬劳务工程有限公司流动人口计生协，一个是黄陂区前川街潘家田社区流动人口计生协。下一步准备在木兰乡及新疆成立黄陂商贸流动人口计生协。四是创建计划生育家庭致富发展示范户。在全区19个街乡镇场共扶植19个计划生育家庭致富发展示范户。在六指街和大谭办事处建立了计划生育家庭致富发展基地，目前正在进行完善，准备挂牌。

新洲区：一是创新中心户长管理模式。今年2月9日出台了关于对全区计生协会中心户长进行民主改选的方案：①全区由原来6 230名中心户长精简至2 000名；②劳动报酬由每年每人120元提高到800元；③实行民主选配；④选后加大中心户长的培训力度。区人口计生委、区计生协在潘塘街金寨村、凤凰镇石骨山村进行试点，为选出的中心户长颁发了当选证，由村居委会给当选的中心户长现场签订计划生育责任书，目前，全区中心户长改选工作全面完成。二是创建计划生育基层群众自治合格村（社区）和“百村示范”村（社区）。对全区各街镇下发几个文件：①关于深入开展创建计划生育村（居）民自治、合格村（社区）大队示范村的通知；②关于深入开展人口和计划生育基层群众自治五十村（居）示范活动的通知；③关于2012年度计划生育村（居）民自治合格村（社区）示范村（社区）开展创建活动情况进行验收的通知；④关于2012年创建计划生育村（居）民自治合格村（社区）示范村（社区）给予取消的通报；⑤关于命名2012年度全区计划生育村（居）民自治合格村（社区）示范村（社区）的通报；⑥关于对2012年度计划生育村（居）民自治合格村（社区）开展创建活动情况进行验收的通知。召开了全区专题工作会议，示范村以工作试点的形式开展，全区各街镇各办示范村1～3个村，全区全面铺开。三是健全生育关怀长效机制，做好计划生育家庭意外伤害保险工作。对全区各街镇计生办下发区新人计〔2012〕23号文，在市级下达我区的目标任务数的基础上进一步加大了保险户数，全区下达计划生育家庭保险户数9 200户，资金由区计生委出资三分之二，街镇配套三分之一。四是加强流动人口计生协建设。选好选准在省外外出打工人员较多、较集中的城市和区域，让计生协进工地、进企业，将在唐山市丰南区、深圳两地建立流动人口计生协。五是提高家庭发展能力，创建“致富发展”示范户。区计生协召开了全区各街镇计生办分管计生协工作人员的专题会议，把这项工作进行了全面部署，全区15个单位，每个单位确定一户致富发展示范户向区计生协上报，区计生协进行工作评估及工作指导，最后从15户中选优3户，经常下去做好服务工作，“以一户带十户、十户带百户”，使广大的计生家庭走向共同富裕的道路。

东湖新技术开发区：一是积极创建计划生育基层群众自治合格社区（村）、“百村示范”社区（村）。结合市级绩效目标要求，多次召开计生协、中心户长工作会议，加强领导，在工作中充分调动协会中心户长的积极性，今年5月份，各街道计划生育基层群众自治合格社区（村）创建比例、“百村示范”社区（村）数达到90%，完成市级下达的合格值，下一步通过互相学习，力争在今年内全部达到群众自治合格村100%。二是积极探索流动人口服务与管理。深入小区、学校、单位、厂区、工地、市场、出租屋，特别是城乡结合部等流动人口密集地进行摸底登记，分别在关东街、佛祖岭街创建计生协会，集中组织流动人口参加宣传教育，开座谈会，深受群众喜欢。三是积极开展计划生育家庭意外伤害保险工作。为了体现计划生育家庭意外伤害保险是生育关怀行动的一项具体措施，决定在经济较落后的流芳街、滨湖街开展，由高新区财政局负责此项工作经费问题，区委领导指示：要加大此项工作力度，确保在10月份前完成市级下达的目标。

东湖风景区：认真执行市下达的各项工作目标，各项工作按年初提出的计划稳步推进。一是计划生育基层群众自治合格社区（村）创建比例、“百村示范”社区（村）数达到85%，挑战值为1，全区现正在评估验收阶段，8月完成全部授牌和表彰。二是健全生育关怀长效机制，参加计划生育家庭意外伤害保险户数（户），目标值705，挑战值723，目前已完成1 319户。三是新建流动人口计生协个数2个，正在筹备中，近期将挂牌。四是提高家庭发展能力，创建“致富发展”示范户数（户）评选中，于7月底表彰。五是创新中心户长管理模式，部分村、社区在进行，预计8月底完成全区的创新工作。全年工作已过大半，对照目标，有些地方我区还应抓紧和抓实，我们将集中力量打攻坚战，确保目标的全面完成。

武汉化学工业区：一是指导和规范基层协会工作，夯实基层协会组织基础。街道办事处把协会工作纳入整体计生工作通盘考虑，同安排同奖罚，在人员配备上我区八吉府街道办事处配备了专职秘书长，协会工作做到了专人管理、专人负责。二是搞好计划生育群众自治，促进基层民主政治建设。今年我区对照目标坚持基层群众自治制度和发挥社会组织在扩大群众参与、反映群众诉求方面的积极作用，增强社会自治功能，积极开展人口计生基层群众自治工作。三是成立企业流动人口计划生育协会，做好现行人口和计划生育工作，提高计生协服务能力。我区八吉府街计生协和鄂州华容镇计生协建立双边协议（主要管理华宇祥墙体材料有限公司流动人口，该公司属于鄂州企业），加强企业计生协会和流动人口计生协会建设。四是加大调研力度，掌握一手材料，深化生育关怀行动。八吉府街计生服务站工作人员带着仪器到村民家为育龄妇女检查，对全区农村不孕不育家庭和独生子女死亡家庭情况进行了调查。

第 26 期

●全市各区人口计生工作开展情况综述专辑（五）

全市各区人口计生工作开展情况综述专辑（五）

编者按：今年以来，全市各区党委、政府和人口计生部门高度重视人口计生工作，坚持按照“抓重点、攻难点、补弱点、扫盲点、展亮点”的工作思路，科学部署，强化措施，狠抓落实。为加强工作交流，促进各区人口计生工作均衡发展，现将各区好的做法予以刊发，供学习借鉴。

综合治理出生人口性别比工作情况

2012 年以来，全市各区始终坚持党政主导、部门配合、区域统筹，通过强化宣传教育，完善利导政策，严厉打击“两非”行为，有力促进了出生人口性别比综合治理工作的深入开展，有效遏制了出生人口性别比偏高势头，综合治理成效显著。

高层统筹协调，全面部署综合治理工作。市委、市政府高度重视出生人口性别比专项整治工作，认真贯彻落实国家、省关于综合治理出生人口性别比重点“整治年”有关精神和要求。6 月份，市委市政府召开全市出生人口性别比综合治理工作会议，部署出生人口性别比“重点治理年”工作任务，出台了集中开展整治“两非”专项行动的意见。黄陂区成立了由区政府办牵头，纪检（监察）、公安、卫生、人口计生、药监、广电等职能部门的执法骨干组成的“两非”典型案件查处专班，专班配备了办案设备，规范了“线索搜集、协同侦查、立案查处”的工作流程。新洲区召开全区综合治理出生人口性别比工作会，区长余世平主持，区委书记王世益强调：突出依法打击重点，加大生育过程服务管理力度；切实加强对公立医院、民营医院、个体诊所等医疗机构和计生技术服务机构的 B 超、终止妊娠手术和药物管理，加强源头控管，严厉打击“两非”行为。

部门齐抓共管，联责联动打击“两非”。硚口区以人口计生、公安、卫生、食品药监为核心成员单位组成了打击“两非”专班，抽调精干人员组成小分队集中办案，在辖区内重点部位拉网式巡查。联合办案的过程中，各部门分工明确，各司其职，同时相互监督、相互促进，提高了执法效能。青山区人口计生、卫生、药监、法院部门联合开展综合治理出生人口性别比宣传活动，开展医疗专家义诊、性别比知识有奖竞猜、志愿者服务、手工作品展示、亲子趣味运动会、避孕药具领取等多项活动。江夏区卫生局联合有关部门统一开展了专项治理“蓝徽”行动，对技术人员资质、B超和终止妊娠药品管理和使用情况重新审核、登记，对全区各医疗单位特别是个体、私营诊所、药店等进行排查，严肃查处打击“两非”行为和出卖非法药品、器具的行为。

工作重心下移，加强基层督查督办。5月份，市综合治理出生人口性别比工作领导小组成员单位组成6个专班对全市9个公立医院、9家私立医院、9家区级计生技术服务机构、14家药品销售点和9个重点街乡进行了督察，并将督办通报下发各区。各区重点整治，建立流动执法小分队，建立所有医疗机构和药店档案、组成流动小分队，坚持属地管理的原则，定期实行地毯式的清查，发现一起打击一起，绝不手软、绝不姑息，有力地打击“两非”案件。今年6月，洪山区组织工作专班，对全区开展为期20天的集中整治“两非”专项行动，重点检查医疗保健机构出生人口性别比综合治理制度和出生实名登记落实情况，加强对药品批发机构、药品零售企业买卖终止妊娠药品的管理，对省人口基础信息平台高孕次终止妊娠对象进行剖析调查。新洲区坚持“以村为主”工作机制，强化基层基础，特别是村（社区）干部在治理出生人口性别比中的责任，强化孕前管理，落实孕情包保责任，按月度对二孩及以上孕情包保情况进行结账，凡孕情漏登、迟报、消失的严格追究责任。

强化集中宣传，营造舆论氛围。今年是国家确定的“出生人口性别比重点治理年”，全市开展严打“两非”集中宣传行动。市人口与计划生育工作领导小组协调市交委、市城管局、市广电局在出租车车尾广告屏、主干道电子宣传屏和武汉电视台播放公益宣传广告，传播关爱女孩，严打“两非”的相关知识。7月11日，市人口计生委与江汉区在汉口火车站开展“消除性别歧视 促进家庭和谐”宣传活动，活动现场，宣传车巡回播放着关爱女孩和打击“两非”相关法律法规，宣传当前人口形势的严峻性和性别比失调对国家、社会、家庭的危害性。汉阳区公安、人口计生、卫生、药监、妇联等部门联合组成宣传队开展现场咨询服务，宣传出生人口性别比偏高对社会的危害、解读关爱女孩优惠政策、提供生殖保健知识咨询、发放知识手册，同时邀请专业律师，提供免费法律咨询。蔡甸区在区委大院门前清水平台上设立打击“两非”集中宣传点，区政府副区长张丽筠和相关部门负责人参加宣传活动。区计划生育服务站医生现场提供义诊服务，发放关爱女孩宣传资料和女性保健知识手册。

我市出生人口性别比综合治理工作取得了一定成效，下一步，我们将继续全面贯彻落实国家、省关于综合治理出生人口性别比重点“整治年”有关精神和要求，以新的举措推动出生人口性别比综合治理工作再上新台阶，为加快建设国家中心城市和复兴大武汉创造良好的人口环境，促进全市人口与经济社会资源环境的协调发展和可持续发展。

第 27 期

●市委、市政府召开首届人口文化节筹备工作领导小组会议

●全市首届人口文化节筹备工作紧锣密鼓地推进

市委、市政府召开首届人口文化节筹备工作领导小组会议

7 月 24 日，武汉市“幸福江城”首届人口文化节筹备工作领导小组会议在市委会议中心召开。各区区委常委、宣传部长和区政府分管副区长，市直有关单位负责人，各区人口计生委主任、文化局局长参加会议。

会议下发了《市委宣传部、市人口计生委关于举办首届人口文化节活动的通知》，通报了首届人口文化节筹备情况，演示了场馆设计方案。市政府副市长刘英姿出席会议并讲话。

刘英姿副市长就进一步做好武汉市首届人口文化节筹备工作提出了明确要求。她指出，举办首届人口文化节是打造“文化五城”的重要补充，是践行武汉城市精神的重要体现，是建设国家中心城市的重要途径，是以优异成绩迎接党的十八大的重要举措。她强调，要充分认识举办人口文化节活动对全市经济社会发展的重要意义，切实增强做好各项筹备工作的责任感和使命感，全力做好全市首届人口文化节的各项筹备工作。一是要创新理念，精心策划；二是要营造氛围，扩大影响；三是要明确责任，细化方案；四是要热情接待，确保安全。

全市首届人口文化节筹备工作紧锣密鼓地推进

由市委宣传部、市人口计生委承办的“幸福江城”首届人口文化节举办时间预定于 9 月 13 日至 15 日，共三天时间。主会场选在武汉国际会展中心，整个文化节

由开幕式、论坛、讲座、展览、闭幕式五个部分组成。文化节以“幸福江城我的家”为主题，以“喜迎十八大，造福千万家”为主要宣传口号，目的是广泛宣传家庭人口文化，充分展示江城人文底蕴，积极倡导科学、文明、进步的婚育新风，有力推进幸福家庭建设。文化节选择鸳鸯作为吉祥物，喻义和谐、美满的幸福生活。

开幕式拟请国家、省人口计生委领导，专家学者，全国同类城市和全省各市州人口计生部门负责人参加。开幕式表彰全市“十佳”计划生育幸福家庭，并由市领导宣布文化节开幕。

展览共设 18 个场馆。主场馆 3 个：生命起源馆、江城人口馆和幸福家庭馆，旨在揭示人类演变和文化发展过程，介绍武汉人口变迁和历史文化，阐明建设幸福家庭和幸福武汉的重大意义；另设 6 个生命过程馆和 6 个地域文化馆，展示新时期人口工作的内容和武汉灿烂悠久的历史文化。另设演艺馆、作品馆和图书馆，反映群众人口文化活动，普及人口文化知识。

论坛拟邀请全国知名人口和文化专家参加，探讨研究人口与经济社会发展的关系，为人口发展的顶层设计提供平台；讲座拟在市图书馆举办，邀请市从事儿童教育、心理疏导、生殖保健方面的专家授课，传播科学健康知识；闭幕式拟在汉口江滩举行，表彰各类活动的参与单位和作品。

按照“举全市之力、办特色盛会”的要求，各项筹备工作紧张有序地顺利推进。一是精心组织策划，成立了由市委宣传部彭丽敏部长任组长，市政府刘英姿副市长任副组长，市委宣传部、市公安局、市交委、市人口计生委、市文化局、市广播影视局、市教育局、市卫生局等部门参与的首届人口文化节筹备工作领导小组，市人口计生委具体负责统筹协调工作。二是广泛征求意见，认真修改完善首届人口文化节方案。先后向国家人口计生委办公厅、宣教司，省人口计生委、市委宣传部汇报工作、听取意见。邀请武汉大学、华中科技大学理论专家和市委宣传部、市文化局、市广播影视局、武汉国际会展中心等专业人士就首届人口文化节方案进行专题研讨。制发了《市委宣传部、市人口计生委关于举办首届人口文化节活动通知》。三是公开评选审议，努力优化首届人口文化节的场馆设计。对场馆设计先后组织了三次评审，邀请市委宣传部、市文化局、市广播影视局专家具体设计情况进行充分讨论，提出修改意见，明确了设计方案的完成期限。四是启动系列活动，吸引广大人民群众广泛参与。组织开展十佳幸福家庭、十佳人口文化示范基地、人口文化文艺创作作品、“心连心”人口文化手工艺品和宣传品、“美丽一生”摄影书画比赛评选活动。五是外出学习考察，切实提高办节办馆水平。专程赴北京、江苏、沈阳、大连，中国地质大学、市科技馆等地参观学习考察，努力提升人口文化节场馆建设的互动功能和群众参与喜爱程度。

第28期

●全市孕前优生健康检查项目专项报道

全市孕前优生健康检查项目专项报道

编者按：今年，武汉市政府将“免费孕前优生健康检查”列入2012年市政府实事项目，为全市两万对农村（含流动人口）计划怀孕夫妇提供免费孕前优生健康检查。3月底全面启动，项目时间紧、任务重、困难大、要求高。全市广大计生技术服务人员发扬了“特别能吃苦、特别能战斗、特别能奉献”的精神，克服了基础薄弱、人员不足、设施不全、流程不清等困难，勤奋学习、扎实工作，创新流程，确保质量，为提高全市人口出生素质，为项目的良性运转，默默无闻地作出了积极的贡献。

身先士卒凝人心　爱岗敬业创佳绩

“服务群众是我们的唯一宗旨，群众满意是我们的唯一标准”。这是青山区人大代表、区计划生育宣传服务站领头人杨华的座右铭。

杨华站长懂专业、善管理、能吃苦，团结同志，关心群众。身先士卒、率先垂范是她一贯的工作作风，勇于创新，争先创优是她一直的追求目标。今年全市实施国家免费孕前优生健康检查项目以来，区计生服务站承担了重要的工作任务，时间紧、目标重、要求高，这些都没有让杨华退缩。在很短时间内，组织召开动员大会、广泛宣传发动、聘请专业人员、成立工作专班、协调各方资源、规范操作流程，各项准备工作有条不紊地推进。她多次深入街道、社区和企业，进行免费孕前优生健康检查项目的宣传沟通，遇到群众来电来访，做好耐心细致的解答咨询，从不厌烦；认真制定了优生健康检查系列规章制度，明确了各岗位服务职责、各科室服务流程、各环节服务标准，有力地保障了各项工作有序开展；为了提高大家的服务能力，她定期组织站内技术人员学习交流、探讨总结，带头做好每一位受检群众接待工作，详细询问病史、规范体格检查、完整书写病历、认真评估风险、耐心咨询指导、及时早孕随访、妥善保管资料；坚持定期督导考核奖励，及时发现弥补不足，对评估高风险特困家庭，亲自上门进行面对面咨询指导与慰问帮扶。在她的带动下，全站职工心往一处想，劲往一处使，保质保量提前完成了项目服务工作，群众夸赞她们的服务如春天般温暖，如亲人般贴心。她带领的团队——区计生服务站先后被评为全市“巾帼建功”先进单位、全区“十佳基层满意站所”荣誉称号。

她的心中　群众最重

“只有你对群众真心，群众才会对你放心”。从业十几年来，洪山区人口计生服务中心刘琪，不管是担任普通医师还是主治医师，不管是工作于一线还是处于中心副主任和业务副站长岗位，她始终将这句话作为工作指导，真情真意为每个有需要的群众提供计生技术服务。

个性化、指导性强的评估对于每对计划怀孕夫妇和未来的宝宝健康具有十分重要的意义。从4月1日至今，洪山区人口计生服务中心为400余对计划怀孕夫妇提供了免费孕前优生健康检查服务，3个多月来，平均每天接待近10对检查对象，由于工作量大，人手紧缺，刘琪身兼多职，为了能让参检对象早点拿到科学准确、针对性强的评估报告，每天为对象检查完毕后，她总是利用晚上休息时间加班加点进行评估，为了让评估结果更加通俗易懂、指导性强，易于被受检者接受，她总是不厌其烦地了解受检对象的情况，综合优生风险评估结果和实验室检测结果，对一些有异常的情况，参看多种专业书籍，反复修改评估报告，不断完善评估建议，力争让每对受检对象查有所获。

为了让服务水平更上一层楼，她牺牲休息时间，多次主动到先行试点的黄陂区参观学习，借鉴经验。同时还自费购买了很多专业理论书籍，进一步学习专业理论，提升知识层次，拓宽眼界思维，常常废寝忘食。丈夫和同事常劝她多休息下，别把自己弄得那么辛苦，她却说“计生工作就是为群众服务的，服务只有起点，永远没有终点。”

为群众奉献不言苦　保质量追求无止境

“不放弃努力是我的任务，在现有的基础上进步再进步是我的目标”。这句话出自一位普通的计生工作人员之口，她就是蔡甸区计生服务站检验师——卢明。

去年7月，35岁的卢明通过蔡甸区人事招聘考试，以优异的成绩和研究生的高学历，顺利成为蔡甸区计生服务站一名检验技师。在工作中，她勤恳踏实，积极做好自己的本职工作，并且不断扩充自身的知识储备，以提高自身的修养，从我做起，带动别人。今年，蔡甸区开展国家免费孕前优生健康检查项目，重心在实验室，工作量特别大。卢明克服着每日往返公交车一个多小时的困难，带领着实验室3名检验人员加班加点，本着“质量是检验的生命”的宗旨，制定实验室项目工作流程和质量控制程序。不管工作量多大，她都按要求坚持做好生化室及临检室各个检验项目的每日质控工作，做到有记录、有失控原因分析、有整改措施，做好仪器的维护与保养，并且利用休息时间错峰进行信息录入，确保质量与进度。

“奉献不言苦，追求无止境”，是创国优后蔡甸区服务站全体计生人员履职追求。卢明把它变成了每天实验室检测每一点严格的流程和标准。

没有最好　只有更好

“无论做什么事情，没有最好，只有更好”，这是东西湖区计生服务中心检验师——沈钟春的座右铭。

今年由于开展新项目孕前优生检测，计生服务中心的检验室面临改造以及人员缺乏的种种困难，在各级领导的重视和大力支持下，各项工作如期开展。在这种情况下服务中心从另一家医疗机构请来沈钟春，虽然年轻，但她在检验岗位工作十余年，工作经验丰富，到服务中心对于她来说是百废待兴，一切工作都由她从头开始做。从实验室的布局，各项规章制度的设立，化验工作的各项质量控制程序无不倾注她的心血。

工作中，她总是要求自己要做得更好。本着“质量是检验的生命”这一宗旨，严格执行质量控检程序，坚持做好化验室的各个检验项目的每日质控，并严格记录、做失控原因分析、提出整改措施，坚持做好仪器的维护与保养，加班、加点错峰进行信息录入，确保了质量与进度。由于长期加班和超负荷的工作，她患上了甲状腺疾病，领导同事多次劝她早去诊治，她总说等忙过了再去。正是她的这种工作精神带动，质量控制在全市检查中，得到检查组的一致肯定。

这样一位普通的计生工作人员，总是以自己饱满的工作热情、扎实的工作作风、严谨的质量意识，践行着武汉精神，为免费孕前优生项目的健康运转努力着。

第 29 期

●硚口等 4 个区认真贯彻落实全省综合治理出生人口性别比约谈会精神

按：7 月 12 日，省委、省政府召开全市综合治理出生人口性别比约谈会后，我市参加约谈的硚口、汉阳、洪山、新洲 4 个区党委、政府高度重视，就加大打击“两非”力度，综合治理出生人口性别比采取了一系列行之有效的措施，现予以编发，供参考。

硚口等 4 个区认真贯彻落实全省综合治理出生人口性别比约谈会精神

【硚口区】

一是强化领导，主要领导亲自调度。全区明确由区长负责督办综合治理出生人口性别比工作，定期听取汇报，督办目标完成情况，涉及“两非”案件部门协调，区委书记直接参加调度。将综合治理出生人口性别比工作与相关部门绩效考核挂钩，“一荣俱荣，一损俱损”。对“两非”案件的查处实行纪委、计生、公安、卫生、食药监等相关部门共同参与、联合执法。

二是强化宣传，开展专项宣传活动。制定了宣传周活动方案，组织街道（社区）充分利用各自优势，通过社区广播、宣传栏、悬挂横幅、发放宣传品等方式，动员全社会参与综合治理出生人口性别比专项行动，社区居民积极配合卫生局等相关部门对辖区的无证诊所进行彻底的清理清查，并投入资金设计制作了一批涉及综合治理“两非”工作法律法规宣传资料，据统计，已下发各类宣传资料 1 万余份，覆盖全区所有社区、医疗机构、药店及个体诊所。

三是强化管理，开展全覆盖督查活动。区卫生局对辖区所有医疗机构进行了一次全覆盖的严禁“两非”行为的宣传教育督查活动，在医疗场所显著位置及 B 超室、妇产科、计划生育科等重点部位张贴了严禁“两非”宣传牌；在有电子屏设施的医疗机构设有严禁“两非”和弘扬新型人口文化促进性别比自然平衡为内容的标语滚动播出，同时对辖区内有母婴保健技术资格，有计划生育科、妇产科、医学影像科诊疗科目的医疗机构进行一次普遍宣传和督查活动。区食药监分局积极开展巡回监管、拉网检查活动，进一步加大了对终止妊娠药品的监督检查力度，并结合药品专项整治行动，开展了计划生育药械专项检查和对零售药店、个体诊所、计划生育服务站经营妊娠药品进行了巡回监管活动。区人口计生委、区公安分局等相关部门组织小分队，从7月16日开始对长丰街、宗关街、荣华街、六角亭街、汉正街等重点区域进行突击检查。

四是强化处置，建立区域协作机制。今年来为进一步促进综合治理出生人口性比工作深入开展，硚口区与监利县建立了流动人口一盘棋管理、打击“两非”双边协定等一系列合作机制，实现了无缝对接，形成了双边联手、两地共同打击的良好局面。7月12日，在武汉市人口计生行政执法支队指导下，硚口区人口计生委与监利县人口计生局联手在硚口区长丰地区破获一起非法B超鉴定胎儿性别案，现场抓获无证行医的B超医生、中介人和一名做B超鉴定胎儿性别的孕妇，没收微型B超仪一台，依据现有的法律法规对相关人员进行了处理。

【汉阳区】

一是成立工作专班。成立了打击“两非”行为工作办公室（下简称“打非办”），由区政府办公室分管副主任兼任办公室主任，从纪检监察、卫生、计生、食品药品监管、公安部门各抽1人作为办公室成员，具体组织领导打击“两非”工作。查办案件时，“打非办”专班人员集中在区政府办公。

二是广泛开展宣传。集中宣传、专题宣传、阵地宣传、入户宣传等形式，大力宣传制作电脑喷绘宣传牌40多块，印发宣传小折页、张贴画两万余份，制作横幅150余幅，宣传橱窗130个。

三是加强法制教育。加强医务人员的教育。7月20日，区卫生局召集相关医务人员进行了“两非”有关知识培训。

四是实行“黑名单”管理。建立了“两非”行为人“黑名单”和“灰名单”制度。目前有三家医疗机构已被列入“灰名单”，进行重点管理。

五是狠抓案件查处。受理案件6件，其中行政处罚2件，3件移送有关计生部门处理，1件移送区公安机关立案侦查。建立律师参与“两非”整治制度，区人口计生委聘请了两名律师进行“两非”打击业务指导，参与综合整治工作。

【洪山区】

一是召开专题工作会议。2012年7月13日，区人民政府代区长陈新垓主持召开专题会议，研究全区综合治理出生人口性别比工作。区委副书记、区委政法委书记欧阳坤松、副区长万磊、区法院、区检察院、区委办、区政府办、区监察局、区财政局、区卫生局、区妇联、洪山食药监分局、洪山公安分局及各街乡主要负责人参加了会议。

二是设立专项工作经费。区财政设立依法打击“两非”行为的专项工作经费100万元，其中，部门联动工作专项经费50万元，有奖举报和工作奖励经费50万元

三是健全长效工作机制。卫生、食品药监、人口计生等部门采取部门联合、全天候、不定时的方式集中检查，每月不少于10批次；对重点区域的医疗机构不定

期暗访巡查，每周不少于两次；每月对医疗机构、个体诊所督查实行全覆盖。

四是加强孕情包保服务。对符合生育政策的二孩以上孕妇，实行名单化管理，落实孕情全程服务包保责任人，并将孕妇及包保责任人员的名单报区人口计生委备案。对有孕情无故消失的街乡，每无故消失1例的，从区人口计生事业费拨付给其工作经费中扣减1万元；无故消失达到3例的，给予黄牌警告；无故消失达到4例的，取消人口计生评奖资格；无故消失达到5例以上的，实行人口计生“一票否决”，其街乡主要负责人和相关责任人三年不调动、不评先、不提拔。

五是实行从重从严处罚。在查处“两非”案件时，人口计生法律法规和卫生法律法规均有明确处罚规定的，适用处罚较重的法律条款，一律取其上限条款予以处理。

六是加强日常监督管理。实行不从事“两非”行为承诺制。卫生部门与医疗保健机构，人口计生部门与人口计生技术服务机构；医疗保健机构、人口计生技术服务机构与医务人员、人口计生技术服务人员、B超工作人员，签订不从事“两非”行为的承诺书。卫生、人口计生部门要建立从事B超诊断人员、引产资质人员的档案，包括B超诊断人员的相片、影像学执业证复印件、工作电话、从业地址等。

七是建立行政处罚与刑事司法衔接机制。对“两非”案件线索，要坚决一查到底。依法规范便捷的行政案件向刑事案件移交工作流程，健全案件会商制度。各行政执法机关和司法机关在查处“两非”案件时，依法做到从严、从重、快办、快处、快结。

八是建立快速反应机制。对“两非”案件检查和执法，既要严格保密，又要处置迅速。相关部门和单位在接到“两非”案源线索调查通报后，要快速组织人员，按要求在第一时间到达指定位置，并开展工作。人员一次不到位的，对相关责任单位进行黄牌警告；两次不到位的，实施“一票否决”；对贻误时机造成严重后果的，追究当事人及相关负责人的责任。

九是建立案件通报制度。建立“两非”典型案件通报制度。所有“两非”案件，由案件处罚部门在全区范围内通报，并在全区综合治理出生人口性别比会议上点名通报。

十是建立约谈诫勉制度。区政府每年两次召集医疗保健机构、人口计生技术服务机构、终止妊娠药品生产销售企业的法定代表人进行集体预警谈话；对“两非”行为高发区域的医疗保健机构、人口计生技术服务机构、终止妊娠药品生产销售企业的负责人和相关人员进行每年不少于四次的集体预警谈话。对出生人口性别比近三年严重偏离正常值、监管制度落实不到位、二孩及以上妊娠对象孕情上报及时率低、出现孕情无故消失、对辖区医疗机构和终止妊娠药品销售企业配合监督不力、查处配合不力、核实的举报“两非”案件和区外移交“两非”案件多的街乡，由区委、区政府分管人口计生的领导约谈其街乡党政主要负责人；造成严重后果的，由区纪委、监察局对街乡主要负责人进行诫勉谈话。对“两非”行为监管不力、“两非”案件查处或履职不到位、在核实的“两非”案件中信访举报多和外地“两非”案源移交多的相关主管部门，由区委、区政府分管人口计生的领导约谈其主要负责人；造成严重后果的，由区纪委、监察局对其主要负责人进行诫勉谈话。

【新洲区】

迅速召开专题会研究性别比治理工作，并于7月12日上午召开了到村（社区）支部书记（主任）到会的全区出生人口性别比综合治理工作千人大会，会上下发了《关于强化出生人口性别比综合治理责任追究的意见》（新办发〔2012〕14号）文件，严肃追究了性别比综合治理工作不力的17个单位的责任；在大会上公开处理了两名医生，开除了李集卫生院周某的工作籍，开除了汪集街冯铺卫生所退休医生任某党籍。

一是抓清理，强化督察督办。由区出生人口性别比专项治理领导小组牵头，已从区纪委（监察局）、区卫生局、区公安分局、区药监分局、区妇联、区人口计生委等单位抽调人员，组成7个专班开展7项大督察、大清理活动。主要清理近三年来人口出生情况，确保求真务实；清理医疗卫生系统及计生服务站B超购、管、销的情况，建立B超“购、管、用”准入机制；清理医疗卫生系统及计生服务站实名登记情况；清理终止妊娠药品销售及管理情况；区域内民营医院、个体诊所，无证行医进行大清理、大整顿；清理当年孕情消失及“三覆盖”责任落实情况，督察责任追究是否到位；清理近两年来“两非”典型案件的查处落实情况及清查新的“两非”典型案件线索。通过开展专项整治行动，集中查处一批“两非”典型案件，对涉案单位、人员及相关责任人严肃处理。

二是抓奖惩，强化责任追责。今年起，设立出生人口性别比综合治理工作单项奖，对工作出色的单位和个人给予重奖。对街村和部门实行“按月调度、按季排名、扣分扣款”工作机制，与此同时，对出生人口性别比明显偏高的街镇和工作不力的部门，约谈街镇部门主要负责人；对严重失职失责的单位严格实行“点否、及否、直否”，个人严重失职失责的一律实行降职、免职、撤职。

三是抓制度，强化常态管理。做到四个严格落实：严格落实有奖举报制度。发动群众举报，群防群管，凡举报一例“两非”典型案件线索，经查证落实后奖3万~5万元。严格落实孕情监管机制。将“一票否决”的关口前移至孕情监管上。全面推行二孩及以上孕情由1名国家干部、1名计生专干、1名村干部3人包管的“三覆盖”包保服务管理模式。坚持日报周报制度，每天下午及时把人口计生工作情况向区四大家主要领导和分管领导报告，严格落实信息预警机制，由区人口计生委组织专人不间断对全员人口数据库信息、共享平台信息、出生实名登记信息和公安入户登记信息以及卫生防疫、围产期保健信息，进行分检比对，筛查疑点，每月及时向各街镇、相关部门通报。严格落实规范实名登记。严格查验“两证”，如实登记姓名、身份证号、生育（服务）证号、详细地址等，做到实名登记信息24小时内录入省共享平台，疑点问题及时通报核查。

四是抓打击，强化案件查处。突出依法打击，加大生育过程服务管理力度。切实加强对公立医院、民营医院、个体诊所等医疗机构和计生技术服务机构的B超、终止妊娠手术和药物管理，加强源头控管。严厉打击“两非”行为，依法严厉打击非法从医人员，从重从严处理从事“两非”行为的人员，是在职在岗的一律实行“双开”；是退休人员的，由其个人承诺，如果出现“两非”行为，将被罚款6万元并停发其退休工资。

五是抓基层，强化双基工作。坚持“以村为主”工作机制，强化基层基础，特别是村（社区）干部在治理出生人口性别比中的责任，强化孕前管理，落实孕情包保责任，按月对二孩及以上孕情包保情况进行结账，凡孕情漏登、迟报、消失的严格追究责任。把控“两非”源头，组织各村（社区）积极行动起来，开展创建无“两非”村（社区）活动。

第30期

●市委、市政府专题研究人口计生重点工作

●市人口计生委参加《行风连线》电台节目与市民对话孕前优生项目

市委、市政府专题研究人口计生重点工作

在全市全力推进人口计生目标全面完成和严厉打击“两非”案件的关键时期，7月31日上午，市委副书记胡曙光、市政府副市长刘英姿专门召见市人口计生委李丹芳主任等，就当前严厉打击“两非”、完成人口计生刚性指标、加强社区网格化人口计生工作、办好首届人口文化节等工作逐项督办、逐案分析、逐件部署。

在市委会议室，市人口计生委主任李丹芳按照市领导要求，直接切题汇报了需要市委市政府研究解决的几项重点工作。在研究全市查处“两非”案件需要进一步提高数量和质量时，胡曙光副书记、刘英姿副市长提出，要将各区出生人口性别比综合治理情况和效果，“两非”案件查处的数量及质量，以及应该怎么处理的方案发给各区主要领导和分管领导，以便调动力量，严肃查处；在处理“两非”案件时，不仅要处理当事人，更要处理所在的医疗机构，要在媒体上点名批评，要按法律法规规定的上限进行处理，该刑事处罚的要刑事处罚；同时要求各区进一步加大

“两非”案件的查处力度，做到有案必查、有案必处、处要到位。

在研究全市各区出生符合政策生育率、出生人口性别比等刚性指标数据时，他们指出，各区要按照省里统一要求，进一步摸实情，报实数，决不能弄虚作假。在研究社区网格化人口计生工作时，他们提出，社区网格化对人口计生工作只会加强，不会削弱；在社区原有人口计生管理服务的构架上，社区综合专干能够重点做好人口计生工作；要探讨研究解决全省人口计生服务管理系统村居在线服务平台与全市社区社会管理综合服务平台的对接，以整合资源和力量，更好服务育龄群众。

在研究办好首届人口文化节时，胡曙光副书记、刘英姿副市长强调，要充分发挥好人口文化节作为宣传全市人口计生工作平台和载体的作用，要与全市创建幸福家庭活动试点市有机结合，做到相得益彰。要积极争取省对我市办好人口文化节、幸福家庭创建活动的指导，把武汉市首届人口文化节办好、办出特色。同时，把全国创建幸福家庭活动试点工作做实做好，为全省、全市争光。市人口计生委副主任高惠祥、王怀卓参加了汇报

市人口计生委参加《行风连线》电台节目与市民对话孕前优生项目

为进一步提高全社会对孕前优生项目的关注，为孕前优生项目的顺利实施营造良好的社会环境和群众基础，7 月 31 日上午 9：00～10：00，市人口计生委副主任刘庆香带领科技处、流管处、政法处、发规处负责人作客武汉电台《行风连线》直播间，参加了武汉人民广播电台《行风连线》节目，重点围绕“孕前优生提高出生人口素质”的话题，与市民进行对话交流。

刘庆香副主任介绍了 2012 年市政府孕前优生实事项目的背景和意义，并对免费孕前优生健康检查项目的特点、导致出生缺陷的原因、实施项目免费服务获得途径等市民关心的问题进行了阐述。许多市民以电话对话的方式，就流动人口是否享受这一政策、孕前应做好哪些准备、参加孕前优生检查需要注意的事项以及如何申报病残儿医学鉴定等问题，与直播间进行了互动。

3 月 1 日市政府召开孕前优生实事项目启动会之后，武汉市众多媒体予以报道，《健康报》进行深入报道。市人口计生委充分利用这一契机，加强科学引导。项目运作了四个月，进展顺利，效果明显，深受群众的欢迎。

第31期

●国家人口计生委副主任崔丽对武汉市人口计生工作提出新希望

●刘英姿副市长专题调研江汉区、硚口区人口计生工作

国家人口计生委副主任崔丽对武汉市人口计生工作提出新希望

8月3日下午，在国家人口计生委副主任崔丽办公室，省人口计生委党组书记胡菊萍、市人口计生委主任李丹芳向崔丽副主任汇报了武汉市将举办首届人口文化节和推进全国创建幸福家庭活动试点市等工作情况。

在汇报武汉市将举办首届人口文化节的有关情况并特地邀请其参加开幕式时，崔丽副主任欣然同意参加人口文化节的开幕式。她说武汉举办人口文化节很好，一定积极支持。武汉把举办人口文化节与推进创建幸福家庭活动结合一起推进、展示，可以进一步加大社会宣传力度，扩大人口计生工作的影响，促进广大群众进一步树立婚育新风尚。

崔丽副主任充分肯定了《武汉市深化创建幸福家庭活动实施“12·300乐福家”行动计划的实施意见》，对下步我市人口计生工作提出了新的希望和要求。一是希望人口文化节在内容上一定要符合老百姓的需求，能够吸引更多的群众广泛参与，起到文化倡导、转变观念的作用，继续稳定低生育水平，统筹解决人口问题；二是要进一步做好创建幸福家庭活动；三是要在依法行政下促使人口计生工作转型发展；四是要着重解决计生家庭的困难。在创建幸福家庭活动的实践中，要紧紧扣住家庭发展这个主题，实现国家、集体、个人三者利益的有机结合，做到服务为民。

刘英姿副市长专题调研江汉区、硚口区人口计生工作

8月8日，为深入了解全市人口计生工作情况，市政府副市长刘英姿深入江汉区、硚口区专题调研人口计生工作。市政府办公厅副主任张东风，市委政法委、市

公安局、市监察局、市卫生局、市药监局、市信息产业办、市人口计生委等相关责任部门负责人陪同调研。

刘英姿一行以实地调研、听取汇报、组织座谈等形式，先后深入江汉区民意街永丰社区、第十一医院和硚口区宗关街发展社区，突出2012年度人口计生责任目标执行情况、打击“两非”工作进展情况、网格化管理中加强人口计生工作情况三个方面工作重点，对全市人口计生工作情况进行了调研。

江汉区、硚口区主要负责人汇报了本区人口计生工作开展情况。市人口计生委主任李丹芳对两区人口计生工作进行了总结，反馈了两区工作中存在的问题，并提出四点工作要求，一是要加大出生人口性别比综合治理力度；二是加大流动人口和基层基础工作力度；三是加大信访稳定力度；四是加大推行网格化管理中人口计生基层队伍建设力度。

座谈会上，市直相关部门负责人分别就形成合力、严厉查处“两非”行为提出了要求。市委政法委要求两区在创新社会管理推行网格化建设中，创新模式，加强人口计生基层力量，并发挥好网格化优势，打造打击“两非”的基层群众网络；市监察局要求重拳出击，从重从快加大处理“两非”案件中的涉案党员、国家机关工作人员力度，并启动问责机制，对在查处“两非”案件中造成失职、渎职的工作人员实行责任追究；市卫生局、市公安局、市药监局负责人分别就查处“两非”案件提出了加大处罚力度、执法力度、监管力度的要求，并要求各区协调工作人员，积极配合人口计生部门成立工作专班，按照巡查机制要求，持续开展整治活动。

刘英姿副市长强调，此次调研的目的就要了解真实情况、发现存在问题、研究解决措施。她充分肯定了两区所取得的成绩，指出江汉区工作基础扎实，人口文化宣传到位，创造了很多好的经验，特别是在推进网格化建设中，居委会有职责分工、网格化有计生内容、网格员有专门计生专干，创造了行之有效的经验，值得在全市推广。就下一步工作，她提出了五点工作要求，一是要进一步提高思想认识。全市各级各部门要充分认清当前人口计生工作特别是综合治理出生人口性别比工作面临的严峻形势，在思想上引起高度重视。二是要狠抓工作落实。要在关键点上着力，解决好突出问题。要坚持服务与管理并举，进一步加强流动人口服务管理工作；要扭住打击“两非”关键环节，成立工作专班，实行报备制度，加大处罚力度，形成高压态势。三是要积极探索加强人口计生队伍建设的网格化工作模式。要在推进网格化建设中，确保网格员公共服务项目明确人口计生职责，根据工作量的大小科学量化设置网格化的岗位设置，并积极推广江汉区网格化试点的成果。四是要加强基层信访稳定工作。要加强对计划生育特殊群体的关爱、关怀，要采取有效措施确保这部分群体融入社会大家庭这个集体，要高度关注他们提出的诉求。五是要加大目标指标调度力度。特别是发挥信息系统作用，利用数据进行认真分析，找准存在问题，提出跟进解决措施，确保目标任务完成。同时，在人口出生和出生人口性别的数据统计上一定要求实，要报实数，但凡在数据统计上弄虚作假的，一经查实，将严肃处理，并实行“一票否决”制度。

第 32 期

● 国家人口计生委副主任崔丽讲话的主要精神

● 中国人口福利基金会赵炳礼理事长讲话的主要精神

按：8 月 3 日下午，省人口计生委党组书记胡菊萍、市人口计生委主任李丹芳分别向国家人口计生委副主任崔丽、中国人口福利基金会理事长赵炳礼汇报了我市即将举办首届人口文化节和推进全国创建幸福家庭活动试点市等工作情况。两位领导对我市相关工作给予了充分肯定，并提出了明确具体的工作要求。现将两位领导讲话主要精神编发，供学习参考。

国家人口计生委副主任崔丽讲话的主要精神

8 月 3 日下午，在国家人口计生委副主任崔丽办公室，省人口计生委党组书记胡菊萍、市人口计生委主任李丹芳向崔丽副主任汇报了武汉市将举办首届人口文化节和推进全国创建幸福家庭活动试点市等工作情况。

在汇报武汉市将举办首届人口文化节的有关情况并特地邀请其参加开幕式时，崔丽副主任欣然同意参加人口文化节的开展式。她说武汉举办人口文化节很好，我分管宣传，一定积极支持。武汉把举办人口文化节与推进创建幸福家庭活动结合一起推进、展示，可以进一步扩大人口计生工作的影响，加大社会的宣传，促进广大群众进一步树立婚育新风尚。

在听取武汉市积极推进创建幸福家庭活动工作汇报后，崔丽副主任肯定了《武汉市深化创建幸福家庭活动实施“12 · 300 乐福家”行动计划的实施意见》。她说，国家创建幸福家庭活动联合调研组回后反馈情况时，对武汉的工作给予了充分肯定。他们反映，在湖北省人口计生委的支持指导下，武汉作为创建幸福家庭活动的全国试点市，很有积极性，工作做得很不错，主动融入创建“幸福武汉”的大局，不断完善家庭发展政策，形成了“党委政府高度重视、人口计生部门牵头、相关部门协调配合、城乡家庭积极参与”的格局。

崔丽副主任对我市下步人口计生工作提出了新希望和要求。

第一，她希望武汉市的人口文化节在内容上一定要符合老百姓的需求，能够吸引更多的群众广泛参与，起到文化倡导、转变观念的作用，继续稳定低生育水平。

第二，要进一步做好创建幸福家庭活动。王忠禹同志高度重视这项工作，准备召开一个全国创建幸福家庭活动经验交流会。调研组的同志提出建议在湖北省武汉市召开，王忠禹同志是同意的。在全国范围内推介武汉市的工作，我支持、肯定武汉的工作。国家人口计生委的新老主任对武汉的印象很不错，王侠主任一上任就到了湖北武汉，原来李斌主任也多次到武汉。英姿副市长很重视幸福家庭创建活动。如果在9月份把两项活动结合在一起进行展示，当然很好。王忠禹同志同意在9月15日开，但委里办公会还没有确定下来。刚才，菊萍书记讲了，不管怎么样，省、市里也会继续推进这项工作的。

第三，假定在湖北武汉召开创建幸福家庭活动经验交流会，希望省、市结合实际，认真总结如何以创建幸福家庭活动为载体，帮助解决计生家庭生产、生活、生育的困难，实现“文化、健康、优生、致富、奉献”的做法和经验。如果在武汉开会，看什么、怎么去展示成绩，要认真做好准备。要在经验总结、现场实践指导、典型案例启示到会议组织协调等方面要下大气力去认真筹备。创建幸福家庭活动是载体，包括人口文化节、利益导向政策等都是为了转变观念，目的是要稳定低生育水平，统筹解决人口问题。

第四，在依法行政下，人口计生工作要转型。要通过服务型政府的工作，要通过人口计生优质服务，营造计生工作的良好环境。转型只能靠宣传、文化、教育、利益导向等。今天的工作方法，必须通过为民服务的方式进行。在创建幸福家庭活动中，要把这个问题说透彻，要解决好工作方式方法的问题，要做到为民服务。要通过会议交流经验，把这个道理说清楚。过激行为不能用，只能用为民服务的办法来做，没有别的办法，只能靠宣传、教育、文化、利导等软环境的营造来做。

第五，重点要解决计生家庭幸福的问题。家庭是社会发展的基础，要围绕家庭的幸福来创建。要解决计生家庭子女成长、老有所养的问题，中考、高考加分就很好。在创建幸福家庭活动的实践中，要紧紧扣住家庭发展这个主题，实现国家、集体、个人三者利益的有机统一。

中国人口福利基金会赵炳礼理事长讲话的主要精神

8月3日下午，在中国人口福利基金会会议室，省人口计生委党组书记胡菊萍、市人口计生委主任李丹芳向理事长赵炳礼汇报了武汉市推进创建幸福家庭活动的工作情况。随后，赵炳礼理事长讲话，其主要精神如下：

赵理事长说，将召开全国创建幸福家庭活动试点工作经验交流会，已向分管这项工作的国家人口计生委副主任崔丽进行了汇报，并确定9月中旬在湖北武汉召开（初定9月15日召开）。因为，湖北省与武汉市对创建活动认识非常统一，武汉市有创建活动的好基础，创建活动在武汉市也很有影响。

出席会议的领导有：全国政协原副主席、中国人口福利基金会会长王忠禹，国家人口计生委主任王侠、副主任崔丽，中国计生协常务副会长杨玉学，中国人口福利基金会理事长赵炳礼，全国创建幸福家庭活动指导委员会成员单位有关领导，湖北省分管领导。同时，各省区市、新疆生产建设兵团、计划单列市人口计生委主任、计生协负责同志、人口福利基金会负责同志，创建幸福家庭活动试点市区州人口计生委主任、计生协负责同志，部分创建幸福家庭活动非试点单位代表，国家人口计生委机关各单位、各直属联系单位主要负责同志及有关人员将参加会议，与会人员计180人左右。

整个会期两天。会上，拟请武汉市作系列的经验介绍，包括市、区、社区（村）、计生幸福家庭代表发言，介绍经验。同时，将分成2~3个组，分线参观武汉现场，每个组参观3个现场。

赵理事长强调，武汉市的发言材料，一定要认真总结经验，特色要鲜明，一要明确创建幸福家庭活动与人口计生中心工作的关系。要围绕人口计生中心工作，开展创建幸福家庭活动。二要明确创建幸福家庭活动与人口计生委提出的工作思路、方法的转变及工作转型之间的关系。各地将创建幸福家庭活动作为载体和抓手，武汉把创建作为什么必须明确。三要明确人民群众在创建活动中得到了什么实惠，让大家能够看得到。四要有武汉自己的特色，包括部门的参与配合，如利益导向政策是如何出台的，重点讲1~2个部门。同时，在参观现场点，当地的领导要能够说清楚创建幸福家庭到底是什么，与人口计生工作的关系是怎样的，人民群众是否积极参与并得到实惠。在参观时，要有会议代表与群众的参与互动。

赵理事长强调，本月底将到武汉检查现场点的准备情况。

第33期

●全市孕前优生健康检查项目专项报道（二）

全市孕前优生健康检查项目专项报道（二）

编者按：2011年黄陂区被列为全国免费孕前优生健康检查项目第二批试点区，也是武汉市唯一的试点单位。区委区政府高度重视，将项目实施作为建设“幸福黄陂”的重要载体，并列入年度《政府工作报告》。全区上下齐心协力，不断摸索，不断创新，通过一年的规范化运作，便民化服务和精细化管理，形成了科学规范的运行模式，项目推进有力有序、优质高效，取得了阶段性的成果。国家人口计生委王侠主任、省人口计生委胡菊萍书记、杨云彦主任，市委胡曙光副书记，市政府刘英姿副市长等各级领导视察时都给予了充分肯定。山东省、安徽省及省内兄弟城市考察都给予了高度评价，为今年全市“免费孕前优生健康检查”政府实事项目的全面开展提供了成功模式和操作经验。成绩的取得得益于黄陂区委区政府的高度重视，得益于区人口计生部门有一个专业能力强和作风扎实的好带头人，人口计生服务站有一支勤奋团结、开拓创新的计生科技服务队伍。他们凭着主人翁的责任感、无私奉献的情操、兢兢业业的态度，积极饱满的热情，为提高人口出生素质，为项目的良性运转，默默无闻地作出了积极的贡献。

倾心服务群众　使命无限崇高

“优生项目的实施是我的专业所学，在行政资源的推动下，能得到一个更广泛的应用，让更多的需要帮助的人得到帮助，我有一种崇高的使命感。”听着她干净利落、明白直接、行云流水般地讲解优生项目在黄陂的实践，国家人口计生委主任王侠露出了欣喜的笑容。一个干练大气、有专业视角和严谨思维的计生干部形象呈现在我们的面前，她就是黄陂区人口计生委分管科技工作的副主任谌琦。

2011年黄陂区被列为全国免费孕前优生健康检查的第二批试点单位，率先在武汉市进行实践。区人口计生委分管科技工作的副主任谌琦奉命具体执行。在经过深入调研和认真思考之后，她以一个主人翁的责任感，运用自己的专业知识和和管理经验创造性地开展工作，在一个月的时间内完成了整个项目的宣传发动和启动的所有准备工作。

首先在认真领会国家优生项目内涵的

基础上，她结合本地实际，精心地设计方案，科学制定项目实施路径，细化各级各类人员工作职责和工作标准，严格制定推动项目运行的考核标准，并加重在目标考核中的权重，积极宣传高层领导，在一周内迅速拿出了一整套系统的可操作的方案，以区委区政府两办的文件下发，为项目的开展提供了政策保障和机制保障。其次是组织项目宣讲团深入到各街乡镇对所有街村组的计生工作人员和已婚育龄妇女进行优生项目政策和优生知识的宣传，组织培训 17 场共 7 000 人次。使优生项目成为计生专干的日常性工作，使优生成为育龄群众的共识，优生项目检查成为群众的首选。为一年之后全市优生项目政府实事的开展提供了可遵循的模式和借鉴的经验。

提供快速、便捷的服务是项目实施的基础。针对过去群众优生渠道不畅的现状，全区建立了三条路径供群众选择：新婚对象直接在婚登处接受服务；分散在村居的对象由计生专干和技术人员陪护到区站接受项目服务；需要接受计生政策审批的生育对象直接到区站接受所有的服务。三条路径使群众能在计划怀孕的第一时间接受优生项目服务，在实现人群全覆盖的基础上保证了项目开展的时效性。为了群众就诊的便利，全区将 19 个街乡的对象分解到每一天，开展预约服务，采集平急诊相结合的方式，保证站内群众就诊的顺畅。对每一个项目对象分电话和书信送达两种形式告之检测结论和评估指导意见，减少对象往返于计生系统的次数，群众只需首次主动到站参加检查后，其余的服务均由计生干部主动上门服务。同时，书面告之的内容可以帮助对象在怀孕后，医生可以根据各项检测指标的变化有针对性地进行指导，实现出生缺陷一级干预的有效衔接。

质量是保证项目惠及民生的根本，没有质量保证的项目数量，会使这项民心工程变成扰民工程，既浪费国家资源又增加群众负担。为此，对项目质量的保证从四个方面予以着手：首先是控制实验室的质量。严格落实实验室的功能分区和各种消毒制度，避免交叉感染；编制各种检测项目的操作指导手册，作为工作人员的检测指南；统一配制化验检测的应用器材和各种文档资料；从卫生部门调入一名中级检验人员，争取一名三支一扶的临床检测专业毕业生，想方设法满足项目人员要求；坚持每天检测前做好各个项目的室内质控、每月与综合医院的检测结果比对，及时发现问题，及时纠正；定期参加国家、省、市组织的室间质评。其次是做好优生指导。由中高级妇产科医生出具评估报告，结合健康教育的风险因素评估报告，给项目对象行为习惯和身体纠正的双重指导，结合卫生部门的叶酸增补项目，完成了一级干预的内容。其三是全程控制项目质量。从宣传教育、项目数量和项目质量三大类制定项目量化的控制标准，定期督导检查，使数量和质量同步推进。以上年度出生为基础，科学测算目标人群，排除不可及和不符合条件的对象，任务细化分解到各街乡和每一周，引导计生专干主动去寻找目标对象。对不符合的对象进行疏导，避免无效检测。增加项目服务的信誉度。其四是做好信息交流。每周区乡两级对项目已检查的人员进行交流，及时准确掌握参检人员数，跟踪落实妊娠随访服务。

黄陂的优生项目运行科学规范，便民服务周到，充分体现了以人为本的服务理念，具有标本示范作用。项目的实施越来越受群众欢迎。

骏马深知前程远　不待扬鞭自奋蹄

他，一名普通的计生干部，从事计生工作十年；他，没有豪言壮语，有的只是无私奉献。他就是黄陂区人口计生委科技科干部——唐剑豪，他时时刻刻都在用实际行动诠释着一个计生人的理想与追求。

2011年4月黄陂区被确定为免费孕前优生健康检查项目国家第二批试点单位，时间紧、任务重、要求高。当时科室负责人正在休产假，科室就他一个人。因为是试点工作，一切都得摸着石头过河。他一头扎进工作中，将项目工作要求和目标落实到每一处，落实到每一天。单位里他来得最早，走得最晚。同事们都笑着说，“他上楼不是在走，是在跑啊!”当时他家新房装修，他几乎没有去照看过一次；儿子上幼儿园，他也没有时间去接送，那是因为他的心里只有一件事：工作!

为了提高业务水平，他始终保持只争朝夕的蓬勃朝气，去学习项目相关知识，吃透文件，领会精神，积极应对这一新生事物带来的各种困难和挑战，不断自我加压获得前进的动力。他干一行爱一行，2011年顺利地获得了“全国生殖健康咨询员”资格。

为了抓好项目管理，他全力以赴，认真做好优生检查的组织协调工作。全面掌握辖区19个乡镇场的项目工作开展情况，每周通报一次工作进度。对落后的乡镇，他都要打电话联系，帮助分析解决项目存在的困难，提出切实可行的办法，切实增强了全区技术人员的凝聚力和战斗力。

为了提高群众孕前优生知识的普及率，他亲自设计制作了培训光盘，并同区站的技术人员一起到各街乡开展孕前优生知识培训。把优生知识和国家免费政策送到千家万户，让老百姓感受到党和政府的温暖，让育龄群众自觉和主动地参加孕前优生健康检查。

为了发挥计生服务站主阵地作用，他几乎每天都要跑到区服务站，仔细询问相关科室的操作规范和操作流程。从对象确认、信息录入、体格检查、实验室检查、风险评估、早孕及妊娠结局追踪到档案管理等，事无巨细，他都亲力亲为。帮助分析和解决在项目运转过程中出现的新情况和新问题，协调科室、人员和设备的三到位。经过一年多的规范化运作，全区项目工作基本形成了科学规范的运转模式，取得了阶段性的成果。

骏马自知前程远，无须扬鞭自奋蹄。唐剑豪就像这样一匹“骏马”，跨过一个又一个深深浅浅的沟沟坎坎，努力寻找心中的更美丽的风景！

一片丹心献计生

“求真务实，兢兢业业，不断提高自己的业务水平，怀揣满腔热情，尽量满足服务对象的需求。”这是一位普通的计生工作者一贯的工作作风，她就是黄陂区计划生育服务站妇科医师——柳琼。

2011 年黄陂区开展国家免费孕前优生健康检查试点工作。柳琼作为一名普通的区站妇科医师，以积极、饱满和热情的态度，全身心地投入到这一光荣任务当中，承担起黄陂区计划生育服务站孕前优生风险评估方面的指导。面对区内乡镇多、目标任务重和医师缺少的实际，为了让每个参与评估的医师有章可循，她日夜加班，利用业余时间认真地学习孕前优生相关知识。在有限的时间内制定出了一套服务流程，全面完善了评估体系、保密制度、咨询制度、转诊制度等。按照服务流程，一般人群评估告知书装袋封存由乡级计生工作人员送至对象手中；高危人群及时电话联系让其来站作个性化的一对一指导。如有疑难问题则由评估医生集体讨论反复斟酌后再作详细化地指导。完善周到的服务，使每次来站的对象都带着困惑来，带着笑容走。当来站的对象较多，超出了工作负荷量时，她总是积极地协调，带领自己的团队加班加点，既保证了服务的及时性，又确保了高质量地完成评估任务。

孕前优生工作覆盖广、流程多、跨时长，她从来不叫一声苦一声累。而且除了做好优生评估外，她还负责指导 19 个乡镇的早孕和妊娠结局随访工作。不管是休息日还是节假日，只要有工作电话，她总是不厌其烦地为群众和工作人员耐心讲解，直到他们满意。碰上兄弟区同行打来的电话，她更是毫无保留地一一讲解。服务人群数量庞大，档案的管理也是一个难题，为了能及时找到档案，在她的指导下，孕前优生的档案管理得有条不紊，整齐规范，随时都可以调取档案资料。

人们有理由相信：有这样一群在计生服务战线默默奉献的工作人员，国家免费孕前优生健康检查工作一定能为出生缺陷干预起到积极的预防和推动作用。

第 34 期

●市人口计生委力邀省内各地共建打击“两非”联管机制

●市公安局三项举措再加打击“两非”力度

市人口计生委力邀省内各地共建打击“两非”联管机制

为进一步密切区域协作，加大打击“两非”行为工作力度，便于工作对接、提高工作效率，近日，市人口计生委主动向省内各市、州、县人口委（局）发出了《武汉市关于加强区域协作联合打击“两非”行为的函》，将武汉市及各区人口计生委查处“两非”案件分管领导、执法支（大）队长联系方式函告各地。对凡涉及武汉市的“两非”案件，协调兄弟市、州、县“对等协调原则”进行联系，并及时反馈处理结果。

7 月 19 日，我市在新洲区召开了武汉市、黄冈市“两非”案件查处工作区域协作座谈会。会上新洲区与麻城市、团风县、红安县分别签订了《查处“两非”案件区域协作协议书》。目前，硚口、江汉、东西湖等区与周边近 30 个县市已签订了打击“两非”区域协作协议书。

市公安局三项举措再加打击“两非”力度

日前，市公安局在全系统专门下发《关于公安部门在全市严厉打击“两非”行为中的职责及考评办法》，提出三项工作举措，进一步加大打击“两非”行为力度。

一是提高认识，加强组织领导。市局专门成立以市局副局长任组长，刑侦局局长任副组长，刑侦局、技术侦察、视频侦查、网监支队，治安、户政处分管领导为成员的“两非”刑事案件破案打击工作领导小组，在刑侦局专设领导小组办公室，负责全市打击“两非”行为的组织、协调、督办。同时，要求各分局、市局有关业务处将打击“两非”行为摆上重要议事日程，主要领导亲自研究，分管领导具体负责，成立专班、落实力量、采取措施，始终保持严厉打击“两非”行为的高压态势，坚决铲除滋生“两非”行为的土壤。

二是明确职责，强力推进工作。加强破案打击。刑侦部门、各分局按照属地管辖原则，主动出击，广辟案件线索来源，严格按照刑事案件立案追诉标准及时对

“两非”案件立案侦办。对市人口计生委、市卫生局移交的非法行医刑事案件，由领导小组办公室按属地原则指定相关分局刑侦部门侦办。加强沟通联系。加强行政执法部门、各分局与市、区人口计生委等行政部门的联系沟通，互通信息，及时传递“两非”线索；强化户政部门、派出所信息的查询与通报，定期向人口计生部门提供相关信息。加强宣传发动。充分利用群众办理户口、办理居民身份证和民警下基层、到社区工作等机会，广泛宣传人口和计划生育有关法律法规，宣传有关生育政策和违法生育应承担的法律责任，有关禁止非医学需要鉴定胎儿性别和选择性别终止妊娠的规定。加强协作配合。刑侦、治安、户政等各个警种，密切配合，形成打击合力。

三是畅通渠道，加强情况报告。各分局明确一名联络员，负责收集、汇总本辖区侦办“两非”刑事案件进展情况，每月20日前将案件侦办、打击处理情况报市局领导小组办公室备案。市局每月通报各单位工作开展情况，并对工作组织不力、措施不落实的单位，严格实行倒查问责。

第35期

- 李丹芳主任带队考察天津市人口和家庭公共服务工作
- 市人口计生工作领导小组办公室召开成员单位联络员会议
- 市人口计生委、市计生协召开计生家庭致富发展座谈会
- 市人口计生委举办全系统公文写作和政务信息培训班

李丹芳主任带队考察天津市人口和家庭公共服务工作

8月17～19日，市人口计生委主任李丹芳带领委机关及部分区人口计生委负责人一行9人，参观考察了天津市人口和家庭公共服务中心和天津市河西区人口家庭公共服务中心。

天津市人口计生部门坚持民需我为、为我应为、为我可为的服务理念，立足于服务家庭，着眼家庭成员的健康，围绕人的生命全过程，实现了全面转型。在拓展服务内容，整合服务资源，加强人口和家庭公共服务网络建设和能力建设方面作了积极的探索。

天津市人口和家庭公共服务中心由天津市人民政府投资2亿元建成，规划占地39 000平方米，总建筑面积32 800平方米。天津市为实现人口计生工作“两个转

变”，以市级人口家庭公共服务中心为龙头，构建了由一个中心、两大系统、六个功能、16个区县分中心、全市街乡镇、村居各级服务机构组成的人口家庭公共服务体系，简称“1—2—6—16—N”模式。河西区是全国综合改革示范区，是全国婚育新风进万家第四周期示范区。2011年河西区确立了以家庭为切入点的公益服务发展方向，创建更新人口家庭公共服务中心，实现了人口和家庭公共服务的转型。在家庭幸福促进计划中，针对家庭制定了“健康宝宝”、“家庭保健”、“生殖健康阳光行动”、“避孕药具15分钟服务圈”、“青少年生活动技能培训”、“家庭人口文化建设”和“计划生育困难家庭救助扶助”7个服务项目，从过去的生殖健康服务为主，拓展为从优生优孕、婴幼儿早期教育、青少年健康人格、避孕服务指导、到老年人服务关怀等生命健康的全过程护航，通过项目实现社会全人口、生命全过程服务。经过一年的项目动作，4万余户家庭得到政府提供的公益性服务。

通过本次学习考察，考察组成员开阔了视野，拓宽了思路，转变了观念，找到了差距，也看到了武汉人口计生事业发展的方向和希望，为创建幸福家庭，实现人口计生工作的转型发展坚定了信心。

市人口计生工作领导小组办公室召开成员单位联络员会议

8月16日，市人口计生工作领导小组办公室召开成员单位联络员会议，研究部署创建幸福家庭活动。市人口计生委巡视员舒文斌出席会议并讲话。市人口计生委副主任高惠祥主持会议。38个领导小组成员单位的联络员参加会议。

市卫生局、综治委、农业局、教育局、民政局、劳动与社会保障局、扶贫办等单位在会上发言，交流了开展对创建幸福家庭活动、实施“12·300乐福家”行动计划的经验。

舒文斌巡视员在会上指出，人口计生工作正处于转型时期，人口计生工作领导小组各单位要以创建幸福家庭为抓手，围绕民生问题，打造完整的人口与家庭公共服务体系，全面提升人口工作水平，为我市建设全国中心城市、建设幸福武汉作出应有的贡献。

市人口计生委、市计生协召开计生家庭致富发展座谈会

为推进计生家庭致富发展促进计划的实施，市人口计生委、市计生协于8月17日召开计生家庭致富发展座谈会。市人口计生委主任李丹芳，市人口计生委副主任、市计生协副会长高惠祥出席座谈会。

会上，来自江岸区百步亭社区的“常务志愿者”熊约翰、洪山区“康老师工作室”的发起人康兰英、青山区优秀农民工孙新阶等19位计生家庭的代表畅谈了就业创业、发展致富的经历和经验。

计生家庭致富发展促进计划是我市创建幸福家庭、实施“12·300乐福家”计划的重要组成部分之一，旨在建立以培训促创业、以创业促致富、以致富促发展、以发展增幸福的“三促一增”家庭发展长效机制。根据计划，全市将创建100个计划生育家庭致富发展示范基地、1 000个计划生育家庭致富发展示范户，以带动更多的计划生育家庭走创业、致富、发展、幸福之路。

市人口计生委举办全系统公文写作和政务信息培训班

8月16日，为进一步提高公文写作水平、办文质量和政务信息质量，市人口计生委举办全系统公文写作和政务信息培训班。委机关全体干部和直属单位行政工作人员，各区人口计生委办公室主任及政务信息员近80人参加培训。

培训班专门邀请市政府办公厅文电处、政务信息处有关负责人作学习辅导讲座。他们分别从新旧《党政机关公文处理工作条例》的异同、公文的种类、公文写作方法和政务信息的作用、组稿方法等方面进行了详细的教授和讲解。参加培训人员普遍反映，参加此次培训，对系统把握写作规律，全面提升写作水平，切实履行好岗位职责具有重要的指导和推动作用。

基层动态

汉南区 11 名农村独生女喜获“金榜奖”

“今天是我最快乐的一天，因为我领到了汉南区人口计生委和计生协会颁发的 3 000 元奖学金。”汉南区纱帽街江上村女孩陈茹兴奋地说。

陈茹的父母均是下岗工人，毕业前就读于汉南一中，通过努力，今年高考以 586 分的成绩被武汉理工大学录取，学习日语专业，和她一起获金榜奖共有 11 名独生女孩。

为落实农村独生子女家庭的优待政策，促进群众婚育观念的转变，今年 3 月，汉南区人口计生委按照《湖北省农村独生女高考加分政策性照顾暂行办法》，对父母双方均为本省农村居民，依法领取了《独生子女父母光荣证》或《独生子女证》，考生本人为独生女且属农村居民的应届高三考生同时符合以上三个条件均可享受在文化成绩总分基础上增加 10 分投档的政策性照顾的考生进行档案审核，我区 131 名考生符合条件，其中有 20 多名学生因为加 10 分而考取了心仪的大学。

为了让人口计划生育政策惠及千家万户，营造关爱女孩健康成长的良好社会环境和舆论氛围，鼓励农村计划生育家庭女孩自立、自尊、自强，努力学习成才，汉南区人口计生委和汉南区计划生育协会于 2007 年首次设立了“金榜奖”，主要奖励农村计划生育家庭高考上一类线的女孩，六年来，已有 40 多名女孩收益。

武汉东湖高新区和经济开发区共同探讨企业楼盘人口计生服务管理模式

武汉东湖高新区关东街和经济开发区沌口街人口数量都超过 20 万，企业多、楼盘多、流动人口多是两条街道具有的共同特点。8 月 21 日，为了进一步做好企业楼盘人口计生服务管理工作，关东街办事处和沌口街办事处的负责人、分管负责人和计生办主任共同进行了探讨和研究，并达成了以下共识：一是以块为主。将街道辖区范围内的所有企业和新建楼盘纳入街道办事处管理，属地管理不留缝隙。二是法人负责。企业法人代表为人口计划生育工作的负责人，落实专职（或者兼职）人员管理本单位的人口计生工作，依法制定单位的人口计生制度，规范单位员工包括外来务工人员、流动人口的计生工作。三是群众自治。在新建楼盘成立社区居委会，健全计划生育的工作网络，开展群众自治，完善工作机制。四是利益引导。落实各项对个人和家庭的优惠政策，引导群众自觉实行计划生育政策，让人口计生工作充满活力。五是主动服务。要求人口计生群干精通业务，乐于奉献，讲求诚信，主动作为，高效办事。

东西湖区积极为计划生育家庭办理意外伤害保险

自去年以来，东西湖区计划生育协会将计划生育家庭意外伤害保险工作作为“生育关怀行动”的一项具体举措来抓，并纳入年终考核目标。该区东山办事处计生协为了落实好此项工作，通过多方动员、及时宣传政策，发动群众，按政府、社会、群众各出一部分资金的方针，积极与保险公司沟通，帮助计划生育家庭度过难关，达到圆满理赔，解除计划生育家庭后顾之忧的目的，得到了广大计生家庭积极响应。

东山办事处去年协调计生家庭购买保险 1 818 份。截至目前，今年又有群众主动购买保险 1 940 份。今年，因购买计生意外保险得到赔付保障的就有 7 户，赔偿金额共达 4 万余元。

第 36 期

●开致富门　传致富经　搭致富桥　引致富路

——江夏区灵活运用致富信息创建计生幸福家庭

开致富门　传致富经　搭致富桥　引致富路

——江夏区灵活运用致富信息创建计生幸福家庭

近年来，江夏区人口计生委立足实际，以实施“12 · 300 乐福家”行动计划为抓手，灵活运用致富信息，开致富门、传致富经、搭致富桥、引致富路，深入开展创建幸福家庭实践活动，增强了计生家庭发展能力，提高了计生家庭生活福祉。目前，全区已创建幸福家庭致富发展“公司 + 基地 + 农户”的经营板块模式 100 多个，已创建幸福家庭 9 850 户，典型示范作用初步显现，计生幸福家庭指数不断上升，深受群众好评。

深入基层第一线传播信息，开致富之门

为了改变过去科技资料长期束之高阁、无人问津的局面，该区人口计生委采取多种形式传播信息，经常深入农业生产第一线调查，筛选适合区情的致富信息，并进行分类整理为农业科技信息、林业科技信息、畜牧业科技信息以及有发展前景项目等信息。利用人口学校阵地传播种、养、销信息，计生宣传走村串户发布各类信息上万条，为计生家庭打开了致富之门。法泗镇星火科技带头人曾令洲，通过参加科技培训，学习科技知识，运用科技发展生态养蟹，在斧头湖经营水面2 700亩，以养蟹为主，种草为饵，保持水质；以鱼为辅，调节草场，维护生态的方式，形成了“精养蟹、少养鱼、护草场、保水质，草壮、蟹大、鱼肥”的生态水体养殖模式，年产值达百万元，其生态水体养殖模式得到了农业部专家和湖北省水产厅领导的肯定。

开展全方位信息咨询服务，传致富之经

为进一步增强群众的科技素质和专业技能，该区人口计生委在春耕备种期间，与区科技局、农业技术服务站开展计生家庭“春季实用技能科技培训”活动，推出了面对面“菜单式”、“开放式”培训服务。由区农技站技术人员和计生办工作人员组成的服务团深入农户家中和田间地头，根据农民自身实际和技能需求，提供“点学”菜单，现场解决群众提出的问题，手把手进行示范指导，有效提高了学技能的针对性和实效性。同时发放科普“明白纸”，吸引更多的群众参与进来。截至目前，已成功组织菜单式培训班15场，发放宣传资料3万余份，受训人数达到1万余人。安山街巴山农业科技茅岭苗木基地老板，通过点学技能，尝到了订单农业的甜头，提高了科技、文化素质，已形成了“基地带农户、公司带农户、大户带小户”的发展模式，已为计生家庭提供工作岗位120余个，同时还将产业链辐射到周边乡镇，解决了从事苗木种植“单打独斗”发展规模受限的被动局面。目前，巴山农业科技有限公司在安山街组建此类基地两个，带动农户200余户从事苗木种植，使户均年增收3 000元以上。

为计生家庭提供技术信息，搭致富之桥

要致富，靠技术。区人口计生委搭台整合资源共创“帮扶戏”，充分发挥基层计生资源整合。协会组织的技术能人没专业合作社组织为创建致富的传播点，整合涉农、专业合作社以及劳动部门的资源优势，利用人口学校和会员中心户阵地，为计生家庭提供劳务供求信息，创业项目，创业技术，推进协会联系项目、项目联系群众“双联”活动的开展。近年来，全区基层计生协会协调组织技术讲座850多场次，帮助农民推广作物良种8种，培养科技示范户3 200多家，为计生家庭解决技术难题7 000多人次，为2 000多名育龄妇女实现了就业。去年，山坡乡山湖光明茶场优质茶叶遭虫害损失严重，既影响茶叶的品质，又降低了销售价格。区人口计生委得知情况后，会同区科技局开展了跟踪服务，为消失虫害在网上搜索杀虫信息，委领导利用到江浙学习考察之机，了解江浙一带龙井茶生产基地灭虫技艺，立即为光明茶场提供信息，帮助购置节能式太阳能杀虫灯，较好地解决了这一问题。目前，光明茶场使梁子湖畔的荒山变成了今天占地面积500亩、注册资金100多万元、年产值200多万元、纯利润达100多万元的有机茶叶生产基地。

创办《人口计生天地》传递信息，引致富之路

近年来，江夏区人口计生委和与江夏电视台合作创办了《记者走基层》、《人口计生天地》栏目。在《记者走基层》中，了解“三农”的实时信息后，续播《人口计生天地》内容，除有法规政策、奖励政策宣传外，另推出全新人口信息板块涵盖省内动态、他山之石，拓宽了广大群众致富信息视野。

2009年，五里界街谢受林、曾献琴夫妇从《人口计生天地》栏目中看到了省内很多山村利用资源打造“生态农庄”信息后，在江夏区成立了第一个由原住地农民集资创办的梁湖都市农庄。经过数年打造，目前，农庄在舒谢湾集中流转土地2 037亩，初步形成了具有一定规模的生态循环农业发展格局，成为农村经济大舞台的主角。仅去年已接待游客56万人，年综合收入3 500万元。同时，吸纳村民就近就业235人，其中，为36户计生家庭解决了就业问题。整个湾子，没有一名留守儿童，没有一名空巢老人。梁湖都市农庄也先后被授予湖北省农家乐五星级单位、湖北省旅游村、武汉市人口示范家庭、武汉市十佳休闲山庄。

第 37 期

●市政协领导专题视察调研人口计生工作

●刘英姿副市长调研汉南区人口计生工作

市政协领导专题视察调研人口计生工作

8 月 22 日上午，市政协副主席郭粤梅、吴勇一行专题视察调研人口计生工作。

郭粤梅、吴勇副主席一行视察了市计划生育药具站和市计生科技所，深入了解了计划生育药具服务管理、技术服务和阳光早教等工作，听取了全市流动人口计划生育服务管理、网格化管理工作情况汇报，提出了加强人口计生工作的重要指导意见。

市政协领导指出，人口计生工作是党和政府一项重要工作，是我国的基本国策，是天下第一难事，人口计生部门工作条件很艰苦，在落实基本国策方面付出了艰辛努力。流动人口管理是一个世界性的难题，涉及户籍制度、土地制度等各个方面，需要创新社会管理和国家立法来解决。

市政协领导要求，要进一步创新社会管理，推进流动人口服务管理。一是通过“双实登记”建立流动人口的基础信息；二是要通过推动网格化建设，利用网格化管理的共享平台，加强流动人口计划生育服务管理；三是加强流动人口的动态管理，及时更新流动人口信息，要关心关注蜗居在大学周边的“蚁族”；四是积极创造条件改善人口计生工作环境。

刘英姿副市长调研汉南区人口计生工作

8 月 28 日，市政府副市长刘英姿专题调研汉南区人口计生工作。

刘英姿副市长一行视察了汉南区人口健康公共服务中心，听取了汉南区政府人口计生工作情况汇报，对进一步做好人口计生工作作出重要指示。

刘英姿副市长指出，人口计生工作有两个“一票否决”指标，一是出生政策符合率，一个是出生人口性别比，在这两项指标中，出生人口性别比的问题更为突出，主要表现在打击“两非”力度不够，对“两非”案件的涉案人处理不到位。全省出生人口性别比约谈会召开后，全市各区和各部门进一步强化措施，加大打击力度，取得了一定的成效，要再接再厉，建立打击“两非”的长效机制。同时要求确保统计数据和信息的真实性和准确性，杜绝弄虚作假、瞒报、漏报行为发生。

刘英姿副市长要求，要站在全局的高度看待人口计生工作，进一步加强人口计生基层基础工作。一是要加强人口计生干部队伍建设，把人口计生工作作为创新社会管理的重要内容，在推行网格化管理的进程中确保村（社区）计生专干落实到位，提高基层计生专干的待遇。二是要切实加强人口计生信息化建设，所有的村和社区都要连通信息网络，落实信息化工作人员，推进人口计生信息系统的全面应用。三是要切实做好信访稳定工作，特别是对失独人群要弄情情况，积极引导，及时化解矛盾。四是要加强对人口计生各项工作进展情况的统计、分析和研判，及时采取措施，提前做好有关工作。

第 38 期

- 省人口计生委主任杨云彦一行到武汉市调研人口计生工作
- 省人口计生委副主任刘望清调研武汉市打击“两非”、依法行政和信访工作
- 省人口计生委阮力艰副主任调研汉南区人口计生工作
- 省人口计生委副主任李元彪专题调研武汉市省级阳光计生行动示范区创建工作

省人口计生委主任杨云彦一行到武汉市调研人口计生工作

8 月 28 日，省人口计生委主任杨云彦，副巡视员、办公室主任姚锡武等一行专程到我市调研人口计生工作。

杨云彦主任听取了武汉市首届人口文化节的筹备和打击“两非”工作进展的情况，对我市今年以来人口计生工作给予了充分肯定。他说，武汉市人口计生各项工作思路清晰，措施得力，效果很好。省人口计生委对武汉市人口计工作要求严、希望大、期待高，武汉市人口计生委顶住了压力，在打击“两非”和关爱计划生育特殊困难家庭等问题上取得了突破性的进展。

杨云彦主任强调，在年度考核中，要坚持实事求是的原则，保持信心，正面应对，积极落实，更加注重综合考核。

杨云彦主任指出，武汉市举办首届人口文化节非常有意义，是具有创造性和前瞻性的举措。就如何更好地举办好此次人口文化节，他要求，人口文化节要办出特色，要充分体现出武汉市在人口计生工作中的亮点，要通过文化节给人们留下深刻

的印象；要在具体的安排上做好对接和调度，要与国家人口计生委以及各市州人口计生委保持密切联系，既要充分考虑财力、物力等现实因素，也要在现场应急措施上下足功夫。

省人口计生委副主任刘望清调研武汉市打击“两非”、依法行政和信访工作

8月27日上午，省人口计生委副主任刘望清一行，对我市打击“两非”、计划生育依法行政和信访工作进行综合调研指导。

刘望清副主任充分肯定了武汉市人口计生依法行政工作。他指出，依法行政、打击“两非”及信访任务艰巨、难度很大。今年以来，武汉市及各区领导重视、部门配合、工作创新、措施有力、成效明显，体现了“三新”的特点，即实施了新举措、取得了新成绩、开创了新局面。全面修订《武汉市计划生育管理办法》、出台或拟定出台关爱独生子女死亡家庭、建立城镇年老计划生育父母一次性奖励和打击“两非”等规定，针对重、难点工作，从制度层面出台相应文件，措施得力、工作扎实。全市打击“两非”工作采取“十大措施”、开展“五项行动”，成效显著。信访突发事件处理及时、工作到位，稳控较好。

刘望清副主任指出，武汉市人口计生政策法规工作形势仍然严峻、任务十分艰巨。一是一些“两非”案件尚未结案。“两非”案件情况复杂、查处难、任务重。从已经查处的和正在办理的案件来看，“两非”案件涉案区域包括城区和远城区，医疗机构涉及个体诊所、民营和公办医院，涉案医务人员包括退休医生和在职人员，违法嫌疑人既有初犯也有累犯，“两非”案情越来越复杂，呈现违法当事人家族式团伙作案等新特点。二是信访任务重。个别信访案件要提前做好预案，注意善后处理到位。要及时掌握独生子女特扶家庭诉求，依法依规做好政策解释工作。三是企业退休职工计划生育奖励政策落实工作进展不平衡。

刘望清副主任要求，一要尽快制定配套性措施，及时落实已出台的政策性文件。二是“两非”案件要查处到位，并及时向省人口计生委报送信息材料。三是信访工作要落实到位，掌握动态。落实信访包保责任制。四是要做好总结、宣传工作。要严格贯彻落实中央、省文件精神，坚决杜绝大月份引产；要坚决贯彻社会抚养费“收支两条线”的规定，杜绝“坐收坐支”；要省市联动，争取省市企业退休职工计生奖励政策有突破。

省人口计生委阮力艰副主任调研汉南区人口计生工作

8月29日，省人口计生委阮力艰副主任带队专题调研我市汉南区人口计生工作。市人口计生委刘庆香副主任领导陪同调研。

阮力艰副主任一行参观了汉南区新落成的区人口健康公共服务中心大楼，认真听取了汉南区人口计生工作情况汇报。

阮力艰副主任对汉南区党政领导高度重视人口计生工作，各项工作持续稳步开展，提前完成全年目标给予了高度肯定。对区委区政府在大人口、大卫生的框架下，打破公共卫生事业发展的固有格局，将区妇幼保健所和区计划生育服务站两家事业单位重组成区人口健康公共服务中心，实现资源共享、优势互补的举措给予了高度评价，称这在全省是一个创举。他希望汉南区人口健康公共服务中心要加快业务融合和流程再造的步伐，让资源整合后的巨大优势得以发挥，让效益和效率“一加一大于二”，在全省起到引领示范作用。

省人口计生委副主任李元彪专题调研武汉市省级阳光计生行动示范区创建工作

8月24日，省人口计生委副主任李元彪对我市创建省级阳光计生行动示范区工作进行专题调研。市人口计生委主任李丹芳、纪检组长周汉超陪同调研。

调研组以查阅资料、现场查看、组织座谈的形式，对武昌区计划生育服务中心、小东门人口计生“三公开”长廊、水果湖人口文化步行街、放鹰台社区、徐家棚街及青山区青宜居、绿景苑社区进行了调研检查。调研组充分肯定我市受检区在创建省级阳光计生行动示范区工作上，思想重视，措施得力，悉心打造了形式多样、亮点突出的示范典型。调研组希望我市进一步加大示范区创建阳光计生行动力度，将武汉市阳光计生行动打造成全省乃至全国有影响的品牌。

第39期

- 市人大调研武汉市贯彻执行《中华人民共和国人口与计划生育法》情况
- 中国人口福利基金会龙文教育基金向新洲区延安希望小学、江夏区乌龙泉中学捐赠校车仪式隆重举行
- 市政府召开首届人口文化节专题调度会议
- 市人口计生委组织学习贯彻李丹芳主任进一步求实的工作要求

市人大调研武汉市贯彻执行《中华人民共和国人口与计划生育法》情况

9月3日，市人大常委会副主任郑永新一行专题调研我市贯彻执行《中华人民共和国人口与计划生育法》情况。

市人大调研组听取了市人口计生委关于《中华人民共和国人口与计划生育法》贯彻执行情况的汇报，重点调研了《武汉市人口计划生育办法》的修订进展情况，充分肯定了全市人口计生工作取得的成绩，对进一步做好全市人口计生工作提出了十分重要的指导意见。

郑永新副主任指出，今年以来，全市人口计生工作有很多新开拓和新发展，各项工作都取得了长足的进步，各部门之间的协调配合更加有力，引起了市委、市人大、市政府的高度关注，值得充分肯定。当前，人口计生工作进入历史时期，工作内容由单一的控制人口过快增长向加强人口规划、注重顶层设计、促进人口健康、提高人口素质以及综合治理出生人口性别比等方面转变。工作内容更宽泛，工作要求更高。要适应人口计生工作的新形势、新任务和新要求，全面加强人口计生工作。

郑永新副主任要求，要切实做好修订《武汉市计划生育管理办法》的各项前期准备工作。一是要在充分调查研究的基础上，起草《武汉市人口计划生育办法》修订草案，对需要修订的内容进行认真梳理，突出我市人口计生工作的特色和亮点。二是要广泛征求基层人口计生部门、法律专家和相关部门的意见，特别是要加强同相关部门的沟通协调，就需要修订的内容达成一致意见。三是要成立工作专班，加强同市人大教科文卫委员会、市人大法规室和市政府法制办的衔接，争取他们的支持，提前介入《武汉市人口计划生育办法》的修订工作。四是要制定具体的工作日程表，并按照工作进度安排积极推进各项工作，确保《武汉市人口计划生育办法》的修订纳入2013年度市人大立法计划，确保市人大审议顺利通过。

中国人口福利基金会龙文教育基金向新洲区延安希望小学、江夏区乌龙泉中学捐赠校车仪式隆重举行

近日，由中国人口福利基金会龙文教育基金主办，市人口计生委、市计生协、新洲区人民政府承办的“开往春天的校车”捐赠仪式在新洲区徐古镇延安希望小学举行。中国人口福利基金会国际合作部部长李晓琳，龙文教育集团总裁刘映东出席捐赠仪式并致辞。

“开往春天的校车”是由中央电视台新闻中心与中国人口福利基金会合作推出的公益活动。由中央电视台、中国人口福利基金会牵线搭桥，中国人口福利基金会龙文教育基金分别向新洲区徐古镇延安希望小学、江夏区乌龙泉中学各捐赠了一台“东风超龙”校车。延安希望小学、乌龙泉中学一部分偏远地区的中小学生将从新学年开始告别上学难。

中央电视台、中国教育电视台及长江日报、武汉晚报、楚天金报等媒体现场采访报道。中国教育电视台录制了专题节目。

市政府召开首届人口文化节专题调度会议

9月3日，市政府召开首届人口文化节调度会议，对即将开幕的首届人口文化节有关工作进行专题调度部署。市政府副秘书长周元主持会议并讲话。市委宣传部、市人口计生委、市公安局、市广电局、市城管局、市文化局、市卫生局、市公安交管局、市园林局、市信访局等部门和单位负责人参加会议。

市人口计生委巡视员吴克敏通报了武汉市首届人口文化节的各项活动安排和筹备工作进展情况。目前，人口文化节各项筹备工作紧张有序地稳步推进。一是十佳幸福家庭等评选表彰活动完满结束；二是创建幸福家庭活动和“十佳”人口示范基地两个专题片的拍摄正式定稿；三是论坛准备工作已经就绪；四是展览活动的设计策划等工作已经进入制作布展阶段；五是宣传氛围营造有序进行。

首届人口文化节筹备工作领导小组办公室主任、市人口计生委主任李丹芳对人口文化节的进展情况和需要各部支持配合的事项作了补充发言。她说，武汉市首届人口文化节以弘扬传播人口文化、树立婚育新风、创建幸福家庭、建设幸福武汉为

目的，紧紧围绕着时代性、思想性、专业性、地域性、互动性、创新性来打造，希望各部门以营造人口文化为前提，以安全有序为保障，共同办好人口文化节。

会议对人口文化节的活动组织、嘉宾接待、安全保卫、信访稳定、交通疏导、后勤保障等工作进行了调度部署。市政府副秘书长周元强调，举办人口文化节是一项创新性举措，既能彰显武汉市人口计生工作的特点，又能展现武汉市特色文化。各部门要通力协作，充分做好组织保障工作，注重整个活动的各个细节，积极预演彩排，保障人口文化节的圆满成功。

市人口计生委组织学习贯彻李丹芳主任进一步求实的工作要求

9月3日，市人口计生委召开各区分管发展规划工作的副主任会议，学习市人口计生委党组书记、主任李丹芳在《新洲区人口计生委关于对阳逻街汪集街计生办违规删除人口出生信息的通报》上的要求。

近期，新洲区通报了阳逻街、汪集街计生办违规删除人口信息的问题，并在全区范围内开展了人口信息全面清理清查。市人口计生委主任李丹芳充分肯定了新洲区的做法，批示要求“各区要动真格、求实效、结实账，不准瞒报、漏报、虚报及违规删除相关人口计生信息，一经发现，市里将严肃查处，严格追责”。

会上，市人口计生委副主任高惠祥要求各区人口计生部门要认真学习传达李丹芳主任的相关精神，对此类行为高度重视，引以为戒，自查自纠，举一反三，并做好以下三个方面的工作：一是要进一步强化统计求实的责任意识。各区一定要加强对《统计法》的学习和宣传，充分认识统计数据弄虚作假的危害性，切实增强执行《统计法》的责任感和使命感。二是要切实抓好人口计生信息清理清查。各区一定要抓住剩下的时间，全面开展一次清理清查，特别是对相关部门（如省共享平台、公安入户等）反馈的信息以及全员人口数据库异常变动的信息进行核查，及时更正差错信息，做到人口信息应报尽报，确保目标数据真实准确。三是要严厉打击人口计生统计工作中的弄虚作假行为。要进一步完善统计管理制度，加强对统计过程的监管，对容易出现统计数据弄虚作假的环节，要加大检查力度。对清理清查发现的弄虚作假行为和责任人，一经查实，按规定严格实行计划生育“一票否决”和治庸问责。

第40期

●市长唐良智、副市长刘英姿亲临武汉展览馆视察首届人口文化节布展工作

●市人口计生委召开首届人口文化节临战动员部署会

市长唐良智、副市长刘英姿亲临武汉展览馆视察首届人口文化节布展工作

9月12日下午，在首届人口文化节即将召开的关键时刻，市长唐良智、副市长刘英姿亲临武汉展览馆，视察首届人口文化节布展工作。

当天下午，市长唐良智、副市长刘英姿来到武汉市首届人口文化节主会场——武汉展览馆一楼东厅，利用近一小时，对整个展馆进行了视察。唐良智对举办首届人口文化节给予充分肯定。他指出，举办首届人口文化节很好，它把人口文化与民俗文化、地域文化有机融为一体，寓教于乐、寓教于情景之中，很有创意。

市人口计生委召开首届人口文化节临战动员部署会

9月11日上午，市人口计生委召开全体工作人员会议，就举办武汉市首届人口文化节进行临战前的动员和部署。市人口计生委主任李丹芳对全体工作人员作临战动员讲话，市人口计生委副主任高惠祥、巡视员吴克敏分别对文化节期间的重点工作和细化流程进行了具体分工和部署。

李丹芳主任要求，全体工作人员要做到“四好”，为宣传、服务、奉献首届人口文化节作出贡献。一是要备好课。要充分理解以婚育文明、性别平等、计划生育、优生优育、生殖健康、家庭幸福、道德风尚等为主要内容的人口文化内涵；全面掌握人口文化节本身所具有的思想性、时代性、专业性、地域性特点和体现“两全”丰硕成果、传播生殖健康科学知识、展现市民幸福家庭美好愿景的主要特征；切实领会举办人口文化节的目的是宣传婚育新风，倡导生育文明，提高人口素质，展示人口文化内容，彰显创建幸福家庭成果，提升城市品质形象，促进国家中心城市建设，以优异的成绩向党的“十八”大献礼。二是要听好调。要求全体人员服从统一指挥、统一调度、统一行动。三是履

好职。要做好思想认识到位，工作责任到位，团队协作到位。四是要服好务。要做始终做到全程责任到位，热情服务到位，确保实现首届人口文化节隆重、节俭、安全、圆满的总目标。

第41期

●武汉市“幸福江城”首届人口文化节隆重开幕

武汉市“幸福江城”首届人口文化节隆重开幕

9月13日上午，武汉国际会展中心人头攒动，热闹非凡。由武汉市委宣传部、市人口计生委共同举办的“幸福江城”首届人口文化节隆重开幕。省委常委、宣传部部长尹汉宁出席文化节开幕式并讲话，市政协主席吴超宣布人口文化节开幕。尹汉宁指出，武汉市举办如此大规模的人口文化节，在湖北省尚属首次。文化是民族的血脉、人民的精神家园，人口文化是关于人自身发展的文化；希望通过此次文化节，宣传人口政策，普及人口知识，倡导婚育新风，推动人的全面发展。

国家人口计生委有关部门领导，省人口计生委党组书记胡菊萍、主任杨云彦，市委副书记、市政法委书记胡曙光，市委常委、常务副市长贾耀斌，市委常委、宣传部长彭丽敏等有关领导出席开幕式。江苏省及南京、郑州、广州、西安、长沙、成都、沈阳、长春、南昌、太原等城市人口计生委负责人，省内各市、州人口计生委负责人应邀参加了本次人口文化节。

第 42 期

- 省人口计生委、省计生协到武汉评估验收人口计生基层群众自治千村（居）示范活动
- 市人口计生委领导分别调研江汉区、汉阳区及江夏区人口计生工作

省人口计生委、省计生协到武汉评估验收人口计生基层群众自治千村（居）示范活动

9 月 21 日，省人口计生委副主任朱惠民率省人口计生委、省计生协人口计生基层群众自治千村（居）示范活动中期评估验收小组，深入江岸区二七街二炮社区开展人口计生基层群众自治示范活动评估验收。

评估验收小组听取了江岸区人口计生委、计生协和二炮社区关于开展人口计生基层群众自治示范活动的工作汇报，考察了二炮社区人口计生基层群众自治的组织网络、规章制度、服务活动、阵地建设、利益导向等方面的工作。

朱惠民副主任对江岸区人口计生基层群众自治示范活动给予了充肯定，认为江岸区人口计生基层群众自治工作体现了"三新"，即理念新，措施新，开创了基层人口计生工作新局面。对二炮社区"军地携手，军民共建"人口计生工作的作法和成效给予了高度评价，认为二炮社区人口计生基层群众自治工作体现了以人为本、以群众为主体的理念，突出表现在"三高"，即领导认识高、队伍素质高、工作起点高，制度很全、活动丰富、效果很好。

武汉市人口计生委主任李丹芳表示，将进一步加大工作力度，推广二炮社区开展人口计生基层群众自治示范活动的经验，全面提升全市人口计生基层群众自治示范活动、特别是诚信计生工作水平。

市人口计生委主任李丹芳调研江汉区汉兴街流动人口网格化管理工作

9 月 20 日，市人口计生委党组书记、主任李丹芳，副主任高惠祥一行调研了江汉区汉兴街人口计生工作。实地察看了常二社区流动人口人口计生服务管理情况和

村居在线服务平台应用情况，听取了汉兴街人口计生工作情况的汇报，了解了汉兴街在推行社会管理创新网格化管理中人口计生工作落实情况。江汉区委副书记李海燕陪同调研。

李丹芳主任详细了解了汉兴街人口计生工作中的做法，特别是流动人口的服务管理状况，分析了汉兴街面临的人口形势和当前工作中存在的问题。她指出，汉兴街是典型的城乡结合部，是武汉市最大的流动人口聚集地，做好流动人口服务管理在全市有很强的示范意义。一是要抓创新。借助全市推行社会管理创新网格化管理的契机，探索流动人口网格化管理的新模式。二是要强队伍。对规模大、流动人口多的社区要增强人口计生力量。三是要加投入。采取街道为主、区级补贴、市级项目奖励的办法，加大对社区人口计生工作经费的投入。四是要强基础。要摸清底数、掌握实情、如实上报，不断强化基层基础工作。五是要明责任。要始终坚持人口计生工作主要领导负责制，落实措施、明确责任，严格奖惩兑现。要通过创新的办法，攻难点、造亮点。

市人口计生委主任李丹芳调研
汉阳区人口计生工作

9 月 21 日，市人口计生委党组书记、主任李丹芳调研汉阳区人口计生工作。李丹芳主任听取了汉阳区 2012 年度人口计生工作责任目标执行情况汇报，重点检查了依法行政和诚信计生等有关工作。

李丹芳主任强调，2012 年度考核在即，人口计生工作要继续保持高压态势，做好功课结好账。一是要对 2012 年度各项责任目标执行情况进行全面梳理、查漏补缺，确保人口计生各项责任目标全面完成；二是要确保数据真实准确，杜绝瞒报、漏报；三是进一步加大打击“两非”力度，确保“两非”案件查处到位；四是解决计划生育特殊困难人员诉求要依法依规有情操作；五是要认真编制好 2013 年度经费预算，坚持“民生为本、规范科学”的方针，推进人口计生工作创新发展；六是认真做好人口文化节的总结工作，将人口文化与地域文化紧密结合，打造人口文化新亮点；七是加强同有关部门的衔接，全面落实企业退休职工一次性奖励；八是要坚持依法行政，杜绝大月份引产，杜绝恶性案件发生，对政策外生育的要依法征收社会抚养费。

汉阳区委书记曹裕江、副书记盛继亮陪同调研。

市人口计生委对江夏区诚信计生、依法行政示范街乡进行评估验收

9月21日，市人口计生委副主任舒文斌率相关处室领导对江夏区诚信计生、依法行政示范街乡进行了评估验收。

评估组一行通过查阅资料、现场观摩示范点、与群众座谈等方式，全面了解开展诚信计生活动及落实依法行政工作。舒文斌副主任对江夏区所做的工作给予了充分肯定。

他强调，在诚信计生，依法行政工作中，一定要突出工作重点，不回避工作难点和弱点，要通过工作这种活动，更进一步规范和夯实依法行政工作。他要求，一是宣传要做到第一位。加强政府正面引导，采取多种形式达到宣传平衡点，让群众潜移默化地理解支持人口计生工作；二是工作规范，注重细节。工作规范是衡量人口计生工作的基础，每个环节要按照规范要求落实到位；三是要适应新情况、新问题。通过创新工作方式方法，研究和解决好以家庭为核心的问题，实现人口计生科学的管理和服务体系，进一步推动江夏人口计生工作走在全市前列。

第43期

- 刘英姿副市长在全国经验交流会上介绍武汉市创建幸福家庭活动经验
- 市人口计生工作领导小组办公室召开中秋茶话会

刘英姿副市长在全国经验交流会上介绍武汉市创建幸福家庭活动经验

9月24日，全国创建幸福家庭活动经验交流会在宁波召开。刘英姿副市长代表我市作了题为《建立社会保障和服务体系，提升计划生育家庭幸福指数》的发言，交流了我市开展创建幸福家庭活动试点工作、实施“12·300乐福家”行动计划的经验。出席会议的国家人口计生委主任王侠、中国计生协常务副会长杨玉学、

中国人口福利基金会理事长赵炳礼及与会代表一致评价我市计划方案周密，措施活动具体，展品丰富多彩，创建成效明显。

自2011年5月我市被国家人口计生委确定为全国创建幸福家庭活动试点市以来，市委、政府高度重视，坚持党政领导、统筹协调，将创建幸福家庭活动纳入全市经济社会发展总体规划，与建设幸福武汉有机融合；市人口计生委、市计生协，围绕“文明、健康、优生、致富、奉献”五个方面，以保障为重点、以家庭为单位、以幸福为目标，创新和完善计生家庭保障体系、优化创建幸福家庭服务体系、创新城乡家庭致富发展模式，探索了具有武汉特色的幸福家庭创建模式。

作为全国5个副省级试点市之一，我市在全国经验交流会场展出了《武汉市创建幸福家庭经验材料汇编》、《武汉市创建幸福家庭文件汇编》、《媒体聚焦武汉市首届人口文化节集锦》、《中国人口报》“幸福江城我的家”专版、《长江日报》“幸福江城”首届人口文化节：“人民的节日”专版、《武汉市首届人口文化节展馆掠影》、《武汉市“十佳人口文化示范基地”集锦》、《武汉市“十佳幸福家庭”集锦》等图文并茂的展品，集中展示了武汉开展创建幸福家庭活动取得的丰硕成果。

市人口计生工作领导小组办公室召开中秋茶话会

金风送爽，丹桂飘香。9月21日，市人口计生委高朋满座，笑语满堂。市人口计生工作领导小组办公室举办中秋茶话会，邀请各成员单位负责人共叙友谊，共商国策。

市人口计生委党组书记、主任李丹芳发表了热情洋溢的讲话，对各部门长期以来对人口计生工作的支持表示衷心的感谢。她说，全市人口计生工作在市委、市政府的正确领导下，在各部门的大力支持和共同配合下，坚持创先争优，创新发展，多项工作走在同类城市前列，是全国人口计生综合改革示范市、“婚育新风进万家”活动示范市、全国流动人口计划生育基本公共服务均等化试点市和“创建幸福家庭”活动试点市。今年以来，市委、市政府进一步加强了对全市人口计生工作的领导，阮成发书记、唐良智市长多次亲自研究和部署人口计生工作，市委、市政府出台了一系列加强人口计生工作的政策性文件。市“四大家”领导多次深入基层调研指导人口计生工作。市人口计生工作领导小组各成员单位在“关爱女孩”，打击“两非”，综合治理出生人口性别比，推进流动人口计生均等化服务，完善和落实人口计生奖励政策，倡导人口文化，创建幸福家庭等多方面密切协作，共同配合，有力地促进了全市人口计生工作的深入发展。特别是前不久举办的“幸福江城”武汉市首届人口文化节，得到了市委、市政府的高度重视和关怀，得到了市委宣传部、文化局、教育局、卫生局、广电局、城管局、公安局等多部门的大力支持，取得了圆满成功，被誉为四个空前：一是主题展馆规模空前；二是新闻媒体聚焦空前；三是群众参与热情空前；四是社会各界好评空前。

李丹芳主任说，2012 年度考核在即，各成员单位要认真对照唐良智长签发的目标责任书，做好自查和总结工作。再加力度，再上措施，齐心协力，共同完成省委、省政府下达的人口计生责任目标。

与会各单位代表饶有兴趣地观看了反映幸福家庭活动创建的专题片《幸福花开千万家》，欣赏了由人口计生部门自编自演的妙趣横生的文艺节目。市人口计生委副主任王怀卓主持中秋茶话会。

第 44 期

●武汉：联合执法，打击“两非”秋季告捷

●2012 年度“两非”案件首获刑事判决

武汉：联合执法，打击“两非”秋季告捷

截至 9 月 20 日，由市公安局、市卫生局、市人口计生委、市食品药品监管局四部门组成的联合执法专班共派出 239 人次，开展了六次打击“两非”联合巡查，分别对江岸区百步亭社区、后湖街、塔子湖街，江汉区汉兴街，武昌区徐家棚街，青山白玉山街、武东街，洪山区卓刀泉街，硚口区六角亭街、荣华街的医疗机构、个体诊所、药品销售企业、零售药店进行了突击式联合执法行动，共巡查个体诊所 45 家、药品零售企业 8 家、零售药店 23 家、大型妇产科民营医疗机构 14 家。现场处理两家无证个体诊所，收缴无正规渠道销售的药品四箱，18 种药品主要为抗病毒和消炎药品，扣押民营医疗机构库存的 18 片“米索前列醇”和违规药品乳酸依沙吖啶注射液 32 盒，依法追查开具的终止妊娠药品，现场查处青山区陈解和西医内科诊所并依法移交青山区处理，下达处理整改意见书 4 份。

此次组织的部门大规模集中联合执法行动有效打击了不法个体行医、游医行医，民营医疗机构不规范行医，药品零售批发企业，零售药店违规销售终止妊娠药品等违法行为，进一步提高了老百姓对“两非”行为危害性的认识，进一步净化了药品销售和医疗环境，群众无不拍手称快。持续 3 个月的联合执法行动，有力地震慑了“两非”行为，达到了预期目的。

2012年度“两非”案件首获刑事判决

2012年9月21日，武汉市今年首例“两非”刑事案件在东湖高新区人民法院一审宣判，依法判处江某非法节育手术罪有期徒刑八个月，处罚金人民币1万元，并没收手术器械。

经查，被告人江某未取得医生职业资格，在武汉东湖高新区花山街花山大道166号私自开设无证医疗诊所。自2004年至2010年10月间，被告江某在诊所内违法为多人实施了终止妊娠手术，为张某某实施了摘取宫内节育器手术。2012年3月13日，江某被抓获，同日因涉嫌犯非法行医罪被刑事拘留，同月28日因涉嫌犯非法进行节育手术罪被逮捕。9月4日，东湖高新区检察院依法向高新区法院提起起诉。9月21日，高新区法院依照《中华人民共和国刑法》第三百三十六条第二款、第六十四条和《最高人民法院、最高人民检察院、司法部门关于适用普通程序审理“被告人认罪案件”的若干意见（试行）》第九条的规定，依法对江某予以审判，江某对所犯事实供认不讳。

第45期

●市委副书记胡曙光要求继续深入推进“生育文明·幸福家庭”创建活动

●武汉市提前两个月完成孕前优生健康检查为民办实事任务

市委副书记胡曙光要求继续深入推进“生育文明·幸福家庭”创建活动

10月9日，省人口计生委主持召开“生育文明·幸福家庭”创建活动电视电话会议，武汉市人口计生工作领导小组各成员单位负责人在市委会议中心分会场听取了此次会议精神。

省电视电话会通报了全省“生育文明·幸福家庭”创建活动，表彰了一批创建活动的先进集体、个人及生育文明家庭发展标兵户。刘英姿副市长代表武汉市委、市政府在会上作交流发言。

市委副书记胡曙光在武汉分会场指出，开展“生育文明·幸福家庭”创建活动是引领广大群众和家庭走向文明、走向幸福的甜蜜事业，全市要积极响应这一活动，为建设国家中心城市创造良好的人口环境。胡书记要求，一要深刻理解开展“生育文明·幸福家庭”创建活动的重要意义，将生育文明建设与精神文明建设相结合，与实施新农村新家园行动相结合，与解决群众实际困难相结合。二要扎实推进“生育文明·幸福家庭”创建活动。要通过创建活动提升人口工作水平，提升家庭幸福指数。三要切实加强对“生育文明·幸福家庭”创建活动的领导，齐抓共建，保障投入。

市委副秘书长张捷主持分会场会议。市政府副秘书长周元，市人口计生工作领导小组成员单位负责人参加会议。

武汉市提前两个月完成孕前优生健康检查为民办实事任务

2012 年，市委、市政府将实施“为两万对符合生育政策，计划怀孕的农村夫妇（含流动人口）免费孕前优生健康检查服务”项目列入为民办事实的内容。工作由市人口计生委牵头、市卫生局、市财政局、市民政局协办。

自 3 月份项目启动以来，各级政府加强领导、强化措施、扎实推进、稳步扩大免费孕前优生健康检查项目覆盖面。目前武汉市国家项目试点 6 个，省级项目试点 7 个，市级项目试点 4 个，在全省率先实现了项目的全覆盖，完成率为 109.31%，人群覆盖率为 87.45%，宣传覆盖率为 100%，优生咨询培训 4 万多人，优生知识知晓率为 100%，超进度完成了目标。

一是加强领导，优化项目实施环境。高层倡导，纳入市政府实事项目。市政府领导专题研究，专门重点部署。将开展国家免费孕前优生健康检查纳入人口计生目标管理责任制和人口计生绩效管理考核之中，签定目标，明确职责，完善制度。市财政、卫生、民政等部门积极配合，整合调动部门资源。

二是宣传造势，营造项目舆论氛围。加强宣传力度、提高优生项目群众参与度。依托大众媒体、人口计生网络、部门窗口及各项项活动，大力宣传“促进优生优育、预防出生缺陷”的知识，进一步增强了待孕夫妇对出生缺陷危害的认识，提高了优生优育和生殖健康知识的普及率。全市形成了立体式、全覆盖的宣传格局，真正做到项目政策和优生知识家喻户晓。

三是注重能力，提升项目工作水平。着力改造硬件设施，全市投入 200 多万元，改造了实验室。投入 1 000 多万元，更新了检验设备。注重引进人才，强化培训，提高技术人员业务素质和服务能力。

四是服务优质，保障项目规范运作。完善检查服务模式和制度规范，制定了《武汉市孕前优生健康检查实验室质量考核标准》，细化高危风险对象评判标准，结合实际案例编制了《孕前优生风险评估案例指导手册》，实行了基础质量的标准化。开展质量评价。与武汉市临检中心联系，委托其指导区服务机构全面加强质量管理，健全工作制度，完善监督机制，加强室内质控。

五是加强督导，促进项目责任落实。实行周调度、月通报制度，季汇报，制定考评标准，加强了项目的督察通报。加强项目督导，强化对各区项目进展情况的督察。按时上报报表和信息。

项目实施在全市逐步建立起“政府主导、人口计生牵头、部门配合、专家支撑、群众参与”的出生缺陷一级预防工作机制，将预防关口前移，有效降低出生人口缺陷率，提高了计划怀孕夫妇优生检查的覆盖率和计划怀孕夫妇优生科学知识、生殖健康知识的知晓率；加强对计划怀孕夫妇人员的服务随访率；增强计划怀孕夫妇预防出生缺陷的风险意识和防御能力，进一步提高了全市出生人口素质。

第46期

- 省人口计生委副主任刘望清检查武汉市依法行政和诚信计生工作
- 市人口计生委调研全国“生育关怀·创建幸福家庭——防治寄生虫，促进健康行动”项目进展情况
- 内蒙古乌海市考察团参观汉阳区人口计生工作
- 洪山区“青苹果之家”在全市幸福社区创建工作现场推进会上引起关注

省人口计生委副主任刘望清检查武汉市依法行政和诚信计生工作

10月12日，省人口计生委副主任刘望清带领检查评估组一行，深入到武汉市武昌区徐家棚街及油料所社区检查评估全市人口计划生育依法行政示范街道（乡镇）和诚信计生工作。

刘望清副主任来到油料所社区和徐家棚街政务中心，查看“阳光计生”政务公开栏，详细询问信息化建设及便民办证系统使用情况，参观了人口文化室，翻阅《生育服务证》、《生育证》与《流动人口婚育证明》办理档案，与社区专干、中心户长以及街道执法人员开展热烈座谈，详细了解奖励政策、生殖健康服务落实及诚信计生开展情况，听取了武汉市、武昌区开展人口计划生育依法行政示范街道（乡镇）和诚信计生工作的情况汇报。市人口

计生委党组书记、主任李丹芳、副主任王怀卓陪同检查评估活动。

刘望清副主任充分肯定了武汉市及武昌区今年的依法行政、诚信计生工作。他指出，今年以来，武汉市、武昌区领导重视、工作扎实、管理创新、特色鲜明、成效显著。他强调，武汉市、武昌区地位特殊、人口基数大，要按依法行政的要求全面做好人口计生工作，并对做好下步工作提出四点意见。一是要进一步完善、推进几项重点工作。落实好计划生育特殊家庭关爱关怀政策，细化操作措施。二是平稳推进城镇年老计划生育夫妇一次性奖励政策，做好与现有奖励政策的衔接。三是探索完善B超实名购买和依靠监控措施，严厉查处“两非”案件。四是认真总结经验，思考明年工作。武汉市今年信访工作处理及时、措施严谨、比较平稳，做得很好，要注意总结经验。当前，人口计生工作处于转型发展期，要更加注重利益导向、更加注重优质服务，全面贯彻依法行政，坚持综合治理出生人口性别比，提供优质高效的便民服务。

市人口计生委调研全国“生育关怀·创建幸福家庭——防治寄生虫，促进健康行动”项目进展情况

10月9日，市人口计生委副主任、市计生协副会长高惠祥到黄陂区调研全国“生育关怀·创建幸福家庭——防治寄生虫，促进健康行动”项目进展情况。

高惠祥听取了黄陂区人口计生委主任、区计生协常务副会长易志林关于“生育关怀·创建幸福家庭——防治寄生虫，促进健康行动”项目进展情况的汇报，详细了解了项目实施面临的困难和问题。

高惠祥对黄陂区在项目实施过程中组织领导到位、宣传发动到位、部门协作到位、普查检测到位、配套经费到位的做法给予了充分肯定。同时要求黄陂区进一步扩大土源性线虫的普查，加强药品发放的监管，确保项目取得实效。

内蒙古乌海市考察团参观汉阳区人口计生工作

2012年10月15日，内蒙古乌海市考察团一行11人在市人民政府副秘书长丁毅、乌海市人口计生委主任刘素红的带领下，来到汉阳区江堤街江欣苑社区参观学

习社区计生服务工作。

考察团一行重点参观了社区党员群众服务中心、青少年活动空间，“三优宝宝”体验馆，对计划生育家庭致富基地——高龙传承园以及高龙博物馆、江欣苑家庭人口文化、楼道文化等做了详细考察，考察团对该社区计生管理工作表示了赞许，认为社区不仅拥有完善的计生服务硬件设施，而且在计生宣传，生育文明普及方面工作做得细，真正将计生工作融入到大环境当中，融入群众生活之中。考察团随后到汉阳区正在建设中的十里铺建材市场流动人口服务站工地参观，与服务站工作人员交谈，询问了建成后的服务项目和服务规模。

洪山区“青苹果之家”在全市幸福社区创建工作现场推进会上引起关注

10月17日下午，全市幸福社区创建工作现场推进会在洪山区召开，各区分管领导、民政局局长、市直相关部门负责人参加了会议，刘立勇副市长到会指导并视察了北港社区人口文化园和丽岛社区“青苹果之家”，洪山区委书记刘涛、代区长陈新垓陪同视察。刘立勇副市长详细询问了青苹果之家功能设置和活动开展情况，体验了多媒体互动和沙盘游戏，对“青苹果之家”项目建设和开展青少年健康人格教育予以充分肯定。

作为全国青少年健康人格工程实施的重要载体，“青苹果之家”是青少年儿童获取健康人格知识的课堂，释放压力、寄托心灵的空间，接受传统文化熏陶的场所，与父母和专家沟通的桥梁，是青少年儿童品德和素质教育的第二课堂。洪山区“青苹果之家”建设除按照国家基本要求设置了大讲堂、心灵花园、书吧、茶吧、百草屋、国学堂等功能外，还结合社区的特点，设置了动感地带、释放空间、放学来吧、塑身心等功能场所，根据青少年年龄性格特点，通过多媒体、互动传媒手段，将娱乐功能和青春期健康教育和人格教育融为一体，运用多点触控大屏技术将授课、影像音融为一体，将青春健康知识融入电子游戏中，通过游戏答疑解惑；让青少年在寓教于乐、轻松活泼的氛围中更好地认识自己生理、心理的变化和困惑。同时也让来“青苹果之家”的家长们有所收获，更好的理解、教育、帮助青少年珍惜青春年华。

第 47 期

●人民的节日

——“幸福江城”首届人口文化节纪略

人民的节日

——“幸福江城”首届人口文化节纪略

一、概况

9 月 13 日至 15 日，武汉市成功举办“幸福江城”首届人口文化节，被媒体誉为：主题展馆规模空前、新闻媒体聚焦空前、群众参与热情空前、社会各界好评空前。

13 日，首届人口文化节在武汉国际会展中心盛大开幕，国家人口计生委有关部门负责人，省、市领导，国内知名专家学者，以及省内外部分城市人口计生部门负责人，约 300 人参加这一盛会。市长唐良智、副市长刘英姿亲自到会展中心视察，市委常委、宣传部长彭丽敏致辞，省委常委、宣传部长尹汉宁讲话，市政协主席吴超宣布开幕，市委副书记胡曙光参加开幕式并主持欢迎宴会。开幕式上表彰了全市首批“十佳幸福家庭”，现场播放专题片，主持人宣读颁奖词，受表彰家庭与观众积极互动，场面十分热烈。

首届人口文化节精心策划了 18 个场馆。生命起源馆、江城人口馆、幸福家庭馆，以现代科技手段探索演绎生命的起源，以多元化的方式展现大武汉的人口发展，以独特的视角展示家庭幸福和谐的风采；早期发展馆、青春健康馆、两性情趣馆、孕育体验馆、中年保健馆、老年福寿馆，阐释新时期人口工作服务全人群、服务生命的全过程的理念和发展方向；高龙文化馆、知音文化馆、木兰文化馆、问津文化馆、吉庆街文化馆、汉正街文化馆，以立体化的形式集中展示深厚的荆楚文化；图书馆、演艺馆、作品馆，以人口文化创作精品，演绎出最炫的人口文化风。市长唐良智给予高度评价：首届人口文化节很好，将人口文化与社会文化、民俗文化相融合，很有特点；寓教于乐，寓教于情景之中，很有创意。

13 日下午，首届人口文化节论坛开讲，南开大学教授原新，中国人民大学教授穆光宗，湖北省人口计生委主任、中南财经政法大学教授杨云彦 3 位人口理论专家作主题演讲，围绕新时期的人口形势、挑战与任务，家庭人口文化建设，中国城市化对人口工作的影响等专题展开交流和探讨。

14 日下午，首届人口文化节专家讲座在武汉市图书馆报告厅隆重举办，500 余名听众参加，武汉大学杨菁教授以延缓女性衰老、提高生活质量为题，就人们对健康认识的误区，衰老的前期征兆和原因，如何预防衰老、建立良好的生活方式等内容做了精彩讲授。

15日晚，闭幕式在中南剧场华丽举行，集中展演了全市人口计生系统创作的文艺节目，给观众献上了一道丰盛的精神文化大餐，演绎了江城人口文化的华美乐章。市人口计生委主任李丹芳高度概括了首届人口文化节的深远意义：它是一道人口文化盛宴，一次人口工作的成果展示，一场生殖健康知识的科普宣传，一堂引导青少年健康成长的课程，更是一幅描绘江城人民走向幸福的美好画卷！

二、特点

（一）办节宗旨与中心工作紧密结合，思想性突出

举办首届人口文化节是深入贯彻落实我市第十二次党代会提出的“建设国家中心城市”的战略部署，深入推进“幸福武汉”和“文化五城”建设，大力弘扬中华民族优秀传统文化的具体体现；是展示我市人口事业成就与发展的有效载体；是着力建设以“婚育文明、性别平等、计划生育、优生优育、生殖健康、家庭幸福”为主要内容的家庭人口文化的良好契机。首届人口文化节积极倡导科学、文明、进步的婚育新风，促进我市文化建设大繁荣大发展，以实际行动迎接党的十八大胜利召开。

（二）传统服务与发展方向紧密结合，时代性显著

首届人口文化节将传统的计划生育宣传、药具、生殖健康三大服务拓展到早期发展、青春健康、两性情趣、孕育体验、中年保健、老年福寿等内容，展示了人口计生工作服务全人群、服务生命全过程的理念，喻示了服务内容和服务方式的全面转型。宣传方式也由过去的灌输式变为科技手段的普遍运用，游戏互动、摸触体验展现的宇宙大爆炸、生命的起源、人类的产生和光影控制的孕育体验知识，反映着人口文化宣传与社会经济发展、群众精神需求相适应的时代特征。

（三）人口宣传与文化传播紧密结合，专业性彰显

著名性学家、华中师范大学教授彭晓辉写给两性情趣馆的留言是：展现了古代性文明的精髓，弘扬婚育新文明，达到了开展性教育的目的。场馆布局合理、实物精致、设计新颖，“拂去尘埃见本性”，具有很高的思想性、艺术性、科学性和教育性。来自东西湖区的准妈妈黄小玲表示：“参观了孕育体验馆后，体验了孕育优生、营养搭配、婴儿护理等现场活动，特别是让老公体验我即将面临的辛苦，能让他更关心我，感到收获颇深。”每个展馆都留下了现场观众的心声，展现的内容科学、专业，表现的方式新颖、多样，取得了良好的科普宣传效果。

（四）人口文化与地域文化紧密结合，表现性丰富

武汉市是中部地区中心城市，高龙文化、知音文化、木兰文化、问津文化在这片土地上交相辉映。同时又是全国重要的交通枢纽和教育大市，78所大专院校，

200多万流入人口，各种外来文化在此生息繁衍，汇聚成极具代表性的“敢为人先、追求卓越”的城市精神。首届人口文化节充分考虑上述因素，专门开辟了高龙文化馆、知音文化馆、木兰文化馆、问津文化馆、吉庆街文化馆、汉正街文化馆，将人口文化与荆楚文化相融合，比如木兰文化以独特的视角诠释了新时期人口文化关爱女性的理念。

（五）办节质量与服务能力紧密结合，创新性凸显

如此大规模的人口文化节在省内尚属首次，在全国也很少见，必须在策划上下功夫，在技术上找创意，在立意上讲科学，在办会上讲大气，在投入上求节俭，在效果上重实效，既然开了先河，就要办成精品。本次人口文化节将展览作为精华部分，不是简单摆上一些作品和成果，而是表现服务内容。市人口计生委和汉南区人口计生委专程前往北京购买了交互智能平板电脑、触摸一体机和多功能无创血液分析仪等设备。文化节期间，市人口计生委坚持现场审计、现场评审，做到不在质量上节约钱，不在工程上浪费钱，保证每一笔费用都落到实、处用在明处。人口文化节闭幕后，市人口计生委拟将展馆进行平移，确保展览结束宣传不结束，文化节闭幕文化传承不闭幕。

（六）多方纳谏与社会效应紧密结合，互动性强

人口文化节筹备过程中，市人口计生委主任李丹芳专程赴北京向国家人口计生委有关领导汇报办节构想，向省、市领导汇报筹备情况。组织人口理论和办节办会专家、市直有关部门负责人、工程审计公司人员进行专题研讨和专业评审。结合各区工作和文化特点，召开各区主任会征求意见、布置任务，做到因地制宜、有的放矢。注重场馆设计的互动性，从幸福家庭馆的“全家福”摄影，吉庆街文化馆的艺人表演，汉正街文化馆的商品展销，知音文化馆的“高山流水”演奏，问津文化馆的情景再现，孕育体验馆的“孕爸体验”，中年保健馆的体质验测，青春健康馆的“放松足球”，早期发展馆的幼儿早教，演艺馆的特技展现等，着力将人口文化成果惠及于民。

三、启示

回顾整个文化节，无不体现着市委、市政府的正确领导，无不凝聚着全市人口计生工作者的辛勤汗水，对我市人口文化建设乃至人口事业发展带来很多有益启示。

（一）必须坚持“民生为本、民需我为”的指导思想

人口文化节是一场奉献给广大市民的人口文化精神盛宴，是一个围绕服务人的生命全过程的集中展示，是一次旨在倡导全社会关注伦理道德、婚育新风、性别平等、生殖健康、家庭幸福的思想洗礼。因此，归根结底还是在围绕“人”做文章，这就必然要求我们以人为本，把“人民拥护不拥护、人民赞成不赞成、人民高兴不高兴、人民答应不答应”作为想问题、干事业的出发点和落脚点。本次人口文化节参观展览的人数达到8.36万人，场面火

爆，图书馆内价值3万多元的人口文化书籍不到半天就“一抢而空”，充分说明了“民需”，说明了人口工作在这一领域大有可为。有市民在接受采访时表示场馆设计很有创意，互动性强，健康知识宣传很到位，文化节办得很实在。

（二）必须坚持“围绕中心、服务大局”的总体要求

党的第十七届六中全会通过了《中共中央关于深化文化体制改革推动社会主义文化大发展大繁荣若干重大问题的决定》，文化建设上升到国家层面。人口文化是人的文化，是人口变动和发展过程中形成的观念意识、伦理道德、制度习俗和行为规范，因而是文化建设的重要内容，是全面做好人口工作的必然要求。从策划之初，市人口计生委主任李丹芳就提出将举办首届人口文化节纳入到全市“文化五城”建设之中，发动宣传、文化等部门集思广益、群策群力，从五项基本评选活动，到文化节的创意设计和社会宣传，体现着服务人口工作、促进文化建设的核心理念。首届人口文化节赢得了极佳的社会声誉，充分证明人口文化是一座精神富矿，有的挖，可深挖，值得挖。

（三）必须坚持“领导重视、部门联唱”的基本原则

首届人口文化节的成功举办离不开各级领导的高度重视、市直各部门的大力配合，必须坚持“要跳交谊舞、要唱国际歌”的方针。全市成立以市委常委、宣传部长彭丽敏为组长，副市长刘英姿为副组长，各相关部门负责人为成员的筹备工作领导小组，明确职责，市委宣传部、市人口计生委联合下发《关于举办首届人口文化节活动的通知》。市政府召开首届人口文化节专题调度会议，对可能出现的情况及各项具体细节进行了调度部署。市人口计生委召开调度会、部署会、协调会和动员会，内部成立主题活动组、宣传氛围组、宣传资料组、嘉宾引导组、交通疏导组、安全保卫组、后勤服务组，提供有力的组织保障。

（四）必须坚持“宣传先导、舆论引导”的工作方针

没有宣传声势就没有广而告之的力度，更没有宣传群众、服务群众的效果。市广电局、市交委、市城管等部门在电视台、报纸、轻轨视频、机场高速、出租车滚动屏、主干道显示屏开展立体式的公益宣传，向社区群众发放入户宣传折页7万份，《长江日报》刊发“幸福家庭”理论专版；《武汉晚报》刊登首届人口文化节展馆简介及全市“十佳”幸福家庭故事，登载倒计时提示牌，在江城掀起百万市民关注热潮。开幕式当天，80家国家和省、市媒体云集，争相报道。《人民政协报》、《中国妇女报》、《湖北日报》时政要闻版，《长江日报》、《长江商报》头版头条，《楚天都市报》、《楚天金报》要闻版和武汉电视台《武汉新闻》、《百姓连线》、《都市写真》、武汉电台等主流媒体报道了首届人口文化节开幕式盛况。人民网、荆楚网、长江网等网站记者现场采访，推出了图文并茂的新闻报道。新华网、凤凰网、中国日报网、新浪新闻、搜

狐焦点、网易新闻、腾讯网、中国人口网、大楚网、新民网、中国江苏网、河北新闻网等网站进行了转载。媒体聚焦让首届人口文化节融入到江城文化建设的大局格。

（五）必须坚持“社会动员、群众参与”的方式方法

首届人口文化节在筹备阶段就组织了“十佳”幸福家庭、“十佳”人口文化示范基地和人口文化文艺创作作品、手工艺品、宣传品、摄影书画作品评选活动。特别是评选出的“退而不休助他人”的熊约翰家庭、“一花引来千家福”的代学杰家庭、“真情延续深沉大爱”的鲁绥良家庭、“用艺术演绎幸福”的刘泥巴家庭、“一心想着回报社会”的陈亮家庭、“为儿子打开另一扇窗”的宋建明家庭、“我织我绣 50 年”的康兰英家庭、“一家都有表演范儿”的曾智斗家庭、“夫妻同心改变命运”的程世军家庭、“带领乡亲打伙求财”的陈华清家庭，是江城“文明、致富、智慧、奉献、励志”各类幸福家庭的代表，引起全社会关注，更广泛地调动更多家庭投入到幸福家庭创建的活动中来。众媒体纷纷评价：“幸福江城”首届人口文化节是老百姓自己的节日！

“幸福江城”首届人口文化节圆满谢幕，它是武汉市人口工作发展进程中的又一座丰碑，积累的宝贵经验将成为推动人口事业发展的永动力。

第 48 期

- 省党政领导线人口计生考评组听取我市人口计生工作情况汇报
- 唐良智市长强调武汉市人口计生工作要力争走在全省前列
- 市“四大家”领导带队考评 2012 年度党政领导线人口计生工作

省党政领导线人口计生考评组听取武汉市人口计生工作情况汇报

11 月 2 日，省考评组召开汇报座谈会，听取我市 2012 年度人口计生工作情况汇报。省考评组第八组组长、省扶贫办副主任项克强一行，市委副书记胡曙光，市人大副主任郑永新，市政府副市长刘英姿，市政协副主席吴勇及武汉市人口计生工作领导小组全体成员单位负责人参加本次汇报会。

汇报会现场播放了《幸福花开千万家》专题片。

市政府副市长刘英姿代表市委、市政府向省考评组汇报了 2012 年度全市人口

计生工作情况。市老龄委办、市食品药品监管局等单位做了履职情况的汇报。今年以来，在省委、省政府的正确领导下，在省人口计生委的具体指导下，我市结合人口计生面临的新形势、新问题、新特点，围绕抓重点、攻难点、创亮点、补弱点和扫盲点五个工作要点，在创建幸福家庭活动、生育文明建设、综合治理出生人口性别比、流动人口计划生育基本公共服务均等化、免费孕前优生健康检查等方面取得了长足的进步和发展，圆满完成省委、省政府和省人口计生委下达的各项指标任务。

省考评组组长、省扶贫办副主任项克强代表省考核组反馈了考评意见。省考评组充分肯定了武汉市人口计生工作取得的成绩，一是坚持高层倡导，统筹解决人口问题的力度不断加大；二是坚持重拳出击，打击“两非”成效十分明显；三是推进服务均等化，流动人口服务管理不断创新；四是创建幸福家庭，优质服务水平有效提升；五是坚持强基提质，基层基础工作进一步夯实。针对当前人口计生工作发展不平衡、出生人口性别比偏高和流动人口服务管理仍需加强等问题，省考评组要求，一要加强分类指导，促进人口长期均衡发展；二要坚持齐抓共管，完善综合治理工作格局；三要创新工作机制，实现人口计生工作转型升级。

市委副书记胡曙光表示，2012 年，在新一届市委、市政府的领导下，全市上下传承和发扬“敢为人先，追求卓越”的城市精神，紧紧围绕统筹解决人口问题，促进人口与经济社会协调发展和长期均衡发展这个目标，不断强化工作措施，各项工作都取得了新进展。武汉市将以此次检查考核为契机，按照省考评组提出的意见和建议，进一步强化措施，加强整改，努力把人口计生工作抓紧、抓好、抓落实，不辜负省委、省政府对武汉市的希望，不辜负全市人民的期盼。

市政府副秘书长周元主持汇报座谈会。

唐良智市长强调武汉市人口计生工作要力争走在全省前列

11 月 1 日，市长唐良智在洪山宾馆会见省党政领导线人口计生考评组一行，与省考评组第八组组长、省扶贫办副主任项克强等亲切交流，就武汉市人口计生工作交换意见。唐良智表示，武汉市不仅要在经济建设、城市管理等方面带头，人口计生工作也要走在全省前列。

唐良智市长首先代表武汉市委、市政

府对省考评组一行到武汉检查指导工作表示欢迎。他指出，计划生育工作是最难做的工作，也是必须要做好的工作。为做好此项工作，全市人口计生系统克难奋进，为武汉市人口计生工作打下了很好的基础。新一届领导班子调整时，市政府把工作责任心强、肯于吃苦、作风过硬、敢挑重担的李丹芳同志调整到市人口计生委负责全市人口计生工作，进一步强化人口计生工作的领导力量。

唐良智市长认真听取了省考评组对武汉市人口计生工作的意见和建议。他表示，省考评组对武汉市人口计生工作的肯定较多，这些成绩的取得是省委、省政府正确领导和省人口计生委悉心指导的结果。人口计生工作不能马虎，在强化经济社会发展的同时，要进一步强化人口计生事业的同步发展。下一步，武汉市要按照省考评组的要求，进一步加强人口计生工作。一是要进一步加强人口发展战略研究，为全市经济社会发展和可持续发展提供决策依据。二是要进一步加大工作力度，在打击“两非”等人口计生重难点工作上取得突破。三是要进一步加强宣传引导，倡导科学、文明的生育观，以观念的改变促进人口事业乃至全市各项事业的发展。

市政府副市长刘英姿，市政府秘书长郭胜伟，市委副秘书长张捷，市人口计生委、市农业局以及洪山区负责人参加会见。

市“四大家”领导带队考评 2012 年度党政领导线人口计生工作

10 月 23 日至 25 日，按照市委办公厅、市政府办公厅《关于开展 2012 年度党政领导线、市直责任单位人口和计划生育目标管理责任制考评工作的通知》要求，市委副书记胡曙光、市人大副主任郑永新、副市长刘英姿、市政协副主席吴勇，市委副秘书长张捷，市政府副秘书长周元分别带队对汉阳、东西湖、江岸、洪山、江夏以及江汉等区 2012 年度党政领导线人口计生工作进行全面考评。

“四大家”领导对相关区的人口计生工作进行了充分调研，听取了相关区委、区政府关于 2012 年度党政领导线人口计生工作汇报和相关责任部门的汇报，并深入现场考察江堤街江欣苑等社区。

“四大家”领导对当前各区人口计生工作予以了充分肯定并做了指导性讲话。胡曙光副书记在肯定汉阳区人口计生工作成绩的同时，指出了存在的问题和不足。他要求，要进一步加大出生人口性别比综合治理力度，进一步加大流动人口服务管理工作力度；郑永新副主任在东西湖区指出，要认真研究“两区建制合一”带来的机遇与挑战；要高度重视，指导协调，尽量缩短卫生、计生合署办公后的磨合期；要加强基层基础工作，通过整合资源，提高部门效能，提升人口计生工作的前瞻性。刘英姿副市长勉励江岸区人口计生工作者继续克难奋进，强化宣传倡导，转变观念，切实推进流动人口计划生育基本公共服务均等化；吴勇副主席在洪山强调，人口问题始终是影响经济社会发展的关键因素，要“狠抓四个强化”，即强化组织领导，狠抓统筹解决人口问题不放松；强化部门配合，狠抓齐抓共管不放松；强化基层基础，狠抓重点难点不放松；强化改革创新，狠抓民需我为不放松。

第 49 期

- 市人口计生委召开委机关 2013 年度工作务虚会
- 人口计生基层群众自治示范村（居）添新秀
- 市区妇联慰问计划生育特殊困难家庭

市人口计生委召开委机关 2013 年度工作务虚会

为广开言路，集思广益，认真谋划好 2013 年度全市人口计生工作，在 10 月 17 日召开委机关务虚会的基础上，市人口计生委 11 月 6 日再次召开委机关 2013 年度工作务虚会，听取委机关及直属单位工作人员对进一步做好人口计生工作的意见和建议。

务虚会上，委机关及直属单位工作人员踊跃发言，围绕“66553”的总体工作思路，突出抓重点、攻难点、创亮点、补弱点和扫盲点五个方面，在总结 2012 年度人口计生工作成绩的基础上，就如何做好 2013 年度人口计生工作，提出了一系列建议和措施，贡献自己的“金点子”。

委党组成员、纪检组长周汉超主持会议。他指出，本次务虚会体现了以下几个方面的特点：一是认真对待。全体人员认真贯彻执行委党组的部署和要求，认真对待此次务虚会，体现出良好的思想作风和工作作风。二是参与的干部多，提出意见建议多。全体机关工作人员积极主动，踊跃登台发表建议。有 15 人提出 40 多条工作建议，涵盖了政策导向、规范管理、优质服务、夯实基础、创新亮点等五个方面的内容。三是发言具有很强的针对性、创新性和指导性。发言人员都能结合本职工作，针对攻克本职工作难点提出了合理化的意见和建议，既指出了开展本职工作中存在的疑惑和问题，又提出解决问题的大胆设想和举措，具有很强的前瞻性和可操作性，创新理念和方式开展工作的特点非常突出，体现了很强的创新性，对委党组集思广益，谋划好2013年的工作思路，将起到积极的参谋作用。本次务虚会达到了委党组广泛听取意见，吸收大家智慧，创新开展工作的目的；达到了理顺工作思路，谋划好2013年全市人口计生工作要点的目的；达到了加强工作交流，锻炼干部能力，展示干部水平的目的。

市人口计生委领导班子全体成员，委机关全体干部和直属单位中层以上干部参加会议。

人口计生基层群众自治示范村（居）添新秀

市人口计生委、市计生协日前发出通报，授予江岸区二炮社区、泰宁社区，江汉区扬子社区、汽运社区，硚口区航邮社区，汉阳区汉汽社区，武昌区油料所社区，青山区18社区，洪山区邮科院社区、盛世花园社区，东西湖区红星大队，汉南区湘口大队，蔡甸区成功村，江夏区合力村，黄陂区建国社区，新洲区毛铺村，武汉经济技术开发区军江村，东湖新技术开发区三星村，东湖生态旅游风景区鼓架社区、武汉化学工业区何董村等20个村（居）为第三批“全市人口和计划生育基层群众自治示范村（居）”。

近年来，全市各级人口计生委、计生协认真贯彻落实《武汉市人口和计划生育事业发展十二五规划》，不断完善村（居）党支部、村（居）民委员会、村（居）计生协“三位一体”的人口计生基层群众自治组织，建立健全政府诚信、群众守信、村（居）民互信的“双向承诺、充分自愿、依法自治”的人口计生基层群众自治模式，深入开展内容丰富、形式多样、特色鲜明的人口计生基层群众自治示范村（居）创建活动。各村（居）进一步加强组织网络、规章制度和阵地建设，不断丰富服务活动，完善利益导向政策，充分发挥计生协动员组织群众自我教育、自我管理、自我服务、自我监督的作用，不断增强广大人民群众自觉、自主、自愿落实计划生育基本国策的主人翁责任感，为全市人口计生工作保持良好发展态势奠定了坚实的基础。

市区妇联慰问计划生育特殊困难家庭

近日，市妇联副主席池源、江岸区妇联主席赵晓红一行来到因抢救触电少年不幸身亡的李航家中，对痛失爱子的李航父母送上组织的关心和慰问。江岸区后湖街工委及群团部门一同参加了慰问。

李航今年18岁，是家中独子，刚参加工作1个月。10月21日，他工作的小区内喷泉池水不明原因带电，一少年进池中捡皮球被电晕，李航作为小区保安第一个冲进池水抢救少年，也被电晕，后经抢救无效不幸身亡。李航父亲中风，家里靠母亲打零工和低保生活，家境十分困难，这次遭逢不幸更给这个家庭带来沉重的打击，父母悲痛不已，难以接受残酷的现实。市、区妇联领导及后湖街工委对李航身亡致以诚挚的哀悼，并为痛失爱子的李航父母送上组织的关心和问候，并为李航父母送上6 000元慰问金，感谢他们培养了一位爱护儿童、舍己为人的好儿子。市区妇联领导表示要呼吁社会各界给予他们爱心帮扶，解决家庭实际困难，帮助落实相关政策。

第50期

- 市人口计生委开门举办2013年全市人口计生工作务虚会
- 市人口计生委党组书记、主任李丹芳在务虚会上提出2013年度人口计生工作目标任务
- 市人口计生委首开“无纸化”会议引领新会风

市人口计生委开门举办2013年全市人口计生工作务虚会

11月8日，在党的十八大胜利召开的喜庆日子里，市人口计生委开门举办2013年度全市人口计生工作务虚会，组织委领导班子全体成员，各区人口计生委党组书记、主任，委机关各处室及直属单位负责人，利用三天时间，对各区打造的工作亮点进行全方位的考察交流。考察交流结束后，市人口计生委将再用两天时间，采取座谈交流形式，继续年度务虚会第二阶段工作。

与会人员先后深入7个中心城区和6个远城区的8个社区、3个村和7个区计划生育服务站，围绕人口文化建设和人口计生服务阵地建设等内容进行重点考察，交流经验，学习借鉴。参加观摩的各区人口计生委负责人均表示，此次观摩既是对全市各区人口计生特色亮点工作的一次大检阅，也是我市人口计生转型发展的一次大展示。同时，也为各区准确界定工作成效找准了坐标，为各区打造工作特色开拓了视野，为推动全市人口计生工作的转型发展起到了积极地促进作用。

市人口计生委与会领导对各观摩点工作特色进行了综合点评，指出此次开门务虚各区所展示的工作特色和亮点，集中反映了我市人口计生工作坚持以科学发展观为指导，坚持以人为本，坚持从“小人口”向“大人口”转型发展、从管理型向服务型方向转变的工作成果，彰显了我市人口计生工作转型发展的特色，从中也从一个侧面反映了我市基层人口计生工作班子强、队伍优、理念新、家庭兴、宣传活、服务全的特点。市人口计生委与会领导同时强调，进一步做好新时期的人口计生工作，要做到“五个坚持”：一是要坚持借势发力。要主动将人口计生工作融入经济、社会发展大局；二是要坚持理念创新。用创新的思维引领和谋划新年度的人口计生工作；三是要坚持民需我为。工作的转型发展要紧紧围绕群众的需求展开；四是要坚持务实推进。要围绕人口计生工作的重难点谋划举措务实开展工作；五是要坚持借鉴发展。要积极借鉴各区开展工作好的做法，启迪思维，取长补短，最大限度地满足群众日益增长的个性化需求，促进我市人口计生工作实现新跨越、再上新台阶。

市人口计生委党组书记、主任李丹芳在务虚会上提出2013年度人口计生工作目标任务

2013年全市人口计生工作务虚会在第一阶段开门务虚、现场观摩的基础上，11月13～14日，市人口计生委又召开务虚座谈会，由委领导、处室负责人及各区人口计生委主任采用幻灯片演示的方式，交流2013年度人口计生工作思路，研讨需要研究解决的重难点工作。务虚会共提出促进今后人口计生事业发展的16类共100多条建议。

会上，市人口计生委党组书记、主任李丹芳在广泛听取各区和各处室、各直属单位交流发言后，充分肯定了2012年度全市及各区人口计生工作取得的成绩，并综合会上研讨的意见和建议，提出了2013年度全市人口计生工作的指导思想、工作目标和主要任务。

李丹芳主任说2012年是难忘的、繁忙的、充满生机与活力的一年。全市及各区人口计生工作成效显著，在工作理念上体现了敢为人先、追求卓越，在工作思想上坚持了以人为本、民需我为，在工作部署上施行了抓重点、攻难点、补弱点、扫盲点、展亮点，在工作方法上采取了分类指导、分层推进，在工作实效上实现了创新求变、实事求是，在统筹协调上强化了领导重视、部门联动。

李丹芳主任指出，2013年全市人口计生工作坚持以学习贯彻落实党的十八大精

神为统领，以科学发展为主线，以稳定低生育水平，统筹人口均衡发展，全面提高人口素质为重点，坚持实施66553工程，坚持抓重点、攻难点、扫盲点、补弱点、创亮点的“五点”工作法，开拓创新，克难攻坚，固本强基，做到在全省有位、在全国有名、创先争优，晋级进位，力争全市人口计生工作实现新成效、新突破和新跨越。工作目标是继续稳定低生育水平，认真落实人口计生奖励政策，综合治理出生人口性别比，严厉打击“两非”行为；建立流动人口街头临时用工爱心屋，建立企业、市场、工地流动人口标准化人口计生服务空间吧，新建流动人口社区人口文化书屋；建立婴幼儿早教示范基地；建立心理咨询、婚姻家庭、生殖健康、生活营养、帮扶家庭等志愿者志愿帮扶服务队；打造1+X多元化发展的区级人口家庭公共服务中心；建设人口计生工作示范街乡，建立家庭发展致富示范基地，提高群众满意率等。

李丹芳主任要求，要继续强化统筹协调、部门联动、区域协作、宣传教育、利益导向和群众自治六大工作机制；建立健全人口战略研究及宏观调控、流动人口均等化服务、家庭生殖健康保健服务、人口动态监测及公告、信息化管理督导和阳光考核评价指标六大体系；攻克打击“两非”行为、提升信息质量、加强开发区基层基础建设、加强基层人口计生干部队伍建设和培养优秀典型任务等五大难点；加强探索国家流动人口社会融合试点市、探索“12·300乐福家”幸福家庭创建、探索依法行政和阳光计生、探索人口计生家庭公共服务中心、探索建立全市人口计生工作社会化五个新途径；打造东湖人口玫瑰园、街边流动人口爱心屋、智能化避孕药具发放示范场所、人口计生宣传精品和计生家庭发展致富示范基地五个亮点。

市人口计生委首开“无纸化”会议引领新会风

11月8、9、11日和13、14日，市人口计生委分两个阶段召开了2013年度全市各区人口计生工作务虚会。会议首创“无纸化”形式，开门纳谏，集思广益，共谋发展，富有效率。

一是形式“无纸化”。会议分两个阶段，第一个阶段利用三天时间，对全市13个行政区人口计生工作在新时期下转型的特色、亮点进行了参观考察。通过各参观点上讲解员的讲解和与会者的看、议以及市人口计生委领导的点评，开阔了眼界，交流了做法，启迪了思想，与会者都感到收获颇丰。

二是载体“无纸化”。在第二阶段的交流座谈会上，改变以往将市、区人口计生委领导和各处室负责人交流发言材料印制成一本厚书的做法，与会者都是采用幻灯片演示的方式进行交流发言，并要求发言突出重点，限制在十分钟以内。此举改变了会风，节约了成本，落实了“两型社会”的要求，推进了办公自动化建设，开成了一个重点突出的会、富有效率的会。

第51期

- 刘英姿副市长深入市人口计生委共谋2013年工作发展思路
- 武汉市提高计划生育家庭特别扶助金标准
- 市人口计生委入驻市民之家 办理行政审批事项更为便捷

刘英姿副市长深入市人口计生委共谋2013年工作发展思路

11月15日，在党的十八大胜利闭幕的第一时间，市政府副市长刘英姿深入到市人口计生委，共同研究、谋划全市2013年人口计生工作思路，以实际行动贯彻落实党的十八大精神。

市人口计生委主任李丹芳从2013年全市人口计生工作指导思想、六项原则、十二项指标、五大任务（完善六大机制、完善六大体系、攻克五大难点、加强五个探索、打造五个亮点）及2013年主要项目经费预算和有关工作建议等方面进行了详细汇报。

刘英姿副市长充分肯定市人口计生委过去一年的工作成效，指出过去的一年，是大家辛苦的一年，心情舒畅的一年，收获颇丰的一年，国家和省人口计生委对武汉市人口计生委是充分肯定的。武汉市人口计生委提出的2013年工作指导思想、目标任务，能紧扣党的十八大精神来科学谋划。一是工作思路清晰。目标明确、任务具体，既体现了以人为本，公开公正公平的原则，也突出了创新和服务的根本，适应了人口计生转型发展的需要。二是指标设置科学。既体现了与省历年下达指标的一致性，又体现了武汉作为省会城市的引领性和特色性。

刘英姿副市长要求，市人口计生委要深入贯彻落实党的十八大精神，进一步谋划好2013年全市人口计生工作。一要强基固本；要坚持重心下移，夯实基层基础。二要创新机制。要进一步强化统筹协调机制、部门联动机制、区域协作机制、宣传教育机制、利益导向机制、群众自治机制。三要完善体系。进一步完善人口战略研究及宏观调控体系、流动人口均等化服务体系、生殖健康服务体系、人口动态监测及公告体系、信息化管理督导体系、阳光考核评价指标体系。四要讲求工作协作。要进一步明确部门职责，分解任务，攻克难点。五要打造亮点。要在国家级的示范、试点工作中抓特色，促转型。要以国家级流动人口社会融合试点市为契机，创新机制体制、整合各区和部门做法，打造武汉市流动人口社会融合的亮点和品牌。六要落实奖励政策。要在成立工作专班、做好经费测算、出台正式文件、固化奖励政策上把各项奖励政策有效落实好。

对市人口计生委提出的有关工作建议，刘英姿副市长明确表示将积极调研，做好部门协调和解决工作。

武汉市提高计划生育家庭特别扶助金标准

为更好地服务计划生育家庭，切实提高计生家庭的生活水平，体现党和政府对失独家庭的关怀关爱，市财政局、市人口计生委联合下发了《关于调整计划生育家庭特别扶助金标准的通知》（武财预〔2012〕696号），决定从2012年1月1日起，将全市独生子女死亡家庭特别扶助金由每人每月150元提高到每人每月210元；独生子女伤残家庭特别扶助金由每人每月120提高到每人每月150元。

《通知》还规定各区要高度重视落实计划生育家庭特别扶助政策，将本区应负担经费列入财政预算，切实加强资金管理，保证及时、足额按照调整后的标准发放奖励扶助资金。

市人口计生委入驻市民之家
办理行政审批事项更为便捷

11月13日，市政务服务中心A28轮值窗口——市人口计生委受理了入驻市民之家以来第一个审批事项，即为洪山区计划生育服务站和武昌区人口计划生育服务中心办理《计划生育技术服务人员合格证》。精心准备的《一次性告知书》、《办事服务指南》，先进的“云计算”技术，协助已熟练掌握行政审批平台操作流程的窗口工作人员，仅用了3分钟，就受理了两个区的申请，高效能的服务流程大大缩短了办事人员等待的时间。

武汉“市民之家”自9月27日试运行以来，市人口计生委认真落实市委、市政府优化服务环境，精减办事程序的要求，积极配合市政务服务中心的各项工作，派遣入驻的窗口工作人员服从管理，履行职责，用一颗热情真诚的心去接待每一个来窗口的咨询者。11 月 12 日下午，一位市民打来电话咨询，窗口工作人员耐心细致地进行了解答，该咨询者随即向中心督察处称赞市人口计生委窗口人员服务热情、态度耐心、解答细致。

市人口计生委窗口将继续秉承“追求卓越，敢为人先”的武汉精神，坚持热情为群众服务、为群众服好务的宗旨，强化服务意识，切实为市民提供优质、高效、贴心的服务。

第 52 期

●省人口计生委副主任朱惠民调研武汉市流动人口计划生育工作

●市人口计生委及时传达学习贯彻党的十八大精神

●市人口计生委召开《武汉市建设国家中心城市人口规模调控研究》课题研讨会

省人口计生委副主任朱惠民调研武汉市流动人口计划生育工作

11 月 22 下午，省人口计生委副主任朱惠民及流管处相关负责人一行来到汉阳区和江汉区对我市流动人口计划生育服务管理工作进行调研。

朱惠民副主任一行考察了汉阳区琴断口街冯家畈社区和十里建材市场，听取了市人口计生委关于流动人口计划生育工作的汇报及“幸福家园”七心服务情况的汇报；考察了江汉区万松街武展社区“打工妹之家”、“扁担哥驿站”，听取了社区流动人口服务管理工作的介绍，观看了流动人口服务管理电视专题片。

朱惠民副主任高度肯定了武汉市及汉阳区、江汉区在流动人口计划生育服务管理工作方面的做法和成效。一是认识高。二是理念新。三是特色亮。朱惠民副主任要求，武汉市要在流动人口计划生育服务管理上进一步开拓创新，为全省流动人口计划生育工作多作贡献，多出经验，当好样板。一是要多作贡献。武汉市把流动人口计划生育服务管理做好了，全省的计划生育工作就会上一个台阶。二是要多出经验。作为全国流动人口基本公共服务均等化试点市，要在深化流动人口计划生育服务管理“一盘棋”，推进基本公共服务均等化，促进流动人口社会融合上进一步探索创新，积累经验。三是要当好样板。武汉是全省的龙头，要带好头，作好示范，当好样板，特别是要创造更多更好的可以复制的样板，促进全省流动人口计划生育工作健康发展。

市人口计生委巡视员吴克敏参加调研。

市人口计生委及时传达学习贯彻党的十八大精神

为深入贯彻学习党的十八大精神，在政治上、组织上、思想上和党中央的精神保持一致。11 月 19 日，市人口计生委组织召开会议传达学习贯彻党的十八大精神。

市人口计生委副主任高惠祥代表委党组详细传达了十八大的主要精神及党章修改情况。

委党组书记、主任李丹芳指出，本次大会是按照市委统一部署召开的。要全面准确的学习十八大精神，领悟十八大的丰富内涵。必须做到九个“深刻领会”。一是深刻领会十八大的总纲；二是深刻领会十八大的主题；三是深刻领会十七大以来的主要成就；四是深刻领会中国共产党的执政地位和作用；五是深刻领会中国特色社会主义的内涵；六是深刻领会夺取中国特色社会主义胜利的基本要求；七是深刻领会全面深化改革的目标；八是深刻领会中国特色社会主义经济建设、政治建设、文化建设、社会建设和生态文明建设的要求；九是深刻领会党的科学化、民主化建设。

李丹芳主任要求，委机关要将十八大精神和当前人口计生实际工作情况相结合，集中学习和自觉学习相结合，理论和实践相结合，营造良好的人口计生工作环境。一是制订学习方案，认真学习通读原文；二是机关党委要确定研讨的重要课题，就如何坚持国家计划生育基本国策，如何加强人口顶层设计展开研究；三是组织专场报告，邀请省委党校的专家学者或党的十八大代表前来讲课；四是办好十八大学习园地，采取多样化的学习交流方式，做到人人有机会，人人有平台；五是紧密结合市委要求以及武汉市市情，做到学以致用、融会贯通。

李丹芳主任强调，要认真总结今年人口计生目标的完成情况，要认真谋划明年的工作，要抓好各个专项工作的总结和提升，做到每天都是新起点，每天都有新愿景。

市人口计生委纪检组长周汉超主持会议。市人口计生委机关及直属单位全体干部职工参加会议。

市人口计生委召开《武汉市建设国家中心城市人口规模调控研究》课题研讨会

11月23日，市人口计生委召开《武汉市建设国家中心城市人口规模调控研究》课题研讨会。课题组成员，市人口计生委领导及机关各处室负责人参加研讨会。

课题组各子课题及总报告撰稿人在会上介绍了各自研究要点。市人口计生委领导和各处室负责人对参与了课题的相关讨论。市人口计生委李丹芳主任对课题组专家的辛勤劳动表示衷心感谢。她要求，对课题报告要进一步修改完善。一是关于主题问题，紧扣建设国家中心城市人口规模的调控这个主题，站在市委、市政府的高度来把握角度。二是关于研究原则，既要有前瞻性，又要有导向性，要将贯彻十八大精神贯穿研究报告中去。三是有关研究关系的处理，各子课题要围绕适度人口规模着力。各子课题与总报告要相辅相成。四是武汉市与国内各中心城市的关系要通过对比分析，形成清晰明确的结论。五是关于总报告的结构，要按问题分类，用图表表现。

课题组负责人湖北大学严梅福教授表示，非常感谢市人口计生委提出的宝贵意见，课题组将按市人口计生委提出的意见尽快修改完善，尽最大努力提交一份令市委、市政府领导满意的研究成果。

市人口计生委巡视员吴克敏主持研讨会。

第53期

●聚团队之神　展青年之彩

聚团队之神　展青年之彩

以党的十八大为引领，让青春焕发出绚丽多彩。市人口计生委机关团总支组织团员青年，学习十八大精神，开展丰富多彩的活动。

“感党恩、跟党走、促发展、助和谐”是本委学习十八精神的系列活动之一。11

月25~26日，团总支召开第一次全体会议，在团员青年收看十八实况，通读报告原文后，组织学习国家人口计生委王侠主任关于坚持用十八大精神统领人口计生工作全局的讲话。团员青年畅谈学习党的十八的精神的体会，我们要积极响应十八大报告对青年发出的召焕，树立正确的世界观、人生观、价值观，永远热爱我们伟大的祖国，投身于中国特色社会主义伟大事业之中。团员青年对团的工作积极建言献策。

回顾总结2012年团总支工作，主要开展了三项活动，即望才里社区志愿者服务活动、参与市直机关团工委向武昌区荆楚少儿图书馆捐书活动和开展户外拓展培训活动；制作了四期板报，即以建设国家中心城市、人口文化节、志愿者服务、学习党的十八大精神等为主题的展板；完成了三项任务，即协助机关党委组织了“七一”表彰会，完成了《中国青年报》、《中国青年》团刊订阅任务，参加了市直机关团干培训。

团总支结合学习党的十八大精神，提出2013年八项工作目标任务：围绕全委人口计生中心工作，坚持以创建“四型”团总支为目标，团结协作，开拓创新，拟从八个方面开展工作。一是积极筹划申报青年书香号或者青年文明号和青年岗位能手；二是就近开展一次党性教育活动；三是组织“好书我推荐”的读书荐书演讲活动；四是开展一次革命传统教育活动；五是积极筹划建立市人口计生委团总支网页；六是协助组织人口计生系统运动会；七是组织两次业务宣讲团进社区活动；八是到对口帮扶村开展一次志愿者服务活动。会议还就机关团拜会、迎春长跑、志愿者活动等近期工作安排进行了研究讨论，收集了大量有建设性的意见和建议。

培育团队精神，实现超越自我。团总支组织拓展训练，全体团员青年进行了“断桥飞跃”、“极速60秒”、“驿站传书”等集体活动。在整个活动中，大家打破惯性思维，相互鼓励、相互帮助，努力克服心理障碍，实现“团结协作、挑战自我、超越自我”的拓展目标。大家纷纷表示，通过拓展训练，增强了大局意识和协作意识，提升了自信心和意志力。

第 1 期（2013 年）

- 市委考评组到我委进行市管领导班子领导干部年度考评
- 市人口计生委召开专题会议传达学习全国人口计生工作会议精神
- 市人口计生委“五大举措”开创新年好局面

市委考评组到我委进行市管领导班子领导干部年度考评

1 月 17 日上午，市委第七考评组到我委对市管领导班子、领导干部进行年度考评。委机关全体干部、直属单位群众代表及主要负责人加了会议，委党组书记、主任李丹芳代表委党组作了班子和个人述职。

考评组组长高福宝同志在会上就本次考评工作作了动员讲话，提出了三点意见。一是提高思想认识，准确把握今年年度考核工作的主要特点。在组织方式上，实行领导班子、领导干部考核与绩效管理考评相对分离；在考核内容上，重点考核领导班子和领导干部实干、实事和实绩情况；在考核的方法上，综合运用大会述职、民主评价、查阅资料、个别谈话、实地核查、综合分析等多种方法。二是明确方法步骤，客观公正地开展集中考核工作。把握每个环节的具体要求，坚持以实绩考核为中心，把按照科学发展观要求履行职责的实际成效作为基本依据。三是认真总结经验，积极谋划和推进 2013 年各项工作。年度考核既是考核业绩、评价领导班子和领导干部的过程，更是总结经验、明确方向、谋划工作的过程。市人口计生委领导班子要进一步弘扬“敢为人先、追求卓越”的武汉精神，紧紧围绕全市中心任务，积极谋划好 2013 年重点工作，确立发展目标和推进举措，在新的一年为武汉市率先全面建成小康社会，作出新的更大的贡献。

市人口计生委召开专题会议传达学习全国人口计生工作会议精神

1 月 21 日，市人口计生委召开专题会议，传达学习全国人口计生工作会议精神，对贯彻落实会议精神进行了动员部署。市人口计生委领导班子、机关各处室及直属单位负责人，各区人口计生委党组书记、主任参加会议。

市人口计生委主任李丹芳指出，认真学习好、贯彻好、落实好全国人口计生工作会议是当前的一项重要工作。她要求，全市各级人口计生部门要把思想认识统一到党的十八大精神上来，要融入大局、服务大局、跟进大局，统一到人口计生工作的六项核心任务上来。坚持克难攻坚，一心一意谋发展，一心一意抓民生，一心一意保稳定；要明确方向，突出重点，不断在重难点工作上下功夫；要确保低生育水平的稳定，进一步提高出生政策符合率，提高数据统计的真实性和准确性，严厉打击"两非"行为，综合治理出生人口性别比等问题；要抓好信息化建设这个"牛鼻子"，在去年加强信息化建设工作的基础上提高信息质量；要不断完善政策法规，做好"市办法"的修订工作，协调有关部门切实做好关怀关爱计划生育特殊家庭和城镇计划生育夫妇年老一次性奖励全覆盖等奖励政策的落实工作；要建立健全计划生育公共服务体系，探索1＋X服务转型发展；要坚持和完善人口计划生育目标管理责任制，确保全市人口计生各项工作任务落到实处。

市人口计生委"五大举措"开创新年好局面

全市2013年一季度人口计生目标管理调度会后，各区迅速传达部署，加大力度，深入创新，以"五大举措"开创新年好局面。

一是抓先机，做到新年工作早部署、不断档。各区及时传达国家、省、市人口计生会议有关精神，分析形势，明确任务，研究部署了2013年重点工作。汉南区、黄陂区分别开展了人口计生工作抽查和督办，武汉化工区组织街、村自查互查，确保春节前夕工作不松劲；江汉区向街乡主要领导现场通报一季度抽查结果；蔡甸区、新洲区组织了对人口计生重、难点工作的调研。

二是抓调度，坚持过程管理不放松。江岸区、硚口区实行目标进度月分析、月预警，对重点街乡、重点指标实行重点监测。洪山区要求街乡计生科长对业务工作"一口清"。

三是抓清查，把提高数据质量放在首位。东西湖区通过完善删卡和信息异动备案制度，确保统计求实。汉南区比对了WIS系统出生与卫生分娩数据，对差异个案进行认真清理；江夏区对近年出生、当前孕情，以及外嫁女、空挂户异地上报等情况进行清理；武汉开发区对《湖北省人口基础信息共享平台》信息日反馈、清零；东湖高新区重点清查了新建楼盘人口信息；东湖风景区各村居对所有重点对象进行了一次全面的走访、服务。

四是抓信息化，坚决贯彻以信息技术引领人口计生工作发展的理念。江岸区进一步拓展信息采集渠道，收集近4万人次的新生儿出生信息和近 10 万人次的居民信息，供人口计生部门核查、补充；洪山区首创《便民办证信息系统》进社区模式；武昌区全员人口地理信息系统建设使基层人口计生服务管理更加便捷。

五是抓队伍建设，不断强化人口计生基层基础工作。硚口区为基层人口计生工作人员增加了岗位工作津贴；青山区对街道聘用的人口计生信息员工作满 3 年的奖 1 000 元，对社区人口计生专干工作满 5 年的奖 600 元。汉南区组织全区妇产科人员、“B”超医生、各单位“两非”工作分管领导及工作人员，培训打击“两非”法律法规知识。

第 2 期（2013 年）

●武汉孝感两市在应城市召开流动人口计划生育服务管理双边协作座谈会

●学党章　查问题　抓整改　促发展

——市人口计生委党组召开民主生活会

武汉孝感两市在应城市召开流动人口计划生育服务管理双边协作座谈会

1 月 22 ~ 23 日，武汉孝感两市在应城市召开流动人口计划生育服务管理双边协作座谈会。会议就双边协作、服务管理、个案查处、网上办证等进行了座谈，青山区、应城市作了交流发言，我市八个区分别与应城市签订了区域合作协议，现场为流入我市的应城籍流动人口育龄妇女代办了《流动人口婚育证明》。孝感市政府副秘书长罗胜龙、孝感市人口计生委主任蔡秀云出席会议；省人口计生委副主任朱惠民、武汉市人口计生委巡视员吴克敏到会讲话。

朱惠民副主任高度肯定了此次双边协作，他说，武汉孝感加强双边协作，落实了党的“十八大”精神，认识高，行动快。深入一线共同探讨流管工作，出实招，办实事，为全省进一步加强双边协作提供了示范、作了样本、出了经验。同时他还提出三点要求：一是抓跟踪管理，求实效。要在“一盘棋”、“均等化”上做文章，切实做到一手抓源头管理，一手抓落地管理，切实搞好区域协作，真诚协作，常态协作，切实把异地流动人口协会建好；二是抓均等服务，办实事。要用“最好的服务就是最好的管理”这一理念服务流动人口，同等看待，均等服务；三是抓机制创新，出实绩。要创新工作机制、管理机制、考核机制，推进信息化管理，提高准确率、及时率、有效联系率、信息有效利用率。

学党章　查问题　抓整改　促发展
——市人口计生委党组召开民主生活会

1月24日，根据市纪委、市委组织部《关于认真开好2012年度党员领导干部民主生活会的通知》要求，市人口计生委党组召开了2012年度委领导班子、党员领导干部民主生活会。市纪委常委周晓琦同志参加了会议。

民主生活会上，政治处对2011年度党员民主生活会整改方案落实情况及本次民主生活会会前收集的干部群众有关意见和建议进行了通报。委党组班子成员和市管干部结合工作实际围绕民主生活会主题，对班子和个人存在的问题进行了全面、深刻的剖析，查找出存在问题，并提出了下一步的努力方向和整改措施。

市纪委常委周晓琦同志在会上作了重要讲话，肯定了会议效果，对市人口计生委的各项工作给予了高度评价。一是准备充分，程序规范。会前准备充分，制定了工作方案，按要求进行了学习。二是主题突出，剖析深刻。班子成员能够结合实际，围绕民主生活会主题剖析思想、工作、作风上的不足，态度端正。三是会风务实，畅所欲言。班子成员不仅指出了自身存在的不足，也给班子提出了宝贵的意见，达到了预期的目的。周晓琦在肯定成绩的同时对今后的工作提出了三点要求：一是深入贯彻党的十八大精神，认真学习新《党章》，提高党性修养，宗旨意识。二是要进一步建立健全各项规章制度，提高制度的执行力。三是要抓好党风廉政建设。在保持自身廉洁的同时，要坚持“一岗双责”，坚持两手抓，两手都要硬，坚持把教育、制度、监督、惩处相结合，要加强教育的针对性，把廉政建设落到实处。

市人口计生委主任李丹芳作了总结发言，她说，本次民主生活会开得非常好，周晓琦常委的讲话给我们很大鼓舞，并对我们下一步工作提出了要求，要进一步加强委党组的思想建设，提升班子的凝聚力、战斗力，把民主生活的要求转化为工作成果，推动人口计生工作发展。同时要求政治处制订2012年度民主生活会整改方案并适时向机关全体干部通报，加强监督，达到实效。

第 3 期（2013 年）

市人口计生委召开深化治庸问责动员会

2 月 16 日，新春佳节上班的第一天，市人口计生委召开委机关全体干部职工大会，对深化治庸问责，优化发展环境进行全面动员部署，会议原原本本全文学习了习近平总书记在十八届中央纪律检查委员会第二次全体会议上的讲话，传达学习了全市关于反腐倡廉，深化治庸问责的会议精神，对下一阶段深化治庸问责工作进行动员部署。

市人口计生委党组书记、主任李丹芳出席会议并讲话。她指出，优化环境、治庸问责、提高工作效率，一是形势所迫，武汉市开展治庸问责两年来，已成为一种常态，要把治庸问责落实到我们工作的各个方面。二是现实需要，当前我们工作中还存在一些“庸、懒、散、奢”现象，只有大力开展治庸问责才能改正我们的工作作风。三是圆满完成省人口计生委，市委、市政府下达各项目标任务的保证。

李主任要求，要通过本次动员会，不断提高全体机关干部的行动力、战斗力、凝聚力。一是积极开展“三查、三评、三问”，找出我们在思想上、责任上、纪律上存在的问题。二是增强紧迫感，这是工作的需要，也是时代的需要。三是增强自我危机感，一个单位能否实现跨越式发展，关键在于全体干部能否秉承严于律己、艰苦奋斗的精神作风。四是通过今天的会议要让吃苦者吃香，有为者有位，树立正确的用人导向。李主任勉励全体机关干部要在新的起点上，在市委、市政府的带领下，积极用心谋事。用力做事，努力成事。

市人口计生委召开第二季度人口计生绩效目标管理调度会

2 月 5 日，市人口计生委党组书记、主任李丹芳主持召开 2013 年第二季度人口计生绩效目标管理调度会，研判形势、部署工作，立足抓早、抓紧、抓实。

会议传达学习了中央省市有关领导的讲话精神，通报了市人口计生委2013年度第一次平时抽查及前4个月目标执行情况，部署了春节期间人口计生工作和信访维稳工作。部分区人口计生委主任汇报了工作。

李丹芳主任充分肯定了各区的工作，她指出，今天的目标调度会开得很有必要，也很及时，全市人口计生工作抓得非常紧，各区走访、慰问、培训、督办等各项工作完成得较好。针对各区存在的主要问题，她要求各区要注重目标落实，坚持过程调度，狠抓数据求实，加强个案分析，对重点对象实行名单化管理。

她强调，一要迅速贯彻落实中央、省、市有关工作要抓紧、抓实的精神，各区人口计生委主要负责人要做到敢于担当、满怀自信、善谋发展、廉洁自律，工作讲求实效。二要抓住春节人员返乡、节后人口流动的机遇，做好人口计生管理服务。各区要抓住春节这一特殊时期，早做调度，早做安排，做好春节期间各项工作的落实，尤其是主要目标的落实。三要抓好新上岗的社区计生专干全员岗位练兵。市级要采取集中轮训方式，开展全体社区（村）计生专干信息化培训；各区要开展人员全覆盖、业务全覆盖的培训，要扎实开展信息化应用岗位练兵。四要抓好依法行政及便民办证系统的宣传落实工作。要加大宣传力度，更新数据信息，规范办事流程，严格审核办理，改进窗口服务态度。五要抓好信访稳定工作。各区要高度重视，做好亲情化、个性化服务。

市人口计生委采取十项举措推进便民办证服务

为进一步强化宗旨意识，转变工作作风，简化办证程序，提高办事效率，市人口计生委采取一系列措施在全市推进便民办证服务。

一是《生育服务证》网上申请制度。当事人可以登录湖北人口网实行网上申请，变群众跑路为人口计生部门网上核查信息。二是一次性告知制度。各级人口计生部门收到当事人提交的申请材料后，对材料不齐全的，要一次性书面告知当事人需补齐的全部材料；对不符合办理条件的，要说明不予办理的理由，并作好解释工作。三是个人承诺办证制度。对于申请人实存在的困难等特殊情况，受理申请的机关可依据当事人的承诺，为其办理《生育服务证》。四是首问首办责任制。首先接到申请的单位为首办责任单位，首位受理的工作人员为首办责任人。首办责任单位和首办责任人要依法履行办证义务，杜绝办证推诿和行政不作为。五是限时办结责任制。对于办理《生育服务证》、《独生子女父母光荣证》、《流动人口婚育证明》或者出具婚育情况证明等，符合办理条件且材料齐全的，即时办理。六是计划生育证件代办服务制度。申请人无法亲自办理计划生育相关证件的，在履行委托代办手续后，可以委托他人代办。七是上门办证服务制度。对有特殊困难的群众，各级人口计生部门要提供主动上门办证服务。八是探索全程办事代理服务制。在申请人同意的前提下，村（社区）居委会收到申请人的证件和申请材料后，由村（社区）居委会代送区、乡镇（街道）审查办证。九是补办证件服务制度。符合《生育服务证》办理条件的育龄夫妇或依法申请办证机构提供《生育服务证》补办服务。十是免费办证服务。计划生育证件实行免费办理，禁止任何形式的违规收费、乱收费、搭车收费。计划生育证件办理不得随意设置任何其他前置条件。

在制度设计之外，武汉市还积极进行相关应用研发。洪山区路南街投入40多万元，开发了社区人口计生便民办证系统，将《生育服务证》、《流动人口婚育证明》和《独生子女父母光荣证》的办证平台延伸到社区，使市民办证不出社区，这一做法得到了省市人口计生委领导的高度肯定。

第4期（2013年）

- 武汉市对计划生育特殊家庭关爱关怀措施得到王国生省长肯定
- 唐良智市长要求认真贯彻落实全省人口计生工作会议精神　着力做好2013年人口计生工作
- 武汉市连续5年蝉联全省党政领导线人口计生责任目标考评一等奖

武汉市对计划生育特殊家庭关爱关怀措施得到王国生省长肯定

在2013年2月21日的全省人口计生工作电视电话会上，省长王国生表扬武汉市对计划生育特殊家庭的13条关爱措施在全省带了好头。

2012年，省委常委、市委书记阮成发亲自签批，以市委、市政府办公厅文件下发了《关于对计划生育特殊家庭开展关爱关怀工作的通知》（武办文〔2012〕57号），从养老、护理、就医等13个方面对计划生育特殊困难家庭给予帮扶。其中包括：对退休的或年满60周岁的城镇独生子女死亡父母，每人分别给予一次性7 000元的扶助资金。鼓励计划生育特殊家庭父母再生育，并给予再生育一次性5 000元补助。卫生部门为计划生育特殊困难家庭老人建立健康档案，提供社区基本医疗“五免六减”服务；在市属医院开辟“绿色通道”，为患病的计生特扶家庭父母优先提供诊疗服务，并每年为计划生育特扶家庭免费体检一次。民政部门对符合低保条件的计划生育特扶特殊家庭，及时优先给予最低生活保障，优先纳入农村“五保”供养范围，在其去世后，提供殡葬服务，按照相关文件精神，为符合条件的困难人员减免相关费用。房管部门对经审核符合廉租住房配房租赁条件的计划生育特殊特扶家庭，基本分为30分。老龄部门对计生特殊家庭老人实行每天1小时的照料，帮助其排忧解难；对年满70周岁、生活困难的，另外给予每月100元的补贴等。

唐良智市长要求认真贯彻落实全省人口计生工作会议精神　着力做好2013年人口计生工作

2月21日，唐良智市长在全省人口计生工作电视电话会议武汉分会场发表重要讲话，要求全市各级党委政府认真学习全省人口计生工作电视电话会议精神，要切实把思想和行动统一到省委、省政府的决策部署上来，统一到国生省长的重要讲话精神上来，认真学习、深刻领会，抓好贯彻落实。

唐良智市长强调，要坚持以党的十八大精神为统领，按照省委、省政府统一部署，结合全市工作实际，扎实做好2013年人口计生工作。一是全力稳定低生育水平。要处理好经济总量与人口规模这个分子与分母的问题，全面加强基层基础工作，健全稳定低生育水平机制，严肃查处违法生育行为。二是加大出生人口性别比整治力度。切实加强和规范B超、终止妊娠手术、药品和医疗器械等源头管理，坚持市区专班联动机制，加大对“两非”案件的打击力度，开展“关爱女孩行动”。三是着力推进流动人口计生服务均等化。落实流动人口现居住地与流出地管理相结合的要求，做到“流动人口流到哪里，计划生育服务管理就落实到哪里”。四是切实增进计划生育家庭福祉。围绕“文明、健康、优生、致富、奉献”的目标，以“12·300乐福家”行动计划为抓手，深入开展“幸福家庭”创建工作。五是严格落实人口计生工作目标责任制。各级党委、政府主要领导要把人口计生工作作为“一把手”工程，亲自调研、亲自部署、亲自协调、亲自督察抓落实。人口计生工作领导小组成员单位，要各司其职、各负其责，齐心协力抓好人口计生工作。要加强考评、兑现奖惩。要加强“顶层设计”，深化人口发展战略研究，为市委市政府决策提供科学依据。

市委副书记胡曙光主持武汉分会场会

议。刘英姿副市长代表市委、市政府在全省电视电话会议上交流经验。市政协副主席郭粤梅，市人口计生工作领导小组各成员单位负责人参加本次会议。

武汉市连续5年蝉联全省党政领导线人口计生责任目标考评一等奖

2月21日，在省委、省政府召开的全省人口计生工作电视电话会议上，我市再次荣获全省人口计生责任目标考评一等奖。这也是我市自2008年以来连续5年蝉联全省党政领导线人口计生责任目标考评一等奖。

2012年，全市人口计生工作紧紧围绕稳定低生育水平、提高人口素质、促进人口长期均衡发展等主要目标，坚持统筹协调，完善机制，加大投入，克难攻坚，创新人口计生目标考核体制，打击“两非”、人口计生信息化建设、流动人口服务管理等人口计生重难点工作上实现了新的突破，人口问题顶层设计、人口文化建设等工作打造了新的特色和亮点，免费孕前优生健康检查政府实事得到广泛推行，率先出台对计划生育特殊家庭开展关爱关怀的具体措施，积极推进城镇计划生育年老夫妇一次性奖励全覆盖，大力开展以“12·300乐福家”行动计划为主要内容的创建幸福家庭活动，确保了低生育水平的稳定，确保了出生人口性别比逐年下降，圆满完成了省委、省政府下达的各项人口计生目标任务。我市创建幸福家庭活动、生育文明建设、综合治理出生人口性别比、流动人口计划生育基本公共服务均等化、免费孕前优生健康检查等多项工作十多次在国家和省相关会议上交流经验，得到国家人口计生委主任王侠、副主任崔丽及省委、省政府有关领导充分肯定。

第5期（2013年）

●武汉市稳步推进免费孕前优生健康检查项目的全覆盖

●市计生协在全省计生协组织建设座谈会上交流经验

武汉市稳步推进免费孕前优生健康检查项目的全覆盖

2013年是全面贯彻落实党的十八大精神的开局之年，是把握机遇、应对挑战，推动人口计生事业创新发展的重要一年，也是实现免费孕前优生项目全覆盖的攻坚之年。武汉市政府高度重视这项工作，今年又将对农村计划怀孕夫妇（含流动人口）免费孕前优生健康检查列入政府十件实事，将目标人群扩大到城镇人口。截至2月24日，全市已完成孕前优生健康检查3 718人（1 859对）。

一是加强组织领导。全市召开免费孕前优生健康检查工作会，总结2012年的工作成绩，部署了2013年工作，表彰了一批先进单位和先进个人，下发了《关于实施2013年市政府实事项目——免费孕前优生健康检查服务的通知》，明确了2013年任务、实施步骤及工作要求。并将孕前优生健康检查工作纳入年度中心工作任务，纳入年度重点工作督导，纳入年度“一票否决”目标考核。

二是摸清目标人群。加强基础工作，摸清计划怀孕夫妇信息、掌握目标人群底数，与民政部门密切配合，及时掌握登记信息资料，并上门入户进行面对面的宣传。武昌区掌握了1 700对、江岸区掌握了1 070对、黄陂区掌握了1 000对信息资料。

三是加大培训力度。硚口区和洪山区、举办了免费孕前优生健康检查工作业务培训班，帮助计生干部提高服务意识和认知水平，准确把握服务对象、及时掌握新婚及怀孕信息。武昌区组织新婚对象进行优生优育、出生缺陷干预知识培训，提高群众自觉参与度。硚口区投入两万元，精心设计制作了2013年《免费孕前优生健康检查宣传手册》两万份。

四是注重阵地建设。根据市人口计生委扩大项目人群的要求，硚口区和洪山区正在建设自己的独立实验室，并请武汉市临检中心检验专家到现场指导，配备了实验室必备设备，硚口区实验室3月将试运行。

五是注重工作总结。青山区召开了全区2012年度免费孕前优生健康检查工作表彰会议，蔡甸区总结了去年目标人群不好找的原因，今年1月份项目完成进度在全市排名第一，完成计划的148.32%。黄陂区注重早孕和妊娠结局随访的及时性和有效性，注重区、乡两级计生服务站的合理分工，保证信息及时录入项目信息管理系统。

六是抓住有利时机，充分利用2013年春节期间大量外出务工人员返乡和农民冬闲时机，切实为育龄群众提供免费孕前优生健康检查、免费婚检等服务。新洲区抓住春节期间外出务工已婚育龄人群返乡的有利时机，通过发放一个计生贴心袋、开展一次咨询指导、实施全程一站式服务的“三个一”，有力促进了全区全年免费孕前优生健康检查服务工作。黄陂区开展寒冬“三送”活动暖人心活动，一是给新婚及待孕夫妇送健康，二是给已婚育龄群众送优质服务，三是给节育病困家庭送温暖。春节期间，共有500对待孕夫妇享受到了免费孕前优生健康检查的服务，发放优生优育知识宣传资料3 000多份。青山区为了方便返乡的外出务工人员，特安排2月13日（年初四）为育龄群众提供免费孕前优生健康检查，完成检查人群为10对夫妻。

市计生协在全省计生协组织建设座谈会上交流经验

近年来，全市各级计生协坚持“服务于科学发展，服务于社会和谐稳定，服务于计划生育群众”的工作定位，积极参与创新社会管理，较好地发挥了联系广大育龄群众和计划生育家庭的桥梁纽带作用。在2月27日召开的全省计生协组织建设座谈会上，市人口计生委党组书记、主任李丹芳作了题为《加强组织建设，拓展服务领域，努力推进计划生育协会工作科学发展》的交流发言。

第一，加强组织建设，增强计生协组织的执行力。一是坚持“三统筹”：统筹组织建设，统筹决策部署，统筹目标管理。二是坚持“三纳入”：将基层计生协组织建设纳入全市“家园建设行动计划”和“社区建设883行动计划”总体规划，将计生协组织建设纳入基层民主政治建设的总体框架，将计生协会员之家纳入村（社区）基层设施建设总体布局。三是坚持“三落实”：落实机构编制，落实人员待遇，落实工作经费。

第二，拓展服务活动，增强计生协组织的凝聚力。一是宣传倡导服务突出“三性”：社会性宣传倡导服务，经常性宣传倡导服务，主题性宣传服务活动。二是生育关怀服务体现“三化”：目标人群多级化，项目活动多元化，专项资金多重化。三是便民维权服务满足“三需”：满足群众就业生活所需，满足群众生殖健康所需，满足群众生产发展所需。

第三，创新社会管理，增强计生协组织的生命力。一是基于“三种形式”创新组织模式。探索发展了“产业式”、“物业式”、“联合式”计生协等新的组织形式，形成了党委政府与基层自治组织、经济组织、社会组织和群众团体互联、互补、互动的新格局。二是强化“三个自我”创新群众自治。建立健全“党支部核心领导，村（居）委会全面负责，计生协组织实施，村（居）民维权自律”的群众自治模式。三是立足“三个服务”创新发展之路。确立了拓展服务领域，促进人口长期均衡发展、促进家庭致富发展、促进群众健康幸福、促进社会和谐稳定的“一拓四促”发展思路，全市计生协工作将再上新台阶，开创新局面。

第 6 期（2013 年）

- ●《武汉建设国家中心城市人口适度规模调控研究报告》通过专家评审
- ●武汉市启动“幸福家庭通”项目 十万家庭将接受专家级健康指导
- ●市人口计生委组织观摩上海国际成人展并考察松江区流动人口社会融合工作

《武汉建设国家中心城市人口适度规模调控研究报告》通过专家评审

3 月 27 日，由市人口计生委组织，湖北大学、武汉大学、华中科技大学等武汉地区知名人口学专家组成的调研课题组开展的《武汉建设国家中心城市人口适度规模调控研究报告》通过专家评审组评审，并即将提请市委、市政府审议。

为多方听取专家意见，确保研究报告的科学性、客观性、前瞻性和可操作性。市人口计生委特邀中国人民大学社会与人口学院院长翟振武、北京大学人口研究所教授乔晓春、南京人口管理干部学院副院长孙晓明、南开大学教授原新、中南财经政法大学教授杨云彦、武汉大学经济研究所所长刘传江、武汉社科院研究员黄红云等国内知名人口学、社会学、经济学专家组成评审组，对研究报告审核把关，建言献策。

评审组专家认真听取了研究报告的形成过程、总体思路、研究方向、研究内容和研究方法。在细致研读报告的基础上对报告的主要内容、主体构架、研究角度和对策建议等方面提出了具体的指导意见，并联名出具了评审意见书。评审组专家一致认为“研究报告采用数据准确，研究方法科学，论点明确，论据充分，是一篇优秀的研究报告，同意通过鉴定。”

市委政研室、市政府政研室、市发改委负责人，市人口计生委领导班子成员及各处室及直属单位负责人参加评审会。

武汉市启动“幸福家庭通”项目
十万家庭将接受专家级健康指导

3 月 26 日，武汉市计生协召开“幸福家庭通”项目启动暨培训会，“幸福家庭通”项目在我市正式启动。市计生协副会长高惠祥参加培训并讲话。

他指出，“幸福家庭通”项目，是我市开展创建幸福家庭活动、实施“12·300乐福家”行动计划的重要举措，也是今后卫生、计生合并后为人民健康服务、为提升人口素质服务、为计划生育群众服务的务实举措，对于提高人民的健康水平，促进建设国家中心城市和幸福武汉都具有十分重要的意义。培训会特邀北京九喜科学有限公司赵姗硕士对“幸福家庭通”的使用进行了系统讲解和演示，培训会将在全市巡回开展 7 场，涵盖全市 17 个区、街、社区计生协秘书长 400 余人。

“幸福家庭通”是集“健康教育、健康促进、健康管理”于一体的家庭健康管理网络平台，它向广大计生家庭提供育婴、婚恋、老年等不同年龄段健康知识，进行生命全过程的健康指导，计生家庭可享受到系统专家为每个家庭成员提供的科学、专属健康保健方案。

今年，武汉市计生协将向全市十万户计生家庭免费发放“幸福家庭通”，让计生家庭成员通过健康的生活方式，提高生活质量和幸福指数。

市人口计生委组织观摩上海国际成人展
并考察松江区流动人口社会融合工作

4 月 12 日至 14 日，市人口计生委主任李丹芳带领相关处室和直属单位、部分区人口计生委主要负责人，观摩了在上海举办的第十届“中国国际成人保健及生殖健康展览会”，并实地学习考察了松江区流动人口社会融合试点工作。

中国国际成人保健及生殖健康展览会（简称“上海国际成人展”）自 2004 年创办以来，始终坚持“以贸易为导向、以需求为宗旨、以发展为目标”的办展理念，展示新技术、新产品，交流、探讨性文化，已发展成为亚洲最专业、优质、高效的成人用品和生殖健康用品的交易平台。学习观摩团一行参观了性文化展览，并仔细了解了一些新技术和新产品，主要包括用于防止生殖道感染的产品、用于出生缺陷筛查、诊断、预防、胎教、孕妇孕产期的保健产品、治疗不孕不育的新技术产品、卵巢保养、延缓更年期产品、性教育产品、音像制品，以及计划生育及性病防治宣传用品等。

在松江区，学习考察团一行，听取了松江区开展“促进流动人口社会融合”试点工作介绍，并实地查看了方松街道流动人口服务管理工作情况。松江区和我市一样，被确定为全国促进流动人口社会融合试点单位。该区在开展促进流动人口社会融合试点工作中，通过开展流动人口生存情况调研，结合社会诚信体系建设，完善流动人口社会评价体系；巩固均等化试点工作成果，进一步整合部门资源，拓展公共服务项目，加强与相关基本公共服务政策的衔接，为在松江有稳定职业、稳定居所、连续缴纳社会保险的重点流动人口对象，落实其在劳动就业、技能培训、子女教育、医疗卫生、计划生育、文化体育、社会救助、司法援助等方面依法享有的基本公共服务，并逐步落实同城待遇；夯实基层基础，健全社区流动人口服务管理队伍，加强人口登记、全员人口管理、人口信息采集维护等基础性工作，完善流动人口社区服务管理综合平台；围绕宜居乐业的目标，推进流动人口家庭发展项目建设，创建流动人口社会融合示范社区，开展新市民计划，实施人口文化融合项目，评选社会融合特色家庭；同时开展流动人口社会融合大讨论，进一步掌握流动人口基本公共服务需求和存在问题，推进政府公共服务网络和阵地建设，形成社会参与、人人共建共享的良性互动机制，营造了关爱流动人口的社会氛围。

方松街道健全组织保障、管理服务、部门联动三个机制，着重在“以房管人”、流动人口公租房建设、部门信息资源共享、拓展流动人口计生协会覆盖面并开展各类活动、落实均等化的计划生育、优生优育、生殖健康等服务上下功夫，利用社区事务受理中心、计生一家人诉求站、人口计生综合服务站、社区早教中心等平台载体，帮助流动人口解决工作生活中的实际问题，不断促进流动人口参与社区公益和管理，引导户籍家庭与流动人口家庭在文化教育、体育健身、语言交流、生活习惯等方面的互动融合，取得了显著成绩。

市人口计生委副主任刘庆香、巡视员夏清芬参加了观摩和学习考察。

九、人事任免篇

1. 2012 年 2 月 29 日，武常任字〔2012〕1 号文件，李丹芳同志任市人口计生委主任（2011 年 10 月 28 日，武组干〔2011〕319 号文件，市委决定调李丹芳同志到武汉市人口计生委工作，任中共武汉市人口计生委党组书记）

2. 2012 年 3 月 13 日，武政任〔2012〕3 号文件，王怀卓同志任市人口和计划生育委员会副主任（2011 年 11 月 25 日，武组干〔2011〕379 号文件，市委决定调王怀卓同志到市人口计生委工作，任武汉市人口计生委副主任（试用期一年）、党组成员）。

3. 2012 年 3 月 20 日，武组干〔2012〕101 号文件，吴克敏同志任市人口计生委巡视员，免去其市人口计生委副主任、党组成员职务。

4. 2012 年 11 月 21 日，武组干〔2012〕366 号文件，葛晓群同志任市人口计生委副巡视员，免去其市人口计生委党组成员职务。

5. 2012 年 2 月 13 日，姜国仿同志调入市人口计生委工作，任市人口计生委办公室副主任科员。

6. 2012 年 12 月 28 日，武人计党组〔2012〕18 号文件，张士新同志任市人口计生委发展规划与信息处处长。

7. 2013 年 3 月 8 日，武人计党组〔2013〕6 号文件，剧俊筱同志任市人口计生委办公室（财务处）调研员，姜国仿同志任市人口计生委办公室（财务处）主任科员，王军同志任市人口计生委发展规划与信息处副主任科员。

8. 2013 年 3 月 13 日，武人计党组〔2013〕7 号文件，侯群杰同志任市计划生育药具管理站站长。

十、奖励表彰篇

2012年2月，市委、市政府授予市人口计生委“全市社区建设工作先进单位”称号（武文〔2012〕4号）。

2012年2月，市政府办公厅授予市人口计生委“全市农村适龄妇女两癌免费检查工作先进集体”称号（武政办〔2012〕23号）。

2012年3月，市委、市政府授予市人口计生委“全市‘城乡互联、结对共建’活动先进单位”称号（武文〔2012〕10号）。

2012年3月，省人社厅、省国家保密局授予市人口计生委“全省保密工作先进集体”称号（鄂人社奖〔2012〕11号）。

2012年5月，市委、市政府授予市人口计生委“全市‘万名干部进万村挖万塘’活动先进工作组”称号（武文〔2012〕19号）。

2012年6月，市委市直机关工委授予市人口计生委“市直机关先进基层党组织”称号（武直工委〔2012〕22号）。

2012年6月，市委、市政府授予市人口计生委“全市扶贫开发工作先进集体”称号（武文〔2012〕29号）。

2012年8月，市妇女儿童工作委员会授予市人口计生委“武汉市实施妇女儿童发展十一五规划先进集体”称号（武妇儿工委〔2012〕4号）。

2012年11月，省人口计生委授予市人口计生委“全省流动人口动态监测先进单位”称号（鄂人口流管〔2012〕5号）。

2012年11月，省人口计生委授予市人口计生委“2012年度省级人口计生宣传品进村入户先进单位”称号。

2012年11月，省人口计生委授予市人口计生委“2012年度全省人口和计划生育新闻宣传市（州）级先进单位”称号（鄂人口宣教〔2012〕5号）。

2013年1月，市委办、市政府办授予市人口计生委“2012年度武汉市信访工作先进单位”称号（武办文〔2013〕3号）。

2013年1月，市委、市政府授予市人口计生委“2012年度全市农村小康建设工作先进工作组”称号（武文〔2013〕1号）。

2012年1月，市综治委授予市人口计生委“2012年度全市社会管理综合治理优胜单位”称号（武综发〔2013〕1号）。

2013年1月，市人口与计划生育工作领导小组办公室授予市人口计生委“武汉市政府‘十件实事’免费孕前优生健康检查工作先进集体”称号（武人计字办〔2013〕5号）。

2013 年 2 月，省委办、省政府办授予武汉市“2012 年度人口计生目标管理党政领导线一等奖”称号（鄂办文〔2013〕5 号）。

2013 年 2 月，省人口计生委授予市人口计生委“2012 年度全省人口计生政务信息工作先进单位”称号。

2013 年 2 月，市治庸问责优化发展环境领导小组办公室发文在《2012 年全市民评民议优化发展环境和“十个突出问题”承诺整改工作考评情况的通报》中市人口计生委排名第七名（武治庸办发〔2013〕5 号）。

2013 年 3 月，市委、市政府授予市人口计生委“2012 年度全市综合考评立功单位”称号（武文〔2013〕6 号）。

2013 年 3 月，省人口计生委授予市人口计生委“2012 年湖北省人口信息岗位练兵活动组织奖二等奖”称号。

2013 年 3 月，市综治委维护妇女儿童权益暨“平安家庭”创建领导小组授予市人口计生委“武汉市维护妇女儿童权益先进集体”称号（武维妇字〔2013〕1 号）。

2013 年 3 月，市流动人口服务和管理工作领导小组授予市人口计生委“2012 年度全市流动人口服务和管理工作先进单位”称号（武流〔2013〕1 号）。

十一、统计年报篇

数字 2012

1. 全市出生人口 107 772 人，符合政策生育率为 95.08%，较之前三年平均水平提高了 0.4 个百分点。

2. 全市出生人口性别比为 114.85。

3. 人口计生经费投入落实率 100%。

4. 计划生育奖励政策落实率 100%。

5. 群众对人口计生工作的满意率为 98%。

6. 2011 年来应处理违法生育的党员和国家工作人员 39 名，已全部处理到位。

7. 全市人口计生工作经费投入达 4 亿元，唐良智市长特批统筹整合资金 247 万元举办“幸福江城”武汉市首届人口文化节。

8. 2012 年市区两级财政投入人口计生事业费总额 2.5 亿，人均经费 30.17 元；市政府投入 584 万元推进基层人口计生信息化建设，投入 800 余万元落实免费孕前优生健康检查项目；全市各级财政落实企业退休职工计划生育奖励专项资金 1.5 亿元。市政府在事业费之外，列支 8 098.88 万元专项资金落实 62 672 人次市属企业退休职工的计划生育奖励政策；投入 565 万元推进计划生育特别扶助家庭奖励政策的落实，惠及 8 247 人。

9. 全市有 167 个社区（村）启用湖北省人口地理信息系统，全市 98% 的社区（村）应用了全省村居在线服务平台，100% 实现信息化设备配备、信息员配备、信息应用。

10. 市委、市政府先后召开 9 次打击“两非”专项行动专题会议。市公安、卫生、药监、人口计生部门组成 40 多人的打击“两非”巡查专班，先后开展 6 次联合执法，强化了联动打击的力量。加强区域协作，与省内县（市）区签订了 110 个打击“两非”协作协议，联手破获了一批典型案件。全市共开展打击“两非”宣传 17 000 场（次）、发放近 200 万份宣传资料和宣传品。

11. 2012 年武汉市流动人口超过 240 万，流动人口新增住房保障、生活救助、就医就学、孕前检查等 10 项武汉市民待遇。为 610 名流动人口农村独女户、双女户女孩落实了中考加分政策。全市建立少年儿童“四点半”学校 156 个，留守儿童学校 82 所。新建流动人口计生协 46 个（在外省市建协会 6 个），新增会员 1 万余人，流动人口计生协工作覆盖面达 70% 以上。全市跨省流动人口反馈率 97.33%，提交率为 99.90%；流出人口重点对象有效联系率 99.88%；已婚育龄妇女重点对象有效联系率 99.47%。

12. 坚持落实“季度一二三”目标调度制，每季度第 1、2、3 月分层次召开目标调度会，对全市人口计生目标执行情况进行调度。坚持每个季度组成 8 个工作组共对 169 个街乡、224 个社区（村）、194 个计生服务站和医疗服务机构进行调研督导

13. 在全市开展创建幸福家庭活动，实施“12·300 乐福家”行动计划，具体实施生育文明、漂流书屋、“三优”宝宝、关爱女孩、青少年人格、家庭服务、专家进社区、《幸福家庭通》、流动人口均等化、救助贫困母亲、家庭致富发展、志愿帮扶等 12 大行动，惠及江城近 300 万个家庭。

14. 提高特扶家庭补助标准，对独生子女死亡家庭提高到每人每月 210 元，对伤残家庭提高到每人每月 150 元。

15. 开展“进万家门、访万家情、解万家难”活动，走访慰问 25 387 户计划生育家庭，发放慰问金 460 万元。

16. 推行“技能培训 + 项目经营”、“公司 + 基地 + 农户”的城乡计生家庭致富发展模式。全市共开展职业技能培训 6 657场次，培训人员 3.4 万人次；举办农业技术培训 337 场次，参训人员 2 万余人次；扶持农村计生家庭发展 1 509 户，投入资金 2 672 万元。今年，全市帮助 357 户计生家庭成功创业，计生家庭发展致富示范基地 21 个、创建致富发展示范户 170 户。

17. 全市已完成规范化、标准化建设的计生服务站有 59 个，占 85.5%。40 个计生服务站完成了环境优化建设。创建 4 个国家级示范站，3 个省百佳站。

18. 武汉市人民政府将免费孕前优生健康检查纳入 2012 年为民办十件实事之一，全市完成免费孕前优生检查 23 095 对，完成率为 104.98%，人群覆盖率为 83.98%。全市启动孕前风险评估系统，全市适龄青年婚检率达 75.09%，全市已婚育龄妇女生殖健康普查率达 97.52%。

19. 推进“基地 + 社区”的婴幼儿早期发展工作模式，共建立早教基地 70 个，举办各类早期教育讲座 2 000 多场，参与人数达两万多人。建立青春健康教育基地 55 个，开展青春期健康教育 240 场次，培训 6.7 万人次。

20. 市委宣传部、市人口计生委联合举办“幸福江城”武汉市首届人口文化节，取得圆满成功。人口文化节分开幕式、论坛、讲座、展览、闭幕式五个部分，主题展馆规模空前，18 个场馆深受老百姓的喜爱；新闻媒体聚焦空前，《人民日报》等 100 多家国内外媒体对武汉市首届人口文化节进行了报道；群众参与热情空前，仅三天时间观众就达 8.36 万人次，国家、省市领导及高校专家的一致好评。

21. 2012 年全市市级以上新闻用稿 1 265篇，其中省级以上新闻用稿 538 篇，市级新闻用稿 727 篇。

22. 2012 年全市政务信息采用 4 553 篇，其中省人口网采用 1 981 篇，市人口

网采用2 545篇，省人口计生纸质信息载体采用27篇，市委、市政府纸质信息载体采用20篇。

23. 创办《与福同行》人口计生杂志月刊，印刷、发行7期，每期5 000册，总计35 000册，赠送国家、省人口计生委领导；市党政主要领导、分管领导、市人口计生工作领导小组成员单位负责人；各区党政主要领导、分管领导，区人口计生委负责人。免费下发到全市各区、街（乡镇）、村（社区）。

24. 人口计生网站通过改版，流量从2万多增长到40万。

25. 2012年制作专题片7部，其中《幸福花开千万家》、《青春飞扬》分别荣获首届全省人口影视作品专题类一等奖和综合类二等奖。

26. 2012年发行《湖北人口文化之窗》墙报（武汉专版）16 916套，印制《早教指导》30 000册，设计印制孕前优生科学知识宣传册《帮你生个健康宝宝》4万册、《致全市准备怀孕夫妇的一封信》4万张、印制“三优通”宣传折页10万份，印制打击“两非”专题折页3万张、海报3万张。

27. 2012年首届人口文化节制作宣传单12万份、场馆掠影折页5 000份、“十佳幸福家庭集锦”画册3 000册、“十佳人口文化示范基地集锦”3 000册，专题画册500本。

28. 2012年评选全市“十佳幸福家庭”：“退而不休助他人”的熊约翰家庭，“一花引来千家福”的代学杰家庭，“真情延续深沉大爱”的鲁绥良家庭，“用艺术演绎幸福”的刘泥巴家庭，“一心想着回报社会”的陈亮家庭，“为儿子打开另一扇窗”的宋建明家庭，“我织我绣50年”的康兰英家庭，“一家都有表演范儿”的曾智斗家庭，“夫妻同心改变命运”的程世军家庭，“带领乡亲打伙求财”的陈华清家庭。

29. 2012年评选出全市“十佳人口文化示范基地”：江岸区百步亭社区，江汉区扬子社区，硚口区发展社区，汉阳区江欣苑社区，武昌区静安社区、青山区绿景苑社区、东西湖区常青花园社区、洪山区红霞新村、黄陂区三姜村、蔡甸区星光村。

30. 开展依法行政示范乡镇（街道）创建活动。18个乡镇（街道）获得省级依法行政示范乡镇（街道）命名。

31. 深化阳光计生行动。2012年4个区获得省级“阳光计生”示范单位。深入开展诚信计生工作。全市17个区全部达到市级诚信计生合格区标准，13个区达到省级合格区标准。20个村（社区）被评为市级人口计生基层群众自治示范村（居）。

32. 2012年市委和市政府及相关部门出台关爱计划生育特殊家庭、进一步加大打击“两非”力度等5个人口计生政策性文件。

33. 2012年“生育文明·家庭发展”推进计划实施面100%。

34. 2012年为2 732名农村实行计划生育独女户和双女节育户女孩中考加分。

35. 2012 年为 1 067 名农村实行计划生育的独女户女孩高考加分。

36. 全市现有社区（村）3 444 个，配备女计生专干 3 511 人，中心户长 26 206人，做到人员、任务、报酬三落实。

37. 开展“降低人口发展风险，建设人口均衡型社会”专题培训，培训市管干部 197 人。组织市、区、街计生干部及分管领导 107 人，在国家人口计生委南京国际培训中心举办首期为期八天的全市人口计生系统业务知识培训班。举办心理咨询师、生殖健康咨询师等专业人才培训班，生殖健康咨询师培训面 99%，全市今年共 348 人参加国家生殖健康咨询师考试，通过率达 60%，分别高出全国、全省平均通过率 30% 和 20%。

十二、职责流程与工作制度篇

（一）职责流程

办公室（财务处）工作职责流程

一、处室工作职能

1. 负责组织全市人口和计划生育工作有关问题的调查研究、综合分析和信息综合。

2. 负责起草市委、市人民政府等上级部门关于人口计生工作的重要文件代拟稿和重要会议的领导讲话及文件。

3. 负责重要会议和重大活动的计划、组织工作。

4. 负责组织协调人口和计划生育综合改革。

5. 指导全市人口和计划生育系统的政务信息工作，编发综合信息。

6. 负责委机关门户网站管理和信息的审核、发布工作。

7. 负责编制全市人口和计划生育事业费和基本建设投资的预、决算。

8. 指导全市人口和计划生育系统财务和基本建设工作。

9. 负责委机关财务、资产管理和审计工作。

10. 指导委直属单位及区人口计生系统财务、审计和资产管理工作。

11. 指导、协调机关及直属单位基本建设和政府采购工作，监督、检查计划生育药具经费的管理和使用。

12. 指导、监督全市人口和计划生育经费、奖励扶助经费及社会抚养费的管理和使用。

13. 负责机关精神文明创建和“两型”机关建设工作。

14. 负责机关公文管理、机要保密、档案管理、电子政务、内保、车辆、基建、社会综合治理等机关行政管理和后勤保障工作，负责国际交流项目管理衔接。

二、处室岗位职责

（一）主任职责（黄开宏）

1. 负责办公室全面工作。

2. 落实“一岗双责”，负责处室思想政治建设、党风廉政建设、精神文明创建和绩效目标。

3. 组织起草市委、市政府等上级部门关于人口计生工作的重要文件代拟稿，市委、市政府、市人口计生委领导讲话及市人口计生委有关重要文件。

4. 组织处室人员做好重要会议、重大活动的计划组织工作。

5. 负责与国家、省人口计生委，市委、市人大、市政府、市政协有关重要事项的衔接和协调工作。

6. 对收到的各级各类公文提出拟办意见。

7. 审核本委印发的各类正式公文文稿（送审稿），按照公文发文管理的有关规定提出意见。

8. 承担定密责任人职责，负责本委印发的各类公文密级审定。

9. 负责组织处室工作人员做好综合性政务调研工作和政务信息工作。

10. 协调督办各区人口计生委，市人口计生委各处室、各直属单位完成委党组、委主任办公会决定事项和委领导交办的有关事项。

11. 负责人口计生综合改革的组织协调和调研督办工作。

12. 完成领导交办的其他工作。

（二）副主任职责（剧俊筱）

1. 配合处室负责人认真做好全委重要会议、重大活动的组织协调和服务工作。

2. 负责市人大、市政协议题案办理工作。

3. 负责机关文明单位创建、社会治安综合治理、两型机关创建、卫生城市先进单位创建工作。

4. 负责机要档案、保密工作、国家安全等组织协调工作。

5. 配合处室负责人做好对机关各项事务的工作协调与督办。

6. 负责委门户网站建设工作。

7. 负责 OA 系统的推进应用工作。

8. 负责落实机关日常管理与组织协调工作：如车辆、安保、保洁，节假日值班等。

9. 完成领导交办的其他工作。

（三）财务处副调研员职责（黄艳）

1. 负责财务工作。

2. 组织委机关财务人员协调相关部门落实人口计生事业经费和基本建设经费，指导监督全市人口和计划生育经费、奖励扶助经费及社会抚养费的管理和使用。

3. 协调相关部门落实人口计生事业经费和基本建设项目经费，并加强制度管理。

4. 做好银行业务往来工作。

5. 做好局级干部、离退休干部医疗审核报销，职工医疗保险及子女统筹医疗工作。

6. 组织农村部分计划生育家庭奖励扶助制度工作的督办和指导落实。

7. 接收各处室报销票据并送委主要领导审签；做好日常性审核报销及其凭证录入工作。

8. 做好机关工作人员工资发放及工资异动。

9. 协调做好政府采购的相关工作。

10. 完成领导交办的其他工作。

（四）文秘岗位（一）职责（姜国仿）

1. 起草市领导、委领导讲话代拟稿、工作计划、工作总结及委内有关文件，配合做好调研工作。

2. 配合做好重要会议和重大活动的计划组织工作；编发和报送重要会议及重大活动等政务信息。

3. 承担委党组秘书（A 角）职责，做好委党组会、党组中心组学习组织服务工作。

4. 承担委行政秘书（A 角）职责，做好委主任办公会组织服务工作。

5. 负责周例会组织服务工作，整理印发周安排。

6. 负责月例会的组织服务工作，整理印发月总结和月安排。

7. 负责做好年度政务信息公开工作。

8. 配合做好人口计生综合改革日常具体工作。

9. 完成领导交办的其他工作。

（五）文秘岗位（二）职责（黄飞）

1. 起草市领导、委领导讲话代拟稿、工作计划、工作总结及委内有关文件，配合做好调研工作。

2. 编写本委综合性政务信息，协调各区、各处室和各直属单位及时上报政务信息。

3. 负责与省人口计生委办公室，市委办公厅信息处、市政府办公厅信息处及其他有关部门政务信息工作衔接，并及时报送政务信息。（姜国仿 A 角、黄飞 B 角）

4. 负责本委《计划生育信息》、《要情专报》等纸质信息的编发工作。

5. 负责办公室前台接待工作，接收委机关各处室、各直属单位拟办的公文，送委主要领导审签后分发。

6. 承担委党组秘书（B 角）、行政秘书（B 角）职责，协助做好委党组会、主任办公会、党组中心组学习组织服务工作。

7. 负责委办公室日常政务值班工作。

8. 做好处室内务、文字材料撰写、相关资料收集归档等工作。

9. 完成领导交办的其他工作。

（六）机要、保密、档案管理岗位职责（王晓萍）

1. 负责收集、编辑各区、各处室和各直属单位政务信息，在市人口计生委门户网站上发布，并报省人口计生委；负责政务信息的统计、通报等有关工作。

2. 负责市人口计生委门户网站各板块信息的发布。

3. 负责省 OA 系统使用有关具体工作。

4. 做好机关公文管理和机要文电、资料的收发、运转、归档、销毁等工作。

5. 负责委机关档案管理工作。

6. 承办委日常保密工作。

7. 指导直属单位和基层文档工作。

8. 完成领导交办的其他工作。

（七）财务处会计（一）岗位职责（郭靖）

1. 编制委机关、协会的年度部门预算（决算）及基本建设预算（决算）。

2. 做好委机关及直属单位财务预算的审核及其管理。

3. 审核机关财务开出的支付凭证及记账凭证。

4. 配合做好“十二五”人口计生基

本建设规划的制定及其基本建设项目申报工作。

5. 联系市政府采购办做好设备采购申报工作。

6. 完成省人口计生委布置的奖励扶助、特别扶助预算表及决算表。

7. 制定各区转移支付资金方案，并落实相关工作。

8. 负责处理武汉市计划生育协会税务、社保、公积金、子女统筹、日常开支等各项业务。

9. 完成领导交办的其他工作。

（八）财务处会计（二）岗位（胡琳）

1. 负责机关凭证录入，会计审核后记账并制作报表，并汇总直属单位财务报表。

2. 做好全委职工公积金缴存和调整工作。

3. 负责机关资产管理工作，并指导直属单位资产管理工作。

4. 负责机关会计档案整理、查阅。

5. 负责执法支队事业费预、决算。

6. 负责处理执法支队税务、社保、公积金、子女统筹、日常开支等各项工作。

7. 协助做好食堂管理及有关接待工作。

8. 完成领导交办的其他工作。

三、处室工作流程

市人口计生委政务信息报送流程

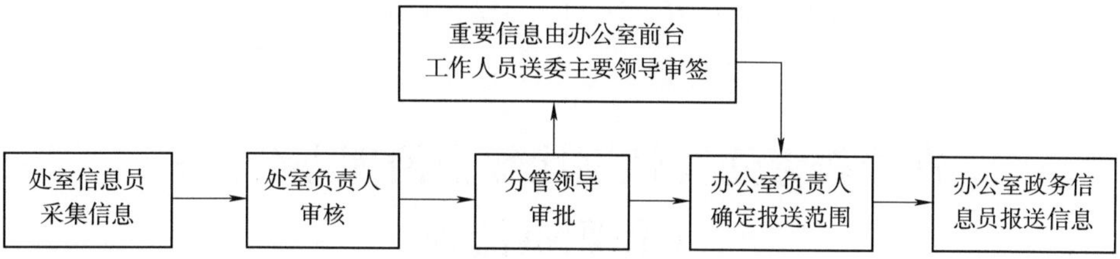

市人口计生委门户网站信息发布流程

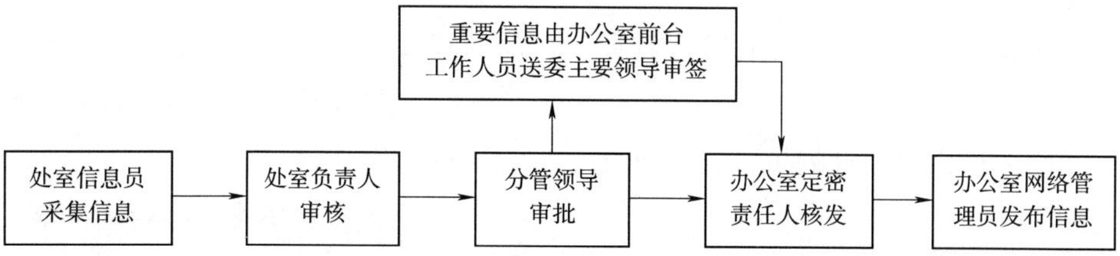

市人口计生委公文办理流程

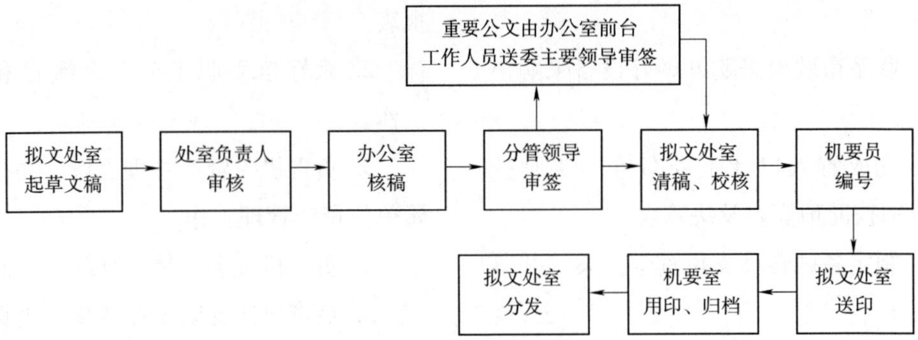

农村部分计划生育家庭奖励扶助工作确认程序

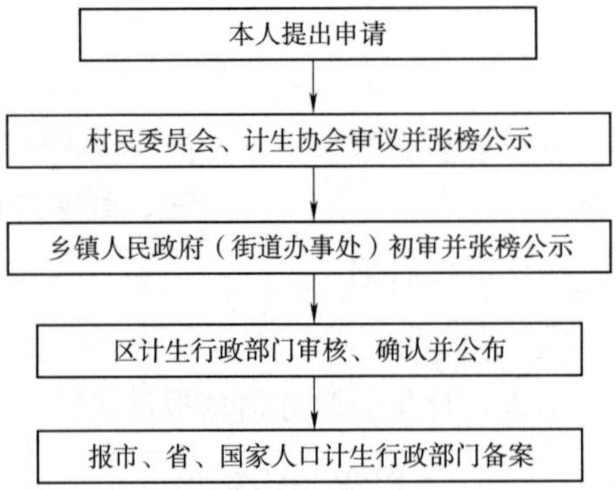

宣传教育处（性别比综合治理办公室）工作职责流程

一、处室工作职能

1. 制定全市人口和计划生育宣传教育工作规划。

2. 组织开展人口和计划生育宣传教育工作。

3. 协调开展党政干部人口理论教育，推动人口理论研究。

4. 负责人口和计划生育新闻宣传、新闻发布的组织工作。

5. 协调宣传、文化等部门和新闻单位开展人口和计划生育宣传工作，并组织好新闻宣传和社会宣传活动。

6. 负责出生人口性别比综合治理的组织协调工作。

7. 全面推进关爱女孩行动，落实农村独生女高考加分及农村独生女、双女绝育户（含流入人口）中考加分政策。

8. 负责做好全市人口计生系统精神文明创建工作。

9. 负责做好全市人口文化建设和创建

幸福家庭活动的组织工作。

10. 组织指导《与福同行》刊物及专题片的创编等宣传工作。

11. 指导市计生宣教中心工作。

二、处室岗位职责

（一）处长职责（章炜）

1. 负责处室全面工作。

2. 落实“一岗双责”，负责处室思想政治建设、党风廉政建设、精神文明创建和绩效目标。

3. 组织实施全市人口和计划生育宣传教育的总体规划。

4. 开展婚育新风和生育文明创建活动；组织协调出生人口性别比综合治理工作。

5. 负责做好全市人口计生系统精神文明创建工作。

6. 完成领导交办的其他工作。

（二）出生人口性别比综合治理岗位职责（任艳军）

1. 协调组织党政干部人口理论教育。组织指导《与福同行》刊物及专题片的创编等宣传工作。

2. 负责出生人口性别比综合治理的组织协调工作。

3. 推进关爱女孩行动深入开展，组织好农村独生女高考加分工作。

4. 完成领导交办的其他工作。

（三）人口文化岗位职责（刘伟娜）

1. 组织协调人口和计划生育新闻宣传、新闻发布。

2. 做好人口计生宣传网络建设。开展人口计生新闻监测。

3. 协调组织社会宣传活动，组织开展家庭人口文化建设和幸福家庭创建活动。

4. 做好处室内务、文字材料撰写、相关资料收集归档等工作。

5. 完成领导交办的其他工作。

三、处室工作流程

武汉市农村独生女高考加分工作流程图

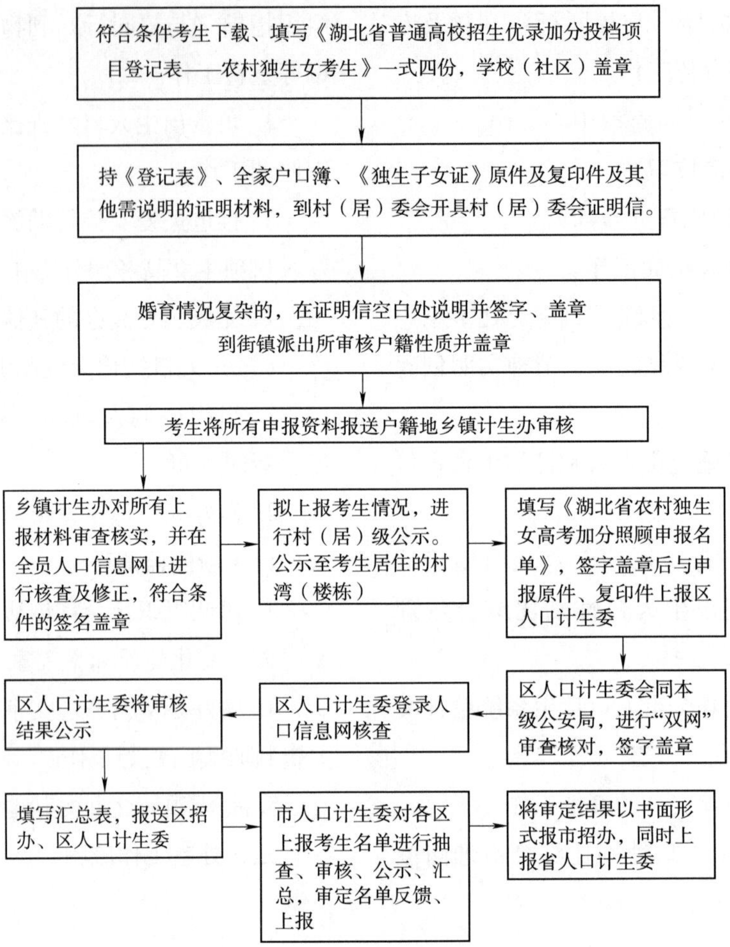

市“三六”家庭人口文化示范社区（村）表彰工作流程图

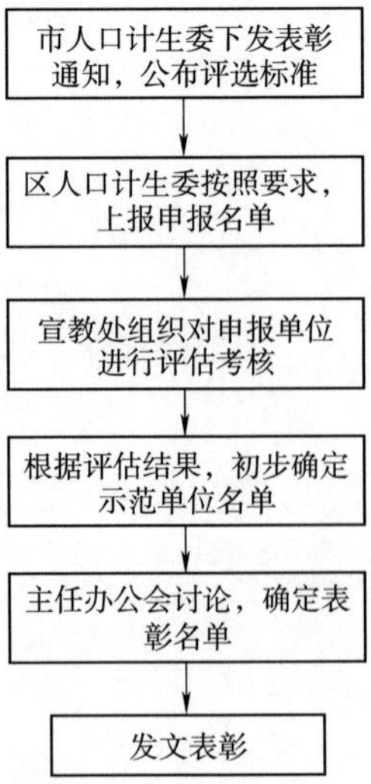

政治处工作职责流程

一、处室工作职能

1. 制定并组织实施全市人口和计划生育系统干部队伍建设规划，协调人口和计划生育公共服务网络体系建设。

2. 制定全市人口和计划生育教育培训规划和年度计划，协调组织实施人口和计划生育干部教育培训工作。

3. 负责制定委机关及直属单位干部人事管理工作的有关规定。

4. 负责委机关及直属单位机构编制及工作人员的调配、录用、考核、奖惩、任免、培训、交流、劳资、辞（退）职、退休审批、人事档案管理工作。

5. 负责办理出国（境）事宜的审批和管理工作。

6. 组织全市人口和计划生育系统表彰工作；人口计生荣誉证书的申报、审批工作；一次性奖励的审批工作。

7. 负责生殖健康咨询师、心理咨询师、社工师等新职业培训及其执业指导的相关工作。

8. 负责人口和计划生育系统中、高级职称的考试、评审申报工作。

9. 指导市计生宣教中心公务员培训基地、专业技术人员培训基地的管理和干部教育培训工作。

10. 负责机关离退休干部服务管理工作。

二、处室岗位职责

（一）处长职责（刘丽纯）

1. 负责政治处全面工作。

2. 落实“一岗双责”，负责处室思想政治建设、党风廉政建设、精神文明创建和绩效目标。

3. 负责全市人口计生系统的干部队伍建设目标，机关及直属单位领导班子建设、队伍建设及岗位设置管理工作。

4. 组织制定全市人口计生系统人才规划、教育培训年度计划，并负责完成各级调训任务。

5. 负责办理出国（境）、赴台湾地区学习考察的审批和管理工作。

6. 负责委机关及直属事业单位干部选拔任用工作。

7. 负责组织全市人口计生系统中、高级职称的申报和考试工作。

8. 负责组织机关、及直属单位离退休干部的服务管理工作。

9. 完成领导交办的其他工作。

（二）老干部服务管理岗位职责（王成云）

1. 结合我委离退休干部实际情况，制定组织生活、学习制度。

2. 负责落实市老干局下达的年度老干工作绩效目标。

3. 编制我委离退休干部年度经费预算报告及各个节假日生活福利待遇。

4. 制定一年组织两项以上老干部到市郊或外地学习参观。

5. 经常性地和老干部保持联系，搞好各个方面的服务保障工作。

6. 负责机关离退休干部日常事务性工作任务。

7. 负责委机关行政后勤工作各类会议布置，会议资料的供应保障，办公室大楼水电维修、安全、卫生、办公用品的购买、发放，车辆的调配、维修、年审、保险等手续，驾驶员管理等工作。

8. 完成领导交办的其他工作。

（三）干部人事管理岗位职责（卢丹）

1. 拟定全市人口和计划生育教育培训规划和年度计划。

2. 制定并实施全市人口和计划生育系统队伍建设规划。

3. 拟定委机关干部人事管理工作的有关规定。

4. 负责委机关及直属单位机构编制及工作人员的调配、考核、奖惩、任免、培训、交流、劳资、辞（退）职、退休审批等。

5. 承担生殖健康咨询师、心理咨询师、社工师等新职业培训及其执业指导的相关工作。

6. 负责人口和计划生育系统中、高级职称的申报工作。

7. 负责完成日常的干部人事工作（民主生活会、年度考核等）。

8. 做好处室内务、文字材料撰写、相关资料收集归档等工作。

9. 完成领导交办的其他工作。

三、处室工作流程

干部选拔任用工作流程图

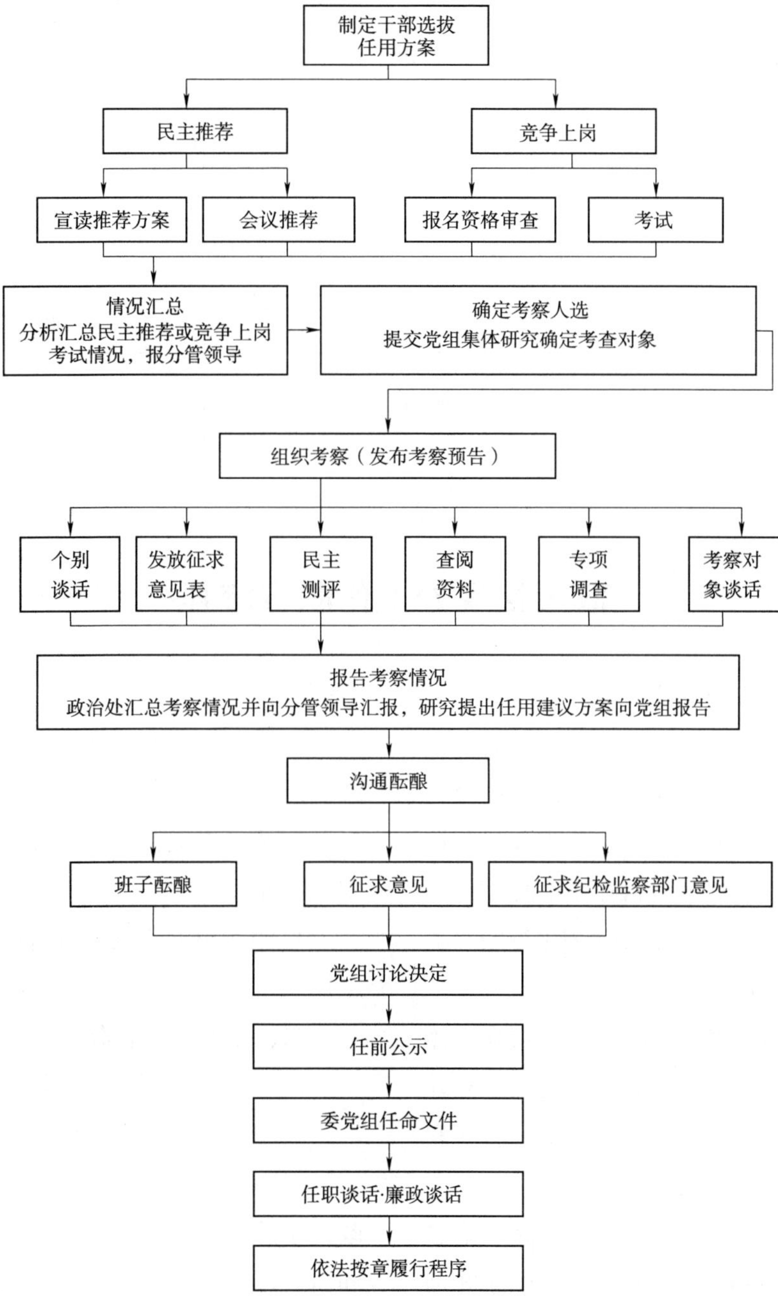

全市人口计生系统荣誉证书审批工作流程

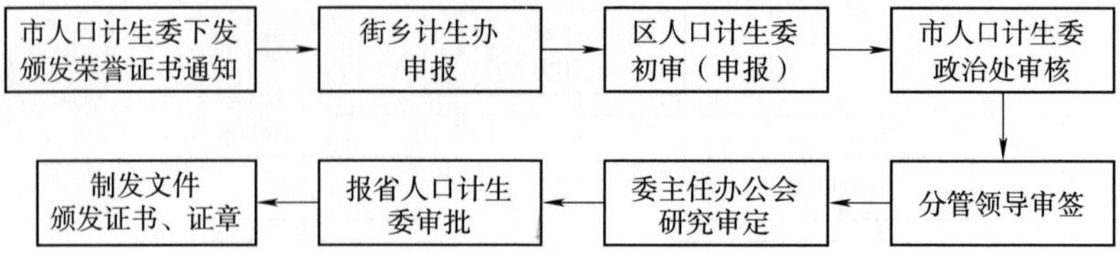

市人口计生委一次性奖励审批程序

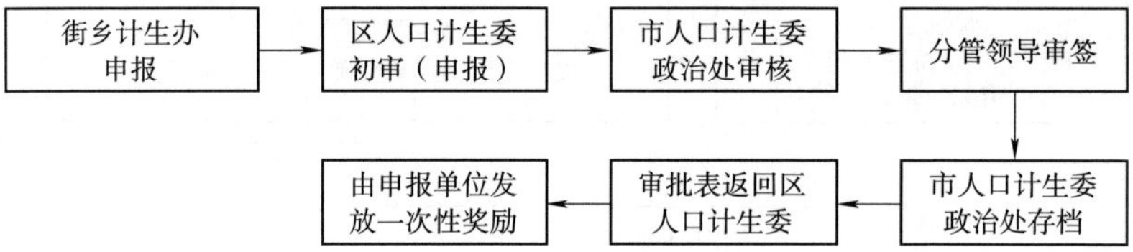

政策法规处工作职责流程

一、处室工作职能

1. 根据国家和省有关人口和计划生育工作的方针、政策和法律、法规，结合我市实际，组织研究、参与起草市人口和计划生育地方性法规草案和有关政策。

2. 建立和完善人口和计划生育的奖励与社会保障制度。

3. 负责协调推动相关部门、群众团体履行人口和计划生育职责，促进人口和计划生育政策在教育、文化、卫生、就业和社会保障等工作方面的衔接配合。

4. 组织实施人口和计划生育政策法律、法规及各项证件办理程序的贯彻落实。

5. 组织开展出生人口性别比综合治理，协调执法支队做好群众来信来访工作。

6. 指导各区依法征收社会抚养费及“两非”案件的查处工作。

7. 承担人口和计划生育行政复议和行政诉讼的具体工作。

8. 配合有关部门查处人口和计划生育重大案件。

9. 组织开展计划生育群众自治创建工作。

二、处室岗位职责

（一）处长职责（李群发）

1. 全面负责全处工作。

2. 落实“一岗双责”，负责处室思想政治建设、党风廉政建设、精神文明创建和绩效目标。

3. 结合我市实际，组织研究、参与起草市人口和计划生育地方性法规、规章、草案和有关政策。

4. 协调有关部门制定有利于人口和计划生育工作的社会经济政策，建立和完善人口和计划生育的奖励与社会保障制度，促进人口和计划生政策在教育、卫生、文化、就业和社会保障等工作中的衔接配合。

5. 指导、督促各区查处“两非”案件。

6. 指导、监督和检查人口和计划生育法律法规的贯彻落实，研究拟定人口和计划生育行政执法工作规范。

7. 指导、参与人口和计划生育行政复议和行政诉讼工作。

8. 指导基层配合有关部门查处人口和计划生育工作违法行政重大案件。

9. 指导基层开展诚信计生、计划生育依法行政示范点（街道）创建，基层群众自治工作。

10. 协助有关部门做好人口和计划生育法律、法规的宣传普及工作。

11. 完成领导交办的其他工作。

（二）副处长职责（杨奇瑞）

1. 组织、协调、督促落实企业退休职工计生奖励政策。

2. 落实独生子女保健费。

3. 落实新农保政策与计生政策的衔接。

4. 落实计生奖励相关工作。

5. 完成领导交办的其他工作。

（三）副调研员职责（刘少华）

1. 负责“两非”案件数据的收集、统计和上报工作。

2. 负责“两非”典型案例收集、汇编和档案管理工作。

3. 负责农村独女户和双女绝育户中考加分市级审核工作。

4. 负责全市诚信计生创建工作。

5. 负责监测全市政策外多孩率完成情况。

6. 完成领导交办的其他工作。

（四）法制建设岗位职责（刘利）

1. 起草我市人口和计划生育地方性法规、规章、规范性文件，开展规范性文件清理、备案审查。

2. 规范全市人口计生执法制度及文书，开展执法培训和案卷评查。

3. 指导、督促人口计生法律、法规和相关文件的贯彻落实，加强对基层行政执法工作的指导、监督和检查。

4. 对相关工作的法律性审查；承担人口计生行政复议和行政诉讼具体应诉工作。

5. 开展人口计生政策，建立和完善计划生育利益导向政策体系的调研。

6. 协调人口和计划生育政策与公共政策的衔接配合 .

7. 落实企业退休职工计生奖励、独生子女保健费、计生特别扶助、双女绝育户一次性奖励、新农保计生补贴等奖励政策，负责利益导向政策的政策性答复、报表汇总、衔接经费划拨及发放，协调全市企业退休职工计生奖励专项软件正常运转等。

8. 做好处室内务、文字材料撰写、相关资料收集归档等工作。

9. 完成领导交办的其他工作。

三、处室工作流程

市属困难企业退休职工计划生育奖励申领流程图

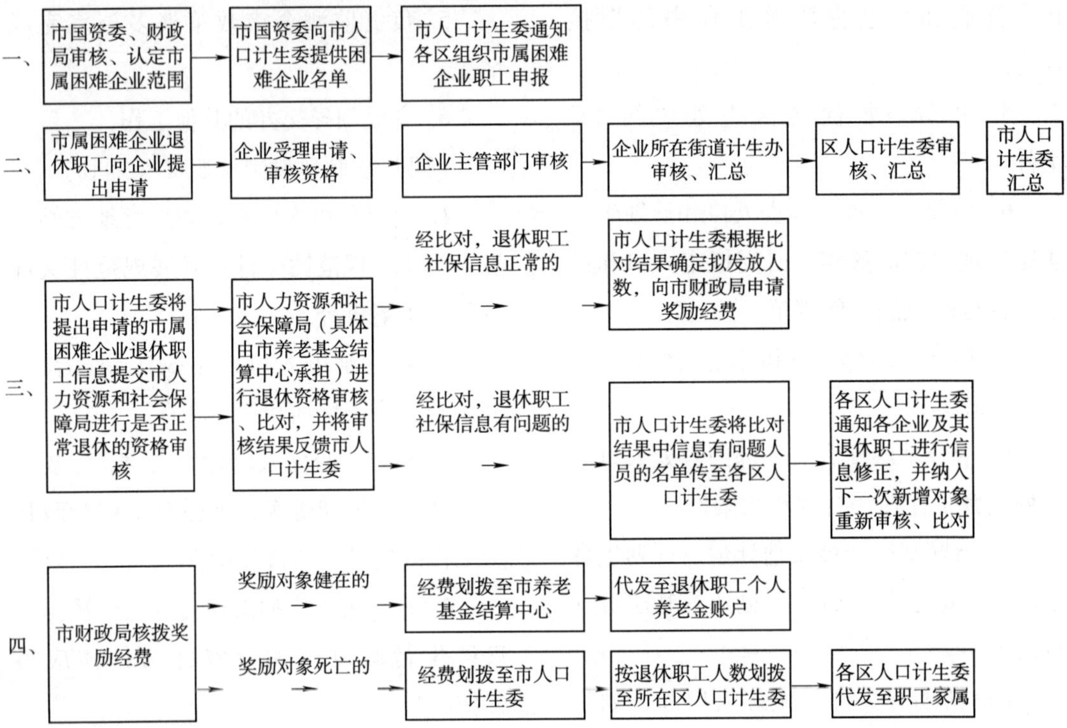

农村独女户、双女结扎户子女中考优录办理、审核、审批流程

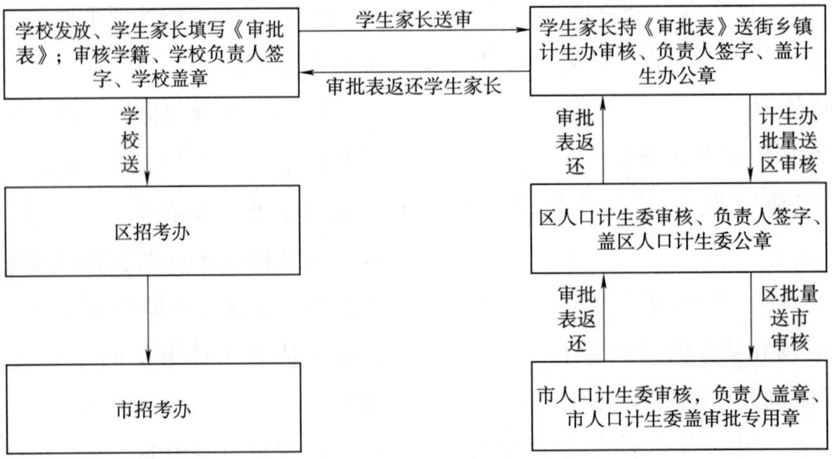

市属灵活就业人员计划生育奖励申领流程图

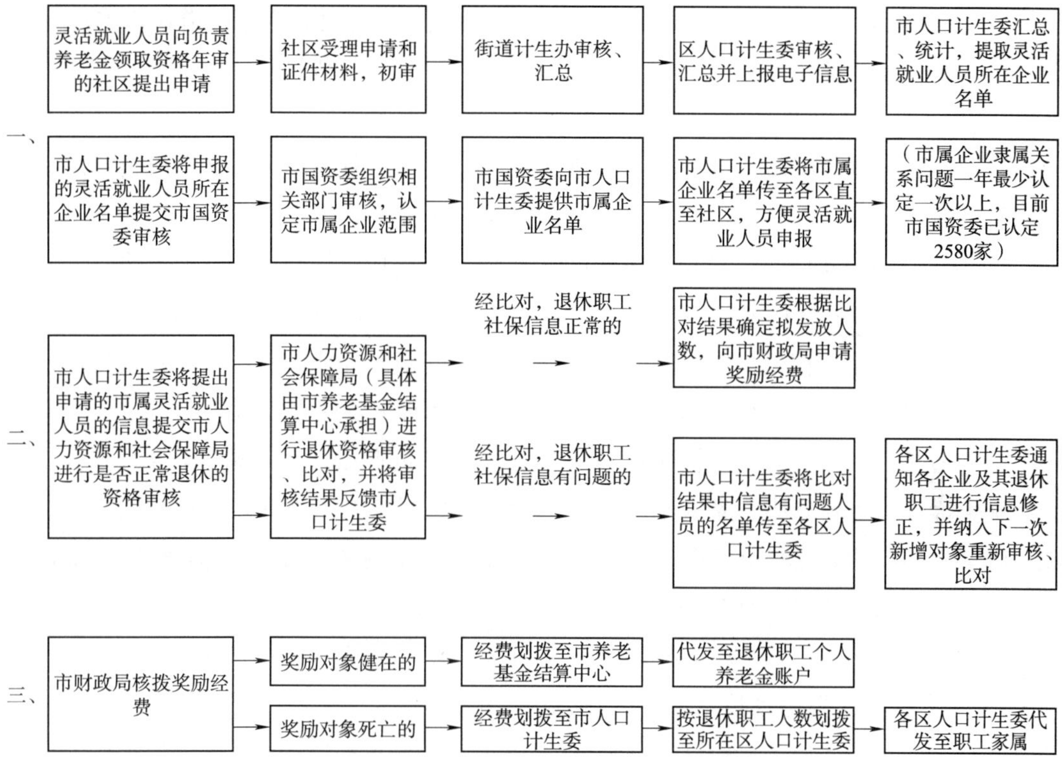

科学技术服务处工作职责流程

一、处室工作职能

1. 组织实施全市计划生育科学研究的总体规划，依法管理计划生育技术服务工作。

2. 组织实施全市计划生育的生殖健康促进计划，做好全市避孕节育管理与服务，协同相关部门做好优生优育和提高出生人口素质的工作，降低出生缺陷人口数量，积极开展出生缺陷一级预防工作。

3. 参与艾滋病的防治工作。

4. 对计划生育技术服务、基层公共服务网络建设、科学普及和避孕节育技术推广使用进行指导和监督。

5. 负责节育手术并发症和独生子女病残儿医学鉴定的管理工作。

6. 研究和依法规范计划生育药具管理制度，指导实施孕情管理工作和孕情发现、跟踪包保及全程服务工作。

7. 指导监督全市免费孕前优生健康检查工作。

8. 指导全市开展 0 ~ 3 岁婴幼儿早期发展工作。

9. 指导市计生科技所、药具站业务工作。

二、处室岗位职责

（一）处长职责（金玲）

1. 全面负责处室工作。

2. 落实“一岗双责”，负责处室思想政治建设、党风廉政建设、精神文明创建和绩效目标。

3. 拟订并组织实施与人口和计划生育发展规划和年度目标责任。

4. 协同有关部门降低出生缺陷数量。

5. 承担依法公布计划生育信息工作。

6. 推动实施计划生育生殖健康促进计划。优生优育、生殖健康、家庭健康服务相关政策、制度的研究制定工作。

7. 完成领导交办的其他任务。

（二）副调研员职责（吴方清）

1. 依法管理计划生育技术服务工作，负责《计划生育技术服务机构许可证》和《计划生育技术服务人员合格证》办理、变更、校验工作。

2. 负责对全市计划生育技术服务、避节育措施管理，基层公共服务网络建设、规范化管理、科学普及和避孕节育技术推广使用进行指导和监督，并完成相关报表。

3. 经常督导各区孕情包保节育措施的落实。

4. 负责节育手术并发症和独生子女病残儿医学鉴定的管理工作。

5. 指导计划生育药具管理使用、发放。

6. 负责全市孕前优生健康检查项目的规划制订，并对各区进行指导和监督。

7. 负责与科技局、卫生局的沟通，完成相应工作任务。

7. 做好处室内务、文字材料撰写、相关资料收集归档等工作。

8. 完成领导交办的其他工作。

（三）优生保健岗位职责（朱玺）

1. 负责完成处室的各项绩效目标，并指导和督促各区完成目标。

2. 负责拟订全市优质服务月和各项生殖健康服务工作的方案，并组织实施，负责其工作的各项报表、信息报送和总结工作。

3. 负责指导和检查各区信息化系统运用工作。

4. 负责创建优质服务单位工作。

5. 协同相关部门做好优生优育和提高出生人口素质的工作，降低出生缺陷人口数量。

6. 配合卫生部门做好优生优育和艾滋病预防等提高出生人口素质的工作。

7. 指导全市开展 0～3 岁婴幼儿早期发展工作。

8. 负责与妇联、残联、防艾办的沟通，完成相应工作任务。

9. 负责联系部门的责任目标完成工作。

10. 完成领导交办的其他工作。

三、处室工作流程

计划生育技术服务人员合格证办理（校验）流程图

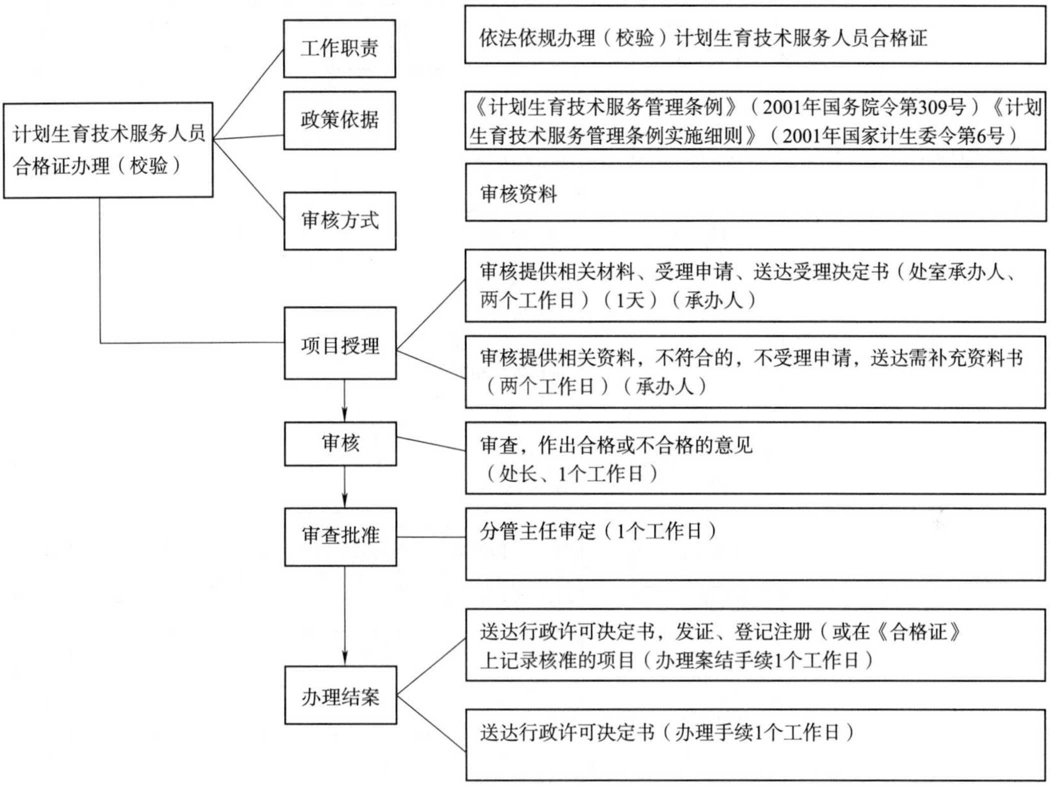

附：申请人应提交的材料（校验只需提供序号是1和4的材料，另提供《合格证》）

1. 申请人填写的计划生育技术服务人员合格证（校验）申请表一式四份（并粘有近期小1寸登记照片）；另附申请人近期免冠小1寸登记照片1张。

2. 市级以上计划生育行政部门组织的人口政策与计划生育技术基础知识考试合格证明文件，区级以上计划生育行政部门组织的操作技能考核合格证明文件。

3. 个人工作简历一份及用人单位的聘书。

4. 学历、专业技术职称、医师执业证明文件。

计划生育技术服务机构执业许可证办理（校验、变更）流程图

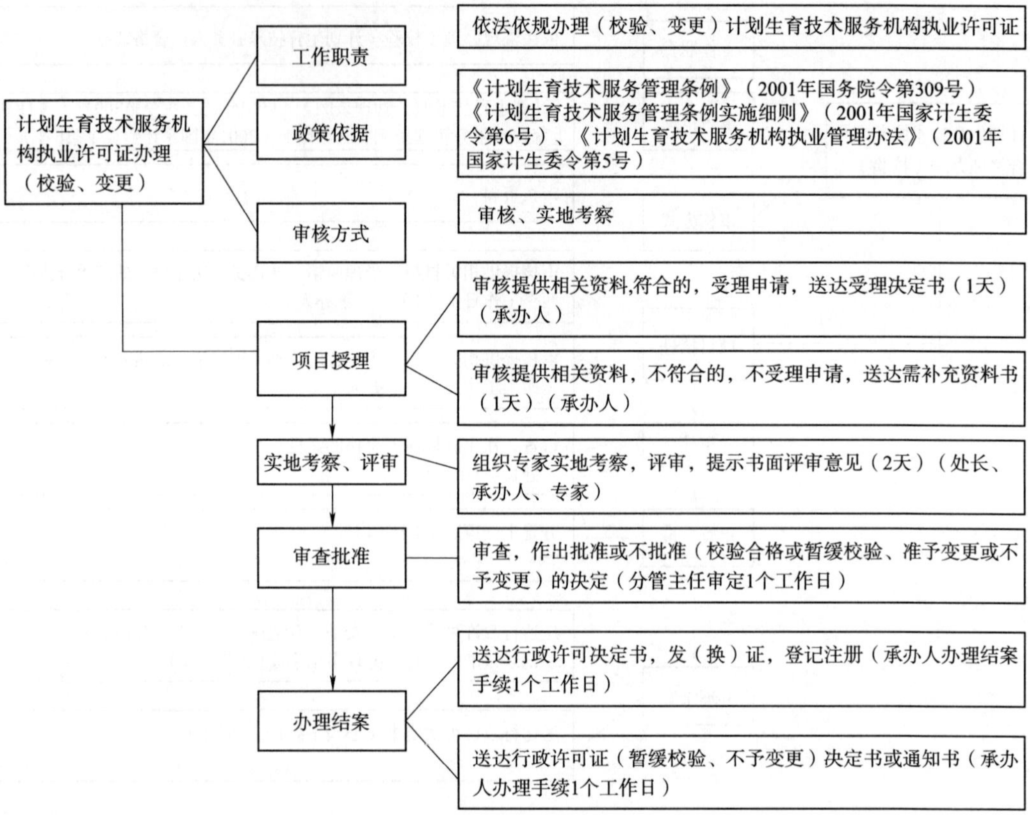

附：申请办理《许可证》应提供的材料：

1.《计划生育技术服务机构执业许可申请表》一式四份。

2.《计划生育技术服务机构设置批准书》或《计划生育技术服务管理条例》实施前已取得的执业许可证证明文件。

3. 计划生育技术服务机构用房产权证明或者使用证明。

4. 计划生育技术服务机构建筑设计平面图。

5. 计划生育技术服务机构科室设置情况。

6. 计划生育技术服务机构法定代表人和主要负责人、科室负责人及主要技术骨干名录和有关资格证书、执业证书、任职履历证明复印件。

7. 设备清单。

8. 计划生育技术服务机构规章制度。

申请校验《许可证》应提供的材料：

1.《计划生育技术服务机构校验申请表》一式四份。

2.《计划生育技术服务机构执业许可证》及其副本（校验提供）。

3. 计划生育技术服务机构校验期内工作报告。

申请变更《许可证》应提供的材料：

1.《计划生育技术服务机构变更申请

表》一式四份。

2. 变更项目的相关资料。

3.《计划生育技术服务机构执业许可证》及其副本。

病残儿医学鉴定工作流程图

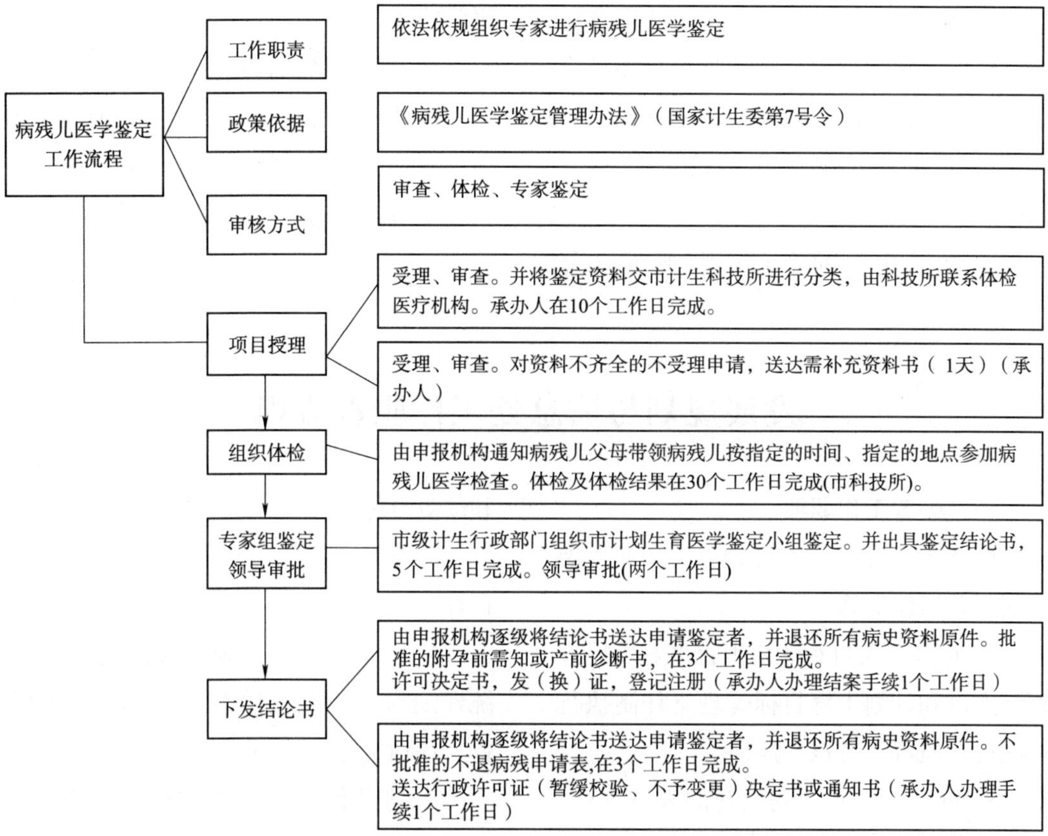

一、申报对象：凡认为其子女有明显伤残或患有严重疾病，符合法律、法规和《病残儿医学鉴定管理办法》规定的条件，要求安排生育第二个子女的均可申报。

二、申报时间：一孩病残儿医学鉴定每年安排三次，申报时间分别为每年的 2 月、6 月、10 月，市人口计生委申报截止时间分别为每年的 3 月 10 日、7 月 10 日、11 月 10 日。

三、申报机构：申请病残儿医学鉴定应向患儿母亲单位或患儿母亲户籍所在地的村（居）委会提出申请，由患儿母亲单位或患儿母亲户籍所在地的村（居）委会逐级向乡（镇、街、场）计生办、区人口计生委、市人口计生委申报。

四、申报资料

1. 填写病残儿医学鉴定申请表一式两份，逐项认真填写，内贴母子两人合影照片，并由患儿母亲单位或患儿母亲户籍所在地的村（居）委会、乡（镇、街、场）

计生办、区人口计生委逐级审核签字盖章。

（《病残儿医学鉴定申请表》可在患儿母亲单位或患儿母亲户籍所在地的村（居）委会、乡（镇、街、场）计生办领取，也可在武汉市人口和计划生育委员会专网上下载，网址：www. whfpc. gov. cn/）

2. 患儿及其父母户口簿原件和复印件。

3. 有关病史的全部资料原件和复印件。

五、参加体检

由申报机构通知病残儿父母带领病残儿按指定的时间、指定的地点参加病残儿医学检查。

六、鉴定结果告知

市计划生育医学鉴定小组出具鉴定结论书后，由申报机构逐级将结论书送达申请鉴定者，并退还所有病史资料原件。

发展规划与信息处工作职责流程

一、处室工作职能

1. 编制全市人口和计划生育事业发展规划、并组织实施。

2. 对全市人口和计划生育事业发展规划、人口和计划生育目标管理责任制执行情况进行监督、考核、评估。

3. 负责人口和计划生育的人口统计、信息化建设和分析研究工作。

4. 监测和分析人口发展动态，提出武汉市人口和计划生育安全预警预报的建议。

5. 参与全市人口基础信息库建设工作。

6. 负责机关各处室计算机维护保养。

二、处室岗位职责

（一）处长职责（张士新）

1. 负责处室全面工作。

2. 落实“一岗双责”，负责处室思想政治建设、党风廉政建设、精神文明创建和绩效目标。

3. 组织完成本处室承担的各项责任目标。

4. 负责人口和计划生育规划、目标、统计工作、信息化管理，承担相关的监督、评估工作。

5. 协助做好督促落实出生实名登记工作。

6. 负责全员人口信息库和全市人口计生系统信息化建设应用指导。

7. 指导各区人口计生部门发展规划、目标管理、统计和信息化工作。

8. 完成领导交办的其他工作。

（二）规划与目标管理岗位职责（谌培）

1. 协助处室负责人工作。

2. 做好综合、规划、目标岗位工作。

3. 承担目标岗位 A 角工作，承担规划岗位 B 角工作。

4. 负责落实本岗位相关的责任目标。

5. 负责拟定人口和计划生育目标管理责任体系，监督实施，并组织进行考核评估。

6. 负责计划生育抽样调查的实施。

7. 完成领导交办的其他工作。

（三）统计岗位职责（王军）

1. 做好统计、信息化岗位工作。

2. 承担统计岗位 A 角工作，承担信息化岗位 B 角工作。

3. 负责落实本岗位相关的责任目标。

4. 负责人口和计划生育统计和育龄妇女生育信息管理工作。

5. 负责监测和分析人口和计划生育发展动态，提出对策建议。

6. 督促出生实名制度的落实。

7. 负责各类评先表彰的计划生育“一票否决”审核工作。

8. 完成领导交办的其他工作。

（四）信息化建设岗位职责（李尧）

1. 承担信息化岗位 A 角工作，承担统计岗位 B 角工作。

2. 负责落实本岗位相关的责任目标。

3. 负责委机房日常维护与管理工作。

4. 负责对人口和计划生育信息系统技术问题提供技术指导。

5. 负责全市人口计生系统信息化建设与应用推广工作。

6. 负责对基层信息员进行业务培训。

7. 完成领导交办的其他工作。

（五）人口规划岗位职责（杨琳琳）

1. 承担综合岗位、规划岗位 A 角工作，承担目标岗位 B 角工作。

2. 负责落实本岗位相关的责任目标。

3. 编制我市人口和计划生育中、长期规划。

4. 负责规划执行情况的评估。

5. 做好处室内务、文字材料撰写、相关资料收集归档等工作。

6. 完成领导交办的其他工作。

（六）目标监测岗位职责（胡麒麟）

1. 承担目标监测岗 A 角，承担信息化岗 B 角。

2. 负责落实本岗位相关的责任目标。

3. 负责定期对基层目标进行监测分析。

4. 负责对重点指标、重点地区目标异常变动进行预警。

5. 负责运用信息系统查找问题，督办基层整改。

6. 协助做好委机房日常维护与管理工作以及信息系统技术指导。

7. 完成领导交办的其他工作。

三、处室工作流程

发展规划与信息处政务督办工作流程图

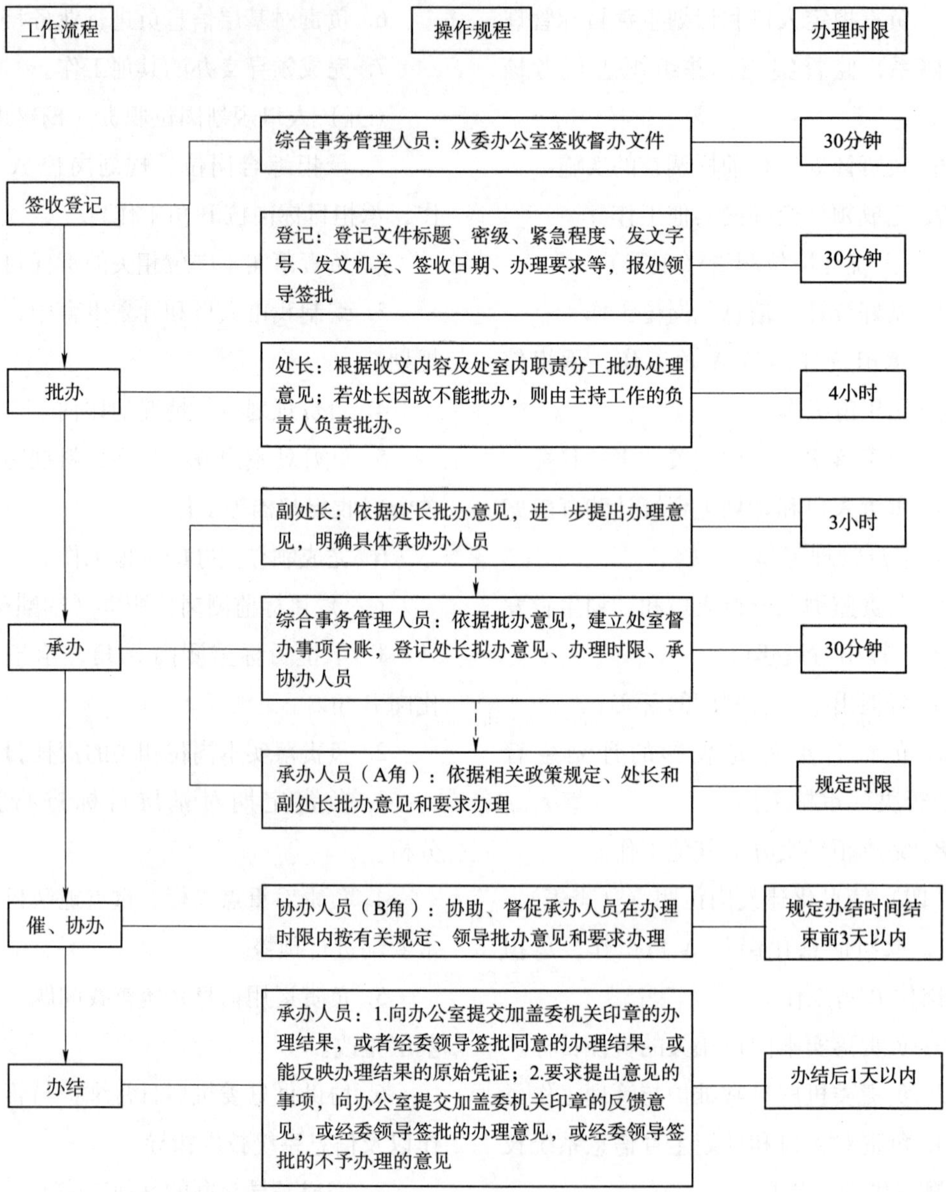

发展规划与信息处收文管理工作流程图

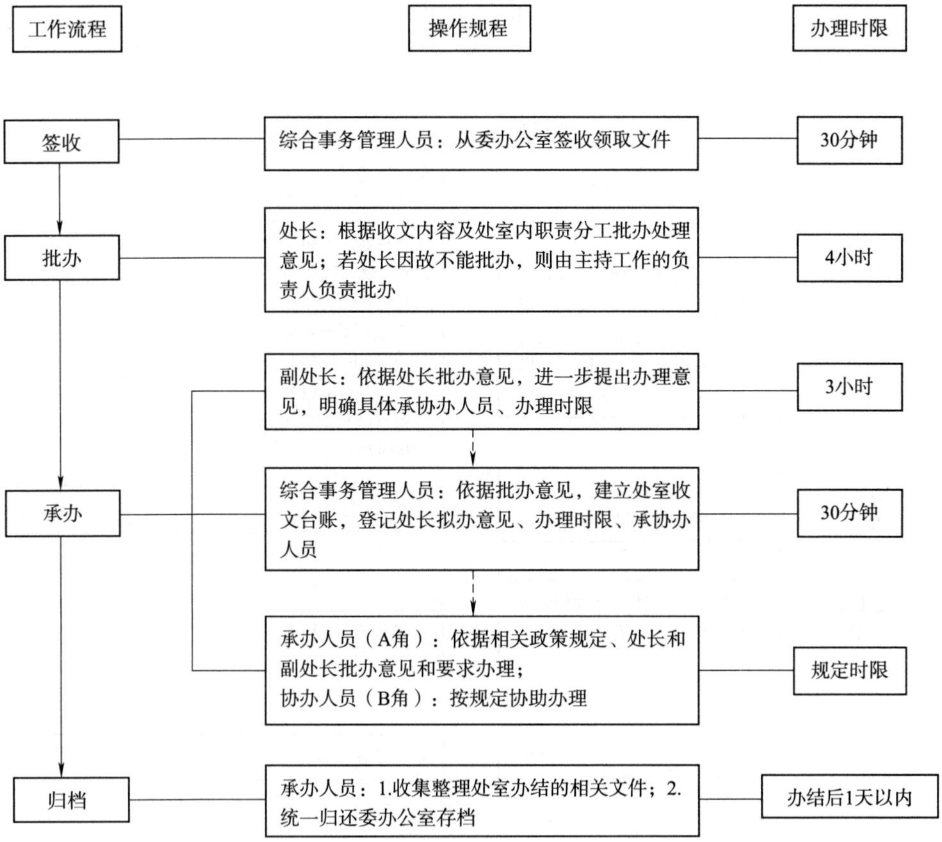

发展规划与信息处发文管理工作流程图

工作流程	操作规程		办理时限
草拟	承办人员（A角）：根据要求，起草公文	按《武汉市国家行政机关公文处理实施细则》规定和领导指示起草公文	2天
审核	协办人员（B角）：审核行文是否符合相关政策；审核文中的正确性、公文写作的规范性、文稿的结构层次和逻辑关系的严谨性	审核依据：1.相关业务政策；2.《武汉市国家行政机关公文处理实施细则》；3.国家语言文字法；4.出版物上数字用法的规定GB/T15835—1995;5.标点符号法GB/T15834—1995;6.国家行政机关公文格式GB/T9704—1999等	1天
	副处长：对协办人员审核过的内容作进一步审核	审核依据：同上	4小时
	处长：对处室分管负责人审核过的文稿作进一步的审核	审核依据：同上	4小时
	承办人员（A角）：修改文稿、报处长签批	审核依据：同上	4小时
	分管主任：对业务处室审核过的文稿作进一步审核、签批	审核依据：同上	1天
签发	主任：审批文稿，签发		1天
	办公室：办公室主任核稿，机要室编号，文印室印制发文		4小时

人口和计划生育事业发展规划编制工作流程图

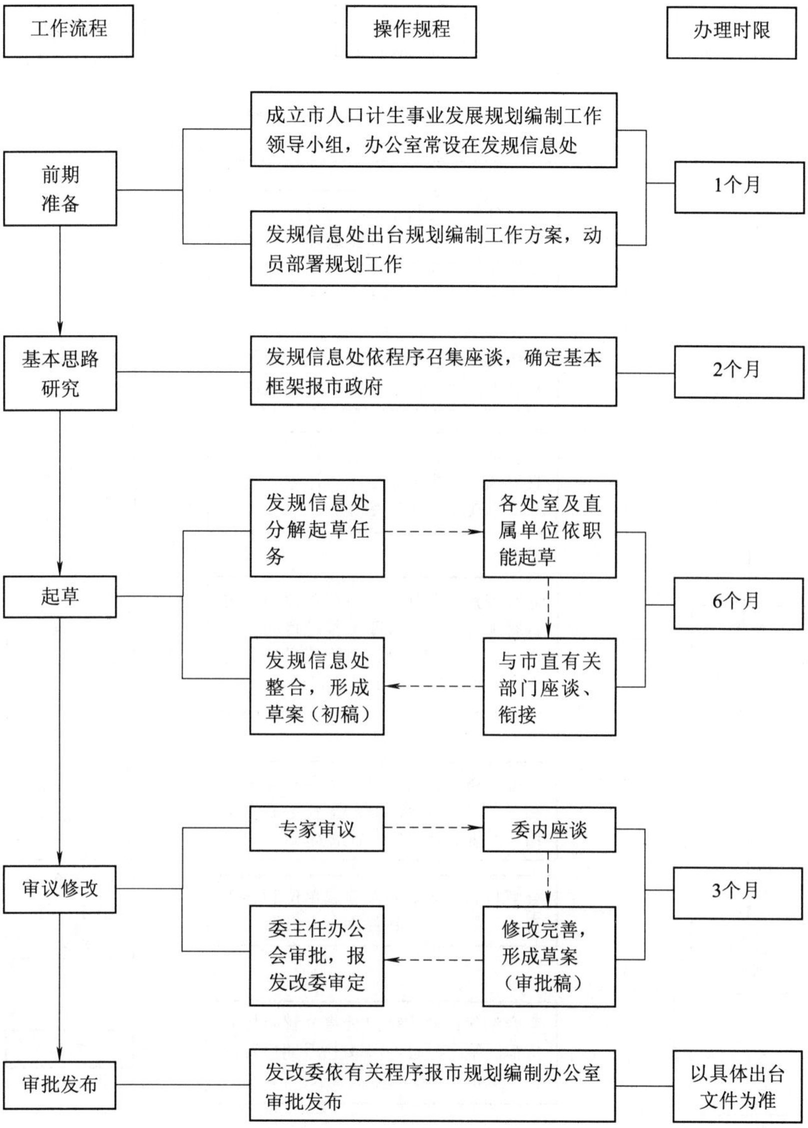

人口和计划生育事业发展规划执行管理工作流程图

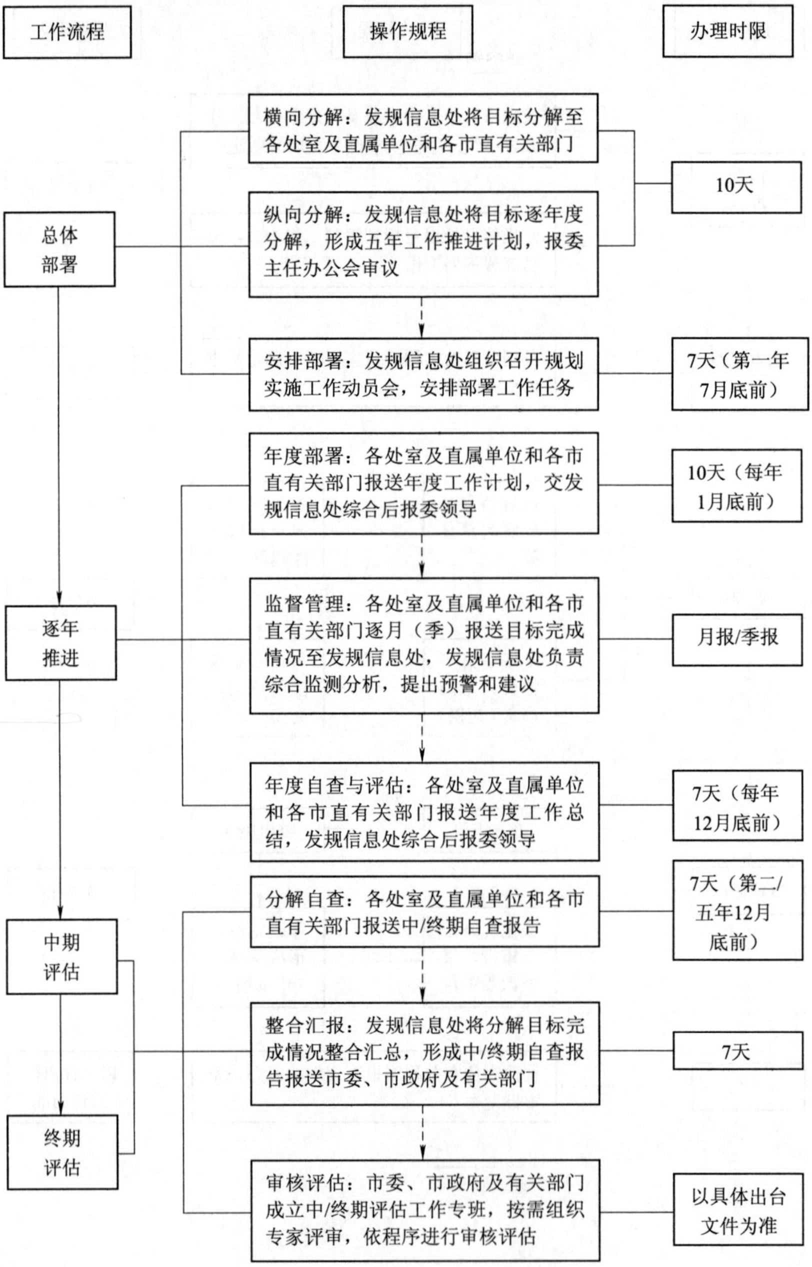

人口和计划生育目标编制工作流程图

一、人口和计划生育绩效目标预案编制

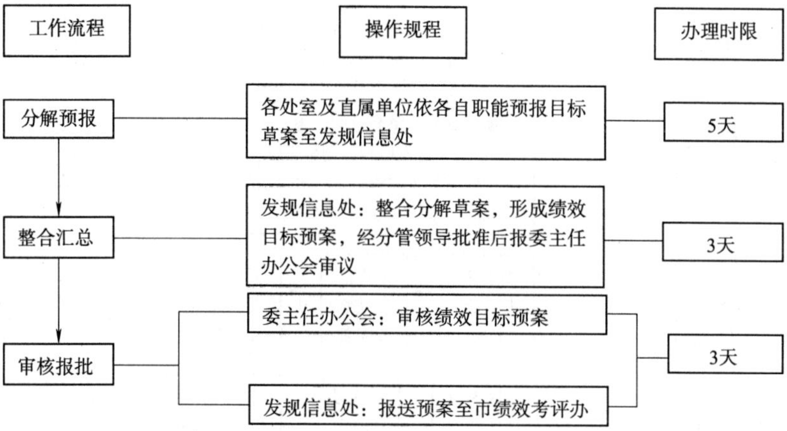

二、人口和计划生育党政领导线目标责任书编制

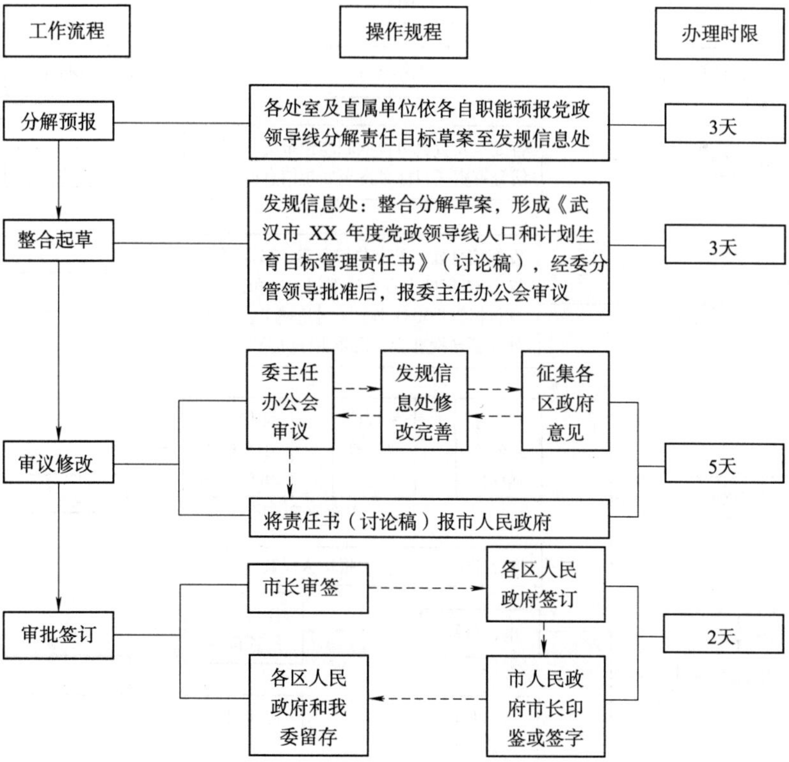

三、人口和计划生育部门线目标责任书编制

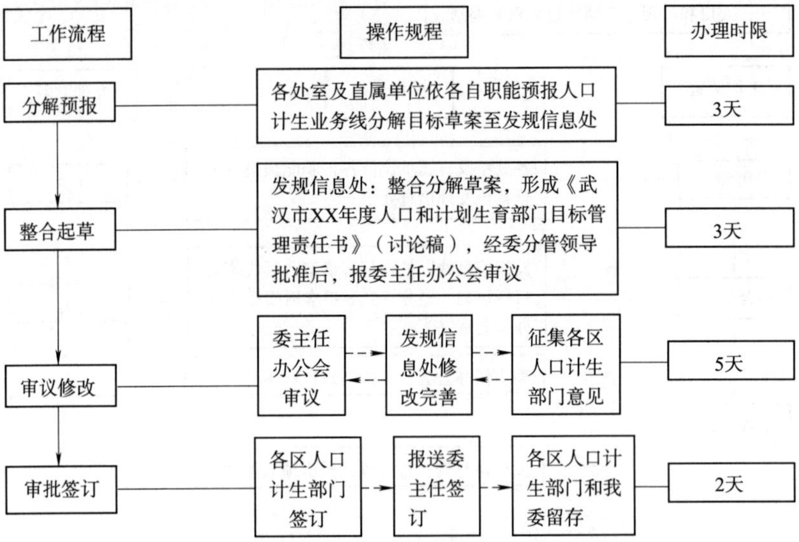

四、人口和计划生育责任部门线目标责任书编制

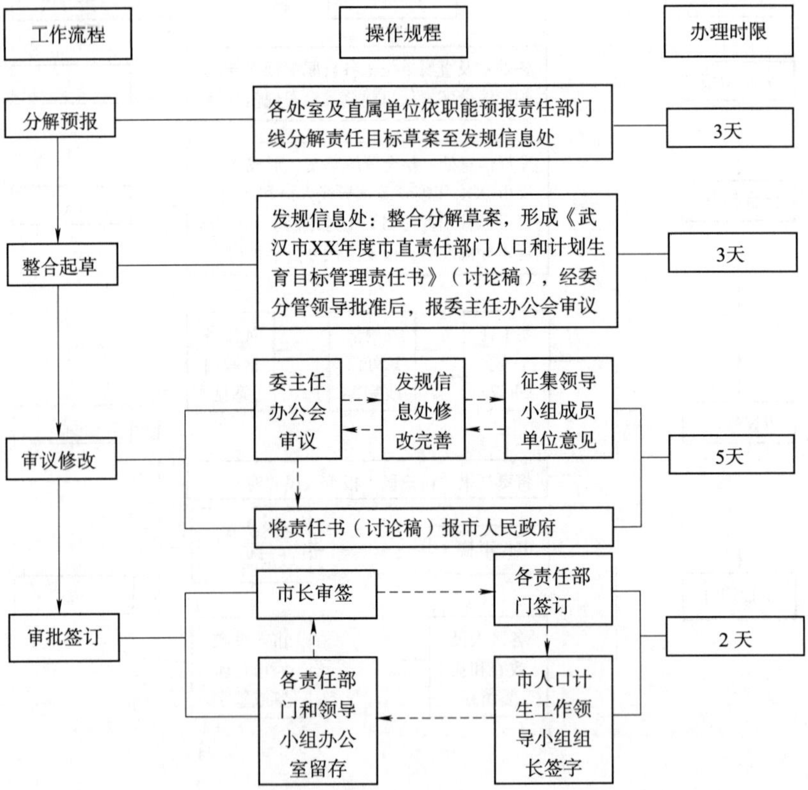

五、委机关各处室及直属单位目标责任书编制

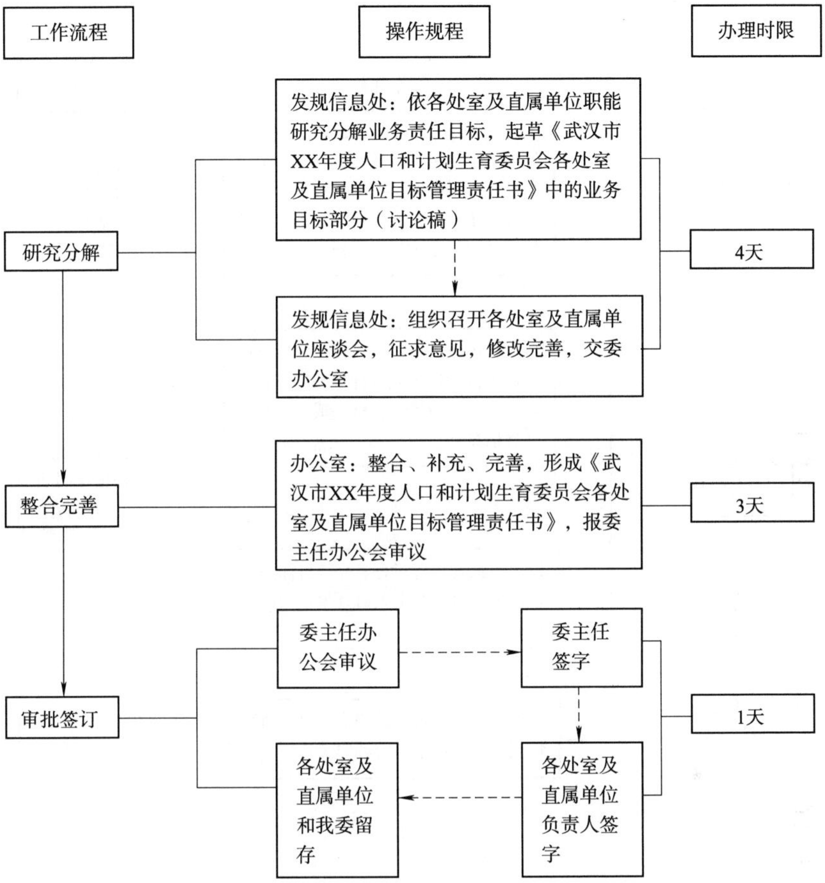

人口和计划生育目标执行管理督办考评工作流程图

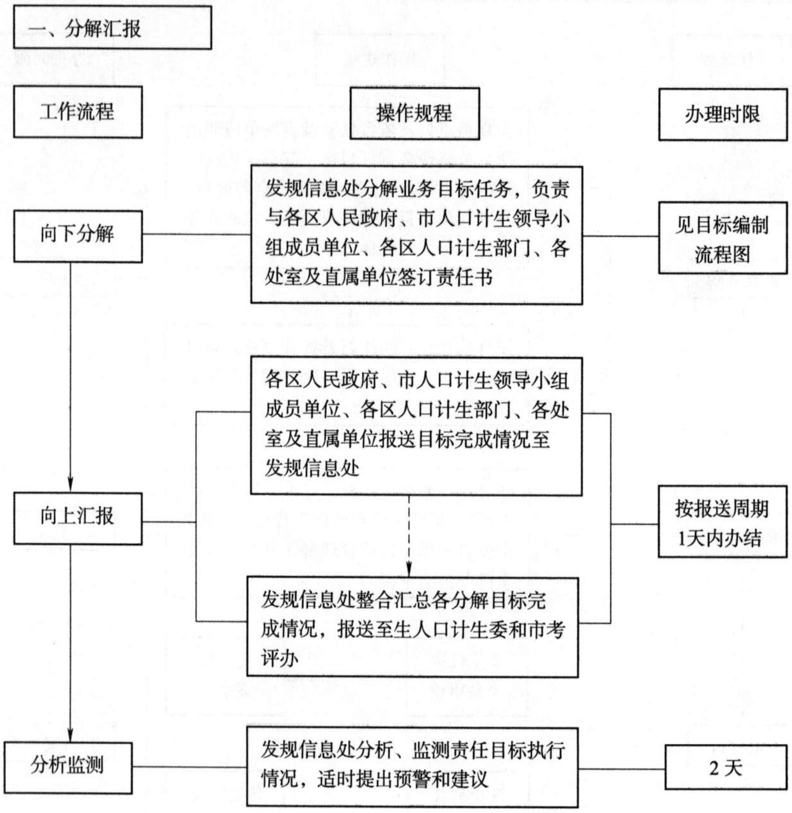

二、春季督办

工作流程	操作规程	办理时限
方案编制	发规信息处编制督办方案，形成技术文件，报委主任办公会审批	3天
样本选取	发规信息处随机抽样样本点，利用信息系统筛选形成重点对象名单	2天
组织分工	以督办小组为责任单位，每组配一名委领导、一名组长、一名资料员和4~6名调查员	2小时
人员培训	发规信息处对资料员和调查员进行技术培训	半天
进点督办	委领导听取样本点所在区、街（乡）、村（社区）人口计生工作汇报，察看相关部门流动人口计生工作情况	1天
	调查组进点，入户调查	
汇总反馈	调查完后，资料员汇总情况，组长召开碰头会后，向样本点反馈调查情况	
总结通报	发规信息处总结督办情况，汇总督办数据，报委主任办公会批准后，通报督办结果	3天

三、重点督办

工作流程	操作规程	办理时限
样本选取	依处室职能，针对某项业务目标，选取重点督办样本点	1天
方案编制	发规信息处编制督办方案，报委主任办公会审批	2天
组织分工	以督办小组为责任单位，由一名委领导带队	2小时
调查督办	委领导带队进点听取汇报，查阅资料，现场察看相关业务工作情况	依具体方案
总结通报	发规信息处总结督办情况，提出整改意见，报委主任办公会批准后，通报督办结果	3天

四、抽样调查

工作流程	操作规程	办理时限
方案编制	发规信息处编制考评方案和调查方案，形成技术文件，报委主任办公会	3天
样本选取	发规信息处随机抽样样本点，利用信息系统筛选形成重点对象名单	2天
组织分工	以调查小组为责任单位，每组配一名组长、一名资料员和4~6名调查员	2小时
人员培训	发规信息处对资料员和调查员进行技术培训	半天
入户调查	调查组进点，入户调查	1天
汇总反馈	调查完后，资料员汇总情况，组长召开碰头会后，向样本点反馈调查情况	
总结通报	发规信息处总结调查情况，汇总调查数据，报委主任办公会批准后，通报调查结果	3天

五、人口和计划生育党政领导线、人口和计划生育部门线年终考评

工作流程	操作规程	办理时限
方案编制	发规信息处编制考评方案和实施方案，形成技术文件，报委主任办公会	3天
收集资料	各区人口计生部门开展自查，将总结和人口计生报表报至发规信息处	5天
样本选取	发规信息处随机抽样样本点，利用信息系统筛选形成重点对象名单	2天
组织分工	以调查组为责任单位，设立综合调查组（包括听取汇报、相关部门流动人口人口计生工作调查）和入户调查组	2小时
人员培训	发规信息处对资料员和调查员进行技术培训	半天
进点考评	听取汇报小组在样本点所在区听取年度人口计生工作汇报，查阅资料 相关部门流动人口计生工作调查小组到指定样本点调查 调查组进点，入户调查	1天
汇总反馈	调查完后，资料员汇总情况，组长召开碰头会后，向样本点反馈调查情况	
总结通报	发规信息处总结考评情况，汇总考评数据，报委主任办公会批准，通报督办结果；12月份召开人口计生部门年终总结会；次年1月份，召开人口和计划生育党政领导线年终总结会	3天

六、人口和计划生育责任部门线年终考评

工作流程	操作规程	办理时限
分解准备	发规信息处依职能将各成员单位划分至各处室具体负责	1天
部署动员	发规信息处组织召开市人口计生工作领导小组人口计生目标考核布置会，安排部署年终考评工作	2天
自查总结	各成员单位开展自查，将自查表、自查报告和佐证资料报至市人口计生委对口处室	7天
资料审核	各处室审核整理对口成员单位资料，报发规信息处装订	2天
现场调查	此项工作随人口和计划生育党政领导线年终考评工作一并进行	1天
属地评估	12月底前，各单位所属区、街对其进行属地评估，结果报发规信息处	7天
综合考评	发规信息处将以上各项考评分数综合汇总	1天
总结通报	次年1月份，发规信息处总结考评情况，报市人口计生工作领导小组办公室批准后，通报考评结果	3天

人口和计划生育统计工作流程图

工作流程	操作规程	办理时限
数据采集	村（社区）人口计生专干入户采集信息，异动省、市台账，反馈上级分拣信息；街（乡）通过系统核查	每天
信息上报	村（社区）人口计生专干通过村居在线服务平台录入上报信息	每天
信息审核	街（乡）规统员利用信息系统审核村（社区）上报的信息	每天
信息审核	区、街（乡）规统员运用信息系统检测数据质量和工作进度，并通报	每天检测 每月通报
	发规信息处检测并通报数据质量和工作进度	每季通报
统计例会	区、街（乡）分别召开统计例会，学习业务相关知识，明确工作任务	每月 5-6 日
	发规信息处召开全市统计例会，通报工作情况，部署工作任务	每季首月上旬
定期报表	各区规统人员报送《二孩孕情监测表》至发规信息处	每月12日
	发规信息处运用信息系统生成市人口计生报表，报处领导	每季首月中旬
分析预警	发规信息处对报表数据分析，监测研究人口发展动态，提出预警预报	每季
调查考评	贯穿于目标责任制考评中	见目标考评
资料归档	各级规统员将资料装订、数据备份	每年年终
责任追究	依据相关法律法规，对违法违纪单位和个人追究责任，给予相应处罚	依法依规

人口和计划生育信息化建设与管理工作流程图

一、机房日常维护

工作流程	操作规程	办理时限
平时维护	信息化岗位人员平时维护机房设备，处理突发事件，保障网络通畅	每天
定期检修	信息化岗位人员联系专业技术公司对机房服务器、电池等设备检修	每季3天

二、技术指导

工作流程	操作规程	办理时限
提交《问题报告单》	各级信息员遇到信息系统问题时，填写《问题报告单》，逐级上报	每天
归纳整理	信息化岗位人员整理归纳各区《问题报告单》，全面了解需求	每天
按期解决	针对可解决的问题，发规信息处形成解决方案	一周内
	针对无法解决的问题，发规信息处报至省人口计生委信息中心，或联系专业技术公司解决	一周内
向下反馈	发规信息处反馈问题解决方案	一周内

三、基础设施建设

工作流程	操作规程	办理时限
申请预算	发规信息处按需制定信息化建设与管理相关预算，报财务处	3天
采购报告	发规信息处按需撰写相关采购申请，逐级报批	1天
采购招标	按采购办要求，发规信息处协同财务处完成招标工作	按采购办要求
执行采购	发规信息处与中标商签订采购合同，采购、验收、发放并督促安装设施	10天

四、业务培训

工作流程	操作规程	办理时限
前期准备	发规信息处形成培训方案，完成或审核培训教案，逐级报批	3天
召集培训	发规信息处下发培训通知，召集有关各级信息员按时参加培训	每年至少20小时，至少2次
应用考核	培训结束后，发规信息处采取灵活方式考核信息员系统操作技能	不定期

流动人口服务管理处工作职责流程

一、处室工作职能

1. 负责组织、指导、协调流动人口计划生育工作，研究提出促进全市人口有序流动、合理分布的政策建议。

2. 制定并组织实施全市流动人口计划生育服务管理规划和工作制度。

3. 协调和推动有关部门建立并完善流动人口计划生育综合治理的服务管理机制。

4. 协调相关部门开展全市流动人口计划生育工作，不断推进区域协作，做好流动人口动态信息监测，负责流动人口计划生育管理情况的统计分析。

5. 负责协调建立全市流动人口计划生育信息共享和公共服务工作机制。

6. 指导基层做好流动人口管理和均等化服务工作。

7. 组织开展流动人口计生便民维权活动，协调处理各区流动人口计划生育服务管理投诉案件。

二、处室岗位职责

（一）处长职责（蔡金书）

1. 负责流管处全面工作。

2. 落实“一岗双责”，负责处室思想政治建设、党风廉政建设、精神文明创建和绩效目标。

3. 负责组织、指导、协调流动人口计划生育工作，研究提出促进全市人口有序流动、合理分布的政策建议。

4. 协调和推动有关部门建立并完善流动人口计划生育综合治理的服务管理体制、机制建设。

5. 负责协调建立健全全市流动人口计划生育信息共享机制，开展流动人口信息动态监测工作。

6. 负责流动人口计划生育综合管理的日常运转与监测，组织实施对各区流动人口计划生育服务管理工作的检查评估，定期通报各区流动人口管理服务工作。

7. 协调处理各区流动人口计划生育BKA管理投诉案件。

8. 完成领导交办的其他工作。

（二）副调研员职责（万由鑫）

1. 制定并组织落实流动人口计划生育服务管理计划和工作制度。

2. 开展流动人口计划生育调查研究，推广典型，结合实际对存在的问题提出整改意见。

3. 协调相关部门流动人口（农民工）工作，推进基本公共服务均等化。

4. 指导落实流动人口出生性别比相关工作，做好流动人口二孩及以上妊娠对象孕情登记工作。

5. 撰写提出流动人口计划生育年度工作要点、简报、动态信息、总结、领导讲话材料。

6. 组织开展流动人口计生便民维权活动，协调处理各区流动人口计划生育服务管理投诉案件。

7. 做好处室内务、文字材料撰写、相关资料收集归档等工作。

8. 完成领导交办的其他工作。

（三）流动人口服务管理岗位职责（刘业强）

1. 负责组织、指导、协调流动人口计划生育工作，研究提出促进全市人口有序流动、合理分布的政策建议。

2. 负责流动人口区域协作、配合有关部门开展流动人口的发展动态监测和信息综合工作，负责流动人口计划生育服务管理情况的统计分析。

3. 指导基层做好流动人口管理和和服务工作。

4. 负责协调建立全市流动人口计划生育信息共享工作机制。

5. 流动人口计划生育业务培训。

6. 完成领导交办的其他工作。

三、处室工作流程

流动人口计划生育服务管理工作流程图

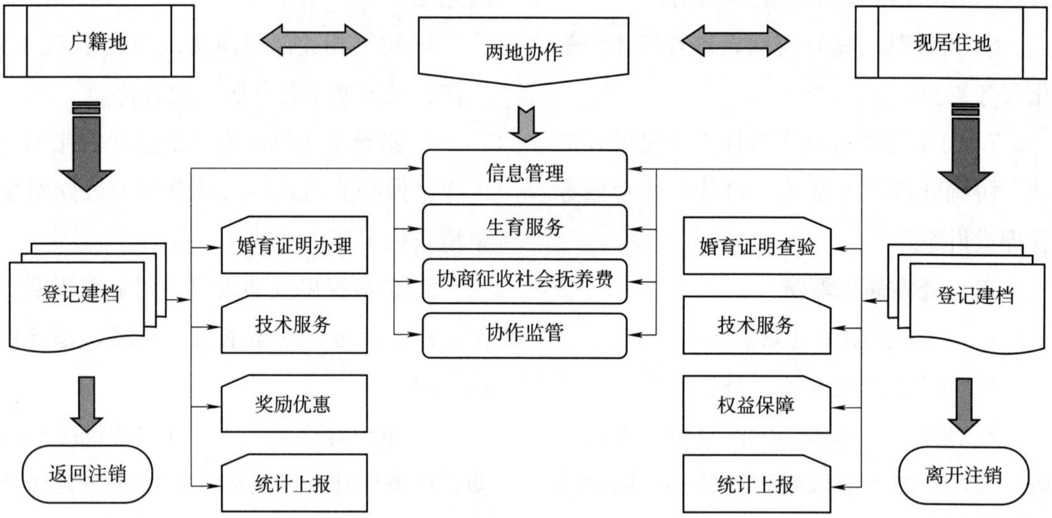

流动人口计划生育统计工作流程图

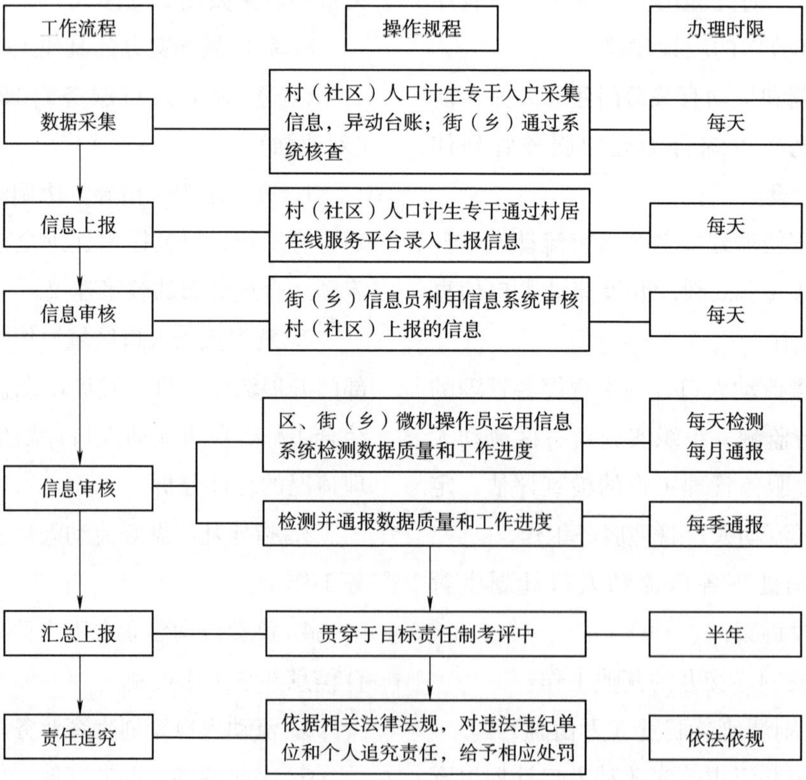

流动人口计划生育PADIS平台工作流程图

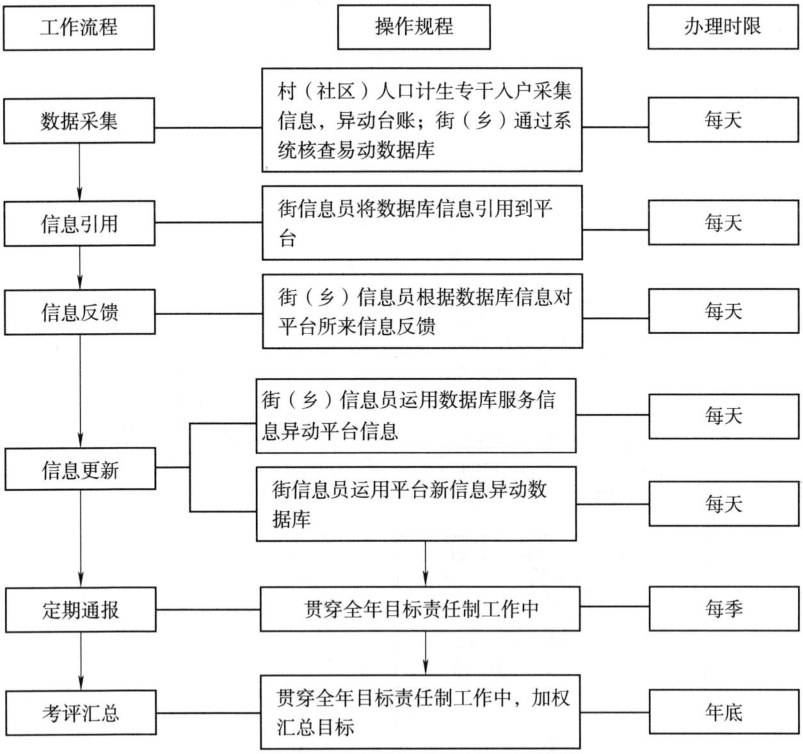

流动人口子系统信息与PADIS对接平台数据流操作流程

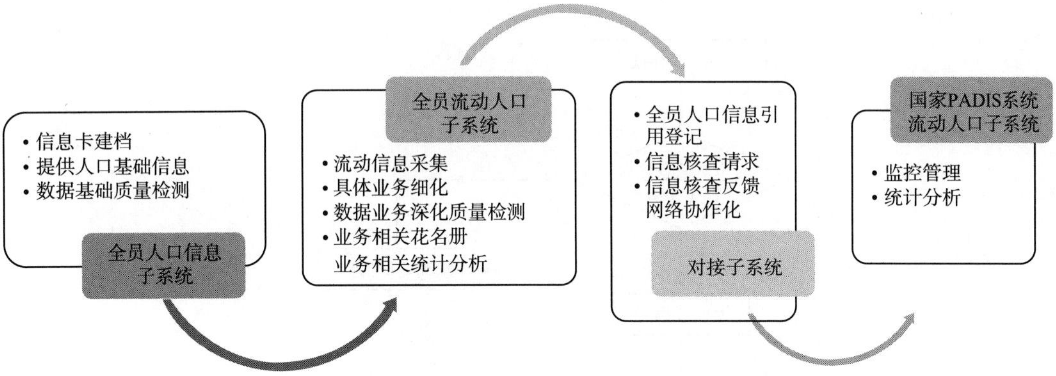

信息平台工作流程

一、在全员系统中已建卡和未建卡的流动育龄人员

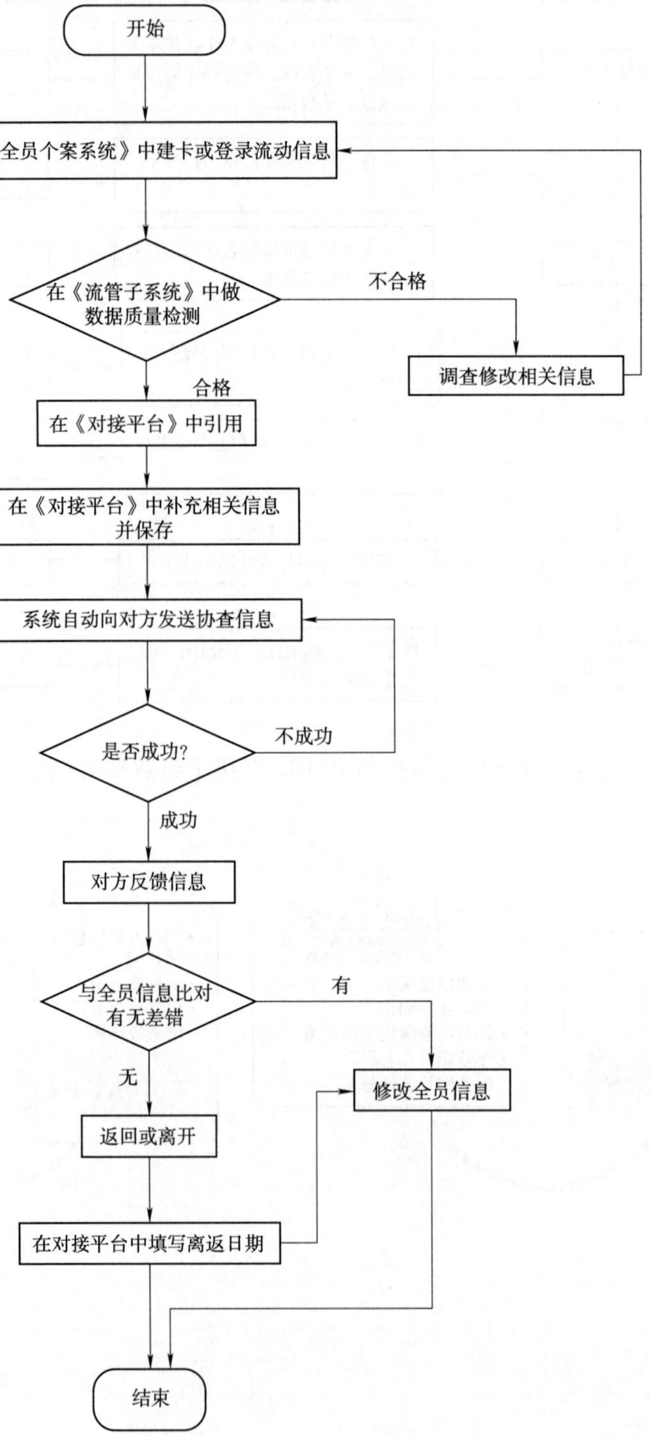

二、外省发送协查信息的包馈流程

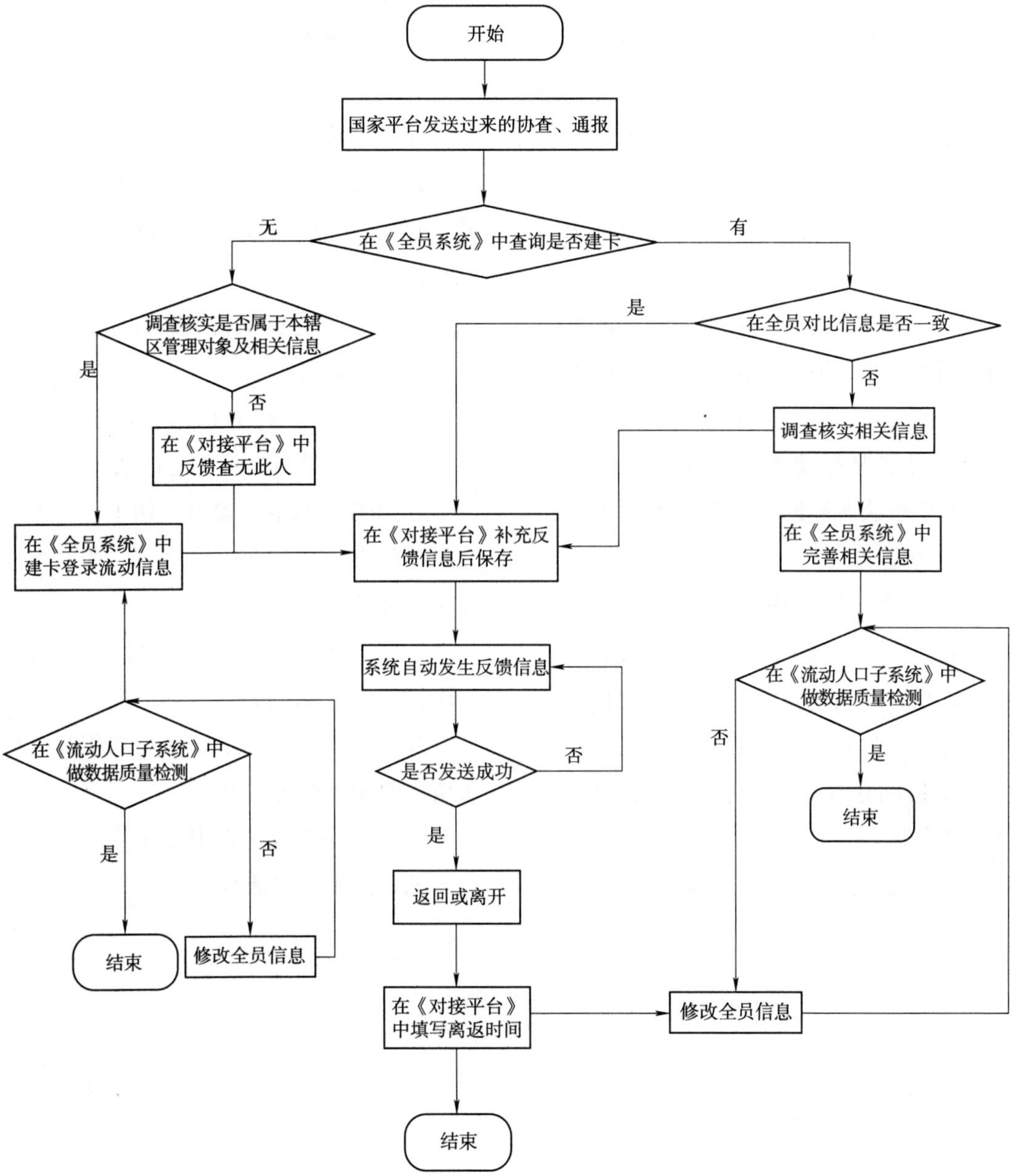

纪检、机关党委工作职责流程

一、处室工作职能

1. 宣传和执行党的路线、方针、政策，宣传和执行上级组织和本组织的决议，加强党的思想建设、组织建设和作风建设，发挥党支部的战斗堡垒作用和党员的先锋模范作用。

2. 组织机关和直属单位的党员认真学习政治、业务等管理业务知识，努力提高机关干部的思想、政治素质和勤政廉政能力。

3. 协助党组认真落实委中心组理论学习制度。

4. 加强机关党委与各处室及直属单位的沟通和联系，关心机关和直属单位干部和职工的工作、学习和生活，及时了解他们的思想状况和动态，做好思想政治工作，帮助解决实际问题，促进各项工作任务的顺利完成。

5. 认真落实《中国共产党和国家机关基层组织工作条例》，切实加强基层党组织建设，对入党积极分子进行教育、培养和考察，搞好发展党员工作。

6. 协助党组认真履行和落实党风廉政建设责任制。

7. 加强对党员反腐倡廉的监督、教育，严格执行党的纪律。

8. 完成委党组的其他工作任务。

二、处室岗位职责

处长职责（葛晓群）

1. 全面负责处室工作。

2. 落实“一岗双责”，负责处室思想政治建设、党风廉政建设、精神文明创建和绩效目标。

3. 开展对党员反腐倡廉教育活动，增强拒腐防控能力。

4. 协助党组落实党风廉政建设责任制，加强党内监督，维护党的政治纪律。

5. 加强行政效能监督，纠正行业不正之风，认真受理群众来信来访，严肃查处党员干部违法违纪案件。

6. 认真开展“阳光计生行动”，落实“阳光计生”工作目标。

7. 做好处室内务、文字材料撰写、相关资料收集归档等工作。

8. 完成领导交办的其他工作。

三、处室工作流程

纪检组受理信访举报及初步核实工作流程图

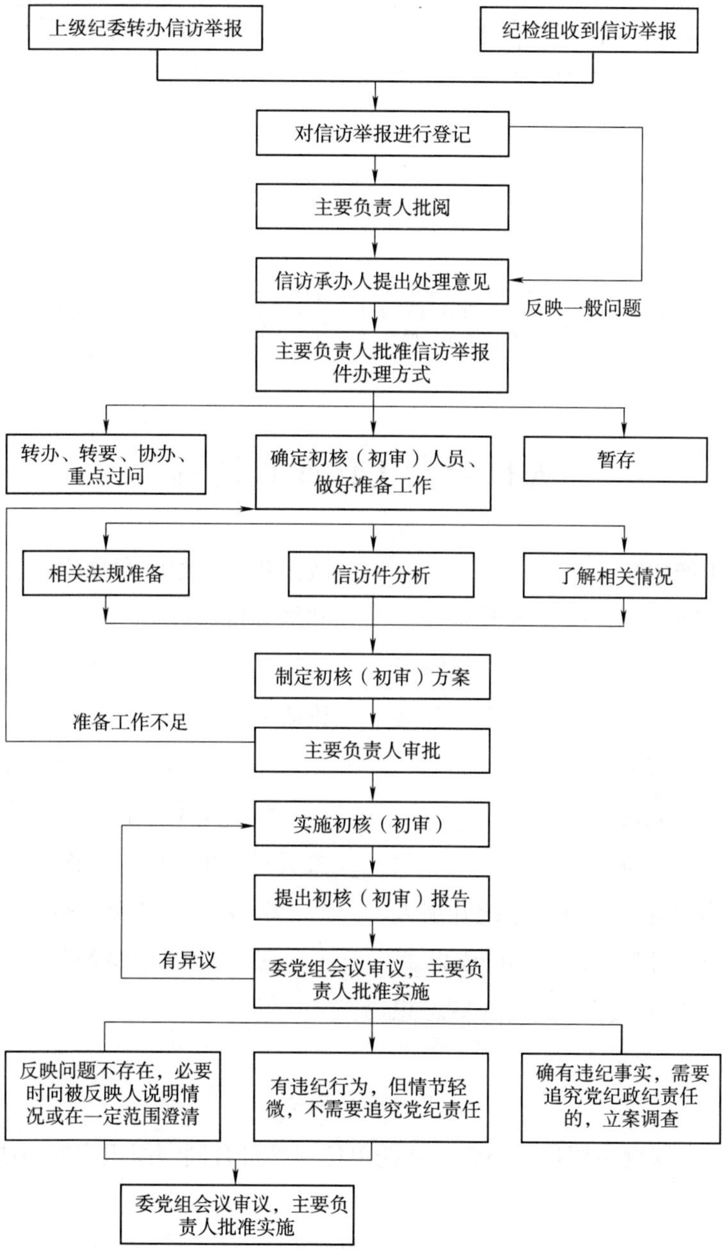

武汉市人口计生委纪检组案件查处和案件督办工作流程图

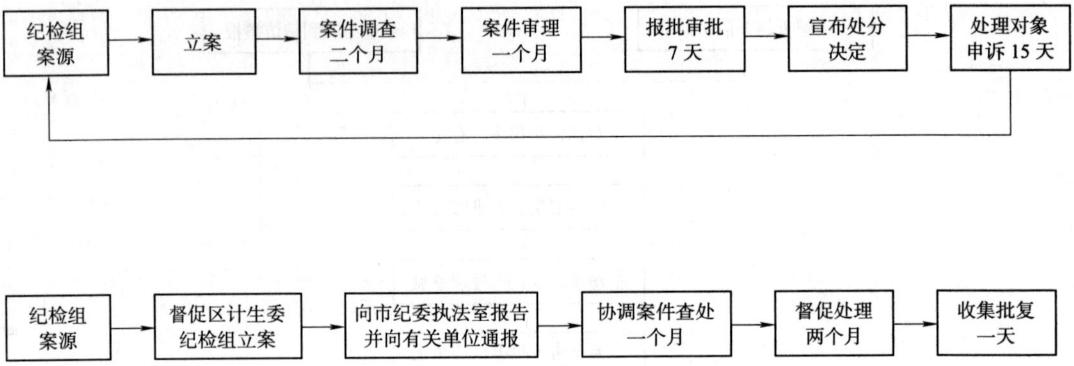

人口学会工作职责流程

一、处室工作职能

组织指导全市人口计生系统开展人口调查研究，并搜集汇总调研成果。组织武汉地区有关专家开展人口理论研究。开展人口理论成果评比表彰。

二、处室岗位职责

处长职责（陆国强）

1. 组织指导全市人口计生系统开展人口工作调查研究，并搜集汇总调研成果。

2. 落实“一岗双责”，负责处室思想政治建设、党风廉政建设、精神文明创建和绩效目标。

3. 组织武汉地区有关专家开展人口理论研究。

4. 开展人口理论成果评比表彰。

5. 做好处室内务、文字材料撰写、相关资料收集归档等工作。

6. 完成领导交办的其他工作。

三、处室工作流程

人口理论研究

领导交办→确定课题→招投标→确定委托单位→签订合同→组织实施→成果鉴定验收

工作调研

领导交办→确定课题→通知下发→督促落实→收集汇总→评比表彰

（二）工作制度

武汉市人口计生委党组会议事规则

第一条 为了提高市人口计生委党组议事与决策的科学化、民主化和规范化水平，根据《中国共产党章程》等有关规定，制定本规则。

第二条 坚持以邓小平理论和“三个代表”重要思想为指导，深入贯彻落实科学发展观，在思想上、政治上、行动上与党中央保持高度一致。坚持解放思想、实事求是、与时俱进、开拓创新，结合本部门实际，认真贯彻落实党的路线方针政策和市委的决策部署。坚持民主集中制，按照“集体领导、民主集中、个别酝酿、会议决定”的原则，凡属市人口计生委党组职责范围内的重大事项，由委党组集体决定讨论决定并组织实施。

第三条 委党组会由党组书记根据工作需要决定召开并主持，党组书记决定召开会议但因故不能出席时，可委托其他党组成员主持会议。

党组会必须有半数以上的党组成员到会方能举行。讨论干部问题时，应有三分之二以上党组成员到会方能举行。党组成员因故不能参加会议，应在会前向委党组书记请假。列席人员由委党组书记或主持会议的党组成员确定。

第四条 议事范围

（一）研究决定贯彻落实上级党组织重要会议、决议、文件指示精神的意见和措施。

（二）研究决定市人口计生委党组领导班子建设的重大问题。

（三）研究决定全市人口计生工作方向性、全局性、政策性的重大事项。

（四）研究决定市人口计生委机关机构改革、人员编制、干部考核、任免、晋升、奖励、处分等事项。

（五）研究决定直属事业单位机构撤并、改革、编制调整。其领导班子建设及处以上干部管理等事项。

（六）研究决定市人口计生系统重大项目建设及投资方向。

（七）研究决定其他需要由委党组集中研究决定的重要事项。

第五条 党组会议题的提出和确定

（一）按照委领导分工，需要提交委党组会讨论的议题由委党组成员提出。

（二）委领导提出的议题，由其指定汇报的处室或直属单位报送委办公室。报送议题时，须同时提交汇报材料和相关资料，并经分管领导审批。材料或手续不符合要求的议题，不得提交委党组会讨论。

（三）重大问题或重大事项，应在提

交委党组讨论前进行充分酝酿或征求意见。

（四）委办公室负责对各位委领导提交的议题进行汇总，提出初步安排意见，报委党组书记审定后，列入党组会议程。

第六条 提交委党组会讨论的会议材料，应由负责汇报的处室或直属单位根据参会领导人数于会前提前印制送各位委领导，以便委领导提前阅读、准备意见。人事议题的材料于开会时发放，会后收回。

第七条 会议的讨论和决策

（一）党组会讨论和决策的一般程序为：

1. 汇报人汇报；

2. 会议讨论；

3. 主持人归纳讨论情况，党组会集体决策。

（二）会议讨论时，各位党组成员要紧紧围绕议题，充分发表意见。要从工作全局思考和处理问题，防止和克服片面强调个人分管工作的倾向。

（三）会议主持人集中党组成员讨论意见时，对少数同志的不同意见要认真加以考虑。列席人员可以对讨论事项提出建议。

（四）党组会在充分发扬民主的基础上，按照“少数服从多数”的原则进行决策。如对重要问题意见不一致，双方人数接近，除在紧急情况下必须按多数意见执行外，应当暂缓作出决定，进一步调查研究、交换意见，待条件成熟后再作出决定。

（五）党组会在进行表决时，党组成员有表决权。表决赞成票超过应到会党组成员人数的半数为通过。未到会的党组成员的书面意见不能计入票数。

表决可以采取口头、举手、无记名投票、记名投票等方式。会议决定多个事项的，应逐项表决。推荐、提名干部和决定干部任免、奖惩事项，应逐个表决。最后主持人宣布表决结果，同时应将表决意见记录备查。

（六）党组会表决意见由委办公室向未到会的党组成员通报；涉及人事议题的讨论结果，由政治处向未到会的党组成员通报。

（七）党组会由办公室确定专人负责党组会议记录，必要时应当编发会议纪要。会议纪要由党组书记签发。

第八条 对党组会集体作出的决定，每位党组成员都必须坚决执行，任何人不得改变集体决定。

第九条 党组成员对应当保密的会议内容和讨论情况，必须严守秘密，不得泄露。

第十条 对重大突发事件或遇紧急情况，难以及时召开党组会议，党组书记可临时处置，事后应及时向党组会报告。

第十一条 本规则自印发之日起实施。过去有关规则与本规则不一致的，按本规则执行。

武汉市人口计生委主任办公会议事规则

第一条 为充分发扬民主，及时沟通情况，研究调度工作，推进科学决策，提高行政效能，制定本规则。

第二条 主任办公会原则上每星期召开一次，由主任根据工作需要召开并主持。主任决定召开会议但因故不能出席时，可委托其他副主任主持会议。

第三条 主任办公会的参加范围是：主任、副主任、巡视员。办公室主任列席主任办公会。其他列席人员，由办公室根据工作需要报主任或主持会议的副主任确定。

第四条 议事范围

（一）研究决定贯彻落实上级国家机关重要会议、决议、文件指示精神的意见和措施。

（二）研究全市人口计生系统全局性的工作规划及各项重要工作、重要活动的实施方案。

（三）研究部署年度工作，审议年度工作总结。

（四）研究部署阶段性工作，总结通报阶段性工作进展情况。

（五）研究人口计生事业经费预算和重大项目财务支出情况，审议年度经费使用决算。

（六）研究布置机关重要行政事务，审议直属单位的工作计划。

（七）研究决定其他需要由主任办公会集中研究决定的重要事项。

第五条 议题的提出和确定

（一）主任办公会议题由主任、副主任、巡视员按照职责分工并结合工作需要提出。

（二）委领导提出的议题，由其指定汇报的处室或直属单位报送委办公室。报送议题时，须同时提交汇报材料和相关资料，并经分管领导审批。材料或手续不符合要求的议题，不得提交主任办公会讨论。

（三）重大问题或重要事项，应在提交主任办公会讨论前进行充分酝酿或征求意见。

（四）委办公室负责对各位委领导提交的议题进行汇总，提出初步安排意见，报委主任审定后，列入主任办公会议程。

第六条 提交主任办公会讨论的会议材料，应由负责汇报的处室或直属单位根据参会人数于会前提前印制送参会人，以便参会人提前阅读、准备意见。

第七条 会议程序

（一）汇报人汇报。汇报人要按照会议主持人的要求简明扼要地汇报，做到观点明确、思路清晰、言简意赅、有理有据，并严格控制发言时间。

（二）会议讨论。参会人要紧紧围绕议题，充分发表意见。

（三）委领导集体研究。委领导站在

全局的高度对议题进行认真酝酿并表达意见。

（四）主持人总结。

第八条 主任办公会由办公室确定专人负责记录，必要时应当编发会议纪要。会议纪要由主任签发。对未到会的委领导，由委办公室向其通报任办公会研究意见。

第九条 对主任办公会集体作出的决定，各处室和直属单位都必须坚决执行。办公室负责督办落实。

第十条 对应当保密的会议内容和讨论情况，参会人必须严守秘密，不得泄露。

第十一条 本规则自印发之日起实施。过去有关规则与本规则不一致的，按本规则执行。

武汉市人口计生委公文制发暂行规定

第一条 为加强市人口计生委机关办文工作制度建设，不断提高办文质量和实效，保证公文的权威性和规范性，根据国家有关公文制发的要求，结合我委实际，制定本规定。

第二条 常用公文及适用范围

市人口计生委常用公文主要有武人计字、武人计字办、武人计党组、武人计、武人计企奖、武人计企奖办、武人计党委、武人计办、武人计函、会议纪要、要情专报、人口和计划生育信息、调查与研究 13 种。

（一）武人计字。用于印发市人口与计划生育工作领导小组文件，以领导小组名义在全市范围内部署全市性人口计生重要工作或重大活动。

（二）武人计字办。用于印发市人口与计划生育工作领导小组办公室文件，以领导小组办公室名义部署需要领导小组成员单位知晓、配合、参与、执行的人口计生工作有关事项。

（三）武人计党组。用于印发市人口计生委党组文件，对系统内人事、编制、机构变化等重要事项作出决定；向上级党组织请示、报告工作等。

（四）武人计。用于印发市人口计生委政务类文件，以市人口计生委名义向全市各级人口计生部门部署全市人口计生工作，向上级请示、报告工作，与平行部门进行公务沟通、衔接等。

（五）武人计企奖。用于印发市企业退休职工计划生育奖励政策领导小组文件，部署落实企业退休职工计划生育奖励政策工作的重要事项。

（六）武人计企奖办。用于印发市企业退休职工计划生育奖励政策领导小组办公室文件，对落实企业退休职工计划生育奖励政策工作的一般性事务进行布置、沟通、衔接等。

（七）武人计党委。用于印发市人口

计生委机关党委文件，部署市人口计生委机关党建工作。

（八）武人计办：用于印发市人口计生委事务类文件，传达上级有关指示，布置一般性业务工作，与有关单位商洽工作，处理机关日常事务等。

（九）武人计函：用于回复人大、政协议案和提案；与有关单位、部门商洽工作等。

（十）会议纪要：用于通报市人口计生委党组会、主任办公会或其他重要的专题会议作出的决定。

（十一）要情专报：用于向领导和上级有关部门呈报人口计生工作重要事项、重要活动的进展和落实情况。

（十二）人口和计划生育信息：用于反映、通报全市人口计生工作动态、进展情况，交流人口计生工作中好的做法和经验等。

（十三）调查与研究。用于交流、通报人口计生理论研究和调查研究成果。

第三条 文稿草拟

凡需要以第二条所列文件形式制发的公文，由各业务处室、单位草拟初稿，填写《文件送审稿首页》，经文件起草处室、直属单位主要负责人审签，送办公室作前置审核。填写《文件送审稿首页》时应标注公文印发范围和印制份数。

第四条 前置审核

办公室接到各处室、直属单位拟定初稿后，按照机关公文处理的有关规定作前置审核。

（一）对公文印发的必要性进行初审。为尽量精简公文，严格控制发文数量，对没有必要印发的公文，向公文草拟处室、直属单位提出不予行文的建议。

（二）对文稿的合法性进行初审。文稿内容要符合党的大政方针和有关法律法规。

（三）对公文文种进行初审。对公文文种不符合公文管理规范的，向公文草拟处室、直属单位提出修改公文文种的建议。

（四）对文稿质量进行初审。文稿必须观点鲜明、内容充实、文字精练、格式规范。对文稿文字粗糙、错误较多的，建议起草部门修改后再报。

（五）对发文程序进行初审，需经党组会、主任办公会讨论的，拟报请上会；需经有关部门会签的，拟报请会签。

（六）对公文的印发范围进行初审。对印发范围不当的，应提出修改意见和建议。

（七）办公室在对文稿初审时，应在《文件送审稿首页》标注公文主题词。

第五条 文件送审

草拟公文的处室、直属单位按照办公室提出的修改建议修订文稿，及时按程序送审、具体流程如下：

（一）武人计字：委办公室审核—委分管领导审签—委主要领导审签—市人口计生工作领导小组领导签发。

（二）武人计字办：委办公室审核—委分管领导审签—委主要领导签发。

（三）武人计党组：委办公室审核—委分管领导审签—委主要领导签发。

（四）武人计：委办公室审核—委分管领导审签—委主要领导签发。

（五）武人计企奖：委办公室审核—委分管领导审签—委主要领导审签—市企业退休职工计划生育奖励政策领导小组领导签发。

（六）武人计企奖办：委办公室审核—委分管领导审签—委主要领导签发。

（七）武人计党委：委办公室审核—委分管领导审签。

（八）武人计办：委办公室审核—委分管领导审签。

（九）武人计函：委办公室审核—委分管领导审签。

（十）会议纪要：委办公室审核—委分管领导审签—委主要领导签发。

（十一）要情专报：委办公室审核—委分管领导审签—委主要领导签发。

（十二）人口和计划生育信息：委办公室审核—委分管领导签发。

（十三）调查与研究。委办公室审核—委分管领导审签—委主要领导签发。

第六条 校对与印制

文件经领导签发后，办公室要及时通知送文部门。起草部门对领导同志已审批定稿的文件进行再校核，重要文件实行双人双校，发现错误后及时修改。确定无误后，由机要室接发文形式登记编号。文件印发日期以领导批准签字日期为准。文印室要严格按照规范的公文格式和时限要求印制公文。

第七条 用印与分发

公文印制后，由公文起草部门送机要室盖章。盖章时，公文起草部门应提供领导签发底稿原件，连同盖章后的正式公文一式两份交机要室存档。其余公文由公文起草部门根据领导审定签发的印发范围分发。

第八条 本规定自印发之日起实施。原有关规定与本规定不一致的，按本规定执行。

武汉市人口计生委经费支出审批和报销管理规定

根据《会计法》、《会计基础规范》有关会计责任和审批管理的规定，制定委机关经费支出审批和报销管理规定如下：

一、基本原则

预算控制，专款专用，厉行节约，把握进度。

二、经费审批权限

（一）落实法人代表“一支笔”负责制。

（二）对于直属单位的项目经费，原则上实行“一支笔”，实行分层管理负责制。如遇特殊情况；1 000 元以下的支出由直属单位法人代表口头报告后先支出后报销；1 000 ~ 5 000 元的支出由分管主任审批后报销；5 000 元以上的支出，由直属单位法人代表向分管主任报告并报委主要领导审批后报销。

三、资金使用的审批程序和要求

委机关各处室在申请报销程序中，明确一名报账员，负责本处室的票据核对和报账工作。各报账员在工作中，需使用武汉市人口计生委经费支出报销单1或武汉市人口计生委经费支出报销单2（自制原始凭证）进行审批，报销单上的各要素务必填写全面和详细。

（一）报账程序：经手人在附有原始凭证单据的、市人口计生委经费支出报销单（下称报账凭证）上签名并注明用途或事由→本处室负责人签注证明，并递交委办公室（财务处）出纳→出纳审核票据是否合法合规→出纳审核后的报账凭证交委办公室前台工作人员登记→委主任审批→委办公室前台工作人员将手续完备的票据交出纳签收→出纳生成支付凭证→会计就功能科目及预算项目进行稽核→出纳到银行付款并回告报销人或报销部门。委机关报账时间原则上为每周一、三、五上午。

（二）各处室所报支出必须有支出项目或业务活动计划批件，所列支出应符合国家财经制度规定的开支范围和标准，必须一事一报，用款预算报告需提前一周交办公室前台工作人员报委主要领导审批。审批后由办公室前台工作人员复印一式两份，分别交付财务室和提交报告的业务处室存档。在报销手续上采取一事一结的方式，即一个报告，一张明细表，一套报销凭证，一次性报销。属于政府采购性质的支出，应严格履行政府采购规定的程序和手续。

（三）经费开支原则上实行事后一周内报销完毕，最迟不得超过10个工作日。在资金结算中，1 000元以上的大额开支必须通过银行转账，无特殊情况或未经委主要领导批准，一律不予现金支付。各处室发生的零星现金支出和公务卡支出，必须由两人以上参加。

（四）确因工作紧迫，需要搭乘公交车（出租车）的，出租车按次报销，公交车相应累计报销。

（五）各环节审核、审批人员，必须对审核、审批事项签注明确的意见。财务人员对不真实、不合法的原始凭证应予以退回，不予报销。

四、对相关费用支出原始凭证的要求

（一）对会议费支出，至少要取得以下原始凭证：

1. 会议举办场所的发票或收据，必须在政府采购定点机构举办，并加盖政府采购专用章。

2. 会议费用清单，应注明：场租费、住宿费、进餐费、设备使用费等各明细支出，并加盖公章或财务专用章。

3. 会议通知，应注明时间、地点、会议内容、参会人员等信息；并加盖单位公章，其中：委机关各处室举办会议应加盖“武汉市人口计生委会议专用章”。

4. 会议签到表；应注明参会人员名单、单位、联系方式。

（二）对培训费支出，至少要取得以下原始凭证：

1. 培训场所的发票或收据；

2. 培训费用清单；

3. 培训通知和培训计划；

4. 培训人员名单；

5. 培训老师课酬领取签字。

（三）对办公用品费支出，至少要取得以下原始凭证：

1. 办公用品提供商的发票。其中：属于定点采购范围的办公用品必须在政府采购协议定点机构采购；

2. 办公用品应按照不同类别、不同规格商品分别在发票上开具，对汇总开具的，必须取得明细清单，并加盖公章或财务专用章。

3. 入库单或验收单。

（四）对考察费支出，至少要取得以下原始凭证：

1. 考察承办机构的发票或收据；

2. 支出明细清单，应加盖公章或财务专用章；

3. 考察提纲或计划；包括考察目的、地点、参与人员和考察时间等要素；

4. 考察人员签到表。

（五）对发放劳保物资、福利物资支出，至少要取得以下原始凭证：

1. 购买物资的发票；

2. 物资明细清单；

3. 发放职工领取签字表。

（六）各业务处室办理政府采购项目支出的，必须提供如下凭证：

1. 中标通知书；

2. 合同书；

3. 正式发票；

4. 单位验收单。

（七）凡在政府采购定点机构取得货物或服务的，必须在发票上加盖政府采购专用章。

五、委机关各处室应严格执行部门总预算。因特殊情况确需调整预算的，应由各处室提前15个工作日向财务部门报送详细的预算说明并说明要求调整预算的原因，由财务部门审核后报经委主要领导批准后执行。

武汉市人口计生委印章管理规定

第一条 市人口计生委公章、党组章、办公室章、机关党委章、纪检组章、市人口计生领导小组章、市人口计生领导小组办公室章存放于机要室管理。

第二条 印章的使用必须严格审批手续。使用市人口计生委公章、党组章须经委主要领导批准；使用市人口计生委办公室章须经委分管领导批准；市人口计生委纪检组章须经委纪检组长批准；机关党委章须经机关党委书记批准；市人口计生领导小组章须经市委、市政府分管领导批准；市人口计生领导小组办公室须经委主要领导批准。其中：

（一）凡涉及市人口计生委的文件材料；向上级报送的请示；以市人口计生委名义签署的合同、财务报告及支出报表、协议，出具的证明材料、颁发的奖状、锦旗、荣誉证书、聘书等以及机关工作人员因私人原因要求使用印章的；必须经主要领导审阅签字后，方可登记用印。

（二）凡已经过委党组会或委主任办公会讨论通过的有关事项需加盖公章的，由委主要领导审批后登记用印。

（三）机关各处室一般性工作报告、报表，政务信息等，由分管领导签发后，登记用印。

第三条 登记用印后，应留下附“文件送审稿首页”的原文稿、正本文件及电子文档于机要室存档。

第四条 如遇特殊情况需使用相关印章，必须按规定进行电话请示，并于事后两天内补齐相关审批手续。

第五条 印章管理人员必须妥善保管印章，严格按规定用印。严禁擅自用印；严禁在空白纸、空白信笺、空白证明（介绍信）、空白表格上加盖印章。

第六条 机要室内印章原则上不携带外出使用。如因公确需外出使用，使用部门须出具书面申请，注明使用范围、事项及期限，并由委主要领导审批。印章使用部门承担印章外出使用期间一切责任；印章使用完毕后应及时交还机要室存档。

第七条 本规定由委办公室负责解释，自发文之日起施行。

武汉市人口计生委机要文件管理规定

第一条 机要文件管理工作担负着党和国家的领导机关秘密文件、资料的收发、传递、清退等文件处理任务，是党的机要工作的一部分。为做好机关机要文件管理工作，使之规范化、制度化、科学化，根据上级有关文件要求，特制定本规定。

第二条 机要文件管理工作要做到准确、及时、安全、保密。

第三条 机要室负责签收、分发、传阅、保管、清退各级党委、政府机关、社会团体发来的文件和资料。

第四条 收文程序

（一）签收文件时，应当核对收文单位名称及编号，对误投文件不得签收，应当原封及时退给发文机关。

（二）认真检查文件袋密封是否完好；件数是否相符。如发现文件包装严重破损、文件启封、件数不符时，不得签收；应当及时报告办公室主任处理。

（三）文件袋除注有“某某收”字样外，应当由机要员拆封。文件袋拆封后，要对照“发文通知单”核对发文字号、份数、密级；如有不符，应当及时与发文机关联系处理。

（四）拆封取件后，要认真检查文件袋，严防遗漏。

（五）收到文件后，应当在收文登记簿上详细登记。登记项目包括：收文编号、收到日期、发文字号、文件标题、密级、份数等。

（六）委领导同志参加会议带回的文

件，应在3个工作日内向机要室移交，密件当天移交。机要员应将领导同志带回的文件登记、保管。

第五条 送阅程序和要求

机要室负责文件的集中送阅、分送拟办和督办清退工作。首先送办公室主任签批拟办意见；再按由上至下的顺序传阅。如遇主要领导出差，不能及时阅文时，应送委主要领导批示的在家负责领导阅。传阅的文件在做好登记工作的基础上，随时掌握文件的去向；提醒领导同志在规定的时限内及时阅读和清退文件；避免横传、漏传和误传。

第六条 保密管理

（一）送阅的涉密文件，机要员要严格登记手续；随时掌握文件的去向，不得误传，退回的文件应及时注销。

（二）涉密文件未经领导同意不得擅自扩大阅读范围。因工作需要翻印、转发、复制涉密文件的，须经主要领导书面签批同意，严格履行审批、登记手续。经批准复制的文件，不得改变原文的密级、保密期限及知悉范围。复制的秘密文件应与原件一样管理。绝密文件严禁复印、抄录。

（三）送领导同志阅读的涉密文件，不得横传；“三密”级文件当天归还。

第七条 机要室是机关集中管理文件的重要部门，必须安装必要的防护设施，并建立严格的管理制度。工作人员进入机要室，必须严格遵守机要室的管理规定，不得随意翻阅机要室内文件资料。

第八条 切实做好党政机关协同办公系统的管理，确保电子文件的安全保密。

第九条 机要室负责按上级要求完成年度机要文件清退工作。

第十条 “三密”文件销毁要填写“销毁清单”。经定密责任人签批后，送武汉市公文销毁站集中销毁，严禁将文件作为废纸出售。

第十一条 无法通过交换站正常传递的特急文件，受文单位接到上级发文机关取文通知时，应当专人专车递送。

第十二条 严禁携带“三密”件外出。

第十三条 本规定由委办公室负责解释，自发文之日起施行。上级若有新的规定，按上级文件要求执行。

武汉市人口计生委机关档案管理办法

第一条 为加强市人口计生委机关档案管理，实现档案管理科学化和规范化，充分发挥档案的作用，更好地为人口计生各项业务工作服务，依据《中华人民共和国档案法》、《中华人民共和国档案法实施办法》、《机关文件材料归档范围和文书档案保管期限》等法律、法规；结合市人口计生委机关档案管理工作的实际，制定本办法。

第二条 档案工作是市人口计生委机关工作的重要组成部分，应当适应机关业务建设和档案事业发展的需要，完善管理体制，健全规章制度，提高现代化管理水平，保证档案的完整、准确、系统、安全和有效利用。

第三条 市人口计生委机关档案是指市人口计生委机关在工作和活动中形成的，具有保存利用价值的各种形式和载体的原始记录。主要是公文、照片、录音、录像、光盘、图表等。具体包括：文书档案、专业档案、科技档案、会计档案、声像档案、实物档案、电子档案七大类。

第四条 办公室是市人口计生委机关档案管理部门，具体负责贯彻执行党和国家有关档案工作的法律、法规和方针、政策；统一管理机关的档案工作（人事档案另行规定，由委政治处负责）；对全市人口计生系统档案工作实行业务指导；负责制定档案管理的各项规章制度；对档案法律法规贯彻执行情况进行监督、检查、指导；负责开展档案资料的收集、整理、鉴定、保管、利用和统计等工作；为机关和基层工作服务；保守档案中的国家秘密。

第五条 机关各处室负责将本部门在工作和活动中形成的、具有保存利用价值的各种文件资料进行整理和归档；确定专门人员负责，保质、保量、按时完成，并作为各处室年终总结及考核工作人员的内容之一。

第六条 机关各处室在日常工作中形成的应该整理、归档的材料在每季度最后一个月将本季度形成的档案连同电子版移交至档案室。

第七条 各级领导参加外单位组织的会议、活动，在会议、活动结束后的3个工作日内，将相关文件资料交档案室；任何处室及个人不得据为己有。

第八条 以市人口计生委名义主办的大型会议及活动，由承办部门负责整理相关文件资料。在会议、活动结束后的10个工作日内，将整理好的档案连同电子版移交档案室，档案包括方案、通知、讲话材料、活动综述、重要图片等。

第九条 各处室移交档案室的文书档案、声像档案、电子文件档案、实物档案等载体，档案室在认真核对无误后予以接收，对不符合归档要求的予以退回。

第十条 每年形成的会计档案，由财务处按照归档要求负责整理立卷，装订成册，编制会计档案保管清册，并在保管一年后编制移交清册，移交档案室归档。

第十一条 文书档案采用“年度—问题（机构）—保管期限”进行分类。具体分为综合类和业务类两个大类。类目细分以市档案局审批通过的《武汉市人口计生委机关文件材料归档范围和文书档案保管期限表》为准。

第十二条 档案库房内要配备必要的档案保管措施。配置防盗/防人、防潮、防鼠、防虫、防高温设备，经常检查电灯、电器线路有无破损；根据气候情况的变化，适时开窗通风或密闭门窗防潮，以保持室内一定的温湿度。

第十三条 出入库房的档案（包括移

交档案）应及时清点与登记；定期检查室藏档案，保证账物相符。

第十四条 加强档案室保密管理。档案工作人员要认真学习贯彻《档案法》和《保密法》；自觉遵守保密制度和档案工作纪律，严防失密、泄密事故的发生；非档案室工作人员不得随意进入档案库房；保密档案不得公开在报刊、书籍、展览、广播、录像、网站等载体中进行宣传。

第十五条 档案销毁程序：

（一）登记。做好“三密”文件销毁登记。

（二）报批。经鉴定准备销毁的“三密”档案应报定密责任人批准。经批准后方可销毁。

（三）监销。销毁档案，必须指派两名人员监销。防止误销、漏销。

第十六条 机关档案室的服务对象主要是委领导、机关各处室、直属单位。外单位因工作需要查阅我委档案，须派机要员持单位介绍信，并经委主要领导同意后办理查阅手续，只限查阅、摘抄、复印介绍信所指定的内容。

第十七条 档案部门应根据工作需要，编制各种科学实用的检索工具。编辑档案编研材料和重要文献汇编，积极主动开展档案的利用工作，为各项业务工作提供服务。

第十八条 本办法由市人口计生委办公室负责解释，自印发之日起施行；上级若有新的规定，按上级文件要求执行。

武汉市人口计生委机关固定资产管理规定

为保证委机关工作正常运转，加强本机关国有资产管理，防止国有资产流失，根据国家国有资产管理局 、财政部印发的《行政事业单位国有资产管理办法》和市财政局《关于武汉市行政事业单位国有资产处置管理暂行办法》等有关规定，制定本规定。

一、本规定所指的固定资产是指由各级人口计划生育事业经费购置或以武汉市人口和计划生育委员会名义接受的社会赞助、捐赠和调剂的由武汉市人口和计划生育委员会占有和使用的能以货币计量的各类经济资源。

单位价值在500元以上，使用期限在一年以上，并且在使用过程中保持原有物质形态的资产属于固定资产。委机关及二级单位的所有固定资产都应分部门、使用人、分类别编码登记入账。对不具备固定资产条件的其他物质，作为材料进行管理。所有固定资产要定期获不定期进行盘点、检查，做到账实相符。

二、为加强固定资产的管理工作，委办公室（财务处）明确一名固定资产管理员，负责管理本单位的固定资产。

三、资产的配置、购置、领用和报废

（一）资产的配置

资产配置应当坚持保障需要、节俭适用、节能环保、从严控制的原则。各处室有下列情形之一的，可以申请配置资产：

1. 新增人员编制的。

2. 增加工作职能和任务的。

3. 现有资产按规定处置后需要配置的。

4. 现有资产无法满足工作需要的其他情形。

（二）资产的购置

1. 凡添置或更新设备，所需处室必须提出购置设备书面申请；经分管主任签字同意、委主要领导签字批准后方能购买。办公用品的购置由办公室统一负责，电脑、打印机等信息化建设用品的购置由委发展规划处负责。

2. 办公设备、专用设备等物资采购依据《政府采购法》等有关规定进行政府采购。

3. 需要购置的固定资产属于武汉市政府采购办公布的政府集中采购目录范围内的项目，提出采购需求的处室应提出采购申请，并经所在处室负责人同意后，报分管主任和委主要领导逐级审核，按协议单位和协议价由相关负责人进行询价采购。在询价采购过程中，一般应有两人以上参加，对商品价格、质量、售后服务等进行比较，货比三家，择优采购。

4. 对大批量的办公设备、专用设备采购项目，应严格按照招标采购的规定实行公开招标采购。

5. 采购资产验收合格后由采购人员、处室资产管理员和使用人签字进行报销，由财务部门办理固定资产入账手续。

（三）资产的领用

各处室使用办公用品、办公设备、专用设备由使用人到办公室办理领用登记手续，办公室将属于固定资产的办公用品领用情况报财务部门登记备案。

使用专项资金购买需调拨到基层人口计生部门使用的资产，应由相关业务处室会同财务部门办理固定资产调拨手续。

人员调离（退休）的，应由固定资产管理员办理资产交还或移交手续。

（四）资产的报废

1. 车辆、电脑、打印机、复印机、空调等设备，使用年限按有关规定执行。

2. 对已超过规定使用年限且不适合继续使用的固定资产，由资产所有人所在处室勤部门提出申请，经分管主任和委主要领导签字同意后，由固定资产管理员办理相关的固定资产报废手续。

3. 设备未到使用年限，但由于种种原因损坏不能再继续使用；并经专业人员鉴定提出无法修复的意见后；由设备所在处室书面写出提前报损申请；经分管主任和委主要领导签字批准后；再到财务室办理提前报损手续。

四、责任追究

（一）由各使用人保管使用的设备，如在单位因个人管理不善而遗失，由当事人按设备原值扣减折旧后现值的50%予以赔偿；若固定资产因入室偷盗而遗失，则追究值班干部及门卫的相关责任。

（二）处室使用的各项设备原则上不得带回家。若私自将设备带回家并造成损失的，由当事人按设备原值扣减折旧后的现值全额赔偿。

（三）设备人为造成损坏需要修理的，则由当事人负担修理费。若无法修复，不能再使用，则对设备扣减折旧后由当事人按现值赔偿。

五、市人口计生委各直属单位的固定资产管理，由各直属单位参照本规定制定具体办法，报委主要领导审定后，组织实施并报市人口计生委办公室备案。

六、本规定由办公室负责解释，同时适用于所属二级单位，自印发之日起实行。

武汉市人口计生委印刷业务采购规定

为加强委机关印刷业务采购管理，堵塞印刷业务采购中可能出现的漏洞，现就委机关印刷业务采购作出如下规定。

一、印刷业务采购应坚持定点采购、厉行节约、保证质量、及时服务的原则。

二、各处室根据工作需要，制定印刷项目计划，报委领导批准。同时，提交印刷品的样本和数量，提前 15 天报委办公室（财务处），由办公室（财务处）组织询价。

三、市人口计生委成立印刷业务采购询价小组，由纪检组、办公室（财务处）和印刷业务需求处室等组成 3 人以上询价小组，具体负责印刷业务采购询价。

四、询价小组在市政府采购办公室确定的印刷定点供应商范围内，选择 3 家以上印刷服务供应商进行询价。

五、询价小组统一拆封印刷服务供应商提供密封的询价单，根据被询价供应商提供的详细报价单，从中选择报价最低的供应商，报委主要领导审定，确定印刷服务供应商。

六、印刷服务供应商确定后，由委主要领导指定有关处室负责人根据印刷项目计划与印刷服务供应商签订印刷业务采购合同。

七、印刷业务需求处室应加强与印刷服务供应商的沟通，督促印刷服务供应商根据本处室提供的样本和数量，按照约定的时限提交印刷品，并对印刷品进行验收。

八、印刷采购业务完成后，由印刷业务需求处室按照机关财务制度有关规定报销印刷费用，办公室（财务处）应及时办理结账手续。

九、委纪检组负责对印刷业务采购进行全程监督。

十、本规定由委办公室（财务处）负责解释，自印发之日起实施。

武汉市人口计生政务信息工作制度（试行）

第一条 为了进一步规范和加强全市人口计生系统政务信息工作，使信息工作更好地为科学决策和指导工作服务，结合全市人口计生工作实际，制定本制度。

第二条 全市各级人口计生部门应围绕全市人口计生中心工作，及时、准确、全面地反映全市人口计生工作动态和重要情况。

第三条 市人口计生委办公室负责政务信息工作的综合协调和归口管理。

第四条 各区人口计生委，市人口计生委机关各处室、各直属单位是全市人口计生政务信息工作的主体，及时主动报送政务信息是各单位、各处室的重要职责和任务，应加强对政务信息工作的领导，明确一名负责人分管，确定一名政务信息员具体负责信息的采集和报送，确保政务信息工作正常有效地开展。

第五条 政务信息员应认真履行职责，钻研业务，积极主动开展工作，不断提高信息报送质量。

第六条 各区人口计生委每月至少提供10条以上质量较高的信息；武汉经济技术开发区、东湖新技术开发区、东湖生态旅游风景区、武汉化工区人口计生部门每月上报的政务信息不少于5条；市人口计生委机关各处室、各直属单位每月至少提供两条以上质量较高的信息。市人口计生委办公室每月至少向省人口计生委报送20条以上质量较高的信息；每月至少向市委、市政府报送两条以上质量较高的信息。

各单位报送信息的主要内容：

（一）全市贯彻人口计生工作重大方针、政策、部署的情况。

（二）国家人口计生委、省人口计生委和市委、市政府领导同志关于我市人口计生工作的重要批示和交办事项的完成情况及在贯彻执行中遇到的困难和问题。

（三）市人口计生委领导批示、交办事项的贯彻执行情况及在贯彻执行中遇到的困难和问题。

（四）全市各级各有关部门召开的涉及人口计生工作的重要会议、举办的涉及人口计生工作的重大活动情况。

（五）市人口计生工作领导小组成员单位履行人口计生工作职责的工作动态。

（六）基层人口计生部门在实践中创造和总结的具有指导性的做法和经验。

（七）市人口计生委机关各处室、直属事业单位，各区人口计生委工作部署、进展、完成情况和存在问题。

（八）围绕我市人口计生事业发展的重点、热点、难点问题组织专题调研所形成的工作调研报告等。

（九）其他重要信息。

第七条 各区人口计生委，市人口计生委机关各处室、各直属单位报送的信息应当符合下列要求：

（一）反映的事件应当真实可靠。

（二）信息中的事例、数字、计量单位准确。

（三）实事求是，有喜报喜，有忧报忧，防止以偏概全。

（四）主题鲜明，文题相符，言简意赅，力求用简练的文字和有代表性的数据反映事物的概貌和发展趋势。

（五）反映情况和问题的信息力求有一定的深度，努力做到有情况、有分析、有预测、有建议，既有定性分析，又有定量分析。

（六）人口计生重点工作进展情况应当在事项结束3日内报送；市人口计生委领导要求报送的信息应按时报送；急事、要事和突发性事件应当在24小时内迅速报送；重大、突发事件应当连续跟踪报送。

（七）报送政务信息应当一事一报。

第八条 政务信息报送实行分级审核制度。各区人口计生委报送的信息，须经各区人口计生委办公室审核，区人口计生委负责人审定。市人口计生委机关各处室、直属单位报送的信息，须经处室、直属单位负责人审核，分管领导审定。十分重要的信息必要时须报市人口计生委主要领导审定。

第九条 政务信息按下列方式报送：

各区人口计生委的政务信息，通过省OA系统直接报送省人口计生委，同时，以电子邮件和书面两种形式向市人口计生委办公室报送（电子邮箱：jsxxbs@126.com 电话传真：82261009）。

市人口计生委机关各处室、各直属单位的政务信息，由各处室、各直属单位政务信息员以电子邮件和书面两种形式向市人口计生委办公室报送。

市人口计生委办公室对各区人口计生委，市人口计生委机关各处室、各直属单位上报的政务信息进行认真审核，根据工作需要确定信息报送或发放的形式和范围。分别以《人口与计生简报》、《要情专报》、《内情专报》等形式报送省人口计生委，市委、市政府或印各区人口计生委及其他有关部门，或在市人口计生委门户网站上发布。

第十条 实行政务信息通报、考评和表彰制度。市人口计生委办公室每季度通报一次政务信息报送、采用情况；年末对各区人口计生委和市人口计生委各处室、各直属单位信息报送、采用情况进行汇总通报，并分别纳入年度责任目标考评内容。对信息报送工作表现突出的单位和个人给予表彰和奖励。

第十一条 本制度由市人口计生委办公室负责解释。

武汉市人口计生委互联网网站信息管理办法

为加强武汉市人口计生委门户网站（简称武汉人口网）建设，规范网站信息收集、审批、发布程序，确保信息及时更新、准确发布，制定本管理办法。

第一章　总　则

第一条　武汉人口网的维护及管理工作由市人口计生委信息化工作领导小组统一领导，办公室负责组织实施。

第二条　武汉人口网信息维护及管理原则是：统一管理、分工负责、分级审批、安全保密。

第二章　职责分工

第三条　武汉人口网网站由市人口计生委办公室管理。发展规划和信息处负责技术指导和系统维护。

第四条　委办公室设网站信息发布员1名，具体负责网站栏目设置调整和信息发布，发展规划和信息处设系统维护技术员1名，负责网站技术指导服务和系统日常维护工作。

第五条　网站各栏目信息由委机关各处室、各直属单位按照《武汉人口网网站栏目设置及管理职责分工》（见附件1）收集、采编，按程序审签后提交信息电子文本由委办公室统一发布。

第六条　各处室及直属单位明确1名信息员，具体负责网站信息的收集、采编和上报工作。信息员应相对固定，因特殊情况需调整时报办公室调整后备案，并及时做好工作交接。

第七条　在全市人口计生系统建立武汉人口网基层信息员队伍。基层信息员负责收集编写本地人口计生工作动态信息并报送至市人口计生委业务指导对应处室。

第三章　信息审批

第八条　发布信息，信息员须先填写《武汉人口网信息发布审批表》（见附件2）并附信息稿件原件，履行审批手续后方可上网发布。

第九条　信息审批。一般信息由各处室及直属单位负责人审核，委分管领导审批；重要信息需报委主要领导审批。

第十条　责任处室在对应栏目发布的信息涉及其他处室职责时，应同相关处室协调一致后再履行审批手续提交发布。

第十一条　基层信息员报送的信息，由业务对应指导处室审核，履行审批程序后发布。

第四章　信息管理

第十二条　各处室应及时收集、编写信息，保证信息发布及时、准确。新闻类信息要在1～2个工作日内上网发布，其他信息要在工作完成后2～4个工作日内上网发布，专题专栏、工作研究、科普知识等信息实行月更新发布。

第十三条 按照“谁发布、谁负责”的原则，各处室要加强对已经发布信息的管理，对已经发生变化的信息要及时进行更新，对出现错误的信息要及时纠正。

第十四条 委办公室和发展规划和信息处共同对网站信息内容进行总体监控，对信息更新迟缓或出现信息错误等情况要及时纠正或通知相关责任处室予以纠正。

第五章 纪律要求

第十五条 所有上网信息必须统一由各处室网站信息员按信息发布程序要求进行审签发布。

第十六条 各处室发布的网站信息要符合上网不涉密、涉密不上网的安全保密规定，不得含有涉密内容。

第十七条 未经审批的信息不得在网站发布。擅自发布信息，造成恶劣影响的，要追究相关处室负责人和信息员责任。

第十八条 各处室不得越权使用信息维护功能，不得冒用其他处室或个人名义发布信息。信息发布员必须对自己的账号加强管理，防止他人盗用后在网上进行非法活动。

第六章 附 则

第十九条 本办法自印发之日起施行。

附件 1

武汉人口网网站栏目设置及管理职责分工

一级栏目	二级栏目	责任处室	备　注
图片新闻		宣教处、办公室	
政务公开	信息公开	办公室	
	行政许可	科技处	
	机构设置	政治处	
	阳光计生	纪检组	
	创先争优	政治处	
	数据统计	发规处	
政务信息		办公室	
基层动态			
通知公告			
治庸问责		纪检组	
人口论坛		宣教处	
领导信箱		政法处	
公众诉求			
政策法规			
专题专栏	综合改革	办公室	
	诚信计生	政法处	
	优质服务	科技处	
	流动人口	流管处	
	关爱女孩	宣教处	
	婚育新风		
	表格下载	发规处	
	常见问题解答		
科普园地	青春期教育	科技处	
	优生优育		
	生殖保健		
	避孕药具指南		
	中老年保健资讯		
网上调查	网上公示	发规处	
	民意征集		

附件 2

武汉人口网信息发布审批表

填表单位：

<table>
<tr><td>信息标题</td><td colspan="3"></td></tr>
<tr><td>撰稿人</td><td></td><td>发布部门</td><td></td></tr>
<tr><td>主要内容</td><td colspan="3"></td></tr>
<tr><td>拟发布栏目</td><td colspan="3"></td></tr>
<tr><td>处室负责人
意　见</td><td colspan="3">签　名：
年　　月　　日</td></tr>
<tr><td>分管领导审批
意　见</td><td colspan="3">签　名：
年　　月　　日</td></tr>
<tr><td>主要领导审批
意　见</td><td colspan="3">签　名：
年　　月　　日</td></tr>
<tr><td>办公室核发
意　见</td><td colspan="3">签　名：
年　　月　　日</td></tr>
<tr><td>发布时间
及发布人</td><td colspan="3">签　名：
年　　月　　日</td></tr>
</table>

附件3

武汉人口网网站信息发布格式要求

一、标题字号、字体：黑体、小二号

二、正文字号、字体：仿宋、三号

三、图片要求：800px×600px

四、信息应注明作者及来源处室/直属单位

五、信息提交前，信息员须再次认真检查文章内容，以保证信息内容、文字、标点符号的正确

武汉市人口计生理论研究、政务信息和新闻宣传奖励暂行办法

为进一步加强全市人口计生理论研究、政务信息和新闻宣传工作，鼓励全市人口计生工作者积极开展人口理论研究，积极宣传全市人口计生工作中的新动态、新经验、新成果，反映新情况、新问题、新困难，促进全市人口计生科学决策和科学发展，制定本办法。

一、奖励范围

（一）在国家和省、市人口计生委组织开展的人口计生理论研究工作中，取得优异成绩的单位和个人。

（二）在人口计生政务信息工作中表现突出的单位、处室和个人。

（三）在人口计生新闻宣传工作中表现突出的单位和个人。

二、奖项设置

（一）理论研究类

设组织奖和优秀论文奖。

1. 组织奖：以区（开发区）为评选对象。在国家和省、市人口计生委组织开展的人口计生理论研究工作中，积极组织人口理论工作者和计划生育工作者开展人口理论研究，成绩突出的，授予组织奖。

2. 优秀论文奖：在国家和省、市人口计生委开展的人口计生理论研究和主题征文活动中，获得优秀以上等次的，给予适当形式的奖励。

（二）政务信息类

1. 先进单位奖项。以区（开发区）为评选对象。对政务信息得分位列前三名的区（开发区），评为“全市人口计生政务信息工作先进单位”。

2. 先进处室奖项。以市人口计生委处室和直属单位为评选对象。对政务信息得分位列前三名处室和直属单位，评为“市人口计生委政务信息先进处室”。

3. 先进个人奖项。设一等奖2名（市、区各1名）、二等奖4名（市、区各

2名）、三等奖6名（市、区各3名）。

4. 纸质信息奖项。政务信息被国家、省、市纸质信息载体采用的，按采用条目对作者给予奖励。

（三）新闻宣传类

设稿件采用奖、要闻奖、优秀通讯员奖、集体奖、进步奖和特别奖6个奖项。

三、奖励标准

（一）理论研究类

1. 被授予人口理论研究组织奖的，在年度人口计生线考评总分中给予酌情加分，并在全市人口计生系统通报表彰。

2. 在国家和省人口计生委开展的人口计生理论研究和主题征文活动中，论文获得优秀以上等次的，除国家和省人口计生委的奖励外，市人口计生委对作者按下列标准给予奖励：

在国家人口计生委开展的人口计生理论研究和主题征文活动中，获一等奖的，奖励3 000元；获二等奖的，奖励2 000元；获三等奖的，奖励1 000元；获优秀奖的，奖励600元。

在省人口计生委开展的人口计生理论研究和主题征文活动中，获一等奖的，奖励2 000元；获二等奖的，奖励1 000元；获三等奖的，奖励800元；获优秀奖的，奖励500元。

3. 在市人口计生委开展的人口计生理论研究和主题征文活动中，获一等奖的，奖励1000元；获二等奖的，奖励800元；获三等奖的，奖励500元；获优秀奖的，奖励300元。

由多名作者撰写的获奖论文，按篇次给予奖励。

（二）政务信息类

1. 被评为"全市人口计生政务信息工作先进单位"的区（开发区），在年度人口计生线考评总分中分别给予酌情加分，并授予奖牌。

2. 被评为"市人口计生委政务信息先进处室"的处室和直属单位，奖励2 000元，并在年度处室考评总分中分别给予加分。

3. 获政务信息先进个人奖项的，一等奖1 000元，二等奖800元，三等奖500元，并颁发证书。

4. 纸质信息按下列标准奖励：

被国家人口计生委和省委、省政府办公厅政务信息载体采用的纸质信息，每条奖800元。

被省人口计生委《调查与研究》采用的纸质信息，每条奖500元；被省人口计生委《人口和计划生育情况》和《人口和计划生育信息》采用的纸质信息，每条奖300元。

被市委、市政府政务信息载体采用的纸质信息，每条奖200元。

（三）新闻宣传类

1. 稿件采用奖：凡被《人民日报》、中央人民广播电台、中央电视台采用的我市人口和计划生育稿件，除省奖励外，市按每篇100元配套奖励；被《光明日报》、《经济日报》、《中国妇女报》、《中国人口报》、《人口与计划生育》、《中国青年报》、《中国农民》、《湖北日报》、《湖北人口》、湖北电视台采用的稿件，除省奖励外，市按每篇 50 元配套奖励；被《长江日报》、《武汉晚报》、武汉电视台采用的稿件，按每篇 50 元奖励；湖北人民广播电台、武汉人民广播电台按每篇 20 元奖励。

2. 要闻奖：凡被《人民日报》、中央电视台头版头条采用我市人口和计划生育的稿件，市按每篇 1 000 元嘉奖；被中央人民广播电台、《光明日报》、《经济日报》、《中国妇女报》、《中国人口报》、《中国农民报》、《中国青年报》、《湖北日报》、湖北人民广播电台、湖北电视台头版头条，以及《人口与计划生育》杂志封面采用我市人口和计划生育的稿件，市按每篇 500 元嘉奖；被《长江日报》、《武汉晚报》、武汉电视台、武汉人民广播电台头版头条，以及《湖北人口》封面采用我市人口和计划生育的稿件，市按每篇 300 元嘉奖。头版头条每篇在年终汇总中按 5 篇统计。

上述所有媒体刊播稿件超过 1 000 字（《湖北人口》超过 1 500 字），在年终汇总中按 5 篇统计，按通讯员奖 5 倍奖励。

3. 优秀奖：凡通讯员全年在上述新闻媒体公开发表人口与计划生育新闻稿件 20 篇以上，其中省级以上（含省级）新闻稿件 10 篇以上；新闻记者在本媒体发表人口与计划生育新闻稿件 20 篇以上，由市人口和计划生育委员会授予人口新闻优秀记者或优秀通讯员称号，并颁发荣誉证书和奖金 500 元。

4. 集体奖：江岸区、江汉区、硚口区、汉阳区、武昌区、青山区、洪山区、东西湖区、汉南区、蔡甸区、江夏区、黄陂区、新洲区在上述媒体公开发表新闻稿件 50 篇以上，其中省级以上（含省级）新闻稿件 15 篇以上；武汉经济技术开发区、东湖新技术开发区、东湖生态旅游风景区在上述媒体公开发表媒体新闻稿件 15 篇以上，其中省级以上（含省级）新闻稿件 4 篇以上，由市人口和计划生育委员会授予新闻宣传工作先进集体称号，并颁发荣誉证书和奖金 2 000 元。

5. 进步奖：对全年新闻用稿量比上年提高 10 篇以上的区，授予进步奖，奖金 1 000元（与集体奖不重复）。

6. 特别奖：对全市人口和计生新闻宣传报道工作给予大力支持的单位、个人，授予人口新闻特别奖。

四、评选办法

（一）理论研究类

1. 在国家和省人口计生委组织开展的人口计生理论研究工作中被授予组织奖和优秀论文奖的，以国家和省人口计生委的评选表彰文件为依据。

2. 市人口计生委组织开展的人口计生理论研究工作的评选表彰，由市人口计生委经办处室组织评选，提出初步意见，报请委党组会研究决定。

（二）政务信息类

市人口计生委每月对政务信息上报和采用情况进行统计，每季度通报一次。每年年终按自然年度组织一次评选。由市人口计生委办公室根据当年政务信息上报和采用的统计汇总情况，提出本年度奖励和表彰意见，报请委党组会研究决定，发文通报表彰。

（三）新闻宣传类

各区人口计生委将所辖地区上稿情况，于每年10月10日前将稿件按要求报送市人口计生委宣教处，由宣教处汇总通报。凡被采用的稿件，由撰稿人于每年10月1日前将上年度9月30日至本年度9月30日已刊播的稿件复印件报各区人口计生委宣教科，各区汇总后于10月10日前报市人口计生宣教处。市人口计生委宣教处根据上报的情况审核后，报委领导审查签字后兑奖，其奖励经费从宣教专项经费中列支。

武汉市人口计生委临时聘用人员管理制度

为积极推进机关事业单位辅助岗位聘用人员社会化改革，推行机关事业单位辅助岗位人员“人事派遣制度”，规范市人口计生委临时聘用人员劳动关系，本着平等自愿、协商一致、诚实守信的原则，依据《中华人民共和国合同法》，就劳动合同关系规范为《劳务派遣协议》。现根据我委情况制定本制度。

第一条 市人口计生委每年与劳务派遣机构签订劳务派遣协议。按职责分工委办公室负责劳务派遣人员的管理工作。

第二条 严格控制用工数量。实行定员、定岗、定责。

第三条 确因工作需要，新增编外用工，须由办公室申报计划，提交委主任办公会同意后，统一从劳务派遣机构挑选，并由劳务派遣公司核发用工通知书。办公室和政治处共同负责招聘、审核、备案等相关工作。

第四条 选聘劳务派遣人员应遵循品德、知识、能力、经验、身体素质适合于岗位和职位需要的原则。

第五条 选聘人员除须具备政审合格、身体健康、有本地户口或持有本地居住证、考试合格等条件外，还需具备其职位要求的如下条件：

（一）机动车驾驶员职位：应具备高中以上学历；取得A类驾驶证并有两年以上连续驾驶AR车辆或5年以上连续驾驶B类车辆工作经验，年龄在35岁以下；

（二）文印员职位：应具备相关专业大学专科以上学历和相关工作经验，计算机及办公设备操作熟练，年龄在35岁以下；

（三）保洁员职位：具备初中或相当初中文化程度，能吃苦耐劳。年龄在50岁以下。

第六条 按国家有关规定比例标准，市人口计生委为劳务派遣人员缴纳社会保险金（即基本养老保险、基本医疗保险、失业保险、工伤保险、生育保险）。

第七条 劳务派遣人员的工资由基本工资和固定加班工资和法定节假日加班工资组成。基本工资根据工种和技术职称等级核定；由劳务派遣公司发放；绩效工资或补贴工资根据岗位实际经考核后发放。

第八条 劳务派遣人员依法享受节日补贴和加班工资。

第九条 劳务派遣人员应遵守如下工作纪律：

（一）遵守国家法律、法规，遵守机关规章制度。

（二）接受岗位所在处室（单位）管理。

（三）遵守职业道德，完成工作任务，爱护公共财物。文明友善自律。

（四）遵守工作纪律，保守工作秘密。

第十条 劳务派遣人员的工作情况和考勤由所在处室负责。工作时间原则上按岗位工作要求执行；节、假日值班按值班安排执行。

第十一条 因事、因病请假审批权限和程序：

（一）因事请假需提前报告，经批准后方可休假。请事假 1 ~2 天由部门负责人审批，连续 3 天或以上由分管领导审批。

（二）病假两天以内由部门负责人审批；连续病假 3 天以上需持市级医院开具的休假证明由部门负责人审批并报分管领导。

第十二条 婚（丧）假、退休按国家有关规定执行；因公负伤，经医疗单位确认后，按规定执行。带薪公休假按武汉市的具体规定执行。

第十三条 劳务派遣人员的年度考核，参照机关工勤人员考核标准，依照德、能、勤、绩、等方面的表现。按优秀、合格、基本合格和不合格四个等次进行评定。

有下列情况之一的，当年年度考核直接评为基本合格等次：

（一）受到严重警告处理的；

（二）有旷工记录和不明缘由脱岗的；

（三）事假累计超过两周、病假超过 1 个月的。

第十四条 劳务派遣人员的年度考核由所在处室组织评定，处室负责人根据平时掌握的情况及综合评议结果确定考核等次，报分管领导审定。

第十五条 劳务派遣人员有下列情形之一的，予以警告：

（一）因过失导致工作受到较大影响；或因工作失误导致单位财产受到较大损失的；

（二）经常迟到、早退，劳动纪律涣散的；

（三）不服从工作安排、无理顶撞领导，或不能按要求完成工作任务、消极怠工者的。

第十六条 有下列情形之一的，退回劳务派遣公司：

（一）在试用期间被证明不符合录用条件的；

（二）一年内旷工 3 天以上或经常迟到、早退违反劳动纪律的；

（三）年度考核为“不合格”或累计两次年度考核为“基本合格”以下的；

（四）不服从管理，严重违反机关规章制度或国家有关法律法规的；

（五）因过失直接造成重大经济损失和造成不良影响的。

第十七条 奖惩办法：

（一）当年年度考核定为“优秀”的，参照机关有关规定给予适当奖励。

（二）连续两年获得年度考核“优秀”，或在本岗位作出突出贡献的，给予一次性基本工资奖励。

（三）劳务派遣人员违纪并受到警告后，由办公室依据具体违纪情况提出处理意见；凡当月有警告记录的劳务派遣人员，扣除当月50%绩效工资（或补贴工资）。

第十八条 劳务派遣人员本人要求辞职的，应提前30天以书面形式报劳务派遣公司和市人口计生委办公室。在未核准前不得擅自离职。

第十九条 因工作不当过失造成单位重大经济损失的，市人口计生委有权决定是否追究其造成的经济损失。

第二十条 本制度由办公室、政治处共同负责解释。

武汉市人口计生委机关考勤制度

为加强机关作风建设，树立“团结、廉政、务实、创新”的良好形象，营造优良的工作环境和工作秩序，提高机关办事效率，确保各项工作任务顺利完成，结合我委实际，制定如下考勤制度。

一、全体干部职工必须自觉遵守机关工作作息时间，认真履行岗位职责，做到按时上下班，不迟到早退，不擅自离岗，工作时间不串岗、不闲聊，严禁玩电脑游戏、炒股。

二、实行考勤登记制度。每位工作人员在上班和下班时需到指定的考勤机上进行考勤登记。未在规定时间签到的视为迟到或早退，未签到又未事前履行请假或报告手续的视为缺勤。委机关实行机考与处室负责人双重考勤办法，具体工作由政治处负责组织实施，各处室及直属单位主要负责人为第一责任人。工作人员考勤情况由政治处每月予以公布，接受监督。如有异议，自公布之日起两日内将情况反馈至政治处，逾期视为认可。

三、原则上要求全体干部职工一律上班签到后再外出办事，如有特殊情况（如下乡、开会等），应经处室负责人或分管领导批准后报政治处备案；外出完毕后，要及时参加考勤，未及时考勤视为缺勤。经批准外出参加培训或学习的，视同公务，履行报告手续。

四、严格请假和销假制度。工作人员因病、因事需要请假的，必须填写请假条，说明事由、时间（病假须正规医院证明）。请假1天以内者，由处室负责人审批；请假两天以上者，经处室负责人同意，报分管领导审批。假期结束，请假人必须向准假人销假，否则超假按旷工处理。对不请假者，一律作旷工处理。

五、实行年休假制度。各处室根据工作情况，有计划地安排好工作人员的年休。休公休假前应提前到政治处填写公休假备案表，报处室负责人或分管领导批准。因工作无法年休的工作人员的事假、病假可以用年休假来抵冲。

六、考勤统计结果作为年度考核、评优评先、奖励和干部提拔使用的重要依据。对违反本规定，分别作如下处理：

（一）一个月内迟到、早退累计达两次，进行批评教育；迟到、早退累计达3次，或旷工1个工作日，责令作书面检讨。

（二）一年内迟到、早退累计超过5次，或旷工1个工作日以上，或事假累计超过规定的时间（其中工作年限满一年不到五年的，假期不得超过七天；工作年限满五年的，假期不得超过15天），年度考核不能确定为优秀等次；迟到、早退累计超过10次，或旷工连续超过5个工作日或者累计超过10个工作日，年度考核确定为不称职。病、事假累计超过考核年度半年的，不进行年度考核。

（三）旷工或因公外出，请假期满无正当理由逾期不归连续超过15天，或者一年内累计超过30天的，依照《中华人民共和国公务员法》等有关规定予以辞退。

七、严格实行督查制度。委机关成立督察组，将实行定期或不定期的督查。一般采取上班后15分钟或中途对在岗情况进行抽查。凡未预先请假和报告离岗的，均以违规论处。

八、节、假日值班由办公室统一安排，值班人员应认真负责，做好值班记录并及时向带班领导报告有关情况，重大事项应按规定上报。

九、本制度适用于委机关及直属单位，自印发之日起执行。

武汉市人口计生委机关值班工作制度

为加强委机关二十四小时全天候值班制度的工作管理，确保机关安全和对突发事件的应急处理，特制定本制度。

一、值班对象及值班时间

委机关实行24小时全天候值班制。机关值班范围指在委机关办公的所有工作人员，包括直属单位借用人员，协会和执法支队工作人员（不含临时聘用人员）。

处以下干部实行在岗值班，委领导实行当日24小时手机在线值班。在岗值班晚班以男同志为主，双休日白班原则上以女同志为主。男年满58岁、女年满53岁的不作值班安排。

机关值班实行月安排制度。办公室负责月末发下月值班安排表，并随时抽查、督办和记录值班工作情况。

具体时间安排：

（一）周一至周五：当日17：30～次

日8：30；

（二）双休日：上午8：30～12：30；下午12：30～17：30；晚上：17：30～次日8：30；

（三）重大节假日（元旦、春节、五一、十一）人员值班由办公室另作统筹安排。清明、端午、中秋随月安排执行。

二、值班人员工作职责

（一）负责接收市委、市政府、市直各单位电话、会议通知以及传真件等，急电急事要立即向委领导报告。同时，要严格遵守保密规定，做好保密工作。

（二）负责处理来电来访咨询工作，对来电来访要耐心解答，不得简单粗暴。如有举报，要做好详细记载，并及时转告执法支队（信访室）。

（三）值班期间要做好巡查，重点做好楼道门及门岗，如有隐患，要及时处理。

三、工作要求与责任

（一）值班人员必须严格遵守纪律，做好值班记录，急事、要事报请当班领导或办公室负责人，重大事件报主要领导。

（二）值班人员要按时到岗，不得擅自离开工作岗位。无特殊情况不得请人代班或随意换班，不得影响值班工作。确因需要代调班的，本人须提前做好代调班安排。严禁脱岗。

（三）值班工作实行部门责任制。当班人员和处室负责人同为第一责任人。值班工作落实情况纳入各处室综合治理、文明处室创建目标管理，作为年度处室考评参考依据。出现重大责任事故，视情节追究当班人员和所在处室相应责任。将进行问责。

武汉市人口计生委政务工作督办制度

为进一步提高机关工作效率和工作质量，确保政令畅通，高效运转，真正实现机关各项工作程序化、制度化、规范化，特制定本督办工作制度。

一、督办工作的主要任务

（一）对省及市委、市政府等上级有关文件的贯彻落实情况进行督促检查，落实办理。

（二）对市委、市政府及其主要领导召开的工作会议作出的有关决策和部署的贯彻落实情况进行落实督办。

（三）对上级机关转来的国家人口计生委，省委、省政府，市委、市政府领导同志批示件，要求按期办理的领导批示件进行落实督办。

（四）对市人口计生委党组、委主任办公会的重要工作部署贯彻执行情况落实督办。

（五）对市人大政协议提案、市长专线、市长信箱、主流媒体和网络信访件落实督办。

（六）对市委、市政府相关部门需配

合办理的事项落实督办。

（七）需要向上级机关和有关领导反馈的督查落实情况。

二、督查工作的原则

（一）认真落实。对市委、市政府领导同志批示件经委主要领导批示后列入重要督办件。以《督办通知》形式提出办理内容、要求、反馈时限并附上领导批示和有关材料复印件转承办部门。查办事项涉及多个部门或单位的，应指定牵头部门或单位。其他批示件按期办理。

（二）实事求是。全面准确地反馈落实情况，有喜报喜，有忧报忧。

（三）突出重点。围绕市委、市政府中心工作和市委、市政府主要领导的关注点进行督查。

（四）讲求时效。对督办事项及时通知、及时催办、及时报告。

三、督办工作的程序

（一）登记。内容包括：收文日期、收文编号、来文单位、内容摘要、批示人、批示内容等。

（二）立项。对市委、市政府会议和文件的决策、部署事项及收到的领导批示中需要督查落实的提出具体办理意见。

（三）送审。对重要事项分解立项，提出办理意见，报分管领导审核，主要领导签批。

（四）转办。办公室以《督办通知》或其他方式将办理内容、办理要求、反馈时限等通知承办部门。

（五）审核。办公室对承办部门反馈的办理情况，进行认真审核，问题是否解决，结论是否恰当准确，所作处理是否符合政策法律法规。对不符合要求的，应及时询问承办部门，必要时退回重报。

（六）反馈。承办部门将办理情况通过《督办回复》向上级机关或市有关领导报告。重要事项回复报告，要报经主要领导审批。

（七）归档。对办理过程中形成的有关资料，应办结一件整理一件，分类归档。按规定时限移交委办公室作为档案资料归档留存。

四、督办工作要求

（一）明确责任。委办公室作为督查工作的办事机构，负责各项工作的督办落实。

（二）按照及时、高效、准确的督办工作原则，认真做好需督办的事项的协调、衔接工作。办公室要对重要督办件，定期或不定期询问承办部门办理进展情况，并作督办记录备查；紧急情况，要随时催办并掌握办理进展情况。承办部门要按时反馈办理进度和办理结果，办理过程中遇有困难的，要及时向分管领导和主要领导报告情况。

（三）遵守保密纪律。各承办部门要高度重视领导同志批示件的保密管理，强化承办人对领导同志批示件的保密教育，增强保密意识。领导同志批示件办结后，要按公文办理程序及时清退、立卷、归档。

武汉市人口计生委公务车辆调配管理和维修保养规定

根据省纪委鄂纪发〔2010〕12号文件精神和市纪委、监察局的工作要求，特制定市人口计生委公务车辆调配管理和维修保养规定。

一、车辆的调配和管理规定

（一）车辆的使用。机关公务车辆要保证委领导、各处室日常公务用车和突发的紧急工作用车，同时兼顾离退休干部的特殊情况用车。

（二）车辆的管理。委机关工作车辆由委办公室负责统一管理。日常的工作用车由指定的专人（车辆管理责任人）安排调度。涉及全委重要工作和重大活动时，办公室负责含直属单位车辆在内的统一调配使用。

（三）实行公务车辆外出审批制度。委领导和各处室及直属单位负责人因公离开本市参加会议、参观学习等公务活动，确需自带公车的，需先填写出车通知单报办公室，并报委主要负责人批准。干部职工个人遇有紧急事情确需用车，需报办公室以及分管办公室工作的领导同意。未经许可车辆一律不得参与婚丧嫁娶等活动。

（四）实行节假日当班司机出车制。节假日期间用车，须报委主要领导、分管领导同意，办公室备案后，原则上由当日值班司机出车。

（五）车辆外借。一般情况机关车辆不予外借。遇特殊情况在不影响全委正常工作情况下，经分管领导同意、主要领导批准后，委办公室及车辆管理责任人负责调度调剂车辆。

（六）实行专职驾驶员专车驾驶负责制。驾驶员必须严格遵守交通法规和单位车辆管理制度，做到安全行车、文明行车、爱惜车辆，保持车容干净整洁。驾驶员要加强业务技能学习，不断提高驾驶技术和车辆节油及保养水平。严禁酒后驾驶、疲劳驾驶、私借他人驾驶。

（七）车辆油料管理实行一车一卡，专车专用。实行单车用油月定额制度。开展节能降耗活动，推广“慢起步、柔进档、中速行”的节油驾驶技术。不得长时间、大功率开空调停车休息。

（八）建立车辆台账制度。详细记载每台车辆的保养、维修、安全运行及油耗情况。

（九）车辆停放与节假日车辆管理。除工作需要或特殊情况外，车辆一律停放机关。3天以上的节假日，车辆钥匙交车辆管理责任人统一管理。如私自将车辆停放在外发生丢失或出现交通责任事故的，视情节追究驾驶员责任。

二、驾驶人员的考核奖惩规定

（十）实行年度考核。

驾驶员单车车辆油耗记录，考核、奖惩情况由车辆调度责任人每季度随“两型”机关报表一并填报。报表一式三份，一份作管理台账，另两份分别提交办公室和财务备案。全年度考核情况由车辆调度责任人统计汇总后报办公室、分管领导审批兑现。

（十一）驾驶员在工作期间发生交通责任事故的，按交管部门划定的事故责任进行赔偿；负同等责任的，按 10% 赔偿；负次要责任的酌情赔偿。如私自用车发生交通责任事故的，保险公司赔偿后的其他费用由事故驾驶员承担。

（十二）严禁驾驶员之间私自转交车辆。驾驶员私自将公务车辆交由其他人员使用，发生交通责任事故的，保险公司赔偿后的其他费用由该驾驶员和事故肇事人共同承担。

（十三）严禁委机关工作人员私驾公车。由此发生的交通事故责任（保险公司赔偿的除外）费用自行承担。造成重大损失和恶劣影响的，追究党纪政纪责任。

（十四）严禁公卡私用、公油私卖。经发现，直接追究当事人责任，并奖励举报人。

三、车辆的维修（保养）规定

（十五）维修（保养）办理程序。车辆的维修保养申请应由驾驶员提出，并明确需维修保养的项目，经车辆调度责任人确认并填写维修保养单后，到指定的修理厂进行。

（十六）维修（保养）期间责任。车辆进修理厂后，驾驶员必须在现场随专业修理人员确认需维修（保养）项目，并有责任督查修车质量。对确实需要追加的修理项目，应将损坏的零部件交调度责任人确认登记，作修理依据后方可追加修理项目。

（十七）保养维护的更换条件。常规情况下，机油更换须行驶 5 000 公里以上；电瓶更换在两年以上；轮胎须行驶 4 万公里以上。特殊情况经过报批执行。

委机关直属单位公务用车遵照此规定执行。

武汉市人口计生委党风廉政建设责任制实施细则

为了贯彻执行中共中央、国务院《关于实行党风廉政建设责任制的规定》和市委、市政府《关于实行党风廉政建设责任制的实施办法》，明确市计生委机关及所属单位领导班子和领导干部对党风廉政建设应负的责任，保证党风廉政建设各项任务的全面落实，促进全市计划生育工作的健康发展，结合我委实际，制定本实施细则。

一、责任范围

（一）市计生委党组及机关党委、各党支部和委机关各处室、各直属单位的领导班子对职责范围内的党风廉政建设负全面领导责任。

（二）委党组书记、主任对职责范围内的党风廉政建设负总责，对领导班子及其成员的党风廉政建设负直接领导责任。

（三）委党组成员根据分工，对其职责范围内以及对分管处室、直属单位负责人的党风廉政建设负领导责任。

（四）委机关各处室和直属单位的主要负责人对职责范围内的党风廉政建设负总责，对本处室、本单位所属的党员干部、职工的党风廉政建设负直接领导责任。

（五）委机关各处室、直属单位的副职领导干部协助正职抓好党风廉政建设工作，对职责范围内的有关人员的党风廉政建设负直接领导责任。

（六）各党支部书记，对所属支部党员的党风廉政建设负直接领导责任。

二、责任内容

（一）市计生委党组在党风廉政建设中应承担的责任：

1. 认真贯彻执行上级党委、政府及上级机关关于党风廉政建设的部署和要求，结合本单位、本系统的实际，制定党风廉政建设工作规划，安排部署党风廉政建设工作，并组织实施。

2. 开展党性党风党纪和廉政教育，组织党员、干部学习邓小平关于党风廉政建设的理论和党风廉政法规，增强党员干部廉洁自律意识。

3. 抓好处级以上党员领导干部的廉洁自律，按照党章和国家有关规定进行监督和考核。

4. 调查研究机关和所属单位及全市计生系统党风廉政建设情况，总结推广经验，表彰先进。

5. 要分析研究职责范围内的党风廉政建设状况，组织制定本单位、本系统的党风廉政建设规划、制度和措施，并组织实施。在每年的工作计划、工作总结中要有党风廉政建设内容。

6. 严格按照《党政领导干部选拔任用暂行条例》选拔任用干部，防止和纠正用人上的不正之风。

7. 支持和配合纪检监察机关和部门对委机关及所属单位党员和监察对象违反党纪政纪案件以及群众来信来访反映问题的严肃查处，纠正单位和系统的不正之风。

8. 注重党风廉政建设治本工作，从源头上预防和治理腐败。

（二）委党组书记、主任在党风廉政建设中承担的领导责任：

1. 根据上级党委、政府以及上级机关关于党风廉政建设的部署和本系统、本单位党风廉政建设工作规划，对职责范围内党风廉政建设工作作出具体部署和安排。

2. 分析市计生委和计生系统党风廉政建设状况，及时了解党风廉政建设责任制执行情况，解决党风廉政建设工作中存在的问题，每年至少听取两次党风廉政建设专题汇报。

3. 领导党风廉政建设工作的检查和考核，督促党风廉政建设目标规划和各项规章制度的落实。

4. 加强对反腐倡廉工作的领导，亲自

抓大案、要案的查处，解决群众反映强烈的党风廉政建设方面的热点、难点问题。帮助纪检监察机关和有关部门排队办案工作中的干扰和阻力，解决办案中的困难。

5. 按照《党政领导干部选拔任用工作暂行条例》的规定选拔任作干部。

6. 负责领导班子的党风廉政建设，召开领导班子专题民主生活会，检查廉洁从政情况，针对存在的问题进行整改。

7. 模范遵守党的纪律和国家法律法规，教育管理好家庭成员和身边工和人员，防止发生违法违纪和不廉洁行为。

（三）委党组成员在党风廉政建设中应负的领导责任：

1. 指导分管的处室和单位党风廉政建设工作计划，布置党风廉政建设工作。

2. 对分管领导和单位的反腐倡廉工作给予具体指导，帮助解决反腐倡廉工作中的困难和问题。

3. 领导、参与分管处室和单位党风廉政建设工作的检查考核，督促分管处室和单位对党风廉政建设工作中存在的问题进行整改。

4. 每年至少两次向本级领导班子报告分管处室和单位党风廉政建设情况。

5. 严格遵守党风廉政建设法规，管好家庭成员和身边工作人员，防止发生违法违纪和不廉洁行为。

（四）部门责任分工：

委机关各处室应根据各自的职责、职责，按照“谁主管、谁负责”的原则，对党风廉政建设承担责任。

1. 办公室：负责监督委机关办公楼和职责住房的新建、扩建、装修、维修；督促执行会议预算；严格控制庆典活动；落实机关接待和领导干部用车、配车、通信工具、出国（境）管理的规定。

负责市计生委机关及直属单位经费预算及内外资金的管理；对全市计生系统事业经费管理实施监督与指导；配合有关部门做好对行政事业性收费实行“收支两条线”的相关规定的监督与检查。

2. 政策法规处：负责《湖北省人口与计划生育条例》的贯彻落实；对计划生育行政执法以及落实“七个不准”规定进行监督和检查；参与对重大信访案件查处，并做好对基层信访案件的督办工作。

3. 规划统计处：负责督促、检查并纠正人口与计划生育统计工作中瞒报、虚报、漏报、错报等行为，制定并督促执行其检查考核纪律的有关规定；协助查处有关反映人口出生瞒、漏报的信访案件。

4. 宣传教育处：负责计划生育系统勤政廉政及执行党风廉政建设责任制方面的模范人物典型事例的宣传报道，协助有关部门做好计生系统党风廉政建设的宣传教育工作。

5. 科学技术处：负责计划生育技术服务方面的监督和指导；督办计划生育假手术、假鉴定、假证明的查处，并协助查办有关信访案件。

6. 流管处：负责督促、检查计划生育流动人口统计工作中虚报、瞒报、漏报、错报等行为，制定并督促执行其检查考核纪律的有关规定。

7. 政治处：负责《党政领导干部选

拔任用工作暂行条例》的贯彻实施；受理领导干部个人重大事项、收入申报、礼品登记与上交管理的工作。负责计划生育干部队伍的职业道德教育及有关组织人事方面的党风廉政建设工作。

8. 机关党委：负责制订机关党风廉政建设年度计划，开展经常的、形式多样的党纪和廉政建设教育，监督党员干部廉洁自律，受理涉及委机关及直属单位党员干部违纪及有关信访案件的查处。委机关及所属单位各支部，要在机关党委统一领导下，与行政领导共同加强对本处室、本单位党员干部的党风廉政建设教育，进行党和国家有关规定范围内的监督。

9. 委纪检组、监察室：在委党组和上级纪检监察部门的领导下，对机关、直属单位党风廉政建设以及计生系统的党风廉政建设工作进行监督、检查。协助委党组重点抓好委机关、直属单位副处以上领导干部廉洁自律工作，会同机关党委加强党风廉政建设的宣传教育工作；配合有关处室对计生行业不正之风有重点地开展执法监察。

三、责任考核

（一）委党组每年要结合年度工作总结，对委机关、直属单位以及党员领导干部党风廉政建设责任制执行情况进行检查或考核，把执行《关于实行党风廉政建设责任制的规定》和本实施细则列为领导干部民主生活会、年度工作总结、述职报告的一项重要内容，其考核结果将作为选拔任用干部的重要依据和年终评先的重要条件。

（二）党组每年召开一次党员领导干部廉洁自律专题民主生活会，听取两次党风廉政建设情况汇报，分析形势，明确任务，部署工作，检查落实。各处室、单位责任人和党支部要把党风廉政建设工作纳入重要议事日程，坚持办事公开，认真贯彻落实党风廉政建设的各项规定。

（三）各处室、各直属单位每年要向委党组专题报告一次本处室（单位）执行《关于实行党风廉政建设责任制的规定》和本实施细则的情况。每半年要分析一次党风廉政建设的形势，研究对策，并向分管领导汇报党风廉政建设情况，同时报纪检组备案。

（四）对履行党风廉政建设责任制不力，致使本处室（党支部）、本单位（党支部）以及党员、干部在党风廉政建设方面出现违法、违纪问题经查实的，其处室（党支部）、单位（党支部）和个人均取消当年评先资格。

（五）委纪检组负责对党员廉政建设责任制执行情况的监督检查，并及时向委党组和上级纪检监察机关作出报告。

四、责任追究

（一）领导干部违反《关于实行党风廉政建设责任制的规定》，要追究责任，并按照《关于实行党风廉政建设责任制的规定》和市委、市政府《关于实行党风廉政建设责任制的实施办法》和有关规定给予组织处理或党纪政纪处分。

（二）对委领导班子或党组成员违反党风廉政建设责任制有关规定的，需给予组织处理的，由市委组织部和市纪委追究有关责任。处级干部违反党风廉政责任制有关规定需要给予组织处理的，由纪检组、委机关纪委提出意见。涉嫌犯罪的，移交司法机关追究刑事责任。

（三）对党风廉政建设中有苗头性问题的，要给予批评教育，按照干部管理权限，进行告诫谈话；事实清楚，但不追究党纪政纪责任的，采取通知批评或发给《党风监督通知书》、《行政监察建议书》的方式，报请委党组研究决定后，责令其进行自我检查。

五、组织领导

（一）落实党风廉政建设责任制必须贯彻“两手抓，两手都要硬”的方针，把党风廉政建设责任制同我委工作目标责任制结合起来，使计划生育工作同党风廉政建设工作一起部署，一起落实，一起检查，一起考核。坚持严格要求，严格管理，严格监督，立足教育，着眼防范。

（二）实行党风廉政建设责任制，要坚持委党组统一领导，党政齐抓共管，纪检组协调，部门各负其责，依靠群众的支持和参与；谁主管、谁负责；分级管理，一级抓一级，逐级抓落实。

（三）为加强对党风廉政建设责任制工作的领导，市计生委党组成立党风廉政建设责任制领导小组，领导小组组长由党组书记、主任担任，副组长由委党组成员、副主任担任，领导成员由纪检、机关党委、政治处、办公室等部门的有关人员组成。

（四）本实施细则下发文之日起执行，以往有关规定与本实施细则有不一致的，按本实施细则执行。

武汉市人口计生委机关工会慰问、困难补助规定

为了关心职工生活，把党组织和工会组织对职工的关心落到实处，使慰问、困难补助制度化，根据市直机关工会有关文件精神，制定本规定。

第一条 职工慰问、困难补助对象：委机关工会会员中工资关系在机关的正式在职工作人员、聘用制职工和直属单位负责人。

第二条 职工慰问、困难补助范围：职工结婚、生育、意外妊娠、突发事件致使家庭财产遭受重大损失、职工直系亲属去世。

第三条 职工慰问、困难补助标准：500元。

第四条 职工慰问、特殊困难补助方式：所在处室或委领导前往看望和慰问，一次性发给慰问金。

第五条 职工慰问、困难补助程序：各工会小组申报，填写《职工慰问、特别困难补助申请表》并提交机关工会集体审核研究决定，审议结果在一定范围内予以公示。

第六条 直属单位参照本规定执行。

第七条 本规定由委机关工会负责解释。

武汉市人口计生委机关党员组织生活会制度

为了全面提高党员素质，增强党性，严肃党的纪律和严格党的组织生活，提高组织生活会质量，特制定党员组织生活会制度。

一、支部要切实加强对组织生活会的组织领导，不断提高组织生活质量，使党员受到党内生活的良好教育。

二、组织生活会必须定期召开。支部根据本支部党员的实际需要，坚持每半月召开一次。如遇特殊情况可随时召开。

三、组织生活会要注重实效。每次组织生活会前，要认真准备，精心组织，确定1~2个重点学习、讨论内容，突出解决1~2个问题，防止和克服无目的、无准备、无效果的形式主义。

四、支部定期组织党员学习中央、省、市和上级组织的重要文件、报告和决定、决议，结合本支部实际，讨论落实措施，提出贯彻意见。

五、组织党员学习党史、党章、党的政策、基本知识和国家法律、法规，不断提高党员的思想觉悟和政策、法律水平，增强党性锻炼，提高党性修养。

六、讨论发展党员和预备党员转正，制定教育、培养和考察的具体措施，按规定程序，讨论决定入党、转正相关事宜。对违规违法违纪党员，进行严肃批评教育和帮助，严重违纪者，按程序给予必要的纪律处分。

七、结合支部实际，组织党员开展各种富有教育意义的活动，听取党员和积极分子的思想、工作和学习等方面的汇报。掌握党员思想动态，发现苗头性、倾向性问题，及时召开组织生活会，开展批评与自我批评，纠正错误思想、行为，使思想认识和行动统一。

八、党组织生活会是党员的活动日。全体党员应按时参加，不得无故缺席，确因特殊情况应向支部请假。支部应建立健全活动记录、考勤，每半年通报一次党员参加活动情况，并将参加活动情况作为民主评议内容。对无故长期不参加活动者提出批评至止作出处理。

十三、各区工作篇

江岸区

【概　况】2012年，江岸区人口计生工作在市人口计生委的正确指导下，在区委区政府的领导下，按照人口计生综合改革的要求，不断加强领导，强化责任，创新机制，狠抓各项措施的落实，全区人口和计划生育工作呈现健康、稳定、持续发展态势，低生育水平保持稳定，出生人口性别比基本平衡，较好地完成了年度人口和计划生育工作任务。近年来，先后荣获“全国计划生育优质服务先进区”、“全国阳光计生行动示范单位”、全省人口和计划生育工作先进区、全省人口计生系统政风行风建设先进单位、湖北省及武汉市人口和计划生育系统“十一五”工作先进集体、2012年度全省生育文明建设先进区、连续多年被武汉市委、市政府评为人口和计划生育目标管理优胜单位。

【主要目标完成情况】2012年（2011年10月1日至2012年9月30日），全区共出生人口10 560人，其中政策内出生10 087人，政策外473人，出生政策符合率95.52%。一孩出生8 784人中，政策内8 773人，政策外11人；二孩出生1 680人中，政策内1 249人，政策外431人；多孩出生96人中，政策内65人，政策外31人，政策外多孩率0.29%。出生男孩5 579人，出生女孩4 981人，出生人口性别比112.01。全区已婚育龄妇女采取各种避孕措施综合避孕率为86.78%。

【科学发展，加大“四个力度”】领导重视，支持力度大。全区各级领导高度重视人口计生工作。把稳定低生育水平、统筹解决人口问题作为一项重大战略任务来抓，健全了人口计生工作领导、协调和决策机制。区委、区政府主要领导多次专题听取人口计生工作汇报，帮助解决经费投入、部门协作等重点问题，先后召开人口计生工作专题调研会、两非工作联席会、部门齐抓共管会议等高规格会议，研究分析形势，交办落实工作，为推进全区人口计生工作的开展提供了强大的动力。部门联手，齐抓共管力度大。区人口计生领导小组成员单位充分发挥综合协调和组织推进职能，积极协同相关部门齐抓共管。区纪委（监察局）、区委政法委、区公安分局、区法院、区检察院、区卫生局、食品药监分局积极配合打击“两非”工作，开展联合执法、集中执法、重点执法，着力破解“执法难到位”问题，形成了有效的执法合力和高压态势。公安、卫生、工商、建设等流动人口相关部门在流动人口服务管理方面，联动互通，信息共享，有效促进了规范管理与服务。各相关职能部门也结合各自实际，加大支持协同力度。全区人口计生工作形成了上下联动、部门协同、责任落实、综合治理、齐抓共管的良好局面。加强考核，推动工作力度大。将人口计生工作责任落实、综合治理、人财物投入等纳入重大事项督查范围，并将人口计生工作目标纳入全区80家绩效考核单位的检查，检查结果纳入区级绩效目标考核管理。对全区人口计生绩效目标进行了进一步细化，研究制定了新的评分细则与奖惩办法。同时，扩大了绩效目标责任书的签订范围，从原来的街道、相关部门共48家单位，扩大到全区所有部门共80家单位，并根据所承担的责任分成街道、流动人口相关部门、人口计生相关部门、其他区直相关部门四类，分别下达绩效目标责任书。年终将根据工作完成情况，对照评分细则对各部门人口计生工作进行年终考核评分及排名，并将得分情况作为评选先进、优秀称号的依据。有力地促进了人口计生工作的健康发展。经费到位，资金保障力度大。把重视和加强人口计生工作体现在经费的投入上，将计划生育经费全部纳入区级财政预算，制定完善了保障投入的“刚性”政策。积极探索建立科学的人口和计划生育经费支出管理体系，不断加强基层投入，逐年加大下拨比例，每年75%以上的资金用于基层，保证基层开展计生工作的资金需要。

【和谐计生，实现“三项进步”】群众对人口计生工作满意度进一步提升。立足抓基础、树形象、创品牌，将深化阳光计生、打造诚信计生融入到人口计生工作的全过程，实现了工作质量、工作水平与群众认知度、满意率同步提高的良好局面。2012年被评为“湖北省阳光计生行动示范单位”、“湖北省诚信计生合格区”。认真开展政风行风评议工作。连续多年在政风行风测评中被评为“群众满意单位”。将《生育证》行政许可纳入政务中心窗口受理，研究创新“一授权、二提速、三规范”工作模式，使政务中心窗口各项工作得到全面提升，为优化审批环境，创建和谐人口计生创造了良好的条件；在17条街（百步亭社区）“一站式”社区服务中心和182个社区的“一门式”服务站，开设“阳光计生”服务窗口，做到办事环节简便化、办事环境温馨化、审批服务规范化，及时为育龄群众提供了全面、良好、一流的计生服务。计划生育民生进一步改善。实施“手机直通车”工程全面惠及计生特扶家庭。利用辖区驻军多的优势，积极在二七街和新村街开展“兵儿子结对帮扶”活动，组织有觉悟、素质高的部队战士走访特扶对象中的困难家庭，开展结对帮扶，收到很好的社会效果。在全区推广关爱手机工程，投入12万元与联通公司共同开发应急“呼叫”一拨通免费接听手机，建立以社区为依托的“居家养老”模式的“直通车”服务。免费为每户特扶家庭配备一部“直通车”手机，与社区计生主任联网，每天24小时可随时联系，使特扶对象遇到困难时可及时得到救助帮扶，惠及391户，611人。生育文明创建活动进一步深化。以“家庭人口文化建设”为平台，不断推进幸福家庭创建活动。目前全区创建各类幸福家庭25 251户，示范幸福家庭1 000多户。2012年4月15日，国家人口计生委主任王侠一行，对百步亭社区幸福家庭创建工作情况进行了调研。4月23日，在《中国人口报》头版，国家人口计生委宣教司司长张建撰文《主人翁效应独秀百步亭》，用十个情景再现的方式报道了王侠主任在百步亭看到和感受到的家庭和美、邻里和气、社区和睦的良好生活氛围的幸福感受，引起强烈反响。全面完成武汉市首届人口文化节承办工作。于2012年9月13日至15日举办的武汉市首届人口文化节，在全市18个场馆的建设中承办了“幸福家庭馆”和“吉庆文化馆”两个场馆的建设和中南剧场闭幕式的筹备工作。面对繁重的任务，发扬开拓创新的精神，认真扎实开展工作，确保了首届人口文化节的成功举办。为此荣获“特别贡献奖”。积极开展生育文明创建活动。大力开展生育文明建设“三级联创”活动，积极实施生育文明幸福家园推进计划和生育文明家庭发展计划。在10月9日的全省生育文明电视电话会议上，江岸区获得全省生育文明先进区荣誉称号。

【突出重点，取得“四项成效”】立足实际，强化管理，基层基础工作得到夯实。“一线工作法”加强基层基础，促进全区人口计生工作平衡发展。坚持区“四大家”领导和人口计生委领导包片、委机关干部包点的包保责任制。全力推行“一线工作法”：领导在一线带头；干部在一线工作、问题在一线解决。领导干部定期深入基层、深入群众，深入一线解决实际困难和问题。每月由委里领导带队，深入到后湖、塔子湖、花桥、二七、新村、丹水池等城乡结合部街道，采取不打招呼，直接进村入户的方式，发现问题现场培训指导，为提高全区整体工作水平打下了坚实的基础。以人为本，强化服务，计划生育公共服务水平得到提升。积极实施国务院提出的国家免费孕前优生健康检查项目。区人口计生委与区财政局联合制定相关措施，推进做好国家免费孕前优生健康检查项目。今年全区开展孕前优生健康检查1 616对，完成率107.7%。认真抓好湖北省婴幼儿早期教育示范区的试点工作。5月18日，江岸区早期教育暨独生子女培养示范区创建活动——劳动街“心心桥”早期教育指导站挂牌仪式在国防信息学院幼儿园举行。劳动街、西马街、永清街、百步亭社区作为我区试点，探索社区早教工作模式，现已进入工作实施阶段。区人口计生服务中心为社区早教开展提供宣传、培训、咨询、指导等全方位的服务。坚持“一盘棋”，落实均等化服务，流动人口服务管理机制得到完善。注重统筹协调，完善服务管理体制。全区围绕“一盘棋”建设，积极推进均等化服务、科学化管理。采取“区聘街用”的管理模式，配备计生协管员75人，大大提升了基层计划生育服务和管理水平。注重便民维权，落实均等化服务措施。在制定对流动人口已婚育龄夫妇在现居住地实施长效绝育进行奖励政策的基础上，今年又出台相关文件规定凡在江岸辖区内上幼儿园的流入独女户家庭每户每年给予200元入托费资助。注重信息协作，构筑区域合作平台。江岸区承担了全国流动人口动态监测调查工作并圆满完成任务，被省人口计生委授予2012年流动人口动态监测先进单位。把好信息提交质量关，基本实现流入育龄妇女计生信息实时变动、异地查询、跟踪服务和管理。坚持长效，多措并举，综合治理出生人口性别比工作得到加强。积极采取宣传教育、落实全程服务管理、实行凭证引产、加强出生实名登记、强化相关药品监管、严厉查处“两非”案件等措施，综合治理出生人口性别比偏高问题。区委、区政府分管领导组织区内各相关部门主要领导专题研究打击“两非”专项工作。建立约谈机制。对出生人口性别比近三年严重偏离正常值、监管制度落实不到位、查处配合不力、核实的举报“两非”案件和区外移交“两非”案件多的街道和对“两非”行为监管不力、“两非”案件查处或履职不到位、外地“两非”案源移交多的相关主管部门，由区委、区政府分管领导约谈其党政主要负责人；造成严重后果的，由区纪委、监察局对街道主要负责人进行诫勉谈话。加大奖励力度，依照省市奖励标准给予奖励；实行重大案件提前介入制度，全年共组织打击“两非”行动15次，清理医院、门诊部、个体诊所等医疗保健机构426家。取缔无证诊所166户次，没收药品医疗器械192件，折合人民币42 910元。没收“B超”机2台，吊销《医疗机构执业许可证》2例。发现“两非”典型案件线索立案5例，查处到位结案5例，其中1例已移交公安机关追究刑事责任。成功侦破省、市督办“4·3”两非犯罪案件。

【服务民生，落实“四项优惠”】完善计划生育奖励措施。进一步健全和完善《江岸区人口和计划生育利益导向机制实施办法》，围绕“奖、免、扶、保、优”五字做文章。落实计划生育保障体系。启动计划生育家庭意外伤害保险。全力兑现企业退休职工奖励政策。高度重视、认真落实企业退休职工计划生育奖励政策。在财政局、社保处、经信局、商务局等单位的大力协作下，区人口计生委精心组织、周密部署，使企业退休职工计划生育奖励金发放工作顺利推进。区政府连续三年每年落实近千万元，并将明年近千万元奖励金纳入了财政预算。大力开展“关爱女孩行动”。一是完善利益导向政策体系，切实维护好计划生育女孩家庭的权益保障。主动协调关爱女孩成员单位、相关部门、社会团体、企事业单位、志愿者等社会力量，在扶贫济困、慈善救助中，对计划生育女孩户予以倾斜，形成全社会关爱女孩的舆论氛围、政策机制、法制环境和服务条件。

江汉区

【概况】2012年，在区委、区政府和市人口计生委的正确领导和指导下，按照“稳定低生育水平、提高出生人口素质”这一主线，强化领导抓责任，强化目标抓落实，强化措施抓服务，强化特色抓品牌，全面完成人口计生工作的各项目标任务，江汉区人口计生委被评为全省流动人口动态监测先进单位、全市打击“两非”行为工作先进单位、武汉市“十佳人口文化示范基地”、全市人口和计划生育目标管理优秀奖，区计划生育服务站被评为市级“群众满意基层站所”。

【组织建设】2012年，江汉区人口计生委党支部加强对党员和干部职工的思想、组织、队伍和作风建设。积极参与区委宣传部、组织部组织开展的各项学习实践活动。组织委干部和街道计生科长到黄陂区方湾村开展“万民干部进万村洁万家”结对共建活动，出资对村口进行沟渠修建和路面整理，同时修建12个垃圾池，为村民购买300个垃圾桶，让村民生活洁净健康。

【队伍建设】2012年社区换届后，区人口计生委对全区社区专干实施岗前系统培训，为开展优质服务、提升工作能力奠定了坚实的人才基础。依托人口学校等阵地，采取多种形式对街、社区计生干部开展经常性培训。积极开展岗位“大练兵”活动，营造了比学赶超、争先创优的浓厚氛围。

【目标责任】2012年，区委、区政府坚持把人口计生工作，纳入全区经济社会发展总体规划，纳入重要议事日程和重大事项督查范围，坚持一把手亲自抓、负总责。区委常委会和政府常务会定期听取人口计生工作情况汇报，及时研究解决影响和制约人口计生工作重点难点问题。区委、区政府主要领导，带头落实党政领导计划生育联系点和干部包保责任制，亲自统筹安排、协调目标、调研督办，做到摆正位置不动摇，狠抓落实不放松。各成员单位认真落实目标责任制，齐抓共管，各司其职，做到资源共享，信息互通，多方共赢，形成综合治理人口计生工作的强大合力。

【综合治理出生人口性别比】2012年，区委区政府加大综合治理出生人口性别比力度。一是重基础，健全工作保障。组织有保障，及时调整领导小组成员单位，专题召开全区出生人口性别比综合治理工作大会、相关部门联席会、工作专班调度会，区委、区政府分管领导亲自参加并做动员，传达省、市会议精神，对全区打击“两非”专项工作进行全面部署；制度有保障，引入责任考核机制，将出生人口性别比工作纳入目标管理考核，逐级落实；人员有保障，在区领导小组下设打击“两非”行动办公室，从计生、卫生、食品药品监督、公安等部门抽调专人组成专班，不定期开展专项治理活动。共取缔无证行医 231 人（次），没收药品及器械 143 件，出动执法人员 193 人次，有效地净化医疗市场秩序。二是重宣传，营造有利氛围。在全区大力开展有关政策法律法规的学习宣传，印制了 10 000 册宣传资料下发至街道、社区、各医疗保健机构、药店。各社区通过专题讲座、宣传栏、电子显示屏等多种形式进行广泛宣传。与卫生局联合召开区内 32 家医疗保健机构工作会议，进一步推进出生实名制工作，印发各类宣传标识 5 000 余份，建立从业人员档案，建立“黑名单”、“灰名单”制度。三是重治理，严打“两非”行为。加强部门联动，牢牢把握“两非”案件的发现、取证、处置等各个环节，实现无缝隙惩治；设立有奖举报，面向社会公布举报电话，专拨工作经费 20 万元，鼓励群众主动提供“两非”案源线索；重点整顿城乡结合部从事非法行医的活动。四是重预防，实现源头管理。开展孕情及时跟踪服务。通过区域协作、孕情管理等多种途径，拓展“两非”案件线索来源渠道。同时对本地包括流动人口在内的已婚育龄妇女开展孕环情全程服务，对符合生育二孩和再生育条件的妇女，落实跟踪服务名单化管理，做到孕情及时上报。

【阳光计生、诚信计生】2012 年，江汉区继续开展“阳光计生”、“诚信计生”活动。一是努力提高对开展“阳光计生”、“诚信计生”工作重要性的认识，将“阳光计生”、“诚信计生”作为新时期人口计生部门加强和创新社会管理，推进依法行政，提升基层人口计生服务管理机制的重大举措，切实加强对“阳光计生”、“诚信计生”工作的组织领导。二是进一步改革创新人口计生服务管理机制，加大网上办证、网上咨询和答疑力度，公开办事制度，简化办事程序，缩减办事时限，实行首问首办责任制度，提高群众满意度。在基层开展“民评民议”，2012 年下发调查问卷 3 000 余份，限时落实整改，适时公布结果。调查显示全区计划生育群众满意率始终保持在 98% 以上。在 2012 年民评民议中获经济和社会管理类第五名。三是完善监督机制，聘请政风行风评议员，主动接受群众监督，利用市长信箱、区长信箱、网格化投诉等渠道，认真做好群众来信来访的工作，有效化解了群众矛盾。

【免费孕前优生健康检查工作】免费孕前优生健康检查是市政府 2012 年承诺的为民办十件实事之一。为把实事办好，把好事办实，江汉区牢固树立“服务育龄人口健康、呵护幸福家庭未来”的工作理念，切实抓好媒体宣传、阵地宣传和上门宣传，让广大群众充分认识到孕前优生检查的重要性和必要性。各街人口学校和区服务站走进社区，举办健康教育讲座，面对面进行咨询指导，强化居民群众优生意识。为确保孕前优生健康检查服务质量，严格执行操作程序，做到规范流程、规范质控、规范指导，做到“检查组织精心、检查过程贴心、检查服务真心”。投入 20 余万元，通过调整科室布局、增添仪器设备、聘请专业人员、提供“爱心”早餐等形式，不断提高服务水准。规范健康信息档案，发放计生宣传品，检查全程热情陪同，跟踪随访重点对象，让每位受检夫妇都能感受到计生部门的关怀。今年共完成孕前优生检查608对，在全市率先超额完成任务。

【流动人口服务管理工作】2012年，全区深入开展流动人口“优质服务、优化管理”活动，不断提升流动人口管理服务水平，真正让流动人口享受与户籍人口同等的宣传指导、优生优育等方面的服务。积极落实市外农村独女户和双女绝育户女孩享受中考优录工作。以“生育关怀送温暖，计生政策惠民心”、“暖在江城”为主题，开展送知识、送关爱、送温暖活动。万松街武展社区“打工妹之家”、“扁担哥驿站”关爱流动人口，创新“四个融合”即就业融合、就学融合、社区融合、社会融合工作模式，被国家、省、市广为推介，受到中国人口基金会理事长赵炳礼的高度好评，多批外地同行前来学习交流。民权街“关爱女孩”俱乐部活动，从中心城区拓展到武汉市周边区县，关爱对象从城镇居民女孩扩展到流动人口家庭女孩、留守女孩，品牌效应不断扩大。

【信息化管理工作】2012年，江汉区以开展“数据质量年活动”为契机，坚持摸实情、说实话、报实数，坚决反对任何形式的弄虚作假行为，确保全区数据信息质量。为满足全员应用信息化的要求，专门增设政务外网IP地址，以利于规范应用省人口基础信息共享平台，提升全员人口数据质量。制定了《关于省人口基础信息共享平台核查反馈的有关规定》，进一步明确了信息的反馈时限、核查程序、资料留存要求。特别强调，对“查无此人、空挂户、婚嫁外出、卫生信息有误、婚嫁变动（离异迁出）、流入人口现已离开”等需删除的特殊个案，需经同意备案后方可删除，并要求反复核查落实上报。针对全员人口数据库信息质量的薄弱环节，及时召开专题工作会，认真分析、查找原因、督促整改，全区全员人口数据库质量得到稳步提高。

整合资源，推进社区人口计生工作网格化管理。坚持“街巷定界、规模适度、无缝覆盖、动态调整”的原则，按照300户、800人为一格的基本标准，以门栋为基本单元，推动各类资源在网格管理与服务中聚集整合。整合力量，规范流程，实行信息双向督办。万松街武展社区作为全市网格化服务管理工作的试点，首创网格服务管理员、综合计生专干和专业网管员联席研判、联合巡查、联勤共享、联合评议的“四联机制”，取得良好成效。民意街永丰社区在网格化管理中，对辖区大月份孕妇、流动人口孕情等重点关照对象，专门设置流动“爱心铃声”，打造5分钟服务圈，受到群众称赞。副市长刘英姿率队专程到永丰社区调研指导网格化工作，并给予好评。

【创建幸福家庭主题活动】2012年，江汉区充分利用“7·11世界人口日”、“5·29人口计生协会活动日”、“12·4”法制宣传日和传统节假日等重要节点，在汉口火车站、西北湖广场等人流集中的地段或社区，大张旗鼓地开展形式多样的人口计生宣传教育活动，积极倡导婚育文明新风。深入实施武汉市“12·300乐福家”行动计划，按照“提高家庭发展能力，促进家庭的和谐幸福”的要求，紧紧围绕“文明、健康、优生、致富、奉献”五个方面，结合江汉实际，科学制定和组织实施了“新时代社区”、“新概念家庭”人口文化发展计划和“创建幸福家庭活动规划”，大力弘扬中华民族重视家庭、夫妻和睦、尊老爱幼、邻里互助等传统美德，大力倡导男女平等、计划生育、优生优育优教等生育文明理念。结合纪念中国计生协会成立32周年，大力表彰2011年以来，全区“创建幸福家庭”活动中涌现出来的28个“新时代社区”和268个“新概念家庭”，为每个家庭制作精美的水晶相册，目前全区创建幸福家庭已达2.3万户。

【便民办证工作】2012年，江汉区积极落实国家、省、市有关要求，把国家、省、市有关便民办证的文件精神，通过区人口计生委门户网站、社区宣传栏、电子显示屏以及各种办证宣传折页等形式清晰明确的公开出来，让辖区居民随时知道、随处看到。同时开展清查工作，撤销了一批已废除的条款，更新了一批过时的条文表达，向社区印发便民办证服务政策宣传册5 000册，宣传袋3 000份，办证指南40 000本。同时，我区实行了“12345”工作方法。“1”即认真执行行政审批一次性告知制度；“2”即认真落实两个责任制：首问负责制和首接办理制；“3”即办理证件时要查验的三种证明：即身份证明（身份证、户口簿），结婚证，双方婚育证明；“4”即采取四种办法解决群众办证难的问题：一是利用网络实行网上办证，二是严格落实限时办结制，三是积极开展送证上门服务，对往返困难的流动人口和有特殊困难的群众，要求基层人口计生部门主动提供上门办证服务，四是实行委托代办制和承诺制；“5”即重点关注五种人群：即集体户人群、空挂户人群、人才户人群、拆迁户人群、流动人口。

【政策利导机制】2012年，江汉区积极贯彻落实武办文〔2012〕57号文《关于对计划生育特殊家庭开展关怀关爱工作的通知》的要求，实行亲情化服务，多部门联手，人性化操作。元旦春节期间，区、街、社区三级组织形式多样的走访慰问活动，送贺年卡107份，走访慰问564次，召开座谈会90次，吃团年饭68次，开展志愿服务210次。

【深入开展关爱女孩活动】一是政策保障，与教育局联合发文制定相关奖励政策；二是经费保障，全区共投入17万元对于获得市级表彰的或毕业成绩在全区前10名的中小学应届毕业生，给予免除相应的高、初中学费奖励；对于高考文理科成绩在全区前10名的优秀女生，给予每人5 000元奖励；对于宏志班学生高考上重点线的1名女学生，考入一本院校，给予5 000元奖励。另外，人口计生委委每年全额资助30户社区特困独女家庭，每户给予1 000元贫困家庭救助金。三是关怀保障，连续七年开展“关怀女孩健康成长在江汉”活动，在全区营造了良好的宣传氛围。

2012年按时按标准发放4 883人独生子女保健费，共计发放58.596万元。区财政共投入819.35万元落实区属灵活就业、区属困难企业退休职工独生子女奖励金，共计2 341人。同时，按照武办文〔2012〕57号和84号文件要求，已于春节前对符合条件的361人发放计划生育扶助金共计126.35万元。元旦、春节期间还对全区独生子女伤残、死亡家庭进行慰问。

【婴幼儿早期发展成果】2012年，江汉区积极参与武汉市首届人口文化节，承担了“早期发展馆”的建设，集全区之力，精心设计、合理布局、展现特色，通过现场教学互动、专家咨询和亲子活动等形式，充分展示婴幼儿早期发展的先进理念教育的成果，倾力打造了一个温馨、安全、和谐、幸福的魅力展馆，3天参观人数达3万余人次。在全市表彰大会上，江汉区荣获优秀组织奖，早期发展馆荣获优秀场馆奖。

【人口文化基地建设】2012年，江汉区以“五务合一”创建活动为契机，加大人口文化宣传阵地建设。全区投入专项资金，通过购买、租借、置换等多种方式，集中建设了一批高标准的人口文化示范社区，全区统一名称，统一标识，软硬件设施得到大幅提升，深受群众欢迎。着力打造具有江汉特色的社区人口文化基地，创建了以阳光早教和居民和谐幸福为主的唐家墩街汽运社区的“活力汽运”和常青街扬子社区“街坊一家亲”的人口文化基地，全面展示新时代社区人口文化，扬子社区被评为武汉市首届人口文化“十佳”示范基地。

硚口区

【概况】2012年，硚口区人口和计划生育委员会认真贯彻落实国家、省、市人口计生工作有关精神，围绕全区中心工作，坚持“强化领导、统筹协调、破解难题、勇于创新”的理念，团结一心，克难奋进，圆满完成了各项人口计生目标和工作任务。全区全年出生政策符合率96.42%，出生人口性别比112.80，加强出生人口性别比综合治理，查处“两非”案件多起，积极开展市政府“十件实事”之一“孕前免费优生健康检查”，完成1 033对。

2012年度，获得国家人口计生委、《人口和计划生育杂志》宣传工作先进单位；获得《中国人口报》宣传工作先进单位。获得全省首批“阳光计生”示范区、“诚信计生”合格区，省“生育文明、家庭发展”先进单位、省流动人口动态监测先进单位、省人口计生宣传品进村入户先进单位。被评为市“阳光计生”示范区、“诚信计生”合格区，市首届“幸福江城”人口文化节优秀组织奖、优秀场馆奖。获得市打击“两非”工作先进区。获得市免费孕前优生健康检查先进单位。我区本年度共获得国家、省、市级先进集体38个（其中：国家级4个、省级13个、市级21个），获得国家、省、市先进个人38人次（其中：国家2人、省级12人、市级24人），有13个家庭获得省、市表彰。

【坚持“三个不动摇”，统筹人口计生工作】区委、区政府坚持把人口计生工作纳入全区国民经济和社会发展战略规划，实践大人口观，创新适应经济社会转型时期的人口计生工作运行机制，建立了统筹解决人口问题的新格局。区领导坚持做到重点工作亲自部署，重大问题亲自过问，重要案件亲自协调。坚持与全区11个街道和30余个区直相关部门签订人口计生目标管理责任书，区委、区政府严格落实党政线、计生线和相关部门线“三线”目标考评。同时将人口计生主要责任目标和打击“两非”综合治理出生人口性别比等工作纳入区政府绩效目标考核的重要内容和重要事项督查范围，实行月督查动态管理，量化目标进度和责任落实，提高了全区人口计生工作效能。

【出生人口性别比工作】2012年区领导靠前指挥，监察、公安、卫生、人口计生等各相关部门、街道密切配合形成了严密有序地打击“两非”工作格局。开展了多次“两非”案件的联合执法行动，先后破获徐业英非法实施选择性别的人工终止妊娠案等典型案件，其中开除党籍1人，刑事拘留及刑事追诉1人，吊销执业医师资格证书1人，吊销诊疗科目1个。对15名当事人予以行政处罚，强有力地打击了“两非”违法活动，净化了人口环境，多家媒体给予相关报道。硚口区人民政府被评为2012年度市打击“两非”行为工作先进单位，六角亭街办事处被评为2012年度市打击“两非”行为工作先进基层集体。

【科技服务工作】为辖区的育龄群众提供优质的生殖健康服务，完成好今年市政府“十件实事”之一的孕前免费优生检查工作，大力开展出生缺陷干预工程，向4 760对新婚夫妇发放叶酸，预防出生缺陷发生；强力推进免费优生健康检查，已完成目标1 130对。硚口区人民政府办公室、硚口区人口计生委被评为2012年度市免费孕前优生健康检查工作先进集体。

【信息化工作】投入经费10万元，对区人口计生政务网进行了全面改版升级，区人口计生服务中心完善内网、增设外网，扩展信息处理功能。举办全区人口计生系统信息化技能培训，开展人口计生信息操作大比武、大练兵，全面提升基层工作人员信息化应用水平。投入14.5万元在全区139个社区实现VPN方式接入政务网，使省级村（居）信息平台开通达到100%。

汉水桥街办事处被省人口计生委评为“人口计生统计质量信得过单位”，区人口计生委汪明、喻旻、李锐分别被评为省“人口计生阳光统计之星”、“省人口信息岗位练兵最佳技术标兵”、“省人口信息岗位练兵最佳应用标兵”；长丰街办事处被市人口计生委评为人口计生信息化“数据质量信得过单位”。

【流动人口工作】全区从规范化入手，以均等化服务为目标，全面促进流动人口计生服务管理工作。以“双十双五春季行动”为契机，按照“十清理十落实”、“五关爱、五服务要求”，以“暖在江城——关爱在硚口”为主题，开展丰富多彩的人口计生宣传慰问活动，强力推进流动人口均等化服务，据统计2012年开展各类大型活动11次；免费为流动人口提供手术服务140例，提供生殖健康免费检查7 555例，金额达24万元；发放宣传资料45 440份，慰问扶助流动人口计生家庭、农民工家庭259家，受到流动人口家庭欢迎，促进流动人口社会融合。

作为流动人口大区，完成了国家计生委流管司布置的监测任务，硚口区人口计生委、硚口区长丰街办事处、硚口区汉正街办事处被评为省级流动人口动态监测先进单位。张守军（区人口计生委）、余黎（六角亭街）、郭中菊（韩家墩街）、宣凤芝（汉水桥街）、肖秋波（宗关街）、李聪（宝丰街）被评为省流动人口动态监测优秀调查员。古田街古田社区、韩家墩街古四社区被市人口计生委评为2012年度流动人口计划生育服务管理工作示范社区。

【宣传教育工作】启动“人·爱·家”幸福家庭行动计划，在宗关街发展社区投入25万元，打造全区首个家庭人口文化活动中心——“欣宜满家”。被评为武汉市十佳人口文化示范基地。

大力开展生育文明建设，硚口区人口计生委、硚口区长丰街办事处、宗关街发展社区分别获得省生育文明建设先进单位、省生育文明建设先进乡镇（街道）、省生育文明建设先进村（社区）称号。丁劲松家庭被评为省“生育文明·家庭发展”标兵户。区人口计生委成亚平被评为省“生育文明建设先进个人”。代学杰家庭（奉献家庭）、鲁国汛家庭（文明家庭）入选市“十佳幸福家庭”。

积极组织参与市首届人口文化节，硚口区人口计生委获市首届“人口文化节”优秀组织奖，汉正街文化馆（硚口区人口计生委承办）获首届“人口文化节”优秀场馆奖。

【“阳光计生”和“诚信计生”工作】硚口区大力推行阳光计生行动，层层落实计划生育依法行政“三项公开”，全区统一设立区、街道人口计生政务公开栏12个，社区（村）人口计生公开栏147个，同时在区政务中心、区计生技术服务站设置“三项公开”宣传内容，广泛开展政务公开、办事公开和村务公开。

2012年接待信访群众500余人次，回复公共服务平台240余人次，回复市区转办件25件，回复率达100%，没有一起行政不作为和乱作为现象，保证了全区人口计生依法行政工作有序运转。

宝丰街办事处被评为全国人口计生依法行政示范乡镇（街道），长丰街办事处被评为省级人口计生依法行政示范乡镇（街道），古田街办事处、汉水街办事处、易家街办事处被评为市级人口计生依法行

政示范乡镇（街道）

2012 年，全区共签订协议书 9 500 份，已组建 11 个街道诚信计生协会、147 个诚信社区（村）计生协会，诚信小组达 1 647 个。全区育龄群众 11 万人参与了诚信计生活动。汉水桥街海工社区被评为“全国人口和计划生育基层群众自治示范村（居）”，宝丰街航邮社区被评为 2012 年度全市人口计生基层群众自治示范村（居）。陈国清等十个家庭被评为市计生家庭致富发展示范户。

【计生奖励政策工作】落实 7 381 人的退休职工计划生育奖励政策兑现，区级财政共落实兑现资金 1 440. 19 万元。积极开展了高（中）考女孩加分工作，审核高考加分对象 42 人，中考女孩加分对象 49 人，发放独生子女保健费享受对象 8 771 户、105. 252 万元。

以“生育关怀春风行”为主题开展“五个一”特色活动，在区、街、社区三个层面积极开展计生协会志愿者服务活动。向 324 户计生特殊家庭送去物资和慰问金达 11 万余元。为提高计划生育家庭抵御风险能力，为全区 8 901 户购买计划生育家庭意外伤害保险，共投入经费 26. 7 万元。积极贯彻市委办公厅今年 57 号文件精神，区直 11 个部门和街道迅速启动对计生特殊困难家庭关爱关怀工作。

【基层基础工作】硚口区发挥目标考核导向作用，全面推进人口计生目标常态管理。科学制定了《2012 年人口计生目标管理责任书》及《考评方案》，积极探索考核新机制，实行了季度考核、排序、通报制度和每月基层统计例会制度，及时交流跟踪解答实际问题，加大了市、区、街、社区（村）四级联网步伐，实现了人口计生目标监测制度，同时狠抓相关部门信息核查和共享交流工作，严格落实与区公安、妇幼、辖区医院、街道卫生服务中心每月的相关信息交流制度，切实提高了全员数据信息质量。

【特色工作】自 2011 年年底，硚口区人口计生委启动了“人·爱·家”幸福家庭行动计划，倡导家庭文明、家庭健康、家庭发展“三大工程”。为了确保行动计划能够抓好落实，实行项目式管理，即把“计划”中的每一项任务和活动都作为一个大项目，量化分解为若干个子项目，明确目标要求和方法步骤，使计划、启动、实施、效果形成一个控制过程，并在过程中及时进行有效调控，增强了活动的可操作性，确保每一个步骤都精心，每一个环节都精细，每一项工作都扎实，提高了效益，降低了成本，保证了质量。该计划在 2012 年 2 月 27 日的《中国人口报》头版予以报道。

汉阳区

【概 况】2012年，汉阳区人口计生工作力求实事求是，开拓创新，汉阳区被市委、市政府评为打击“两非”立功单位，是唯一获此殊荣的中心城区、被评为全省人口计生基层群众自治示范区；汉阳区人口计生委被评为全省人口计生新闻宣传“十佳”先进单位；江欣苑社区建立计划生育家庭致富培训基地，被《中国人口报》、《人民政协报》、《中国妇女报》等国家级媒体宣传报道，该社区被评为武汉市“十佳人口文化示范基地”。在中国计生协首届以幸福家庭为题材书画、摄影、剪纸作品展评选活动中，该区选送的作品中有9幅分别获得特别奖和二、三等奖。

【坚持国策不动摇】汉阳区人口计生工作坚持“三个不动摇”，区委、区政府将人口问题放在重要的战略地位，构建统筹解决人口问题新格局，促进人口长期均衡发展。

领导到位。新一届区委、区政府高度重视人口计生工作，区委常委会、区政府常务会研究人口计生工作机构、编制、资金保障等问题。区委书记曹裕江要求将人口计生工作融入社会管理创新。编委会明确区计生服务站为全额拨款的事业单位。区人大、区政协分管领导多次调研免费孕前优生健康检查和生殖健康普查情况，指导人口文化阵地、早教活动场所建设等工作，促进了人口计生工作的开展。

保障到位。区委、区政府加大对人口计生工作的投入，2012年区人口计生委预算增幅8%，流动人口服务管理经费按规定纳入区财政预算。全年计生事业费投入784万元。区人口计生委投入240余万元加强办公基本设备和人口文化宣传阵地、幸福家庭创建示范基地等建设，提高了工作效能和群众满意度。

措施到位。严格落实市党政领导线和人口计生部门线目标管理责任书。一是科学设定目标任务，加强检查考核。探索建立定量考核、定性评估和创新激励相结合的绩效目标考评机制。采取信息系统比对、春季督办、专项督办、平时抽查、年终考核、举报核查、考核通报、排位排序等多种措施，加大考核力度，促进目标落实。二是完善部门协调机制。完善和落实定期联席会议、信息通报、考核评估和重要工作联合督办、难点工作联系解决、专项工作联动协作等制度，有力促进人口计生各项重点工作落实。三是建立区领导包保制度。对工作相对落后的街道由区四大家分管领导挂点，指导督促整改，挂点街道进步明显。

责任到位。一是坚持执行“一票否决”制度，在各类表彰奖励、干部选拔任用、“两代表一委员”产生中严把人口计生审核关，两个单位因人口计生工作被取消评先资格。二是及时查处违法生育的党员、国家工作人员，一名党员因超生被开除党籍。三是完善责任追究机制，增强可操作性。明确孕情包保不到位的单位和个人追责尺度和约谈机制的操作标准及后果，两名领导因负责的工作不及时不到位被约谈。

【计划生育宣传】 推进人口计生宣传教育品牌建设。通过在社区设立群众谈心室，发放10万余份调查问卷，开辟群众意见箱、居民热线、社区QQ群、社区微博等沟通渠道，广泛征求群众对人口计生工作的意见建议，充分掌握群众在家庭服务、生殖健康普查、优生优育知识、心理问题疏导等方面需求，全力打造出“社区生殖健康咨询志愿者服务示范基地”、“居家养老服务示范站”、“家庭医生进社区”、“留守儿童阳光屋”、“青少年心理矫正中心”、“琴台知音心理咨询室”、“流动人口亲情视频聊天室”等示范工程点。目前，全区已经有品牌示范点20余个，辐射全区每一个角落，让每个群众深切感受国策新风。

推进“家庭人口文化建设工程”。全区全面启动“琴台楚韵幸福家庭”人口文化发展计划，先后打造了江堤街江欣苑社区、洲头街建港社区、鹦鹉街夹河社区、二桥街桥西社区、月湖街龙灯社区等家庭人口文化示范社区和以刘泥巴为代表的人口文化示范家庭，全区共培植8 800个人口文化示范家庭。

参加全市首届人口文化节。2012年9月13日，在武汉市首届人口文化节上，汉阳区承办的高龙文化展馆正式与广大观众见面，展馆利用图、文、影、物、演等形式，向广大市民展现了一个传统与现代交相呼应的高龙人口文化。为让群众了解高龙，汉阳区将传统文化与现代表现手法相结合，邀请专业人士，创作了《高龙传说》福来喜动画和专题片《高龙过海》循环播放，让观众体会高龙出访台湾，在异国他乡演出的情景，欣赏托、举、衔、扫、顶等舞高龙绝技。文化节期间，高龙展馆共接待各方来宾4.5万人次，发放各类宣传资料5万份，现场接待参观者咨询2万人次。

强化阵地宣传。以国棉社区、江欣苑社区、南国明珠社区等17个社区为龙头，以所有社区为重点，建设功能齐全、集中服务的社区服务中心。全区已投入资金1.45亿元用于社区服务中心建设。其中30个社区新建扩建面积43 158平方米；7个社区与小区会所、物业办公用房整合，新增面积10 555平方米；8个社区通过让渡调剂，增加面积24 300平方米。通过幸福社区创建，全区1 000平方米以上的社区服务中心将达到42个。每个社区服务中心均配备了计生服务室、人口文化室、人口文化书屋、健身活动室、心理咨询室、居家养老服务站等功能室。其次，继续清理优化人口计生户外宣传环境，对人口计生公益广告、标语口号、宣传栏（橱窗）、宣传长廊、黑板报、展板、条幅、电子显示屏、灯箱广告、标志性建筑、主题宣传画等户外宣传载体，按照美观、温馨、群众喜爱的标准进行全面优化。

【计生干部队伍】 主推人口计生基层

群众自治工作，一是健全协会队伍。各社区都成立计生协，全区共建立基层计生协131个，其中街道计生协13个、社区计生协118个，会员中心小组1 338个。在全区非公有制企业、封闭小区、集贸市场、流动人口聚居区建立流动人口计生协（分会）15个，会员小组281个。二是健全社区专职计生工作队伍。全区118个社区，配备女性计生专干118人，女专干配备率达100%。三留住优秀社区计生干部。对通过生殖健康咨询师考试或取得社区管理师职业资格社区人口计生干部给予600元、1 000元奖励。取得上述两证之一的社区专干在人口计生工作岗位上工作每满一年补助1 200元。对每年评选出的优秀社区干部给予1 500元工作补贴。四是健全流动人口计生协管员队伍。按照每50户出租屋或300名暂住人口配备1名协管员的标准，配备协管员118人。五是健全社区志愿者服务队伍。全区所有社区建立社区志愿者协会，目前，全区注册社区志愿者已达3万余人。组建心理咨询师、生殖健康师队伍。全区有心理咨询师、生殖健康咨询师30余名，为群众提供心理分析测试、心理健康诊断、推行个体心理辅导和团体心理辅导。“琴台知音心理咨询室”、“青少年心理矫正中心”、社区心理咨询室、谈心室成为不同人群倾诉、排泄不良情绪的地方。

【计划生育服务】整合辖区医疗资源，为近120 000余人次妇女免费进行生殖健康普查，为699对计划怀孕的农村（含流动人口）夫妇实行了免费孕前优生健康检查，评估出高风险人群15例。对2101名孕妇都明确了专人跟踪服务，每月上门访视一次，通过随访做好优质服务工作。区计生服务站、社区卫生服务中心对上报孕妇从第4个月开始免费提供优生优育、生殖健康、避孕节育和孕产期、育儿期的知识培训和咨询服务。在区计生服务站、区妇幼保健站等地设立登记册，为需要的群众免费提供优生、优育、优教短信服务。

在社区积极开展常见妇女病防治知识、女性心理疏导、女性心理保健、青少年心理健康教育、亲子教育等专题讲座200余场，接受群众咨询达6 000余人次。广泛开展主题服务，通过生殖健康进家庭、优质服务进社区、避孕药具进产房、进妇科门诊等活动，对2 000余名受访对象进行生殖健康教育和心理疏解服务，为3 727人提供了产前服务，为3 655人提供了产后访视，为2 024人免费发放了叶酸，发放保健顾问联系卡7 382张，让孕产妇足不出户就能充分享受到计生优质服务。利用社区多媒体教室播放妇女健康知识宣传片、生殖健康宣传片和优生优育电教片，发放宣传资料，设置宣传专栏，引导家庭树立健康、向上、科学的生活理念。全区“生育文明家庭发展”推进计划实施面超过80%。

【计划生育便民维权】广泛开展“阳光计生和诚信计生活动”，将“三项公开”作为提高计划生育优质服务水平的加速器，积极制定和落实面向计生家庭的“普惠＋优惠”制度，面向计生弱势群体的“关爱＋扶助”制度，面向单亲儿童和老人的“关怀+资助”制度，面向流动人口的“关照+均等”制度，最大限度的惠民利民，保障了群众的发展权，阳光计生使得计划生育工作的群众基础更加厚实。统一印制《“三项公开”动漫画册》、区政府、街道、社区便民服务中心电子屏滚动公开、计划生育政策法规、工作纪律、服务承诺、收费依据标准、投诉咨询电话；人口出生情况、生育证件审批程序、发放和办理结果、奖励扶助政策落实情况等定期公开；对生育文明示范街、村(居)、户的评选、党员干部计划生育执行情况等时间跨度长、涉及内容多的工作及结果逐步公开；对病残儿鉴定名单、计生困难家庭救助、农村独女户中高考加分政策等群众关心的热点、焦点、难点随时公开。群众满意度测评满意率超过96%。

【流动人口计划生育管理与服务】 推进流动人口服务管理均等化工作。相关部门积极出台流动人口优惠政策或办实事措施。区计生服务站在原有的免费技术服务项目上为流动已婚育龄妇女新增了妇科电子阴道镜及白带常规两项生殖健康普查项目。区卫生局为流动人口免费进行结核病筛查和治疗。投入260 000元在琴断口十里建材市场打造了面积达100余平方米的“新市民幸福会所”，为流动人口提供法律、心理、生殖健康咨询及就业知识培训、商务活动等多功能服务。

开展流动人口计划生育“优质服务、优化管理”活动。共发放宣传资料24 597份，发放避孕药具15 926盒，上门服务1 525家，走访慰问491户，发放帮扶资金26.3万元。与88个县、市协作，为辖区流动人口办理《流动人口婚育证明》2 553本。

在流动人口较多的二桥街十里社区、琴断口街冯家畈社区创建“流动人口计划生育服务管理示范社区”。加强流动人口服务管理研究，全面开展流动人口动态监测工作。完成了1 000名15~49周岁的流入人口2012年全国流动人口动态监测问卷入户调查。

元旦春节期间在武汉国际博览中心举行“国策伴我行，情暖农民工”迎春慰问活动，现场为百名农民工赠送回乡车票，为百名农民工留守子女赠送2012年《中国少年报》，为300个“新汉阳家庭”赠送年货。继续秉承流动人口与常住人口计划生育工作同宣传、同管理、同服务的宗旨，坚持流动人口计划生育工作“寓管理于服务之中”，落实免费技术服务，落实流动人口计划生育便民维权措施，加强流动人口基本公共服务均等化建设，为流动人口家庭子女入托、入园、就业培训、介绍就业、社会救助等提供帮助，让流动人口充分享受市民化服务。

【人口性别比专项整治】 将2012年确定为“出生人口性别比重点治理年”。成立打击“两非”行为工作办公室，由区政府办公室分管副主任兼任办公室主任，从纪检监察、卫生、计生、食品药品、公安部门各抽调一名干部作为办公室成员集中在区人口计生委办公。加强监管、巡查，对存在疑似“两非”器械、疑似“两非”药品和疑似“两非”人员的小诊所重点排查。

实行对全区医疗保健机构、社区卫生服务中心及小诊所的经营地址和联系方式备案；对全区具有B超从业资格和妇产科从业资格的医疗人员彩照备案；对全区药品批发企业联系人、经营地址、联系方式进行备案；对因“两非”案件受过处理或有线索举报的当事人和医疗机构进行备案的“四备案”制度。

严格落实案件处理提前通报制度，所有行政处罚案件在处罚前均报区“打非办”审核；聘请律师参与“两非”打击活动，提高了工作效率；强化法院、检察院提前介入“两非”刑事案件制度，确保触犯刑法的“两非”案件依法处理。

在“关爱女孩行动”方面，一是在政策上“帮”。区委宣传部、区人口计生委共同牵头成立“关爱女孩行动”指导小组。在城中村改造项目房屋拆迁、帮扶资金、物资安排等方面向独生子女家庭及计划生育二女户倾斜。二是在活动中“助”。“三下乡”活动中慰问500个女孩家庭；“关爱伴女孩走进象牙塔”活动为24个家庭送去48 000元“阳光助学金”，并给女孩们进行一次受益匪浅的大学新生心理辅导。三是在行动上“扶”。街道、社区干部对辖区女孩家庭开展送祝福活动，送出儿童服装300余套；120个社区设立家庭就业联络站，优先为外来女孩家庭提供就业岗位，已经安排40余人上岗。

【信息化建设】信息系统运行明显改善。投入300 000元将人口和计生信息系统延伸至每个社区（村），实现了市、区、街、社区（村）四级互联互通。投入20多万元专项资金，为街道、社区125个计生岗位单独安装4M电信宽带，保障便民办证系统顺畅使用。区人口计生委专门聘请1名计算机专业人员，负责网络维护及信息库问题处理。拿出100 000余元新建视频会议兼电脑培训室，以满足工作需要。

信息准确率不断提高。组织街道分管主任、计生科长参加国家、省、市人口计生委组织的学习、培训，开拓眼界，从而提高工作要求和衡量标准。社区换届后加强对基层人口计生干部的培训，严格按要求采集和录入相关信息，及时异动信息和修改错误信息，做到个案情况清楚，信息准确。全员人口信息系统数据完整率和逻辑关系准确率均超过99.5%。将社区人口计生工作流程和社区人口计生工作91项职责，300项信息采集事项及相关要求、注意事项汇编成册，即《汉阳区社区（村）人口和计划生育工作职责和操作指南》，下发各社区具体指导人口计生工作，提高了工作质量与效率。

推进信息综合运用。通过采取反复培训、抽查等措施，提高人口计生干部综合利用公安、统计、民政、卫生等部门的信息的水平。指导人口计生人员在不同系统信息的比对中及时发现出生人口、现孕人员、流入人口中存在的问题，有针对性地加强指导、督办和服务，随时掌握和跟踪目标完成情况。

【特色工作】

1. 推进人口早期教育工作

针对人民群众日益增长的早教需求，汉阳区明确了“从源头抓起，高起点起步，科学化管理，平民化发展，为群众提供政府运作的公益性、低偿性人口早期教育”的工作思路。全区儿童早期教育指导工作点线面三维立体网络初步形成，亲子早教活动进社区和科学育儿知识进家庭逐步实现，儿童早期发展指导工作走向科学化、长效化的轨道。根据实施人口早教工作的不同要求、不同对象与不同内容，该区科学布局，在区计生服务中心设立儿童早期发展指导中心，在13个街道设立早教指导站，在26个社区设立了早教指导点，加上各类早教机构，形成了三级服务架构。

为形成浓厚的早期教育社会化氛围，运用多种形式，面向社会、面向群众广泛倡导宣传。一是加强早教阵地建设，投入50余万元在6个社区分别打造了面积约40平方米温馨、充满童趣的早教基地，添置了彩虹桥、毛毛虫、幼儿涂鸦、滑梯等玩具，购买婴幼儿书籍，布置了浓厚的宣传氛围。早教阵地不仅为婴幼儿开展亲子、培训等活动提供了场地，更成为婴幼儿平时活动场所，深受家长、宝宝喜爱；二是结合开展亲子游戏、专家咨询会等活动，借助短信平台、报纸期刊等媒体，广泛宣传早教的积极意义和科学育儿知识；三是制作了一批精美的宣传品，向社区婴幼儿家庭发放《汉阳区儿童早期发展指导宣传册》和《汉阳区婴幼儿早期教养指导手册》，宣传早期教育理念和科学育儿知识；四是各类专家进社区开展早教讲座、培训，特邀早教专家举办“三岁看大”讲座，聘请妇幼专家在“三优”课堂上定期为准父母开办优生优育课程，传授胎教知识，每年为孕妇及新婚夫妇提供300场学习机会，参训人数超过5 000人。

2. 江堤街江欣苑社区计划生育家庭致富基地落成

江堤街江欣苑社区依托悠久的高龙文化建立了高龙博古城国家非物质文化遗产武汉传承园，并成立了计生家庭致富培训基地。培训基地的目的是通过吸引各类非物质文化遗产项目和传承人进驻社区，充分发挥高龙博古城在传承、展示、研究和弘扬非物质文化遗产项目方面的集聚效应，实现非物质文化遗产品牌化发展，帮助计生家庭通过掌握非物质文化遗产传承技能共同致富。

该基地投资1 200万元，占地5万平方米，建筑面积为1.2万平方米，2012年8月16日正式挂牌。目前传承园已吸纳汉绣、高龙、剪纸、皮影戏、挑花、刘泥巴等53个非物质文化遗产项目入驻，其中包括4个世界非物质文化遗产项目，12个国家非物质文化遗产项目。在培训基地挂牌当天，江欣苑社区启动“计划生育家庭非物质文化遗产传承人培训计划”。未来3年内，每个非物质文化遗产项目传承人将向30户计生家庭传授非物质文化遗产传承技能，将带动1 500户计生家庭走上致富路。

武昌区

【概 况】2012年，武昌区全面完成市、区人民政府下达的人口计生工作目标：全区户籍总人口111.98万，流动人口19.6万，本年度出生人数10 297人，人口出生率8.05‰，人口死亡率5.67‰，人口自然增长率2.38‰，出生政策符合率96.36%；出生人口性别比109.33，计生奖励政策落实到位率100%；武昌区获全省推进诚信计生工作合格区、全市打击“两非”行为工作先进单位。区人口计生委获《中国人口报》新闻宣传先进单位，全省人口和计划生育工作“十佳”先进集体、全省阳光计生行动示范单位、流动人口动态监测先进单位、全市打击“两非”行为工作先进基层集体。

【宣传教育】结合全区“幸福武昌”建设，积极推进新型家庭人口文化建设，实施“家庭人口发展计划”，指导各街培育和创建人口文化品牌，取得了明显成效。特别是中南路街静安社区打造的“福满家和”人口文化品牌，得到国家人口计生委副主任崔丽等领导同志的高度评价，先后接待全国12个省及省内同行119批4 160多人次参观学习。武昌区建成了以“中山桥人口文化宣传廊”、“水果湖人口文化步行街”、“放鹰台婚育民俗剪纸墙”、“中南路孕育生活体验馆”为代表的“武昌人口文化之旅”品牌，得到各级肯定。举办武昌区第二届人口文化节，区、街、社区三级联动，集中开展阳光女孩、基层服务明星、十佳幸福家庭评选表彰、文艺演出、书画手工艺品展、广场咨询、生殖健康服务、早期教育、阳光助学、独生子女才艺展示等系列人口文化活动200余场，受众达10万余人次。在全市首届人口文化节评选表彰中，武昌区创作的小品《爱的体验》获文艺创作特别奖，承办的《孕育体验馆》获最佳场馆，选送的陈亮智慧家庭、宋建明励志家庭被评为全市“十佳幸福家庭”，中南路街静安社区获全市“十佳人口文化示范基地”、《生育文明》鱼骨画获手工艺作品一等奖等多项荣誉，所获奖项、数量、级别均居全市各区之首。

【流动人口服务管理】成立以区政府分管领导为组长，区政府办、人口计生、民政、财政、教育、人力资源、房管、卫生、工商、食药监、综治、公安等部门参与的创新流动人口服务管理体制推进均等化服务工作领导小组，制订实施方案。安排流动人口计生相关责任部门工作经费20余万元。召开两次部门联席会议，9个责任部门根据职能特点和优势，制定并落实流动人口均等化服务政策。区人口计生委为辖区流动人口0~6个月婴幼儿及其家长提供免费早期教育培训。公安部门为办理了《居住证》的流动人口提供10项免费或优惠服务。区人力资源局、教育局、民政局等部门为流动人口提供就业培训、职业介绍、子女入托、入园、社会救助等帮助。

元旦、春节期间，集中开展“暖在江城”活动，通过座谈会、团年饭、送慰问品（金）、送返乡车票等形式体现政府对农民工的关爱。深入开展流动人口计生“优质服务、优化管理”活动。全区印制《致流动朋友们的一封信》年画3万份、《外来务工人员计划生育服务手册》2万册，制作各类横幅、展板、橱窗1 200余个，发放各类宣传资料4.3万份、避孕药具3.4万套，组织1.6万余名流动已婚育龄妇女参加免费生殖健康检查，为3 856人免费代办户籍地《婚育证明》。

【出生人口性别比综合治理】先后召开综合治理出生人口性别比工作会和打击“两非”专项工作推进会。通报3起“两非”典型案件的查处情况，对性别比综合治理工作进行全面部署。将“两非”案件查处纳入对街道的年终考核，对案源发现不力、工作不到位的街道，实行“一票否决”。全区各医疗机构、街道、社区利用宣传栏、橱窗、板报等形式张贴性别比宣传画1 600张，发放宣传资料3 500份。区人口计生委、武昌食药监分局联合制作800块《终止妊娠药品管理制度》宣传牌，免费发放到辖区药品经营企业，起到了较好的宣传教育警示作用。全年共查处“两非”案件5起，行政处罚5.83万元，吊销医师执业证书1人，开除医务人员1人、解聘2人，取缔无证诊所1家，有效打击了“两非”违法行为。

【优质服务】落实免费孕前优生健康检查，通过强化领导、明确责任、加强宣传培训、抓好组织协调、规范服务流程、实施考评督查、保证经费投入等措施，推动工作顺利完成。本年度共完成孕前优生免费检查1 036对，超额完成市下达的1 000对的目标。通过检查，对存在怀孕风险因素的夫妇建议消除风险因素，治愈相关疾病后怀孕，对因有出生缺陷儿史、遗传病家族史等原因的夫妇指导其怀孕后做遗传优生检测。区人口计生服务中心医生与受检者面对面交流指导，将出生缺陷干预关口前移，得到育龄夫妇好评。

继续开展已婚育龄妇女免费生殖健康检查活动，全年共为5.8万名无业已婚育龄妇女进行检查，查出妇科疾病1万余人；为5.6万人开展免费乳透检查；开展早期宫颈癌筛查2.6万例，发现宫颈癌早期病变10例，确诊4例。对以上查出的病例全部进行了跟踪服务和就医指导，做到了早发现、早治疗。

【信息化建设】在积玉桥街进行人口计生信息化村居平台及地理子系统等信息化应用试点基础上，全面推行使用。参照第六次人口普查航拍图，核实各社区区域范围，绘制社区区域平面图、三维图以及社区房屋编码索引表，为全员地理子系统的正常运行奠定基础。全区101个社区完成了全员人口地理信息系统的房屋编码、楼栋登记、三维地图的上传以及地理分布设置工作。通过培训，加强指导，全区人口计生信息系统应用水平不断提高，全年信息共享平台累计反馈出生信息9万多条，修改主要数据完整性检测缺失值 6 万多项，有效地提高了信息质量。

【奖励扶助】为全区低保户、半边户、无业居民、个体工商户、社区工作者落实独生子女保健费 83.03 万元；兑现了独生子女特别扶助金；全额一次性兑现 1 467 名困难企业及灵活就业退休人员计生奖励金 513.45 万元；开展“关爱女孩阳光助学行”、“爱心成就梦想”、“圆梦助学工程”等活动，投入关爱女孩经费 34 万元，为 118 名计生困难家庭女孩发放助学金 9.25 万元，对考取大学者给予 2 000 元奖励；为 101 名符合政策的农村独女户、双女户落实中、高考加分政策；将计划生育特殊困难家庭作为工作重点，做好生育关怀工作，组织“五个一”活动，即送上一份贺年卡、进行一次走访慰问、召开一次座谈会、吃一次团年饭、开展一次有纪念意义的活动。

青山区

【概 况】2012 年，在市委、市政府的正确领导和市人口计生委的具体指导下，青山区人口和计划生育委员会认真贯彻落实胡锦涛总书记“4·26”重要讲话精神，创新工作思路和方法，围绕目标，夯实基础，突出重点，优化服务，着力推进人口计生工作全面发展，为建设生态宜工宜居新青山创造了和谐的人口环境。被评为省阳光计生行动示范单位、省第二批推进诚信计生工作合格区、省流动人口动态监测先进单位、省人口计生宣传品进村入户先进单位，市打击“两非”工作先进单位、市免费孕前优生健康检查先进单位，市人口计生新闻宣传报道先进集体，市计生协信息工作先进单位，市首届人口文化节最佳展馆。

【落实计生目标责任制】2012 年，青山区委、区政府将人口计生工作纳入 11 个街道（管委会）、武钢、一冶及 34 个相关部门党政绩效考核重要内容，在全区人口计生工作会议上，区政府主要领导与单位负责人签订人口计生责任目标，区委、区政府主要领导对人口计生工作提出要求。加大平时目标动态监测，定期召开工作例会，通报人口计生目标进展情况，对未按进度完成目标任务的单位下发预警通知单，严格实行“一票否决”制度。年内全区评比推荐的 224 个先进单位、869 名先进个人，区人口计生委严格审核其执行计划生育政策情况，对其中 12 个单位和社区、5 名个人实行“一票否决”，取消其评先资格，严厉查处党员和国家工作人员违法生育行为，对 1 名政策外生育的国家工作人员给予开除公职处分，确保人口计生目标的严肃性和权威性。区编办下文同意区计生服务站由自收自支事业单位调整为财政全额拨款事业单位。

【综合治理出生人口性别比】2012

年，区人口计生委制定有奖举报办法，公布举报电话139个，广泛发动群众参与“两非案件”线索举报。进一步完善孕情随访制度、B超登记制度、孕妇引产申报制度、人工终止妊娠审查制度、终止妊娠药物管理制度、出生实名登记制度等各项制度。为辖区24家出生实名登记医疗单位统一规范登记台账配备了24台计算机，区卫生局聘请1名工作人员专门负责出生实名登记督导，确保出生实名登记到位。成立综合治理出生人口性别比督导工作专班，由区政府办牵头，区卫生局、药监局、人口计生委、工商局、公安局等相关部门对辖区医院、私人诊所、药店等进行定期专项集中拉网督查，取缔2家无证行医私人诊所，并给予刑事拘留的处罚。今年“两非”案件立案4例，其中查处典型案例3例。开展关爱女孩活动，建立关爱女孩专项资金10万元，对39名中考和高考成绩优秀的贫困女孩家庭分别援助1 000～2 000元助学金。为44名女孩申报中考、高考加分。“7·11”世界人口日期间，全区开展了以“关爱女孩，打击两非”为主题的大型宣传活动，通过多种形式宣传出生人口性别比知识，收到良好社会效果。

【优质服务】2012年，积极开展生殖健康“十进”活动，区计生服务站全年举办新婚期、怀孕期培训班36期，为3 673名群众普及孕期保健及育儿知识，为2.5万名已婚妇女进行生殖健康普查，其中确诊患妇科癌症病例4人，全部提出了治疗建议并建立随访档案。区政府办下发《青山区免费孕前优生健康检查项目实施方案》的通知，为农村计划怀孕夫妇进行免费孕前优生健康检查。区人口计生委投入专项经费11万元，添置优生检测的设备，聘请6名专业技术人员。全年为516对夫妇进行孕前优生健康检查，增强了计划怀孕夫妇预防出生缺陷的风险意识和防御能力。在全市孕前优生健康检查工作总结表彰会上，区人口计生委荣获先进单位称号并在大会上做经验交流发言。

【信息化建设】2012年，区人口计生委采取“每月调度、双月考评、季度通报”的方式，强化日常管理，控制信息质量。对重点区域开展清理清查，清查核实流动人口、出生、孕情、户籍异动等信息9 000多例，全区信息质量得到及时充实和更新。进一步完善区、街、社区三级信息网络，全区125个社区（村）成功登录省级村（居）在线平台，11个街道（管委会）建立了人口计生地理系统。我区在全市两次信息质量通报中准确性和完整性均名列前茅。

【流动人口均等化服务】2012年，区人口和计划生育领导小组下发《关于对青山区流动人口中农村独女户和双女节育户发放中考、高考助学奖励的实施方案（试行）》。文件规定对全区流入人口参加中考并被省级示范高中录取，参加高考并被一类、二类本科大学录取的女孩，分别给予1 000～2 000元的助学奖励。今年6名流动人口女孩享受这项政策，领取了助学金。深入开展“一盘棋”协作交流。年初，市、区人口计生委同赴孝感市开展流动人口双边交流暨慰问活动，现场办理《流动人口婚育证明》300余本，走访慰问留守老人、儿童困难家庭10户。今年通过网络平台查询、交流、反馈流动人口信息1 231条，联合处理违法怀孕和违法生育案件3例，先后前往孝感、浠水等地，免费为流动人口办理《流动人口婚育证明》1 000余本。

【人口文化工程】2012年，区人口计生委落实武汉市“12·300乐福家”行动计划和“新青山·新人家”人口文化发展计划，抓好人口文化阵地建设，打造具有“六大功能”的“人口文化活动空间”即计生政策宣传阵地、便民事项办理窗口、素质教育培训基地、生殖健康服务中心、人口文化展示平台、群众自治监督网络。目前已在社区、企业单位、流动人口集中市场兴建“人口文化园”两处、人口文化长廊两处、人口文化活动空间10处。钢都管委会绿景苑社区获得全市“十佳人口文化示范基地”；各街道和企业单位广泛开展幸福家庭评比活动，全区表彰“幸福家庭”和“六好家庭”7 500余户，武钢炼钢总厂推荐的“曾智斗”家庭获得全市“十佳幸福家庭”。通过典型示范，带动群众主动参与人口文化和幸福家庭创建活动。

【依法行政】2012年，区人口计生委全面兑现企业退休职工计生奖励政策，落实6 404人，发放资金2 241.4万元；为32 153户独生子女家庭发放保健费427.8万元；符合农村奖励扶助对象74人发放扶金7.1万元。针对失独及残疾、患重病等特困家庭，广泛开展“五个一”活动，暨“送上一份祝福、召开一次座谈会、开展一次走访慰问、进行一次心理疏导、组织一次文化娱乐活动”，全区投入16万元为5 591户计生困难家庭办理意外伤害保险，在元旦、春节、端午、国庆节期间共慰问计生特殊家庭952户，发放帮扶资金17万余元。以创建“阳光计生、诚信计生”示范单位活动为载体，严格依法行政，制订了《关于开展“阳光计生、诚信计生、幸福家庭计划”的实施方案》，成立了创建工作领导小组，推行“三项公开”，开展“四项评议”，抓好“五项监督”，聘请了30名社会义务监督员，参与诚信计生监督管理。建立信访接待首问负责机制，全年接待来信来访共342件，其中个人访61件，电话访194件，电子访87件，结案率100%。没有发生一例群众进京非正常上访和大规模进京、赴省市集体上访事件。

【干部队伍建设】2012年，区人口计生委与省人口计生委培训中心合作，举办了街道及企业计生干部培训班，华中科技大学石人炳博士作了《完善家庭发展政策，综合治理人口问题》的专题报告，受到基层计生干部的好评。举办生殖健康咨询师培训3期，组织141名基层计生干部参加生殖健康咨询师考试。开展“十佳百优”中心户长评比，表彰110名中心户长，并召开经验交流会。坚持每年开展夏季送清凉、冬季送温暖活动，为850名中心户长发放慰问物资及宣传品，投入金额近20万元。为11条街道（管委会）、企业新增计生工作协管员41名，每人每年补助1.8万元；全区社区计生干部每人每年补助1 200元，社区书记每人每年补助600元，社区中心户长每人每年补助400元，以上人员经费投入达140万元。加大了对街道及相关部门工作经费投入，各项奖励政策资金和经常性工作经费也按要求全部落实到位。

【特色工作】2012年，继续深入开展“暖在钢城8+1”优质服务活动。积极关注流动人口的生产、生活、生育状况，帮助流动人口办理八件实事，切实维护流动人口实行计划生育的合法权益。全年为6 324名流动已婚育龄妇女进行了生殖健康普查，对11名实施节育对象给予一次性奖励，举办生殖健康服务进工地10场，为1 800名流动人口发放宣传资料和避孕药品，免费举办流动人口生活技能培训班21场，提供就业信息320人次，组织1 400名流动人口子女开展夏令营活动。继续完善流动人口“四统一”规范管理，充实资料内容，加强交流使用，发挥“一卡”、“一表”、“一相”、“一档”档案资料在区内实现流动人口档随人走动态管理的作用。充分发挥“青山地区企业计生工作联席会”平台作用，将计生管理向企业渗透，计生服务向企业延伸，开展了“健康知识进企业”宣传展板巡展，到石化、一冶天津项目部等企业展出，受到了企业职工的欢迎；元月份举办的“企业计生工作论坛”，12家企业及街道的计生干部参加了论坛交流，共有30余篇论文参加了评比交流。

洪山区

【概况】2012年以来，洪山区认真贯彻落实全国和省市人口计生工作会议精神，面对人口计生的新形势、新要求、新特点，紧紧围绕全区人口计生责任目标和人口计生公共服务的转型，着力强基固本、创新发展，圆满完成了市委、市政府下达的各项人口计生责任目标任务，并取得了新的进展。2012年度，全区出生政策符合率为95.51%；出生人口性别比为112.64，查处“两非”典型案件6起；国家、省法律法规和有关文件规定的计划生育奖励政策落实到位率为100%。

洪山区被国家人口计生委、教育部等五部委列为全国首批20个青少年健康人格工程试点单位之一，是全省第一家试点单位，率先在丽岛社区建成全国“青苹果之家”社区模式，得到了国家人口计生委领导和省市有关领导充分肯定；被省委、省政府授予全省人口计生目标管理先进区，被省人口计生领导小组授予全省生育文明建设先进区；区人口计生委被省人口计生委授予全省阳光计生示范单流动人口动态监测先进单位，被市人口计生领导小组授予全市免费孕前优生健康检查先进集体，被区委、区政府授予绩效管理立功单位；珞南街被国家人口和计划生育委员会授予全国人口计生依法行政示范街道，北港社区被省人口计生委授予全省计划生育群众自治示范社区；在武汉市“幸福江城”首届人口文化节期间，洪山区承办的青春健康馆荣获优秀展馆，洪山街居民康兰英家庭荣获全市十佳幸福家庭，青菱街红霞社区荣获全市十佳人口文化示范社区。

【党政主导，着力解决关键问题】

一、强化高层引领。一是高层会议专题研究。区委常委会、区政府常务会分别听取人口计生工作汇报，对打击“两非”、基层基础工作、流动人口管理服务专题研究。建立了区管干部提拔重用人口计生履职审查机制；出台了打击“两非”措施；对工作质量不高的社区村全区通报整改；对城中村改造拆迁还建社区，建立了重点对象“四个一”的服务管理（一本花名册、一张联系卡、一次生殖健康普查、一项见面制度）。二是专题会议强力推动。召开全区人口计生工作会议，区委、区人大、区政府、区政协主要领导参加会议，部署人口计生工作。刘涛书记先后三次听取了打击“两非”情况汇报；陈新垓代区长到任不久，亲自主持两次专题会议，研究了打击“两非”行为具体措施和追加流动人口计生工作经费等问题。区委、区政府分管领导分别了召开部门联席会，推动生育文明建设、流动人口管理服务、性别比综合治理、利益导向机制建立、信息化建设等工作落实。三是主要领导亲自督办。刘涛书记、陈新垓代区长先后到社区村和医疗机构调研了人口计生基层基础工作落实情况、人口文化建设和出生人口性别比综合治理等工作。区人大、区政协先后四次深入基层调研了出生人口性别比综合治理、城中村人口计生工作和流动人口服务管理等重难点工作。区委、区政府分管领导对责任目标执行、城中村人口计生工作、网底建设等现场办公，推动了重点问题的解决。

二、领导主动抓“两非”。一是主动抓部署。省综合治理出生人口性别比工作会后，区委书记刘涛、代区长陈新垓分别主持区委常委会和区政府常务会，专题研究出生人口性别比综合治理工作；代区长陈新垓及时主持召开打击“两非”专题会议，研究部署打击“两非”行为的十项措施，要求各街乡、各有关部门切实从思想上、从内心深处增强做好综合治理出生人口性别比工作的紧迫感和责任感，用硬措施完成硬任务。二是主动抓查处。对上级转来的一个举报件，时任区长刘涛（现为区委书记）指示区分管领导立即召集相关部门主要负责人制订调查方案，严肃认真查处。原区委副书记欧阳坤松，副区长万磊亲自抽调部门人员，指挥调查，研究处理。时任区长刘涛（现为区委书记）专题听取案件调查处理情况汇报，要求处理情况在全区范围内公开通报，以此举一反三，形成高压态势，对“两非”行为露头就打。区政府专门召开医疗机构负责人会议，万磊副区长与全区医疗机构负责人进行诫勉谈话，点名通报两家医疗机构“两非”行为查处情况。三是主动抓调度。区委书记刘涛率领有关部门和街道负责人调研卫生工作时，到医疗机构详细查看了综合治理出生人口性别比工作的落实情况，在听取区卫生局主要负责人汇报时强调，要建立完善长效工作机制，严厉打击“两非”要持之以恒。副区长万磊主持召开打击“两非”和规范医疗市场秩序专项行动调度会，由政府办公室牵头，从相关部门抽调人员，实行集中办公，开展专项整治。并率人口计生、卫生、食药监等部门主要负责人暗访民营医疗机构和个体诊所，推进打击“两非”专项行动。

三、人财强力保障。一是加强机构队伍建设。区人口计生执法大队、区流动人口计生管理站、区人口计生服务中心明确为全额拨款事业单位，并纳入规范性津补贴事业单位；区人口计生服务中心超职数聘用1名高级和4名中级技术人员。区政府安排43.68万元为各街乡配备2名信息管理员，各街乡调整充实信息管理员6名。二是加强基层网底建设。加强社区换届期间人口计生队伍建设，珞南街党工委要求各社区推荐的计生群干候选人，要经过街人口计生部门把关，通过换届，有11名人口计生群干提拔；关山街党工委注重把有学历、会计算机、责任心强的年轻人选拔到人口计生岗位上来，人口计生群干普遍在35岁左右。改革协会中心户长管理模式，社区村按照少而精增设协会中心户长，提标强能扩面，规范运行，每个社区村配备5至8名中心户长，中心户长由去年3 520人精减到1 268人，区级报酬补贴由每人每年300元提高至1 000元。三是加大经费投入。区政府在年初安排人口计生事业费1 451万元的基础上，追加流动人口服务管理和孕前优生健康检查工作经费431万元，另外专拨100万元专项资金，用于出生人口性别比综合治理。

【部门综合联动，形成人口计生工作齐抓共管格局】

一、建立完善“五项长效机制”。建立了公安、卫生、民政、统计和人口计生等部门人口基础信息互通机制，实现资源共享；建立综治、公安、房管、建管、工商、人力资源、交通、食药监和人口计生等部门流动人口服务管理协作机制，促进流动人口计生基本公共服务均等化；建立纪检监察、公安、卫生、食药监和人口计生等部门打击“两非”行为联动机制，综合治理出生人口性别比；建立组织、宣传、民政、卫生、教育、文体、人力资源、团委、妇联等部门生育文明、创建幸福家庭联合机制，推动人口文化建设；建立财政、民政、教育、人力资源、社保、城乡统筹等部门公共政策与人口计生政策衔接机制，推动计划生育利益导向政策的落实。

二、部门联动打“两非”。区委、区政府把综合治理出生人口性别比工作纳入“治庸问责”范围，把打击“两非”纳入相关部门的绩效责任目标，坚持相关部门联席会议制度和集中查处制度，推动部门联动和工作落实。一是部门联合整治“两非”。今年以来，区卫生局、人口计生委、食药监分局、公安分局等部门两次联合对城乡结合部的无证诊所进行了集中整治，取缔无证非法行医 76 户次，没收药品器械折合人民币 3.4 万余元。二是联席会议管控“两非”。区卫生局、食药监分局、人口计生委分区域对辖区“两非”高风险医疗机构进行约谈，学习相关法律法规，告诫他们“两非”是高压线，要警钟长鸣。区卫生局、人口计生委联合组织公安、法院、检察院、食药监分局召开打击非法行医暨“两非”工作联席会，对“两非”案件的追诉期、移送材料和证据的收集、固定进行研讨，完善了打击“两非”和刑事司法相衔接的工作机制，规范了“两非”的移送标准和程序。三是专班集中打击“两非”。8～9 月，从区监察局、卫生局、食药监分局、公安分局、人口计生委抽调人员，成立区打击“两非”工作专班，对全区医疗市场和药店实行全天候、不定时的方式集中整治，对重点区域的医疗机构进行不定期多次暗访巡查，共出动车辆 82 台次、工作人员 488 人次，巡查医疗机构 394 户次和药店 25 家，张贴举报公告和告知书各 349 份，张贴警示标识及举报标识各 500 余张，下达《卫生监督意见书》105 份，现场检查笔录 18 份，撤除违规宣传牌 50 个，规范医疗机构的执业行为 105 户，查处超范围终止妊娠案件两起。

三、部门联责推动流动人口社会融合。一是加强部门信息协作。区综治办将流动人口计划生育信息纳入实有人口和实有房屋全覆盖长效管理范围；公安部门在办理流动人口居住证时查验流动人口计生信息；区工商、房管、建管、人力资源、交通等部门加强对市场、出租屋、建筑工地、酒店、汽车修理厂流动人口的监管力度，查验《流动人口婚育证明》近两万人次。二是开展部门宣传联合。实施“心系流动人口·情暖新洪山人”系列宣传服务活动。关山街与区房管局联手举办流动人口房屋交易会；珞南街与区人力资源局联合举行流动人口专场就业招聘会；洪山街与区建管站共同举办男性生殖健康、保险知识进工地活动；狮子山街与洪山食药监分局联合开展女性保健知识系列讲座。三是推进部门服务联手。区政府设立流动人口生育关怀资金 10 万元，为流动人口计生家庭提供紧急救助、励志助学、扶贫助残等帮扶。区人力资源局开展“送岗位、送培训、送信息、送信心”系列活动，达成就业意向 3 000 余人，免费培训 480 余人；区司法局、人力资源局受理流动人口维权案件 23 件，为 230 余流动人口追讨工资 25.6 万元；区卫生局出台了“5 免 6 减”普惠政策。为流动人口免费提供生殖健康普查、孕前优生健康检查服务，生殖健康检查 2 万余次、发放避孕药具 31 325 人次。

【高压严打，强力推进打击“两非”行为】区政府打击“两非”实施了十项措施，省市人口计生委专刊对洪山区的措施进行了转发，并得到了领导的充分肯定。一是设立了打击“两非”行动专项工作经费 100 万元。二是健全长效监管机制。建立了监管巡查登记制度，卫生、食品药监、人口计生等部门采取部门联合、全天候、不定时的方式，对重点区域的医疗机构，开展了经常性不定期暗访巡查。三是健全孕情全程服务包保责任制。对符合生育政策的二孩以上孕妇，实行了名单化管理，落实孕情全程服务包保责任人。四是建立从重处罚机制。查处的“两非”案件，一律取其上限条款予以了处理。建立了“两非”行为人“黑名单”和“灰名单”制度。五是建立对相关工作人员监察机制。实行了不从事“两非”行为承诺制，建立了从事B超诊断人员、引产资质人员的档案。对执法人员为医疗保健机构、药品销售企业和药店提供“保护伞”、通风报信、纵容实施“两非”的，纪检监察部门从重处理。六是建立行政处罚与刑事司法相衔接机制。依法规范了案件移交工作，健全了案件会商制度。各行政执法机关和司法机关在查处“两非”案件时，依法做到了从严、从重、快办、快处、快结。七是建立联合执法快速反应机制。对“两非”案件检查和执法，各部门及人员在第一时间到达指定位置开展工作，否则，对贻误时机造成严重后果的，追究当事人及相关负责人的责任。八是强化宣传机制。辖区各医疗保健机构、人口计生技术服务机构、终止妊娠药品生产和销售企业及药店，在醒目处张贴了“两非”禁止标识、相关制度和有奖举报电话。九是建立约谈诫勉机制。区政府两次召集医疗保健机构、人口计生技术服务机构、终止妊娠药品生产销售企业的法定代表人进行集体预警谈话。十是完善利益导向机制。在城中村改造实施过程中，按照同等优先的原则，在房屋安置、股权分配等方面向计划生育女孩户进行了倾斜。

【实施数字计生，强力推进信息化建设】

一、数字计生推进目标科学调度。充分应用全省人口计生服务管理信息系统、全省人口基础信息共享平台、省级流动人口服务管理平台，及时汇总数据，及时发现个案，每天分拣，每天预警，定期分析，定期调度。区政府每季度主持召开目标调度会，区人口计生委每月召开目标督办会，对问题督办，对个案指导。区人口计生委带着数据和个案到100多个社区村现场调研，帮助基层解决目标执行工程中的困难和问题。

二、数字计生推进基层精细化管理。一是强化培训，提升应用技能。按照“统一组织、分步实施，实用为主、重在技能”的要求，在全系统按信息应用技术岗位分区级委内各科室、街乡计生办全体工作人员、社区村人口计生群干三个层次进行了信息化知识培训，举办培训班20期，培训300多人次。开展生殖健康师职业化培训6期，基层群干服务技能进一步提高。在全区开展“爱岗敬业、争创行业之星”的技能竞赛活动，对获行业之星的人员通报表彰，实行重奖。二是健全网络，实现信息化全覆盖。区政府投入150万元，对区中心机房改造升级，并设立人口计生专线；拟投入1 200万元，实现社区居委会光纤网络全覆盖。目前，街乡实现了政务专网、操作专人、设备专机全覆盖；社区村实现了电信专线、专干操作、设备专机的全覆盖。全区所有社区村启用了村居版人口计生服务管理信息系统，十个社区村开展了地理信息系统试点。三是健全制度，提高统计质量。固化人口计生信息平台的管理流程，确定流程节点的岗位责任，强力推进区、街乡、社区村纵向、横向人人应用信息化。建立完善信息化管理各项制度，建立“日异动、周交流、月调度（例会）、季清查（监测）、年考评”制度和个案信息核查卡制度。社区村坚持每日信息异动；街乡坚持每周街内信息交流；区每月分析调度，每季度对信息系统数据质量、平台应用情况进行监测通报；每半年对信息化应用情况进行一次考评。2012 年出生统计上报 8 261 人。

三、数字计生推进便民办证服务。珞南街办事处投入 30 万元，开发应用人口计生网上办证系统，与省办证系统对接，流动人口和本地居民不出社区可以办理《流动人口婚育证明》、《独生子女父母光荣证》、《生育服务证》等证件。方便了群众，提高了行政服务效率。

【倾力打造品牌，推动人口计生工作上水平】

一、开展“乐福家·12300 幸福快车社区行”活动。区政府在中国地质大学举办了洪山区“乐福家·12300 幸福快车社区行”暨关山街人口计生流动大讲堂启动仪式，充分发挥辖区高校智力资源优势和志愿者作用，开启了青春健康行动、守护女孩行动、补天行动、晚晴行动、流动大讲堂等系列活动。

二、建设洪山区“青苹果之家”社区教育基地。全省首个青少年健康人格教育基地——洪山区“青苹果之家”于 9 月初在丽岛花园社区建成。“青苹果之家”试运行一个月来，得到了社区居民特别是青少年关注和喜爱，吸引了周边小区、学校和幼儿园参与。中国人口计生宣教中心主任张汉湘考察“青苹果之家”时指出，洪山区对青少年健康人格工程认识高、行动快、方法活，走在了全国的前列。10 月 17 日，市政府全市幸福社区创建推进会现场给予了充分肯定。

三、实施家庭发展项目。将帮扶计生家庭发展致富纳入到区直部门人口计生责任目标，通过项目带动、资金扶助，提升计生家庭发展能力；投入 35.35 万元，办理计划生育家庭意外伤害保险 11 783 人，提升计生家庭抗风险能力。建设康老师工作室。康兰英是一位无私奉献、热心社会公益事业的志愿者，在区人口计生服务中心设立了康老师工作室，为全区群众免费培训各项手工技能，让就业者有一项技能，让“麻嫂”变“织嫂”。

四、打造人口文化引领工程。全区新型人口文化逐步形成“一街一品”的格局。青菱街红霞社区在群众自治示范社区的基础上，投入 100 多万打造成人口文化示范基地；珞南街结合社区“五务合一”改造，投入资金 1 000 余万元，强力推进 12 个社区服务中心和人口文化活动中心提档升级；洪山街投入 60 万元打造北港社区人口文化园。积极参加武汉市首届人口文化节，主动承办了青春健康展馆，向社会展示出青少年健康人格教育的新理念、新模式，吸引了参观人群的广泛关注；期间，在全市表彰的65件人口文化文艺作品中，洪山区获奖12件。

五、深化人口文化立体宣传。一是阵地宣传。充分发挥基层阵地的宣传功能，统一规范了165个社区（村）人口文化活动中心、一站式服务显示屏和户外宣传栏；完善拓展了社区卫生服务中心（站）健康教育室的宣传职能；在区委宣传部主办的《洪山宣传》上开辟人口计生专栏。二是社会宣传。分别组织开展了“关爱流动人口、情暖千家万户”、“践行计生国策、关爱暖在江城”、“走向生育文明、建设幸福家园”、“关爱女孩阳光援助、关注计生困难家庭”等一个季度一个主题的大型社会宣传服务活动。三是媒体宣传。全年在各级报刊、电视电台及省市区政务网站上刊播文章、信息611篇（条），其中，《中国人口报》刊发了13篇，报道了全区人口文化建设、利益导向、优质服务、流动人口、幸福家庭创建等工作，《湖北日报》和湖北电视台报道全区人口计生工作24篇（条）。

六、创建鲁磨路流动人口服务管理一条街。建立关山街鲁磨路流动人口计生协会会长轮值制，增强了单位、社区协作合力。成立高校志愿者服务队，为鲁磨路流动人口提供服务。中国地质大学安排两栋房屋，设置流动人口“幸福公寓”，解决了夫妻团聚；全面落实流动人口免费享受避孕药具、孕情环情监测、计划生育技术、优生优育、生殖健康普查等“五项”服务，为患有疾病的流动育龄妇女建立健康档案，定期随访指导治疗；每年开展运动会、歌咏和琴棋书画各类比赛，丰富员工的精神生活；开展岗前培训和岗中技能竞赛，提高劳动技能。让流动人口家庭有家、工作有业、生活有乐。

七、建立流动人口学校服务机制。东升学校是武汉市规模最大的流动花朵学校。在东升学校建立三项服务制度，即在东升学校设立了青少年健康人格教育基地，每年邀请专家为学校师生进行心理疏导；每年设立学生励志助学金1万元，扶助10名优秀独生子女学生；每年为教师进行一次免费体检。省市人口计生委、区人民政府在东升学校举办了“关爱流动花朵，创建幸福家庭”主题活动，邀请心理学教授开展励志成才和社会融合互动式讲座，启动了助学工程，为10名学生分别发放助学金1 000元。

八、推进“生殖健康进家庭”活动。一是开展“优生关爱行动”。在区行政服务中心实行婚姻登记、免费婚检、计生咨询一条龙服务，为新婚夫妇派送“婚育大礼包”，开展免费婚检，免费婚检率达84.82%。区人口计生服务中心对病残儿再生育对象，实施免费上门随访指导和检查，建立再生育优生服务随访档案89份。实施免费孕前优生健康检查。投入25万元，调整完善区人口计生服务中心的功能科室，增配技术人员，补充医疗设备，严格检查流程，开展宣传培训和咨询随访，免费检查服务准生育对象650对，有效地控制了出生缺陷发生。二是实施“个性化技术服务制度”。区服务中心为已婚育龄妇女针对性开展生殖健康、避孕节育咨询和随访服务，建立个性化服务档案。服务中心技术人员到社区为已婚育龄妇女进行生殖健康检查时，发现一名已婚育龄妇女因避孕措施选择不当，多次意外妊娠，非常痛苦，服务中心技术人员及时了解其身体状况，联系医院，推荐落实一项避孕措施，解决了困扰多年的痛苦。三是推进“避孕药具免费易得工程”。开展避孕药具进工地、进企业、进医院等“十进”活动，珞南街和关山街在辖区高校、流动人口聚集地设置120个户外免费药具自取箱，让育龄群众随时取用，免费药具“十五分钟圈”形成。

九、流动人口管理建立三项制度。区内区域协作建立三项制度。一是连片联动制度。社区实施了“四联共管”。充分发挥协会、企业、房东的作用，联手房东管源头、联手物业管小区、联手企业管员工、联手协会管住户；连片区域内实施了社区、用工单位季度集中连片入户信息登记，开展了阶段性集中服务活动，实现了资源共享、互惠共赢的整体效益，形成了居住地、从业单位和户籍地“两地三方”共同管理服务的格局。二是信息交流制度。利用计算机网络建立经常性信息交流平台，实现区域内企事业单位与社区、从业地与居住地之间经常性信息交流，形成了区域内用工单位负责信息采集，交流至现居住地社区核实，现居住地社区登记反馈，录入人口计生信息系统。三是联责捆绑制度。对区域内的流动人口计划生育管理服务试行“一人双责”、“一分两计”的办法，区域内对流动人口的管理服务，明确从业地和居住地的责任，实行“一人双责”考核；对区域内流动人口管理服务，实行从业地、居住地责任“一分两计”。

【坚持政策激励，努力促进家庭发展】

一、依法落实计划生育奖励政策。2012年，区政府预算投入285万元，发放独生子女保健费6 860人、农村部分计划生育家庭奖励扶助对象275人。全区69名农村独女户和双女结扎户女孩享受了中考加5分政策（其中流动人口47人），46名农村独生女享受了高考加10分政策。

二、多方实施计生家庭激励政策。投入60万元，实施计划生育家庭奖励扶助。在中小学开展阳光女孩助学行动，每年助学100名阳光女孩，每人给予1 000元助学金；开展“感动洪山十佳女孩”评选表彰活动，每人给予2 000元的奖励；提升独女户和双女户家庭发展能力，每年帮扶10户，给予每户项目扶持金2 000元；实施计划生育特殊困难家庭关怀制度，上门慰问，给予慰问金2 000元。元旦春节期间，全区广泛开展了计划生育困难家庭“访百家情、解百家困”活动，全区各级共慰问计生困难家庭500户，发放物资及慰问金达20万元。区城乡统筹局（扶贫办）在农业机械购置补贴中，对计划生育贫困家庭实行优先优惠。各街乡、社区村制定实施了计生家庭各项优惠政策。张家湾街、青菱街在城中村改造中，通过群众自治，逐村建立完善计划生育利益导向机制，光霞社区独生子女户享受多加100平方米分房政策，长江社区、长征社区、红霞社区独生子女家庭享受了多加 50 平方米分房政策。和平街、洪山街、天兴乡等街乡、社区村，制定了计生家庭子女就学奖励政策。

三、全面推进阳光计生行动和诚信计生活动。一是开展阳光计生示范区创建活动。全面推行人口计生政务公开、村（社区）务公开、办事公开，接受社会监督。通过显示屏、公示栏、触摸屏、网络、折页等形式，将人口计生工作的政策、程序、办事都一一公开，方便了群众。省阳光计生创建检查组给予了充分肯定，认为主题鲜明、公开规范、工作到位。二是实行再生育审批全程代理服务。简化办事流程，缩短审批时限，明确代理程序，延伸服务链条，将《生育证》实行全程代理服务。三是全面推行诚信计生活动。围绕政府诚信、群众守信、居民互信的要求，建立政府主导定原则、民需我为搞服务、协议管理作保障、群众自治打基础的诚信计生模式，全面落实“一份诚信合同、一张便民服务卡、一份计生部门守信承诺书”，全区成立诚信计生小组 4 000 多个，参与诚信计生小组的已婚育龄妇女近 9 万人，参与率 80% 以上。

东西湖区

【概况】 2012 年以来，东西湖区人口计生工作在区委、区政府的正确领导和市人口计生委的指导下，紧紧围绕稳定低生育水平和促进人口均衡增长、提高 人口素质、综合治理出生人口性别比的总体目标任务，抓住 6 月实行的国家吴家山经济技术开发区与东西湖区政府“区区合一”管理体制机构改革契机，加强领导和整合资源，统筹协调、求真务实，不断加大各项工作的执行力度，较好地完成了全年人口目标任务。被人社部和国家人口计生委联合授予“全国人口和计划生育系统先进集体”、被省人口计生委评为“全省阳光计生行动示范单位”、被省计生协授予“计划生育协会工作先进区”等荣誉称号。

【领导重视】 今年以来，东西湖区委、区政府召开两次专题会，研究人口计生工作新举措。“区区合一”后，区委书记张平先后两次约谈区人口计生委党政“一把手”，要求抓好人口计生工作，完成全年目标任务。7 月，区长刘子清主持区长办公会，专题听取打击“两非”工作汇报，明确提出案件查处工作必须从快从严的意见，区委副书记张明权就查处“两非”案件多次现场指导。上半年，区人大常委会调研了全区人口文化建设和流动人口服务与管理工作情况，督促政府各相关部门及有关街、办事处（园区）必须依法履行人口计生工作职责；区委常委、区纪委书记亲自调研指导阳光计生工作，将阳光计生工作纳入全区政务公开工作总体部署；区政府分管副区长亲自考察人口文化建设，进一步推动了全区生育文明和人口文化教育基地建设的深入开展。

同时，东西湖区委、区政府高度重视区人口计生管理部门班子建设，卫生局和人口计生委班子成员均交叉任职。为便于计生科技服务的协调工作，相关班子成员实行“打通使用”，进一步提高了目标管理工作效率。同时，将区妇幼保健院和区计生服务中心合二为一，优化整合卫生、计生技术服务资源，发挥技术服务资源优势并延伸到各街（办事处）卫生服务机构，计生技术服务功能更趋完善，服务效能进一步提高，超额完成了市下达的孕前优生检测的目标任务。

3 月，通过全市公开招考，区人口计生委择优招录了一名学历高、专业性强，具备一定专业工作经验的人员进入计生执法大队，进一步充实了计生队伍力量。

【资金保障】 区级财政给予人口计生工作极大倾斜，不断加大经费预算和投入力度，全年计生事业费预算投入到位 534 万元。同时，根据全区人口计生工作需要，追加专项工作经费 150 万元，计划生育专项奖励经费 330 万元，流动人口计生服务管理经费 233 万元，为全年人口计生工作的开展提供了有力的资金保障。

【目标管理】 东西湖区用科学发展观统领人口计生工作，及时根据上级部门责任目标的变化、各街（办事处）人口计生工作实际，修订党政线、区直相关部门线和人口计生部门线“三线”分类考核制度，以“三个突出”紧盯全年目标落实不放松。一是突出地域发展特点，加大综合治理人口问题力度。针对全区中小企业多，企业用工多及企业分布较分散等特点，今年将区经信局纳入区直相关部门线考核范围之中，进一步加强企业人口计生工作法人负责制和企业用工人员计生服务管理工作。二是突出目标管理的实效性，将符合政策生育率指标内容进行调整，把不合实际的过高指标下调，鼓励基层说实话、报实数、讲实情，实事求是上报政策外生育，调动各级干部工作积极性；建立个案扣分和“一票否决”规定，杜绝弄虚作假、虚报瞒报现象发生。三是突出目标考评工作的综合性，改变过去年终“一锤定音”的考核做法，把平时督办纳入全年考核之中，促进基层着力于经常性工作的落实，全面了解基层工作管理服务情况，准确定位其工作发展水平，推进目标执行均衡协调发展。同时，加大改革创新工作奖励力度，设置了宣传教育、流动人口、社会抚养费征收、统计质量等专项奖，鼓励创新，推进工作。

【生育文明】 一是围绕特色品牌抓宣传。积极拉动全区“2124”（200 名“五好”中心户长、1 000 户“六新”家庭示范户、20 个生育文明“八好”示范大队社区、4 个生育文明“十全”街、办事处）生育文明示范工程。《“十二五”“六新”家庭推进计划》有序进行，各街、办事处结合地域实际、地方特色，打造群众喜闻乐见、寓教于乐、寓教于闲的人口文化教育基地。常青花园不仅创建了楼道文化并在其他社区进行推广，还推出了百米文化长廊，打造了社区“绿色换书”阅览室、“绿色生活”体验室、人口活动室等，极大地丰富和提升了人口文化内容和水平，取得了良好的社会效果。吴家山街、东山办事处等单位也结合实际推进富有特色的人口文化阵地建设，受到当地群众的好评。

二是利用重大节日抓宣传。一方面，加大各类宣传慰问工作力度。在元旦春节、“5·29”、“7·11”、“9·25”等节点开展形式多样的宣传活动。全区共投入资金32.08万元，发放宣传品3.5万件。区领导及相关部门负责人亲自带队慰问计划生育特扶家庭和困难家庭。另一方面，高度重视、积极参与全市人口文化节活动，成立了以区委常委、宣传部部长为组长的活动工作领导小组，全力以赴打造精品“老年福寿馆”，彰显老年人风采，为全市广大群众提供一个精彩纷呈的舞台。

三是借助新闻媒体抓宣传。积极争取国家、省、市新闻媒体来区采访、约稿，制定奖励办法，鼓励各级人口计生干部、各相关部门投稿，宣传展示人口计生工作。截至目前，被国家、省、市采用的新闻稿、专题报道分别是9、27、127篇，其中基层社区“服务好不好，居民说了算”的群众评计生工作考评模式被市人口计生委在全市推广；政务信息被省、市人口网采用175篇（条），较好地完成了上级下达的目标任务。

【综合治理“两非”】实行“区区合一”后，及时调整了全区出生人口性别比综合治理工作领导小组，进一步加大了组织领导力度，保障了专项活动有序推进。区纪委（监察局）、教育局、人社局、卫生局、人口计生委等相关部门联合出台了多个文件，建立完善了出生人口性别比专项治理、出生实名登记、“关爱女孩”、创建幸福家庭等一系列措施。针对“两非”案件调查取证难等情况，各相关部门加强协作，保持“高压态势”，进一步加强办案专班力量，完善经常性办案工作机制，重拳出击，集中查处了一批涉及“两非”的典型案件。4月，东西湖区人口计生委根据孕情消失锁定的信息，在查证辛安渡办事处刘某在孝感某个体诊所非法鉴定胎儿性别并在孝感某医院非法终止妊娠事实后，联合孝感市依法对上述二家医疗机构涉案人员进行了严厉查处，并没收非法所得，同时处以3万元的罚款；6月，根据市打击“两非”明查暗访专班提供的线索，结合汉川市、应城市、天门市及本市武昌区、新洲区反馈的信息，对涉嫌“两非”行为的5名当事人、1名中介联络人、2个医疗机构和1个个体诊所进行了现场调查取证，并依法对涉案医疗机构和人员给予相应的党纪政纪处分。同时，召开全区打击“两非”公开处理大会，区委领导对今后打击“两非”工作作了重点部署，有力推动了今后的工作开展。

【科技服务】强化宣传教育职能，以区人口计生服务中心为重点，组织落实生殖健康咨询师的培训工作，培训人数303人，培训面达100%；邀请了经验丰富的妇科专家在各街、办事处巡回举办生殖健康保健知识讲座、开办孕妇学校培训教育课、开展男性生殖健康教育等，不断提升全区育龄群众生殖健康知识普及率。

围绕技术服务职能，以“区区合一”为契机，加大人口计生科技服务力量整合力度，将区人口计生服务中心与区妇幼保健院合并服务，立足驻院服务，拓展各街卫生院入户随访服务，不断提高计生科技服务水平，为群众提供不同的服务和指导。

围绕重点工作，全力开展免费孕前优生健康检查项目。区政府出台了《东西湖区免费孕前优生健康检查项目工作方案》，成立了全区免费孕前优生健康检查项目领导小组，每月召开一次联席会议，确保优生健康检查项目扎实有序进行。在区政务中心婚姻登记窗口设立分检点和计卫部门联合服务两种模式开展项目服务，出动流动服务车做好接送服务，为居住较远对象检查提供方便。自 2012 年 3 月 28 日启动免费孕前优生健康检查项目以来，参加孕前优生健康检查 1 430 对，完成率为 108.3%。

【基础工作】以夯实基层基础信息为着力点，不断加强省共享平台信息核查工作、属地化管理、基层制度建设、数据信息的应用。在基层全面推行中心户（信息员）、网络员（协管员）、计生协会、计生与企业、人口服务信息采集模式，切实提高了全区统计质量和信息化应用水平。

【特色工作】在私房出租和流动人口承租较多的社区，建立客栈式服务管理模式。东西湖区率先在长青街合兴里社区进行客栈式试点，变被动开展服务为主动了解和满足、服务流动人口各方面需求，变单纯提供生育服务为全面提供生产、生育、生活、信息全方位综合服务。5 月，合兴里社区作为全市综合改革现场会参观点，接受了全市人口计生部门的考察。

在对实行计生政策退休职工 3 500 元一次性奖励全面落实的基础上，今年，东西湖区又出台了利民惠民的“三大新政策”：①对农村纯女户家庭参加农村新型合作医疗的优惠政策。符合条件的计划生育女孩户家庭，在办理农村新型合作医疗后，按照“谁办理、谁报销”的原则，由计生办凭住院结算单审核后，再予以 10% 的补贴。②对农村纯女户家庭女生等高中阶段实行货币补贴的优惠政策。符合条件的计划生育纯女户家庭、低保计生家庭子女，其女儿（子女）在参加高中阶段学校读书时每年按 1 000 元标准实行货币补贴。③对新型农村社会养老保险制度与人口和计划生育政策衔接的优惠政策。符合条件的计划生育家庭参保对象，在其年满 60 周岁领取养老金时，区政府另给予政策性补贴。目前，这三项政策已正式启动，资金已拨付到位。

汉南区

【概况】2012年，汉南区始终坚持以科学发展观统领全局，紧紧围绕稳定低生育水平、统筹解决人口问题、促进人口长期均衡发展的思路，进一步加大人口计生综合治理力度，完善利益导向以及社会保障政策体系，提高计生家庭发展能力，努力建设人口计生工作的长效管理机制，完成了市委、市政府下达的各项目标任务，有力促进了汉南区经济社会的全面发展。

低生育水平保持稳定，符合政策生育率95.55%；查处“两非”案件两例，其中典型案件1例；优质服务水平得到提升，已婚育龄妇女优质服务到位率95.32%；流动人口均等化服务深入推进；信息化建设效果显著，全员人口数据库主要信息完整准确率99%以上，全面启用社区（村）级管理信息系统；市区两级政府实事落实到位；组建了汉南区人口健康公共服务中心；完成其他重点指标和特色指标。

【强化保障】坚持党政一把手亲自抓、负总责领导责任制。一是汉南区委、区政府多次召开专题会议，研究部署人口计生工作。汉南区政府召开了打击“两非”专案协调会、流动人口计生管理现场会、全区“百日大战”动员会和季度人口计生工作形势分析会，进一步明确了职责，强化了措施，为巩固部门联动协作机制和统筹解决人口问题新格局提供了的保障。二是开展经常性“两非”案件的专项治理行动。汉南区委、区政府要求，各相关部门、各街道要紧扣三个重点（紧扣及时上报孕情、紧扣“两非”案件查处、紧扣社会抚养费征收），专项治理工作要落到实处、收到实效；各相关部门、街道密切配合，服从调度，形成了严密有序、快捷有力的打击“两非”工作格局，两非“打击”实现了零突破，并取得了良好的社会效果。

坚持目标责任督查机制。一是与各街、场、区直部门签定目标管理责任书，严格落实党政线、计生线和相关部门线“三线”目标考评。二是将人口计生重点目标、打击“两非”综合治理出生人口性别比等工作，纳入汉南区政府绩效目标考核的重要事项督查范围，实行绩效管理实时监控。三是汉南区人口计生委将“三线”目标细化分解到各街道、区直部门、委各科室和二级单位，实行月调度、周汇报、旬督查动态跟踪管理。四是成立联合检查组，对全区人口计生综合治理情况和各责任单位目标落实情况进行定期督查。对督察中暴露出来的问题，下发督查通报，督促限期整改。五是坚决实行人口计生“一票否决”制。把人口计生工作与各单位表彰、个人评先、干部任用提拔挂钩。2012年，取消了13个单位（含村、社区）、两名个人评先资格。

坚持人口计生工作保障机制。一是汉南区委、区政府加大投入力度。每年用于人口计生事业的财政投入逐年递增。2012年人口计生事业经费较2011年增长20%。投资5 000余万元的汉南区人口健康公共服务中心，于2012年7月30日正式投入使用。2012年，仅区财政在人口计生事业费之外用于计划生育医疗设备、信息网络建设、规范化建设资金达300余万元；免费孕前优生健康检查、农村独生女家庭及伤亡计生家庭免费健康检查等省市区政府实事所需项目资金，全部列入了财政预算，并予以了兑现。二是加强干部队伍建设。汉南区委、区政府高度重视人口计生干部的任用、提拔和培养，2012年汉南区委任命了一名政治素养高、工作能力强的年轻干部担任汉南区人口计生委党组书记；全区范围内提拔了9名人口计生干部；将4名36周岁以下的人口计生干部纳入全区中青年后备干部队伍，进行重点管理、重点培养。湘口街、东荆街在全街首次采用“街聘、街管、村用”的方式公开选聘年纪轻、素质高的6名女同志担任街、村（社区）计生专干。三是实施了社区网格化管理方案，保证了社区网格化管理“三有”，即：社区有分管领导、有综合专干、网格员有计生职责。四是对长期从事人口计生工作的干部和工作人员在离岗时兑现0.2万~0.5万元的一次性奖励，基层计划生育干部工资报酬和奖励全面落实。

【人口文化】 注重文化渗透和宣传引导，家庭人口文化发展计划稳步推进。一是打造汉南区中老年保健馆，全力推进全市首届人口文化节。约5万余市民参加了汉南区“中老年保健馆”免费健康体验活动。汉南区展馆以“观众参与热情高、宣传氛围浓、群众互动性强”等特点从十八个场馆中脱颖而出，被授予“最佳场馆”荣誉称号。二是创新完善人口计生政策法规、新闻及政务信息报道宣传模式。广播影视局每周在汉南电视台发布3次关于“出生人口性别比综合治理”的公益广告，汉南区人口计生委每月印发《汉南人口》期刊。全方位、立体式开展宣传工作，国家、省、市媒体采用人口计生稿件101篇，省、市人口计生委门户网采用政务信息132篇，4篇调研论文在国家、省、市重要刊物上发表。三是将人口文化建设与培植示范相结合，推进“生育文明、家庭发展”计划，计划实施面达到80%以上，2 185户家庭被评为“人口文化示范家庭”。纱帽街朱家山社区、东荆街沟北大队、湘口街双塔大队被授予武汉市“人口文化示范社区（队）”。

【“两非”打击】 注重统筹协调和部门联动，关爱女孩、打击“两非”行动深入开展。一是统筹协调，形成合力。汉南区委、区政府将关爱女孩、打击“两非”综合治理出生人口性别比偏高问题纳入各街道、各相关部门的目标管理和重要事项督察范围，实行责任追究和单项工作“一票否决”。二是关口前移，加强孕情监测。卫生、人口计生将高危孕妇管理与孕妇月访视制度相结合，加强出生人口性别比综合治理力度，提高孕产妇保健质量。各街、村（社区）结合免费孕前优生健康检查，提供早孕随访服务，实行备案、跟踪制度化。三是组建专班，开展联合执法行动。从纪检监察、公安、卫生、药监、人口计生等部门抽调业务骨干组成查处“两非”案件工作专班和联合行动小组，先后开展4次联合执法行动。对全区所有B超的型号、购置时间以及孕妇B超检查情况进行再次清理，登记造册，重新对B超操作员的个人资职进行核查、备案；对各医疗机构、计生服务机构的分管领导、妇产科医生、B超医生分期分批进行培训，规定医护人员未经培训一律不准上岗。对各医疗机构、药品销售点的人工终止妊娠药品进行清点排查。通过挖掘线索、锁定目标、制订方案、周密行动，实现了“两非”案件零突破。在2012年开展集中整治出生人口性别比和严厉打击“两非”专项行动中，全区查处“两非”案件两起，其中典型案件1例。四是落实利导政策，营造有利于女孩成长的环境。区直21个部门出台并落实24条有利于计生女孩家庭的利益导向政策；落实中考加分160人、高考加分131人；11名考上一类大学的贫困农村独生女领到0.3万元/人的奖励金；落实农村夫妻绝育一次性奖励7人；3 543户农村独生女计生家庭享受免费健康检查服务。

【均等服务】注重机制创新和部门协查，流动人口均等化服务行动计划出成效。一是公安、房管、工商、建设、人社等部门对流入人口实行“一证两合同三承诺四确定”的服务管理。即一本居住证确定人员信息；住房租赁合同确定居住信息；劳动用工合同确定工作信息；流入对象婚育报告承诺、各部门信息联动承诺、人口计生主动服务承诺；确定服务提供是否到位。全年登记流入育龄妇女1 834人，补验《流动人口婚育证明》539本，下发催办证明通知书169份，与出租户签订诚信合同317份。免费为流动人口提供基本计生手术服务187例，提供生殖健康免费检查355例，为流动人口育龄妇女提供避孕咨询与指导，累计向1 000余人次发放免费避孕药具。二是开发区、建设、工商、商管中心、各街道多次对重点区域、重点场所进行流动人口清理清查。三是汉南区人口计生委两次带队赴十堰郧县，开展“新老汉南人，计生手牵手”主题活动，实现了2 849名“新汉南人”流出有联系、生活有关心、情况有反馈。同时，对“新汉南人”的生育观念和生育状况进行调查，形成《从社会融合的视角浅析南水北调丹江口水库移民生育观念和行为的调适》调研论文，受到省市人口计生部门高度好评，并在省人口计生委《调查与研究》期刊上发表。四是加强相关政策协调，促进流动人口获得基本公共服务。司法局在工业园区开办了免费法律咨询点；湘口街对常住流入的独生子女家庭发放独生子女保健费；纱帽街为14周岁以下流动人口独生子女家庭购买了安康保险，为流入人员办理了医保；邓南街每年开展两次以上“分享爱心——关注留守儿童”为主题的生育关怀行动；东荆街兑现落实了流动人口长效节育措施奖励政策。

【机构整合】注重资源整合和高效配置，打造一流计生妇幼保健服务机构。一是组建了汉南区人口健康公共服务中心。新中心由区计划生育服务站和区妇幼保健所两家事业单位合并而成，投入运营后围绕健康和亚健康人群开展“宣教指导、母婴安全、妇儿保健、技术服务、优生促进、药具发放、信息咨询、随访服务、家庭保健、人员培训”等十大服务项目展开业务，实现了职能调整、资源整合和优势互补，推动了汉南区优质服务机构体系的优化和公共服务事业的跨越发展。二是为提升技术服务水平、保障服务质量，汉南区政府投入资金的同时，积极争取国家、省、市支持，为新中心配备了全自动生化分析仪、全自动血液分析仪、彩色经颅多普勒分析仪、进口彩超等先进医疗设备，为老百姓提供了功能齐全、设备先进、流程合理、安全卫生、服务规范的技术服务环境。2012 年 12 月，湖北省人口计生科技工作座谈会暨生育调节学术年会在汉南召开，各地市州人口计生系统领导现场观摩了新中心，给予了高度好评。2012 年年底，新中心荣登汉南区“十大亮点”榜，被誉为“全区人民的健康和幸福驿站”。

【优质服务】注重传统、特色项目相结合，拓展人口计生公共服务领域。一是全面启动并落实省、市政府实事——免费孕前优生健康检查项目。汉南区政府常务会两次专题研究，制订了实施方案，成立领导小组和技术服务小组，落实项目所需经费，保证技术服务质量。同时，将参与免费孕前优生健康检查目标人群由农村户籍人口和流动人口扩大到所有符合政策生育对象，实现城乡全覆盖和服务均等。与区、街、村三级考核评估相结合，下达任务、每周通报、兑现奖惩。参检人群 566 对（目标值 500 对），在全市 6 个新城区中率先完成目标任务。二是将“农村独生女计生家庭和伤亡计生家庭开展免费健康检查”项目纳入 2012 年汉南区政府实事之一。3 543 户农村独女计生家庭和伤亡计生家庭参加了免费健康体检。三是继续开展“两癌”普查工作，全区早期宫颈癌检测人数累计37 361人、乳腺疾病普查人数累计 21 697 人，“两癌”普查已覆盖全区 90% 的已婚育龄妇女。对检查出来的 7 名家庭困难的“两癌”患者给予了 0.3 万 ~1 万元的救助。2012 年，汉南区计划生育服务站被评为“武汉市群众满意基层站所”。

【利益导向】注重利益导向和政策推动，提升计生家庭发展能力。一是人口计生奖励优惠扶助政策全面落实。落实独生子女保健费 55.3 万元；落实企业退休职工计划生育一次性奖励 49.5 万元；兑现独生子女伤残扶助金 5.76 万元；农村计划生育家庭享受新农保补贴 129 人，兑现补贴金额 7 万元；2 078 户计生家庭参加了意外伤害保险。二是深入开展“五金”关爱活动。自“五金”关爱品牌创立以来，全区累计有 93 名农村独生女获得了 0.3 万元的“金榜奖”；累计 2 000 人参加了“金色童年杯”独生子女书画比赛；先后有 107 名留守儿童或特殊家庭中的子女参加了“金色阳光伴我行——武汉一日游”活动；以培训、征文、知识竞赛为载体，坚持开展“金色年华青春健康教育”；坚持开展“八一金辉情暖军属”活动，累计慰问独生子女义务兵家庭428户。三是开展“生育关怀”行动，重点帮扶困难计生家庭。区直22个单位的263名青年志愿者与320户困难计生家庭结成帮扶对子，形成“目标人群全覆盖，帮扶活动全方位、志愿服务全天候”的帮扶机制。其总结经验——《生育关怀行动的实践与探索》在中国人口报“主任论坛”版块进行发表。设立了紧急救助专项资金，对全区患重大疾病、遭遇重大灾害等特困计生家庭分别给予0.2万元或0.5万元的紧急救助，历年来累计发放紧急救助金62万元。四是农业、科技、人口计生、计生协扶持计生家庭共同致富。全区创建致富发展示范户10户，示范基地3个。接受基地示范带动、提升家庭发展能力的计划生育户达到445户。

【信息共享】注重建立部门信息共享合作机制，人口计生管理服务效能不断提升。公安、民政、卫生、人口计生等部门信息共享，通过建立和完善育龄妇女数据库、全员人口信息数据库以及湖北省信息共享平台，切实将人口出生、B超检查、计生手术等纳入实名登记范围，及时通报信息，及时比对核查，实现资源共享，形成部门间优势互补的管理服务运行机制。2012年，投入30余万元实现政务网向村（居）延伸，对全区62个村（居）计生专干进行计算机基础知识和人口计生信息系统操作培训，初步实现村（居）人口计生信息化，推进了人口计生管理服务科学高效发展。

蔡甸区

【概况】2012年，蔡甸区人口和计划生育委员会坚持立足“国优”新起点，坚持以深化人口计生综合改革为动力，以完善绩效目标管理为抓手，以政策服务和科技服务为支撑，积极实施“知音故里·幸福人家”人口文化发展计划，突出“三抓三促”，即抓基础，促目标；抓信息，促规范；抓创新，促发展，全区人口计生工作取得长足进步。全区出生人口5 234人，出生人口性别比111.22，符合政策生育率95.89%；全区已婚育龄妇女人数93 220人，农村已婚育龄群众以长效为主的避孕节育措施知情选择落实率86%，已婚育龄妇女检查生殖健康服务到位率97%。流动人口总数4 3042人，其中：流出人口36 810人，流出育龄妇女19 424人；流入人口6 232人，流入已婚育龄妇女2 013人。全员人口信息系统流入人口登记、录入条数8 189条，流动人口信息系统流入录入5 937条，流动人口信息提交率、反馈率100%。

【计划生育服务】2012年，蔡甸区人口和计划生育委员会，坚持“以人为本、服务至上”的工作理念。常年组织区、乡医疗技术人员，深入村组、深入农户，为当年新婚、生育、“四术”、药具对象提供访视服务，为特殊对象提供电话预约、短信咨询等个性化服务。畅通计生药具发放途径，促进全区计生药具市场健康有序发展，代表武汉市迎接省药具考核，荣获全省二等奖。投入近 40 万元，扎实推进孕前优生健康检查工作，对区计生服务站试验室进行改造升级，增加一批先进检测设备，聘请 4 名专业技术人员。通过实行“周通报、月督查、季交流”的方式强化工作督办，促进各地抓进度、保质量、比服务。积极推进生殖健康促进计划，利用特定节日，元旦、春节期间与区工会联合为贫困家庭送健康体检卡；3 月与区妇联联合为“三八红旗手”免费进行生殖健康检查；5 月“母亲节”与区妇联联合为“爱心妈妈”、“单亲母亲”免费进行健康检查；“5·29”协会会员活动日与市十三医院联合进企业为农民工免费进行生殖健检查；7 月与区机关工委、区环卫所联合为区直机关女工、环卫所女职工免费进行生殖健检查和“两癌”（宫颈癌、乳腺癌）筛查，受到社会各界的好评。

【性别比综合治理】2012 年，蔡甸区人口和计划生育委员会根据国家、省、市有关精神，深入开展出生人口性别比重点治理年工作。出台《蔡甸区出生人口性别比重点治理年实施方案》，明确各成员单位的工作职责和任务，于 6 月、9 月，在全区范围内开展联合执法检查。形成“常态化”管理。对医疗卫生、药品销售机构及个人，实行名单化管理，规范从业行为。

【流动人口管理】2012 年，蔡甸区人口和计划生育委员会坚持“双边协作”，不断规范流动人口服务管理。深入开展流动人口“优质服务、优化管理”活动，在就医、就业等方面，提供与常住人口同等待遇。坚持深入社区、深入企业、深入工地，开展“六送六进、六访六问、六清六实”活动，全年走访慰问流入人口 2 000 余人次，发放各类宣传资料近万份，慰问金 4.5 万元。开展区域协作，与武汉周边 11 个区县、省外 14 个地区签订《双边联管协议》。将 14 个村（社区）建设成为流动人口服务管理示范村（社区），村村建有留守老人（儿童）活动室、“四点半”学校，成立生产救助服务小分队，及时为留守老人和儿童提供生活、生产、学习上的帮助。7 月，市人口计生委在我区消泗乡召开现场会推介了这一做法。

【计划生育奖励扶助】2012 年，蔡甸区人口和计划生育委员会全面落实国家、省、市规定的各项计划生育奖励优惠政策，全年兑现各项计划生育奖励资金 512.174 万元。落实中、高考加分政策，445 个农村独女户和双女结扎户享受了高考加 10 分（117 人）、中考加 5 分（328 人）的优惠政策。召开 2012 年度蔡甸区“关爱女孩行动”成才奖兑现晚会，对 81 名农村女孩给予表彰。落实农村计划生育女孩户家庭女生减免高中阶段学杂费政策，加强与区教育、民政部门的沟通协调，最终确定以发放《减免学杂费通知书》、凭《通知书》到户籍所在地计生办领取减免资金的形式，对全区首批500名对象进行结账兑现，共减免学杂费45.14万元。

【基层基础建设】2012年，蔡甸区人口和计划生育委员会大力推进村（居）版信息平台建设工作，东部地区以大集街为试点，西部地区以消泗乡为试点，积极争取区政府及相关部门的支持，全区317个村（社区）全面启用村（居）版服务管理信息系统，实现村级计生信息应用全覆盖。同时，狠抓统计质量监督，以考核出生统计上报准确率为标准，严格追究统计差错。按辖区人口规模分两类进行单项考核。对排名靠前的给予奖励并作为年终评优依据，对低于98%的实行“一票否决”并纳入区内“重点管理”。坚持深化基层群众自治工程，全区14个街乡镇（园区）296个村（社区）积极参与，成立诚信计生小组2 056个，签订双向承诺协议8.6万份。9月初，蔡甸街成功村顺利通过市级村民自治示范村创建工作验收，成功迈入市级先进行列。

【宣传教育】2012年，蔡甸区人口和计划生育委员会，积极拓展四种宣传渠道：制作一批精美实用计生宣传品进村入户宣传；利用重大节日开展活动进行宣传；利用户外电子显示屏、公交车电子显示屏等载体强化公益宣传；全年在各级新闻媒体刊发新闻稿件、信息270余篇（条），其中国家级21篇，强化新闻媒体宣传。5月，全市基层人口文化建设现场推进会在蔡甸区召开，推介全区经验和作法。深入开展幸福家庭创建，在奓山街星光村举办现场表彰会，对作出突出贡献的“双十佳双百优”先进单位和个人进行表彰。9月，奓山街星光村被评为全市“十佳优秀人口文化示范基地”、桐湖办事处程世军家庭被评为全市“十佳幸福家庭”。蔡甸区设计的“知音文化馆”被评为市人口文化节“优秀场馆”。

江夏区

【概况】江夏区常住人口65.89万人，城镇人口21.42万人，城镇化率36%，另有流动人口7.34万人，乡村人口37.13万人。辖10个街、5个办事处。2012年，江夏区共出生6 611人，出生政策符合率94.04%。

【统筹协调，全面推进人口计生工作】区委、区政府将人口计生工作作为统筹城乡发展的重中之重，同规划、同部署、同督办、同检查，整体推进，常抓不懈。一是高度重视。区委常委会专题研究人口计生工作，将人口计生工作作为江夏经济和社会发展重大课题之一进行规划。印发了《江夏区2012年度人口和计划生育目标考核方案》（夏办发〔2012〕2号）等一系列文件，确保人口计生工作有序推进。二是完善机制。建立完善目标管理机制。区与乡镇街办事处及部门签订责任书；乡镇街办事处与村、社区签订责任书。明确党政线、部门线、计生线的责任，一级抓一级，层层抓落实。建立完善经费投入机制。2012 年安排人口计生事业预算经费 974.85 万元，另外财政列支流动人口工作经费、关爱女孩专项资金、孕前优生健康检测资金、性别比综合治理经费、信息化建设经费等各项专款 350 万元，开展经常性工作。建立完善工作督办机制。对性别比偏高的乡镇街主要领导实行约谈，对打击“两非”典型案件实行重点督办，有力地推进了阶段性工作的落实。三是部门配合。坚持部门联席会议制度。充分发挥各部门的职能作用。公安部门在区人口计生委设立了警务室，派 3 名干警长年配合计生工作；法院在区人口计生委设立了调解室，参与社会抚养费征收和“两非”案件的查处。卫生部门设立了 B 超监控系统，对全区 B 超进行 24 小时监管。国土部门在计生服务站建设上予以政策优惠。扶贫办对计划生育对象进行扶助。监察局积极查处党员和国家工作人员违法生育和“两非”案件。组织部在评先晋级和干部任用上落实“一票否决”。还有宣传、药监、发改委、经信局、统计局、工商分局、交通局、区委党校、文体局等部门充分发挥各自职能，履行责任。

【综合治理出生人口性别比】 区委、区政府高度重视出生人口性别比综合治理工作，专门成立了领导小组，组建了由公安、纪检监察、人口计生、卫生、药监等部门抽调人员组成的打击“两非”工作专班，有效遏制了出生人口性别比持续升高的势头。建立三项制度。一是督查制度。区委、区政府把综合治理出生人口性别比工作纳入重大事项督查范围，由“四大家”领导牵头组成督查组，每季度进行一次检查、督办。二是点评制度。由区人口计生委牵头，组织区综合治理出生人口性别比领导小组成员单位，每季度对各乡镇街性别比综合治理工作进行专项调研，并召开会议逐一点评，查找问题，明确措施，及时解决工作中存在的问题。三是约谈制度。对出生人口性别比综合治理工作进展慢、查处“两非”案件不力的乡镇街，由区委、区政府领导约谈其党政“一把手”，责令限期改正。落实“三个全覆盖”。一是孕妇动态跟踪管理全覆盖。每周由乡镇街、办事处上报政策内二孩孕妇包保跟踪进度情况，发现孕情无故消失的，跟踪责任人必须及时报告区打击“两非”办公室，区打击“两非”办公室在 24 小时内立案侦查，同时，区打击“两非”工作专班不定期实行暗访、抽查，确保孕妇动态跟踪服务管理全覆盖。二是 B 超监控全覆盖。由卫生监督部门派专人在 B 超主机上安装了诊断监控软件，全程监控医疗卫生单位开展超声诊疗的详细记录，此项举措对“两非”案件的搜集举证，从源头上堵塞漏洞有着积极的作用。三是医疗单位从业人员监管实行全覆盖。区人口计生、卫生部门对全区所有医疗单位从事 B 超工作的人员建立了规范的、附有彩照的电子档案；对全区所有医疗单位在岗和离岗的妇产科专业的医生进行了全面的清理、登记，签订承诺书，建档建卡实行跟踪管理；清理了医疗机构科室和社区服务站点所有不规范的转包、承包性质的医疗点。

【流动人口均等化服务】积极推行基本公共服务均等化。一是实施区域协作。成立了异地流动人口计生协，完善了“信息互通、服务互补、管理互动、成果共赢”的区域协作机制。形成了异地流动人口“支部+协会”“服务+管理”具有江夏特色的流动人口双边管理模式。二是推行服务均等化。开展了以“公共服务均等化，亲情关怀零距离”为主题的送医、送药进工地慰问活动，将医药器具送进农民工的住所；打造流动人口“驿站式”服务，建立“四点半”学校，推行“楼宇计生”等一系列公共服务。三是落实齐抓共管。人口计生、民政、房产、人社等部门建立联动机制，加强协作交流，及时反馈流动人口信息，实行了“以业管人、以房管人”的流动人口服务管理新机制。

【计划生育优质服务】一是生殖健康普查全员化。面向全体育龄人群，实现生殖健康普查全覆盖，普查率在98%以上。二是免费开展“两癌”筛查。从去年开始，区财政每年拿出资金50多万元，对2.8万农村适龄妇女免费开展“两癌”筛查。三是出生缺陷干预普及化。大力宣传和普及预防出生缺陷科学知识，开展免费孕前优生健康检查项目，截至9月底，全区超额完成免费孕前优生健康检查任务。四是阵地建设规范化。将计生技术服务机构纳入全区公共卫生服务体系建设，统一规划。区财政配套资金对国债项目投资新建的计生服务站进行了形象化、服务功能化的建设。

【计划生育惠民政策】出台了《江夏区关于建立人口计生利益导向机制有关事项的通知》（夏办文〔2010〕17号）的文件，真正让计划生育家庭优先分享改革发展成果。一是提高奖励扶助标准。从区财政单独列支300万元，落实区属企业独生子女父母退休一次性奖励、农村独女户及双女户减免学杂费、上大学奖励、特别扶助经费、意外伤害保险和办理新农保。乡镇街也同时制定了奖励政策，乌龙泉街、山坡街对考上大学的农村女孩户另给予1 000元奖励，庙山办事处对考上大学的给予4 000元奖励。二是优先优惠女孩家庭。对农村独女户和双女绝育户在教育、创业、就业、社保等方面实行奖励和扶持。团区委、区妇联、区关工委、区总工会、区工商联和爱心企业，募集爱心资金24.8万元开展关爱“春蕾女童”助学行动，资助50名计生贫困女大学生走进了大学校园。区农业、科技、教育、扶贫办、建设、房管等部门都制定了对计生家庭的优先普惠政策。金港新区对农村女孩户家庭在还建房安置中，可多分一个人的住房面积。法泗、安山、山坡优先安排农村女孩户家庭成员进入“基地+农户”的园区就业。

【夯实计生基础工作】2012年是江夏区人口基础工作改进的一年，发展的一年。一是推行网格化管理。作为市委、市政府推行网格化管理试点区之一，按照“责任分级，网格管理，条块结合，全面覆盖”的要求，在纸坊街24个社区进行了试点工作，目前，根据社区人数、居住区的范围分成了211个网格，每个社区分成了10~11网格，由8~10名网格管理员，1名综合网格员、1名计生专干开展综合服务。目前，社区人口计生工作形成了“人在网中行，事在网中办”的工作新格局。二是注重队伍培训。一是提高政治素质。通过观看专题片，利用“5·29”、“7·11”纪念日开展多种形式的思想道德教育，全面提高计生干部队伍的政治素质。二是提高业务素质。开展以人口计生政策法规、信息化建设、技术服务为内容的集中培训活动。全年开展各类培训50场次，参加人员2 000人次，全面提高计生队伍业务素质。同时，将5名服务站技术人员派送到省、市甲级以上医院进修，提升生殖健康服务综合技术水平。三是加强信息化建设。以完善村级信息化建设为重点，全面提升人口计生信息化水平。目前，全区322个村、微机配置全部到位，村居在线平台全覆盖。为领导科学调度人口计生工作提供了决策依据。

【计生特色工作】2012年，江夏区顺应人口计生发展的新要求，以服务群众、宣传教育群众、帮扶群众为落脚点，因时、因地、因事打造人口计生亮点工作。一是创建人口文化园。以建设新型人口文化和转变传统婚育观念为目标，拓展宣传教育的广度和深度，在大桥新区大花岭村、藏龙岛梁山头社区投入230万元，分别建立了“人口文化园”，着力提升宣传教育的品位和实效。二是承办首届全市人口文化节作品馆。邀请民间书法、绘画艺术大师，现场泼墨，为参馆市民题字赠画500余幅，印制宣传折扇5 000把，制作宣传册5 000份；被首届市人口文化节评为最佳场馆。三是争创省级“阳光计生”和市“诚信计生”示范区。着力打造“阳光计生”品牌，充分发挥“三项公开”在统筹解决人口问题、服务群众、维护稳定中的重要作用。规范化的政务公开、办事公开、村务公开，已覆盖全区乡镇街和村、社区。在全区322个村和社区推行“双向承诺、充分自愿、依法自治”的诚信计生工作模式。四是建立“基地+农户”的模式。通过传播信息，开致富之门；技能培训，传致富之经；“菜单式”、“开放式”服务，搭致富之桥；媒体开辟专栏，引致富之路。探索建立农村家庭致富发展扶持办法。建立20个“公司+基地+农户”的农村家庭致富发展模式，帮助计生家庭成功创业100余户。五是巩固留守儿童安心工程。在巩固法泗“关爱留守儿童”品牌基础上，向其他乡镇延伸拓展。今年，舒安乡启动了关爱留守儿童活动仪式，为65名留守儿童健康成长创造了良好的生活和学习环境。

黄陂区

【概况】2012年黄陂区人口计生部门深入学习实践科学发展观，结合人口计生面临的新形势、新任务、新特点，紧紧围绕稳定低生育水平、提高人口素质、促进人口长期均衡发展等重要目标，突出重点、突破难点、争创亮点、开拓创新、求真务实，圆满完成了各项人口计生目标和工作任务。全区2012年全区出生总数12 456人，出生政策符合率为94.49%；国家、省法律法规和有关文件规定的计划生育奖励政策落实到位率100%；相关责任部门人口计生工作职责落实到位率100%；人口计生机构队伍和经费投入按规定落实到位率100%。全面完成市政府十件实事之一的免费孕前优生健康检查任务，检查率为93.21%；全面落实流动人口计划生育均等化服务，区政府出台了《关于免费办理流入人口农村纯女户家庭人身意外伤害保险的通知》。

2012年度，获得国家《人口和计划生育杂志》宣传工作先进单位、获得全省“生育文明建设先进区”、全市“打击‘两非’立功单位”、“市政府‘十件实事’孕前优生健康检查项目工作先进集体”等荣誉称号。

【坚持“三个不动摇”，统筹人口计生工作】区委、区政府始终把人口计生工作纳入全区国民经济和社会发展总体规划，建立了统筹解决人口问题的新格局。区领导坚持做到重点工作亲自部署，重大问题亲自过问，重要案件亲自协调。坚持人口计生目标管理责任制，区委、区政府严格落实党政线、计生线和相关部门线“三线”目标考评。同时将人口计生主要责任目标和打击“两非”综合治理出生人口性别比等工作纳入区政府绩效目标考核的重要内容和重要事项督查范围，实行月督查动态管理，量化目标进度和责任落实，提高了全区人口计生工作效能。

【出生人口性别比工作】针对出生人口性别比偏高和市级下达出生人口性别比年度目标值偏严的实际情况，区委、区政府从年初开始，先后召开了6次全区出生人口性别比专项治理工作调度会和部门联席会，区委办、区政府办制发了《关于全区综合治理出生人口性别比工作情况的通报》。以宣传教育为先导，利用各种形式、各类平台广泛开展宣传教育和专项培训活动，全区共开展集中宣传40场（次）、发放近3万份宣传资料和宣传品，举办了3期计生技术服务、行政执法和医技人员培训班。及时调整和充实了由监察、公安、卫生、药监、人口计生等部门执法人员组成的“两非”案件查处专班，细化了办案流程及工作职责。调整了考核方案，加大了孕情登记及时率、跟踪服务到位率等过程性指标的分值权重。加大案件的查处力度，全年共立案查处“两非”案件27例，结案26例。

【流动人口工作】针对全区流出人口基数大，流入人口迅速增加的特点，区政府出台了《创新流动人口服务管理体制推进流动人口计划生育基本公共服务均等化试点工作实施意见》。区人口计生委牵头，区直相关部门密切配合，进一步建立健全了工作机制，扎实推进流动人口“优化服务、优化管理”，“均等化服务”等项工作，全区落实流动人口的相关服务管理措施3.4万人（次），流动人口三类重点对象信息提交率、信息反馈率、流动人口已婚育龄妇女有效联系率均为100%。坚持开展“暖在江城”服务活动，全方位实施流动人口“五送”、“五免”服务，培植和涌现了一批农贸市场服务管理示范点，流动人口服务管理示范社区。加强双边联管联动机制，先后与省内外35个县市（区）签订了流动人口双边联管协议。区计生协会同李集街、木兰乡分别在宁夏、新疆等地建立了流动人口计生协会，新增会员一千余人。汉口北市场、盘龙城经济开发区自2011年建立和启动重点地区流入人口服务管理机制以来，已取得明显成效，目前服务管理措施，服务管理队伍、服务管理项目已基本到位，机制运行日趋规范。

【计生奖励政策工作】坚持以人为本，完善计生利益导向机制，是黄陂区的特色亮点，2010年被省里确定为全省也是武汉市唯一的“新农村建设计生惠民计划试点区”，其试点工作经省里检查验收后，给予了充分肯定。去年以来，计生利益导向机制建设又有新的进展，全额及时兑现了2011年享受各级计生惠民政策性资金1 000多万元，完成了2012年新增的5 259名各类对象的调查、核实、建档、上报等工作。投入30万元为全区9 321户农村纯女户家庭成员免费办理了意外伤害保险；投入200万元将免费参加新型农村合作医疗的农村纯女户家庭参合标准提高一倍。按照省市的统一部署，按时完成了将三级以上计生手术并发症人员纳入特别扶助制度；提高农村部分计生家庭奖励扶助和特别扶助标准；对计生特殊家庭给予5 000元再生育补助等相关工作。

【宣传教育工作】全区认真开展“创建新型木兰文化、建设和谐幸福家庭”为主题的“双建”活动。在全市人口文化节活动中，前川街三姜村被评为全市“十佳人口文化示范基地”，长岭街官田村陈华清家庭被评为全市“十佳计生幸福家庭”，区文化馆编排的小品“农家新风”获一等奖，在全市人口计生系统“最美身边人”演讲比赛活动中，区人口计生委获全市一等奖第一名的好成绩。

大力开展生育文明建设，区广电局、长岭街办事处、王家和街小寨村分别获得省生育文明建设先进单位、省生育文明建设先进乡镇（街道）、省生育文明建设先进村（社区）称号。姜红家庭被评为省“生育文明·家庭发展”标兵户。六指街道计生办主任曾凯生被评为省“生育文明建设先进个人”。

积极组织参与市首届 人口文化节，区人口计生委获市首届“人口文化节”优秀组织奖，木兰文化馆（黄陂区人口计生委承办）获首届“人口文化节”优秀场馆奖。

区人口计生委吴先敏被评为2012年度国家人口计生委《人口与计划生育》杂志基层宣传工作先进个人、黄陂区人口计生委被评为2012年度省级人口计生宣传品进村入户先进单位。

【科技服务工作】经过多年的努力，黄陂区计划生育公共服务的体系建设，以及功能发挥，尤其是项目的质控标准，在全省具有一定的位置和影响力，得到国家和省人口计生委充分认可。全区17个计生服务站全部完成规范化、标准化建设，有15个计生服务站评为省、市级计生优质服务站，祁家湾街计生服务站被评为国家级计生优质服务站。街乡服务站的阵地建设逐步进入快车道，近几年争取省市服务站建设资金570万元，目前已完成了8个站的新扩建工程，去年李集街、六指街新站开始动工建设，全区计划在“十二五”期间完成5个街乡站新建工程。

【信息化工作】全面实现了部门间人口信息的及时交换反馈和部门互通、信息共享。全员人口个案信息主要数据的完整率、准确率均达到99.98%，人口基础系统平台信息有效反馈率达到97.10%，统计质量明显提高。去年省里随机抽查大潭办事处的各项数据并进行了综合评估，授予大潭办事处“省人口计生统计质量信得过单位”荣誉称号。根据省市关于人口信息化向村级延伸的要求，积极争取省市信息化专项资金200多万元，完成全区所有村级网络的联通和启用，配备村级版应用电脑及打印机260多台，对街乡镇微机操作员进行了三轮的专项培训，并制发了规范技术性文件，在此基础上，各地集中对所辖村（社区）操作人员进行现场培训和指导。目前已有544个村实现了村级版信息录入，今年全区将实现所有村（社区）村级版启用。

【依法行政工作】按照各级相关规定，先后制发了一系列贯彻落实的意见，并确保在全区人口计生系统得到认真贯彻执行。所有面向群众的证件办理实行零收费，并严格首问首办、即时即办、限时办结等规定；全面实施行政审批一次性告知制度；全面开通网上便民办证系统。去年以来我区蔡榨、武湖、祁家湾、罗汉、横店等街获全市“人口计生依法行政示范街乡”荣誉称号。社会抚养费征收得到有效突破，2012年征收到位1047万元，这是历史上首次总额超千万元。

【基层基础工作】全区结合工作实际共调整村级中心户长325名，配强计生办主任5名；45名计生专业技术人员通过了全国计划生育生殖健康（助理）咨询师的考核，合格率76%；完善落实以钱养事新机制，对街乡镇场计生办工作人员按不同的岗位实施绩效管理并进行考核。在村级换届过程中，全区有11个村的书记、14个村级专干被调整，有14个村级专干因表现突出被选拔为村“两委”班子主要领导，66名（其中乡镇计生办主任4名）年龄结构、知识结构较优，能力素质较强的同志被充实到村级专干和计生办主任的位置，为提高全区人口计生基层基础水平打下良好的基础。

【特色工作】2011 年黄陂区被国家确定为全国也是武汉市唯一的免费孕前优生健康检查试点区，该项目是国务院确定的提高出生人口素质的重点工程，对此区委、区政府将此项目的运作作为建设“美丽黄陂、幸福黄陂”的重要载体，将全面完成项目试点工作任务作为区政府重要工作列入《政府工作报告》。区人口计生委及其计生服务机构作为项目的承担主体，将试点工作任务作为阶段性的首要任务，按照“全面动员、规范流程、严格标准、确保质量”的总体要求，扎实推进试点项目。目前，已对全区符合条件的近万名对象提供了免费孕前优生健康检查，经国家和省人口计生委检查验收，不论是数量和质量标准在全省 17 个试点区（县）中均名列前茅，得到国家人口计生委主任王侠同志的高度评价。

新洲区

【概 况】新洲区位于武汉东北部，南临长江中游，北枕大别山，西靠武汉，东连黄州、鄂州，为武汉大武汉东部水陆门户。1951 年 6 月建立新洲县，隶于黄冈地区。1983 年 8 月划归武汉市，1998 年 9 月撤县设区，成为武汉市的一个新型城区。全区面积 1 500 平方公里，辖 10 街 3 镇 1 个经济开发区和 1 个风景旅游区，是全国闻名的“双孢蘑菇之乡”、“建筑之乡”，享誉荆楚的“教育之乡”。

新洲区总人口 97. 033 8 万人，已婚育龄妇女 19. 429 4 万人，农村已婚育龄妇女 14. 59 万人；全区流出总人数 14. 628 9 万人，其中流动已婚育龄妇女 3. 540 1 万人，享受义务教育的留守学生达 50 778 人，2012 年，全区城镇居民人均可支配收入 4 314 元；农民人均纯收入 3 138 元，

【获奖情况】

1. 《中国人口报》社授予全国县级新闻宣传一等奖；《人口与计划生育》杂志社授予 2012 年度全国宣传工作先进集体。

2. 省人口计生委授予“2012 年度全省计划生育优质服务先进单位”；省人口计生委命名为“全省第二批推进诚信计生工作合格区”。

3. 被省爱卫会授予“湖北省卫生先进单位”。

4. 市委市政府授予“全市 2012 年度人口和计划生育工作进步奖”。

5. 市委办公厅、市政府办公厅授予“2012 年度全市打击‘两非’行为先进单位”。

6. 政务信息工作被市人口计生委评为先进集体。

7. 2011 ~ 2012 年，被评为市级文明单位。

8. 区委区政府授予绩效管理先进单位。

【亮点工作】2012年，紧紧围绕创建“全省计划生育优质服务先进区”的工作目标，坚持以促进人的全面发展为核心，以争创一流的计生服务和满足广大育龄群众需求为出发点和落脚点，进一步健全服务体系，增强服务功能，下移服务重心，拓宽服务领域，加大创新力度，全力争创省级计划生育优质服务先进区，开创了新洲区人口计生工作的新局面。

【队伍建设】为关心干部成长，调动委、站、队干部的工作积极性，委领导班子积极争取区委区政府的支持，通过竞争上岗和民主推荐，委机关共转任、提升正科级干部共11人，做事文化和干部精神面貌得到大幅提升。注重激发人口计生专干工作的积极性，在区、街（镇）两级干部调整中，提拔重用优秀人口计生干部12名，其中，区人口计生委1名副主任和3名街镇分管计生的副书记被提拔为正处级干部，从街镇调1名基层人口计生工作经验丰富的同志到任区人口计生委副书记、纪检组长，充实领导班子力量；区人口计生委1名科长和2名街（镇）计生办主任被提拔为副处级干部。全面开展人口计生系统干部队伍学习、培训，加强纪律作风建设，深入开展治庸问责、廉洁自律教育，转变了工作作风，提升了形象，培养出一支特别能吃苦、特别能战斗、特别能奉献、善于做群众工作的人口计生队伍，全区人口计生干部职工比干劲、比奉献、比创新、比作风的格局正在形成。

【强基提质】继续对未改变面貌的24个重难点村（社区）进行挂牌帮促，由24个区直单位派工作组进驻进行重点管理；86个小康工作队（组）进驻86个村（社区）帮促人口计生工作，限期完成整改任务。7月下旬，17个区直单位逐一对17个二孩孕情管理不及时的村进行重点督导。全面推进计生中心户长改选工作，中心户长由6 230名精减至2 186名，报酬由120元/年提高到800～1 000元/年，加强培训和严格管理，努力把中心户长培养成基层人口计生工作的“四大员”：宣传员、服务员、信息员、监督员，带领村民自我教育、自我管理、自我服务，推动基层人口计生工作由“硬性强迫执行”向“人性服务引导”转变。

【严打“两非”】严厉打击“两非”行为。2012年，全区共查处“两非”案件68例，其中“两非”典型案件39例，刑事处罚案件1例，查处线索移交省内团风县、江汉区、武昌区、江岸区、黄陂区典型“两非”案件9例，移交省外广东省惠州市1例。打击“两非”力度大、效果好，被市委办公厅、市政府办公厅评为2012年度全市打击“两非”行为工作先进单位，全省30强。

【信息化建设】加快村（居）在线服务平台建设，启动村级服务管理信息系统建设的村（社区）达到623个，启用人口地理信息系统的村（社区）达到27个，村级信息化实现了“四个一”：一台电脑、一条宽带、一名女专干、一个办公室；同时规范实名登记工作，疑点问题及时通报核查。

【利益导向】全面落实国家、省、市

各项计划生育奖励优惠政策，创新利益导向机制，促进人们婚育观念转变。2012年，区街计生部门慰问农村贫困女孩户890户，发放慰问金31.25万元；投入39.93万元，为1.33万户农村女孩家庭办理了计生家庭意外伤害保险；落实40余万元资金，帮扶农村女孩户81户；为91名农村独生女办理高考优惠加分，奖励60名考上大学农村女孩户女孩奖金19.4万元；271人享受区属中考加分政策，减免学杂费31万元；180户贫困女孩户被纳入低保。8月26日，举办了“关爱女孩”双（独）女户女孩考上大学大型助学金发放仪式，人民网等媒体进行了重点报道。

【求真务实】坚持实事求是，真抓实干，摸真底，查实情，确保人口计生各项统计数据的真实、准确，把“一补三消零标准常态化”和“电子名册比对筛查”的质量分析测评方法作为常态性的工作内容，不间断地开展人口计生统计“四查”（查思想、查平台、查重点、查入户）、“五清理”（全员人口基础信息清理清查、出生人口清理清查、出生上报信息变动情况的清理清查、人口出生对象属地管理的清理清查、人口计生统计弄虚作假行为的清理清查）活动。指定专人每天监测，对平台22 771条出生分娩、14 830条孕妇B超、12 536条计生手术和8 600条婚姻登记预警信息，认真组织核查，及时落实信息上报；2012年全区统计上报出生人口10 747人，为近五年来出生上报最实、最准确的一年。

【优质服务】组织落实专项资金280万元，按“八统一”的标准，全面完成了区街12个计生服务站标准化、规范化建设任务，特别是区计生服务站打造成为全省一流服务站，优化了服务环境、提升了服务功能；投入经费25万余元，打造问津人口文化主旋律，本区制作的“问津文化馆”被市人口计生领导小组授予武汉市幸福江城首届人口文化节“最佳场馆奖”。

以区站为龙头，街镇站为枢纽，村（社区）计生服务室为基础，前移服务窗口，制订服务计划，逐街逐村为育龄群众开展以生殖健康为主的经常性优质服务。建立区、街镇、村三级随访制度，帮助、指导群众选择安全、有效、适宜的避孕节育措施。全年累计开展孕环情监测14.3万人次、已婚育龄妇女生殖健康服务18.7万人次。积极开展重要时节服务，全力抓好以返乡流动人口育龄群众为主体的服务管理工作。

【宣传教育】加大宣传引导。利用元旦、春节、“5·29”协会纪念日、“7·11”世界人口日等重要节假日进行集中宣传，发放政策法规宣传品2.3万件，“关爱女孩、打击两非”宣传单1.8万份；组织“关爱女孩”专场文艺演出10余场，举办宣传专栏520期；建设人口文化园5个，建设长约1.5公里的人口文化宣传长廊；制作打击“两非”宣传展板13块，在各街镇巡回展出等宣传活动；印发打击“两非”有奖举报通告4万份，公告张贴到每个自然湾，各社区、各街镇大街小巷随处可见；将各街镇查处影响大的“两非”典型案件在《新洲报》上公开曝光，引起强烈反响。

【政务信息】2012年，制发了《关于加强人口计生新闻宣传和政务信息工作的通知》，对各街镇计生办、委机关各科室下达报送任务数及奖惩办法，纳入年度目标考核计分，9月23日，举办全系统政务信息、新闻报道培训班，60多人参加学习。2012年，全系统报送的政务信息被国家人口网、人民网、中国人口报等媒体采用5条；被省市人口网录用分别为90、102篇，区录用52篇；被《中国人口报》社授予全国新闻宣传一等奖（全国仅19家）；被中国《人口与计划生育》杂志社评为2012年度全国宣传工作先进集体。

【创新管理】全面推行“三覆盖”模式。以城镇居民小区、农村自然湾作为一个人口计生工作责任单元，对每一个责任单元明确1名街镇干部、1名计生专干和1名村（社区）干部共同包保负责人口计生工作，实现服务范围上责任地段、实有人口、实有房屋无缝式“三覆盖”服务管理，落实“孕情包保、全程跟踪、关口前移、否决到人”工作机制。

武汉经济技术开发区

【概况】2012年，在市人口计生领导小组和市人口计生委的关心指导下，在开发区工委、管委会的正确领导下，武汉经济技术开发区全面贯彻落实科学发展观，促进经济社会全面、协调发展，人口和计划生育各项工作呈现出良好的发展态势。先后被市人口计生委评为武汉市2011年度人口计生目标管理优胜奖，2012年度打击两非先进单位、免费孕前优生健康检查先进单位。2012年，全区出生人口2 214人，符合政策生育率96.51%。

【坚持“三个不动摇”，统筹解决人口问题】认真贯彻落实省、市相关精神，结合开发区面临的新形势、新特点，坚持“三个不动摇”，抓重点、攻难点、补弱点，人口计生工作呈现出良好的发展势头。开发区工委、管委会领导高度重视人口计生工作，市委常委、开发区工委书记朱毅同志多次就开发区人口计生工作作出重要批示。工委、管委会与各部门、街道、派驻机构签订目标管理责任书，各部门各单位分别召开专题会议，与所属二级机构和企事业单位层层签订目标管理责任书。严格执行“一票否决”制度，2012年在各级各类评优评先中，按“一票否决”制度的要求否决了11家单位和1个个人的评先资格。

【坚持基本国策，综合治理出生人口性别比】近三年，开发区出生人口政策符合率保持稳定，军山街“城中村”改造过渡期内生育政策得以平稳过渡，未出现政策外生育反弹现象。根据全市统一部署，管委会办公室印发《开发区出生人口性别比重点治理年实施方案》，进一步加大

“两非”过程管理，加强源头管控，严格执行孕妇B超检查“双人双签”管理制度，落实有奖举报制度，严防“两非”案件发生。各个村（社区）严格落实二孩及以上孕情监测名单，对性别比较高的村（社区）进行重点监管，对无故消失的孕情追溯原因，全面形成了打击“两非”的高压态势，2012年查处“两非”案件1件。

【加强企业管理，推动流动人口均等化服务】针对全区“企业数量多、育龄人口多、外来人口多”的人口结构特征，管委会出台《关于进一步加强企业人口和计划生育服务管理的实施意见》，提出建设企业计划生育服务室（统一命名为“车都健康屋”）的指导意见，并将此项目纳入开发区管委会为民所办十件实事之一。新成立4个社区居委会（含两个企业社区），全面落实对新建小区、园区企业人口计生服务管理，将企业人口计生日常服务管理工作纳入企业社区居委会职责范围。坚持流动人口“属地化管理、市民化服务”工作理念，组织开展“人口政策宣讲进社区”活动及“流动人口清理清查”专项行动，新增流入育龄妇女91人，流出育龄妇女10人，发放催办单1 594份，宣传资料13 260份，避孕药具3 125盒，上门服务2 193家。

【加强协会建设，开展生育关怀行动】推进村（社区）计生协会规范化建设，采取因地制宜、分类指导的原则，新建4个流动人口计划生育协会。扎实推进“生育关怀．幸福家庭”促进计划，制定创建“幸福家庭”活动标准，对荣获“幸福家庭”称号的家庭进行表彰。建立健全对计划生育困难家庭的走访慰问机制，广泛开展“进万家门、访万家情、解万家难”慰问活动，走访慰问48次达289人，开座谈会42次达470人，纪念活动14次达70人，志愿服务21次达95人。全区计划生育家庭意外伤害保险投保家庭总计2 272户，金额达7万元。

【落实诚信计生，推进网上便民办证】成立诚信计生领导小组，将诚信计生、阳光计生、村（居）民自治等活动有机结合起来，统一纳入人口计生目标责任管理考核机制。沌口街曹庄村被评为湖北省人口和计划生育基层群众自治示范村（居），军山街军江村被评为武汉市人口和计划生育基层群众自治示范村（居）。全面推行网上便民办证系统，一是组织培训，组织街道及社区计生专干就湖北省生育服务证申办流程及流动人口婚育证明申办流程进行专项培训；二是加强监督，组织工作专班及时对全区所有街道便民办证大厅进行专项清查，对没有按照规范进行操作的单位提出整改意见；三是强化宣传，采取街道集中宣传、社区（村）分散宣传的形式，确保宣传到位，2012年网上共办理各项证件1 340本。

【彰显人文关怀，完善利益导向机制】认真落实《市委办公厅、市政府办公厅<关于对计划生育特殊家庭开展关爱关怀工作的通知>》的要求，对全区19户独生子女死亡家庭发放一次性救助金20.3万元，为两户能够再生育的家庭提供精神抚慰和技术帮助。全面落实独生子女父母奖励政策，独生子女在社区建设中按两倍计算分房面积。对符合条件的15名农村独女户（双女结扎户）家庭女孩中考和17名农村独女户家庭女孩高考落实加分政策，兑现农村双女结扎户奖金3.15万元，筹措77.928万元独生子女保健费。一次性落实正常生产企业退休职工计生奖励政策35人和区属企业灵活就业计生奖励24人，发放奖励金20.65万元，落实103人的奖扶特扶资金共计13.608万元，设立10万元“关爱女孩”专项资金。

【深化优质服务，落实各项服务工程】 一是全面推进免费孕前优生健康检查工作。全区免费孕前优生健康检查项目正式启动以来，社发局扎实部署，广泛动员，全面深入推进此项工作，共完成270对符合对象的健康检查。二是认真开展优质服务月活动。2012年紧扣“生殖健康·家庭幸福”这一主题，共为2 000多人次提供计生优质服务，为1 700人次提供各类免费健康检查，为150余名育龄妇女发放免费妇科B超检查卡，持卡人可随时到计生服务站免费检查。三是积极实施避孕节育优惠服务工程。积极倡导育龄群众选择长效避孕措施，确保免费避孕药具供给，减少育龄妇女因意外怀孕而造成的身心伤害，共发放避孕药品1 200盒，避孕药具9 320盒。

【加强人财保障，夯实基层基础工作】 优化财政资金支出结构，确保计生事业费和各项奖励优惠政策资金足额及时到位，2012年区级人口计生事业费达407万元。加强计生队伍建设，强化业务培训，健全基层群众工作网络，不断提高工作质量和工作水平。社发局新引进1名社会学博士，调整3名工作人员充实到计生队伍，社发局计生工作人员达7名，两街公开招聘32名学历高、年纪轻的计生专干。完善各项制度建设，建立人口计生责任目标定期督查制度，实行月分析、季调度，及时发现工作中存在的薄弱环节和问题，督促责任部门及时整改。实行数据库信息日清零制度，全员人口信息系统信息准确率达99.95%，完整性达99.98%。

【特色工作】 2012年实施的适龄妇女“两癌”免费筛查项目，将所有流动育龄妇女全部纳入服务对象，共为6 029名适龄育龄妇女进行了免费筛查。制订实施《开发区流动人口中农村独女户和双女绝育户发放高考助学奖励金实施方案》，对流动人口中农村独女户和双女绝育户家庭实施高考助学奖励金政策。稳步推进企业计划生育服务管理工作，2012年在两家规模以上（1 000人以上）企业建立计划生育服务室，并配备专（兼）职计生工作人员。创新中心户长管理模式，实现社区人口计生工作网格化管理，呈现“一把手”主要抓、计生人员专门抓、中心户长协同抓的工作机制。

东湖高新技术开发区

【概　况】2012年，东湖高新区管理8个街道办事处，辖142个行政村（社区居委会），95个楼盘，总人口42.2万人，其中男性21.78万人，女性20.42万人。本考核年度共出生4 866人，其中政策内4 668人，政策外二孩180人，政策外多孩18人，出生人口政策符合率95.9%，政策外多孩率0.37%；处理党员国家工作人员违反政策生育6人，全面完成了市人口计生委下达的各项目标任务。

2012年6月，被市人口计生委评为“人口和计划生育目标管理优秀单位”，2012年11月被市委市政府评为“2012年度武汉市打击‘两非’行为工作立功单位”，2013年元月被评为“武汉市政府‘十件实事’免费优生健康检查工作先进集体”，“武汉市计划生育政务信息先进集体”。

【队伍建设】配齐配强了各级计生队伍。调整了高新区人口与计划生育领导小组，由管委会主任张光清任组长，各街道办事处党工委书记、相关单位负责人任成员。社会发展局计生工作人员增加到了5名，充实了队伍力量。8个街道共有56名从事计生工作人员。村社区专干数162人，计划生育协会154个，计划生育中心户长1 263人。8个街道中有3名从事计生工作人员提升副处级，有5名提升为科长和副科长。邀请省市区计生专家对街、村级计生工作人员进行了依法行政、流动人口服务、目标管理及各类信息系统的培训，共有600人次参加了培训。

【打击“两非”】6月5日，东湖高新区召开2012年度人口计生工作会议。市委常委、东湖高新区党工委书记马旭明会上强调要综合治理出生人口性别比偏高问题，严厉打击“两非”行为，提出对“两非”案件举报人实行重奖，对每起“两非”案件的举报人、成功办案人员奖励5万元。《东湖高新区关于“两非”案件举报奖励办法》于2012年6月28日发布实施。

2012年度，高新区加强了孕情跟踪，查处了一批无医学原因，未经过计生部门批准，孕情突然消失的对象，取消二孩生育证6例，涉“两非”行为处罚1例。

【流动人口管理】坚持“属地化管理，市民化服务”的原则。加强流动人口企业用工单位和户籍地信息沟通和配合，依法维护流动人口法律、法规规定的各项权利，确保实行计划生育的流动育龄夫妇享有国家规定的免费计划生育技术服务，出台流动人口管理均等化文件《东湖高新区关于流动人口免费孕情优生健康检查、免费婚前健康检查实施方案（试行）的通知》。

扎实推进全员流动人口统计信息工作，全员人口信息系统登记流动人口

13 711人，登记流动人口增长 3 700 人。加强流动人口服务管理区域协作，流动人口“三类重点对象”信息提交率、反馈率达到100%。关东街和佛祖岭街开展城乡结合部计划生育流动人口服务管理示范社区（村）创建工作。

【信息化建设】全员人口信息系统、共享平台反馈、便民办证系统应用和村居在线系统应用率100%。

高新区人口和计划生育局进行了信息化分科室应用。8 个街道办事处及 142 个村（社区）配置了计算机设备和操作员，对村级信息员进行了村居在线平台系统操作培训，在线平台系统全面启动。加强了对共享平台出生信息、B 超和计生手术信息的核实上报，真正做到不遗漏、不错报，数据真实可靠。经过清理清查，全员人口数据库质量进一步提高，其中有 4 项指标数据质量达到了 100%。

全面启用了网上便民办证系统。8 个街道配置了计算机、针式打印机、扫描仪、读卡器，《生育服务证》、《独生子女父母光荣证》和《流动人口婚育证明》全部使用网上办证打印办证，并在关东街和佛祖岭街各选择了一个社区进行了社区级网上便民办证试点。

【利益导向】各项利益导向政策落实到位率 100%。2012 年享受农村计划生育家庭奖励扶助 424 人，独生子女家庭特别扶助 39 人，共发放奖励金 50. 532 万元。落实农村独生女高考加分 19 人，中考女生加分申报 103 人，其中市外流入 10 人。2012 年享受企业退休职工奖励政策人数148 人，全部落实到位。5 年来，共落实困难企业退休职工独生子女奖励 3 553 人，发放奖励金 1 243. 55 万元。符合高新区农村纯女户奖励政策 280 人，落实奖励金25. 3 万元。“两节”期间，市区街三级领导带队对 8 个街道特扶家庭和计生困难家庭进行了走访慰问，带去了慰问物资和慰问金，共慰问了 680 户计生家庭，发放慰问金 35 万元。

【科技药具】实施优生促进工程。落实市政府十件实事之一的免费孕前优生健康检查工作，符合生育政策、计划内怀孕的农村（含流动人口）夫妇免费孕前优生健康检查对数达到 1 157 对，超出任务137 对。加强优生检测、B 超产前检查、农村适龄青年免费婚检工作，广泛开展优生优育知识宣传普及和优生咨询指导，开展避孕药具送工地送企业活动。拓展生殖健康服务，开展东湖高新区第十一个计划生育优质服务月活动。全面推进“生殖健康进家庭”活动，生殖健康咨询师培训面达到 100%。

【宣传教育】进一步拓展人口计生宣传阵地，将计生文化融入“五务合一”之中，着力打造高标准的花山街新社区人口文化园。在社区党员群众活动中心设立人口文化活动中心和人口文化书屋。在服务窗口张贴《生育证申请办理指南》和《病残儿医学鉴定流程指南》。印制《东湖高新区关于“两非”案件举报奖励办法》、《致东湖高新区准备怀孕夫妇的一封信》、《三项公开工作规范》等宣传品共10 万多份。强化新闻信息宣传，出台

《东湖高新区关于加强人口计生新闻宣传报道和政务信息报送工作的通知》，对新闻宣传进行奖励，省市人口计生门户网站共发信息109篇。组织参加了首届“幸福武汉”人口文化节，花山街道计划生育协会创作的小品《生不生》参加了市文化节演出，获得三等奖。关东街的宣传品《中国结》获市人口文化宣传优秀奖。

【协会工作】按照“精简、高效、提标”的要求，进行协会中心户长改革，共新组建4个流动人口计生协会。健全生育关怀长效机制，组织对4 273户计生家庭办理了意外伤害保险，投入资金12.819万元。开展阳光诚信计生和幸福家庭创建活动，评选出幸福家庭4 280户。创建了10户“提高家庭发展能力、创业致富”示范户。

【特色工作】落实企业楼盘人口计生服务和管理全覆盖。企业落实法人负责制，选配综合素质较高的专（兼）职人员负责企业及所属部门的计生工作。组建企业计划生育协会组织和志愿者队伍，发挥企业职工自我教育、自我管理、自我监督的作用。在所有未成立社区居委会的新建楼盘采用“以钱养事”方式配备计生工作人员。逐步完善“街道负责、企业（园区）为主”的人口与计生工作管理体制。加强企业人口计生宣传教育全覆盖，药具科技服务全覆盖，利益导向落实全覆盖。

东湖生态旅游风景区

【概　况】2012年，在市委、市政府的正确领导和市人口计生委的关心指导下，全区始终坚持以人为本、服务为先，围绕稳定低生育水平、提高出生人口素质，通过抓班子队伍建设、抓目标责任落实、抓重难点工作、抓联动整治力度，圆满完成各项目标任务。

【主要数据】截至2012年9月30日，总人口53 057人，已婚育龄妇女8 241人。2012计生年度共出生458人，政策内430人，其中男孩245人，女孩213人，政策符合率93.89%，出生人口性别比115，二孩及以上妊娠对象孕情监测到位率68.1%；完成免费孕前优生健康检查人数61对。

【领导高度重视】5月23日，工委书记、管委会主任张卫国主持召开专题会议，研究贯彻落实全市人口计生工作会议精神，作出了调整充实全区人口计生工作领导小组，增加计生办工作人员，追加30万人口计生工作经费，相关责任部门认真履行各自人口计生职责，开展拉网式清理清查工作，将人口计生纳入治庸问责等决定。并邀请市人口计生委领导和相关处室负责人现场调研，帮助查找问题，剖析原因，会商措施，为全面完成全年人口计生目标、推动人口计生工作争先进位打下了坚实基础。

【队伍建设】关心计划生育干部成长。今年将原区人口计生办主任提拔重用，担任管委会副主任分管全区人口计生工作。并将城乡工作处党委书记、主任兼任区人口计生办主任。探索加强人口计生工作的新机制，实行区、街两级合署办公，明确了城乡工作处和人口计生办是人口计生目标的主体单位。通过人才代理的方式，引进4名高素质人才充实人口计生队伍。目前区人口计生办专职工作人员增加到8人，其中研究生4人、本科2人，平均年龄32岁，工作力量空前壮大。

【目标管理】今年，全区将计生与消防安全、信访稳定、社会治安等“一票否决”考核指标一并列入基层单位的2012年度绩效工作目标，占总权重的8%，进一步强化了各单位抓实抓好计生工作的责任意识。同时，将部分人口计生重点目标进行分解，与相关部门目标工作进行捆绑，实行联责、联动、联考。

【流动人口服务管理】今年出台了《关于流动人口计划生育基本公共服务均等化工作实施意见》，在对流动人口的服务管理上更加科学化、人性化。在基层流动人口的管理上，桥梁社区、鼓架社区针对辖区范围内某一行业集中的特点，探索流动人口自我约束、自我管理的新途径。桥梁社区成立了餐饮行业流动人口计划生育协会、鼓架社区成立了物流行业流动人口计划生育协会，辖区派出所、工商所、同行业各企业负责人担任协会会长及理事成员，通过一系列的协会活动，使流动人口增强归属感，群众自治意识明显提高。今年全员人口信息系统流入人口登记数量6 625条、录入数量6 383条。

【利益导向】严格落实国家、省市相关计划生育奖励政策，出台《东湖风景区计划生育奖惩办法》，强化了利益导向机制。2012年计划生育家庭特别扶助21人，农村部分计划生育家庭奖励扶助1人，其特扶金、奖扶金全部落实到个人账户，共计3.27万元；两名农村女孩享受了农村独女户家庭高考加分政策，步入了理想的大学；农村独女户、双女结扎户优录人数14人（含流动人口2人）；对高考对象上省线2人（二类线）及中考优录上重点高中2人（流动人口1人），分别给予一次奖金2 000元、1 000元的奖励，奖励金0.6万元；落实独生子女保健费1 024户，发放保健费13.36万元；落实企业退休职工奖励政策审核上报11人。全区用于“关爱女孩行动”的资金达到5.7万元；681户计生家庭参与了“幸福家庭”创建；1 319户计生家庭参加了计划生育家庭意外伤害保险，超出挑战值（723户）84个百分点，生育文明家庭发展的推进计划实施面达到90%。通过这一系列举措，群众的生育观念有了较大转变。

【基层基础管理】城乡处制定了班子成员计生工作分片包干责任制，形成了“城乡处书记—包片班子成员—村居负责人—计生专干—中心户长”的责任链。针对以往中心户长文化程度低、年龄大、报酬少、积极性不高等问题，在各村开展了中心户长管理模式的改革创新，以“精简、扩面、提能、提标、规范”为目标，选拔出一批文化程度高、年富力强、热心计生事业的同志加入中心户长行列。全区中心户长人数由原来402人，精简到293人，精简率38%，中心户长的补贴由原35元每人每月，提升到100元每人每月，增长幅度185%，中心户长协助计生专干开展工作的能力和积极性有了较明显提高。各基层单位也在不断探寻适应自身情况的管理模式，尤其在建立城中村改造相关政策与村民计生政策执行情况挂钩的长效管理机制上有创新，如东湖新城社区为使人口计生工作适应村民到股民、村民到居民的转变，分别从公司、社区两个层面出台了《武汉东湖飞跃实业发展有限公司股份管理办法》和《东湖新城社区计划生育管理办法》，为基层人口计生工作提供了制度保障。

【联动整治】2012年出台了《东湖风景区夏季流动人口清理清查行动及整治“两非”专项行动实施方案》，区综治办负责协调指挥，计生办、城乡处、城管局、公安分局、工商分局、食药局、房产局等部门抽调专人，在全区开展了一次历时100天的专项集中清理清查行动。这次行动创下了自风景区成立以来，参加部门最多、参加人员最多、涉及面最广、历时时间最长、成果最为显著等多个之最。通过这次行动，消除了部分社会隐患，促进了“和谐东湖”的发展。

【打击“两非”】全区相关职能部门组成了打击“两非”专项行动组，在流动人口相对集中、个体诊所相对密集的城乡结合部进行排查。对全区仅有的3家有B超资质的医疗机构从事B超诊断的人员实施档案化管理。在各医疗单位B超室、妇产科门口醒目处张贴上了我区印制的打击“两非”警示标语，宣传氛围浓厚。食药局东湖分局将打击“两非”工作和终止妊娠药品清查工作作为药品监管的重点。由分管局长亲自带队，结合基层医疗机构专项整治行动，对辖区基层医疗机构终止妊娠药品购进使用情况进行清查。检查发现，各基层医疗机构基本能做到终止妊娠药品的规范管理。为了加强药学服务人员对于终止妊娠药品加强管理的责任意识，食药局东湖分局组织药管人员和村卫生室的乡医开展了药品质量管理的业务培训。在各相关部门的努力下，集中整治行动取得了显著的成效，通过取缔一批、整治一批、规范一批，使综合治理出生人口性别比及打击“两非”的群众知晓率大大提高。正是在集中整治行动的影响下，群众积极提供“两非”案源，实现查处“两非”案例零的突破。

【严处党员及国家工作人员违法生育行为】2012年，共查处2011年度以来违法生育党员人数4人，党纪处分落实到位，其中开除党籍3人、取消预备党员资格1人，并进行了全区通报，对广大党员干部和国家工作人员起到了警示教育作用。

武汉化学工业区

【概况】武汉化学工业区下辖八吉府街办事处和清潭湖办事处，共有20个行政村，1个社区，区域面积71.64平方公里，总人口3.65万人。2012年，人口和计划生育工作目标第二次作为一级目标下达到化工区，区党工委、管委会高度重视，在市人口计生委的具体指导下，在区、街、村各级人口计生工作人员的共同努力下，坚持问题导向，狠抓薄弱环节，知难而进，扎实推进人口计生工作，各项工作目标得以顺利完成。

【队伍建设】为了加大人口计生工作的管理力度，成立了武汉化工区人口和计划生育工作办公室，由社发局局长兼任办公室主任，明确了计生办的职责和工作任务，构建完善了化工区人口计生工作管理体系。针对人口计生工作人员不足的现状，管委会在人员十分紧张的情况下增加了两名计生工作人员，两街道办事处均增加1名计生信息员，21个村（社区）每个村都增加一名计生工作人员。全区共增加了25名计生专干，人口计生工作人员比原来增加了一倍，增强了人口计生工作力量。

【培训】为提高人口计生工作人员业务水平，管委会社发局在黄陂木兰湖举办了全区人口计生专业知识培训班，邀请市人口计生委的领导讲授政策法规、规划统计、宣传教育、性别比治理、村居版系统应用等业务知识。为了提高村计生信息员村居版系统的操作水平，区计生办又组织了6场专题培训课，对20个村、1个社区的21名信息员和10余名村计生干部进行村居版服务管理信息系统强化培训。

【综合治理出生人口性别比】为确保全区出生人口性别比达到正常水平，管委会印发了《出生人口性别比综合治理集中行动实施方案》，成立了以管委会分管领导为组长，相关责任部门负责人为成员的专项治理工作领导小组。管委会还针对辖区内私人诊所、个体药店和村卫生室开展了专项整治行动，通过联合执法，营造了良好的社会氛围。本年度，我区查处“两非”案件一例，取消一对夫妇生育二孩指标，不再批准其生育。通过这一例案件的查处，对全区符合政策生育的育龄夫妇起到了良好的警示作用。

【信息化建设】针对信息质量缺失的问题，狠抓信息质量的提高。确定每周二为信息质量督查日。规定每周二，区、街人口计生工作人员集中办公，共同核对全员人口、共享平台、流动人口、孕妇跟踪信息等，查找差距和问题，及时整改；组织村计生专干进行自查、互查，提高婚、孕、育等动态指标的信息准确率。经过区、街人口计生工作人员的努力，从第三季度开始，全员人口基础数据库信息完整准确率从全市排名倒数第一上升到全市前列。为确保信息质量的提高，我区十分重视硬件投入，共投入 21 万元为每个村（社区）配置了联想电脑、爱普生针式打印机、惠普扫描仪、华视身份证读卡器等设备各一套。村（社区）级服务管理信息系统全面启用，完成目标 100%。

【流动人口管理】 2012 年，全区有流动人口 4 345 人。跨省流入人口 1 302 人，省内流入人口 3 043 人，流出人口 95 人。为加强对流动人口公共服务均等化工作，管委会成立推进流动人口计划生育基本公共服务均等化工作协调小组，印发了《关于推进流动人口计划生育基本公共服务均等化工作的通知》，要求各单位、各部门将流动人口均等化工作纳入年度工作计划，规范管理，加大经费投入。建立以宣传倡导、避孕节育生殖健康、优生优育、奖励优抚等为主的均等化服务工作机制。一是对居住在化工区半年以上，在本地自觉落实长效节育措施的流动育龄夫妻，凭本地医院证明，给予一次性奖励，并及时通报给原籍地。二是对流入人口中农村家庭领取了《独生子女父母光荣证》或《独生子女证》的独女户、双女结扎户的女孩，可在现居住地享受中考加分的录取政策。三是在重大节假日对流动人口困难家庭开展上门慰问活动，把流动人口均等化工作落到实处，确保流动人口均等化服务工作取得实效。

【村民自治】 创新管理服务机制和方式方法，切实维护群众实现计划生育的合法权益，充分动员广大群众参与管理、服务和监督计划生育工作。根据省、市有关要求，成立了化工区诚信计生工作小组，制定了《武汉化工区管委会关于全面推进诚信计生工作实施意见》，指导村（居）民委员会修改《村（居）民自治章程》、《计划生育诚信协议书》，召开居民代表大会通过，在充分自愿、相互信任的基础上，组织居民签订诚信计生双向承诺书，明确群众的权利、义务和街以及村委会应担负的职责和提供的服务。建立政府诚信、群众守信、村（居）民互信的“双向承诺、充分自愿、依法自治”的诚信计生模式。目前，诚信计生工作已在全区全面展开。其中，八吉府街 6 个村、清潭湖两个村基本实现诚信计生。

【经费投入】 人口计生机构队伍和经费投入按规定落实到位，全年共投入经费 125.26 万元，比上年增加 27.7%。其中：落实国家和省法律规定及有关文件规定的计划生育奖励政策经费 42.7 万元，比上年增加 48.1%。

十四、大事记

2012年

【一月】

1月4日，市人口计生委机关党委在汉口江滩举行机关及直属单位全体干部、职工新年迎春长跑活动。

1月5日，免费孕前优生健康检查工作列入2012年武汉市政府为民办实事之一。

1月5日，省、市人口计生委，汉阳区委、区政府在武汉国际博览中心联合举办“国策伴你行、情暖农民工”心连心迎春慰问活动。

1月6日，委纪检组长周汉超代表委党组对在江夏区、黄陂区计生服务站服务的“三支一扶”大学生开展新春走访慰问活动。

新年第一周，计生药具公益视频广告在全市271条公交线，5 000台公交车上滚动播放，宣传群众。

1月10日，全市“三下乡”活动在黄陂区六指街举行。市人口计生委向六指街捐赠扶持资金3万元，发放慰问金5 000元。委党组书记李丹芳陪同市委常委、宣传部长彭丽敏，市政府副市长刘英姿等领导到建民村入户慰问计生家庭。

1月10日，市人口计生委举办为期4天的流动人口计划生育PADIS对接平台暨规范化培训班。

1月11日，新任市人民政府副市长刘英姿到市人口计生委视察指导工作。市政府副秘书长周元陪同视察。委党组书记李丹芳作工作汇报，委机关及直属单位副处以上干部参加会议。

1月12日，委党组书记李丹芳带队走访慰问江岸区5个计生困难家庭。

1月12日，市人口计生委、计生协组成9个慰问组，分赴全市各区慰问帮扶81个特困计生家庭。掀起了全市人口计生系统“进万家门、访万家情、解万家难”为主题的慰问计生困难家庭活动。据不完全统计，全市各级人口计生委、计生协春节慰问活动共对1万多户困难计生家庭进行了走访慰问了。

1月13日，委党组书记李丹芳、副主任王怀卓、纪检组长周汉超赴市人口计生委“三万”工作点新洲区辛冲镇毛铺村，现场察看援建完工的毛铺村蒋家大塘改造工程，并对毛铺村10户困难计生家庭、5名村干部和5户计生中心户长进行了慰问。

1月18日，市委副书记胡曙光、市人大副主任郑永新、市政府副市长刘英姿、市政协副主席石大鸿、市政府副秘书长周元、市委办公厅巡视员张捷莅临委“我爱我家”春节团拜会现场，与委离退休老领导、老同志和全体员工及各区人口计生委负责人欢聚一堂，共话新春。

1月20日，困难计生家庭首次纳入市领导春节走访慰问活动。省委常委、市委书记阮成发率车延高、张学忙、龙正才、张河洁、刘立勇、石大鸿等市四大家领导，到黄陂区罗汉寺街杨桥村慰问身患白血病的独女户钟金贵家。市人大秘书长于建海，委党组书记李丹芳，黄陂区委书记胡洪春、区长吴祖云参加慰问。

1月30日，委党组书记李丹芳向市政府分管秘书长周元专题汇报关于迎接国家人口计生委王侠主任视察武汉市人口计生工作方案，以及拟请市委、市政府解决的有关问题。

【二月】

2月1日，国家人口计生委宣教司副司长施春景、副巡视员王华宁，省人口计生委党组书记胡菊萍、副主任董尚荣到东西湖区常青花园社区视察调研人口计生工作开展情况。委党组书记李丹芳、副主任吴克敏陪同调研。

2月6日，市委第21考评组到市人口计生委委进行市绩效管理和市管领导班子、领导干部年度考评工作。委机关全体干部、直属单位主要负责人及群众代表、部分区人口计生委主任参加了会议。

2月9日，市人口计生委在孝感召开全市推进信息化建设学习现场会。部署了2012年度人口计生信息化建设工作。

2月10日，全市各区人口计生委主任会议召开。总结、兑现2011年人口计生部门目标，部署2012年工作任务。各区人口计生委党组书记、主任，委领导、机关各处室、各直属单位主要负责人参加会议。

2月13日，市人民政府副市长刘英姿专程前往省人口计生委汇报全市人口计生工作。委党组书记李丹芳陪同前往。

2月14日，全市反腐倡廉暨深化治庸问责工作会议上，市人口计生委受到市委、市政府2011年全市民评民议优化发展环境工作通报表彰。

2月15日，市委副书记胡曙光、副市长刘英姿会见省人口计生委党组书记胡菊萍、副主任朱惠民等春季调研组成员，听取调研组对武汉市人口计生工作意见。市政府副秘书长周元、市委巡视员张捷，市人口计生委党组书记李丹芳参加座谈。

2月14~16日，省人口计生委党组书记胡菊萍、副主任朱惠民对武汉市进行春季工作督导调研。督导组对武汉市黄陂、汉阳、青山、江岸、新洲五个区的医院、计生服务站、企业、街道、社区，16个点的人口计生工作情况进行调研。市委副书记胡曙光、市政府副市长刘英姿、副秘书长周元、市委办公厅巡视员张捷分别陪同调研。委党组书记李丹芳及相关区委、区政府主要领导参与调研。

2月21日至3月22日，市人口计生委对全市17个区、101个街乡、126个社区（村）、51个计生服务站和101个医院的人口计生工作进行调研督导。

2月21日，中国人口福利基金会副秘书长蓝野、创建幸福家庭活动指导委员会办公室副主任于滋、健康项目办公室执行主任楚新成到武汉市调研创建幸福家庭活动试点工作。委副主任吴克敏陪同。

2月23日，市人大副主任郑永新一行对武汉市计生药具管理站、市计生科技所、江汉区计生服务站视察调研，并听取了委党组书记李丹芳对全市人口计生工作的情况汇报。市政府副市长刘英姿、委副主任刘庆香陪同调研。

2月24日，市人口计生委被市委、市政府办公厅评为2011年度全市信访工作先进单位。

2月28日，国家人口计生委副主任崔丽到武汉市调研人口计生工作。崔丽副主任视察了武昌区中南路街静安社区的楼道人口文化、婚育体验馆、新家庭文化屋和人口文化活动室。市长唐良智会见崔丽副主任一行，副市长刘英姿、省人口计生委党组书记胡菊萍陪同视察调研。

2月29日，经市第十三届人大常委会第一次会议表决通过，李丹芳同志被任命为市人口计生委主任。此前，李丹芳同志已于2011年11月15日任中共武汉市人口计生委党组书记。

【三月】

3月1日，全市免费孕前优生健康检查项目现场会暨启动仪式在黄陂区举行。市政府副秘书长周元宣布项目启动。市人口计生委党组书记李丹芳、副主任刘庆香、市民政局、市财政局、市卫生局分管领导，各区人民政府办公室分管主任出席启动仪式。

3月2日，市委、市政府召开工作会。市人口计生委被评为全市2011年度绩效管理工作先进单位。

3月6日，山东省人口计生委一行7人到武汉市青山区、黄陂区学习考察。省人口计生委副主任阮立艰、科技处处长林俊杰、委副主任刘庆香陪同考察。

3月7日，市政府副市长刘英姿主持召开人口计生信息化建设和应用推进工作会议。市人口计生委、综治办、公安局、卫生局、国土规划局、房屋保障管理局、信息产业办负责人参加会议。市政府副秘书长周元主持了会议。委主任李丹芳介绍了全市人口计生信息化建设工作现状，并就加快推进信息化应用提出建议。各部门就主动履责，共同参与进行了发言。

3月7日上午，湖南省人口计生委党组书记、主任李万郴一行17人，到武汉市青山区工人村街青宜居社区考察人口计生工作。省人口计生委党组书记胡菊萍、巡视员裴大新，市人口计生委党组书记、主任李丹芳，青山区委副书记刘枨堂、区政府副区长雷萍陪同考察。

3月8日，市新“三万”活动验收组到市人口计生委辛冲镇毛铺村工作点，对标验收村渠道砼硬化工程和村塘堰清淤治理工程。

3月10～12日，市人口计生委举办“全市孕前优生健康检查咨询医师培训班”。

3月19日，市政府第6次常务会议，专题听取全市人口计生工作情况汇报，对人口计生工作进行研究部署。审议了2011年度全市党政领导线人口计生责任目标和市直各责任部门目标考评结果，重点对需要市委、市政府解决的有关问题进行了研究。市委副书记、市长唐良智主持会议并作重要讲话。

3月20～21日，全省流动人口计划生育基本公共服务均等化试点工作座谈会在武汉市江夏区召开。

3月23日，市人口计生委召开了2011年度机关工作总结表彰会。对2011年度先进集体、先进个人给予了表彰。

3月27日，市人口计生委召开2012年新闻媒体通气会。人民日报湖北分社、湖北日报、楚天都市报、长江日报、武汉晚报、武汉晨报、武汉电视台、武汉电台、长江网的新闻记者到会。委党组书记、主任李丹芳参加媒体座谈会。委副主任吴克敏主持了会议。

3月28日，市人口计生委召开全市上半年人口计生绩效目标管理调度会。

3月29日，市计生药具管理站在武昌徐家棚绿地建筑工地举行“计生药具进工地”活动启动仪式。市人口计生委副主任吴克敏和刘庆香以及市建委、武昌区政府有关领导，七个中心城区人口计生部门、建管部门和农民工代表等200余人出席了启动仪式。

3月30日，创建幸福家庭试点市工作纳入市政府办公厅印发的《武汉市人口和计划生育事业发展十二五规划》。

【四月】

4月13日，市人口计生委召开全市查处“两非”案件工作季度会。

4月13日，全市2012年农村部分计划生育家庭奖励扶助和特别扶助制度资格审核及经费测算工作全面完成。共核实上报符合政策的奖励扶助对象8 825人，特别扶助对象8 247人。

4月15日，国家人口计生委党组书记、主任王侠带领调研组视察调研市黄陂区免费孕前优生健康检查和江岸区百步亭社区基层群众自治工作情况。

4月15日，市人口计生委向辖区病困道德模范张达清同志捐款5 000元。

4月16日，省委常委、市委书记阮成发，市委副书记、市长唐良智会见国家人口计生委党组书记、主任王侠一行。市委常委、市委秘书长龙正才、市政府副市长刘英姿、秘书长郭胜伟、副秘书长周元、市人口计生委主任李丹芳参加会见。

4月17日，黑龙江省佳木斯市人口计生委主任单明菊一行10人，到武汉市学习考察综合治理出生人口性别比工作。学习考察组听取了武汉市及武昌区出生人口性别比专项整治的情况介绍，参观了武昌区静安社区。

4 月 19 日市人口计生委召开整治“两非”工作专班座谈会。

4 月 20 日，市人口计生委事业单位工作人员公开招聘面试。

4 月 23 日，中国计生协常务副会长杨玉学考察武汉市计划生育协会工作。省人口计生委副主任董尚荣、市人大副主任郑永新、市政府副秘书长周元、市人口计生委主任李丹芳、武昌区委书记李忠等领导的陪同考察。

4 月 24 日，武汉市被列为国家“生育关怀·创建幸福家庭——防治寄生虫，促进健康行动”试点地区之一。

4 月 25 日，市人口计生委召开武汉市计划生育技术服务专家委员座谈会，讨论座谈全国和省市利益导向工作，听取专家委员对武汉市如何做好计划生育技术服务建议。

4 月 23 ~ 27 日，委党组书记、主任李丹芳随省人口计生委党组书记胡菊萍、主任杨云彦率领的考察团，赴广东省深圳市、中山市、广州市参加工作考察调研。

【五月】

5 月 3 日至 4 日，李丹芳主任应邀赴京参加由国家人口计生委、德国联邦经济合作与发展部主办的“人口挑战与社会融合国际研讨会”。

5 月 3 日至 5 日，新疆乌鲁木齐市政府副秘书长李浩率团一行 8 人，来武汉市考察家庭健康服务中心建设和流动人口均等化管理与服务工作。

5 月 5 日，全市人口计生系统首届心理咨询师培训班开班。委党组书记、主任李丹芳出席并讲话。

5 月 10 日，省人口计生委巡视员裴大新一行调研武汉市东西湖区“六新”家庭建设和“八好”生育文明大队（居）活动开展情况。

5 月 11 日，市财政局局长周学云、副局长夏伟一行 5 人，对委人口计生工作进行专题调研。

5 月 11 日，江西省人口计生委一行 60 余人考察武汉市出生人口性别比综合治理工作。

5 月 14 ~ 21 日，市人口计生委党组书记、主任李丹芳赴南京参加国家人口计生委举办的第 40 期市级人口计生委主任培训班。

5 月 16 ~ 19 日，市人口计生委组织临床检验专家对照《武汉市孕前优生健康检查实验室质量考核标准》，对全市已开展免费孕前优生健康检查的实验室进行全面达标检查。

5 月 22 日，刘英姿副市长主持召开由各区分管区长参加的人口计生信息化建设和应用以及信息系统操作培训会。

5 月 22 日，市人口计生委、市城建委在硚口区盛世滨江大厦工地联合举办“生殖健康进工地、生育关怀伴我行”主题活动。

5 月 23 ~ 24 日，省政府副秘书长黄国雄、省人口计生委副主任刘望清率省委、省政府督察组对武汉市出生人口性别比综合治理工作督察。刘英姿副市长代表市委、市政府作了出生人口性别比综合治理工作情况汇报。市政府副秘书长周元、张广勇分别陪同督查。市卫生局、公安局、药监局等相关部门负责人参加。

5月25日，全市推进人口计生综合改革现场会在东西湖区召开。省人口计生委刘望清副主任出席会议并作专题辅导讲座。全市各区人口计生委及28个综合改革示范街（乡）参加会议。

5月25~26日，中国人口福利基金会秘书长杨文庄一行来武汉市考察创建幸福家庭活动情况。

5月28日，中国计生协、湖北省计生协在武汉联合主办中国计生协成立32周年、国际计生联成立60周年暨第十四个“5·29会员活动日”纪念活动。中国计生协秘书长姚瑛，省人口计生委主任杨云彦，省计生协副会长裴大新、许木良，市人大副主任郑永新，市政府副秘书长周元等领导参加纪念活动。

5月28日，湖北省“生育关怀·创建幸福家庭——防治寄生虫，促进健康行动”项目在武汉启动。中国计生协副秘书长洪苹，中国计生协“生育关怀”项目基金管委会副主任李艳秋，省计生协副会长裴大新、许木良，湖北省卫生厅巡视员黄运虎，市政府副秘书长周元，市人口计生委主任李丹芳及市卫生局有关领导出席了启动仪式。黄陂区作为试点单位之一参加了启动仪式。

【六月】

6月1日，市人口计生委主任李丹芳主持召开全市三季度人口计生绩效目标管理调度会。各区人口计生委主任、市人口计生委各处室负责人参加会议。

5月31日至6月1日，国家人口计生委科技司副司长王巧梅、财务司副司长吴士勇和药具管理中心主任李凤琪、书记张瑞恒、副巡视员周峰等领导对武汉市的城市药具管理、发放以及流动人口药具服务情况、农村宫内节育器发放和使用情况以及药具经费的投入管理工作进行了全面调研。

6月4日，全市人口和计划生育工作会议召开。省委常委、市委书记、市人大常委会主任阮成发出席并作重要讲话。市长唐良智主持会议。市委常委、常务副市长贾耀斌通报了2011年度人口计生目标管理责任考评情况，副市长刘英姿总结部署了全市人口计生工作。会议对出生人口性别比连续多年偏高的4个街乡进行了通报批评。市领导胡曙光、赵飞、龙正才、胡绪鹍、郑永新、秦军、李传德出席会议。市人口与计划生育领导小组成员单位主要负责人；各区党政主要负责人、分管负责人，人口计生委主任，各镇、场、街党政主要负责人近500人参加了会议。

6月5日，全市出生人口性别比专项治理领导小组成员单位调整。新增武汉警备区、市妇联为领导小组成员单位。市委副书记胡曙光、市政府副市长刘英姿担任领导小组组长，成员包括市委政法委、督查室，市监察局、公安局、卫生局、人口计生委、药监局、妇联、武汉警备区负责人及各区区委、区政府分管领导。

6月5日，市人口计生委主任李丹芳、副主任高惠祥参加东湖新技术开发区人口计生工作大会，反馈了该区人口计生工作情况。

6月6日，全市召开综合治理出生人口性别比工作会议。市委副书记胡曙光作重要讲话，市政府副市长刘英姿主持会议并作工作部署。市出生人口性别比专项治理领导小组成员单位负责人，各区委、区政府分管领导、相关部门负责人参加会议。会议分析部署了出生人口性别比“重点治理年”工作任务，出台了集中整治“两非”专项行动意见。省人口计生委董尚荣副主任到会并讲话。

6月7日，委主任李丹芳、副主任高惠祥、巡视员吴克敏带领委机关各业务处室深入硚口区汉正街一线开展工作调研。对出生性别比、流动人口服务管理、相关部门配合、网底建设、数据库管理等方面情况进行综合分析。

6月12～13日，市人口计生委主任李丹芳赴柳州参加全国部分流动人口试点市研讨会。

6月14日，市委副书记胡曙光会见中国人口福利基金会赵炳礼理事长率领的国家创建幸福家庭活动联合调研组一行。省人口计生委主任杨云彦、巡视员裴大新、市人口计生委主任李丹芳参加了会见。国家联合调研组在汉期间，市政协副主席吴勇同志陪同调研。

6月14～15日，中国人口福利基金会理事长赵炳礼率调研组调研武汉市创建幸福家庭活动进展情况。对武汉市开展的一系列幸福家庭创建活动以及“12·300乐福家”行动计划给予了高度评价。

6月16～22日，武汉市人口计生系统专门业务知识培训班在国家人口计生委南京国际培训中心开班。各区（街）人口计生委（办）及市人口计生委机关干部106人参加培训。委党组成员、纪检组长周汉超同志代表委党组做培训动员。李丹芳主任亲临作重要讲话。

6月25日，市人口计生委召开机关及直属单位全体干部职工参加的“建设国家中心城市”动员大会。委党组书记、主任李丹芳传达了市委书记阮成发同志在武汉市建设国家中心城市动员大会上讲话精神，并对全委贯彻落实讲话精神提出工作要求。市人口计生委纪检组长周汉超主持会议。

6月28日，市人口计生委召开全市“大战第四季度，全面完成2012年度人口计生责任目标”动员会。通报了今年前八个月全市人口计生形势及各区人口计生绩效目标完成情况，分析了当前的重难点工作，部署第四季度人口计生工作。

6月29日，经市人口计生委党组研究并报市直机关团工委批准，武汉市人口计生委团总支正式成立。在成立大会上，委党组授予团委“青年志愿者旗帜”。

【七月】

7月3日，市委副书记、政法委书记胡曙光专题检查调研人口计生工作。市委副秘书长张捷主持召开调研检查座谈会。市委政法委、市公安、民政、财政、人社、卫生、食品药监、工商、人口计生等部门负责人参加调研。

7月4日，委党组书记、主任李丹芳带队前往黄陂区督查人口计生依法行政工作。根据省人口计生委《关于开展人口计生依法行政督查工作的紧急通知》要求，委组织8个专班，深入各区督查。

7月4日，委党组书记、主任李丹芳调研武汉经济技术开发区人口计生工作。市委常委、武汉经济技术开发区党工委书记朱毅听取了调研反馈情况。

7月5日，市人口计生委在江岸区百步亭社区召开特扶家庭代表座谈会。委党组书记、主任李丹芳认真听取了计划生育特扶家庭代表的诉求。王怀卓副主任主持，中心城区人口计生委主任及市人口计生委相关处室负责人参加。

7月5日下午，委党组书记、主任李丹芳带队前往市食品药品监管局就打击“两非”工作征求意见。市食品药品监管局局长杨泽发、巡视员石进、市人口计生委副主任王怀卓及两部门相关处室负责人参加了座谈会。

7月6日，举办“新时期人口计生工作转型与思考”专题报告会，江苏省无锡市人口计生委主任杨清华应邀来汉作报告，全市人口计生系统500余人参加。下午，杨清华主任与武汉市七个中心城区一把手主任座谈。

7月9日上午，市委考评组到人口计生委对市管领导班子、领导干部履行职责及绩效目标执行情况进行调研考核。

7月9日下午，委党组书记、主任李丹芳邀请市公安局共同磋商打击“两非”工作。市公安局副局长夏建中表示积极配合，并组织专班，分解任务，加大打击力度，委副主任王怀卓及委办公室、政法处、行政执法支队，市公安局政治处、户政处、外来人口大队等相关人员参加。

7月9~13日，委副主任刘庆香带队对新洲、江夏、汉南、蔡甸、东西湖的免费孕前优生健康检查项目进行专项督查。

7月11日，结合纪念世界人口日，全市开展打击“两非”行为集中宣传活动。省人口计生委副主任董尚荣，市人民政府副秘书长周元，市人口计生委党组书记、主任李丹芳，副主任王怀卓及市人民政府法制办、市司法局、市公安局、市卫生局、市食品药品监管局等部门巡视了活动现场。

7月11日，全市各区开展第23个世界人口日系列纪念活动市人口计生委与武昌区联合开展纪念活动。

7月12~13日，全市流出人口计划生育服务管理工作现场经验交流会在蔡甸区召开，委巡视员吴克敏主持。

7月13日，市人社局检查市人口计生委三个直属事业单位聘用制度落实情况。

7月16日下午，委主任李丹芳带队前

往市卫生局就打击“两非”工作征求意见。市卫生局局长李滔表示进一步建章立制，从严从重处理“两非”行为。市卫生局副局长彭厚鹏、市人口计生委副主任高惠祥、王怀卓及两部门相关处室负责人参加会议。

7月17日下午，市国家保密局检查考核市人口计生委计算机保密工作，随机抽查面达30%以上。

7月17日，市计生协在东西湖区召开全市扩大流动人口计生协工作覆盖面现场会。市人口计生委副主任、市计生协副会长高惠祥讲话。会后，召开全市人口计生基层群众自治培训会。

7月19～20日，省人口计生委副主任李元彪率队到武汉市江夏、洪山调研人口出生统计工作。

7月20日，选派汉南区计划生育服务站优秀技术人员陈荔参加湖北省人口计生系统第二批援疆团前往新疆支援工作。

7月19～20日，国家人口计生委流管司来武汉调研市流动人口计划生育基本公共服务均等化试点工作。省人口计生委副主任董尚荣，委党组书记、主任李丹芳，巡视员吴克敏陪同调研。

7月19日，武汉、黄冈两市在新洲阳逻开发区召开“两非”案件查处工作区域协作座谈会。省人口计生委副主任刘望清讲话，武汉、黄冈两市人口计生委主任参加，委副主任王怀卓主持。

7月20日，全市掀起打击“两非”夏季联合巡查行动。市卫生局、市食品药品监管局、市公安局、市人口计生委联合组成有49名执法人员参加的打击“两非”巡查督办组。

7月23日，召开2012年人口计生目标责任单位联络员会议。

7月24日，召开首届人口文化节筹备工作领导小组会议，市政府副市长刘英姿讲话。市委宣传部副部长郭辉辉主持。市直有关单位负责人，各区区委常委、宣传部长，区政府分管副区长，各区人口计生委主任、文化局长参加。

7月24日，全市综合治理出生人口性别比督导会召开。副市长刘英姿讲话。市人口计生委、公安局、法院、检察院、司法局、卫生局、食品药品监管局负责人，各区、开发区（风景区）分管人口计生工作领导、人口计生委主任参加，市政府办公厅副主任张东风主持。

7月23日下午，召开人口管理“顶层设计”专家座谈会。华中科技大学、武汉大学、华中师范大学、湖北大学等多位专家参加座谈。

7月25日，山东省济南市人口计生委来我市参观考察人口计生目标管理改革、免费孕前优生健康检查及信息化建设等工作。委副主任刘庆香、巡视员夏清芬陪同参观介绍。

7月26日，市人口计生委《与福同行》杂志正式出版发行。

7月27日，委党组书记、主任李丹芳参加洪山区人口计生工作会议并与区委、区政府主要领导、分管领导座谈。

7月26日，委召开各区打击“两非”、推进网格化管理和信访维稳等重点工作汇报会。委党组书记、主任李丹芳主持会议并讲话。

7月31日上午，市委副书记胡曙光、市政府副市长刘英姿专题研究人口计生工作。委党组书记、主任李丹芳汇报需要市委、市政府研究解决的几项重点工作。委副主任高惠祥、王怀卓参加。

7月30日至8月3日，组织七个调研督导组对全市各区开展夏季人口计生工作调研督导。

【八月】

8月1日，市人口计生委召开新闻通气会。通报全市首届人口文化节、出生人口性别比综合治理以及幸福家庭创建等重点工作的开展情况。市委宣传部副部长陈元生出席会议并讲话。《湖北日报》、《楚天都市报》、《楚天金报》、《长江日报》、《武汉晚报》、《武汉晨报》、武汉电视台、武汉电台等媒体参加。

8月2日，副市长刘英姿到洪山区及珞南街金桥社区专题调研网格化管理、打击“两非”行为、加强人口计生工作。

8月3日，省人口计生委党组书记胡菊萍，市人口计生委党组书记、主任李丹芳进京向国家人口计生委领导汇报工作。李丹芳主任汇报了武汉即将举办的首届人口文化节活动和正在实施的“12·300乐福家”行动计划等，受到国家人口计生委崔丽副主任的充分肯定。

7月30日至8月3日，市人口计生委分7组对全市2012年度人口计生工作目标进展情况进行调研督导。

8月6日，副市长刘英姿主持召开社会综合管理与人口计生工作座谈会。市委政法委、市信息产业办、市人口计生委和部分区人口计生委参加座谈。委主任李丹芳提出了网格化管理顶层制度设计的建议。

8月7日，市委、市政府召开打击“两非”专项工作会议。市委副书记胡曙光讲话，市政府副市长刘英姿主持会议。各区分管书记及市政法委、市公安局、市检察院、市法院、市监察局、市卫生局、市食品药品监管局等相关部门主要负责人参加。

8月8日，副市长刘英姿深入江汉区、硚口区专题调研人口计生工作。市委政法委、市监察局、市公安局、市卫生局、市人口计生委、市食品药品监管局、市信息产业办等部门负责人参加调研。

8月8日，省委常委、宣传部长尹汉宁针对《长江日报》刊发新闻《胡曙光要求查处“两非”决不手软：该降职的降职该罚款的重罚》作出重要批示：武汉贯彻会议精神，态度坚决，措施有力，可简报书记省长。请生练同志阅示。

8月13日，省、市计生协在江岸区丹水池街联合启动开展“生育关怀，创建幸福家庭”公益活动。

8月13～15日，市人口计生委主任李丹芳赴大连参加全国创建幸福家庭活动试点市人口计生委主任座谈会。

8月16日，市人口计生委举办全系统公文及政务信息写作培训班。委机关全体干部、直属单位有关工作人员、各区人口计生委办公室主任及政务信息员近80人参加培训。

8月16日，市人口计生工作领导小组召开成员单位联络员会议，汇报总结创建幸福家庭活动的经验。

8月17～19日，市人口计生委主任李丹芳、副主任刘庆香带领委相关处室和部分区人口计生委主任、副主任参观考察了天津市人口和家庭公共服务中心、天津市河西区人口家庭公共服务中心。

8月21日，省委宣传部、省人口计生委领导到武汉市黄陂、洪山等区检查验收生育文明创建工作。

8月22日，市政协副主席郭粤梅、吴勇一行视察调研人口计生工作。

8月24日，省人口计生委副主任李元彪一行调研武汉市创建省级阳光计生行动示范区工作情况。

8月27日，省人口计生委副主任刘望清到市人口计生委调研督导人口计生依法行政和信访工作。

8月28日，市政府副市长刘英姿专题调研汉南区人口健康公共服务中心工作、汉南区2012年度人口计生目标执行情况。

8月28日，中国人口福利基金会龙文教育基金向新洲区延安希望小学、江夏区乌龙泉中学各捐赠一台东风超龙校车。

8月28日，省人口计生委主任杨云彦、副巡视员姚锡武到市人口计生委调研首届人口文化节的筹备和打击“两非”工作进展情况。

8月29日，省人口计生委副主任阮力艰带队调研武汉市汉南区人口计生工作。

【九月】

9月1日，中国计生协首届书画、摄影、剪纸作品展评选结果日前揭晓，我市计生协申报的会员作品分别荣获1个特别奖、4个二等奖、5个三等奖、5个优秀奖等15个奖项。

9月3日，市政府召开首届人口文化节专题调度会议。市政府副秘书长周元主持调度会议并讲话。市委宣传部、市人口计生委、市公安局、市广电局、市城管局、市文化局、市卫生局、市公安交管局、市园林局、市信访局等部门负责人参加会议。

9月3日，市人大常委会副主任郑永新带队调研本市《中华人民共和国人口与计划生育法》执行情况和《武汉市人口计划生育办法》的修订进展情况。

9月6日，省人口计生委副主任李元彪一行到武汉市江夏、洪山两区检查调研“阳光计生行动”创建工作。委纪检组长周汉超陪同检查调研。

9月11日，市人口计生委召开首届人口文化节临战动员部署会。

9月12日下午，市长唐良智、副市长刘英姿亲临人口文化节览馆现场，视察首届人口文化节布展现场和各项准备工作的落实情况。

9月13～15日，武汉市“幸福江城”首届人口文化节于13日隆重开幕。省委常委、宣传部长尹汉宁出席开幕式并讲话，武汉市政协主席吴超宣布文化节开幕。国家人口计生委有关司局、直属单位负责人，各省、市及湖北省各市州人口计生委，市直有关部门负责人，各区党政分管领导，有关专家教授等近200人出席了开幕式活动。人口文化节期间共接待参观人数达8.6万人。

9月13日，首届人口文化节《专家论坛》在武汉展览馆举行。南开大学经济学院人口与发展研究所教授、博士生导师原新；北京大学教授穆光宗；湖北省人口计生委主任、中南财经政法大学教授、博士生导师杨云彦等权威专家作了主题演讲。市人口计生委党组书记、主任李丹芳同志主持论坛。

9月14日，首届人口文化节专家讲座在武汉市图书馆报告厅隆重举行。武汉大学杨菁教授为现场500余名技术人员和育龄群众授课。市人口计生委夏清芬巡视员主持讲座。

9月21日，市人口计生工作领导小组办公室举行各成员单位负责人中秋茶话会。委党组书记、主任李丹芳致辞。参会人员观看了《幸福花开千万家》专题片，欣赏了精彩的文艺演出，同时进行了座谈。

9月21日，省人口计生委副主任朱惠民率队到武汉市江岸区二七街二炮社区评估验收基层群众自治千村（居）示范活动情况。

9月24日，全国创建幸福家庭活动经验交流会在宁波召开。刘英姿副市长出席会议并作了题为《建立社会保障和服务体系，提升计划生育家庭幸福指数》的交流发言，介绍了武汉市开展创建幸福家庭，实施“12·300乐福家”行动计划的活动。委党组书记、主任李丹芳参加了会议。

【十月】

10月7~8日，委主任李丹芳带队前往广州参加“第十届全国（广州）性文化节”活动。了解“性文化节”组织工作及商业运作模式，参观学习了广州市社区人口文化建设。委巡视员吴克敏，宣教处、科技处、药具站及部分区人口计生委主任参加。

10月9日，刘英姿副市长在全省“生育文明·幸福家庭”创建活动电视电话会议上作交流发言。市人口计生工作领导小组各成员单位负责人及委机关全体干部在市委会议中心武汉分会场收看会议。市委副书记胡曙光在武汉分会场就全市继续深入推进“生育文明·幸福家庭”创建活动作重要讲话。市委副秘书长张捷主持分会场会议。市政府副秘书长周元参加会议。

10月9日，市人口计生委副主任、市计生协副会长高惠祥到黄陂区调研“生育关怀·创建幸福家庭——防治寄生虫，促进健康行动”项目进展情况。

10月10日，省直机关工委副书记刘汉诚、副巡视员梅水芳，省人口计生委副主任李元彪、纪检组长陈锴一行到市江岸区百步亭社区、四唯街六合社区检查指导“阳光计生行动”特色项目进行检查调研。

委主任李丹芳、副主任高惠祥、纪检组长周汉超陪同检查调研。

10月11日，市人口计生委召开机关及直属单位“幸福江城”首届人口文化节总结表彰会。委主任李丹芳出席会议并讲话。委领导和全体机关干部职工参加了会议。委副主任高惠祥主持会议。

10月12日，市人口计生委召开全系统“幸福江城”首届人口文化节总结大会。各区人口计生委主任、分管主任、宣教科长参加会议。委主任李丹芳、巡视员吴克敏作了总结讲话。市政府副秘书长周元出席会议并肯定人口文化节的举办成功。

10月12日，全市完成22 080例符合生育政策，计划怀孕的农村夫妇免费孕前优生健康检查，提前两个月完成市政府为民办实事任务。

10月12日，省人口计生委副主任刘望清带领检查评估组来武汉市武昌区徐家棚街检查依法行政、诚信计生工作。

10月14～16日，内蒙古乌海市政府丁毅副秘书长一行11人来我市考察人口工作。市政府副秘书长周元陪同参加考察活动。

10月17日，市人口计生委启动召开机关2013年度工作务虚会。机关干部争先恐后发言。

10月19日，市人口计生委组织机关离退休干部欢度重阳佳节。委纪检组长周汉超参加。

10月20～21日，委党组书记、主任李丹芳参加国家流动人口社会融合研讨会。期间，李丹芳主任专程前往人民日报社和人民网调研。

10月22日，市人口计生领导小组办公室召开2012年度人口计生目标管理“三线”考评培训会，部署年度人口计生目标管理“三线”考评工作。领导小组各成员单位、委机关和基层部分工作人员参加培训会。市人口计生工作领导小组办公室主任李丹芳布置考评工作要求，市人口计生委副主任高惠祥主持培训会。

10月23日，市委副秘书长张捷率考评组对江夏区2012年度党政领导线人口计生目标执行情况进行考评。

10月24日，市政府副秘书长周元率考评组对江汉区和武汉经济开发区2012年度党政领导线人口计生目标执行情况进行考评。

10月25日，市委副书记、政法委书记胡曙光率考核组检查考核汉阳区2012年度人口计生责任目标执行情况。委主任李丹芳参加检查考核。

10月25日，市政协副主席吴勇率队考评洪山区2012年度党政领导线人口计生工作。

10月26日，市人大副主任郑永新率人口计生目标考评组对东西湖区2012年度党政领导线人口计生目标执行情况检查考评。委副主任刘庆香参加检查考评。

10月24～26日，由市直各部门组成的人口计生目标考评组对江岸、武昌、青山、汉南、东湖高新、蔡甸、黄陂、新洲八个区2012年度人口计生“三线”目标责任落实情况进行检查考核。市政府副市长刘英姿出席了江岸区的考评。

10 月 30 日，市人口与计划生育工作领导小组组成 8 个工作组，对市直 39 个责任部门 2012 年人口计生目标管理责任制进行了考评。市人口计生委主任李丹芳、市综治办主任周滨、市监察局副局长刘生华、市交通运输委副主任陈佑湘、市人力资源社保局副局长李乔、市住房保障房管局纪检组长陈守谦、市食品药品监管局巡视员石进、市经信委总工程师王振等分别任各组组长参加考评。

【十一月】

11 月 1 日，市长唐良智在洪山宾馆会见省人口计生党政领导线第八考评组一行，与考评组就工作交换意见。他表示，武汉市人口计生工作要走在全省前列。市政府副市长刘英姿、秘书长郭胜伟、市委副秘书长张捷、市人口计生委、市农业局以及洪山区负责人参加会见。

11 月 2 日，省考评组主持召开汇报座谈会，听取武汉市 2012 年度人口计生工作情况汇报。市政府副市长刘英姿代表市委、市政府作了工作汇报。市老龄委办、市食品药监局等单位作了履职情况汇报。市委副书记胡曙光、市人大副主任郑永新、市政协副主席吴勇及市人口计生工作领导小组成员单位负责人参加了汇报会。市政府副秘书长周元主持汇报座谈会。

11 月 5 日，市直机关工委检查组对委 2011 ~ 2012 年度文明单位创建工作进行了综合考评。委副主任高惠祥汇报了我委文明创建工作的开展情况。

11 月 13 日，市人口计生委入驻市民之家，行政审批事项全面运行。

11 月 13 日，省人口计生委副巡视员杨富建带队对武汉市新洲区创建省级优质服务区工作进行了检查验收。委主任李丹芳、委副主任刘庆香、新洲区副区长蔡怀春陪同检查验收。

11 月 13 ~ 14 日，市人口计生委召开 2013 年全市人口计生系统工作务虚会。此前，委领导、机关各处室以及各区人口计生委负责人已利用三天时间，对十三个区工作亮点进行了考察交流。

11 月 15 日，市政府副市长刘英姿深入市人口计生委调研 2013 年人口计生工作。

11 月 16 日，市政协副秘书长蒋君伟带考察组专题考察武汉市黄陂区免费孕前优生健康检查工作情况。委副主任刘庆香陪同调研。

10 月 17 日、11 月 6 日，市人口计生委分两次召开机关 2013 年度工作务虚会。

11 月 19 日，市人口计生委召开学习贯彻党的十八大精神动员会。

11 月 20 日，唐良智市长，刘立勇、秦军、刘英姿副市长听取人口计生等社会事业工作汇报。

11 月 21 日，市人口计生委、市计生协开展了计划生育家庭致富发展示范基地和示范户评估验收工作。委八个工作小组，对全市 20 个示范基地和 170 个示范户进行了到点到户评估验收。

11 月 22 日，省人口计生委副主任朱惠民带队到武汉市汉阳区琴断口街、江汉区万松街调研流动人口计划生育服务管理工作。委巡视员吴克敏陪同调研。

11 月 22 日，市人口计生委召开“全市流动人口信息平台数据核查推进会”。对市区级分拣、数据核查特例处理以及“查无此人”信息进行专项培训。委巡视员吴克敏提出工作要求。

11 月 22 日，市人口计生委召开机关办公自动化系统（OA）业务操作培训会。委副主任高惠祥主持培训会并提出工作要求。委机关及直属单位全体干部参加培训。

11 月 22 日，委主任李丹芳到江岸区、江汉区、江夏区入户走访慰问 6 户计生特殊困难家庭。

11 月 20 ~ 21 日，市药具站在蔡甸区举办药具管理人员政务信息及基础工作培训会。

11 月 23 日，市人口计生委召开《武汉市建设国家中心城市人口规模调控研究》课题研讨会。课题组成员，委领导及机关各处室负责人参加了研讨会。委主任李丹芳肯定了课题组工作成效，并概括提出五项修改建议。

11 月 23 日，市人口计生委举办了委机关及直属单位“最美身边人”演讲比赛。共有 12 名选手参赛。纪检组长周汉超对演讲活动进行了总结讲话。

11 月 25 日，委主任李丹芳、副主任王怀卓、洪山区政府分管领导、区人口计生委负责人前往汉阳区检察院参观学习检察文化建设。

11 月 25 ~ 26 日，机关团总支召开第一次全体会议并组织开展拓展训练。

11 月 27 日，省人口计生委副主任刘望清来委调研利益导向工作。

【十二月】

2012 年 11 月，市委组织部任命葛晓群同志为市人口计生委副巡视员。

12 月 1 日，省计生协副会长许木良、秘书长周良逸调研武汉市汉阳区江欣苑社区计生家庭致富发展基地。

12 月 2 ~ 4 日，全省人口计生系统宣传工作会议暨学习贯彻党的“十八大”精神培训班在武汉市召开，委巡视员吴克敏出席会议并作交流发言。

12 月 2 日，市计生协召开全市计生协工作培训会，委副主任、市计生协常务副会长高惠祥部署 2013 年全市计生协工作。委主任李丹芳参加会议并提出新一年计生协重点工作。

12 月 3 日，省、市、区人口计生委在武昌联合举办“12 · 4”全国法制宣传日社会宣传活动。省人口计生委副主任刘望清、市人口计生委副主任王怀卓、武昌区人大副主任邹琴、区政协副主席蔡丽霞等出席活动。

12 月 4 日，市人口计生委召开全市人口计生系统党员干部学习党的十八大精神专题报告会。“十八大”代表、百步亭社区党委副书记王波应邀作辅导报告。委纪检组长周汉超主持了报告会。

12 月 4 日，全省人口计生科技工作座谈会暨全省生育调节学会学术年会在我市汉南区召开。全省 17 个地市州分管主任（局长）、科技处（科）长参加了会议。委副主任刘庆香致欢迎辞。

12 月 5 日，全省流动人口计生工作会议在襄阳市召开。委巡视员吴克敏出席会议并作交流发言。

12 月 5 日，市人口计生委“新三万”活动迅速启动。机关党委带领“三万”驻点村工作队员赴新洲区辛冲镇绿山村工作点部署“万名干部进万村洁万家”活动。

12 月 11 ~ 13 日，市人口计生委举办全市人口计生系统《与福同行》杂志通讯员培训班。

12 月 17 日，市人口计生委召开年度考核及竞争上岗动员会。委纪检组长周汉超部署工作。委主任李丹芳对年度考核和竞争上岗提出工作要求。

12 月 18 日，市人口计生委举办全市人口计生系统“最美身边人”演讲比赛决赛。

12 月 21 日，公安、卫生、药监、人口计生四部门联合执法工作专班分三组对汉阳区郭茨口、永丰片区的医疗机构、个体诊所、零售药店进行突击式联合执法行动。

12 月 24 日，市委常委冯记春、市人大副主任罗长刚一行到市人口计生委“三万”驻村工作点新洲区辛冲镇绿山村慰问工作队员。

12 月 24 ~ 25 日，在全省人口形势分析会上，武汉市《2012 年度人口和计划生育形势分析报告》荣获一等奖。

12 月 25 日，市政府召开全市人口计生工作座谈会。总结 2012 年工作，研究部署 2013 年人口计生工作。刘英姿副市长出席会议并作重要讲话，市人口计生委领导班子成员，各区分管副区长和计生部门负责人参加会议，市政府办公厅副主任张东风主持会议。

12 月 28 日，委副主任高惠祥主持召开 2013 年一季度目标调度会，各区分管主任、发规科长参加会议。

12 月 28 日，经过机关“两推一述”等干部任用程序，张士新同志任市人口计生委发展规划信息处处长。

12 月 29 ~ 30 日，国家流动人口社会融合研讨会在武汉市举行。来自上海淞江、苏州、无锡、武汉、泉州、长沙、西安、咸阳八个试点城市的人口计生委主任，“流动人口社会融合研究”专家组成员参加会议。国家人口计生委流动人口司副司长贺丹、省人口计生委主任杨云彦、副主任朱惠民出席会议并讲话。市政府副秘书长周元致辞。副市长刘英姿会见了与会代表。

12 月 31 日，湖北省首批智能计生药具自助发放机落户武汉。

2013 年

【一月】

1 月 4 日，市人口计生委组织机关及直属单位全体干部开展“走进自然、登高眺远、喜迎新年、再上台阶”迎新年登山活动。

1 月 5 日，武汉市人民政府再次把免费孕前优生健康检查列入 2013 年政府为民办好十件实事之一。

1 月 7 日，省人口计生委党组书记胡菊萍、副主任朱惠民调研武汉市洪山区路南街社区网上便民办证试点工作并给予肯定。

1 月 7 日，市人口计生委在硚口发展社区召开七城区计划生育特殊家庭第三次专题座谈会，听取全市 14 位计划生育特殊家庭代表的诉求，现场为他们答疑解惑，解忧纾困。委党组书记、主任李丹芳到会并讲话。委副主任王怀卓主持了座谈会。

1 月 6 ~9 日，新疆博乐市人口计生委新任书记蒋艳霞、主任赛福丁一行来武汉市对接友好援助工作。委主任李丹芳，副主任刘庆香、高惠祥，巡视员舒文斌、夏清芬等领导分别参加了博乐市一行在我市的考察调研和座谈交流活动。

1 月 9 日，全市各区人口计生委主任会议在洪山召开，会上，李丹芳主任与各区人口计生委主任签订了 2013 年人口计生部门线责任目标。同时，以洪山区路南街人口计生便民办证服务大厅为现场，召开便民办证系统进社区推进会。

1 月 9 日，全市拉开人口计生系统“进万家门、访万家情、解万家难”走访慰问活动序幕。市人口计生委、市计生协组成 9 个慰问组，分赴全市各区慰问特别困难的计生家庭。据不完全统计，全市各级人口计生委、计生协共走访慰问了 27 925 万户困难的计划生育家庭，发放米、油、棉衣、棉被等生活物资 113. 4 万元，发放慰问金 634. 8 万元。

1 月 10 日，全国政协社法委副主任、省计生协会会长宋育英深入武汉市走访调研武昌区杨园街电力社区，洪山区路南街丽岛社区青苹果之家和黎明社区。走访慰问了计划生育特扶家庭、困难计生家庭和基层计生专干。省人口计生委党组书记、省计生协常务副会长胡菊萍，省人口计生委副巡视员、省计生协副会长许木良，委党组书记、主任李丹芳陪同调研走访慰问。

1 月 11 日，市考评办对市人口计生委 2012 年绩效管理“自统”指标进行现场考评。委副主任高惠祥参加考评会并汇报各项指标完成情况，同时，向考评组提交了各项查阅相关资料。

1 月 12 ~14 日，李丹芳同志首次参加

2013年全国人口计生主任会议。

1月13日，武汉市第二批援疆人员，汉南区人口健康公共服务中心检验人员陈荔，圆满完成援疆任务凯旋。

1月15日，全市计生协工作会在市人口计生委召开。会议传达了中国计生协、省计生协理事会议精神。委副主任、市计生协副会长高惠祥作了2012年工作总结和2013年工作报告。各区计生协副会长、秘书长参加了会议。

1月15日，全市流动人口计生工作会在汉阳召开。委巡视员吴克敏总结部署了全市流动人口计划生育服务管理工作。与会代表参观了琴断口街十里建材市场"幸福家园"七心服务活动阵地。

1月16日，市人口计生委参加全市"文化、科技、卫生"三下乡活动。刘英姿副市长、李丹芳主任等领导现场慰问了10户计生家庭代表，并向汉南区捐赠扶助资金3万元，现场免费发放了价值7万余元的计生宣传品、常规非处方用药和各类避孕药具。

1月16日，市人口计生工作领导小组办公室主任李丹芳主持召开了《武汉市建设国家中心城市人口规模调控研究》课题研讨会。市政府副市长刘英姿出席会议并讲话。市政府副秘书长周元，市政府研究室、市发改委、市公安局、市统计局、市教育局、市园林局、市房管局、市交委、市经信委等成员单位负责人及相关专家学者参加会议。

1月16日，市人口计生委组织机关、直属单位及离退休干部参观武汉"市民之家"。

1月17日，市委考评组第七组到人口计生委对市管领导班子、领导干部履职情况进行年度绩效考评。委党组书记、主任李丹芳代表委党组作了班子和个人述职。

1月21日，市人口计生委召开专题会议，传达学习全国人口计生工作会议精神，对贯彻落实会议精神进行了动员部署。市人口计生委领导班子、机关各处室及直属单位负责人，各区人口计生部门负责人参加会议。

1月22~23日，武汉—孝感两市流动人口计划生育服务管理双边协作座谈会在应城市召开。委巡视员吴克敏带领的我市八个区分别与应城市签订了区域合作协议。孝感市政府副秘书长罗胜龙、孝感市人口计生委主任蔡秀云等参加了会议，省人口计生副主任朱惠民到会并讲话。

1月24日，市人口计生委召开了委机关处室绩效考核及干部年度考评工作会。

1月24日，市人口计生委党组召开2012年度委领导班子、党员领导干部民主生活会。市纪委常委周晓琦参加了会议。

1月25日，委党组书记、主任李丹芳带领机关干部40余人，到市人口计生委"三万"工作点新洲区辛冲镇绿山村，参加"机关干部进万村洁万家"活动。期间看望慰问了15个计划生育家庭及村干部，送去慰问金7 800元。

1月29~31日，市人口计生委党组分别对市计生协会、执法支队、宣教中心、科技所、药具站班子进行年度考核。

1月30日，市人大、市法制办来市人

口计生委调研人口计生立法的筹备工作。

1月30日，省人口计生委党组书记胡菊萍带领相关处室负责人深入武汉市武昌区中南路街和硚口区汉正街石码社区，随机抽查武汉市便民办证落实情况。委党组书记、主任李丹芳陪同检查。

1月31日，市人口计生委召开人口计生便民办证工作推进会，对人口计生便民办证工作进行再部署。各区人口计生委分管流动人口工作的领导及流管科（站）长参加会议。委巡视员吴克敏提出工作要求。

【二月】

1月28日，在全省信息化岗位练兵活动中，武汉市代表队选手分别获“最佳技术标兵”、“最佳应用标兵”、“最佳操作能手”称号；张士新、杨凤英、江国胜和徐晔等四人撰写的《人口计生信息化建设与应用思考》、《对湖北省流动人口 Padis 对接系统应用的思考》、《加强部门配合 整合信息资源 创新服务管理》分别获“信息化岗位练兵优秀征文”。

2月1日，市委副书记胡曙光率冯记春、罗长刚、胡立山、黄卫国、于建海等市领导，深入东湖高新技术开发区流芳街营泉村郭家畈湾慰问困难计生家庭。市人口计生委主任李丹芳，市民政局、市总工会等部门负责人参加了慰问活动。

2月5日，委党组书记、主任李丹芳主持召开了2013年第二季度人口计生绩效目标管理调度会，研判形势、部署工作。

在2月5日召开的全市反腐倡廉暨深化治庸问责工作会议上，市治庸问责领导小组通报表彰了2012年全市民评民议优化发展环境和“十个突出问题”承诺整改工作考评情况，市人口计生委获全市民评民议前十名。

2月5日，市人口计生委机关党委、机关工会召开全体干部职工“我爱我家”春节团拜会，形式俭朴，气氛热烈。

2月6日，委机关组建人口适度规模调控课题专班，并召开第一次会议，明确任务，重点对专家调研课题材料进行学习分析，并提出修改意见，重新形成调研报告。

2月7日，市人口计生委领导分8个组，对机关离退休老干部开展春节慰问。

截至2月7日，市人口计生委、市计生协开展的“进万家门、访万家情、解万家难”走访慰问活动。据统计，元旦、春节期间市、区、街、村（社区）共走访27 925户困难计生家庭，发放米、油、棉衣、棉被等生活物资113.4万元，发放慰问金634.8万元。

2月16日，市人口计生委召开委机关全体干部职工大会，对深化治庸问责，优化发展环境进行全面动员部署。

2月18~19日，委主任李丹芳、副主任刘庆香带领机关科技处和办公室人员到市计划生育药具站、市计划生育科技所调研工作。

2月19日，市人口计生委召开第三次《武汉市建设国家中心城市人口规模调控研究》总报告讨论会，就总报告的整体架构、观点、数据运用等情况进行了讨论研究，并对下一步的工作进行了部署。

2月21日，委党组书记、主任李丹芳、副主任高惠祥到市中心医院，看望患严重糖尿病住院的武汉市“治安模范”叶建平的独生子叶青。

2月21日，全省人口计生工作电视电话会上，省长王国生表扬武汉市对计划生育特殊家庭的13条关爱措施在全省带了好头。

2月21日，刘英姿副市长代表市委、市政府作经验交流。唐良智市长出席武汉分会场会议并作重要讲话。市委副书记胡曙光主持了武汉分会场会议。市政协副主席郭粤梅，市人口计生工作领导小组各成员单位负责人参加会议。

2月21日，在省委、省政府召开的全省人口计生工作电视电话会议上，我市再次荣获全省人口计生责任目标考评一等奖。

2月25日，省、市、区人口计生委在洪山与武警水电三峡工程指挥部联合召开军地谈计生双拥座谈会。省人口计生委副主任朱惠民、武警水电三峡工程指挥部副政委张长命、市人口计生委巡视员夏清芬出席座谈会并讲话。

2月27日，省计生协召开湖北省计生协组织建设工作座谈会，副市长刘英姿应邀出席，李丹芳主任在会上作了经验交流发言。

2月27日，全省2012年度计划生育家庭意外伤害保险工作总结表彰会议上，武汉市计生协荣获计划生育家庭意外伤害保险工作一等奖。省人口计生委党组书记、省计生协常务副会长胡菊萍给予武汉市计生协工作充分肯定。

2月27日，市人口计生委启动春季人口计生工作督办。全市共组成8个调查组，通过入户访谈、查阅台账、系统核查、与基层干部交流等方式，对17个区，136个样本点工作进行了全面调研督导。

【三月】

3月1日，全市免费孕前优生健康检查工作总结表彰会召开。

3月2日，市人口计生委被评为“综合考评立功单位”，首获此殊荣并上台领奖。

3月5～7日，省人口计生委副主任刘望清一行四人对武汉市春季人口计生工作进行调研督导。

3月8日，市人口计生委召开2012年度机关总结表彰暨“贯彻十八大，争创新业绩”大会。

3月14日，委党组书记、主任李丹芳带队到武汉经济技术开发区调研督导春季人口计生工作。

2012年，市人口计生政务信息工作首获全省一等奖。

3月26日，市计生协召开“幸福家庭通”项目启动暨培训会，“幸福家庭通”项目在我市正式启动。

3月27日，《武汉建设国家中心城市人口适度规模调控研究报告》通过专家评审组评审，并即将提请市委、市政府审议。

3月27日，市流动人口服务和管理工作领导小组召开工作会议，市人口计生委被授予“2012年度全市流动人口服务和管理工作先进单位”称号。

【四月】

4月1日，市政府第44次常务会议专题听取全市人口和计划生育有关情况汇报。重点审议了《武汉市建设国家中心城市适度人口规模调控研究报告》。

4月1日，武汉市召开全市计划生育依法行政工作会议。李丹芳主任强调 坚持“四个严禁，一个加强”，全力推进计划生育依法行政工作

4月3日，在武汉市计划生育协会“生育关怀·励志行动”座谈会上，来自全市13个区的20名励志女孩获赠“家庭健康掌上图书馆”

4月7日上午，国家药具中心主任许梅林、省人口计生委副主任阮力艰等一行领导来到市计划生育药具管理站，就计划生育药具管理和服务等工作进行调研和座谈。

4月12~14日，委主任李丹芳带队前往上海观摩第十届“中国国际成人保健及生殖健康展览会”，并实地学习考察了松江区流动人口社会融合试点工作。

4月12日，市卫生、计生、食品药监局、公安四部门继续联合执法，对硚口区的两个街道、6家医疗机构及周边药店进行清理清查。

4月18日，市委常委会议专题听取全市人口计生工作情况汇报。会议充分肯定了《武汉市建设国家中心城市适度人口规模调控研究报告》成果，并就即将进行的卫生计生机构改革中如何加强计划生育工作进行了研究和部署。

4月19日，省委常委、市委书记阮成发约见李丹芳同志谈话，明确李丹芳同志为武汉市卫生和计划生育委员会党委书记。

4月22~26日，委副主任高惠祥、纪检组长周汉超分别带队前往上海、无锡、南京、深圳、广州等地，开展机构改革后如何加强计生工作，加强计生服务体系建设等工作调研。

4月23~24日，根据市委常委会议精神，委主任李丹芳、副主任刘庆香、巡视员夏清芬、吴克敏分别带两个专门调研组，到新洲、黄陂、江岸、江汉、洪山、青山六个区开展加强新时期计划生育工作调研。

4月25日，国家卫生计生委调研组来汉调研。原国家人口计生委政法司副司长方援建一行3人到市洪山区珞南街、武昌区中南路街调研便民办证和一孩生育服务证制度实施情况。

4月28日，武汉市卫生和计划生育委员会正式成立并挂版。市委组织部专门召开卫生和计生系统干部大会，宣布武汉市卫生和计划生育委员会领导班子组成成员：李丹芳为中共武汉市卫生和计划生育委员会党组书记；李滔为武汉市卫生和计

划生育委员会党组副书记、主任。刘庆香、张红星、高惠科、彭厚鹏、陈红辉、魏善波、刘国庆为副主任；舒文斌、夏清芳、金建年、吴克敏、周汉超为巡视员；马黎汉、葛晓群为副巡视员。副市长秦军讲话，市委组织部常务副部长吴一民主持会议并就干部情况作了说明。

图书在版编目（CIP）数据

武汉市人口和计划生育工作年鉴．2012/武汉市人口和计划生育委员会编．—北京：中国人口出版社，2013.8

ISBN 978-7-5101-1914-9

Ⅰ．①武… Ⅱ．①武… Ⅲ．①人口—工作—武汉市—2012—年鉴 ②计划生育—工作—武汉市—2012—年鉴 Ⅳ．①C924.256.31-54

中国版本图书馆CIP数据核字（2013）第181779号

武汉市人口和计划生育工作年鉴．2012

武汉市人口和计划生育委员会 编

出版发行	中国人口出版社
印　　刷	北京朝阳印刷厂有限责任公司
开　　本	787毫米×1092毫米 1/16
印　　张	45.5 插12
字　　数	800千字
版　　次	2013年8月第1版
印　　次	2013年8月第1次印刷
书　　号	ISBN 978-7-5101-1914-9
定　　价	160.00元
社　　长	陶庆军
网　　址	www.rkcbs.net
电子信箱	rkcbs@126.com
总编室电话	（010）83519392
发行部电话	（010）83530809
传　　真	（010）83519401
地　　址	北京市西城区广安门南街80号中加大厦
邮　　编	100054